세설신어성휘운분 上

世說新語姓彙韻分

세설신어성휘운분 上

世說新語姓彙韻分

朝鮮 無名氏 撰
金長煥 校釋

學古房

"이 저서는 2010년도 연세대학교 학술연구비의 지원에 의해 이루어진 것임."

교석자의 말

『세설신어』는 27년 전 대학원 석사과정 때 처음 접하고 그 명징(明澄)한 문장에 매료되어 연구를 시작한 이후로 지금까지 옮긴이의 공부 길을 늘 함께 걸어오면서 말의 품위와 행동의 기품과 생각의 깊이를 가르쳐준 고마운 벗이다.

『세설신어』는 중국 위진남북조 송나라의 문인 유의경(劉義慶: 403~444)이 후한 말에서 동진 말까지 실존했던 제왕과 고관 귀족을 비롯하여 문인·학자·은자·스님·부녀자 등 700여 명에 달하는 인물의 독특한 언행과 일화를 주제별로 36편에 수록해 놓은 필기문헌이다. 내용은 상당히 방대하여 당시의 문학·예술·정치·학술·사상·역사·사회상·인생관 등 인간생활의 전반적인 면모를 담고 있다. 따라서 『세설신어』는 중국 중고시대의 문화를 총체적으로 이해하는 데 매우 귀중한 작품이다.

『세설신어보』는 명나라 때 왕세정(王世貞)이 『세설신어』와 그것을 확대 보충한 『하씨어림(何氏語林)』 두 책을 합한 뒤 산정(刪定)한 것으로, 수록된 고사의 시대 범위는 원나라 때까지 확대되었지만 전체적인 체재와 분위기는 고스란히 『세설신어』를 계승했다. 우리나라에서는 조선시대에 『세설신어보』를 현종실록자(顯宗實錄字)로 간행할 정도로 그 가치가 높이 평가되었으며, 실제로 지식인들 사이에서 『세설신어』보다 훨씬 널리 읽혔다.

『세설신어성휘운분』은 조선시대 어떤 문사가 『세설신어보』를 완전히 해체하여 전체 고사를 등장인물의 성씨별로 재배치한 것으로, 우리나라에서만 간행된 세계적으로 진귀한 판본이다. 『세설신어』의 결점 가운데 하나로 종종 지적되는 것은 등장인물이 여러 편에 산재되어 있어서 한 인물의 전체 면모를 종합적으로 이해하기 어렵다는 것이었는데, 『세설신어성휘운분』은 바로 이러한 점을 효과적으로 해결했으며, 또한 일종의 검색 역할을 하는 다양한 장치를 마련하여 독자들에게 열독(閱讀)의 편리함을 제공해주고 있다. 이러한 새로운 형식과 체재의 판본이 국내에서 간행되었다는 것은 당시 지식인들이 얼마나 『세설신어』를 탐독하고 애호했는지를 잘 대변해준다고 하겠다.

이제 『세설신어성휘운분』 1380조 전체를 교감하고 완역하고 역주함으로써, 그동안 옮긴이에게 늘 숙제로 남아 있었던 『세설신어』·『세설신어보』·『세설신어성휘운분』 세 책의 교석 작업을 마무리하게 되었다. 공부 길을 함께 걸어갈 멋진 벗이 또 하나 생긴 셈이지만, 옮긴이가 이 멋진 벗의 면면을 얼마나 잘 이해하고 있는지에 대해서는 자신이 서지 않는다. 앞으로 계속 진지하게 대화하면서 풀어나가야 할 과제다. 어디선가 조선시대 이름 모를 어떤 선비의 『세설』 책장 넘기는 소리와 권점(圈點) 찍는 소리가 들리는 듯하다.

이 책의 교석 작업을 위해 학술연구비를 지원해준 학교 당국에 깊이 감사하며, 연구년으로 미국에 와 있으면서 말 그대로 '연구'한다고 늘 컴퓨터 앞에 앉아 있는 옮긴이를 묵묵히 응원해준 소중한 아내와 자랑스러운 딸 부이와 믿음직한 아들 정에게 고마움을 전한다.

2012년 7월 무더위 속 세찬 소나기 지나간 뒤에
보스톤의 작은 타운 벨몬트에서 김장환 씀

❃ 일러두기 ❃

1. 이 책은 上·中·下 3권으로 구성되어 있다. 상권에는 원서의 권1부터 권4까지, 중권에는 권5부터 권8까지, 하권에는 권9부터 권12까지 실려 있으며, 부록으로 「인명 찾아보기」(가나다순)와 「인명 찾아보기」(시대순)가 실려 있다.

2. 이 책은 조선시대 현종실록자체(顯宗實錄字體) 목활자본 『세설신어성휘운분』(연세대학교 소장)을 저본으로 했으며, 조선시대 현종실록자본 『세설신어보(世說新語補)』(연세대학교 소장)와 청대 왕선겸(王先謙)의 사현강사본(思賢講舍本) 『세설신어』(上海: 上海古籍出版社影印, 1984)를 참고하여 교감했다.

3. 이 책의 번역과 역주는 『세상의 참신한 이야기—세설신어』(전3책)(김장환 역주, 서울: 신서원, 2008)와 『세설신어보』(전4책)(김장환 역주, 서울: 지만지출판사, 2010)를 참고했다.

4. 원문의 주는 원서에는 해당 부분에 두 줄로 병기되어 있으나, 이 책에서는 편의상 〈1〉 〈2〉 〈3〉 …으로 번호를 달아 분리했다.

5. 이 책의 역주와 교감은 해당 부분에 1) 2) 3) …으로 번호를 달아 처리했다.

6. 이 책에서 언급되는 인명과 지명 등 고유명사는 모두 우리말 발음으로 표기하고, 각 고사마다 처음에만 원문을 병기했다.

7. 이 책의 각 고사 처음에 표기되어 있는 일련번호(표제번호)는 차례대로 등장인물의 순서, 등장인물의 고사 순서, 전체 고사의 순서를 나타낸다. 예) '080-1(0100)'은 80번째 등장인물의 첫 번째 고사로서 『세설신어성휘운분』 전체로는 제100조에 해당하는 고사라는 뜻이다.

8. 「인명 찾아보기」(가나다순)는 인명 / 시대 / 고사수 / 표제 번호를 표기했다.

9. 「인명 찾아보기」(시대순)는 시대별로 인명을 가나다순으로 배열하고 인명 / 고사수 / 표제 번호를 표기했다.

❋ 목차(上) ❋

◈ 교석자의 말

ꝏ 『세설신어성휘운분』—성씨별로 읽는 『세설신어』 ··· 1

ꝏ 「세설신어성휘운분범례 (世說新語姓彙韻分凡例)」 ··· 23

ꝏ 「세설신어보서(世說新語補序)」 ··· 25

ꝏ 「구서(舊序)」 ··· 27

ꝏ 「세설신어성휘운분목록 (世說新語姓彙韻分目錄)」 ··· 29

ꝏ 「부구목록(附舊目錄)」 ··· 33

ꝏ 世說新語姓彙韻分 卷之一 ··· 35

ꝏ 世說新語姓彙韻分 卷之一

001 풍도(馮道) _35
002 풍연사(馮延巳) _37
003 풍경(馮京) _38
004 충방(种放) _39
005 동화(董和) _40
006 동양(董養) _41
007 공분(孔奮) _42
008 공숭(孔嵩) _43

009 공융(孔融) _45
010 공탄(孔坦) _52
011 공유(孔愉) _53
012 공군(孔羣) _53
013 공순지(孔淳之) _56
014 공의(孔顗) _57
015 공희선(孔熙先) _59
016 공치규(孔稚圭) _60
017 공휴원(孔休源) _61
018 공범(孔範) _62
019 공극(孔極) _63
020 종호(鍾皓) _63
021 종요(鍾繇) _64
022 종육(鍾毓) _66
023 종회(鍾會) _68
024 종아(鍾雅) _69
025 종예(宗預) _71
026 종승(宗承) _72
027 종병(宗炳) _73
028 종각(宗慤) _74
029 종측(宗測) _75
030 종여주(宗如周) _76
031 공승(龔勝) _78
032 송종(宋宗) _78
033 송경(宋璟) _79
034 송지문(宋之問) _80
035 송기(宋祁) _83
036 강반(江彪) _85
037 강돈(江惇) _87
038 강관(江灌) _88
039 강애(江敳) _89
040 강효(江斅) _90
041 강엄(江淹) _90
042 강석(江祏) _91
043 강종간(江從簡) _92
044 방참(龐參) _93
045 방통(龐統) _94
046 지습(脂習) _96
047 시묘(時苗) _96
048 휴과(眭夸) _97
049 이응(李膺) _98
050 이풍(李豊) _100
051 이밀(李密) _101
052 이중(李重) _102
053 이충(李充) _103
054 이흠(李廞) _104
055 이희(李喜) _105
056 이원충(李元忠) _106
057 이집(李集) _109
058 이원개(李元凱) _110
059 이해(李諧) _111
060 이밀(李謐) _112
061 이덕림(李德林) _113
062 이밀(李密) _115
063 이백(李白) _117
064 이백약(李百藥) _118
065 이면(李勉) _119
066 이필(李泌) _121
067 이귀년(李龜年) _125
068 이덕유(李德裕) _126
069 이사진(李嗣眞) _128
070 이납(李納) _129

071 이항(李沆) _129
072 기승진(紀僧眞) _130
073 지첨(摯瞻) _132
074 비의(費禕) _133
075 위탄(韋誕) _134
076 위승경(韋承慶) _135
077 위척(韋陟) _136
078 위고(韋皐) _137
079 위수(韋綬) _138
080 치감(郗鑒) _139
081 치음(郗愔) _143
082 치초(郗超) _144

₰ 世說新語姓彙韻分 卷之二

083 위서(魏舒) _149
084 위의(魏顗) _150
085 위수(魏收) _151
086 위징(魏徵) _152
087 위야(魏埜) _153
088 서치(徐穉) _153
089 서녕(徐寧) _156
090 서광(徐廣) _157
091 서선지(徐羨之) _157
092 서면(徐勉) _158
093 서릉(徐陵) _162
094 서유공(徐有功) _163
095 서회(徐晦) _164
096 저도(褚陶) _165
097 저부(褚裒) _166
098 저상(褚爽) _169
099 저소(褚炤) _169
100 저연(褚淵) _171
101 여안(呂安) _172
102 여태을(呂太乙) _173
103 여재(呂才) _174
104 허건(許虔) _175
105 허소(許劭) _176
106 허조(許璪) _177
107 허순(許詢) _178
108 허경종(許敬宗) _181
109 허근선(許謹選) _182
110 우번(虞翻) _183
111 우존(虞存) _185
112 우소부(虞嘯父) _186
113 우비(虞騑) _187
114 우완지(虞玩之) _189
115 우세남(虞世南) _191
116 주휘(朱暉) _191
117 주목(朱穆) _193
118 주백년(朱百年) _193
119 주이(朱异) _194
120 주도추(朱桃椎) _195
121 오전(吳展) _196
122 오은지(吳隱之) _199
123 오도현(吳道玄) _200
124 소경(蘇瓊) _202

125 소세장(蘇世長) _202
126 소정(蘇頲) _205
127 소식(蘇軾) _207
128 소순흠(蘇舜欽) _211
129 소상(蘇庠) _212
130 노지(盧志) _214
131 노순조(盧詢祖) _217
132 노매(盧邁) _219
133 노승경(盧承慶) _220
134 노장용(盧藏用) _221
135 노기(盧杞) _222
136 부랑(符朗) _223
137 호위(胡威) _224
138 간보(干寶1)) _225
139 포원(蒲元) _227
140 유승(庾乘) _228
141 유애(庾敳) _229
142 유량(庾亮) _232
143 유빙(庾氷) _238
144 유익(庾翼) _240
145 유화(庾龢) _242
146 유희(庾羲) _244
147 유법창(庾法暢) _245
148 유통(庾統) _246
149 유천(庾闡) _248
150 유고지(庾杲之) _249
151 유신(庾信) _249
152 유자여(庾子輿) _250
153 조광(祖廣) _252
154 조납(祖納) _252
155 조적(祖逖) _253
156 조약(祖約) _256
157 조영(祖瑩) _257
158 조정(祖珽) _259
159 두서(杜恕) _259
160 두예(杜乂) _260
161 두황상(杜黃裳) _262
162 두심언(杜審言) _263
163 두보(杜甫) _264
164 무해(武陔) _265

≈ 世說新語姓彙韻分 卷之三

165 고옹(顧雍) _267
166 고소(顧劭) _269
167 고영(顧榮) _271
168 고현(顧顯) _272
169 고화(顧和) _273
170 고부(顧敷) _274
171 고열(顧悅) _275
172 고개지(顧愷之) _276
173 고침(顧琛) _280
174 고협(顧協) _281
175 고환(顧歡) _282
176 부하(傅嘏) _283
177 부량(傅亮) _286
178 부소(傅昭) _287

179 유척(喩陟) _287
180 노암(路巖) _288
181 혜강(嵇康) _289
182 혜소(嵇紹) _296
183 미불(米芾) _298
184 예형(禰衡) _302
185 위자(衛玆) _308
186 위관(衛瓘) _309
187 위개(衛玠) _310
188 위영(衛永) _315
189 위전(衛展) _317
190 채옹(蔡邕) _318
191 채홍(蔡洪) _321
192 채모(蔡謨) _323
193 배휘(裴徽) _325
194 배해(裴楷) _325
195 배찬(裴瓚) _328
196 배위(裴頠) _329
197 배하(裴遐) _331
198 배막(裴邈) _332
199 배소명(裴昭明) _332
200 배염(裴炎)1) _333
201 배도(裴度) _334
202 배길(裴佶) _335
203 최표(崔豹) _336
204 최호(崔浩) _337
205 최릉(崔悛) _338
206 최첨(崔瞻) _338
207 최신명(崔信明) _340
208 최공유(崔公孺) _341
209 뇌유종(雷有終) _342
210 매순(梅詢) _343
211 내민(來敏) _343
212 대연(戴淵) _344
213 대규(戴逵) _345
214 대옹(戴顒) _349
215 대지덕(戴至德) _349
216 순거백(荀巨伯) _350
217 순숙(荀淑) _351
218 순정(荀靖) _353
219 순상(荀爽) _354
220 순욱(荀彧) _355
221 순찬(荀粲) _357
222 순욱(荀勖) _359
223 순선(荀羨) _360
224 진함(陳咸) _361
225 진번(陳蕃) _362
226 진식(陳寔) _364
227 진기(陳紀) _366
228 진등(陳登) _371
229 진군(陳羣) _372
230 진림(陳琳) _373
231 진태(陳泰) _374
232 진규(陳逵) _376
233 진수(陳壽) _377
234 진유(陳遺) _378
235 진훤(陳暄) _379
236 진현달(陳顯達) _382
237 진집중(陳執中) _383
238 진자우(秦子羽) _385
239 진관(秦觀) _391
240 진회(秦檜) _392

241 민공(閔貢) _394

∞ 世說新語姓彙韻分 卷之四

242 은선(殷羨) _396
243 은융(殷融) _397
244 은호(殷浩) _397
245 은중감(殷仲堪) _412
246 은의(殷顗) _420
247 은중문(殷仲文) _423
248 원덕수(元德秀) _427
249 원랑(袁閬 _428
250 원환(袁渙) _428
251 원교(袁喬) _429
252 원굉(袁宏) _430
253 원탐(袁耽) _436
254 원찬(袁粲) _438
255 손책(孫策) _439
256 손등(孫登) _440
257 손성(孫盛) _443
258 손방(孫放) _445
259 손초(孫楚) _448
260 손작(孫綽) _450
261 손규(孫揆) _459
262 온교(溫嶠) _460
263 온정균(溫庭筠) _468
264 원회(源懷) _468
265 완무(阮武) _469
266 완간(阮侃) _470
267 완적(阮籍) _471
268 완함(阮咸) _477
269 완혼(阮渾) _481
270 완첨(阮瞻) _482
271 완부(阮孚) _483
272 완유(阮裕) _485
273 완수(阮脩) _490
274 완장지(阮長之) _490
275 한강(韓康) _491
276 한수(韓壽) _493
277 한백(韓伯) _495
278 한기린(韓麒麟) _497
279 한창(韓景) _499
280 한희재(韓熙載) _499
281 한기(韓琦) _503

❃ 목차(中) ❃

ꕤ 世說新語姓彙韻分 卷之五

282 환이(桓彝) _1
283 환온(桓溫) _2
284 환사(桓嗣) _16
285 환겸(桓謙) _16
286 환현(桓玄) _17
287 환이(桓伊) _30
288 환석건(桓石虔) _34
289 환도공(桓道恭) _35
290 반욱(潘勖) _36
291 반준(潘濬) _37
292 반악(潘岳) _39
293 반도(潘滔) _44
294 반사정(潘師正) _44
295 관녕(管寧) _45
296 관로(管輅) _46
297 만분(滿奮) _54
298 단문창(段文昌) _55
299 산도(山濤) _56
300 산해(山該) _60
301 산간(山簡) _61
302 안함(顏含) _62
303 안연지(顏延之) _65
304 안준(顏竣) _68
305 안진경(顏眞卿) _69
306 간옹(簡雍) _70
307 권덕여(權德輿) _71
308 변양(邊讓) _72
309 전유암(田遊巖) _74
310 전령자(田令孜) _75
311 전봉(錢鳳) _77
312 전유연(錢惟演) _77
313 변호(卞壼) _80
314 변빈(卞彬) _81
315 소사화(蕭思話) _82
316 소혜개(蕭惠開) _83
317 소침(蕭琛) _84
318 소분(蕭賁) _85
319 소인(蕭引) _86
320 소영사(蕭穎士) _87
321 요군소(堯君素) _88
322 요숭(姚崇) _90
323 조효(趙孝) _93
324 조온(趙溫) _94
325 조일(趙壹) _94

326 조자(趙咨) _97
327 조지(趙至) _100
328 조도덕(趙道德) _102
329 조사(趙師) _103
330 조광응(趙匡凝) _104
331 고봉(高鳳) _104
332 고표(高彪) _105
333 고상(高爽) _106
334 고윤(高允) _107
335 고예(高叡) _110
336 고정(高定) _111
337 조비(曹毗) _112
338 조협(刁協) _113
339 도간(陶侃) _114
340 도범(陶範) _117
341 도잠(陶潛) _117
342 도홍경(陶弘景) _120
343 모현(毛玄) _122

∞ 世說新語姓彙韻分 卷之六

344 화교(和嶠) _124
345 하안(何晏) _127
346 하충(何充) _130
347 하준(何準) _132
348 하상지(何尙之) _133
349 하점(何點) _134
350 하경용(何敬容) _135
351 하자랑(何子朗) _136
352 하동지(何佟之) _137
353 하승유(何承裕) _137
354 나기생(羅企生) _138
355 나함(羅含) _141
356 나우(羅友) _143
357 나가(羅可) _145
358 좌사(左思) _145
359 하소(賀邵) _149
360 화흠(華歆) _150
361 차윤(車胤) _152
362 마원(馬援) _153
363 마융(馬融) _155
364 마희범(馬希範) _155
365 마종일(馬從一) _156
366 가후(賈詡) _160
367 가충(賈充) _161
368 가사백(賈思伯) _162
369 사곤(謝鯤) _163
370 사안(謝安) _167
371 사만(謝萬) _184
372 사상(謝尙) _190
373 사현(謝玄) _194
374 사랑(謝朗) _198
375 사염(謝琰) _199
376 사중(謝重) _200
377 사봉(謝奉) _201
378 사부(謝敷) _203
379 사혼(謝混) _204

380 사첨(謝贍) _208
381 사령운(謝靈運) _208
382 사홍미(謝弘微) _212
383 사장(謝莊) _213
384 사초종(謝超宗) _215
385 사회(謝晦) _217
386 사현(謝絢) _218
387 사약(謝瀹) _219
388 사굴(謝朏) _220
389 사조(謝眺) _221
390 사람(謝覽) _222
391 사혜(謝譓) _223
392 사기경(謝幾卿) _224
393 사정(謝貞) _225
394 양성(陽城) _226
395 양웅(揚雄) _227
396 양표(楊彪) _227
397 양수(楊脩) _229
398 양회(楊淮) _233
399 양씨자(楊氏子) _235
400 양음(楊愔) _235
401 양소(楊素) _236
402 양홍례(楊弘禮) _237
403 양덕간(楊德幹) _237
404 양재사(楊再思) _238
405 양억(楊億) _239

☙ 世說新語姓彙韻分 卷之七

406 장형(張衡) _241
407 장예(張裔) _242
408 장중위(張仲蔚) _244
409 장비(張飛) _245
410 장순(張純) _245
411 장화(張華) _247
412 장한(張翰) _247
413 장천석(張天錫) _250
414 장현지(張玄之) _252
415 장빙(張憑) _254
416 장담(張湛) _257
417 장치(張廌) _258
418 장창(張暢) _259
419 장경아(張敬兒) _261
420 장경(張鏡) _262
421 장찬(張纘) _263
422 장서(張緖) _263
423 장융(張融) _265
424 장솔(張率) _269
425 장충(張充) _269
426 장기(張譏) _271
427 장지화(張志和) _272
428 장구령(張九齡) _274
429 장일(張鎰) _275
430 장열(張說) _276
431 장단(張彖) _277
432 장건봉(張建封) _277
433 장방평(張方平) _279

434 양호(羊祜) _280
435 양병(羊秉) _283
436 양침(羊忱) _284
437 양수(羊綏) _285
438 양부(羊孚) _286
439 양만(羊曼) _288
440 양담(羊曇) _289
441 양수(羊琇) _291
442 양간(羊侃) _291
443 양지(羊志) _293
444 양홍(梁鴻) _294
445 황헌(黃憲) _297
446 황완(黃琬) _298
447 황정견(黃庭堅) _300
448 당개(唐介) _301
449 광일(光逸) _303
450 강승연(康僧淵) _304
451 왕군공(王君公) _306
452 왕단(王丹) _307
453 왕유(王柔)_308
454 왕랑(王朗) _309
455 왕수(王脩) _309
456 왕상(王祥) _310
457 왕부(王裒) _312
458 왕필(王弼) _313
459 왕찬(王粲) _315
460 왕연(王衍) _316
461 왕징(王澄) _324
462 왕융(王戎) _327
463 왕미(王微) _334
464 왕현(王玄) _335
465 왕수(王綏) _336
466 왕도(王導) _337
467 왕돈(王敦) _348

世說新語姓彙韻分 卷之八

468 왕빈(王彬) _355
469 왕이(王廙) _357
470 왕념(王恬) _358
471 왕흡(王洽) _361
472 왕소(王劭) _362
473 왕회(王薈) _363
474 왕응(王應) _363
475 왕호지(王胡之) _364
476 왕기지(王耆之) _367
477 왕희지(王羲之) _368
478 왕순(王珣) _375
479 왕민(王珉) _380
480 왕밀(王謐) _381
481 왕흠(王歆) _382
482 왕휘지(王徽之) _383
483 왕헌지(王獻之) _390
484 왕담(王湛) _400
485 왕제(王濟) _403
486 왕승(王承) _408
487 왕술(王述) _411

488 왕탄지(王坦之) _417
489 왕국보(王國寶) _421
490 왕침(王忱) _423
491 왕서(王緖) _425
492 왕몽(王濛) _427
493 왕온(王蘊) _431
494 왕수(王修) _432
495 왕공(王恭) _434
496 왕상(王爽) _440
497 왕은(王隱) _442
498 왕니(王尼) _444
499 왕개(王愷) _446
500 왕열지(王悅之) _447
501 왕혜(王惠) _447
502 왕유(王裕) _449
503 왕소지(王韶之) _450
504 왕홍지(王弘之) _451
505 왕담수(王曇首) _453
506 왕욱(王彧) _454
507 왕찬지(王瓚之) _456
508 왕현모(王玄謨) _457
509 왕원(王遠) _458
510 왕미(王微) _459
511 왕승우(王僧祐) _461
512 왕사원(王思遠) _461
513 왕연지(王延之) _463
514 왕곤(王琨) _464

❋ 목차(下) ❋

꧁ 世說新語姓彙韻分 卷之九

515 왕승건(王僧虔) _1
516 왕검(王儉) _3
517 왕경칙(王敬則) _6
518 왕융(王融) _6
519 왕빈(王份) _7
520 왕온(王蘊) _8
521 왕건(王騫) _9
522 왕규(王規) _10
523 왕태(王泰) _12
524 왕령언(王令言) _12
525 왕통(王通) _15
526 왕방경(王方慶) _20
527 왕적(王績) _21
528 왕유(王維) _22
529 왕안석(王安石) _23
530 왕방(王雱) _26
531 왕분(王汾) _27
532 장후(蔣詡) _28
533 상장(向長) _29
534 상수(向秀) _30
535 상웅(向雄) _32
536 명산빈(明山賓) _34
537 정의(丁儀) _35
538 정위(丁謂) _36
539 성공간(成公簡) _37
540 경방(京房) _38
541 병원(邴原) _39
542 경신마(敬新磨) _41
543 맹가(孟嘉) _42
544 맹루(孟陋) _45
545 맹의(孟顗) _46
546 맹호연(孟浩然) _47
547 정숭(鄭崇) _50
548 정현(鄭玄) _50
549 정천(鄭泉) _54
550 정계(鄭綮) _55
551 형소(邢劭) _56
552 등양(鄧颺) _57
553 등애(鄧艾) _58
554 등하(鄧遐) _59
555 등유(鄧攸) _61
556 응소(應劭) _63
557 등원발(滕元發) _63
558 증공(曾鞏) _65

559 주승(周乘) _66
560 주택(周澤) _67
561 주유(周瑜) _68
562 주처(周處) _70
563 주소(周邵) _73
564 주의(周顗) _74
565 주숭(周嵩) _87
566 주옹(周顒) _89
567 주유악(周維岳) _93
568 유파(劉巴) _94
569 유정(劉楨) _95
570 유령(劉伶) _97
571 유창(劉昶) _99

ꙮ 世說新語姓彙韻分 卷之十

572 유보(劉寶) _100
573 유여(劉輿) _102
574 유곤(劉琨) _104
575 유담(劉惔) _104
576 유주(劉疇) _113
577 유수(劉綏) _114
578 유린지(劉驎之) _115
579 유원지(劉爰之) _118
580 유응지(劉凝之) _119
581 유현명(劉玄明) _119
582 유환(劉瓛) _121
583 유옹(劉邕) _122
584 유상(劉祥) _122
585 유회(劉繪) _125
586 유효작(劉孝綽) _126
587 유량(劉諒) _126
588 유준(劉峻) _128
589 유우(劉訏) _131
590 유주(劉晝) _133
591 유자익(劉子翼) _133
592 유신(劉迅) _134
593 유우석(劉禹錫) _135
594 유반(劉攽) _137
595 유서(劉恕) _138
596 후패(侯霸) _140
597 후백(侯白) _140
598 우홍(牛弘) _141
599 추담(鄒湛) _142
600 구령국(丘靈鞠) _142
601 유열(柳悅) _144
602 유기(柳機) _145
603 구준(寇準) _146
604 두종일(竇從一) _147
605 임연(任延) _149
606 임개(任愷) _150
607 임첨(任瞻) _151
608 임방(任昉) _153
609 임포(林逋) _154
610 심소략(沈昭略) _155
611 염립본(閻立本) _158

612 엄광(嚴光) _159
613 엄안(嚴顔) _161
614 엄무(嚴武) _162
615 엄안지(嚴安之) _164
616 범식(范式) _165
617 범단(范丹) _168
618 범선(范宣) _168
619 범계(范啓) _170
620 범엽(范曄) _171
621 범진(范縝) _174
622 범순인(范純仁) _175
623 범육(氾毓) _178
624 곽태(郭泰) _178
625 곽회(郭淮) _180
626 곽상(郭象) _182
627 곽눌(郭訥) _183
628 곽문(郭文) _183
629 곽박(郭璞) _185
630 곽우(郭瑀) _189
631 곽자의(郭子儀) _190
632 곽충서(郭忠恕) _191
633 곽욱(郭昱) _192
634 학륭(郝隆) _193
635 악광(樂廣) _195

∞ 世說新語姓彙韻分 卷之十一

636 육굉(陸閎) _199
637 육개(陸凱) _200
638 육기(陸機) _201
639 육운(陸雲) _209
640 육완(陸玩) _210
641 육납(陸納) _213
642 육혜효(陸慧曉) _213
643 육우(陸羽) _215
644 축경수(竺景秀) _218
645 적인걸(狄仁傑) _219
646 석숭(石崇) _220
647 석야저(石野猪) _223
648 석중립(石中立) _224
649 적탕(翟湯) _226
650 목병(沐並) _227
651 목제파(穆提婆) _230
652 곡나율(谷那律) _231
653 복도(伏滔) _232
654 복건(服虔) _238
655 필탁(畢卓) _239
656 설도형(薛道衡) _239
657 습착치(習鑿齒) _242
658 섭계보(聶季寶) _246
659 섭의문(葉義問) _247
660 색정(索靖) _248
661 악주(岳柱) _249
662 제갈량(諸葛亮) _250
663 제갈정(諸葛靚) _252
664 제갈각(諸葛恪) _254
665 제갈회(諸葛恢) _257

666 제갈굉(諸葛厷) _258
667 황보규(皇甫規) _259
668 황보밀(皇甫謐) _261
669 호무보지(胡毋輔之) _262
670 영호도(令狐綯) _263
671 하후현(夏侯玄) _266
672 하후단(夏侯亶) _270
673 태숙광(太叔廣) _271
674 중장자광(仲長子光) _271
675 구양순(歐陽詢) _272
676 사공도(司空圖) _273
677 사마휘(司馬徽) _274
678 사마방(司馬防) _278
679 사마의(司馬懿) _279
680 사마사(司馬師) _280
681 회남왕(淮南王) 유안(劉安) _281
682 소열황제(昭烈皇帝) _282
683 무제(武帝) 조조(曹操) _284
684 문제(文帝) 조비(曹丕) _291
685 명제(明帝) 조예(曹叡) _294
686 동아왕(東阿王) 조식(曹植) _296
687 대제(大帝) 손권(孫權) _297
688 경제(景帝) 손휴(孫休) _299
689 후주(後主) 손호(孫皓) _300
690 세조(世祖) 무황제(武皇帝) _302
691 민회태자(愍懷太子) 사마휼(司馬遹) _302
692 중종(中宗) 원황제(元皇帝) _303
693 숙종(肅宗) 명황제(明皇帝) _304
694 초왕(譙王) 사마무기(司馬無忌) _308

∞ 世說新語姓彙韻分 卷之十二

695 태종(太宗) 간문황제(簡文皇帝) _311
696 열종(烈宗) 효무황제(孝武皇帝) _315
697 회계왕(會稽王) 사마도자(司馬道子) _318
698 주(主) 석륵(石勒) _319
699 주(主) 부견(苻堅) _321
700 주(主) 모용수(慕容垂) _322
701 무제(武帝) 유유(劉裕) _324
702 폐제(廢帝) 유자업(劉子業) _325
703 무릉왕(武陵王) 소엽(蕭曄) _327
704 무제(武帝) 소연(蕭衍) _328
705 소명태자(昭明太子) 소통(蕭統) _329
706 간문제(簡文帝) 소강(蕭綱) _329
707 함양왕(咸陽王) 원희(元禧) _330
708 팽성왕(彭城王) 원협(元勰) _331
709 신무제(神武帝) 고환(高歡) _334
710 곽왕(霍王) 이원궤(李元軌) _335
711 현종(玄宗) 명황제(明皇帝) _336
712 소종황제(昭宗皇帝) _337
713 장종(莊宗) 이존욱(李存勖) _338
714 악양자(樂羊子) 처 _338
715 진영(陳嬰) 모 _340
716 반첩여(班婕妤) _341
717 원외(袁隗) 처 마씨(馬氏) _342
718 채염(蔡琰) _345

719 공융(孔融) 녀 _348
720 변태후(卞太后) _349
721 허윤(許允) 처 완씨(阮氏) _351
722 왕광(王廣) 처 제갈씨(諸葛氏) _355
723 왕경(王經) 모 _356
724 조희(趙姬) _358
725 왕혼(王渾) 처 종씨(鍾氏) _359
726 왕담(王湛) 처 학씨(郝氏) _361
727 가충(賈充) 처 이씨(李氏) _362
728 산도(山濤) 처 한씨(韓氏) _364
729 도간(陶侃) 모 담씨(湛氏) _366
730 주준(周浚) 처 이씨(李氏) _369
731 사랑(謝朗) 모 왕씨(王氏) _370
732 사안(謝安) 처 유씨(劉氏) _371
733 왕희지(王羲之) 처 치씨(郗氏) _373
734 왕응지(王凝之) 처 사씨(謝氏) _375
735 유선(庾宣) 처 환씨(桓氏) _379
736 치초(郗超) 처 주씨(周氏) _381
737 한백(韓伯) 모 은씨(殷氏) _382
738 환충(桓沖) 처 왕씨(王氏) _384
739 환온(桓溫) 첩 이씨(李氏) _384
740 세조황후(世祖皇后) 왕씨(王氏) _386
741 명제황후(明帝皇后) 왕씨(王氏) _387
742 유효작(劉孝綽) 삼매(三妹) _388
743 상관소용(上官昭容) _389
744 정화공주(政和公主) _389
745 장열(張說) 녀 _391
746 원재(元載) 처 왕씨(王氏) _392
747 황소(黃巢) 희첩(姬妾) _393
748 진국장공주(秦國長公主) _395
749 도안(道安) _396
750 지둔(支遁) _397
751 도일도인(道壹道人) _411
752 축법태(竺法汰) _412
753 승의(僧意) _413
754 혜원(惠遠) _414
755 도징(圖澄) _415
756 축법심(竺法深) _417
757 고좌도인(高坐道人) _418
758 민도도인(愍度道人) _420
759 도유(道猷) _421
760 혜휴(惠休) _423
761 혜량(慧亮) _424
762 혜륭(慧隆) _425
763 혜정(慧淨) _426
764 중조소아(中朝小兒) _428
765 성랑(省郎) _429

◈ 인명 찾아보기(가나다순) _431

◈ 인명 찾아보기(시대순) _453

『세설신어성휘운분』
—성씨별로 읽는 『세설신어』

중국 위진남북조(魏晉南北朝) 송(宋)나라의 대표적 문인 유의경(劉義慶: 403~444)이 지은 『세설신어(世說新語)』는 후한 말에서 동진 말까지 실존했던 제왕과 고관 귀족을 비롯하여 문인·학자·현자·은자·스님·부녀자 등 700여 명에 달하는 인물의 독특한 언행과 일화를 「덕행(德行)」·「언어(言語)」·「정사(政事)」·「문학(文學)」 등 36편에 수록해 놓은 필기소설집이다. 내용은 상당히 방대하여 당시의 문학·예술·정치·학술·사상·역사·사회상·인생관 등 인간생활의 전반적인 면모를 담고 있다.

『세설신어』는 『문선(文選)』·『몽구(蒙求)』 등과 함께 국내 문학과 학술에 커다란 영향을 미친 한적(漢籍) 가운데 하나다. 『세설신어』는 이미 통일신라시대에 국내에 전래된 것으로 추정되며, 고려시대를 거쳐 조선시대까지 줄곧 국왕을 비롯한 많은 지식인들의 애독물이 되었다. 특히 조선시대에는 이러한 관심이 대단하여 여러 각본(刻本)과 필사본이 계속해서 나왔으며, 많은 문인들의 문집에서 그 고사를 전고로 사용한 예를 흔히 찾아볼 수 있다. 본서의 대상이 되는 『세설신어성휘운분』은 바로 그러한 관심 속에서 간행된 책이다.

『세설신어성휘운분』의 기본적인 텍스트는 명대에 간행된 『세설신어보(世說新語補)』인데, 『세설신어보』는 유의경의 『세설신어』와 명대 하량준(何良俊)의 『하씨어림(何氏語林)』 중에서 각각 일부분을 삭제하여 합쳐 놓은 형태로서, 이러한 산정(刪定) 작업을 한 사람은 왕세정(王世貞: 1526~1590)으로 알려져 있다. 『세설신어보』에 수록된 고사의 시대범위는 한대부터 송·원대까지 확장되어 있다.

『세설신어성휘운분』은 『세설신어보』를 완전히 해체하여 전체 고사를 등장인물의 성씨별로 재배치한 것으로, 우리나라에서만 간행된 세계적으로 희귀한 판본이다. 『세설신어』의 결점 가운데 하나로 종종 지적되는 것은 등장인물이 여러 편에 산재되어 있어서 한 인물의 전체 면모를 종합적으로 이해하기 어렵다는 것이었는데, 『세설신어성휘운분』은 바로 이러한 점을 효과적으로 해결했으며, 또한 일종의 검색 역할을 하는 다양한 장치를 마련하여 독자들에게 열독(閱讀)의 수월성을 제공해 주고 있다. 이러한 새로운 형식과 체재의 판본이 국내에서 간행되었다는 것은 당시 지식인들이 얼마나 『세설신어』를 탐독하고 애호했는지를 잘 대변해 준다고 하겠다.

『세설신어성휘운분』은 『세설』 계통 판본 중에서 지금까지 거의 알려져 있지 않은 새로운 희귀본이므로, 이에 대한 연구와 역주는 우선 국내외 '세설학'계의 연구 영역을 확대할 수 있다는 데 의의가 있다. 또한 『세설신어성휘운분』의 간행은 조선시대 지식인 계층의 애호를 반영하고 있으며, 그들의 문집에 이 책의 많은 고사가 전고로 사용되었으므로, 국내 한문학을 연구하는 데에도 매우 유용한 참고자료로 활용될 수 있을 것이다.

본서는 이렇듯 세계적으로 희귀한 판본인 『세설신어성휘운분』의 가치를 간행 배경, 판본, 체재, 수록 범위 및 내용 등 여러 측면에서 종합적으로 고찰하고 전체를 완역 역주하여 『세설신어성휘운분』을 전체 '세설학'의 한 장에 편입시킴으로써 그 위상을 정립하는 데 목적이 있다. 이러한 연구는 국내에 소장된 귀중한 문헌자료를 발굴하여 해당 분야의 연구를 국내외적으로 활성화시키기 위해서 반드시 필요한 작업이라고 생각한다.

1. 『세설신어성휘운분』의 간행 배경

1) 『세설신어』와 『세설신어보』의 국내 전래와 유행

『세설신어』가 언제 처음으로 국내에 전래되었는지 그 정확한 시기는 알 수 없지만, 필자가 고찰한 바로는 『세설신어』는 이미 통일신라시대 후기에 전래되었던 것으로 보이는데, 그 구체적인 근거는 신라의 대문호 최치원(崔致遠: 857～?)의 〈봄날 새벽에[春曉偶書]〉라는 시의 "생각사로 한스럽다! 유령의 부인. 억지로 낭군께 술 덜 먹게 했다니[思量可恨劉伶婦, 强勸夫郎疎酒盃][1]" 구절에서 찾을 수 있다. 이 두 구절은 바로 『세설신어』「임탄(任誕)」편의 〈유령병주(劉伶病酒)〉 고사를 그 전고로 사용한 것이다.

최치원은 신라 말기의 학자로 자(字)는 고운(孤雲)·해운(海雲), 시호는 문창후(文昌侯)다. 12세(868년)에 당나라에 유학하여 17세(873년)에 과거에 급제한 뒤, 선주율수현위(宣州溧水縣尉)와 승무랑시어사내공봉(承務郎侍御史內供奉) 등의 관직을 지냈고, 고병(高騈)의 종사관(從事官)으로 황소(黃巢)의 난 진압에 참가하여 〈토황소격문(討黃巢檄文)〉을 써서 문명(文名)을 높였으며, 28세(884년)에 귀국했다. 귀국 후 38세(894년)에는 시무(時務) 10여 조를 올려 아찬(阿湌) 벼슬에 올랐다. 그러나 만년에는 난세에 절망하여 각지를 유람하면서 인생무상과 풍월을 읊다가 마지막에는 가야산(伽倻山) 해인사(海印寺)에 들어가 여생을 마쳤다고 하

1) 『三韓詩龜鑑』 卷中에 실려 있는 翰林學士 崔致遠의 〈春曉偶書〉. 金甲起 譯注, 『羅麗漢詩選(三韓詩龜鑑)』(서울: 二友出版社, 1983), 165～166쪽. 전체 시는 다음과 같다.

叵耐東流水不廻, 어쩌랴! 흐르는 세월 돌이킬 수 없으니,
只催時景惱人來. 때로운 물색만 재촉하여 시름겹게 하누나.
含情朝雨細復細, 정겨운 아침 비는 보슬보슬 내리고,
弄艶好花開未開. 하놀이로 좋은 꽃 필동말동.
亂世風光無主者, 난세라 아름다운 경치 임자 없고,
浮生名利轉悠哉. 부생의 명리야 더욱 유유하구나.
思量可恨劉伶婦, 생각사로 한스럽다! 유령의 부인,
强勸夫郎疎酒盃. 억지로 낭군께 술 덜 먹게 했다니.

는데, 그 졸년은 확실히 알 수 없다.

위의 시는 정확히 언제 지어졌는지 알 수 없지만, 최치원의 행적에 비춰 보아 그의 만년에 지어진 것으로 추정된다. 시에서 언급한 "난세(亂世)"가 구체적으로 어느 시기인지 분명하지 않지만, 918년에 고려가 건국되어 신라와 대치할 때부터 신라의 국세가 기울어 935년 망국에 이르기까지를 가리키는 것으로 본다면, 그 때 최치원의 나이는 대략 60~80세가 되므로 그의 만년에 해당된다 하겠다.

이상의 추정을 전제로 한다면 『세설신어』는 최치원이 위의 시를 짓기 전, 즉 아무리 늦어도 900년대 초에는 이미 국내에 전래되었을 가능성이 높다고 할 수 있다. 이 시기는 중국의 당말 오대초에 해당된다.

『세설신어』는 고려시대 중엽에 이르러 그 청담(淸談) 취향의 고사 성격이 당시의 정치적인 상황과 맞물려 여러 문인들의 중시를 받았다. 고려 초기 이래 숭문억무(崇文抑武)의 정책으로 인해 쌓여 있던 무신(武臣)들의 불만이 의종(毅宗: 1146~1170 재위) 때에 이르러 무신에 대한 국왕의 천대와 문신의 멸시 등으로 인해 폭발하여, 마침내 의종 24년(1170)에 정중부(鄭仲夫)·이의방(李義方)·이고(李高) 등이 무신 쿠데타를 일으켜, 문관들을 학살한 뒤 의종을 추방하고 그의 동생 익양공(翼陽公: 明宗)을 옹립함으로써 정권을 잡았는데, 이를 '정중부의 난' 또는 '무신의 난'이라 부른다. 그 후 명종(明宗) 26년(1196)에 무신 최충헌(崔忠獻: 1149~1219)이 정권을 잡게 되어 60년간 최씨 막부시대가 계속되었는데, 이 시기에는 문신도 상당한 대우를 받긴 했지만 여전히 무신의 억압 아래 있었다. 그래서 정중부의 난 이후로 많은 문인들이 세상을 등지고 산림에 은거하면서 시주(詩酒)와 청담을 일삼았다. 그 중에서 특히 이인로(李仁老)·오세재(吳世才)·임춘(林椿)·조통(趙通)·황보항(黃甫抗)·함순(咸淳)·이담지(李湛之) 등은 자신들을 중국의 죽림칠현(竹林七賢)에 비유하여 '해좌칠현(海左七賢)'이라 했으며, 이규보(李奎報)는 나중에 약관의 나이로 이들의 대열에 후배로서 참여했다.

이러한 배경 하에서 이인로의 『파한집(破閑集)』, 최자(崔滋)의 『보한집(補閑集)』, 이규보의 『백운소설(白雲小說)』, 이제현(李齊賢)의 『역옹패설(櫟翁稗說)』 등 패관소설이 『세설』류 청담문학의 영향을 받아 지어졌는데, 이들의 작품에서 『세설신어』의 고사를 전고로 사용한 예를 쉽게 찾을 수 있다.

『세설신어』가 국내에 전래되었다는 보다 분명한 문헌상의 기록은 고려의 대문호 이규보(1168~1241)의 시와 그의 자주(自注)에서 발견된다. 이규보는 〈동각오세문이 고원의 여러 학사에게 드린 삼백 운의 시에 차운하다[次韻吳東閣世文呈誥院諸學士三百韻詩]〉라는 장편의 고율시(古律詩) 가운데 "위엄은 이미 왕이를 복종시켰네[威已懾王姨]"라는 구절 끝에 "(왕이는) 왕이보(王衍)의 이모다. 이 고사는 『세설』에 보인다[王夷甫姨也. 事見世說.]"[2]라고 자신이 직접 주를 달았다. 앞의 인용문에서 "『세설』에 보인다"라고 한 것은 『세설신어』「규잠(規箴)」편의 〈왕이보부(王夷甫婦)〉 고사[3]를 말하는 것이다.

위의 차운시가 지어진 시기는 이규보의 아들 이함(李涵)이 부친의 문집을 만들고 나서 쓴 「연보(年譜)」에 따르면[4], 금(金)나라 명창(明昌) 6년, 즉 고려 명종 25년(1195)에 해당된다. 따라서 1195년에는 『세설신어』가 국내에 분명히 존재했음을 알 수 있다. 하지만 이규보를 비롯하여 같은 시대의 여러 문인들이 『세설』풍의 담론을 선호하고 그들의 저작에서 『세설신어』의 고사를 전고로 사용한 예가 빈번한 점 등으로 미루어 보아,[5] 이때에는 이미 『세설신어』가 상당 기간 널리 유전되어 온 것으로 보인다.

조선시대는 『세설』에 대한 열기가 대단히 뜨거웠던 시기인데, 이 시기에는 유의경의 원본 『세설신어』보다는 명대 하량준의 『하씨어림』을 동시대의 왕세정이 산정한 『세설신어보』가 크게 유행한 점을 주요한 특징으로 들 수 있다.

『하씨어림(何氏語林)』[『어림(語林)』이라고도 함]은 명대 하량준(1506~1573)이

2) 李奎報, 『東國李相國集』 卷5 「古律詩」.

3) 이 고사는 『晉書』 卷43 「王衍傳」에도 나오는데 모두 王衍의 婦人에 관한 일로 되어 있다. 李奎報의 詩와 自注에서 "왕이보의 이모"라고 한 것은 아마도 착오인 것 같다.

4) 『東國李相國集』 「年譜」: "을묘년(금 명창 6년), 공의 춘추 28세. 이 해에 〈오동각의 삼백 운 시에 화답하다〉를 지으셨다[乙卯(明昌六年), 公年二十八. 是年著〈和吳東閣三百韻詩〉]."

5) 李奎報의 경우를 예로 들면, 그의 『東國李相國集』 전체에서 『世說新語』의 故事를 典故로 사용한 것이 80여 군데나 된다.

가정(嘉靖) 29년(1550)에 찬한 것으로, 동진 배계(裴啓)의 『어림』에서 서명을 따오고 『세설신어』의 체재를 답습하여 「언지(言志)」와 「박식(博識)」 2편을 더 추가함으로써, 총 30권, 38편, 2781조, 10여만 자로 구성된 지인류(志人類) 필기소설이다. 현존하는 원각본(原刻本)으로는 명강정하씨청삼각각본(明嘉靖何氏淸森閣刻本)·하씨번경당각본(何氏繙經堂刻本)·투판본(套板本)이 있으며, 그밖에 『사고전서(四庫全書)』본 등이 있다. 이 책은 전대의 사전(史傳)과 필기잡서 중의 인물고사를 뽑아 수록했는데, 그 시대 범위는 한대부터 송·원대까지며, 『세설신어』에 수록된 고사는 제외되어 있다. 또한 『세설신어』의 유효표(劉孝標) 주를 모방하여 각조 밑에 자신의 주를 달았으며, 각편 앞에는 자서(自序)를 두어 편목의 함의와 편집의도 등을 밝혀 놓았다.

『세설신어보(世說新語補)』는 유의경의 『세설신어』와 하량준의 『하씨어림』 중에서 각각 일부분을 삭제하여 합쳐 놓은 형태인데, 이러한 산정 작업을 한 사람은 왕세정(1526~1590)으로 알려져 있다. 처음에는 산정된 『세설신어』와 『하씨어림』을 합각(合刻)한 형태로 있다가 나중에는 두 책을 혼합한 형태로 발전한 것으로 보인다. 합각본에는 '萬曆間刻『世說新語』八卷『世說新語補』四卷'본 등이 있으며, 혼합본에는 '萬曆十三年(1585)張文柱刻李卓吾評點『世說新語補』二十卷'본 등이 있다. 『세설신어보』는 『하씨어림』에서 추가한 「언지」와 「박식」 2편을 다시 삭제하고 『세설신어』의 본래 편목에 따라 36편으로 되어 있으며, 분량에 대해서는 왕세정의 서문에서 "『세설』에서 삭제한 것은 10분의 2를 넘지 않으며 하씨의 책에서 채록한 것은 10분의 3을 넘지 않는다[世說之去不過十之二, 而何氏之所采則不過十之三耳.]"고 밝혔다.[6] 또한 능몽초(凌濛初)의 서문에 따르면, 명대에는 『세설신어보』가 크게 유행하여 "학사대부들이 다투어 지니고서 암송했으며", "나라 안에 임천(臨川: 劉義慶, 즉 『世說新語』를 말함)이 있는지 더 이상 알지 못하는"[7] 정도가 되었다고 한다. 이러한 경향은 조선시대에도 마찬가지였다.

6) 필자가 조사한 통계에 따르면, 『世說新語補』는 총 1424條의 고사로 이루어져 있으며, 이 중에서 劉義慶의 『世說新語』에서 채록한 고사는 849條고 『何氏語林』에서 보충한 고사는 575條다.

『세설신어보』의 국내 전래에 관한 기록은 영조(英祖: 1724~1776 재위) 때의 대제학(大提學)으로 대문장가였던 이의현(李宜顯: 1669~1745)의 『도곡집(陶谷集)』「잡저(雜著)」에서 찾을 수 있다.

> 그 담론 취향 서책의 문장은 모두 담박하고 고상하여 즐길 만한데, 이것은 유의경의 『세설』이 문인들에게 특히 사랑받은 까닭이다. 이로 말미암아 생각해 보니, 당시에 그 인물을 직접 보고 그 언어를 듣는 것 같으니 어찌 매료되지 않을 수 있겠는가? 명대 사람이 그 번잡함을 산정하고 그 뛰어남을 보충하여 한 권의 서책을 만들었으니, 진실로 문단의 진귀한 보물이다. 명나라 사신 주지번(朱之蕃)이 가지고 와서 서경(西坰)[8]에게 증정하여 마침내 우리나라 문인들이 즐겨 보게 되었다.[9]

여기에서 이의현은 『세설신어』의 "담박하고 고상한[澹雅]"한 풍격과 생동감 넘치는 인물묘사를 호평했다. 또한 인용문의 "명대 사람이 그 번잡함을 산정하고 그 뛰어남을 보충했다"는 구절로 보아 이때 들어온 것은 유의경의 원본 『세설신어』가 아니라 명대에 간행된 『세설신어보』인 것이 확실하다. 명나라의 사신 주지번이 조선에 온 시기는 조선 선조(宣祖) 39년(1606)이고 『세설신어보』는 명 가정 35년(1556)에 처음 간행되었으므로,[10] 간행된 지 얼마 되지 않아 바로 국내에 수입되었음을 알 수 있다. 이것은 『세설』에 대한 국내 문인 학자들의 수요가 그만큼 많았음을 말해준다 하겠다.

조선시대에는 국왕을 비롯한 문인 학자들이 『세설』의 가치를 선양하고 그들의

---

7) 凌濛初, 「世說新語補序」: "學士大夫爭佩誦焉", "海內不復知有臨川矣".

8) 朝鮮의 文臣 柳根(1549~1627)을 말한다. 유근은 字가 晦夫, 號가 西坰·孤山으로 李滉의 門人이었다. 1591년 建儲問題로 鄭澈이 화를 당했을 때 그 일파로 몰려 탄핵받았으나 文才를 아낀 宣祖의 배려로 화를 모면했다. 1613년 廢母論 반대로 관직이 삭탈되었다가 1619년 복직되었다.

9) "其談論風標一書之文字則無不澹雅可喜, 此劉義慶世說所以爲楮人墨客所劇嗜者也. 因此想當時親見其人聽其言語者, 安得不傾倒也? 明人刪其蕪補其奇, 作爲一書, 誠藝林珍寶也. 朱天使之蕃攜來贈西坰, 遂爲我東詞人所欣睹焉."

10) 『世說新語補』의 최초 간행연대는 王世貞 序文의 "嘉靖丙辰季夏琅琊王世貞譔"이라는 기록에 근거한 것이다. 그러나 현존하는 『세설신어보』의 판본은 모두 萬曆年間(1573~1619) 이후에 간행된 것이다.

문집에 폭넓게 수용했다. 그 대표적인 예로 정조(正祖: 1776~1800 재위)는 『홍재전서(弘齋全書)』에서 다음과 같이 『세설』을 평가했다.

> 소설가는 심히 번잡하고 외람되며 명목은 비록 다르지만 그 지향은 한 가지다. 오직 유의경의 『세설』만이 가장 볼 만하여, 동진 자제들의 눈썹과 눈, 뺨과 입, 귀밑머리와 머리카락, 집과 방, 수레와 의복, 술잔 등이 마치 직접 보는 것처럼 역력하다.[11]

정조는 정통 한문문체에 소설문체가 혼입되는 것을 우려하여 문체반정(文體反正)을 시행하기 위해 패사(稗史)·소설·잡서에 대한 금지령을 내릴 정도로 소설을 탄압한 것으로 알려져 있다. 그런데도 그가 『세설』에 대해서는 이처럼 찬사를 아끼지 않았으니, 당시 문인 학자들 사이에서 『세설』이 얼마나 광범위하게 유전되고 독자의 환영을 받았는지를 잘 알 수 있다.

그밖에 차천로(車天輅)의 『오산설림(五山說林)』, 심재(沈滓)의 『송천필담(松泉筆談)』, 이제신(李濟臣)의 『청강소설(淸江小說)』·『청강쇄어(淸江瑣語)』, 유몽인(柳夢寅)의 『어우야담(於于野談)』, 이희준(李羲準)의 『계서야담(溪西野談)』, 정대륜(鄭戴崙)의 『공사문견록(公私聞見錄)』, 서거정(徐居正)의 『골계전(滑稽傳)』, 작자미상의 『기문총화(紀聞叢話)』·『대동기담(大東奇談)』·『성수총화(醒睡叢話)』·『청구야담(靑丘野談)』·『패림(稗林)』 등 일련의 필기저작도 『세설』의 해학성과 청담성에 직간접적인 영향을 받아 지어진 것으로 알려져 있다.[12]

한편 조선시대에는 『세설』의 중국 판본이 집중적으로 수입되었는데, 『세설신어보』가 주류를 이루었다. 현재 국내에 소장되어 있는 판본은 모두 명·청대에 간행된 목판본이다. 그 중에서 『세설신어』는 명대 원경가취당본(袁褧嘉趣堂本) 계통의 6권본이 주류를 이루고 있으며, 『세설신어보』는 명대 장문주교각본(張文柱校刻本) 계통의 20권본이 대다수를 차지하고 있다.

---

11) 『弘齋全書』 卷162 「日得錄」: "小說家甚繁雜猥濫, 名目雖殊, 其指則一也. 唯劉義慶世說最可觀, 江左子弟眉目·頰牙·鬢髮·宮室·輿服·醆斝, 歷歷如親覩焉."

12) 朴晟義, 『韓國文學背景硏究』(서울: 二友出版社, 1980), 680~683쪽.

2) 『세설신어보』의 간행

조선시대의 『세설』 판각에는 크게 두 가지의 특징이 있다. 첫째는 판각의 대상이 유의경의 원본 『세설신어』가 아니라 명대에 증보된 『세설신어보』라는 점이다. 중국판본의 수입도 『세설신어보』를 중심으로 이루어진 것을 감안하면, 당시 독서계에서 애독되었던 것은 『세설신어보』였음이 분명하다. 그 이유는 분명히 알 수는 없지만, 아마도 『세설신어보』에 담긴 인물고사의 시대범위가 한・위・진대에서 송・원대까지 확대되었기 때문에 그것을 통하여 1500년간의 인물고사와 역사지식을 한꺼번에 얻을 수 있었기 때문이라고 생각한다. 둘째는 조선 숙종(肅宗: 1674~1720 재위) 때 새로 주조한 현종실록자(顯宗實錄字)[13]로 간행되었다는 점이다. 현종실록자로 간행된 책은 경서나 사서와 같은 국가적인 주요 전적이 대부분이며, 소설류나 잡서류는 거의 전부가 목판본 아니면 필사본이다. 그런데도 『세설신어보』가 현종실록자로 간행되었다는 것은 그만큼 당시에 특별한 중시를 받았음을 증명해 준다고 하겠다.

현재 간행 연대를 추정할 수 있는 판본은 숙종 34년(1708) 경에 현종실록자로 간행된 『세설신어보』 20권 6책본(延世大)과 20권 7책본(國立中央圖書館・高麗大・韓國學中央研究院・成均館大・澗松本) 등이 있다. 이 책은 모두 권수(卷首)에 왕세정 「서」(1556), 왕세무(王世懋) 「서」(1580)・「재지(再識)」(1585), 진문촉(陳文燭) 「서」(1586), 원경(袁褧) 「구서(舊序)」(1535), 「구제(舊題)」, 동분(董弅) 「구발(舊跋)」(1138), 육유(陸游) 「구발」(1188), 문징명(文徵明) 「하씨어림서(何氏語林序)」(1611), 육사도(陸師道) 「하씨어림서」, 「부석명(附釋名)」, 「세설신어보목록(世說新語補目錄)」이 차례로 실려 있으며, 이어서 "세설신어보권지일(世說新語補卷之一)" 아래에 "宋 劉義慶 撰, 梁 劉孝標 注, 宋 劉辰翁 批, 明 何良俊 增, 王

---

13) 顯宗實錄字는 『顯宗實錄』을 인쇄하기 위해 민간에서 빌려 온 洛東契字 35,000字와 肅宗 3년(1677)에 새로 주조한 40,825字를 합한 것이다. 따라서 1677년을 기준으로 하여 그 이전에 인쇄된 책은 '洛東契字本'이고 그 이후에 인쇄된 책은 '顯宗實錄字本'이다. 주조 솜씨는 정교하지 못하나 글자체는 端雅하고 楷正하여 7대 실록을 비롯한 많은 서적의 인쇄에 사용되었다. 또 활자의 뒷면이 활 등처럼 속으로 움푹 패였는데, 이것은 구리의 양을 절약하고 조판할 때 잘 부착되도록 하기 위한 것으로 여겨진다.

世貞 刪定, 王世懋 批釋, 鍾惺 批點, 張文柱 校注"라고 제(題)되어 있다. 또한 『하씨어림』에서 뽑아 수록한 고사는 해당 조의 바로 위 상란에 "보(補)"라고 표기하여 원본 『세설신어』의 고사와 구별 지음으로써, 독자들에게 일종의 검색의 편리함을 제공하고 있다.[14] 그리고 일부 고사는 원본 『세설신어』에 소속된 편목에서 다른 편목으로 이동된 경우도 있다.

이상에서 살펴보았듯이 『세설신어』는 통일신라시대에 국내에 전래된 이후, 고려시대를 거쳐 조선시대까지 줄곧 국왕을 비롯한 많은 지식인들의 애독물이 되었으며, 특히 1600년대 초에 국내에 전래된 『세설신어보』는 당시 독서계에 큰 영향력을 발휘했다. 이러한 상황에서 『세설신어보』는 국가의 주요 전적 간행에 사용하던 현종실록자로 인쇄되기에 이르렀다. 『세설신어보』의 국내 간행은 보다 많은 지식인들이 이 책을 보다 쉽게 열독하고 소장할 수 있는 기회를 제공해 주었다. 이런 과정에서 일부 독자는 700여 명에 이르고 1400여 조에 달하는 『세설신어보』를 보다 효과적으로 읽어 낼 수 있는 방법을 모색하게 되었다. 그 결과로 나온 것이 바로 기존의 『세설』 판본의 체재와는 완전히 다르게 편집한 『세설신어성휘운분』이었다. 다시 말해 『세설신어성휘운분』은 『세설신어보』를 저본으로 삼고 이를 완전히 해체하여 전체 고사를 등장인물의 성씨별로 재배치한 것이다. 이러한 새로운 형식과 체재의 판본이 국내에서 간행되었다는 것은 당시 지식인들이 얼마나 『세설신어』를 탐독하고 애호했는지를 잘 대변해 준다고 하겠다.

2. 『세설신어성휘운분』의 판본과 간행 연대

필자가 조사한 바에 의하면, 현재 국내에 소장되어 있는 『세설신어성휘운분』의 판본은 다음과 같다.

---

14) 필자가 확인한 바에 의하면, 해당 條의 上欄에 있는 "補" 표기는 대부분 정확하지만 일부 표기에서 분명한 착오가 발견되거나 탈락된 부분이 있으므로 그대로 활용하기에는 문제점이 있다.

12卷 4冊 / 王世貞 「世說新語補序」(1556), 袁褧 「舊序」(1535) / 中央圖・高麗大晩松文庫
12卷 6冊 / 王世貞 「補序」(1556), 袁褧 「舊序」(1535) / 奎章閣・延世大・高麗大晩松文庫
12卷 3冊 / 王世貞 「補序」(1556), 袁褧 「舊序」(1535) / 第2・3冊 缺 / 高麗大華山文庫
12卷 3冊 / 王世貞 「補序」(1556), 袁褧 「舊序」(1535) / 第1・9・10・11・12卷 缺 / 奎章閣
12卷 6冊 / 王世貞 「補序」(1556), 袁褧 「舊序」(1535) / 第10・11・12卷 缺 / 忠南大
12卷12冊 / 王世貞 「補序」(1556), 袁褧 「舊序」(1535) / 第8卷 缺 / 高麗大晩松文庫

이상의 판본은 모두 현종실록자체(顯宗實錄字體) 목활자(木活字)로 인쇄된 12권본이다. 이 중에서 연세대 소장 『세설신어성휘운분』 12권 6책을 살펴보면, 권수(卷首)에 「세설신어성휘운분범례」 4조, 왕세정의 「세설신어보서」(1556), 원경의 「구서」(1535), 「세설신어성휘운분목록」, 「부구목록(附舊目錄)」이 차례로 실려 있다. 서적의 형태사항을 보면, 광곽(匡郭)은 사주단변(四周單邊), 계선(界線)은 유계(有界), 반엽(半葉) 10행 18자, 주(註)는 쌍행(雙行), 어미(魚尾)는 상하내향이엽화문어미(上下內向二葉花紋魚尾), 표제(表題)는 "세설(世說)", 서제(序題)는 "세설신어보(世說新語補)", 판심제(板心題)는 "세설(世說)", 장정(裝訂)은 선장(線裝), 지질(紙質)은 저지(楮紙)다.

현재 국내에 소장되어 있는 『세설신어성휘운분』 각본에는 모두 간기(刊記)가 없기 때문에 간행자・간행지・간행처・간행년을 알 수 없다. 다만 『세설신어성휘운분』이 현종실록자체 목활자로 인쇄되었다는 점과 『세설신어보』를 저본으로 했다는 점에 근거하면, 현종실록자본 『세설신어보』가 간행된 숙종 34년(1708) 경 이후에서 영조(英祖: 1724~1776년 재위) 연간 사이에 간행되었을 것이라고 추정할 수 있다.[15]

한편 위의 각본 이외에 필사본도 몇 종 남아 있는데 다음과 같다.

15) 『世說新語姓彙韻分』의 간행 연대 추정에 있어서 '肅宗 34년(1708) 이후'라는 상한선 추정에는 별 문제가 없는 것으로 판단되지만, 그 하한선 추정에는 사실상 명확한 근거가 없다. 여기서는 일단 『國立中央圖書館古書目錄』에서 "英祖年間?"이라고 한 기록에 따르기로 한다.

12卷 2冊 / 王世貞「世說新語補序」(1556), 袁褧「舊序」(1535) / 高麗大晩松文庫

12卷 6冊 / 王世貞「世說新語補序」(1556), 袁褧「舊序」(1535) / 延世大

12卷 6冊 / 王世貞「世說新語補序」(1556), 袁褧「舊序」(1535) / 第3·4·7·8卷 缺 / 韓國學中央硏究院

이상의 필사본도 정확한 필사년을 알 수 없다. 다만 고려대 만송문고 소장 12권본만 "정유구월초칠일(丁酉九月初七日)"이라는 필사기가 있는데, "정유"년이 구체적으로 어느 시기인지 알기 어렵다.[16]

그밖에 『세설신어성휘운분』은 중국 국가도서관(國家圖書館)과 일본 경도대학(京都大學) 문학부도서관(文學部圖書館)에도 소장되어 있는데, 두 도서관의 고서목록에서는 이 책이 우리나라 조선시대에 목활자로 인쇄된 판본임을 밝히고 있다. 이 중 경도대학 판본은 12권 4책(元·亨·利·貞)으로 표제는 "세설"이고 "안동(安東)" "김시발인(金時發印)"이라는 장서인이 찍혀 있다.

3. 『세설신어성휘운분』의 체재

『세설신어성휘운분』의 체재는 「세설신어성휘운분범례」 4조에 표명되어 있다.[17]

1) "分門以姓, 分姓以韻"

『세설신어성휘운분』의 체재상 가장 큰 특징은 바로 "성씨로 편을 나누고 운으로 성을 나눈" 것이다. 구본 『세설』의 결점 가운데 하나로 종종 지적되는 것은 등장인물이 여러 편에 산재되어 있어서 한 인물의 전체 면모를 종합적으로 이해하기 어렵다는 것이었는데, 『세설신어성휘운분』은 등장인물을 성씨별로 재배치하

16) 다만 古活字本이 간행된 이후에 筆寫本이 나왔다고 전제한다면, 추정 가능한 연대는 1717년·1777년·1837년·1897년이다.

17) 「世說新語姓彙韻分凡例」의 全文은 뒤에 따로 번역되어 있으니 참조하기 바람.

고 해당 고사를 각 인물별로 모아 기록함으로써, 바로 이러한 점을 효과적으로 해결하고자 한 것이다. 다만 '복성(複姓)'·'제왕(帝王)'·'규수(閨秀)'·'사문(沙門)'의 경우는 "分門以姓, 分姓以韻" 원칙에 따르지 않고 예외적으로 처리했다.

그 실제 분류는 이 책의 목차에 해당하는 「세설신어성휘운분목록」을 보면 잘 알 수 있다.[18)]

'운목(韻目)'을 기준으로 삼아 고사를 분류하는[以韻隸事] 체재는 주로 유서(類書)에서 사용되었는데, 당대 안진경(顔眞卿)의 『운해경원(韻海鏡源)』이 그 시초로 알려져 있으며, 송대 음시부(陰時夫)의 『운부군옥(韻府羣玉)』을 거쳐 명대 『영락대전(永樂大典)』[명 영락 6년(1408)][19)]까지 이어졌다. 또한 '운목'을 기준으로 삼아 성씨를 분류하고[以韻隸姓] 약간의 고사를 첨부하는 체재는 당대 임보(林寶)의 『원화성찬(元和姓纂)』에서 일찍이 활용했으며, 송대 등명세(鄧名世)의 『고금성씨서변증(古今姓氏書辨證)』 등을 거쳐 명대 능적지(凌迪知)의 『만성통보(萬姓統譜)』까지 이어졌다. 더 나아가 '운목'을 기준으로 성씨를 분류하고 '성씨'를 기준으로 고사를 분류하는[以韻隸姓, 以姓隸事] 체재를 활용한 것으로는 송대 장정(章定)의 『명현씨족언행류고(名賢氏族言行類稾)』, 원대 『배운증광사류씨족대전(排韻增廣事類氏族大全)』, 명대 요용현(廖用賢)의 『상우록(尙友錄)』[명 天啓年間(1621～1627)][20)] 등을 들 수 있다. 이 중에서 『세설신어성휘운분』과 가장 비슷한 체재를 갖추고 있는 것은 『상우록』이다. 그러나 기존에 이미 전해지는 단일한 작품을 새롭게 편집하여 이러한 체재를 채택한 것은 『세설신어성휘운분』이 처음이다. 이러한 체재는 그 자체로 일종의 검색 역할을 겸하고 있으므로, 독자

---

18) 「世說新語姓彙韻分目錄」은 뒤에 따로 수록되어 있으니 참조하기 바람.

19) 『永樂大典』은 "用韻以統字, 用字以繫事"[「御製永樂大典序」]의 編輯體例를 갖추고 있다. 즉 韻目에 따라 單字를 분별하고 각 單字 아래에 해당 單字의 音義·反切·解說·書體를 나열한 뒤, 해당 單字와 관련된 天文·地理·人事·名物 및 詩文·詞曲 등 각 項의 기록을 分類 輯錄했다.

20) 廖用賢이 編한 『尙友錄』 22권은 周秦부터 南宋까지 名人의 언행을 "以韻爲綱, 以姓爲目"의 체재로 기록했는데, 史籍에 비하여 閱讀하기에 편리하기 때문에 독자들이 즐겨 애독했으며 淸代까지 續編과 補編이 계속 나왔다. [『四庫全書總目提要』「子部·類書類存目二」 참고]

들에게 열독의 수월성을 제공하고 있다. 이로써 『세설신어성휘운분』은 이제까지의 『세설』 판본과는 완전히 다는 체재를 갖춤으로써, 『세설』 판본사상 새로운 장을 개척했다고 할 수 있다.

2) "於其首見者, 並錄其始終"

『세설신어성휘운분』의 체재상 또 다른 특징은 "맨 처음 나온 자에 대해서는 그 시말을 함께 기록한" 것이다. 즉 어떤 인물이 처음 등장했을 경우, 구본처럼 곧바로 고사를 수록하지 않고[21] 해당 표제 인물의 성명 밑에 간략한 약전(略傳)을 먼저 기록했다는 것이다. 그 예를 들어보면 다음과 같다.

> [진] 이충(자는 홍도며 이중의 동생이다. 처음에 승상[王導]의 교기실에 초징되었으나 집안이 가난하여 섬현의 현령을 구했다. 대저작과 중서랑에 전임되었다.) ○ 검 상 위전
>
> [晉] 李充(字弘度, 重弟也. 初辟丞相校記室, 以貧求剡縣. 遷大著作·中書郎)[22] ○ 儉 詳 衛展
>
> [卷一·[紙]韻·李充條]

이러한 체재는 독자들이 700명이 훨씬 넘는 등장인물에 대한 기본적인 지식을 효과적으로 습득함으로써, 본 고사를 이해하는 데 많은 도움을 주게 된다. 이러한 체재 역시 『세설신어성휘운분』에서 처음 시도된 것으로, 전체 등장인물과 내용을 보다 빠르고 정확하게 이해하는 데 매우 유용한 장치라고 할 수 있다.

3) "主着亙字, 客着詳字"

"중심인물일 경우는 '호(亙)'자를 붙이고 부차적인 인물일 경우는 '상(詳)'자를 붙인" 것은 『세설신어성휘운분』의 체재상 매우 독특한 특징 가운데 하나다. 그

---

21) 물론 舊本에도 해당 인물의 略傳에 대한 注文이 없는 것은 아니지만, 『世說新語姓彙韻分』에서처럼 表題 人物名을 독립시켜 그 밑에 注文을 기록한 것이 아니고 故事의 중간이나 끝에 기록해 놓았다.

22) ( ) 안의 부분은 본래 두 줄의 작은 글씨로 기록된 注文이다. 다음의 인용문도 마찬가지임.

구체적인 방법을 다음의 예문을 통해서 살펴보기로 한다.

[위] 종육(자는 치숙이며 종요의 장자다. 14살에 산기시랑이 되었다. 기민하고 담소하는 것에 아버지의 기풍이 있었다. 벼슬은 거기장군에 이르렀다.)

○ **방** **상** 하후현

종육 형제가 어렸을 때, 아버지가 낮잠 자는 틈을 타서 함께 약주를 훔쳐 먹었다. 아버지는 이때 깨어 있었지만 잠든 척 하고 이를 지켜보았다. 종육은 배례한 후에 마셨으나 종회는 마시면서도 배례하지 않았다. 나중에 아버지가 종육에게 묻길: "왜 배례했느냐?"라고 하자, 종육이 대답하길: "술을 마시는 것은 그것으로써 예가 되기 때문에 감히 배례하지 않을 수 없었습니다"라고 했다. 또 종회에게 묻길: "왜 배례하지 않았느냐?"라고 하자, 종회가 대답하길: "훔치는 것은 본래 예가 아니기 때문에 배례하지 않았습니다"라고 했다. **언** **호** 종회

[魏] 鍾毓(字稚叔, 繇長子. 年十四, 爲散騎侍郎. 機捷談笑, 有父風. 仕至車騎將軍.) ○ **方** **詳** 夏侯玄

鍾毓兄弟小時, 值父晝寢, 因共偸服藥酒. 其父時覺, 且託寐而觀之. 毓拜而後飮, 會飮而不拜. 旣而問毓: "何以拜?" 毓曰: "酒以成禮, 不敢不拜." 又問會: "何以不拜?" 會曰: "偸本非禮, 所以不拜." **言** **互** 鍾會

[卷一・[冬]韻・鍾毓條]

위의 예문에서 **方**과 **言**은 『세설신어』의 「방정(方正)」편과 「언어(言語)」편을 뜻하며, '**詳** 夏侯玄'은 하후현과 함께 나오는 고사[23]에서 종육이 부차적인 인물로 등장한다는 것을 뜻하고, '**互** 鍾會'는 종회와 함께 나오는 고사[24]에서 종육이 중심인물로 등장한다는 것을 뜻한다. 이러한 '호'와 '상'의 방법은 표제 인물을 그와 관련된 다른 인물과 상호 참조할 수 있도록 마련한 장치로서, 독자들이 한 인물이나 하나의 고사를 접했을 때 그것과 연계해서 적어도 두 명 이상의 정보를 함께 습득할 수 있는 매우 효과적인 체계라고 할 수 있다.

이러한 방법은 중국 전통 목록학에서 사용하는 '호저(互著)'・'별재(別裁)'법[25]

---

23) 『世說新語』「方正」 제6조: "夏侯玄旣被桎梏, 時鍾毓爲廷尉. 鍾會先不與玄相知, 因便狎之. 玄曰: '雖復刑餘之人, 未敢聞命!' 考掠初無一言, 臨刑東市, 顔色不異."

24) 본 고사는 『世說新語』「言語」 제12조에 수록되어 있다.

과 매우 유사한 면이 있다. 『세설신어성휘운분』은 일종의 목록학적인 분류체계를 도입함으로써, 비슷한 주제의 고사를 편목별로 나누어 집록하던 구본의 형식을 과감히 탈피하여 관련 고사들을 유기적으로 연결하는 새로운 체재를 갖추었다.

4) "舊註傷煩, 略加訂删"

『세설신어성휘운분』은 『세설신어보』를 재편집하는 과정에서 각 표제 인물에 대한 주를 포함하여 전체 주의 상당 부분을 수정하거나 삭제하여, 해당 인물과 고사를 보다 깊이 이해하는 데 꼭 필요한 정보만 간추려 놓았다. 특히 『세설신어보』에서 보충한 고사에 대한 주는 대부분 전대의 사서에서 채록한 것으로, 『세설신어』의 유효표 주에 비해 다소 번잡한 감이 있다. 『세설신어보』와 『세설신어성휘운분』의 국내 간행본을 기준으로 할 때, 둘 다 같은 크기의 활자로 반엽 10행, 1행 18자로 되어 있는데, 『세설신어보』는 20권인데 반해 『세설신어성휘운분』은 12권이다. 물론 『세설신어성휘운분』이 각 권당 수록된 분량이 『세설신어보』보다 많기는 하지만, 그렇다고 하더라도 상당한 분량이 삭제되었음을 알 수 있다. 그 구체적인 예는 다음과 같다.

> [보] 강종간(『남사』: 강혁의 막내아들이다. 종간은 젊어서부터 문재가 있었다. 하경용이 이부상서가 되었는데 학문은 보잘 것 없었으나 뇌물은 밝혔다. 종간이 〈채하조〉를 지어 그를 풍자했는데 당시 사람들로부터 칭송을 받았다. 벼슬은 사도종사중랑에 이르렀다. 후경의 난 때 임약에게 살해당했다.)은 광록대부 강혁의 아들이다.(『양서』:

---

25) 중국 전통 目錄學에서 사용하는 '互著'法은 '一書兩注', 즉 동일한 책을 다른 類目에 分別著錄하는 방법이고, '別裁'法은 어떤 책의 부분 章節을 절취하여 다른 類目에 따로 著錄하는 방법이다. 漢代 班固의 『漢書』「藝文志」에서 일찍이 '互見'의 방법을 채택한 후로, 元代 馬端臨의 『文獻通考』「經籍考」에서는 '互見'과 '參照' 방법을 활용했고, 明代 祁承㸁의 『澹生堂藏書約』「庚申整書略例」에서는 '通'과 '互'의 방법을 활용했으며, 이러한 前代人의 기초 위에서 清代 章學誠은 이론상으로 깊이 탐구하여 '互著'와 '別裁' 두 방법을 정립했다. [李瑞良, 『中國目錄學史』(臺北: 文津出版社, 1993), 282쪽] 『世說新語姓彙韻分』의 '互'·'詳' 방법이 目錄學上의 '互著'·'別裁' 방법과 같은 것은 아니지만, 그 기능에 있어서 비슷한 측면이 있다.

강혁은 자가 휴영이며 제양 고성 사람이다. 조부 강제지는 송나라의 금부랑이었으며, 부친 강유지는 제나라의 창부랑이었다. 강혁은 일찍부터 재사가 있어서 6살 때 바로 문장을 지었다. 벼슬은 광록대부에 이르렀다.) 젊었을 때 문재가 있었는데, 〈채하조〉를 지어 하경용을 풍자하길: "연(蓮)을 가지고 기둥을 만들고자 하나, 연은 약하여 들보를 지탱하지 못하고, 연을 가지고 거울을 만들고자 하나, 연은 어두워 본래 빛이 없다네"라고 했다. 하경용은 깨닫지 못한 채 오직 그 뛰어남에만 탄복했다.

[補] 江從簡(『南史』曰: 革少子. 從簡少有文才. 何敬容爲吏部尙書, 淺於學術, 通賄賂. 從簡作〈採荷調〉刺之, 爲時所賞. 官至司徒從事中郞. 侯景亂, 爲任約所害.) 是光祿革子.(『梁書』曰: 革字休映, 濟陽考城人. 祖齊之, 宋金部郎. 父柔之, 齊倉部郞. 革早有才思, 六歲便屬文. 仕至光祿大夫) 少時有文情, 作〈採荷調〉, 以刺何敬容曰: "欲持荷作柱, 荷弱不勝梁. 欲持荷作鏡, 荷暗本無光." 敬容不覺, 唯歎其工.

[『世說新語補』 卷十九「輕詆下」]

[梁] 江從簡(革子. 少有文才. 何敬容爲吏部尙書, 淺於學術, 通賄賂. 從簡作〈採荷調〉刺之, 爲時所賞. 官至司徒從事中郞. 侯景亂, 爲任約所害.)
江從簡是光祿革子. 少時有文情, 作〈採荷調〉, 以刺何敬容曰: "欲持荷作柱, 荷弱不勝梁. 欲持荷作鏡, 荷暗本無光." 敬容不覺, 惟歎其工. 排 互 何敬容

[『世說新語姓彙韻分』 卷一・[江]韻・江從簡條]

위의 두 예문을 비교해 보면, 『세설신어성휘운분』에서 강종간에 대한 주는 몇 글자만 빠져 있지만, 그의 부친 강혁에 대한 주는 완전히 삭제되어 있다. 이렇듯 『세설신어성휘운분』은 본 고사와 직접 관련이 없다고 판단되는 것을 과감히 삭제하여 전체적으로 간결함을 견지하고자 했음을 알 수 있다.

5) "姑取舊本題目, 以寓存古之意"

『세설신어성휘운분』은 각 조의 말미에 구본 편목의 첫 글자를 음각으로 표시하여, 해당 고사가 본래 구본의 어떤 편에 속해 있었던 지를 밝혀 놓았다. 이러한 체재는 이미 해체되어 재편집된 상태에서도 필요한 경우 언제든지 구본과의 대조를 용이하게 해주는 또 다른 유용한 장치라고 할 수 있다.

그밖에 「범례」에서는 밝히지 않은 사항이지만, 각 표제 인물 바로 위 상란에 해당 인물이 속한 조대를 표기하여 등장인물의 시대별 구분까지 해놓음으로써, 독자들은 해당 인물이나 고사의 시대를 보다 쉽게 파악할 수 있다. 이러한 체재 역시 독자들에게는 매우 필요하고 유용한 장치임에 틀림없다.

한편 『세설신어보』에서 유의경 원서에 수록된 고사와 나중에 보충한 고사를 구분하기 위해 사용했던 “보(補)” 표기를 『세설신어성휘운분』에서도 활용했더라면, 또 하나의 유용한 체재를 갖출 수 있었을 것이라는 아쉬움이 남는다.

4. 『세설신어성휘운분』의 수록 범위

『세설신어성휘운분』에 등장하는 표제 인물은 총 765명이고, 수록된 고사는 총 1380조며, 그 시대 범위는 진대(秦代) 말에서 원대 초까지 약 1500년에 이른다. 이를 시대별로 구체적으로 살펴보면 다음과 같다.

	秦	漢	魏	吳	晉	後趙	前秦	後燕	劉宋	齊	梁	陳	北魏	東魏	北齊	隋	唐	五代	後唐	南唐	五季	宋	元	合計
表題人物數	1	90	54	17	282	1	1	1	64	31	35	6	17	1	7	10	96	2	3	2	1	42	1	765
故事數	1	121	100	22	753	1	0	1	84	45	41	7	18	1	10	12	103	3	2	4	1	49	1	1380
人名만 있는 경우	0	8	6	0	20	0	1	0	1	2	0	0	1	0	0	1	4	0	1	0	0	2	0	47

우선 표제 인물과 고사의 시대별 분포를 살펴보면, 진대(晉代)의 인물과 고사가 각각 전체의 40%와 60%에 가까운 양상을 보인다. 이러한 양상은 『세설신어성휘운분』에 수록된 인물과 고사의 시대 범위가 『세설신어』 원서의 300년에 비해 약 5배정도 확대되었지만, 그 중심 시대는 여전히 청담과 인물품평이 극성했던 진대(晉代)라는 사실을 보여주고 있다.

다음으로 표제 인물에 있어서 「세설신어성휘운분목록」상에 있는 일반 성씨와 복성·제왕·규수·사문·망명씨의 총수는 1105명이지만, 필자가 확인한 바에 따르면, 실제 수록된 표제 인물은 위의 도표에서 보듯이 총 765명이다. 「목록」상의 성씨수와 실제 작품에서의 인명수가 다른 원인에 대해서는 정확히 알 수가 없다. 필자의 판단으로는 아마도 「목록」을 먼저 작성해 놓았다가 나중에 본문 편집 작업을 하면서 원래 수록하려고 했던 인물 중에서 340명을 삭제했지만, 그 후 간행할 때 「목록」을 미처 수정하지 못했을 것이라고 추측된다. 이러한 추측을 가능케 하는 단서로, 「목록」상에 있는 성씨 중 사(史)·노(魯)·제(齊)·대(大)·단(單)·반(班)·전(全)·원(員)·권(圈)·요(廖)·포(包)·포(鮑)·도(到)·방(方)·방(房)·강(姜)·정(井)·성(盛)·금(禽)·속(束)·갈(葛)·백(白)·우문(于文)·공손씨(公孫氏) 24성 28명과 제왕 중 진(陳)·수(隋)·민(閩) 3조 5명에 관한 기록이 실제 본문에는 완전히 빠져 있는 점, 본문에는 수록되어 있는 악씨(岳氏)가 「목록」에는 없는 점, 「목록」 권3 [회(灰)]운 중 최씨(崔氏) 다음에 있는 내씨(來氏)가 본문에는 매씨(梅氏) 다음에 있는 점, 「목록」에는 권4의 처음에 있는 민씨(閔氏)가 실제로는 권3의 끝에 들어있는 점 등을 들 수 있다.

다음으로 고사의 수록 양상을 살펴보면, 정식 고사는 1380조고, 인명만 있고 고사가 없는 경우는 47조인데,[26] 이를 합하면 총 1427조가 된다. 이 숫자는 『세설신어성휘운분』의 저본이 되는 『세설신어보』보다 3조가 더 많다. 한편 이 중에서 26명의 인물을 포함한 총 53조의 고사는 『세설신어』·『세설신어보』·『하씨어림』에 수록되어 있지 않은 새로운 고사로서 대부분 『자치통감(資治通鑑)』에서 채록한 것이다.[27] 이는 『세설신어성휘운분』의 편자가 『세설신어보』를 재편집하는

26) 人名만 있고 그와 관련된 정식 故事가 없는 경우에도 表題 人名 밑에 略傳이 注로 첨부되어 있는데, 略傳 가운데 故事가 들어 있는 경우가 대부분이다. 따라서 정식 고사는 없지만 충분히 하나의 條로 간주할 수 있다고 여겨진다. '董陽'條[卷一·董韻]를 그 예로 들면 다음과 같다.

[晉] 董養(字仲道. 永嘉中, 洛城東北角步廣里中地陷, 中有二鵝, 蒼者飛去, 白者不能飛. 問之博識者, 不能知. 養聞, 歎曰: "昔周時所盟會狄泉, 此地也. 卒有二鵝, 蒼者胡象, 後胡當入洛, 白者不能飛, 此國諱也." 謝鯤「元化論序」曰: "陳留董仲道, 於元康中, 見惠帝廢楊悼后, 升太學堂歎曰: '建此堂也, 將何爲乎? 每見國家赦書, 謀反逆皆赦, 孫殺祖父母, 子殺父母不赦, 以爲王法所不容也. 奈何公卿處議, 文飾禮典, 以至此乎? 天人之理旣滅, 大亂斯起!' 顧謂謝鯤·阮孚曰: '『易』稱"知幾其神乎", 君等何深藏矣?' 乃與妻荷擔入蜀, 莫知其所終.") ○ 賞 詳 王玄

27) 새롭게 추가된 각 고사의 구체적인 출처는 해당 고사의 '校勘' 부분을 참조하기 바람.

과정에서 등장인물과 고사에 대해 부분적인 산정과 보충을 했음을 말해주는 것으로, 『세설신어성휘운분』의 판본상 또 다른 특징 가운데 하나로 주목할 만하다. 수록된 전체 고사는 기본적으로 『세설신어보』와 같기 때문에 내용상 특별히 다른 점은 없다. 다만 권5 [완(阮)]운의 '완간(阮侃)'조[28]는 지괴적(志怪的)인 성분이 농후하므로 진정한 지인고사로 간주할 수 없다. 물론 이 고사는 『세설신어보』에 보충된 고사로 수록되어 있으므로[29] 『세설신어성휘운분』만의 잘못이라고 할 수는 없지만, 재편집하는 과정에서 마땅히 삭제되었어야 한다고 생각된다.

5. 『세설신어성휘운분』의 '세설학'상 의의

『세설신어성휘운분』의 '세설학'상 의의는 다음의 몇 가지로 정리할 수 있다.

첫째, 『세설신어성휘운분』은 다양한 검색기능을 겸비한 전혀 새로운 체재를 창출했다. 『세설신어성휘운분』은 우선 성씨별로 검색이 가능하고 시대별 구분이 분명할 뿐만 아니라 표제 인물에 대한 기초 정보를 손쉽게 습득할 수 있으며 각 인물과 고사들을 상호 참조할 수 있는 등 매우 유용한 체재를 갖추고 있다. 물론 이러한 체재로 인해 『세설신어』 이후 수많은 속서에서 지향했던 주제별 편목 분류라는 『세설』의 독특한 전통이 실종되었다고 비판받을 수도 있다. 그러나 『세설신어성휘운분』이 이러한 전혀 새로운 체재를 시도한 것은 다른 맥락에서 이해할 수도 있다. 그것은 다름 아닌 열독의 수월성을 위한 것이었다. 기존의 편목 분류 체재로는 1500년 동안에 역사상에 실존했던 700여 명사들의 일화를 체계적으로 파악하기란 그리 쉬운 일이 아니다. 더구나 외국인의 입장에 있던 당시 국내 독자들에게는 더욱 쉽지 않은 일이었을 것이다. 『세설신어성휘운분』은 바로 이러한 점을 타개하기 위해 『세설신어보』를 완전히 해체하여 독자들이 보다 유용하고 효

---

28) [魏] 阮侃(字德如, 共子也. 有俊才. 仕至河內太守.)
阮德如嘗於厠見鬼, 長丈餘, 色黑而眼大, 着皂單衣・平上幘, 去之咫尺. 德如心定, 徐笑語之曰: "人言鬼可憎, 果然!" 鬼赧媿而退. 雅

29) 이 고사는 『世說新語補』 卷7 「雅量上」에 수록되어 있다.

과적이고 편리하게 내용을 습득할 수 있도록 재편집했던 것이다. 이로써 『세설신어성휘운분』은 '세설학'상 독창적인 체재를 갖춘 귀중한 판본으로 자리매김하기에 충분하다고 판단된다.

둘째, 『세설신어성휘운분』은 『세설신어보』와 함께 국내에서 고활자로 간행된 매우 드문 필기저작 판본이다. 물론 『세설신어보』는 현종실록자라는 금속활자본이고 『세설신어성휘운분』은 현종실록자체를 본뜬 목활자본이라는 점에서는 다르지만, 둘 다 고활자로 간행되었다는 점에 주목할 필요가 있다. 『세설신어보』와 『세설신어성휘운분』이 간행되었을 것이라고 추정되는 숙종 말에서 영조 연간에는 활자로 간행된 필기저작은 거의 찾아 볼 수 없다. 유독 이 두 책만 활자로 간행되었던 이유는 『세설』에 대한 당시 지식인들의 인식 차이에서 비롯된 것이라고 생각된다. 즉 『세설』을 다른 일반 필기저작과 같은 차원에서 논하지 않고 문인학사들이 반드시 읽어야 할 중요한 교양서로 인식했던 것이라 할 수 있다. 이러한 인식 경향은 앞에서 인용한 바 있는 영조 때의 이의현과 정조 자신의 분명한 언급에서 확인할 수 있다. 그렇기 때문에 국가의 주요 전적 간행에 주로 사용했던 현종실록자와 그것을 본뜬 목활자로 이 두 책을 간행했던 것이다. 따라서 결과적으로 우리는 필기저작임에도 불구하고 고활자로 간행된 귀중한 판본을 갖게 되었다. 이는 전체 '세설학'에 있어서 국내 판본의 위상을 높이는 데 매우 긍정적인 작용을 하는 중요한 단서라고 판단된다.

셋째, 『세설신어성휘운분』은 조선시대 지식인들의 『세설』에 대한 애호와 연구의 결실이다. 일본의 경우는 『세설신어』가 800년대 말에 분명히 전래되었다는 기록이 있으며, 헤이안(平安) 시대와 에도(江戶) 시대를 거치면서 많은 연구서와 모방작들이 간행된 바 있다.[30] 그러나 우리나라의 경우는 단지 최치원의 시구를

30) 일본은 平安時代(782~1190)인 890년경에 편찬된 『日本國見在書目』에 『世說新語』가 著錄되어 있으며, 江戶時代(1603~1868)에는 『世說新語』와 『世說新語補』의 和刻本과 함께 『世說新語補觿』(1749), 『世說新語補考』(1762), 『世說抄撮』(1763), 『世說抄撮補』(1772), 『世說新語補索解』(1773), 『世說誤字誤讀訂正』(1774), 『世說新語補系譜』(1785), 「世說抄撮集成』(1794), 『世說匡謬』(1810), 『世說啓微』(1815), 『世說音釋』(1816), 『世說講義』(1816), 『世說箋本』(1826) 등의 研究書와 『大同世語』(1750), 『假名世說』(1824) 등의 모방

통해서 『세설신어』가 통일신라시대 말기에 국내에 전래되었을 것이라는 이른바 '고증(孤證)' 밖에 없으며, 고려시대와 조선시대를 거치면서 많은 문인학자들이 애독하고 그들의 문집에 수용하긴 했지만, 『세설』 자체에 대해 새로운 주석이나 고증 등을 하여 책으로 엮어낸 것은 아직까지 발견되지 않고 있다.[31] 이러한 상황에서 『세설신어성휘운분』은 비록 연구서는 아니라 할지라도 그것의 간행 의도, 편집 체재, 부분적인 고사의 취사선택, 주문(注文)의 산정 등을 살펴볼 때, 연구서에 못지않은 가치와 의의를 지니고 있다. 따라서 『세설신어성휘운분』은 '세설학'에 있어서 새로운 연구대상이 되기에 충분하다고 판단된다.

작들이 간행되었다. [王能憲, 『世說新語研究』(江蘇古籍出版社, 1992) 附錄 「『世說新語』在日本的流傳與研究」 참고]

31) 한편 朝鮮時代에는 『世說新語』에 대한 면밀한 검토를 통해 그 정수를 가려 뽑아 편집한 『世說新語類抄』(肅宗年間 朴銑 編), 『世說抄』(寫年 未詳, 兪鎭瓚 編), 『世說新語抄』(寫年 未詳, 篇者 未詳), 『世說掇英』(寫年 未詳, 編者 未詳) 등의 筆寫本이 나온 바 있다. 이러한 抄錄本들은 연구서의 수준에는 미치지 못하지만, 고사를 선별할 때 상당 부분 편자 자신의 주관적인 견해와 이해 역량이 개입될 수밖에 없으므로, 넓은 의미에서 연구 작업의 범주에 포함시킬 수도 있을 것이다.

「세설신어성휘운분범례(世說新語姓彙韻分凡例)」

1. 『세설』의 구본(舊本)은 제목으로 편을 나누었는데, 인명이 뒤섞여 나오고 자나 관직으로 달리 불리며 편장이 짤막하여 고찰하기 어렵다. 그래서 성씨로 편을 나누고 운으로 성을 나누었으며 각 이름 아래에 고사들을 모아서 적었다. 복성·무명씨·승려·여성에 대해서도 역시 각각 분류했다.
1. 한 사람이 여러 편에 나뉘어 보이거나 한 고사가 여러 사람에게 나뉘어 걸려 있는 경우는 이곳과 저곳에서 중복할 수 없기 때문에, 맨 처음 나온 자에 대해서는 그 시말을 함께 기록하고 그 문의(文意)가 귀착되는 바에 따라 중심인물일 경우는 '호(互)'자를 붙이고 부차적인 인물일 경우는 '상(詳)'자를 붙임으로써 참고하도록 했다.
1. 구주(舊註)는 혹은 『남사』와 『북사』에서 채록하거나 혹은 『동경사실』·『당서』·『오대사』 등의 책에서 빠짐없이 상세하게 적어 놓았지만 또한 너무 번잡한 병폐가 있기 때문에, 약간의 수정과 삭제를 가했으니 독자들은 이를 잘 알아 두기 바란다.
1. 구본의 제목은 지금 삭제하는 것이 마땅하지만, 잠시 각 제목 중에서 한 글자를 취하여 각 조 아래에 표식하여 옛 것을 보존한다는 뜻을 담았다.

一. 『世說』舊本, 以題目分門, 而人名錯出, 字職異稱, 王瑣簡短章, 艱於攷摭. 遂分門以姓, 分姓以韻, 合書事實於各其名下. 至如複姓・亡名氏・緇流・女徒, 亦各類分焉.

一. 一人而分見諸門, 一事而分係諸人者, 不可疊床於彼此. 故於其首見者, 並錄其始終, 而隨其語意之所歸宿, 主着'互'字, 客着'詳'字, 以備叅考.

一. 舊註或採『南北史』, 或括『東京事實』・『唐書』・『五代史』等書, 詳悉無遺, 而亦有傷煩之病. 故略加訂删, 觀者詳之.

一. 舊本題目, 今宜删去, 而姑取每題一字, 標印於章下, 以寓存古之意云.

「세설신어보서(世說新語補序)」

나는 젊었을 때 오중(吳中)에서 『세설신어』를 얻어 마음속으로 이미 그것을 좋아했는데, 매번 읽을 때마다 쉽게 끝나버리는 것을 흠으로 여겼다. 또 이 책이 겨우 후한(後漢)에서 진(晉)나라까지만 기술되어 있는 것을 이상하게 생각했으니, 육조의 여러 군자 중에서 그들의 지론과 풍격에 대해 일컬을 만한 자가 어찌 하나 둘이겠는가? 맨 나중에 『하씨어림』을 얻었는데, 대체적으로 『세설』을 모방하면서 [시대를] 원(元)나라 말까지 좀 더 늘여놓았지만, 그 고사와 언사가 뒤섞여 나오고 전아하지 못하니, 모름지기 [『세설신어』의] 그림자와 메아리일 뿐이다. 『세설』이 뛰어난 점은 한 마디의 말에서 은미한 경지에 나아가기도 하고 한 줄의 문장에서 공교로움을 찾아내기도 하며, 칭찬을 통해 풍자를 드러내기도 하고 풍자를 통해 칭찬을 내보이기도 하여, 종종 사람들로 하여금 조금만 읽고도 놀라 뛰게 하거나 끝없이 깊은 생각에 잠기게 하는 것인데, 하씨는 아마도 이것을 알지 못했던 것이다. 내가 연(燕)과 조(趙) 군국(郡國)의 옥사를 다스릴 때, 잠시 일없는 틈을 타서 봇짐 속에 넣어 두었던 것을 뒤져보았더니 두 책이 그곳에 있었다. 그래서 약간 산정한 뒤 합쳐서 그 편목을 나누었는데, 대개 『세설』에서 삭제한 것은 10분의 2를 넘지 않으며 『하씨어림』에서 채록한 것은 10분의 3을 넘지 않을 뿐이다. 나는 평소에 늘 이렇게 생각했다. 송(宋)나라 때의 경학(經學) 선생들은 매번 청담이 난을 초래했다고 질책하곤 했지만 강좌(江左: 江南)에 있어서 진[동진]

나라와 송[남송]나라가 똑 같았다는 사실은 알지 못했다. 갑옷과 투구를 몰아내고 유생이 되게 할 것이면, 갑옷과 투구를 몰아내고 청담을 하게 하는 것도 어찌 택하지 말라는 법이 있겠는가!

[명] 가정(嘉靖) 병진년(丙辰年: 1556) 늦여름에 낭야(琅琊) 사람 왕세정 찬.

余少時得『世說新語』善本吳中, 私心已好之, 每讀輒患其易竟. 又怪是書僅自後漢終於晉, 以爲六朝諸君子, 卽所持論風旨, 寧無一二可稱者? 最後得『何氏語林』, 大抵規摹『世說』, 而稍衍之至元末, 然其事詞錯出, 不雅馴, 要以影響而已. 至於『世說』之所長, 或造微於單辭, 或徵巧於隻行, 或因美以見風, 或因刺以通贊, 往往使人短詠而躍然, 長思而未罄, 何氏蓋未之知也. 余治燕・趙郡國獄, 小間無事, 探橐中所藏, 則二書在焉. 因稍爲刪定, 合而見其類, 盖『世說』之所去, 不過十之二, 而何氏之所采, 則不過十之三耳. 余居恒謂, 宋時經儒先生, 每譏讁淸言致亂, 而不知晉・宋之于江左一也. 驅介胄而經生之乎, 則毋乃驅介胄而淸言也, 其又奚擇矣!

嘉靖丙辰季夏, 琅琊王世貞撰.

「구서(舊序)」

여러 문헌에서 기술한 진나라 사람들의 담론을 일찍이 살펴보았더니, 간결하면서도 심오하고 담백하여 우아한 운치가 있다. 세상에서 강좌(江左: 東晉) 사람들이 청담에 뛰어났다고 말하는데, 지금 『세설신어』를 읽어보니 그렇게 말하는 것을 믿을 만하다. 임천왕(臨川王: 劉義慶)이 이 책을 편찬했는데 골라 수집하고 종합하여 서술한 것이 분명하게 통하여 번잡하지 않으며, 유효표(劉孝標: 劉峻)가 주를 달아 여러 사람의 다양한 기록을 수록하고 그 뜻을 나누어 풀이했는데 그 훈고의 뛰어남은 고사손(高似孫)의 『위략(緯略)』에서 언급했다. 우리 집에 소장된 송본(宋本)은 육방옹(陸放翁: 陸游)의 교간본(校刊本)인데, 사호(謝湖: 袁褧의 晩號)가 직접 농사짓는 여가에 손으로 펼쳐보고 마음에 담아두면서 스스로 볼 만하다고 여겨 이에 판각공에게 넘겨 동호인들에게 전하도록 했다. 옛 사람이 사마씨(司馬氏: 진나라)의 국운이 청담 때문에 망했다고 논한 것을 탄식하니, 이 말은 너무 지나치지 않은가! 죽림(竹林)의 무리들은 기수(沂水)의 즐거움을 흠모했고, 난정(蘭亭)의 모임에서는 요(堯)임금의 덕풍을 노래했다. 도형주(陶荊州: 陶侃)는 정사에 부지런하고 민첩했으며, 사동산(謝東山: 謝安)은 차분하고 진중했다. 『장자(莊子)』와 『역경(易經)』을 해석한 것은 왕보사(王輔嗣: 王弼)와 하평숙(何平叔: 何晏)이 그 종지(宗旨)에 뛰어났으며, 범어(梵語: 불경)를 분석한 것은 지도림(支道林: 支遁)과 축법심(竺法深)이 그 교의를 이끌었다. 말은 냉철하지만 그 의지(意旨)는 심원하며 일은 자질구레하지만 그 뜻은 심오하여, 각기 다른 풍격과 취지에 사람마다 흥취를 기탁했다. 왕무홍(王茂弘: 王導)과 조사치(祖士稚: 祖逖)의 무리는 능통한 재주와 높은 기개로 왕실을 진심으로 도왔으며 또한 [그들의 공적이] 골고루 여러 전적에 기록되어 있으니, 이런 사람을 어찌 비난할 수 있겠는가! 『시경(詩經)』에서 말하지 않았던가? "훌륭한 인재가 많아 문왕(文王)께서 평안하셨네"라고. 나는 낭야왕(瑯琊王: 東晉 元帝 司馬睿)이 강남으로 건너가서 나라를 중흥시켰을 때 여러 현사들의 큰 도움을 많이 받았다고 생각하는데, 이것은 억지로 하는 말이 아니다. 대저 서로 대화하는 중에 일단 평가와 감식을 받으면 결국 그 사람의 평생의 품평이 되었다. 그래서 대개 훌륭한 품격으로 서로를 높여주고 현허(玄虛)한 기풍이 습속이 되어 한 시대를 풍미함으로써 동경(東京: 東漢)의 걸출한 준재의 유풍이 있었다. 그러나 아무것에도 구애됨이 없는 방탕한 기풍이 차고 넘쳐 막을 수 없게 되어 세상의 교화에 비난을 받았으니, 책을 들척이며 애석해하면서 여러 명현들에 대해 유감이 없지 않을 뿐이다. 판각이 완성되어 서문을 쓰다.

[명] 가정(嘉靖) 을미년(乙未年: 1535) 입추에 오군(吳郡) 사람 원경 찬.

嘗攷載記所述晉人話言，簡約玄澹，爾雅有韻．世言江左善清談，今閱『新語』，信乎其言之也．臨川撰為此書，採掇綜叙，明暢不繁，孝標所註，能收錄諸家小史，分釋其義．詁訓之賞，見於高似孫『緯略』．余家藏宋本，是放翁校刊本，謝湖躬耕之暇，手披心寄，自謂可觀，爰付梓人，傳之同好．因歎昔人論司馬氏之祚亡於清談，斯言也無乃過甚矣乎！竹林之儔，希慕沂樂，蘭亭之集，咏歌堯風．陶荊州之勤敏，謝東山之恬鎮，解『莊』·『易』，則輔嗣·平叔擅其宗，析梵言，則道林·法深領其著[1]．或詞冷而趣遠，或事瑣而意奥，風旨各殊，人有興託．王茂弘·祖士雅[2]之流，才通氣峻，心翼王室，又斑斑載諸冊簡，是可非之者哉！『詩』不云乎？"濟濟多士，文王以寧．"余以瑯琊王之渡江，諸賢弘贊之力為多，非強說也．夫諸晤言，率遇藻裁，遂為終身品目．故類以標格相高，玄虛成習，一時雅尚，有東京廚俊之流風焉．然曠達拓落，濫觴莫拯，取譏世教，撫卷惜之，此於諸賢，不無遺憾焉耳矣．刻成序之．

嘉靖乙未歲立秋日也，吳郡袁褧撰．

校勘 1) 著: 明刊『世說新語補』에 수록된 王世貞의 서문에는 "乘"이라 되어 있는데 타당함.

2) 雅: '稚'의 오기임.

「세설신어성휘운분목록(世說新語姓彙韻分目錄)」

卷之一

[東] 馮(三人) 种(一人)

[董] 董(四[二]*人) 孔(十七[十三]人)

[冬] 鍾(五人) 宗(六人) 龔(一人)

[宋] 宋(五[四]人)

[江] 江(十[八]人) 龐(二人)

[支] 脂(一人) 時(一人) 眭(一人)

[紙] 李(三十一[二十三]人) 紀(一人) 史(一人)**

[寘] 摯(二人) 費(一人)

[微] 韋(九[五]人) 郗(六[三]人)

卷之二

[未] 魏(六[五]人)

[魚] 徐(十[八]人)

[語] 褚(六[五]人) 呂(四[三]人) 許(十[六]人)

[虞] 虞(七[三]人) 朱(十一[五]人) 吳(四[三]人) 蘇(九[六]人) 盧(七[六]人) 苻(一人) 胡(一人) 于[干](一人) 蒲(一人) 庾(二十[十三]人) 祖(六人) 杜(八[五]人) 武(三[一]人) 魯(一人)

卷之三

[遇] 顧(十三[十一]人) 傅(五[三]人) 喻(一人) 路(一人)

[齊] 齊(一人) 嵇(一[二]人)

[薺] 米(一人) 禰(一人)

[霽] 衛(五人)

[泰] 蔡(六[三]人) 大(二人)

[灰] 裴(十三[十]人) 崔(十一[六]人) 來(一人) 雷(一人) 梅(一人)

[隊] 戴(六[四]人)

[眞] 荀(十三[八]人) 陳(二十一[十四]人) 秦(三人)

卷之四

[軫] 閔(一人)

[文] 殷(八[六]人)

[元] 元(三[一]人) 袁(十五[六]人) 孫(十[七]人) 溫(三[二]人) 源(一人)

[阮] 阮(十一[十]人)

[寒] 韓(十一[七]人) 單(一人)

卷之五

[寒] 桓(十五[八]人) 潘(六[五]人)

[旱] 管(二人) 滿(一人) 段(一人)

[刪] 班(二人) 山(三人) 顏(四人)

[潸] 簡(一人)

[先] 權(一人) 全(一人) 邊(一人) 田(二人) 錢(二人) 員(一人) 圈(一人)

[霰] 卞(三[二]人)

[蕭] 蕭(三[六]人) 堯(一人) 姚(一人) 廖(一人)

[篠] 趙(十二[八]人)

[肴] 包(一人)

[巧] 鮑(二人)

[豪] 高(九[六]人) 曹(二[一]人) 刁(一人) 陶(四人) 毛(一人)

[晧] 到(一人)

卷之六

[歌] 和(二[一]人) 何(十六[九]人) 羅(四人)

[哿] 左(一人)

[箇] 賀(二[一]人)

[麻] 華(一人) 車(一人)

[馬] 馬(五[四]人) 賈(三人)

[禡] 謝(三十六[二十五]人)

[陽] 陽(一人) 揚(一人) 楊(十六[十]人)

卷之七

[陽] 張(三十九[二十八]人) <u>方(一人)</u> 羊(十四[十]人) 梁(二[一]人) 黃(四[三]人) <u>房(一人)</u> <u>姜(一人)</u> 唐(一人) 光(一人) 康(二[一]人) 王(二十八[十七]人)

卷之八

[陽] 王(五十九[四十七]人)

卷之九

[陽] 王(二十五[十七]人)

[養] 蔣(二[一]人) 向(一[三]人)

[庚] 明(一人) 丁(四[二]人) 成(一人) 京(一人)

[梗] 邴(一人) <u>井(一人)</u>

[敬] 敬(一人) 孟(六[四]人) <u>盛(一人)</u> 鄭(九[四]人)

[青] 邢(一人)

[徑] 鄧(六[四]人) 應(一人)

[蒸] 滕(一人) 曾(一人)

[尤] 周(十八[九]人) 劉(五[四]人)

卷之十

[尤] 劉(三十九[二十四]人) 侯(三[二]人) 牛(一人) 鄒(一人) 丘(一人)

[有] 柳(六[二]人)

[宥] 寇(一人) 竇(三[一]人)

[侵] 任(五[四]人) 林(一人) 禽(一人)

[寑] 沈(三[一]人)

[鹽] 閻(一人) 嚴(七[四]人)

[豏] 范(十三[七]人) 氾(一人)

[入] 郭(十一[十]人) 郝(二[一]人) 樂(一人)

卷之十一

[入] 陸(十二[八]人) 笁(一人) 狄(一人) 石(四[三]人) 翟(一人) 沐(一人) 繆(一人) 穆(一人) 谷(一人) 伏(一人) 服(一人) 束(一人) 畢(一人) 薛(一人) 葛(二人) 習(一人) 聶(一人) 葉(二[一]人) 白(一人) 索(一人) 【岳(一人)】***

[複姓] 諸葛(八[五]人) 皇甫(二人) 胡毋(二[一]人) 令狐(一人) 宇文(一人) 夏侯(五[二]人) 太叔(一人) 公孫(一人) 仲長(一人) 歐陽(三[一]人) 司空(一人) 司馬(九[四]人)

[帝王] 漢(二) 魏(六[四]) 吳(三) 晉(十三[五])

卷之十二

晉(五[三]) 趙(二[一]) 秦(一) 北燕(一) 劉宋(六[二]) 齊(六[二]) 梁(五[二]) 陳(二) 北魏(二) 北齊(二) 隋(二) 唐(五[三]) 後唐(一) 閩(一)

閨秀(三十五女) 沙門(二十一[十五]人) 亡名氏(二人)

---

* [ ] 안의 숫자는 실제 본문에 수록된 인물의 숫자임. 이하 마찬가지임.

** ___ 부분은 목록에 있지만 실제 본문에는 수록되어 있지 않는 항목임. 이하 마찬가지임.

*** 【 】 안의 성씨는 목록에는 없지만 실제 본문에 수록되어 있는 항목임.

「부구목록(附舊目錄)」

德行 言語 政事 文學 方正 雅量 識鑒 賞譽 品藻 規箴 捷悟 夙惠
豪爽 容止 自新 企羨 傷逝 棲逸 賢媛 術解 巧藝 寵禮 任誕 簡傲
排調 輕詆 假譎 黜免 儉嗇 汰侈 忿狷 讒險 尤悔 紕漏 惑溺 仇隟

世說新語姓彙韻分 卷之一

001

[五代] 풍도(馮道)

자는 가도(可道)며 영주(瀛州) 경성(景城) 사람이다. 처음에 고관 장승업(張承業)을 섬겼다가 진왕(晉王: 李克用)에게 천거되었다. 후당(後唐) 장종(莊宗: 李存勗)이 즉위한 뒤 호부시랑(戶部侍郎)에 임명되었으며, 명종(明宗: 李嗣源) 때 동중서문하평장사(同中書門下平章事)가 되었다. 후진(後晉)이 후당을 멸하자 풍도는 다시 후진을 섬겨 사도(司徒)와 (侍中)에 임명되었다. 거란(契丹)이 후진을 멸하자 풍도는 다시 거란을 섬겼다. 후한(後漢) 고조(高祖: 劉知遠)가 즉위하자 풍도는 곧 후한에 귀항했다. 후주(後周)가 후한을 멸하자 풍도는 다시 후주 태조(太祖: 郭威)를 섬겼으며, 세종(世宗: 柴榮) 때 죽었다. 풍도는 젊어서부터 올곧은 품행으로 세상에서 명성을 얻었다. 후진과 후량(後梁)이 황하를 사이에 두고 군진(軍陣)이 대치했을 때, 풍도는 군중에 거하면서 초막 하나를 지었는데 침상도 두지 않고 마른풀 한 다발만 바닥에 깔아놓았다. 장수 중에서 어떤 사람이 미녀를 납치하여 보내주었는데, 풍도는 그녀를 별실에 두었다가 그 주인을 찾아내서 돌려보냈다. 경작할 수 있는 일손이 없는 사람이 있으면 밤에 가서 남몰래 그를 위해 농사일을 해주었다. 대신(大臣)으로서 자중함으로써 백성을 안정시키는 데 특히 힘썼다. 4조정에서 10명의 군주를 섬겼는데, 그럴수록 옛 덕행으로 스스로 처신하여 당시 선비들이 모두 그를 원로(元老)로 숭앙했다.

字可道, 瀛州景城人. 初事宦者張承業, 得薦於晉王. 唐莊宗卽位, 拜戶部侍郎, 明宗時, 同中書門下平章事. 晉滅唐, 道又事晉, 加司徒・侍中. 契丹滅晉, 又事契丹. 漢高祖立, 乃歸漢. 周滅漢, 又事周太祖, 世宗時, 卒. 道少能矯行以取稱於世. 當晉與梁夾河而軍, 道居軍中爲一茅庵, 不設牀席, 臥一束芻而已. 諸將有拉得美女者以遺, 道置之別室, 訪其主還之. 有力不能耕者, 夜往潛爲之耕. 爲大臣, 尤務持重以鎭物. 事四姓十君, 益以舊德自處, 當世士皆仰爲元老. [『五代史』]*

校勘 * [『五代史』]: 원본에는 출전이 나와 있지 않지만 『世說新語補』에 의거하여 보충함. 이하도 마찬가지임.

001-1(0001)

왕개보(王介甫: 王安石)는 평소 풍도를 좋아했는데, 당참정(唐參政: 唐介)이 말했다.

"풍도는 재상으로서 조정의 성(姓)이 네 번 바뀌도록 했고 자신은 10명의 군주를 섬겼으니, 이런 사람이 어찌 성실한 신하가 될 수 있겠소?"

왕개보가 말했다.

"옛날 이윤(伊尹)[1]이 탕왕(湯王)에게 5번 나아가고 걸왕(桀王)에게 5번 나아갔던 것은 바로 백성을 편하게 하고자 함이었소."

당참정이 말했다.

"이윤과 같은 뜻을 지니고 있다면야 괜찮지요."

왕개보는 그 때문에 안색이 변했다.

역주 1) 이윤(伊尹): 殷代의 名宰相. 무도한 太甲을 桐宮으로 내쫓아 악행을 고치게 하고 湯王을 보좌하여 善政을 베풀었음.

王介甫雅愛馮道, 唐參政曰: "道爲宰相, 使朝易四姓, 身事十主, 此得爲純臣乎?" 王曰: "伊尹五就湯, 五就桀者, 正在安人而已." 唐曰: "有伊尹之志則可." 介甫爲之變色. **方** **互** 王安石 唐介

001-2(0002)

풍도는 비록 재상이 되었지만 확고한 주견이 없어서 [국사에 대해] 결정하는 바가 없었다. 그래서 어떤 사람이 후진(後晉)의 군주[1]에게 말했다.

"풍도는 태평시대의 훌륭한 재상이지만, 지금처럼 어려운 시국에는 비유하자면 선승(禪僧)에게 매를 날리게 하는 것[2]과 같을 따름입니다."

역주 1) 후진(後晉)의 군주: 후진 高祖 石敬瑭을 말함.

2) 선승(禪僧)에게 매를 날리게 하는 것: '禪'은 靜寂을 종지로 하고 '僧'은 살생을 범해서는 안 되는데, 그런 선승에게 매를 날려 사냥하게 하는 것은 일에 서투를 수밖에 없다고 꼬집은 것임.

馮道雖爲首相, 依違兩可, 無所操決. 或謂晉主曰: "馮道, 承平之良相, 今艱難之際, 譬如使禪僧飛鷹耳."* **輕**

校勘 * 이 고사는 『世說新語補』에는 나오지 않고, 『資治通鑑』 권284 「後晉紀五」에 나옴.

002

[南唐] 풍연사(馮延巳)

문사에 뛰어났고 교묘하게 아첨하는 것을 좋아했다. 남당의 원종(元宗: 中主 李璟)을 섬겼는데, 송제구(宋齊丘) 등 4사람과 함께 진각(陳覺)에게 빌붙어서 정사에 해를 끼쳤기에 사람들이 그들을 '오귀(五鬼)'라고 불렀다.

工文辭, 喜巧佞. 事南唐元宗, 與宋齊丘等四人, 依附陳覺, 侵蠹政事, 人謂五鬼. [『資治通鑑』]

002-1(0003)

남당의 조정에서 풍연사와 손성(孫晟)을 재상으로 삼았는데, 손성은 평소에 풍연사를 멸시하여 사람들에게 이렇게 말했다.

"황금 잔과 옥 주발에 개똥을 담아놓았다!"

唐以馮延巳・孫晟爲相, 晟素輕延巳, 謂人曰: "金盃玉盌, 乃貯狗矢乎!"* 輕

校勘 * 이 고사는『世說新語補』에는 나오지 않고,『資治通鑑』권290「後周紀一」에 나옴.

003

[宋] 풍경(馮京)

자는 당세(當世)며 악주(鄂州) 강하(江夏) 사람이다. 어려서부터 재지(才智)가 비할 데 없이 뛰어났다. 진사(進士)에 급제할 때, 향리의 선발에서부터 정대(廷對)[1]에 이르기까지 모두 1등을 차지했다. 재상 부필(富弼)이 풍경의 장인이었다. 풍경이 지제고(知制誥)[2]로 있을 때 한기(韓琦)가 재상이었는데, 풍경은 몇 달 동안 한 번도 한기를 만나지 않았다. 한기가 그를 오만하다고 생각하여 부필에게 얘기했더니 부필이 그에게 한기를 만나보러 가게 했다. 풍경이 말하길: "공은 재상이시니 제가 함부로 공을 찾아뵙지 않은 것은 바로 공을 존중하기 때문입니다. 어찌 오만해서이겠습니까!"라고 했다. 풍경은 참지정사(參知政事) 벼슬을 지냈으며 [죽은 후에] 문간(文簡)이라는 시호를 받았다.

역주 1) 정대(廷對): 御前에서 황제의 물음에 대답하는 것.

2) 지제고(知制誥): 황제의 詔書나 敎書 등의 글을 지어 바치는 일을 맡아보던 관리.

字當世, 鄂州江夏人. 幼儁邁不羣. 擧進士, 自鄉選至廷對, 俱第一. 宰相富弼, 京之婦翁也. 京知制誥日, 韓琦爲相, 京數月不一見. 琦謂其傲, 以語弼[1], 弼使往見之. 京曰: "公爲宰相, 而京不妄詣公者, 乃所以重公也. 豈傲哉!" 官叅知政事, 謚文簡. [『東都事略』]

校勘 1) 弼: 원문은 "動"이라 되어 있는데 문맥상 통하지 않으므로,『何氏語林』注에 인용된『東都事略』에 의거하여 고침.

003-1(0004)

풍당세가 병주(幷州)를 맡고 있을 때, 왕평보(王平甫: 王安國)에게 다음과 같은 편지를 보냈다.

“병주 문하에서 노래하고 춤추는 아름다운 여자들을 눈 감고 엿보지 않으면서 날마다 선리(禪理) 담론을 으뜸으로 여기고 있습니다.”

그러자 왕평보가 이렇게 회답했다.

“만약 말씀하신 대로라면 아직 선리에 통달하지 못한 것입니다. 눈 감고 엿보지 않는 것 자체가 이미 일종의 공안(公案)[1]입니다.”〈1〉

〈1〉・왕평보는 이름이 안국(安國)이며 왕안석(王安石)의 동생이다. 대리시승(大理寺丞) 벼슬을 지냈다.

역주 1) 공안(公案): 禪宗에서 도를 터득하기 위하여 생각하게 하는 문제.

馮當世知幷州, 以書寄王平甫曰: “幷門歌舞妙麗, 閉目不窺, 日以談禪爲上.” 平甫答曰: “若如所論, 未達禪理. 閉目不窺, 已是一種公案.”〈1〉 言

〈1〉・王平甫, 名安國, 安石弟也. 官大理寺丞.

004

[宋] 충방(种放)

자는 명일(明逸)이다. 남산(南山)의 표림곡(豹林谷)에서 은거했는데, 거처하는 곳은 산수의 풍광이 뛰어났다. [宋 眞宗] 경덕(景德) 연간(1004~1007)에 조정의 부름을 받고 대궐로 나아가자 진종(眞宗: 趙恒)이 그를 크게 등용하고자 했으나 그는 한사코 사양하며 산으로 돌아갔다.

字明逸. 隱於南山豹林谷, 所居有林泉之勝. 景德中召至闕, 眞宗欲大用, 固辭還山. [『澠水燕談錄』]

004-1(0005)

충명일은 천성이 술을 좋아했는데, 찰수수를 심어 직접 술을 빚을 때마다 매번 이렇게 말했다.

"빈산이 맑고 고요하여 애오라지 이로써 조화로움을 기른다."

种明逸至性嗜酒, 嘗種秫自釀, 每曰: "空山淸寂, 聊以養和." 樓

005

[漢] 동화(董和)

자는 유재(幼宰)며 남군(南郡) 지강(枝江) 사람이다. 유장(劉璋) 때 익주태수(益州太守)가 되었다. 선주(先主: 劉備)가 촉(蜀)을 평정했을 때 장군중랑장(掌軍中郎將)이 되었다.

字幼宰, 南郡枝江人. 劉璋時, 爲益州太守. 先主定蜀, 爲掌軍中郎將. [『蜀志』]

005-1(0006)

허사도(許司徒: 許靖)〈1〉의 아들이 죽자, 동휴소(董休昭: 董允)〈2〉가 비문위(費文偉: 費禕)와 함께 그 장지에 가고자 했다. 그래서 동휴소가 부친인 장군중랑장(掌軍中郎將: 董和)에게 아뢰고 수레를 청하자, 장군중랑장은 뒤가 열려 있는 녹거(鹿車: 좁고 작은 수레)를 내주도록 했다. 동휴소는 그 수레를 타기 어렵다는 기색을 띠었지만, 비문위는 곧장 앞쪽에서 먼저 올라탔다. 장지에 도착했더니, 제갈량(諸葛亮)과 여러 귀인들이 모두 모였는데 수레들이 매우 훌륭했다. 동휴소는 여전히 안색이 편치 못했지만 비문위는 태연자약했다. 수레를 몰고 갔던 사람이 돌아오자, 장군중랑장은 그에게 물어 그러한 일을 알고 나서 동휴소에게 말했다.

"나는 일찍이 너와 비문위의 우열에 대해 의문을 갖고 판가름하지 못하고 있었는데, 이제야 나는 분명히 알게 되었다."

〈1〉· 허사도는 이름이 정(靖)이고 자가 문휴(文休)며 여남(汝南) 사람이다. 한중왕(漢中王: 劉備)의 태부(太傅)를 지냈다.

〈2〉・동휴소는 이름이 윤(允)이고 동화의 아들이다. 상서령(尙書令)을 지냈다.

許司徒〈1〉喪子, 董休昭〈2〉與費文偉, 欲共會其葬所. 休昭白其父掌軍, 請車, 掌軍遣開後鹿車給之. 休昭有難載之色, 文偉便從前先上. 及至喪所, 諸葛亮及諸貴人悉集, 車乘甚鮮. 休昭猶神色未泰, 文偉晏然自若. 持車人還, 掌軍問之, 知其如此, 謂休昭曰: "吾嘗疑汝於文偉優劣未別也, 自是吾意了矣." **雅** **互** 費禕

〈1〉・名靖, 字文休, 汝南人. 官漢中王太傅. [『蜀志』]

〈2〉・名允, 和子. 官尙書令. [『蜀志』]

006

[晉] 동양(董養)

자는 중도(仲道)다. 영가(永嘉) 연간(307~313)에 낙양성 동북쪽 모서리에 있는 보광리(步廣里)의 땅이 함몰되었고 그 안에 거위 두 마리가 있었는데, 푸른 거위는 날아갔으나 흰 거위는 날지 못했다. 박식한 사람에게 그 이유를 물었으나 알지 못했다. 동양이 그 소식을 듣고 탄식하길: "옛날 주(周)나라 때 회맹을 했던 적천(狄泉)[1]이 바로 이곳이다. 갑자기 나타난 두 마리의 거위 중에서 푸른 거위는 호족(胡族)을 상징하니 나중에 틀림없이 호족이 낙양을 침입할 조짐이며[2], 흰 거위가 날지 못한 것은 나라에 불길한 일이 생길 조짐이다"라고 했다.

사곤(謝鯤)의 「원화론서(元化論序)」[3] : 진류(陳留)의 동중도는 원강(元康) 연간(291~299)에 혜제(惠帝: 司馬衷)가 양도후(楊悼后)를 폐위시킨 것[4]을 보고 태학당(太學堂)에 올라 탄식하길: "이 당을 지은 것은 장차 무엇을 하기 위함인가? 매번 국가의 사면장을 보면, 반역을 꾀한 자는 모두 사면되지만, 손자가 조부모를 죽이거나 자식이 부모를 죽인 경우는 사면되지 않으니 국법에 용납될 수 없다고 여기기 때문이다. 어찌하여 공경(公卿)들이 의론하고 전례(典禮)를 다듬는다면서 이러한 지경에 이르렀단 말인가? 천리(天理)와 인도(人道)가 이미 스러졌으니 대란이 일어날 것이로다!"라고 했다. 또한 사곤과 완부(阮孚)를 돌아보면서 말하길: "『역경(易經)』에서 '기미를 아는 것은 신묘한 일이로다'[5]라고 했으니, 당신들은 몸을 깊이 숨기는 것이 좋을 것이오"라고 했다. 그리고는 부인과 함께 짐을 메고 촉(蜀)으로 들어갔는데 그 종국을 알지 못했다.

역주 1) 적천(狄泉): '翟泉'이라고도 함. 『左傳』「僖公29年」條의 기록에 따르면, 春秋時代 周의 僖公이 晉·宋·齊·陳·秦의 제후들과 이곳에서 회합하여 鄭을 토벌할 것을 모의했다 함.

2) 틀림없이 호족이 낙양을 침입할 조짐이며: 永嘉 5년(311)에 匈奴의 劉聰이 洛陽을 함락한 사건을 말함. 이로 인해 西晉은 멸망하게 됨.

3) 「원화론서(元化論序)」: 『晉書』 권94 「董養傳」에 따르면, 동양이 「無化論」을 지었다고 함. 아마도 '無'의 별자인 '无'가 '元'과 비슷하여 혼동된 것으로 보임. 謝鯤이 그 論에 서문을 쓴 것임.

4) 혜제(惠帝: 司馬衷)가 양도후(楊悼后)를 폐위시킨 것: 永平 원년(291) 3월에 혜제의 妃 賈后가 조서를 날조하여 혜제의 계모인 양도후를 庶人으로 폐위하고 金墉城에서 살해한 사건을 말함.

5) 기미를 아는 것은 신묘한 일이로다: 원문은 "知幾其神乎". 『周易』「繫辭傳上」에 나오는 구절.

字仲道. 永嘉中, 洛城東北角步廣里中地陷, 中有二鵝, 蒼者飛去, 白者不能飛. 問之博識者, 不能知. 養聞, 歎曰: "昔周時所盟會狄泉, 此地也. 卒有二鵝, 蒼者胡象, 後胡當入洛, 白者不能飛, 此國諱也." [王隱『晉書』]

謝鯤「元化論序」: 陳留董仲道, 於元康中, 見惠帝廢楊悼后, 升太學堂, 歎曰: "建此堂也, 將何爲乎? 每見國家赦書, 謀反逆皆赦, 孫殺祖父母, 子殺父母, 不赦, 以爲王法所不容也. 奈何公卿處議, 文飾禮典以至此乎? 天人之理旣滅, 大亂斯起!" 顧謂謝鯤·阮孚曰: "『易』稱'知幾其神乎', 君等可深藏矣." 乃與妻荷擔入蜀, 莫知其所終. **賞** **詳** 王玄

007

[漢] 공분(孔奮)

자는 군어(君魚)며 부풍(扶風) 무릉(武陵) 사람이다. 그가 고장현장(姑臧縣長)으로 있을 때, 오직 노모만 아주 좋은 반찬을 먹었고 처자식은 그저 파나물만 먹었다.

字君魚, 扶風武陵人. 守姑臧, 惟老母極膳, 妻子但食葱菜. [『東觀漢記』]

007-1(0007)

공군어는 고장현장으로 있을 때 청렴함과 검소함을 아랫사람들에게 강조했다. 어떤 사람이 [그 일로] 그를 비판하자 그가 대답했다.

"나는 몸이 기름진 곳에 처해도 스스로 윤택해질 수 없는 사람이오."

孔君魚爲姑臧長, 清儉逼下. 有譏之者, 答曰: "奮身處脂膏, 不能自潤." 政

008

[漢] 공숭(孔嵩)

자는 중산(仲山)이며 남양(南陽) 신야(新野) 사람이다. 아리(阿里)의 거리 청소부로 있었는데, 몸가짐이 올바르고 품행이 엄정했기에 거리의 젊은이들이 모두 그의 가르침에 따랐다. 공부(公府)의 초징을 받고 도성으로 가던 길에 역참에서 숙박했는데, 도둑들이 함께 그의 말을 훔쳤다가 곧 [그 말이] 공숭의 것임을 알고 나서 서로 꾸짖으며 말하길: "공중산은 훌륭한 선비니 어찌 도둑을 맞아서야 되겠느냐!"라고 하면서 그에게 말을 돌려 보내주고 사죄했다.

字仲山, 南陽新野人. 爲阿里街卒, 正身厲行, 街中子弟皆服其訓. 辟公府, 之京師, 道宿下亭, 盜共竊其馬, 尋問知嵩, 乃相責讓曰: "孔仲山善士, 豈宜侵盜!" 送馬謝之. [范曄『後漢書』]

008-1(0008)

범거경(范巨卿: 范式)이 형주자사(荊州刺史)로 있을 때, 그의 친구 공중산은 가난한 살림에 부모님을 모시기 위해 성명을 바꾸고 신야현의 거리 청소부로 고용살이를 했다. 때마침 범거경이 관할지를 순시하게 되자 신야현에서는 공중산을 도기(導騎)[1]로 선발했다. 범거경이 공중산을 보고 놀라며 그의 팔을 붙잡고 말했다.

"그대는 공중산이 아닌가? 내가 예전에 그대와 함께 긴 옷자락을 끌며 태학(太學)에서 노닐었지. 나는 나라의 은혜를 입어 방백(方伯)의 지위에 올랐는데, 그대는 도의를 품고 몸을 숨긴 채 군졸로 살아가고 있으니 안타깝지 않은가?"

그러자 공중산이 말했다.

"후영(侯嬴)[2]은 천한 일을 하면서도 [지조를] 길이 지켰고, 신문(晨門)은 관문을 지키면서도 뜻을 마음껏 펼쳤네.〈1〉 가난이란 선비에게 마땅한 것이니 어찌 비루하다 하겠는가!"

범거경은 신야현에 명을 내려 공중산을 바꿔주게 했지만, 공중산은 이전에 고용된 기간이 아직 끝나지 않았다고 하면서 떠나려 하지 않았다.

〈1〉・신문은 관문을 기키는 사람이다.

・노(魯)나라에 세상을 피해 벼슬하지 않는 사람이 있었는데, 그는 스스로 성명을 숨긴 채 노나라에서 석문(石門)을 지키면서 새벽과 저녁으로 여닫는 일을 주관했다. 자로가 공자를 수행하다가 석문에서 하룻밤을 지냈는데, 석문지기가 자로(子路)에게 묻길: "어디에서 오셨소?"라고 하자, 자로가 말하길: "공씨(孔氏: 孔子) 댁에서 왔소이다"라고 했더니, 마침내 공자를 비꼬며 말하길: "안 되는 줄 뻔히 알면서도 굳이 하려고 애쓰는 그 사람이로군!"라고 했다. 당시 사람들은 그를 현명하다고 여겼다.

역주 1) 도기(導騎): 고관이 행차할 때 길을 인도하는 기병.

2) 후영(侯嬴): 전국시대 魏나라의 隱士. 집이 가난하여 大梁 夷門의 문지기 노릇을 했는데, 魏 公子 信陵君이 그에게 후한 재물을 보내주었으나 거절했다고 함.

范巨卿爲荊州刺史, 友人孔仲山, 家貧奉親, 變姓名, 傭爲新野縣街卒. 値巨卿行部, 縣選仲山爲導騎. 巨卿見仲山, 驚捉臂曰: "子非孔仲山耶? 吾昔與子俱曳長裾, 遊息太學. 吾蒙國恩, 致位牧伯, 而子懷道隱身, 處於卒伍, 不亦惜乎?" 仲山曰: "侯嬴長守於賤業, 晨門肆志於抱關.〈1〉 貧者士之宜, 豈爲鄙哉!" 巨卿敕縣代仲山, 仲山以先傭未竟, 不肯去. 德 互 范式

〈1〉・晨門, 閽人也. [『論語』疏]

・魯人有避世不仕者, 自隱姓名, 爲魯守石門, 主晨夜開閉. 子路從孔子, 石門而宿. 問子路曰: "奚自?" 子路曰: "自孔氏." 遂譏孔子曰: "是知其不可, 爲之者與!" 時人賢焉. [『高士傳』]

009

[漢] 공융(孔融)

자는 문거(文擧)며 노국(魯國) 사람으로, 공자(孔子)의 24대 손이다. 부친 공주(孔宙)는 태산도위(泰山都尉)를 지냈다.

字文擧, 魯國人, 孔子二十四世孫也. 父宙, 泰山都尉. [范曄『後漢書』] 品 詳 邊讓 陳登 輕 詳 禰衡

009-1(0009)

조공(曹公: 曹操)은 양표(楊彪)가 원공로(袁公路: 袁術)〈1〉와 혼사를 맺자, 이들이 함께 역모를 꾀했다고 무고하려 했다. 공문거는 이 소식을 듣고 미처 관복(官服)도 갖춰 입지 못한 채로 조공을 찾아가 만나 뵙고 말했다.

"양공(楊公: 楊彪)은 4대에 걸쳐 청렴한 덕행을 지켜 천하가 우러러보는 바입니다. [『尙書』] 「주서(周書)」에서도 '부자와 형제간에는 죄를 연루시키지 않는다'고 했는데, 하물며 원씨(袁氏: 袁術) 때문에 양공에게 죄를 씌울 수 있겠습니까? 그렇다면 『역경(易經)』에서 '선을 쌓으면 기쁜 일이 넘쳐난다[積善餘慶]'고 한 것은 한낱 사람을 속인 말에 불과할 뿐입니다."

이에 조공이 말했다.

"이건 국가[漢 獻帝를 비유함]의 뜻이오."

그러자 공문거가 말했다.

"설령 [周나라] 성왕(成王: 獻帝를 비유함)이 소공(召公: 楊彪를 비유함)을 죽였다고 하더라도 주공(周公: 曹操를 비유함)이 몰랐다고 말할 수 있겠습니까?"

〈1〉· 원공로는 이름이 술(術)이며 원소(袁紹)의 동생이다.

曹公以楊彪與袁公路〈1〉婚, 將誣以同逆. 文擧聞之, 不及朝服, 往見曹曰: "楊公四世淸德, 海內所瞻. 「周書」'父子兄弟, 罪不相及', 況以袁氏歸罪楊公? 『易』稱'積善餘慶', 徒欺人耳." 曹云: "此國家之意." 文擧曰: "假使成王殺召公, 周公可得言不知

耶?" 言 互 楊彪 魏武
〈1〉· 名術, 紹弟.

009-2(0010)

공문거가 북해태수(北海太守)로 있을 때 고밀현령(高密縣令)에게 다음과 같은 교지를 내렸다.

"지사(志士) 등자연(鄧自然)이 곤궁함을 고해왔는데, 어찌 곡식 몇 말[1]을 아낌으로써 열사의 마음을 상하게 할 수 있겠는가? 그에게 콩 3곡(斛: 30말)을 주되 나중에 다 떨어지면 다시 고하도록 하라."

역주 1) 곡식 몇 말: 원문은 "釜庾之間". 釜와 庾는 모두 옛 용량 단위로 1釜는 6斗 4升이고 1庾는 16斗임. 여기서는 얼마 되지 않는 곡식을 뜻함.

孔文擧在北海時, 敎高密令曰: "志士鄧自然告困, 焉得愛釜庾之間, 以傷烈士之心? 與豆三斛, 後乏, 復言." 政

009-3(0011)

공문거가 청주(靑州)에 있을 때, 원담(袁譚)〈1〉의 공격을 받아 날아오는 화살이 비처럼 쏟아지고 창들이 안에서 맞부딪혔지만, 공문거는 안석에 기댄 채 편안히 앉아 책을 읽고 뜻을 논하면서 태연자약했다.
〈1〉· 원담은 원소(袁紹)의 아들이다.

孔文擧在靑州, 爲袁譚〈1〉所攻, 流矢雨集, 矛戟內接, 孔隱几安坐, 讀書論義自若. 雅
〈1〉· 袁紹子.

009-4(0012)

공문거가 10살 때 아버지를 따라 낙양(洛陽)에 갔는데, 당시 이원례(李元禮: 李膺)는 명성이 자자했으며 사례교위(司隸校尉)로 있었다. 그래서 그 집 문을 드나드는 자는 모두 재주가 뛰어나고 고결한 선비들이었으며 내외 친척들만이 통교했다. 공문거가 문에 이르러 문지기에게 말했다.

"나는 이부군(李府君: 李膺)과 친척간입니다."

그렇게 통과하여 이원례 앞에 앉았더니, 이원례가 물었다.

"그대와 내가 어떤 친척간인가?"

공문거가 대답했다.

"옛날 저의 선조이신 중니(仲尼: 孔子)께서 당신의 선조이신 백양(伯陽: 老子)[1]을 스승으로 모셨으니[2], 이것이 바로 저와 당신이 세세토록 친교를 맺은 증거입니다."

이원례와 빈객들은 모두 그를 기특하게 여겼다. 태중대부(太中大夫) 진위(陳韙)가 나중에 들어오자 사람들이 그 이야기를 그에게 들려주었더니, 진위가 말했다.

"어릴 때 똑똑하다고 해서 커서도 반드시 훌륭하리란 법은 없지!"

그러자 공문거가 대꾸했다.

"그렇다면 당신은 어렸을 때 틀림없이 똑똑했겠군요!"

진위는 크게 당황해했다.〈1〉

〈1〉・공융이 4살 때 형제들과 함께 배를 먹으면서 언제나 작은 것을 가져가자 사람들이 그 까닭을 물었더니, 대답하길: "어린 사람이 작은 것을 먹는 것이 당연하지요"라고 했다.

역주 1) 당신의 선조이신 백양(伯陽: 老子): 伯陽은 老子의 字. 노자의 성명이 李耼이기 때문에 李膺의 선조라고 한 것임.

2) 스승으로 모셨으니: 『史記』「孔子世家」와 「老子列傳」에 공자가 노자에게 예를 물은 고사가 나옴.

孔文擧年十歲, 隨父到洛, 時李元禮有盛名, 爲司隸校尉. 詣門者皆儁才淸稱, 及中表親戚乃通. 文擧至門, 謂吏曰: "我是李府君親." 旣通, 前坐, 元禮問曰: "君與僕有何親?" 對曰: "昔先君仲尼, 與君先人伯陽, 有師資之親, 是僕與君奕世爲通好也." 元禮及賓客莫不奇之. 太中大夫陳韙後至, 人以其語語之, 韙曰: "小時了了, 大未必佳!" 文擧曰: "想君小時必當了了!" 韙大踧踖.〈1〉 凤

〈1〉・融四歲, 與兄弟食梨, 輒引小者, 人問其故, 答曰: "小兒, 法當取小者." [『孔融別傳』]

009-5(0013)

공융이 체포되자 조정의 안팎이 모두 두려워했다. 당시 공융의 아들은 큰놈이 9살이었고 작은놈이 8살이었는데, 두 아이는 못치기놀이[1]를 하면서 조금도 당황하는 기색이 없었다. 공융이 사자(使者)에게 말했다.

"죄가 내 몸에서 그치길 바라니, 두 아들은 온전할 수 있겠소?"

그러자 아들이 천천히 다가오면서 말했다.

"아버님께서는 엎어진 새집 아래서 깨지지 않고 온전한 알이 있는 것을 보셨습니까?"

얼마 후에 그들도 잡혀 들어갔다.〈1〉

〈1〉・배송지(裴松之)[2] : 『세어(世語)』에서 "공융의 두 아들이 아버지가 잡혀가는 것을 보고서도 피하지 않은 것은 반드시 모두 죽게 될 것이라는 것을 알았기 때문이다"라고 말한 것은 그런대로 타당하다. 그러나 손성(孫盛)의 『위씨춘추(魏氏春秋)』에서 "두 아들은 바둑을 두면서 단정하게 앉아 일어나지도 않았다"라고 한 것은 정말 납득이 가지 않는다. 8살밖에 안된 아이가 화환(禍患)을 예측할 수 있을 정도로 총명함이 대단하고 탁월하게 뛰어났다면, 그 걱정하고 즐거워하는 마음 또한 진실로 어른들보다 뛰어남이 있었을 것이다. 그런데도 어찌 아버지가 잡혀가는 것을 보고서 안색조차 바꾸지 않고 바둑을 두면서 일어나지도 않은 채 태연히 한가롭게 즐길 수가 있겠는가? 옛날 신생(申生)[3]은 죽게 되었을 적에 말할 때마다 아버지를 잊지 않아 자기가 죽게 되었다고 해서 아버지를 그리는 정마저 버리지는 않았다. 아버지가 편히 계실 때에도 오히려 이와 같았거늘 하물며 아버지가 위급한 상황에 처했을 때임에랴! 그런데도 손성은 이것을 미담으로 여겼으니 바로 남의 자식을 해치는 것[4]이 아니겠는가!

역주 1) 못치기놀이: 원문은 "琢釘戲". 淸 周亮工의 『因樹屋書影』 권3에 "金陵의 아이들은 '탁정'이란 놀이를 하는데 땅에 경계를 그어 놓고 그 안에 못을 꽂는다. 먼저 작은 못을 땅에 꽂고 그것을 簽이라 부른다. 첨이 있는 곳을 중심으로 해서 경계를 벗어나는 자나 상대방의 못을 맞추지 못한 자나 맞추더라도 중심의 첨을 건드리면 지게 된다."라는 기록이 있음.

2) 배송지(裴松之): 『三國志』 권12 「魏書・崔琰傳」의 裴松之 注를 말함.

3) 신생(申生): 춘추시대 晉 獻公의 태자. 헌공이 驪姬를 총애하여 여희의 아들 奚齊를 태자로 세우고자 신생을 曲沃에 머물게 했는데, 여희가 다시 참소하여 헌공이 장차 신생을 죽이려 할 때 重耳(文公)가 신생을 부추겨 헌공을 죽이라 했지만, 신생은 父王을 시해할 수 없다고 단호히 거절하고 자살함.

4) 남의 자식을 해치는 것: 원문은 "賊夫人之子". 『論語』「先進」에서 "子路使子羔爲費宰, 子曰: '賊夫人之子.'"라고 함.

孔融被收, 中外惶怖. 時融兒大者九歲, 小者八歲, 二兒故琢釘戲, 了無遽容. 融謂使者曰: "冀罪止於身, 二兒可得全不?" 兒徐進曰: "大人豈見覆巢之下, 復有完卵乎?" 尋亦收至. 〈1〉 **夙**

〈1〉・裴松之曰 : 『世語』云"融二子見收不辟, 知必俱死", 猶差可安. 孫盛『春秋』云"二子奕棋, 端坐不起", 誠所未譬. 八歲小兒, 能懸了禍患, 聰明特達, 卓然旣遠, 則其憂樂之情, 固亦有過成人矣. 安有見父被執, 而無變容, 奕棋不起, 若在暇豫者乎? 昔申生就命, 言不忘父, 不以己之將死而廢念父之情也. 父安尙猶若玆, 而況顚沛哉! 盛以此爲美談, 無乃賊夫人之子與!

009-6(0014)

공북해는 권세를 잃은 채 집에 거했는데, 빈객이 날마다 그의 문하에 가득했지만 인재를 아끼고 선비를 좋아하여 늘 부족한 듯이 여겼다. 그러면서 매양 이렇게 탄식했다.

"좌중에 상객(上客)이 늘 가득하고 술통에 술이 떨어지지만 않으면 나는 걱정이 없겠다!"

孔北海居家失勢, 賓客日滿其門, 愛才樂士, 常若不足. 每歎曰: "坐上客常滿, 尊中酒不空, 吾無憂矣!" **豪**

009-7(0015)

공북해와 채중랑(蔡中郞: 蔡邕)은 평소에 교분이 두터웠다. 채중랑이 죽은 후 호분사(虎賁士)[1] 중에서 그 모습이 채중랑을 닮은 사람이 있었는데, 공북해는 술을 마신 후에 그를 불러 함께 앉아 말했다.

"비록 노성(老成)한 사람[2]은 없지만 그래도 옛 모습은 남아 있다."〈1〉

〈1〉·[『詩經』] 「대아(大雅)[3]·탕(蕩)」의 시다.

역주 1) 호분사(虎賁士): 虎賁郞. 궁중의 호위병.

2) 노성(老成)한 사람: 나이가 많고 덕망이 높은 사람. 여기서는 蔡邕을 가리킴.

3) 대아(大雅): 원문은 "小雅"라 되어 있지만 誤記가 분명하므로 고침.

孔北海與蔡中郎素厚. 蔡亡後, 有虎賁士貌類於蔡, 北海每酒後, 引與共坐, 曰: "雖無老成人, 且有典刑."〈1〉 **傷** **互** 蔡邕

〈1〉·「小[1]雅·蕩」詩.

校勘 1) 小: "大"의 誤記임.

009-8(0016)

오관장(五官將: 曹丕)〈1〉이 원희(袁熙)의 처[1]를 받아들이고 나자,〈2〉 공문거가 조공(曹公: 曹操)에게 서찰을 보내 말했다.

"주(周) 무왕(武王)이 은(殷) 주왕(紂王)을 토벌했을 때, 주왕의 비 달기(妲己)[2]를 동생 주공(周公)에게 하사했습니다."

조공은 공문거가 박학하기 때문에 정말로 그런 사실이 전적에 기록되어 있는 것이라고 생각했다. 조공이 나중에 공문거를 만나서 물어보니 공문거가 대답했다.

"지금의 입장에서 옛날을 헤아려보면 아마도 그러했을 것이라고 생각했던 것입니다."

〈1〉·오관장은 조비(曹丕)다.

〈2〉·원희의 일은 따로 나온다.

역주 1) 원희(袁熙)의 처: 曹操가 袁紹를 격파한 뒤 曹丕는 원소의 둘째아들 袁熙의 처 甄氏를 차지하여 자신의 부인으로 삼음. 원희는 자가 顯雍이고 벼슬은 東漢의 幽州刺史를 지냈음. 동생 袁尙이 曹操에게 격파당하자, 원희는 원상과 함께 遼東의 公孫康에게 몸을

의탁했지만, 오히려 공손강에게 둘 다 살해당함.

2) 달기(妲己): 殷 紂王의 妃로 有蘇氏의 딸. 주왕은 달기에 빠져 폭정을 일삼았음. 夏 桀王의 末姬와 周 幽王의 褒似와 함께 나라를 망친 妃로 알려져 있음. 孔融이 달기를 언급한 것은 曹氏 부자의 무도함을 암시한 것임.

五官將〈1〉既納袁熙妻,〈2〉孔文擧與曹公書曰: "武王伐紂, 以妲己賜周公." 曹公以文擧博學, 眞謂書傳所記. 後見文擧問之, 答曰: "以今度之, 想當然耳." 排

〈1〉· 曹丕.

〈2〉· 熙事, 別見.

009-9(0017)

헌제(獻帝: 劉協)가 한번은 연회자리에서 공문거와 치홍예(郗鴻豫: 郗慮)〈1〉를 만났을 때 공문거에게 물었다.

"치홍예는 어떤 점이 뛰어나오?"

공문거가 말했다.

"함께 도(道)에 나아갈 수는 있지만 아직은 함께 권(權)의 경지에 이를 수는 없습니다."1)

그러자 치홍예가 홀(笏)을 들며 말했다.

"공융이 예전에 북해상(北海相)으로 있을 때 정사가 문란하여 백성들이 유랑했으니 그 권이라는 것이 어디에 있단 말입니까?"

그리고는 마침내 공문거와 함께 서로의 장단점을 논했다.

〈1〉· 이름은 여(慮)며 산양(山陽) 사람이다. 젊어서 정현(鄭玄)에게서 수학했다.

역주 1) 함께 도(道)에 나아갈 수는 있지만 아직은 함께 권(權)의 경지에 이를 수는 없습니다: 『論語』「子罕」편에 "可與共學, 未可與適道, 可與適道, 未可與立, 可與立, 未可與權."이라는 구절이 있음. '權'은 절대불변의 도리인 '經'과 대비되는 개념으로 자유로운 상황적 실천을 의미함. 이 '權'을 올바르게 사용하면 '權道'가 되지만 잘못 사용하면 '權謀'가 됨.

獻帝嘗宴見孔文擧與郗鴻豫,〈1〉 問文擧曰: "鴻豫何所優長?" 文擧言: "可與適道, 未可與權." 鴻豫擧笏曰: "融昔宰北海, 政散人流, 其權安在?" 遂與文擧互相短長. 仇
〈1〉· 名慮, 山陽人. 少受學於鄭玄. [司馬彪『續漢書』]

010

[晉] 공탄(孔坦)

자는 군평(君平)이며 회계(會稽) 산음(山陰) 사람이다. 『춘추(春秋)』에 정통했으며 문장과 변론에 뛰어났다. 태자사인(太子舍人)을 지냈으며 여러 벼슬을 거쳐 정위경(廷尉卿)에 기용되었다.

字君平, 會稽山陰人. 善『春秋』, 有文辨. 歷太子舍人, 累遷廷尉卿. [王隱『晉書』] 原 詳 楊氏子

010-1(0018)

공군평의 병이 위독했을 때, 회계내사(會稽內史)로 있던 유사공(庾司空: 庾冰)이 그를 위문했는데, 위문함이 매우 지극하여 그를 위해 눈물까지 흘렸다. 유사공이 공군평의 병상을 내려가자, 공군평이 탄식하며 말했다.

"대장부가 임종하는 마당에 국가안녕의 방책은 묻지 않고 아녀자처럼 위문만 하다니!"

유사공은 그 말을 듣더니 돌아와 사과하고 그에게 훌륭한 말씀[1]을 청했다.

역주 1) 훌륭한 말씀: 원문은 "話言". 『詩經』 「大雅 · 抑」의 "其惟哲人, 告之話言"이란 구절에 대한 毛傳에서 "話言, 古之善言也"라 함. 여기서는 遺言의 뜻으로 쓰임.

孔君平疾篤, 庾司空爲會稽, 省之, 相問訊甚至, 爲之流涕. 庾旣下牀, 孔慨然曰: "大丈夫將終, 不問安國寧家之術, 迺作兒女子相問!" 庾聞, 回謝之, 請其話言. 方正 庾冰

011

[晉] 공유(孔愉)

자는 경강(敬康)이며 회계(會稽) 산음(山陰) 사람이다. 처음에는 중종(中宗: 司馬睿)의 참군(參軍)으로 초징되었다가 화일(華軼)[1]을 토벌하는 데 공을 세워 여부정후(餘不亭侯)에 봉해졌다. 공유는 젊었을 때 일찍이 거북 한 마리를 잡았다가 여불계(餘不溪)에 놓아준 적이 있었는데, 거북이 도중에 여러 번 왼쪽을 돌아보곤 했다. 나중에 인장을 주조해놓고 보니 [인장 위에 달려 있는] 거북이 왼쪽을 돌아보는 형상을 하고 있었다.[2] 다시 주조했으나 여전히 그와 같았다. 인장공이 그 사실을 보고하자 공유는 그제야 깨닫고 그것을 가져다 몸에 찼다. 여러 벼슬을 거쳐 상서좌복야(尙書左僕射)에 기용되었으며, 거기장군(車騎將軍)에 추증되었다.

字敬康, 會稽山陰人. 初辟中宗叅軍, 討華軼有功, 封餘不亭侯. 愉少時嘗得一龜, 放於餘不溪中, 龜中路左顧者數過. 及後鑄印, 而龜左顧. 更鑄, 猶如此. 印師以聞, 愉悟, 取而佩焉. 累遷尙書左僕射, 贈車騎將軍. [『孔愉別傳』] 品 詳 虞騠

역주 1) 화일(華軼): 華歆의 曾孫으로 西晉 말에 江州刺史를 역임했으며, 司馬睿[元帝]에게 충성을 보이지 않았다가 주살당함.

2) 거북이 왼쪽을 돌아보는 형상을 하고 있었다: 관직에 있는 사람은 龜紐가 달린 인장을 허리에 찼는데, 그 龜紐가 왼쪽을 향하고 있었다는 뜻.

012

[晉] 공군(孔羣)

자는 경휴(敬休)며 회계(會稽) 산음(山陰) 사람이다. 지략이 있어서 벼슬이 어사중승(御史中丞)에 이르렀다.

字敬休, 會稽山陰人. 有智局, 仕至御史中丞. [『會稽後賢記』]

012-1(0019)

소준(蘇峻)〈1〉[이 난을 일으켜서 도성을 점령했을] 때,[1] 공군은 횡당(橫塘)에서 [소준의 부하인] 광술(匡術)〈2〉에게 협박을 받았다.[2] [난이 평정되어 광술이 투항하자] 왕승상(王丞相: 王導)은 광술을 보호해주었는데, 여러 사람이 모인 자리에서 농담을 하다가 광술더러 공군에게 술을 권해서 횡당에서의 유감을 풀도록 했더니, 공군이 이렇게 답했다.

"덕은 공자(孔子)에 비할 수 없지만 액은 같은 광인(匡人)에게 당했습니다.[3] 비록 봄기운이 널리 퍼져 매가 뻐꾸기로 변한다[4] 하더라도, 그 정체를 아는 사람은 여전히 그 눈을 싫어합니다."

〈1〉· 소준은 장광(長廣) 사람이다. 왕돈(王敦)을 토벌하는 데 공을 세워 역양태수(歷陽太守)가 되었다. 소준은 조정을 가볍게 여기는 뜻을 지니고 있었는데, 그를 불러들이라는 조서가 내려오자 소준이 말하길: "나는 차라리 산마루에서 정위(廷尉)를 바라볼지언정 정위에게 산마루를 바라보게 할 수는 없다"라고 했다. 그리고는 마침내 난을 일으켰다.

〈2〉· 광술은 소준과 함께 모반했다가 나중에 완성(宛城)을 바치고 투항했다.

역주 1) 소준(蘇峻)[이 난을 일으켜서 도성을 점령했을] 때: 晉 明帝 太寧 3년(325)에 명제가 죽고 겨우 5살 된 成帝가 즉위하자, 庾太后가 섭정하고 王導·庾亮[庾太后의 오빠] 등이 정권을 장악했는데, 유량은 소준과 祖約 등을 의심하여 成帝 咸和 2년(327)에 소준을 입조하게 하여 그의 병권을 빼앗고자 함. 소준은 조약과 함께 유량 토벌을 구실로 삼아 반란을 일으켜, 함화 3년(328)에 도성 建康까지 진격하여 조정의 군대를 대패시킴.

2) 공군은 횡당(橫塘)에서 [소준의 부하인] 광술(匡術)에게 협박을 받았다: 『晉書』 권78 「孔羣傳」에 따르면, 공군이 사촌형 孔愉와 함께 외출했다가 당시 소준의 신임을 받고 있던 광술을 횡당에서 만났는데, 공유는 즉시 광술에게 말을 걸었으나 공군은 쳐다보지도 않았다. 그래서 광술이 격노하여 그를 죽이려 했는데 공유가 사정하여 겨우 화를 면했다고 함.

3) 덕은 공자(孔子)에 비할 수 없지만 액은 같은 광인(匡人)에게 당했습니다: 孔子·孔羣의 '孔'字와 匡人·匡術의 '匡'字를 유추하여 비유한 것임. 『論語』 「子罕」에 공자가 광 땅에서 陽虎로 오인 받아 곤욕을 치른 고사가 있음.

4) 매가 뻐꾸기로 변한다: 원문은 "鷹化爲鳩". 『禮記』 「月令」에 나오는 구절.

蘇峻〈1〉時, 孔羣在橫塘爲匡術〈2〉所逼. 王丞相保存術, 因衆坐戱語, 令術勸羣酒, 以釋橫塘之憾, 羣答曰: "德非孔子, 厄同匡人. 雖陽和布氣, 鷹化爲鳩, 至於識者, 猶憎其眼." **方**

〈1〉· 長廣人. 討王敦有功, 爲歷陽太守. 有輕朝廷之志, 下詔徵之, 峻曰: "我寧山頭望廷尉, 不能廷尉望山頭." 遂作亂. [王隱『晉書』]

〈2〉· 與峻反, 後以宛城降. [『晉陽秋』]

012-2(0020)

홍려경(鴻臚卿)[1] 공군은 술 마시길 좋아했는데, 왕승상(王丞相: 王導)이 말했다.

"당신은 어찌하여 항상 술만 마시는 게요? 술집에서 술 단지를 덮어놓은 천이 날이 가고 달이 가면 썩어버리는 것을 보지 못했소?"

공군이 말했다.

"그렇지 않소이다. 술지게미에 절인 고기가 오히려 훨씬 오래 가는 것은 보지 못했소이까?"

공군이 한번은 친구에게 편지를 썼다.

"올해 밭에서 700곡(斛)의 찰수수를 수확했는데, 그것으로는 술 담그기에[2] 충분하지 않을 것 같네."

역주 1) 홍려경(鴻臚卿): 외국에서 들어오는 朝貢을 관장하는 鴻臚寺의 장관으로 9卿 가운데 하나.

2) 술 담그기에: 원문은 "麴糵事". '麴糵(국얼)'은 술을 담그는 데 쓰는 발효물. 누룩·효모. 여기서는 그냥 술 담그는 일을 말함.

鴻臚卿孔羣好飮酒, 王丞相謂云: "卿何爲恒飮酒? 不見酒家覆瓿布, 日月糜爛?" 羣曰: "不爾. 不見糟肉乃更堪久?" 羣嘗書與親舊: "今年田得七百斛秫米, 不了麴糵事." **任** **互** 王導

013

[劉宋] 공순지(孔淳之)

자는 언심(彦深)이며 노군(魯郡) 사람이다. 성품이 고상하고 옛 책[1]을 좋아했으며, 징사(徵士)[2] 대옹(戴顒)과 왕홍지(王弘之)·왕경홍(王敬弘) 등과 함께 인간세상 밖의 교유를 맺었다. 원가(元嘉) 연간(424~453) 초에 산기랑(散騎郞)으로 초징되었으나 부임하지 않았다.

역주 1) 옛 책: 원문은 "墳籍". 옛 성현들이 지은 經書와 史書.
2) 징사(徵士): 徵君이라고도 하며, 학문과 덕행이 높아 군주가 招徵하는데도 벼슬길에 나아가지 않는 隱士를 말함.

字彦深, 魯郡人. 少高尙, 愛好墳籍, 與徵士戴顒·王弘之及王敬弘等, 共爲人外之遊. 元嘉初, 徵散騎郞, 不到. [『宋書』]

013-1(0021)

공순지는 회계군(會稽郡) 섬현(剡縣)에 살았는데, 성품이 산수를 좋아하여 유람할 곳이 있을 때마다 반드시 깊숙하고 험준한 데까지 찾아갔으며 간혹 열흘 동안 돌아오길 잊기도 했다. 한번은 산을 유람하다가 사문(沙門) 법숭(法崇) 스님을 만났는데, 그곳에 머물러 함께 지내다보니 결국 3년을 체류하게 되었다. 법숭 스님이 이렇게 탄식했다.

"아득히 인간세상 밖을 생각한지 30년이나 되었는데, 오늘에야 여기에서 속내를 털어놓고 얘기하다보니[1] 늙음이 장차 이르는 줄도 느끼지 못하겠다!"

공순지는 돌아가면서 자신의 성씨도 알려주지 않았다.

역주 1) 속내를 털어놓고 얘기하다보니: 원문은 "傾蓋". 길에서 만나 타고 가던 수레를 멈추고 깁양산을 기울여 이야기한다는 뜻으로, 친구가 서로 만나 친밀하게 담소하는 것을 말함.

孔淳之居會稽剡縣, 性好山水, 每有所遊, 必窮其幽峻, 或旬日忘歸. 嘗遊山, 遇沙門釋法崇, 因留共止, 遂停三載. 法崇歎曰: "緬想人外, 三十年矣, 今乃傾盖於玆, 不覺老之將至!" 淳之還反, 不告以姓. **棲**

014

[劉宋] 공의(孔顗)

자는 사원(思遠)이며 회계(會稽) 사람이다. 조부 공림지(孔琳之)는 태상(太常)에 추증되었으며, 부친 공막(父邈)은 양주치중(楊[揚]州治中)을 지냈다. 공의는 강직하고 남을 감화시키는 힘이 있었으며, 시비를 바로잡는 것을 자신의 임무로 삼았다. 말을 더듬었으나 공부하길 좋아했다. 수재(秀才)로 천거되어 주부(主簿)에 임명되었으며, 어사중승(御史中丞)에까지 이르렀다. 동생 공도존(孔道存)은 관직이 남해태수(南海太守)에까지 이르렀다.

字思遠, 會稽人. 祖琳之, 贈太常, 父邈, 楊州治中. 顗骨鯁有風力, 以是非爲己任. 口吃, 好讀書. 擧秀才, 補主簿, 官至御史中丞. 弟道存, 官至南海太守. [『宋書』]

014-1(0022)

공중승(孔中丞: 孔顗)이 도성[建康]에 있을 때, 동생 공도존(孔道存)이 강하내사(江夏內史)가 되었다. 당시에는 동쪽 지방에 가뭄으로 흉년이 들어 도성의 쌀값이 비쌌다. 그래서 공도존은 공중승이 궁핍할 것을 염려하여 관리를 보내 쌀 500석을 실어 그에게 보내주었다. 그러나 공중승은 관리를 불러 말했다.

"나는 그곳에 3년이나 있었지만 관직을 떠날 때 여행길 식량도 마련하지 못했소. 내 동생은 그곳에 간지 얼마 되지도 않았는데 어떻게 이렇게 많은 쌀을 소유할 수 있단 말이오? 도로 실어가도록 하시오."

그러자 관리가 말했다.

"예로부터 쌀을 싣고 물길을 거슬러 올라간 적은 없습니다."

그러나 공중승은 듣지 않고 결국 그 쌀을 실어 강하로 돌려보냈다.

孔中丞在都, 弟道存爲江夏內史. 時東土旱儉, 都下米貴. 道存慮中丞貧乏, 遣吏載五百米餉之. 中丞呼吏語曰: "我在彼三載, 去之日, 不辦有路糧. 郞至未幾, 何緣得有此米? 可載還." 吏白: "自古無有載米上水者." 中丞不聽, 竟載還江夏. 德

014-2(0023)

공사원은 후군부(後軍府)[1]의 장사(長史)로 있을 때, 비록 취한 채로 지내는 날이 많았지만 정무처리에 대해 훤히 알고 있었으므로, 깨었을 때 판결하면 한 번도 막힌 적이 없었다. 그래서 사람들이 모두 말했다.

"공공(孔公: 孔顗)은 한 달에 29일을 취해 있지만, 한 달에 29일을 깨어 있는 세상 사람들보다 낫다."

역주 1) 후군부(後軍府): 後軍將軍 謝安의 軍府를 말함.

孔思遠爲後軍府長史, 雖醉日居多, 而曉明政理, 醒時判決, 未嘗有壅. 衆咸曰: "孔公一月二十九日醉, 勝世人二十九日醒." 政

014-3(0024)

공중승의 두 동생〈1〉이 관직에 있었는데, 뇌물을 꽤 많이 받았다. 그들이 한번은 휴가를 청하여 동쪽으로 돌아오자 공중승이 물가로 나가서 맞이했는데, 10여 척의 배에 실려 있는 물품은 모두 솜·명주·종이·자리 등이었다. 공중승이 거짓으로 기뻐하며 말했다.

"내가 요즘 궁핍하니 이것을 얻으면 매우 요긴하겠다."

그리고는 그 물품을 강 언덕 옆으로 올려다 놓으라고 명하더니, 잠시 후에 정색하며 말했다.

"너희는 외람되게도 선비의 부류에 끼게 되었는데, 어찌 동쪽으로 돌아와서 장사치가 될 수 있겠느냐?"

그리고는 좌우 사람들에게 불을 가져오라고 명하여 그 물품을 다 태워버리고 나서 떠났다.

〈1〉・두 동생은 친동생 공도존과 사촌동생 공휘(孔徽)다.

孔中丞二弟〈1〉在官, 頗營贓賄. 嘗請暇還東, 中丞出渚迎之, 輜重十餘船, 皆是綿絹紙席. 中丞僞喜曰: "我比困乏, 得此甚要." 因命上置岸側, 旣而正色語曰: "汝輩忝預士流, 何至還東作賈客耶?" 命左右取火, 燒盡乃去. **規**

〈1〉・道存, 從弟徽.

015

[劉宋] 공희선(孔熙先)

노국(魯國) 사람이다. 박학하고 재능과 뜻이 거침없었으며, 원외산기시랑(員外散騎侍郞)을 지냈다.

魯國人. 博學有縱横才志, 爲員外散騎侍郞, [『宋書』]

015-1(0025)

공희선이 범엽(范曄)과 함께 반역을 도모했다가 하옥되어 문초를 받았는데, 묻자마자 당당하게 죄를 실토하면서 말투를 조금도 굽히지 않았다. 황제는 그의 재주를 훌륭히 여겨 사람을 보내 위로하면서 말했다.

"경과 같은 재주를 지니고서 집서성(集書省)[1]에 오래 묵혀 있었으니 이치상 다른 뜻을 품는 것이 당연하오."

그리고는 전 이부상서(吏部尙書) 하상지(何尙之)를 힐책하면서 말했다.

"공희선을 30세가 되도록 산기랑(散騎郞)으로 있게 했으니 그가 어찌 역적이 되지 않겠는가?"〈1〉

〈1〉・처음 공희선의 부친 공묵지(孔默之)가 광주자사(廣州刺史)로 있을 때 뇌물죄로 정위(廷尉)에게 회부되었는데, 팽성왕(彭城王) 유의강(劉義康)이 그를 보호해주었다.

나중에 유의강이 폐출당하자 공희선은 남몰래 그의 은덕에 보답할 생각을 했는데, 범엽이 조정에 불만의 뜻을 가지고 있었으므로 그를 끌어들이고자 했다. 공희선은 범엽과 노름을 하면서 일부러 상대가 안 되는 것처럼 하여 아주 많은 재물을 잃어주었다. 범엽은 이미 공희선의 재물과 보화에 끌려서 마침내 막역한 친분을 쌓게 되었다. 공희선은 평소 천문에 뛰어났는데, 이르길: "문제(文帝: 劉義隆)는 필시 비정상적으로 붕어할 것이고, 강주(江州)에서 응당 천자가 나올 것이다"라고 했다. 공희선은 유의강이 천자가 될 것이라고 생각하여 마침내 범엽과 함께 역모를 꾀했다. [하지만 일이 사전에 발각되어] 조정에서 조서를 내려 그들을 체포하자, 둘 다 모두 사실대로 죄를 자복했다.

역주 1) 집서성(集書省): 散騎省이라고도 함. 남북조 때 설치된 관서로, 황제의 侍從과 顧問을 담당했음.

孔熙先與范曄同逆, 下獄被責, 望風吐款, 辭氣不撓. 上奇其才, 遣人慰勞之曰: "以卿之才, 而滯於集書省, 理應有異志." 又詰責前吏部尙書何尙之曰: "使孔熙先年三十作散騎郞, 那不作賊?"〈1〉 **尤**

〈1〉・初, 熙先父默之, 刺廣州, 以贓貨下廷尉, 彭城王義康保持之. 義康被黜, 熙先密懷報效, 以曄志意不滿, 欲引之. 與曄戲, 故爲不敵, 輸物甚多. 曄利其財寶, 遂申莫逆之好. 熙先素善天文, 云: "文帝必以非道晏駕, 江州應出天子." 以爲義康當之, 遂同搆逆謀. 詔收之, 並皆款服. [『宋書』]

016

[齊] 공치규(孔稚圭)

자는 덕장(德璋)이며 회계(會稽) 산음(山陰) 사람이다. 젊어서부터 학문을 두루 섭렵하여 훌륭한 명성을 얻었으며, 벼슬은 태자첨사(太子詹事)에 이르렀다.

字德璋, 會稽山陰人. 少涉學有美譽, 仕至太子詹事. [『南齊書』] **德** **詳** 謝朓

016-1(0026)

공치규는 맑고 깔끔한 운치를 지니고 있었다. 정원 안의 무성한 풀은 베지 않았고 그 속에서 개구리들이 울어댔는데, 공치규가 말했다.
"이것으로 두 악대(樂隊)를 삼는다."

孔稚圭風韻淸疎. 門庭之內, 草萊不剪, 中有蛙鳴, 稚圭曰: "以此當兩部鼓吹." 棲

017

[梁] 공휴원(孔休源)

자는 경서(慶緖)며, 공유(孔愉)의 7대 손이다. 심린(沈獜)에게서 경학을 배웠으며, 유지린(劉之遴)과 함께 태학박사(太學博士)가 되었다. 여러 벼슬을 거쳐 금자광록대부(金紫光祿大夫)에 올랐다.

字慶緖, 愉之七世孫. 從沈獜[1]受經, 與劉之遴同爲太學博士. 累遷金紫光祿. [『梁書』]

校勘 1) 沈獜: 『梁書』 권36 「孔休源傳」에는 "沈驎士"라 되어 있음.

017-1(0027)

공휴원이 [양나라] 진안왕(晉安王: 蕭綱)〈1〉의 장사(長史)가 되었는데, 진안왕은 그를 깊이 믿고 의지했다. 진안왕이 한번은 서재 안에 따로 걸상 하나를 마련해 놓고 말했다.
"이것은 공장사(孔長史: 孔休源)의 자리다."
〈1〉・간문제(簡文帝: 蕭綱)의 처음 봉호(封號)다.

孔休源爲晉安王〈1〉長史, 王深相倚仗. 嘗於齋中別施一榻, 云: "此是孔長史坐." 寵
〈1〉・簡文初封號.

018

[陳] 공범(孔範)

자는 법언(法言)이며, [회계(會稽)] 산음(山陰) 사람이다. 문장이 매우 화려하고 오언시에 뛰어났으며, 강총(江總) 등과 함께 후주(後主: 陳叔寶)의 스스럼없는 측근 신하였다. [『南史』]

字法言, 山陰人. 文章贍麗, 工五言詩, 與江總等幷爲後主狎客. [『南史』]

018-1(0028)

수(隋)나라가 대대적으로 거병하여 진(陳)나라 토벌에 나섰는데, 진나라 군주〈1〉가 측근 신하들에게 말했다.

"제왕의 기운이 이곳에 있는지라 제(齊: 北齊)나라 군병이 세 차례나 침입하고 주(周: 北周)나라 군사가 두 차례나 침입했지만 모두 물리쳐 패배시켰으니 저들이 무얼 하겠는가?"

그러자 공범이 말했다.

"장강은 천연의 요새로서 남과 북을 나누고 있으니, 저 오랑캐 군이 어찌 날아서 건널 수 있겠습니까? 여러 장수들은 공로를 세우고자 사태가 위급하다고 망령되이 말하고 있습니다. 신은 늘 관직이 낮은 것을 걱정하고 있는데, 오랑캐가 만약 장강을 건너온다면 신이 마땅히 태위공(太尉公)[1]이 될 것입니다."

진나라 군주는 그 말을 옳다고 여기고서 음악을 연주하고 술을 마음껏 마시면서 시 짓는 것을 멈추지 않았다.

〈1〉· 진나라 군주는 진숙보(陳叔寶)다.

역주 1) 태위공(太尉公): 太尉는 武官의 최고위직으로, 司徒·司空과 함께 三公으로 불림. 여기서는 공범이 스스로 문무를 겸비하고 있다고 자부하면서 큰 공을 세워 태위가 되겠다고 호언한 것임.

隋大擧伐陳，陳主〈1〉謂侍臣曰："王氣在此，齊兵三來，周師再來，無不摧敗，彼何爲者耶?" 孔範曰："長江天塹，限隔南北，虜軍豈能飛渡耶? 諸將欲作功勞，妄言事急. 臣每患官卑，虜若渡江，定作太尉公矣." 主然之，奏伎縱酒，賦詩不輟.* 惑

〈1〉·叔寶.

校勘 * 이 고사는『世說新語補』에는 나오지 않고,『資治通鑑』권176「陳紀十」에 나옴.

019

[唐] 공극(孔極)

019-1(0029)

시랑(侍郞) 공극이 조회를 마치고 돌아오다가 비를 만나 어떤 노인 집의 처마 아래에서 비를 피하고 있었는데, 노인이 그를 맞이하여 대청으로 들어갔다. 노인은 검은 비단 모자와 두건을 쓰고 그를 매우 공손하게 영접하여 술과 음식을 차려냈는데 하나하나가 정갈하고 훌륭했다. 공공(孔公: 孔極)이 비옷을 빌려달라고 하자 노인이 말했다.

"저는 추우면 집을 나가지 않고 더워도 나가지 않으며 바람이 불어도 나가지 않고 비가 와도 나가지 않는지라 여태껏 비옷을 둔 적이 없습니다."

공공은 자기고 모르게 문득 벼슬하고 싶어 하는 마음을 잊어버렸다.

孔極侍郞朝迴遇雨，避於一叟之廡下，延入廳事. 叟烏帽紗巾，逢迎甚恭，因備酒饌，一一精好. 孔公借油衣，叟曰："某寒不出，熱不出，風不出，雨不出，未嘗置油衣也." 孔公不覺頓忘宦情. 棲

020

[漢] 종호(鍾皓)

자는 계명(季明)이며 영천(潁川) 장사(長社) 사람이다. 부친과 조부는 지극한 덕으로 이름이 드러났다. 종호는 임려현장(林慮縣長)[1]에 제수되었으나 관직에 나아가지 않았다. 사람이 준 직위는 보잘 것이 없었으나 하늘이 준 작록은 남음이 있었다.

字季明, 潁川長社人. 父祖至德著名. 皓除林慮長, 不之官. 人位不足, 天爵有餘. [『先賢行狀』]

역주 1) 임려현장(林慮縣長): 萬戶를 기준으로 하여 그 이상 되는 大縣의 장관은 縣令이라 하고 그 이하의 小縣의 장관은 縣長이라 함.

020-1(0030)

이원례(李元禮: 李膺)가 일찍이 순숙(荀淑)과 종호에 대해 감탄하며 말했다.
"순군(荀君: 荀淑)의 맑은 식견은 그 위에 다른 것을 더하기 어려우며, 종군(鍾君: 鍾皓)의 지극한 덕은 가히 스승 삼을 만하다!"

李元禮嘗歎荀淑・鐘皓曰: "荀君淸識難尙, 鍾君至德可師!" 德 互 荀淑

021

[魏] 종요(鍾繇)

자는 원상(元常)이며 영천(潁川) 장사(長社) 사람이다. 집이 가난했으나 학문을 좋아했다. 대리(大理)와 상국(相國)을 역임하고 태부(太傅)로 전임되었다.

字元常, 潁川長社人. 家貧好學. 歷大理・相國, 遷太傅. [『魏志』]

021-1(0031)

[魏 文帝] 황초(黃初) 연간(220~226)에 갑을의론(甲乙疑論)[1]이 벌어졌는데,〈1〉순중무(荀仲茂: 荀閎)〈2〉・종원상・왕경흥(王景興: 王朗)・원요경(袁曜卿: 袁渙)

은 뜻이 제각기 달랐다. 문제(文帝: 曹丕)가 종원상에게 말했다.

"원환(袁渙)과 왕랑(王朗)은 국사(國士)고 게다가 서로 매우 밀접한 관계지만, 순굉(荀閎)은 굳세고 사나우며 정예군을 몰고 다니니 진정 군후(君侯)의 강한 적이자 측근의 심한 근심거리요."

〈1〉・사마의(司馬懿)가 조상(曹爽)을 주살하자[2] [蜀의] 비의(費禕)가 갑을의론을 펼쳤다. 갑은 이렇게 주장했다. 조상 형제는 평범한 자질의 인물이었지만 종실의 지파로서 [明帝 曹叡의] 고명(顧命)을 받았으며, 교만・사치・참월・방종하여 올바른 사람들과 교유하지 않고 사사로이 붕당을 만들어 역모를 꾀함으로써 나라를 어지럽혔다. 이에 사마의가 분격하여 그들을 주살하여 하루아침에 모두 죽여 없앴는데, 이는 사민(士民)들의 여망에 부응하기 위한 것이었다. 을은 이렇게 주장했다. 사마의는 조씨 일족이 자기를 따르는 정도가 한결같지 않음을 유감스럽게 생각했는데 어찌 조상이 그 일에 관여했겠는가? 사마의는 일의 형세가 마음대로 되지 않자 이로써 암암리에 [조상의] 허물을 만들어냈다. 또한 애당초 화락하게 충고하는 가르침도 없이 하루아침에 도륙하고 그들이 생각지도 못한 것을 참소했으니, 어찌 대인(大人)이 나라를 경영하고 근본을 돈독히 하는 일이라고 할 수 있겠는가! 만약 조상이 진실로 군주가 되려는 마음을 지니고서 대역(大逆)을 이미 꾸몄다면, 군대를 출동하는 날에 다시 조방(曹芳: 齊王)을 조상 형제에게 맡겼겠는가? 그런데 사마의 부자는 뒤에서 궁문을 닫아걸고 군대를 일으켜 곧장 대질러 조방을 향했으니, 어찌 충신이 군주를 위하여 세운 사려 깊은 계책이라 할 수 있겠는가? 이로써 추측해보건대, 조상에게 대악(大惡)이 없음이 분명하다.

〈2〉・순중무는 이름이 굉(閎)이다. 관직은 태자문학연(太子文學掾)을 지냈다.

역주 1) 갑을의론(甲乙疑論): 당시 玄學論辯 방식 가운데 하나로, 가상으로 甲과 乙 두 사람을 설정하여 서로 論難하는 것을 말함.

2) 사마의(司馬懿)가 조상(曹爽)을 주살하자: 『三國志』 권9 「魏書」에 따르면, 魏 齊王 曹芳 嘉平 원년(249)에 司馬懿는 曹爽에게 모반의 마음이 있다고 상주하고 何晏・鄧颺 등을 함께 체포하여 그들의 三族을 誅滅했음.

黃初中有甲乙疑論,〈1〉荀仲茂〈2〉・鍾元常・王景興・袁曜卿, 意各不同. 文帝謂元常曰: "袁・王國士, 更爲唇齒, 荀閎勁悍, 往來銳師, 眞君侯之勍敵, 左右之深憂."

文 互 王朗 袁渙

〈1〉・司馬懿誅曹爽, 費禕設甲乙論. 甲以爲曹爽兄弟, 凡品庸人, 以宗子枝屬, 得蒙顧命,而驕奢僭逸, 交非其人, 私樹朋黨, 謀以亂國. 懿奮誅戮, 一朝殄盡, 此所以副士民之望也. 乙以爲懿感曹仲附己不一, 豈爽與相干? 事勢不專, 以此陰成疵瑕. 初無忠告侃爾之訓, 一朝屠戮, 讒其不意, 豈大人經國篤本之事乎! 若爽信有謀主之心, 大逆已搆, 而發兵之日, 更以芳委爽兄弟? 懿父子從後閉門擧兵, 蹙而向芳, 豈忠臣爲君深謀之謂乎? 以此推之, 爽無大惡, 明矣. [殷基『通語』]

〈2〉 · 名闓. 官太子文學掾. [『荀氏家傳』]

022

[魏] 종육(鍾毓)

자는 치숙(稚叔)이며 종요(鍾繇)의 장자다. 14살에 산기시랑(散騎侍郎)이 되었다. 기민하고 담소하는 것에 부친의 풍모가 있었다. 벼슬은 거기장군(車騎將軍)에 이르렀다.

字稺叔, 繇長子. 年十四, 爲散騎侍郎. 機捷談笑有父風. 仕至車騎將軍. [『魏書』] 方 詳 夏侯玄.

022-1(0032)

종육 형제가 어렸을 때 아버지가 낮잠 자는 틈을 타서 함께 약주를 훔쳐 먹었다. 아버지는 그때 깨어 있었지만 잠든 척하고 이를 지켜보았다. 종육은 배례(拜禮)한 후에 마셨으나 종회(鍾會)는 마시면서도 배례하지 않았다. 나중에 아버지가 종육에게 물었다.

"왜 배례했느냐?"

종육이 대답했다.

"술을 마시는 것은 그것으로써 예가 되기 때문에 감히 배례하지 않을 수 없었습니다."

또 종회에게 물었다.

"왜 배례하지 않았느냐?"

종회가 대답했다.

"훔치는 것은 본래 예가 아니기 때문에 배례하지 않았습니다."

鍾毓兄弟小時, 値父晝寢, 因共偸服藥酒. 其父時覺, 且託寐以觀之. 毓拜而後飮, 會飮而不拜. 旣而問毓: "何以拜?" 毓曰: "酒以成禮, 不敢不拜." 又問會: "何以不拜?" 會曰: "偸本非禮, 所以不拜." 言 互 鍾會

022-2(0033)

종육은 황문랑(黃門郞)으로 있었으며 기지(機智)[1]가 뛰어났다. 경왕(景王: 司馬師)의 연회석상에서 술을 마시며 즐겼는데, 당시 진군(陳羣)의 아들 진현백(陳玄伯: 陳泰)과 무주(武周)의 아들 무원하(武元夏: 武陔)도 그 자리에 함께 있다가 〈1〉 다 같이 종육을 놀렸다. 경왕이 말했다.

"고요(皐繇)[2]는 어떤 사람이오?"

종육이 대답했다.

"옛날의 훌륭한[懿] 인물[3]입니다."

그리고는 진현백과 무원하를 돌아보며 말했다.

"군자는 두루 사귀되 결탁하지 않고[周而不比][4], 함께 어울리되 파당 짓지 않는[羣而不黨][5] 법이지요."

〈1〉· 무주는 자가 백남(伯南)이며 패국(沛國) 죽읍(竹邑) 사람이다. 벼슬은 광록경(光祿卿)에 이르렀다.

역주 1) 기지(機智): 원문은 "譏警"이라 되어 있는데 '機警'의 오기로 보임. 기민하여 재빨리 깨닫는다는 뜻. '譏警'을 굳이 해석하자면 '譏弄에 뛰어나다'로 할 수 있음.

2) 고요(皐繇): 鍾毓[鍾會의 형] 부친의 휘가 '繇'이기 때문에 景王이 皐繇를 언급하여 종육의 家諱를 범한 것임.

3) 훌륭한[懿] 인물: 원문은 "懿士". 景王[文帝 司馬昭의 형]의 부친인 宣帝의 휘가 '懿'이기 때문에 鍾毓이 일부러 '懿'자를 언급하여 경왕의 가휘를 범한 것임.

4) 두루 사귀되 결탁하지 않고[周而不比]: 『論語』「爲政」篇에 나오는 구절. '周'는 武陔 부친의 휘임.

5) 함께 어울리되 파당 짓지 않는[羣而不黨]: 『論語』「衛靈公」篇에 나오는 구절. '羣'은

陳泰 부친의 휘임. 종육은 『논어』의 구절을 인용하여 무해와 진태의 가휘를 범함으로써 같이 짜고 자기를 놀린 경왕・무해・진태의 행위를 조롱한 것임.

鍾毓爲黃門郎, 有譏[1]警. 在景王坐燕飮, 時陳羣子玄伯・武周子元夏同在坐,〈1〉共嘲毓. 景王曰: "皐繇何如人?" 對曰: "古之懿士." 顧謂玄伯・元夏曰: "君子周而不比, 羣而不黨." 排 互 司馬師 陳泰 武陔

〈1〉・周, 字伯南, 沛國竹邑人. 仕至光祿卿. [『魏志』]

校勘 1) 譏: 『世說新語』와 『世說新語補』에는 "機"라 되어 있는데 타당함.

023

[魏] 종회(鍾會)

자는 사계(士季)며 종요(鍾繇)의 막내아들이다. 영민하고 조숙했다. 중호군(中護軍) 장제(蔣濟)가 논(論)을 지어 평하길: "그 눈동자를 보면 족히 그 사람됨을 알 수 있다"라고 했다. 종회가 15살 때 종요가 그를 장제에게 보내 만나보게 했는데, 장제가 그를 매우 남달리 여겨 이르길: "보통사람이 아니로다!"라고 했다. 장성해서는 재략을 갖추고 명리(名理)[1]에 정통했으며, 황문랑(黃門郎)이 되었다. 제갈탄(諸葛誕)이 반란을 일으켰을 때 사마소(司馬昭: 文王)가 이를 토벌하면서 종회의 책략에 많이 의거했으므로 당시 사람들이 그를 장자방(張子房: 張良)[2]이라 불렀다. 진서장군(鎭西將軍)에 제수되어 촉(蜀)을 토벌했으며, 촉이 평정되자 사도(司徒)의 지위로 승진되었다. 그는 공명이 한 시대를 덮었으니 더 이상 남의 밑에 있을 수 없다고 스스로 생각하여, 측근 사람들에게 이르길: "내가 회남(淮南)의 싸움 이래 계책에 실패한 적이 없음을 세상 사람들이 다 알고 있으니, 이러한 공적을 지니고서 어찌 남의 휘하로 돌아가고 싶겠는가!"라고 했다. 마침내 모반했으나 주살당하고 말았으니, 그때 그의 나이 40이었다. 그가 일찍이 재성(才性)의 이동(異同)을 논한 것이 세상에 전하는데, 『사본론(四本論)』이란 것은 재와 성이 같다는 것[同], 재와 성이 다르다는 것[異], 재와 성이 합쳐져 있다는 것[合], 재와 성이 떨어져 있다는 것[離]을 말한다.

역주 1) 명리(名理): 원문은 "明理"라 되어 있는데 문맥상 "名理"의 誤記로 보임.

2) 장자방(張子房: 張良): 지모와 책략에 뛰어난 漢나라 초 高祖 劉邦의 장수.

字士季, 繇少子也. 敏惠夙成. 中護軍蔣濟著論, 謂: "觀其眸子, 足以知人." 會年十五歲, 繇遣見濟, 濟甚異之, 曰: "非常人也!" 及壯, 有才數, 精練明理[1], 累黃門郞. 諸葛誕反, 司馬昭征之, 會謀居多, 時人謂之子房. 拜鎭西將軍, 伐蜀, 蜀平, 進位司徒. 自謂功名蓋世, 不可復爲人下, 謂所親: "我淮南以來, 畫無遺策, 四海共知, 持此欲安歸乎!" 遂謀叛, 見誅, 時年四十. 嘗論才性同異, 傳於世. 名『四本論』, 言才性同, 才性異, 才性合, 才性離也. [『魏志』] **方** **詳** 夏侯玄 **識** **詳** 司馬懿 **賞** **詳** 夏侯玄 **言** **詳** 鍾毓 **巧** **詳** 荀勗 **簡** **詳** 嵇康

校勘 1) 明理: 『世說新語』注에 인용된 『魏志』에는 "名理"라 되어 있는데 타당함.

023-1(0034)

종회는 『사본론(四本論)』의 집필을 끝내고 나서 혜강(嵇康)에게 한 번 보여주고 싶은 마음이 간절했다. 그래서 원고를 품속에 넣고 이미 [종회의 집에] 이르렀으나, 그의 비판이 두려워 품속에서 감히 꺼내지도 못했다. 결국 문밖에서 멀리 던져놓고는 곧장 돌아서서 황급히 도망갔다.

鍾會撰『四本論』畢, 甚欲使嵇康一見. 置懷中, 旣至, 畏其難, 懷不敢出. 於戶外遙擲, 便回急走. **文**

024

[晉] 종아(鍾雅)

자는 언주(彦冑)며 종요(鍾繇)의 동생이자 종중상(鍾仲常: 鍾皓)의 증손이다. 젊어서부터 재주와 큰 뜻을 지녔으며 여러 벼슬을 거쳐 시중(侍中)에 이르렀다.

字彦冑, 繇弟, 仲常曾孫也. 少有才志, 累遷至侍中. [『鍾雅別傳』]

024-1(0035)

소준(蘇峻)이 [진격하여] 이미 석두(石頭)에 이르자 문무백관들은 모두 도망쳐버렸고,〈1〉 오직 시중(侍中) 종아 혼자만 천자의 곁에 있었다. 어떤 이가 종아에게 말했다.

"괜찮음을 보면 나아가고 어려움을 알면 물러나는 것[1]이 예로부터의 도(道)요. 당신은 성품이 강직하므로 틀림없이 적군에게 용납되지 못할 것이오. 어찌하여 시의(時宜)에 따르지 않고 앉아서 죽음을 기다린단 말이오?"

종아가 말했다.

"나라가 어지러운데도 바로잡을 수 없고 군주가 위태로운데도 구할 수 없으면서[2] 각자 도망가 화를 면하길 바라고 있으니, 나는 동호(董狐)[3]가 죽간(竹簡)을 들고[4] 나아올까 두렵소."

〈1〉· 소준이 병사 2만을 이끌고 횡강(橫江)을 건너 장산(蔣山)에 이르렀는데, [이와 맞서 싸우던] 천자의 군대가 패배했다.

역주

1) 괜찮음을 보면 나아가고 어려움을 알면 물러나는 것: 『左傳』「宣公12年」條에 나오는 구절.

2) 나라가 어지러운데도 바로잡을 수 없고 군주가 위태로운데도 구할 수 없으면서: 『左傳』「襄公25年」條의 "君昏不能匡, 危不能求, 死不能死."라는 구절을 원용한 것임.

3) 동호(董狐): 春秋時代 晉나라의 훌륭한 史官.

4) 죽간(竹簡)을 들고: 簡은 옛날에 종이 대신 사용한 竹札을 말함. 그것을 들었다는 것은 역사에 기록한다는 뜻임.

蘇峻既至石頭, 百僚奔散,〈1〉 惟侍中鍾雅獨在帝側. 或謂鍾曰: "見可而進, 知難而退, 古之道也. 君性亮直, 必不容於寇讎. 何不用隨時之宜, 而坐待其弊耶?" 鍾曰: "國亂不能匡, 君危不能濟, 而各遜遁以求免, 吾懼董狐將執簡而進矣." **方**

〈1〉· 峻率衆二萬, 濟自橫江, 至於蔣山, 王師敗績. [『晉陽秋』]

025
[漢] 종예(宗預)

자는 덕염(德艶)이며 남양(南陽) 안중(安衆) 사람이다. 승상(丞相: 諸葛亮)의 주부(主簿)가 되었다.

字德艶, 南陽安衆人. 爲丞相主簿. [『蜀志』]

025-1(0036)

제갈사원(諸葛思遠: 諸葛瞻)〈1〉이 처음 조정의 일을 통솔하게 되었을 때, 요원검(廖元儉: 廖化)〈2〉이 종덕염의 집에 들렀다가 함께 제갈사원의 집을 찾아가고자 했다. 그러자 종덕염이 말했다.

"우리는 나이가 일흔이 넘었고 그 동안 몰래 차지한 것도 이미 지나치게 많으며, 단지 죽는 일 하나만 남았을 뿐이오. 그런데 젊은 무리에게 무얼 얻겠다고 시답잖게 그 집을 찾아간단 말이오?"

그리하여 결국 제갈사원을 찾아가지 않았다.

〈1〉· 제갈사원은 이름이 첨(瞻)이며, 제갈량(諸葛亮)의 아들이다. 어려서부터 총명하고 지혜로워서 사랑스럽긴 했지만, 제갈량은 그가 너무 조숙한 것이 마음에 걸려 귀중한 그릇이 되지 못할까 걱정했다. 관직은 상서사(尙書事)를 지냈다. 촉(蜀)나라가 망했을 때 면죽(綿竹)에서 순절했다.

〈2〉· 요원검은 이름이 화(化)며 양양(襄陽) 사람이다. 관직은 승상 제갈량의 참군(參軍)을 지냈다.

諸葛思遠〈1〉初統朝事, 廖元儉〈2〉過宗德艶, 共詣思遠許. 宗曰: "吾[1]年踰七十, 所竊已過, 但少一死耳. 何求於年少輩, 而屑屑造門耶?" 遂不往. **方**

〈1〉· 名瞻, 亮子. 幼聰惠可愛, 亮嫌其早成, 恐不爲重器. 官尙書事. 蜀亡, 死節綿竹. [『蜀志』]

〈2〉· 名化, 襄陽人. 官丞相叅軍. [『蜀志』]

校勘 1) 吾: 『何氏語林』에는 "吾輩"라 되어 있음.

026

[魏] 종승(宗承)

자는 세림(世林)이며 남양(南陽) 안중(安衆) 사람이다. 부친 종자(宗資)는 훌륭한 명성을 지니고 있었다. 종승은 어려서부터 덕성을 수양했으며 의연히 세속에 휩쓸리지 않아 조정의 초빙에도 나아가지 않았기에, 그의 덕망을 듣고 찾아온 사람들이 숲처럼 많았다. 위(魏) 무제(武帝: 曹操)가 20살쯤 되었을 때 여러 번 그의 집을 찾아갔지만, 그 때마다 손님들이 너무 많아 말을 나눌 수가 없었다. 그래서 종승이 일어나기를 기다렸다가 다가가서 손을 잡고 교제를 청했지만, 종승은 거절하고 받아들이지 않았다.

字世林, 南陽安衆人. 父資, 有美譽. 承少而修德, 确然不羣, 徵聘不起, 聞德而至者如林. 魏武帝弱冠, 屢造其門, 値賓客猥積, 不能得言. 乃伺承起, 往要之, 捉手請交, 承拒而不納. [『楚國先賢傳』]

026-1(0037)

남양의 종세림은 위 무제와 동시대의 사람이었지만, 그의 사람됨을 몹시 경멸하여 그와 교제하지 않았다. 위 무제가 사공(司空)이 되어 국정을 통괄하게 되었을 때 조용히 종세림에게 물었다.

"교제할 수 있겠소이까?"

종세림이 대답했다.

"송백(松栢)과 같은 지조[1]를 여전히 지니고 있습니다."

종세림은 이미 [위 무제의] 뜻에 거슬려 눈 밖에 났기 때문에 그 덕망에 어울리는 지위를 갖지 못했다. 그러나 문제(文帝: 曹丕)의 형제는 매번 그의 집을 찾아가서 모두 그의 침상 아래에서 독배(獨拜)[2]하곤 했다. 그가 예우 받음이 이와 같았다.〈1〉

〈1〉· 위 무제가 기주(冀州)를 평정하고[3] 이어서 업(鄴)에 이르렀을 때 진군(陳羣) 등이 모두 무제를 배알했는데, 무제는 여전히 옛날의 유감이 마음에 걸려서 그의 지위는 낮게 하면서도 그에 대한 예우는 남달리 했으며, 그의 집으로 찾아가 국정을 자문하고 빈객 가운데 상석에 앉게 했다. 문제가 그를 초징하여 직간대부(直諫大夫)로 삼았다. 명제(明帝: 曹叡)가 그를 초징하여 승상(丞相)으로 삼고자 했으나 그는 노령을 이유로 고사했다.

역주 1) 송백(松栢)과 같은 지조: 『論語』「子罕」에 "歲寒然後, 知松栢之後彫也."라는 구절이 있음.

2) 독배(獨拜): 상대방이 서로 맞절을 하지 않고 어느 한쪽에서만 절하는 것을 말함.

3) 기주(冀州)를 평정하고: 後漢 獻帝 建安 8년(203)에 袁紹의 아들 袁尙을 토벌한 일을 말함.

南陽宗世林, 魏武同時, 而甚薄其爲人, 不與之交. 及魏武作司空, 總朝政, 從容問宗曰: "可以交未?" 答曰: "松栢之志猶存." 世林旣以忤旨見踈, 位不配德. 文帝兄弟每造其門, 皆獨拜牀下. 其見禮如此.〈1〉 **方**

〈1〉· 武帝平冀州, 承從至鄴, 陳羣等皆爲之拜, 魏武猶以舊憾介意, 薄其位而優其禮, 就家訪以朝政, 居賓客之右. 文帝徵爲直諫大夫. 明帝欲引以爲相, 以老固辭. [『楚國先賢傳』]

027

[劉宋] 종병(宗炳)

자는 소문(少文)이며 남양(南陽) 열양(涅陽) 사람이다. 모친은 같은 군(郡)의 사씨(師氏)였는데, 총명하고 언변이 뛰어났으며 학문과 도의를 지니고 있어서 직접 아들들을 가르쳤다. 종병은 상중(喪中)에 있을 때 예법에 지나칠 정도로 애도하여 군의 고을 사람들에게 칭송받았다. 송나라 고조(高祖: 劉裕)가 그를 주부(主簿)로 초징했더니, 그가 대답하길: "산언덕에 살며 계곡물을 마신지가 30여 년이나 되옵니다"라고 했다. 자사(刺史) 은중감(殷仲堪)과 환현(桓玄)이 누차 초징했지만 그는 모두 나아가지 않았다.

字少文, 南陽涅陽人. 母同郡師氏, 聰辯有學義, 教授諸子. 炳居喪過禮, 爲郡閭所稱. 宋高祖辟主簿, 答曰: "棲丘飮谷, 三十餘年." 刺史殷仲堪·桓玄屢辟, 並不就. [『宋書』]

027-1(0038)

종소문은 산수를 좋아하고 멀리 유람하는 것을 즐겨, 서쪽으로는 형주(荊州)의 무산(巫山)을 넘고 남쪽으로는 형산(衡山)에 올랐다. 그리하여 형산에 집을 짓고 살면서 상평(尙平: 尙長)[1]〈1〉의 뜻을 간직하고자 했다. 병이 들어 강릉(江陵)으로 돌아온 뒤에 탄식하며 말했다.

"늙음과 질병이 함께 찾아와서 아무래도 명산을 두루 둘러보기 어려울 것 같으니, 단지 마음을 정결히 하고 도(道)를 관조하면서 누워서 유람해야겠다!"

그리고는 유람했던 곳을 모두 방에 그려놓고 사람들에게 말했다.

"금(琴)을 어루만지며 곡조를 타서 뭇 산들이 모두 메아리치게 하고자 합니다."

〈1〉・상평(向平)은 『고사전(高士傳)』에는 "상평(尙平)"이라 되어 있다.

역주 1) 상평(尙平: 尙長): 東漢 때의 隱君子.

宗少文好山水, 愛遠遊, 西陟荊巫, 南登衡岳. 因結宇衡山, 欲懷尙平[1]〈1〉之志. 有疾還江陵, 歎曰: "老疾俱至, 名山恐難遍覩, 惟當澄懷觀道, 臥以遊之!" 凡所遊履, 皆圖之於室, 謂人曰: "撫琴動操, 欲令衆山皆響." **棲**

〈1〉・向平, 『高士傳』作"尙平".

校勘 1) 尙平: 注〈1〉에 따르면 "向平"의 誤記로 보임.

028

[劉宋] 종각(宗慤)

자는 원간(元幹)이며 종병(宗炳)의 조카다. 형 종필(宗泌)이 부인을 맞이하여 처음 집으로 들어올 때 밤에 겁탈을 당했는데, 당시 14살이던 종각이 용감하게 나서서 막았더니 무리들이 모두 뿔뿔이 흩어졌다. 숙부 종소문(宗少文: 宗炳)은 평소 높은 절개로 이름났고 자제들은 문장과 도의에 정진했지만, 종각은 마음 내키는 대로 행동하고 용맹함을 좋아했기에 향리에서 인정받지 못했다.

字元幹, 炳從子. 兄泌, 娶妻始入門, 夜被劫, 慤年十四, 挺身與拒, 衆皆披散. 叔少文, 素著高節, 子弟以文義爲業, 慤任氣好勇, 不爲鄕曲所知. [孫巖『宋書』]

028-1(0039)

종원간이 어렸을 때, 숙부 종소문이 그에게 뜻한 바를 물었더니, 종원간이 대답했다.

"거센 바람을 타고 만 리 파도를 헤쳐 나가길 원합니다."

宗元幹少時, 叔父少文問其所志, 元幹答曰: "願乘長風, 破萬里浪." 豪

029

[梁] 종측(宗測)

자는 경미(敬微)며 종병(宗炳)의 손자다. 성품이 고요하고 겸손하여 인간세상을 좋아하지 않았다. 강릉(江陵)에 살면서 명산을 유람하고자 하여 『노자(老子)』와 『장자(莊子)』를 챙겨 가져가자 자손들이 작별을 고하며 슬피 울었다. 종측은 길게 휘파람을 불며 못 본체하면서 마침내 여산(廬山)으로 떠났다.

字敬微, 炳之孫也. 性靜退, 不樂人間. 居江陵, 欲遊名山, 齎『老子』·『莊子』自隨, 子孫拜辭悲泣. 測長嘯不視, 遂往廬山. [『南史』]

029-1(0040)

어복후(魚復侯: 蕭子響)〈1〉가 강주자사(江州刺史)로 있을 때, 종경미에게 후한 선물을 보내주자 종경미가 사양하며 말했다.

"어려서 미친병이 들어서 산을 찾아다니며 약초를 캐다가 멀리 이곳까지 오게 되었습니다. 뱃속을 헤아려 잣과 백출(白朮)[1]을 먹고 몸집을 재서 담쟁이[2]로 옷을 해 입지만 담담히 이미 만족하고 있으니, 어찌 이런 횡재를 감당할 수 있겠습니까?"

〈1〉· 어복후 소자향(蕭子響)은 [齊나라] 무제(武帝: 蕭賾)의 넷째아들이다. 처음에 파동왕(巴東王)에 봉해졌다가 나중에 어복후로 폄적되었다.

역주 1) 잣과 백출(白朮): 산속에서 修道하는 사람들이 즐겨 먹는 음식. 白朮은 삽주의 덩어리 뿌리로 약재로도 쓰임.

2) 담쟁이: 원문은 "薜蘿". 隱者의 옷이나 거처를 비유함.

魚復侯〈1〉爲江州, 厚餉遺宗敬微, 宗辭曰: "少有狂疾, 尋山採藥, 遠來至此. 量腹而進松朮, 度形而衣薜蘿, 淡然已足, 豈容當此橫施?" 棲

〈1〉· 魚復侯子響, 武帝第四子. 初封巴東王, 後貶爲魚復侯. [『南史』]

030

[(後)梁] 종여주(宗如周)

재학(才學)을 지녔고 탁지상서(度支尙書)를 지냈다.

有才學, 爲度支尙書. [『後梁書』]

030-1(0041)

종여주는 얼굴이 좁고 길었는데, 소찰(蕭詧)〈1〉이 그를 놀리며 말했다.

"경은 어찌하여 불경을 비방하는 것이오?"

종여주가 말했다.

"저는 본디 불경을 비방하지 않았습니다."

그러자 채대보(蔡大寶)〈2〉가 말했다.

"경은 당연히 다른 불경을 비방하지는 않았지만, 정작 『법화경(法華經)』을 믿지 않았을 뿐이오."

『법화경』에 "불경을 듣고 기쁘게 귀의하면 얼굴이 좁거나 길어지지 않는다"[1]는 말이 있다. 종여주는 그제야 비로소 깨달았다.〈3〉

〈1〉· 소찰은 소명태자(昭明太子: 蕭統)의 아들이다.

〈2〉· 채대보는 자가 경인(敬仁)이다.

〈3〉· 어떤 사람이 한번은 종여주에게 어떤 일을 하소연하러 갔는데, 그는 ['여주'라는 이름만 듣고] 종여주가 일찍이 여주(如州)의 관리를 지냈다고 생각하여[2] 말하길: "저는 곤란한 지경에 처해 있어서 여주의 관리에게 하소연하러 왔습니다"라고 했다. 종여주가 말하길: "너는 어떤 소인 놈이기에 함부로 내 이름을 부르느냐!"라고 하자, 그 사람이 무안해하면서 사죄하며 말하길: "저는 다만 '여주'를 여주의 관리를 지내신 분이라고 말했을 뿐이며, 여주 관리의 존함이 '여주'인 줄은 몰랐습니다. 여주 관리의 존함이 '여주'인 줄을 일찍 알았다면, 감히 '여주'를 여주의 관리를 지내신 분이라고 부르지 않았을 것입니다."라고 했다. 종여주는 웃으며 말하길: "그대를 스스로 꾸짖게 하려다가 오히려 내가 심하게 모욕을 당했구려!"라고 했다.

역주 1) 불경을 듣고 기쁘게 귀의하면 얼굴이 좁거나 길어지지 않는다: 원문은 "聞經隨喜, 面不狹長." 『妙法蓮華經』 권6에 나오는 내용인데, 몇 군데에서 節錄하여 취합한 것임.

2) 종여주가 일찍이 여주(如州)의 관리를 지냈다고 생각하여: 전통시기에는 성에 관직명을 붙여 별칭으로 부르는 경우가 많았기 때문에 이름만 듣고 '宗如周'를 '宗如州'라고 생각한 것임.

宗如周面狹長, 蕭詧〈1〉戲曰: "卿何爲謗經?" 宗曰: "身自來不謗經." 蔡大寶〈2〉曰: "卿當不謗餘經, 正應不信『法華經』爾." 蓋『法華經』云: "聞經隨喜, 面不狹長." 如周乃悟.〈3〉 **排**

〈1〉· 昭明子. [『梁書』]

〈2〉· 字敬仁. [『後梁書』]

〈3〉· 有人嘗訴事於如周, 謂如周嘗經如州官, 乃曰: "某有屈滯, 來訴如州官." 如周曰: "爾何小人, 呼我名!" 其人慙謝曰: "祇言如周官作如州, 不知如州[1]官名如周. 早知如州[1]官名如周, 則不敢喚如周官作如州." 如周笑曰: "令卿自責, 見侮反深!" [『北史』]

校勘 1) 如州: 원문은 "如周"라 되어 있지만 문맥상 타당하지 않으므로, 『北史』 권93 「宗如周傳」에 의거하여 고침.

031

[漢] 공승(龔勝)

자는 군빈(君賓)이며 초(楚) 사람이다. 왕망(王莽)이 초징하자 그는 음식을 먹지 않고 굶어죽었다.

字君賓, 楚人. 王莽徵之, 不食而死. [『漢書』]

031-1(0042)

공승이 죽자 초(楚) 땅의 노인장〈1〉이 찾아와 조문하면서 매우 애달프게 곡을 하더니, 잠시 후 탄식하며 말했다.

"향초는 그 향기 때문에 스스로를 사르고, 기름은 그 밝음 때문에 스스로를 태우는 법이다. 아! 공생(龔生: 龔勝)은 결국 요절하고 말았으니 우리의 무리가 아니로다!"

〈1〉· 초 땅의 노인장은 팽성(彭城)의 은인(隱人)이다.

龔勝死, 楚父老〈1〉來吊, 哭甚哀, 旣而嘆曰: "薰以香自燒, 膏以明自煎. 嗟哉龔生, 竟夭天年, 非吾徒也!" **傷**

〈1〉· 彭城之隱人也. [『徐州先賢傳』]

032

[晉] 송종(宋宗)

자는 처종(處宗)이며 패국(沛國) 사람이다. 벼슬은 연주자사(兗州刺史)를 지냈다.

字處宗, 沛國人. 官兗州刺史. [『晉陽秋』]

032-1(0043)

송종은 매우 사변적이고 논리적이었다. 일찍이 장명계(長鳴鷄) 한 마리를 사서 새장에 넣어 창가에 놓아두었다. 닭이 마침내 사람의 말을 하게 되어 송종과 함께 담론을 했는데, 말에 지극한 운치가 담겨 있었다. 송종은 이로 인하여 현담(玄談)의 수준이 크게 진보했다.

宋宗甚有思理. 嘗買得一長鳴鷄, 籠着窓間. 鷄遂作人語, 與宋談, 極有致. 宋因此玄功大進. 文

033

[唐] 송경(宋璟)

형주(邢州) 남화(南和) 사람이다. 어려서부터 성품이 강직하고 큰 절조를 지녔으며, 박학다식하고 문장에 뛰어났다. 약관(弱冠)의 나이에 진사(進士)에 급제했으며 여러 벼슬을 거쳐 봉각사인(鳳閣舍人: 中書舍人)이 되었는데, 관직에 임했을 때 늘 안색을 바르게 했으므로 칙천무후(則天武后)가 그를 매우 중시했다. 현종(玄宗: 李隆基) 조에는 여러 벼슬을 거쳐 상서우승상(尙書右丞相)을 지냈으며, 광평군공(廣平郡公)에 봉해졌다.

邢州南和人. 少耿介有大節, 博學攻文翰. 弱冠擧進士, 累轉鳳閣舍人, 當官正色, 則天甚重之. 玄宗朝, 累官尙書右丞相, 封廣平郡公. [劉昫『唐書』]

033-1(0044)

송경은 백성을 사랑하고 만물을 아꼈는데, 조야(朝野)에서 그를 칭송하여 사람들이 모두 그를 '유각양춘(有脚陽春)'[1]이라 불렀다.

역주 1) 유각양춘(有脚陽春): '발 달린 봄볕'이란 뜻으로, 도처에 은혜를 베푸는 지방관을 말함. '陽春有脚'이라고도 함.

宋璟愛民惜物, 朝野歸美, 人咸謂'有脚陽春'. 政

034

[唐] 송지문(宋之問)

자는 연청(延淸)이며 분주(汾州) 사람이다. 심전기(沈佺期) 등과 함께 장역지(張易之)에게 아부했다가 장역지가 실각하자 상주참군(瀧州參軍)으로 폄적되었으나 도망쳐 돌아왔다. [중종(中宗: 李顯)] 경룡(景龍) 연간(707~709)에는 태평공주(太平公主)와 안락공주(安樂公主)에게 아첨하여 섬겼다. 중종 때 뇌물 사건에 연루되어 월주장사(越州長史)로 좌천되었다. 예종(睿宗: 李旦)이 즉위한 뒤 음험함으로 인해 흠주(欽州)로 유배되었다가 사약을 받고 죽었다.

字延淸, 汾州人. 與沈佺期等媚附張易之, 及敗, 貶瀧州叅軍, 逃歸. 景龍中, 諂事太平·安樂二公主. 中宗時, 坐贓遷越州長史. 睿宗立, 以獪險流欽州, 賜死. [『唐詩紀事』] 簡 詳 杜審言

034-1(0045)

중종(中宗: 李顯)이 정월 그믐날 곤명지(昆明池)〈1〉로 행차하여 시를 짓자, 여러 신하들이 100여 편의 응제시(應制詩)를 지었다. 중종은 휘장 쳐진 전각 앞의 채색 실로 장식한 누대에서 상관소용(上官昭容: 上官婉兒)[1]에게 명하여 [응제시 중에서] 한 수를 뽑아 새로 지은 어제곡(御製曲)에 부치라고 했다. [뽑히지 못한 시의] 종이가 날리듯이 떨어지자 수행한 신하들은 각자 자신의 서명을 알아보고 그것을 품속에 감추었는데, 심전기(沈佺期)와 송지문의 두 시만 떨어지지 않았다.〈2〉 다시 한참 있다가 종이 한 장이 날려 떨어졌는데 바로 심전기의 시였다. 이어서 상관소용이 이렇게 품평했다.

"두 사람의 시는 기교와 역량이 모두 필적할 만하지만, 심전기 시의 마지막 구절인 '미천한 신은 썩은 나무에 조각할 정도의 자질인지라, 예장(豫章)나무와 같은 훌륭한 목재를 보기 부끄럽네'는 어기(語氣)가 이미 다한 것 같다면, 송지문의 시는 여전히 웅건함을 지니고 있습니다."〈3〉

〈1〉 · 한 무제(武帝: 劉徹) 때 곤명지를 만들었는데, 곤오이(昆吾夷)[2]를 정벌하려 할 때 [그곳에서 병사들에게] 수전을 훈련시켰다. 곤명지는 사방 둘레가 40리며 상림원(上林苑)[3] 안에 있다.

〈2〉 · 심전기는 자가 운경(雲卿)이며 상주(相州) 사람이다. 시문을 잘 지었는데 특히 칠언시에 뛰어났으며, 송지문과 명성을 나란히 했기에 당시 '심송(沈宋)'으로 불렸다. 태자첨사(太子詹事)를 지냈다.

〈3〉 · 심전기의 시[4] : 법가(法駕)[5]가 봄을 타고 납시니, 신지(神池)[6]는 은하수처럼 휘감도네. 두 별[7]은 옛 석상에 남아 있고, 외로운 달은 타다 남은 재[8]속에 숨었네. 전선(戰船)은 때를 만나 떠나고[9], 은총 받은 물고기는 천자의 행차 기다렸다 왔네. 산꽃은 붉은 군복 입은 호위기병을 에워싸고, 제방의 버들은 휘장 드리운 성을 여네. 생각은 분수(汾水)를 가로지르는 노래[10] 속에 묻히고, 노래는 호경(鎬京)의 잔치 술잔[11]에 흐르네. 미천한 신은 썩은 나무에 조각할 정도의 자질[12]인지라, 예장나무[13]와 같은 훌륭한 목재를 보기 부끄럽네. / 송지문의 시 : 천자의 봄나들이에 영지(靈池)에서 모임 열리니, 푸른 물결에 휘장 쳐진 전각 열리네. 어주(御舟)는 석경(石鯨)[14]을 넘어 지나가고, 뗏목은 북두성과 견우성을 스쳐 돌아가네. 때가 그믐이라 달력풀잎[15] 모두 떨어지고, 봄이 더딘지라 버들잎새 남몰래 짙어지네. 바다 같은 연못에서 목욕하는 태양[16]을 보고, 겁화(劫火)의 불길에서 가라앉은 재를 발견하네[17]. 호경에서 술 마신 건 주(周) 문왕(文王)의 즐거움이요, 분수에서 노래한 건 한 무제의 재주라네. 밝은 달 없어졌다 근심하지 마시라, 자고로 물고기가 야광주(夜光珠) 물고 왔으니[18].

역주 1) 상관소용(上官昭容: 上官婉兒): 昭容은 唐代 궁중에서 문학과 음악을 관장하던 女官名으로 中宗 때 설치했음.

2) 곤오이(昆吾夷): 昆明夷의 다른 이름. 漢代에 지금의 雲南省 경내에 분포해 있던 소수민족.

3) 상림원(上林苑): 漢 武帝가 建元 3년(BC 137)에 秦의 舊苑에 건조한 苑. 苑 안에 禽獸를 길러 봄과 가을에 천자가 수렵할 수 있도록 제공했음.

4) 심전기의 시: 제목은 「奉和晦日駕幸昆明池應制」임. 아래 송지문 시의 제목은 「奉和晦日幸昆明池應制」임.

5) 법가(法駕): 御駕. 천자가 타는 수레.

6) 신지(神池): 昆明池를 멋스럽게 부른 말. 송지문의 시에 나오는 "靈池"도 같은 뜻임.

7) 두 별: 송지문의 시에 나오는 "북두성과 견우성[斗牛]"을 말함. 漢 武帝 때 昆明池 가에 이 두 별의 석상을 세워놓았다고 함.

8) 타다 남은 재: 그믐밤의 어두운 하늘을 비유함.

9) 전선(戰船)은 때를 만나 떠나고: 漢 武帝 때 昆明池에서 水戰을 훈련하던 戰船이 昆吾夷를 정벌하러 떠난 것을 말함.

10) 분수(汾水)를 가로지르는 노래: 漢 武帝의 「秋風辭」를 말함. 武帝가 汾河에 배를 띄우고 중류에서 群臣들과 주연을 즐기면서 크게 기뻐하며 「秋風辭」를 지었다고 함.

11) 호경(鎬京)의 잔치 술잔: 鎬京은 周나라의 도읍으로 昆明池 근처에 있었음. 『詩經』「大雅·魚藻」에서 "魚在在藻, 有頒其首. 王在在鎬, 豈樂飮酒. 魚在在藻, 有莘其尾. 王在在鎬, 飮酒樂豈."라고 한 것에 근거함.

12) 썩은 나무에 조각할 정도의 자질: 보잘것없는 자질을 말함. 「論語」「公冶長」에 "朽木不可雕也"라는 구절이 있음.

13) 예장나무: 棟樑으로 쓰이는 大木으로 인물의 美才나 大才를 비유함.

14) 석경(石鯨): 漢代에 昆明池에 豫章臺를 세우고 3丈 길이의 물고기를 玉으로 조각하여 놓았는데, 천둥과 비바람이 몰아치면 그 물고기의 꼬리와 지느러미가 움직였다고 함. 石鯨은 그 물고기를 말함.

15) 달력풀잎: 蓂莢. 堯임금 때 있었다는 풀. 매달 초하루부터 보름까지 하루에 한 잎씩 돋아나 15개가 생겨났다가 그 이후부터 하루에 한 잎씩 떨어져 그믐에는 모두 떨어짐. 이것에 근거하여 달력을 만들었다고 함.

16) 목욕하는 태양: 연못에서 해가 떠오르거나 햇빛이 연못 수면에 비치는 것을 비유함. 『淮南子』「天文訓」에서 "日出於暘谷, 浴於咸池, 拂於扶桑, 是謂晨明."이라고 함.

17) 겁화(劫火)의 불길에서 가라앉은 재를 발견하네: 劫火는 세상이 멸망할 때 일어난다고 하는 큰불. 漢 武帝 때 昆明池를 파다가 밑바닥에서 정체를 알 수 없는 검은 재가 나왔는데, 나중에 明帝 때 竺法蘭이 洛陽에 왔을 때 물어보았더니 세상이 겁화에 타다 남은 재라고 대답했다 함.

18) 물고기가 야광주(夜光珠) 물고 왔으니: 漢代에 昆明池의 물고기가 明珠 한 쌍을 물고 나왔다는 고사를 인용한 것임.

中宗正月晦日幸昆明池〈1〉賦詩, 羣臣應制百餘篇. 帳殿前結綵樓, 命上官昭容選一首爲新翻御製曲. 紙落如飛, 從臣各認其名而懷之, 唯沈·宋二詩不下.〈2〉又移時, 一紙飛墜, 乃沈詩也. 昭容評曰: "二詩工力悉敵, 沈落句'微臣雕朽質, 羞覩豫章材', 蓋辭氣已竭, 宋猶陡健擧."〈3〉 品 互 上官昭容

〈1〉· 漢武帝作昆明池, 欲伐昆吾夷, 教習水戰. 周廻四十里, 在上林苑中. [『西京雜記』·『長

安志』]

〈2〉・沈佺期, 字雲卿, 相州人. 善屬文, 尤長七言, 與宋之問齊名, 時稱'沈宋'. 官太子詹事. [『唐詩紀事』・『唐書』]

〈3〉・沈詩曰 : 法駕乘春轉, 神池象漢廻. 雙星遺舊石, 孤月隱殘灰. 戰鷁逢時去, 恩魚望幸來. 山花緹騎繞, 堤柳幔城開. 思逸橫汾唱, 歌流宴鎬杯. 微臣云云. / 宋詩曰 : 春豫靈池會, 滄波帳殿開. 舟凌石鯨度, 槎拂斗牛廻. 節晦蓂全落, 春遲柳暗催. 象溟看浴景, 燒劫辨沉灰. 鎬飮周文樂, 汾歌漢武才. 不愁明月盡, 自有夜珠來.

035

[宋] 송기(宋祁)

자는 자경(子京)이다. 형 송상(宋庠)과 함께 평민 시절부터 명성이 천하에 자자해 당시에 '이송(二宋)'으로 불렸다. 함께 예부(禮部)의 시험에 응시해 송기가 1등을 차지했는데, 장헌태후(章獻太后)[1]가 말하길: "동생이 형보다 앞설 수 있겠는가?"라고 하여, 마침내 송상을 1등으로 하고 송기를 10등으로 했다. 송기는 『당서(唐書)』를 수찬해 완성했으며, 한림학사승지(翰林學士承旨)에 임명되었다. 시호는 경문(景文)이다.

역주 1) 장헌태후(章獻太后): 宋 眞宗의 황후 劉氏. 仁宗 때 章獻明肅太后가 됨.

字子京. 與兄庠, 布衣時, 名動天下, 時稱'二宋'. 同試禮部, 祁爲第一, 章獻曰: "弟可先兄乎?" 乃以庠第一, 而祁爲第十. 修『唐書』成, 拜翰林學士承旨. 謚景文. [『東都事略』・『歸田錄』]

035-1(0046)

송경문이 말했다.

"좌태충(左太冲: 左思)의 시 가운데 '천 길 산등성이에서 옷자락을 털고, 만 리 강물에서 발을 씻네'〈1〉라는 구절은 사람으로 하여금 세상 밖의 뜻에 잠기게 하니, 혜강(嵇康)의 [시 가운데] '눈으로 날아가는 기러기를 보내네'라는 구절〈2〉에 못지않다."

〈1〉・좌사(左思)의 「영사시(詠史詩)」[1]다.

〈2〉・혜강의 「송형수재입군시(送兄秀才入軍詩)」[2] : 난포(蘭圃)에서 무리가 쉬고, 화산(華山)에서 말을 먹이네. 평평한 언덕에서 화살을 쏘고, 장대한 강에서 낚싯줄을 드리우네. 눈으로는 돌아가는 기러기를 보내고, 손으로는 다섯 현을 뜯네. 굽어보고 우러러보며 스스로 득의하고, 태현(太玄)에서 마음을 노니네. 훌륭하구나! 저 낚시하는 늙은이, 물고기를 잡고는 통발을 잊어버리네. 영인(郢人)[3]이 떠났으니, 누구에게 이 말을 다할 수 있을까?

역주 1) 「영사시(詠史詩)」: 본문에 인용된 시구는 「詠史詩」 8수 중 제5수 가운데 두 구절임.

2) 「송형수재입군시(送兄秀才入軍詩)」: 「贈秀才入軍詩」라고도 함. 인용된 시는 전체 5수 중 제4수임.

3) 영인(郢人): 춘추전국시대 楚나라의 도성인 郢에 도끼질에 뛰어난 匠人이 있었는데, 그는 친구의 코끝에 백토를 발라놓은 뒤 도끼를 휘둘러 코끝의 백토만 벗겨냈다고 함. 여기서는 자신을 알아주는 '知己'를 비유함.

宋景文云: "左太冲詩'振衣千仞岡, 濯足萬里流',〈1〉 使人飄飄有世表意, 不減嵇康'目送飛鴻'語."〈2〉 **賞** **互** 左思 嵇康

〈1〉・左思「詠史詩」.

〈2〉・康「送兄秀才入軍詩」曰 : 息徒蘭圃, 秣馬華山. 流磻平皐, 垂綸長川. 目送歸鴻, 手揮五絃. 俯仰自得, 遊心太玄. 嘉彼釣叟, 得魚忘筌. 郢人逝矣, 誰可盡言?

035-2(0047)

송자경은 총애하는 시첩(侍妾)이 많았는데, 후원에는 비단옷을 끌고 다니는 자가 매우 많았다. 한번은 금강(錦江)에서 연회를 열었는데, 날씨가 약간 춥자 반소매 옷을 가져오라고 명했더니 시첩들이 각자 1벌씩 보내와서 총 10여 벌이 모두 도착했다. 송자경은 그것을 보고 망연해하면서 누구를 더 사랑하고 덜 사랑한다는 불만이 생길까봐 걱정하여, 결국 보내온 옷을 입지 않은 채 추위를 참고 있다가 돌아갔다.

宋子京多內寵, 後庭曳羅綺者甚衆. 嘗宴於錦江, 微寒, 命取半臂, 諸婢各送一枚,

凡十餘枚皆至. 子京視之茫然, 恐有厚薄之嫌, 竟不取服, 忍凍而歸. 惑

036

[晉] 강반(江虨)

자는 사현(思玄)이며 진류(陳留) 사람이다. 박학하여 이름이 알려졌으며 바둑에도 뛰어났다. 여러 벼슬을 거쳐 상서좌복야(尙書左僕射)와 호군장군(護軍將軍)을 지냈다.

字思玄, 陳留人. 博學知名, 兼善弈. 累遷尙書左僕射·護軍將軍. [徐廣『晉紀』]

036-1(0048)

강복야가 젊었을 때, 왕승상(王丞相: 王導)이 그를 불러 함께 바둑을 두었다. 왕승상의 실력은 항상 [강반보다] 두 점 정도 떨어졌지만,[1] 대등하게 두고자 했다. 어떻게 하나 두고 보았더니 강복야는 매번 곧바로 놓지 못했다. 그래서 왕승상이 말했다.

"그대는 어찌하여 두지 못하는가?"

강복야가 말했다.

"아무래도 이렇게 해서는 안 될 것 같습니다."

옆에 있던 손님들이 말했다.

"이 젊은이는 바둑 솜씨가 괜찮군."

그러자 왕승상이 천천히 머리를 들며 말했다.

"이 젊은이는 바둑에만 뛰어난 것이 아니오."〈1〉

〈1〉· 범왕(范汪)의 『기품(棋品)』: 강반과 왕념(王恬) 등은 바둑에서 제1품에 속하고 왕도(王導)는 제5품에 속한다.

역주 1) 두 점 정도 떨어졌지만: 두 점을 먼저 두고 시작할 정도의 실력 차이가 난다는 뜻.

江僕射年少, 王丞相呼與共碁. 王手嘗不如兩道許, 而欲敵道戲. 試以觀之, 江不卽下, 王曰: “君何以不行?” 江曰: “恐不得爾.” 傍有客曰: “此年少戲迺不惡.” 王徐擧首曰: “此年少非唯圍棋見勝.”〈1〉 方 互 王導

〈1〉・范汪『棋品』曰 : 彪與王恬等棋第一品, 導第五品.

036-2(0049)

제갈령(諸葛令: 諸葛恢)의 딸은 유씨(庾氏: 庾會)의 부인〈1〉이었는데, 과부가 되고 나서[1] 다시는 개가하지 않겠다고 맹세했다. 그녀는 성품이 매우 단정하고 강직했으므로 신부가 타는 수레에 오를 리가 없었다. 제갈회(諸葛恢)는 이미 강사현에게 딸과의 결혼을 허락했으므로 곧 강사현의 집 근처로 이사했는데, 처음에 딸을 속여 말했다.

“이사하는 것이 좋겠다.”

그래놓고는 집안 식구들이 일시에 떠나버리고 딸만 혼자 뒤에 남겨두었다. 그녀가 알아차렸을 때는 이미 떠날 수 없는 상황이었다. 강랑(江郎: 강반)이 저녁에 왔더니 그녀는 더욱 심하게 울며 욕했는데, 며칠이 지나자 점차 수그러들었다. 강반은 저녁에 들어가 잠을 잤지만 늘 맞은편 침상에 있었다. 나중에 그녀의 마음이 점차 안정되는 것을 보고 강반은 거짓으로 악몽[2]을 꾸는 체했는데, 한참 동안 깨어나지 못했으며 말소리와 호흡이 점점 급해졌다. 그러자 그녀가 급히 하녀를 불러 말했다.

“강랑을 불러 깨워라!”

그러자 강반이 벌떡 일어나 그녀에게 다가가서 말했다.

“나는 본시 천하의 사내대장부요. 악몽을 꾼 것이 당신의 일과 무슨 상관이 있다고 나를 불러 깨웠단 말이오? 그렇지만 이미 이렇게 나에게 관심을 보였으니 나와 얘기하지 않으면 안 되게 되었소.”

그녀는 말없이 부끄러워했으며, 부부간의 정의(情義)가 마침내 돈독해졌다.

〈1〉・유회(庾會)의 처다.

역주 1) 과부가 되고 나서: 庾亮의 아들 庾會는 蘇峻의 亂 때 죽었음.
2) 악몽: 원문은 "厭". 惡夢에 시달리는 것. '魘'과 같음.

諸葛令女, 庾氏婦,〈1〉 既寡, 誓[1]不復重出. 此女性甚正彊, 無有登車理. 恢既許江思玄婚, 乃移家近之. 初, 誑女云: "宜徙." 於是家人一時去, 獨留女在後. 比其覺, 已不復得出. 江郎暮來, 女哭詈彌甚, 積日漸歇. 江虨暝入宿, 恒在對牀上. 後觀其意轉帖, 虨乃詐厭, 良久不悟, 聲氣轉急. 女乃呼婢云: "喚江郎覺!" 江於是躍來就之, 曰: "我自是天下男子. 厭, 何預卿事而見喚耶? 既爾相關, 不得不與人語." 女默然而慚, 情義遂篤. **假**

〈1〉 · 會妻.

校勘 1) 誓: 『世說新語』와 『世說新語補』에는 "誓云"이라 되어 있음.

037

[晉] 강돈(江惇)

자는 사전(思悛)이며, 강반(江虨)의 동생이다. 성품이 학문에 독실하여 손에서 책을 놓지 않았으며, 고서(古書)[1]를 널리 읽고 유학과 노장학에 아울러 정통했다. 벼슬에 초징되었으나 나아가지 않았으며, 49세로 죽었다.

역주 1) 고서(古書): 원문은 "賁典". 三賁五典을 말함. 三皇五帝가 지었다고 전해지는 고대의 책.

字思悛, 虨弟也. 性篤學, 手不釋書, 博覽賁典, 儒道兼綜. 徵聘無所就, 年四十九而卒. [徐廣『晉紀』]

037-1(0050)

왕장사(王長史: 王濛)가 말했다.

"강사전의 사고가 통하는 바는 유학의 영역뿐만이 아니다."

王長史云: "江思悛思懷所通, 不翅儒域." 賞

038

[晉] 강관(江灌)

자는 도군(道羣)이며, 강반(江虨)의 사촌동생이다. 재능과 기량이 뛰어났으며 사촌형 강유(江逌)의 명성에 버금갔다. 상서(尙書)와 중호군(中護軍)을 지냈다.

字道羣, 虨從弟也. 有才器, 與從兄逌名相亞. 仕尙書·中護軍. [『中興書』]

038-1(0051)

왕장사(王長史: 王濛)가 강도군을 평했다.

"남이 당연히 가지고 있는 것[장점]은 그라고 해서 반드시 가지고 있는 것은 아니지만, 남이 당연히 가지고 있지 않는 것[결점]은 그도 반드시 가지고 있지 않다."

王長史道江道羣: "人可應有, 乃不必有, 人可應無, 己必無." 賞

038-2(0052)

유윤(劉尹: 劉惔)이 강도군을 평했다.

"말을 잘 하지는 못하지만 말을 하지 않는 것은 잘 한다."[1]

역주 1) 말을 ~ 잘 한다: 達辯이나 能辯의 재주는 없지만 침묵해야 할 때 침묵할 수 있는 능력을 지녔다는 뜻.

劉尹道江道羣: "不能言而能不言." 賞

039

[晉] 강애(江敳)

자는 중개(仲凱)고 어릴 적 자는 노노(盧奴)며, 강반(江虨)의 아들이다. 내외의 관직을 역임하는 동안 대범하고 담백한 인품으로 명성이 높았다. 황문시랑(黃門侍郎)과 표기자의(驃騎諮議)를 역임했다.

字仲凱, 小字盧奴, 虨子. 歷位內外, 簡退著稱. 歷黃門侍郎·驃騎咨議. [『晉安帝紀』]

039-1(0053)

왕공(王恭)이 강로노에게 장사(長史)가 되어달라고 청하려고 새벽에 강로노를 찾아갔는데, 강로노는 아직 잠자리에 있었다. 왕공은 앉아서 감히 말도 꺼내지 못했다. 한참 뒤에야 비로소 말을 붙일 수 있었으나, 강로노는 대꾸도 하지 않았다. 다만 사람을 불러 술을 가져오게 하여 스스로 한 잔을 마실 뿐 왕공에게는 주지도 않았다. 왕공이 웃으면서 말했다.

"어떻게 혼자 마실 수 있소?"

강로노가 말했다.

"당신도 마시고 싶소?"

그러고는 왕공에게도 술을 따라주라고 했다. 왕공은 술을 다 마시고 나서 분위가가 약간 누그러지자 하고자 했던 말을 하고 떠났다. 그가 문을 나가기도 전에 강로노가 탄식하며 말했다.

"사람이 자신을 헤아린다는 것은 정말로 어려운 일이야!"

王恭欲請江盧奴爲長史, 晨往詣江, 江猶在帳中. 王坐, 不敢卽言. 良久乃得及, 江不應. 直喚人取酒, 自飮一盌, 又不與王. 王且笑且言: "那得獨飮?" 江云: "卿亦復須耶?" 更使酌與王. 王飮酒畢, 因得自解去. 未出戶, 江歎曰: "人自量, 固爲難!"

簡 **互** 王恭

040

[劉宋] 강효(江斅)

자는 숙문(叔文)이다. 부친은 강담(江湛)이고 모친은 회양장공주(淮陽長公主)[1]다. 강효는 임여공주(臨汝公主)[2]에게 장가들어 부마도위(駙馬都尉)에 임명되었다.

역주 1) 회양장공주(淮陽長公主): 유송 문제(文帝: 劉義隆)의 딸.
2) 임여공주(臨汝公主): 유송 효무제(孝武帝: 劉駿)의 딸.

字叔文. 父湛, 母淮陽長公主. 斅尙臨汝公主, 拜駙馬都尉. [『南史』] **方** **詳** 紀僧眞

040-1(0054)

원윤(袁尹: 袁粲)이 강숙문을 만나보고 나서 감탄하며 말했다.
"풍류가 땅에 떨어지지 않고 바로 강랑(江郎: 江斅)에게 있도다!"

袁尹見江叔文, 嘆曰: "風流不墜, 政在江郎!" **賞**

041

[齊] 강엄(江淹)

자는 문통(文通)이며 제양(濟陽) 사람이다. 6살 때 이미 시를 잘 지었으며, 장성해서는 기이한 시풍을 애호했다. 시중(侍中)과 금자광록대부(金紫光祿大夫)를 지냈다. 강엄은 어려서 부친을 여의고 가난하게 살았기에 13살 때부터 땔나무를 베서 모친을 봉양했다. 한번은 땔나무가 있는 곳에서 초선(貂蟬)[1] 하나를 주웠는데, 그것을 팔아 모친을 봉양하려 했더니 모친이 말하길: "이것은 좋은 징조다. 너는 재주와 덕행을 지니고 있으니 어찌 오래토록 빈천하겠느냐? 이것을 남겨두었다가 나중에 시중이 되길 기다렸다가 쓰도록 해라"라고 했다. 결국 모친의 말대로 되었다.
종영(鍾嶸)의 『시품(詩品)』: 강문통의 시체(詩體)는 매우 다양하고 옛 작품의 모방에 뛰어났는데, 그 근력(筋力)은 [송나라의] 왕미(王微)에게서 얻었고 성취는 [제나라의] 사조(謝朓)에게서 배웠다. 처음에 강엄이 선성군(宣城郡)의 태수를 그만두고 돌아가다가 선령사(禪靈寺)의 물가에서 정박했는데, 꿈에 어떤 사람이 나타나 스스로를 장경양(張景陽: 張協)이라고 하면서 말하길: "이전에 그대에게 비단 한 필을 주었는데 지금 돌려주시오"라고 했다. 강엄이 품속을 더듬어 비단 몇 척을 주었더니 그 사람이 크게 화를 내며 말하길: "어찌하여 다 잘라 써버렸단 말이오!"라고 했다. 또 한번은 강엄이 야정(冶亭)에서 숙박할 때, 꿈에 한 잘생긴 장부가 나타나 스스로를 곽박(郭璞)이라고 하면서 강엄에게 말하길: "내 붓이 그대에게 있은 지 수년이나 되었으니 이제 돌려주시오"라고 하자, 강엄이 품속을 더듬어 오색 붓을 꺼내 그에게 주었다. 그 이후로 강엄은 시를 지었지만 더 이상 시구를 이루지 못했기 때문에 세상에서 '강엄의 재주가 다했다'는 말이 전해졌다.

역주 1) 초선(貂蟬): 담비의 꼬리와 매미의 깃털로 장식한 高官의 冠.

字文通, 濟陽人. 六歲能屬詩, 及長, 愛奇尙異. 官侍中·金紫光祿. 淹少孤貧, 十三時, 採薪養母. 於樵所得貂蟬一具, 將鬻而供母, 母曰: "此休徵也. 汝才行豈長貧也? 可留待得侍中著之." 竟如其言. [劉璠『梁典』·『南史』]

鍾嶸『詩品』曰 : 文通詩體總襍, 善於摹擬, 筋力於王微, 成就於謝眺. 初淹罷宣城歸, 泊禪靈寺渚, 夢有人, 自云張景陽, 謂曰: "前以一疋錦相寄, 今可見還." 淹探懷, 得數尺與之, 其人大恚曰: "那得割截都盡!"[1] 又宿冶亭, 夢一美丈夫, 自稱郭璞, 謂淹曰: "吾有筆在卿處多年矣, 可以見還." 淹探懷中, 得五色筆以授之. 爾後爲詩不復成語, 故世傳江淹才盡.[2] **文** **詳** 謝眺

校勘 1) 泊禪靈寺渚 ~ "那得割截都盡!": 이 고사는 鍾嶸의 『詩品』에 보이지 않고 『南史』 권59 「江淹傳」에 나옴. 또한 『何氏語林』 「文學」 제81조에 수록되어 있음.

2) 又宿冶亭 ~ 故世傳江淹才盡: 이 고사는 『南史』 권59 「江淹傳」에 나오며, 『何氏語林』 「文學」 제82조에도 수록되어 있음.

042

[齊] 강석(江祏)

자는 홍업(弘業)이며 제양(濟陽) 고성(考城) 사람이다. 벼슬은 시중(侍中)과 중서령(中書令)에 이르렀으며, [남제 명제(明帝: 蕭鸞)의] 유조(遺詔)를 받아 정사를 보좌했다. 나중에 동혼후(東昏侯: 蕭寶卷)에게 주살되었다.

字弘業, 濟陽考城人. 仕至侍中・中書令, 受遺輔政. 爲東昏所誅. [『南史』]

042-1(0055)

사현휘(謝玄暉: 謝眺)는 강석을 몹시 경시했다. 강석이 한번은 사현휘를 찾아갔더니, 사현휘가 시 한 수를 보여주겠다고 말하면서 좌우 시종을 불러 가져오라고 했다가 잠시 후 다시 그만두라고 했다. 강석이 그 까닭을 물었더니 사현휘가 말했다.
"정작 그리 급한 건 아니오."
강석은 그 일을 자신을 경시한 것으로 생각했는데, 나중에 마침내 사건을 날조하여 사현휘를 해쳤다.

謝玄暉頗輕江祏. 祏嘗詣玄暉, 玄暉因言有一詩, 呼左右取, 旣而復停. 祏問其故, 云: "定復不急." 祏以爲輕己, 後遂搆害玄暉. 仇 互 謝眺

043

[梁] 강종간(江從簡)

강혁(江革)의 아들이다. 젊어서부터 문재(文才)가 있었다. 하경용(何敬容)이 이부상서(吏部尙書)가 되었는데 학문은 보잘 것 없었고 뇌물을 밝혔다. 그래서 강종간이 「채하조(採荷調)」를 지어 그를 풍자했는데 당시 사람들로부터 칭송받았다. 벼슬은 사도종사중랑(司徒從事中郎)에 이르렀다. 후경(侯景)의 난[1] 때 임약(任約)에게 살해당했다.

역주 1) 후경(侯景)의 난: 梁 武帝(蕭衍) 말년(548)에 황실에 분란이 일어나자 侯景이 그 틈을 타서 난을 일으켜 도성 建康을 함락시키고 무제를 대성에 감금하여 굶어죽게 함.

革子. 少有文才. 何敬容爲吏部尙書, 淺於學術, 通賄賂. 從簡作「採荷調」刺之, 爲時所賞. 官至司徒從事中郎. 侯景亂, 爲任約所害. [『南史』]

043-1(0056)

강종간은 광록대부(光祿大夫) 강혁(江革)의 아들로서 젊었을 때 문재가 있었는데, 일찍이 「채하조」를 지어 하경용을 풍자했다.

"연(蓮)을 가지고 기둥을 만들고자 하나, 연은 약하여 들보를 지탱하지 못하네. 연을 가지고 거울을 만들고자 하나, 연은 어두워 본래 빛이 없다네."

하경용은 깨닫지 못한 채 오직 그 뛰어남에만 탄복했다.

江從簡是光祿革子, 少時有文情, 作「採荷調」, 以刺何敬容, 曰: "欲持荷作柱, 荷弱不勝梁. 欲持荷作鏡, 荷暗本無光." 敬容不覺, 惟歎其工. **排** **互** 何敬容

044

[漢] 방참(龐參)

자는 중달(仲達)이며 하남(河南) 구지(緱氏) 사람이다. 벼슬은 태위(太尉)에까지 이르렀다.

字仲達, 河南緱氏人. 官至太尉. [司馬彪『續漢書』]

044-1(0057)

방중달이 한양태수(漢陽大守)가 되었을 때, 훌륭한 절조를 지닌 임당(任棠)〈1〉이라는 군민이 은거하면서 제자들을 가르치고 있었다. 방중달은 임지에 도착하자 우선 임당을 찾아갔다. 그러나 임당은 방중달에게 말도 건네지 않고 다만 굵은 염교 한 포기와 물 한 사발을 문지방 앞에 놓아둔 채 자신은 손자를 안고 문 아래에 엎드려 있었다. 주부(主簿)가 임당을 거만하다고 아뢰었으나 방중달은 그 감춰진 뜻을 생각하다가 한참 후에 말했다.

"임당은 태수를 깨우치고자 하는 것이다. 물은 나를 청렴하게 하고자 함이고, 굵은 염교를 뽑은 것은 나에게 강성한 호족을 치게 하고자 함이며, 아이를 안고 문에 있는 것은 나에게 창고 문을 열어 고아들을 구휼하게 하고자 함이다."

그리고는 감탄하며 돌아갔다. 방중달은 관직에 있는 동안 강한 호족을 억누르고 약한 백성을 도와주어 과연 은혜로운 정사로 민심을 얻었다.

〈1〉· 임당은 한양 사람이다. 태위(太尉) 황경(黃瓊)이 상소하여 그를 천거하자, 조정에서 공거(公車)[1]에 임당을 초징하라는 조서를 내렸으나 그는 끝내 나아가지 않았다.

역주 1) 공거(公車): 궁궐의 司馬門에 있는 관서명. 각지에서 대궐로 오는 公車[官車]가 머무는 곳으로, 천자의 초징이나 각지의 상소를 관장함.

龐仲達爲漢陽大守, 郡人任棠〈1〉有奇節, 隱居教授. 仲達到, 先候之. 棠不交言, 但以薤一大本, 水一盂, 置戶屏前, 自抱孫兒, 伏於戶下. 主簿白以爲倨, 仲達思其微意, 良久曰: "棠是欲曉大守. 水者, 欲吾清. 拔大本薤者, 欲吾擊强宗. 抱兒當戶, 欲吾開門恤孤也." 歎息而還. 仲達在職, 抑强助弱, 果以惠政得民. 政

〈1〉· 漢陽人. 太尉黃瓊疏薦之, 詔公車徵之, 竟不至. [『後漢書』]

045

[漢] 방통(龐統)

자는 사원(士元)이며 양양(襄陽) 사람이다. 젊었을 때는 순박하기만 하여 그를 알아보는 사람이 없었는데, 오직 종부(從父) 방덕공(龐德公)만이 그를 중히 여겼다. 그가 18살 때 [방덕공이 방사원에게] 사마덕조(司馬德操: 司馬徽)를 만나보게 했는데, 사마덕조가 그와 함께 얘기하고 나서 감탄하며 말하길: "덕공은 진실로 사람을 볼 줄 아는군. 그대는 틀림없이 남주(南州)의 선비 중에서 으뜸이 될 것이오!"라고 했다. 이로 인하여 그의 이름이 점점 드러나게 되었다. 나중에 소열제(昭烈帝: 劉備)가 사마덕조에게 세상일을 물어보았는데, 사마덕조가 말하길: "저같이 보잘것없는 선비가 어떻게 지금의 세상일을 알 수 있겠습니까? 그렇지만 이곳에는 엎드려 있는 용과 봉황의 새끼가 있습니다"라고 했다. 이것은 제갈공명(諸葛孔明: 諸葛亮)과 방사원을 두고 한 말이었다. 소열제는 방사원을 초치하여 군사중랑장(軍師中郞將)으로 삼아 낙양(洛陽)을 공략하는 데 따르게 했는데, 방사원은 빗나간 화살에 맞아 죽었다. 당시 38세였다.

字士元, 襄陽人. 少時樸鈍, 未有識者, 惟從父德公重之. 年十八, 使往見司馬德操, 與語, 歎曰: "德公誠知人. 生當爲南州士人之冠冕!" 由是漸顯. 後昭烈訪世事於德操, 德操曰: "俗士豈識時務? 此間有伏龍·鳳雛." 謂諸葛孔明與士元也. 昭烈引爲軍師中郞將, 從攻洛, 爲流矢所中, 卒. 時年三十八. [『蜀志』·『襄陽記』·『華陽國志』] **言** **詳** 司馬徽

045-1(0058)

고소(顧劭)가 한번은 방사원과 함께 밤을 새워 담론하다가 물었다.

"듣자하니 그대는 인물을 보는 안목으로 이름이 나 있다는데, 나와 그대 중에 누가 더 낫소?"

방사원이 말했다.

"세속을 교화하고 시대와 더불어 부침하는 것은 내가 그대만 못하지만, 왕자(王者)와 패자(霸者)의 유책(遺策)을 논하고 화(禍)와 복(福)이 생겨나는[1] 관건을 살피는 것은 내가 약간 나은 것 같소."

고소도 그 말에 만족해했다.

역주 1) 화(禍)와 복(福)이 생겨나는: 『老子』 제58장에 "禍兮福所倚, 福兮禍所伏"이라는 구절이 있는데, 禍와 福이 서로 相因하여 생겨나는 것을 말함.

顧劭嘗與龐士元宿語, 問曰: "聞子名知人, 吾與足下孰愈?" 曰: "陶冶世俗, 與時浮沉, 吾不如子. 論王霸之餘策, 覽倚伏之要害, 吾似有一日之長." 劭亦安其言. **品** **互** 顧劭

046

[漢] 지습(脂習)

자는 원승(元升)이며 경조(京兆) 사람이다. 공부(公府)에서 그를 치적이 높은 관리로 초징했다. 그는 소부(少府) 공융(孔融)과 친밀한 사이였다. 공융이 [조조(曹操)에게] 주살당했을 때 허중(許中: 許昌)의 백관(百官) 중에서 공융과 친하게 지내던 자 가운데 어느 누구도 감히 그의 시체를 거두어 애도해주지 못했는데, 지습 혼자만 그의 시체를 어루만지며 곡하면서 말하길: "문거, 그대가 날 버리고 죽었으니 나는 다시 누구와 함께 얘기한단 말인가!"라고 했다.

字元升, 京兆人. 公府辟擧高第. 與少府孔融親善. 融被誅時, 許中百官與融親善者, 莫敢收卹, 獨習撫而哭之, 曰: "文擧, 卿舍我死, 我當復與誰語者!" [魚豢『魏略』]

046-1(0059)

지원승이 공문거(孔文擧: 孔融)의 시체를 어루만지며 곡했기 때문에 위(魏) 태조(太祖: 曹操)는 그를 체포하여 죄를 물으려 했지만 그 일을 바른 행위로 여겨 용서해주었다. 지원승이 나중에 태조를 뵙고 지난날의 잘못을 사죄하자, 태조가 그의 자(字)를 부르며 말했다.

"원승, 그대는 본디 격정적인 사람이지!"

脂元升以哭孔文擧尸, 魏太祖收欲治罪, 以其事直見原. 元升後見太祖, 陳謝前愆, 太祖呼其字曰: "元升, 卿故忼慨!" 賞

047

[魏] 시묘(時苗)

자는 덕주(德胄)며 거록(鉅鹿) 사람이다.

字德胄，鉅鹿人. [『魏略』]

047-1(0060)

시묘가 수춘현령(壽春縣令)이 되었을 때 장제(蔣濟)〈1〉는 양주치중(揚州治中)으로 있었다. 시묘가 처음 도착하여 장제를 뵈러갔는데, 평소 술을 좋아하던 장제가 때마침 술에 취해 있는 바람에 제때에 시묘를 접견하지 못했다. 시묘는 성내고 원망하면서 집으로 돌아와 나무를 깎아 사람 형상을 만들고 "술꾼 장제"라고 써놓은 뒤, 그것을 담장 아래에 세워놓고 아침저녁으로 화살을 쏘았다.

〈1〉 · 장제는 초국(楚國) 아평(阿平) 사람으로, 영군장군(領軍將軍)을 지냈다.

時苗令壽春日，蔣濟〈1〉作揚州治中. 苗初至謁濟，濟素嗜酒，適會其醉，不時見苗. 苗恚恨，還，刻木爲人，署曰"酒徒蔣濟"，竪之墻下，朝夕射之. 忿

〈1〉 · 楚國阿平[1]人. 官領軍將軍. [『魏志』]

校勘 1) 阿平: 『世說新語補』와 『三國志』 권14 「魏書 · 蔣濟傳」에는 "平阿"라 되어 있음.

048

[北魏] 휴과(眭夸)

일명 욱(旭)이라고도 한다. 어려서부터 큰 도량을 지녔고 서전(書傳)을 탐독했으며, 세상일에 마음 쓴 적 없이 고상하게 지내며 벼슬하지 않았다. 그는 최호(崔浩)와 막역한 친구사이였다. 최호가 사도(司徒)로 있을 때 상주하여 휴과를 중랑(中郎)으로 초징하고자 했는데, 주군(州郡)에서 강요하자 휴과는 하는 수 없이 도성으로 들어가서 최호와 만났지만, 단지 술을 마시며 평소의 일만 얘기했을 뿐 세상의 이해관계에 대해서는 언급하지 않았다. 최호가 [휴과의 임명] 조서를 휴과의 가슴에 던지자, 휴과가 말하길: "어찌 이것으로 국사(國士)를 수고롭게 할 만하겠소? 나는 곧장 떠날 것이오"라고 했다. 최호는 휴과가 타고 온 노새를 마구간에 넣어둠으로써 그를 붙잡아두길 바랐다. 하지만 휴과는 결국 조세를 운반하는 고향사람에게 부탁하여 어거(御車)라고 속인 채 관문을 나갔다. 당시는 조정의 법이 매우 준엄했는데, 휴과가 이미 [조정의 허락 없이] 사사로이 돌아갔으므로 장차 '사사로이 돌아갔다'는 질책을 받게 되었지만, 최호가 계속 주변에서 돌봐준 덕분에 비로소 죄에 연루되지 않을 수 있었다. 1년 후에 최호가 휴과의 본래 나귀를 보내주고 아울러 그가 탈 말을 함께 보내주면서 편지를 써서 사과했지만, 휴과는 노새와 말을 받지 않고 답장도 하지 않았다.

一名旭. 少有大度, 耽好書傳, 未嘗以世務經心, 高尚不仕. 與崔浩爲莫逆之交. 浩爲司徒, 奏徵爲中郎, 州郡逼遣, 入京, 與浩相見, 惟飮酒談敘平生, 不及世利. 浩投詔書於夸懷, 夸曰: "何足以此勞國士也? 吾便將別." 浩以夸所乘騾納之廐中, 冀相維縶. 夸遂託鄉人輸租者, 謬爲御車, 出關. 時朝法甚峻, 夸旣私還, 將有私歸之咎, 浩仍相左右, 始得無坐. 經年, 浩送夸本騾, 兼遺以所乘馬, 爲書謝之, 夸不受其騾馬, 亦不復書. [『北史』「隱逸傳」]

048-1(0061)

최호(崔浩)가 주살된 후, 휴과가 그를 위해 상복을 입고 고을사람들의 조문을 받다가 이렇게 탄식했다.

"최공(崔公: 崔浩)이 죽었으니 그 누가 나 휴과를 다시 받아주려나!"

崔浩誅後, 眭夸爲之素服, 受鄉人吊唁, 嘆曰: "崔公死, 誰能更容眭夸!" 傷 互 崔浩

049

[漢] 이응(李膺)

자는 원례(元禮)며 영천(潁川) 사람이다. 고상한 뜻이 맑고도 오묘했으며, 문무(文武)에 뛰어난 재주가 있었다. 사례교위(司隸校尉)를 지냈다.

字元禮, 潁川人. 抗志淸妙, 有文武儁才. 官司隸校尉. [薛瑩『後漢書』] 識 詳 聶季寶 品 詳 陳蕃

049-1(0062)

이원례는 풍격이 수려하고 엄정했으며 고상하게 스스로 높은 긍지를 지니고 있어서, 세상에 명교(名敎)[1]를 펴고 시비를 바로잡는 것을 자신의 임무로 삼으려 했다. 후배 된 선비로서 그의 당(堂)에 올라 수업을 받은 자는 모두 등용문(登龍門)했다고 여겨졌다.〈1〉

〈1〉· 용문은 일명 하진(河津)이라고도 하며, 장안(長安)에서 900리 떨어져 있다. 물이 매달린 듯 가파르게 떨어져서 거북이나 물고기 등이 거슬러 올라갈 수 없는데, 올라가기만 하면 용으로 변화한다.

역주 1) 명교(名敎): 魏晉時代 老莊哲學의 가르침에 대하여 실질적인 儒家道德의 가르침을 말함.

李元禮風格秀整, 高自標持, 欲以天下名教是非爲己任. 後進之士, 有升其堂者, 皆以爲登龍門.〈1〉 **德**

〈1〉· 龍門, 一名河津, 去長安九百里. 水懸絶, 龜魚之屬莫能上, 上則化爲龍矣. [『三秦記』]

049-2(0063)

세상 사람들이 이원례를 품평했다.

"곧게 뻗은 소나무 아래에 이는 바람처럼 엄숙하다.[1]"〈1〉

〈1〉· 이응은 산처럼 높고 연못처럼 맑은 성품을 지녔으며, 그 의연한 풍모는 귀중하게 여겨졌다. 중국 사람들이 칭송하길: "이부군(李府君: 李膺)은 옥산(玉山)처럼 위대하다[2]"라고 했다.

역주 1) 엄숙하다: 원문은 "謖謖(속)". 솔바람이 이는 소리나 그 모양, 또는 우뚝 솟아 있는 모양. 淸新하고 嚴肅한 기상을 뜻함.

2) 위대하다: 원문은 "頵頵(군)". 머리가 큰 모양. 卓越하고 偉大한 기상을 뜻함.

世目李元禮: "謖謖如勁松下風."〈1〉 **賞**

〈1〉· 膺岳峙淵淸, 峻貌貴重. 華夏稱曰: "李府君, 頵頵如玉山."

049-3(0064)

곽림종(郭林宗: 郭泰)이 도성에서 노닐다가 고향으로 돌아가게 되었을 때, 그를 전송하러 온 수레가 천여 대나 되었는데 이응도 그 자리에 있었다. 뭇 사람들이 모두 대괴(大槐) 마을의 객사로 찾아와 전별했는데, 이응만은 곽림종과 함께 투박한 수레를 타고 대괴 마을의 비탈로 올라갔다. 구경꾼 수백 명이 목을 빼고 그들을 바라보았는데, 마치 아스라이 적송자(赤松子)와 왕자교(王子喬)[1]가 은하수에 있는 듯했다.

역주 1) 적송자(赤松子)와 왕자교(王子喬): 둘 다 옛 신선의 이름.

郭林宗遊京師, 當還鄉里, 送車千許乘, 李膺亦在焉. 衆人皆詣大槐客舍而別, 獨膺與林宗共載, 乘薄笨車, 上大槐坂[1]. 觀者數百人, 引領望之, 眇若松・喬之在雲漢. **企** **互** 郭泰

校勘 1) 坂: 원문은 "板"이라 되어 있지만 문맥상 타당하지 않으므로『世說新語補』에 의거하여 고침.

050

[魏] 이풍(李豊)

자는 안국(安國)이다. 인물을 잘 감식하여 세상 사람들이 주목했다. 명제(明帝: 曹叡)가 오(吳)의 투항자를 붙잡아 강동(江東)에서 중원의 명사로 알려진 사람이 누구인지 물었더니, 안국이라고 대답했다. 이때에 이풍은 황문랑(黃門郎)으로 있었으며 이름을 선(宣)으로 바꾸었다. 명제가 안국의 소재를 물었더니 좌우의 공경(公卿)들이 모두 [안국이 바로] 이풍이라고 대답하자, 명제가 말하길: "이풍의 이름이 오(吳)・월(越)에까지 퍼졌단 말인가?"라고 했다. 벼슬은 중서령(中書令)에 이르렀으며, 진왕(晉王: 司馬師)에게 주살당했다[1].

역주 1) 진왕(晉王: 司馬師)에게 주살당했다: 『三國志』 권9 「魏書・夏侯玄傳」에 따르면, 李豊은 張緝 등과 함께 晉王 司馬師를 살해하여 夏侯玄에게 정치를 맡게 하려다가 실패하여 도리어 司馬師에게 주살당함.

字安國. 識別人物, 海內注意. 明帝得吳降人, 問江東聞中國名士爲誰, 以安國對之. 是時豊爲黃門郞, 改名宣. 帝問安國所在, 左右公卿俱以豊對. 帝曰: "豊名乃被於吳・越耶?" 仕至中書令, 爲晉王所誅. [『魏略』] **容** **詳** 夏侯玄

051

[晉] 이밀(李密)

자는 영백(令伯)이며 건위(犍爲) 무양(武陽) 사람이다. 부친이 일찍 죽고 모친 하씨(何氏)도 다른 사람에게 개가하자, 이밀은 조모에게 양육되었다. 그는 『춘추좌씨전(春秋左氏傳)』을 연구했는데 박학하여 통달한 바가 많았으며, 영민하고 언변이 뛰어났다. 조모를 섬기면서 효성으로 이름이 알려졌는데, 병든 조모를 모실 땐 울며 그 옆을 지키면서 밤이나 낮이나 허리띠를 풀지 않았으며, 음식과 탕약은 반드시 자신이 먼저 맛을 보았다. 본군(本郡)에서 예를 갖추어 초징했으나 응하지 않았는데, 다시 주(州)에서 종사상서랑(從事尙書郞)으로 초징했다.

字令伯, 犍爲武陽人. 父早亡, 母何氏更適人, 密養於祖母. 治『春秋左氏傳』, 博覽多所通涉, 機警辯捷. 事祖母以孝聞, 其侍疾則泣涕側息, 日夜不解帶, 膳飮湯藥, 必自口嘗. 本郡禮命不應, 州辟從事尙書郞. [『華陽國志』]

051-1(0065)

이령백이 일찍이 오(吳)나라에 사신으로 갔는데, 오주(吳主)가 신하들과 함께 도의(道義)에 대해 두루 논하다가 말했다.

"차라리 동생이 되는 게 낫다."

그러자 이령백이 말했다.

"저는 형이 되고 싶습니다."

오주가 물었다.

"어찌하여 형이 되고 싶소?"

이령백이 대답했다.

"형이 되면 부모님을 봉양할 날이 많기 때문이지요."

오주와 신하들은 그를 훌륭하다고 칭찬했다.

李令伯嘗聘吳, 吳主與羣臣汎論道義, 因言: "寧爲人弟." 令伯曰: "願爲人兄." 吳主問: "何願爲兄?" 令伯答曰: "爲兄供養之日長." 吳主及羣臣稱善. 言

052

[晉] 이중(李重)

자는 무증(茂曾)이며 강하(江夏) 종무(鍾武) 사람이다. 어려서부터 청렴하고 고상함으로 칭송받았다. 이부랑(吏部郎)과 평양태수(平陽太守)를 역임했다.

字茂曾, 江夏鍾武人. 少以淸尙見稱. 歷吏部郎·平陽太守. [『晉諸公贊』] 賢 詳 李重女

052-1(0066)

사공(謝公: 謝安)이 당시 명현들과 함께 [인물에 대해] 논평하고 있었는데, 사알(謝遏: 謝玄)과 사호아(謝胡兒: 謝朗)도 그 자리에 있었다. 사공이 이홍도(李弘度: 李充)에게 물었다.

"그대 집안의 이평양(李平陽: 李重)은 악령(樂令: 樂廣)과 비교하여 어떻소?"

그러자 이홍도가 주르륵 눈물을 흘리며 말했다.

"조왕(趙王: 司馬倫)이 역모하여 제위를 찬탈했을 때, 악령은 옥새를 조왕에게 직접 건네주었으나,〈1〉 돌아가신 백부님[李重]은 성품이 아정하여 어지러운 조정에 처하는 것을 부끄럽게 여겨 마침내 독약을 먹고 자살하셨으니, 아무래도 서로 비교하기는 어려울 것 같습니다. 이것은 사실에서 저절로 드러난 것이며 사사로이 친족으로서 드리는 말씀이 아닙니다."〈2〉

사공이 사호아에게 말했다.

"식견을 지닌 자라서 과연 나의 의견과 다르지 않구먼."

〈1〉・조왕 사마륜(司馬倫)이 제위를 찬탈하자, 악광(樂廣)이 만분(滿奮)・최수(崔隨)와 함께 옥새를 조왕에게 바쳤다.

〈2〉・조왕이 상국(相國)이 되어 이중을 좌사마(左司馬)로 발탁했는데, 이중은 사마륜이 장차 제위를 찬탈할 것이라고 생각하여 병을 핑계대고 나아가지 않았다. 사마륜이 돈독하게 설득했으나 이중은 더 이상 스스로 병을 치료하지 않고 있다가 위독한 지경에 이르렀다. 결국 부축을 받고 병든 몸을 끌고 가서 관직을 제수받았으나 며칠 뒤에 죽고 말았는데, 당시 사람들이 애석해했다. 산기상시(散騎常侍)에 추증되었다.

謝公與時賢共賞說, 遏・胡兒並在坐. 公問李弘度曰: "卿家平陽, 何如樂令?" 於是李潸然流涕曰: "趙王簒逆, 樂令親授璽綬,〈1〉 亡伯雅正, 恥處亂朝, 遂至仰藥, 恐難以相比. 此自顯於事實, 非私親之言."〈2〉 謝公語胡兒曰: "有識者果不異人意."

品 **互** 樂廣

〈1〉・趙王倫簒位, 樂廣與滿奮・崔隨共進璽綬. [『晉陽秋』]

〈2〉・趙王爲相國, 取重爲左司馬, 重以倫將簒, 辭疾不就. 敦喩之, 重不復自治, 至於篤甚. 扶曳受拜, 數日卒, 時人惜之. 贈散騎常侍. [『晉諸公贊』]

053

[晉] 이충(李充)

자는 홍도(弘度)며 이중(李重)의 동생[의 아들]이다. 처음에 승상(丞相: 王導)의 속관과 기실참군(記室參軍)에 초징되었으나, 집이 가난하여 섬현령(剡縣令)을 구했다. 대저작(大著作)과 중서랑(中書郎)으로 승진되었다.

字弘度, 重弟也[1]. 初辟丞相掾・記室參軍[2], 以貧求剡縣. 遷大著作・中書郎. [『中興書』] **儉** **詳** 衛展

校勘 1) 重弟也: 『世說敍錄』「人名譜」에는 "李重, 字茂曾, 平陽太守. 從子充, 字弘度."라 되어 있고, 바로 위의 李重 고사에서도 李充이 李重을 "亡伯"이라 불렀으므로, "重弟也"는 "重弟子也"의 오기로 보임.

2) 記室參軍: 원문에는 "記"라고만 되어 있는데, 『世說新語補』에 의거하여 보충함.

053-1(0067)

이홍도는 관직을 얻지 못함을 늘 탄식했다. 은양주(殷揚州: 殷浩)가 그의 집이 가난하다는 것을 알고서 물었다.

"그대는 사방 백 리쯤 되는 땅[의 현령]이라면 뜻을 굽히겠는가?"

이홍도가 말했다.

"「북문(北門)」의 탄식이 이미 오래 전에 상달되었을 것입니다.〈1〉 숲을 헤매는 곤궁한 원숭이가 어찌 [마음에 드는] 나무를 가릴 겨를이 있겠습니까?"

이홍도는 마침내 섬현령(剡縣令)에 제수되었다.

〈1〉・위시(衛詩) 「북문(北門)」[『詩經』 「邶風」]은 벼슬하여 뜻을 얻지 못함을 풍자한 것이다.

李弘度常歎不被遇. 殷揚州知其家貧, 問: "君能屈志百里否?" 李答曰: "「北門」之歎, 久已上聞.〈1〉 窮猿奔林, 豈暇擇木?" 遂授剡縣. 言

〈1〉・衛詩「北門」, 刺仕不得志也.

054

[晉] 이흠(李廞)

자는 종자(宗子)며 이중(李重)의 아들이다. 학문을 좋아하고 초서와 예서에 뛰어났으며, 형 이식(李式)과 명성을 나란히 했다. 걷지 못하는 병에 걸려 걷거나 앉을 수 없어서 늘 누워 지냈지만, 금(琴)을 타고 책 읽는 일을 멈추지 않았다. 하간왕(河間王: 司馬顒)이 그를 태위연(太尉掾)으로 초징했으나 병 때문에 부임하지 않았다. 나중에 난을 피하여 형을 따라 강남으로 건너갔다. 형 이식은 자가 경칙(景則)이다. 사고력이 뛰어나고 학자로서 은둔을 좋아했으며, 훌륭한 명망을 지니고 있었다. 여러 벼슬을 거쳐 임해태수(臨海太守)와 시중(侍中)을 지냈다.

字宗子, 重子. 好學, 善草隷, 與兄式齊名. 躄疾不能行坐, 嘗仰臥, 彈琴讀誦不輟. 河間王辟太尉掾, 以疾不赴. 後避亂, 隨兄南渡. 兄式, 字景則. 思理儒隱, 有美譽. 累遷臨海太守・侍中. [『文字志』]

054-1(0068)

이흠은 이무증(李茂曾: 李重)의 다섯째아들로 청렴정직하고 고원한 지조를 지니고 있었지만, 어려서부터 병약하여 결혼이나 벼슬을 하려고 하지 않았다. 임해현(臨海縣)에 살면서 형 이시중(李侍中: 李式)의 묘 아래에 머물렀다. 이미 높은 명성을 지니고 있었기에 왕승상(王丞相: 王導)이 그를 불러 예우해 주려고 일부러 승상부(丞相府)의 속관으로 초징했는데, 이흠은 임명장을 받아 보고 웃으며 말했다.

"왕무홍(王茂弘: 王導)은 여전히 또 관직 하나를 남에게 빌려주려 하는구먼!"〈1〉

〈1〉・이흠은 일찍이 2부(府: 太尉府・丞相府)의 초징을 받았기 때문에 이공부(李公府)라고 불렸다.

李廞是茂曾第五子, 淸貞有遠操, 而少羸病, 不肯婚宦. 居在臨海, 住兄侍中墓下. 旣有高名, 王丞相欲招禮之, 故辟爲府掾, 廞得牋命, 笑曰: "茂弘乃復以一爵假人!"〈1〉 **棲**

〈1〉・廞嘗爲二府辟, 號李公府. [『文字志』]

055

[晉] 이희(李喜)

자는 계화(季和)며 상당(上黨) 동제(銅鞮) 사람이다. 어려서부터 고상한 품행을 지녔으며 예술과 학문을 깊이 연구했다. 사마의(司馬懿)가 상국(相國)이 되었을 때 이희를 불렀으나 그는 병을 핑계로 사양했다. 후에 사마사(司馬師)가 정치를 보좌할 때 종사중랑(從事中郞)이 되었다. 여러 벼슬을 거쳐 광록대부(光祿大夫)에 오르고 특진(特進)의 칭호를 얻었으며, 죽은 후 태보(太保)에 추증되었다.

字季和, 上黨銅鞮人也. 少有高行, 研精藝學. 司馬懿爲相, 辟喜, 喜辭疾. 司馬師輔政, 爲中郎. 累遷光祿大夫·特進, 贈太保. [『晉諸公贊』]

055-1(0069)

사마경왕(司馬景王: 司馬師)이 동정(東征)했을 때, 상당의 이희를 불러 종사중랑으로 삼았다. 그리고는 이희에게 물었다.

"지난날 선공(先公: 司馬懿)께서 그대를 불렀을 때는 오지 않더니 지금 내가 그대를 부를 때는 어찌하여 왔는가?"

이희가 대답했다.

"선공께서는 예로써 대우해주셨기 때문에 예로써 나아가고 물러날 수 있었지만, 명공(明公: 司馬師)께서는 법으로써 구속하시기 때문에 저는 법이 무서워서 왔을 뿐입니다!"

司馬景王東征, 取上黨李喜, 以爲從事中郞. 因問喜曰: "昔先公辟君不就, 今孤召君何以來?" 喜對曰: "先公以禮見待, 故得以禮進退, 明公以法見繩, 喜畏法而至耳!"

言 互 司馬師

056

[北齊] 이원충(李元忠)

조군(趙郡) 평극(平棘) 사람이다. 신무제(神武帝: 高歡)가 건의하여 시중(侍中)에 임명되었다. 비록 요직에 있었지만 속세의 일로 마음을 힘쓰지 않았다. 대개는 늘 취해 있었고 집안의 크고 작은 일에는 전혀 관심을 두지 않았다. 그는 매번 말하길: "차라리 밥을 먹지 않을지언정 나에게 술이 없어서는 안 된다. 완보병(阮步兵: 阮籍)은 나의 스승이며 공소부(孔少府: 孔融)가 어찌 나를 속이겠는가!"라고 했다. 나중에 중서령(中書令)에서 다시 태상경(太常卿)을 자청했는데, 태상시(太常寺)[1]에 음악이 있고 좋은 술이 많았기 때문이었다.

역주 1) 태상시(太常寺): 宗廟의 儀禮와 博士의 선발을 관장하던 관서.

趙郡平棘人. 神武建義, 拜侍中. 雖處要任, 不以物務于懷. 大率常醉, 家事大小, 了不關心. 每言: "寧無食, 不可使我無酒. 阮步兵吾師也, 孔少府豈欺我哉!" 後自中書令復求爲太常卿, 以其有音樂而多美酒也. [李百藥『齊書』]

056-1(0070)

북제 신무제가 이원충을 복야(僕射)로 등용하려 하자, 문양제(文襄帝: 高澄)〈1〉는 그가 늘 취해 있어서 조정을 맡길 수 없다고 진언했다. 그의 아들 이소(李搔)〈2〉가 그 말을 듣고 이원충에게 술을 절제하라고 청하자 이원충이 말했다.

"나는 복야 되는 것이 술 마시는 즐거움보다 못하다고 생각한다. 너는 복야 되는 것을 좋아한다면 마땅히 술을 마시지 말아야 할 것이니라."

〈1〉・문양태자는 이름이 징(澄)이며 신무제의 장자다.

〈2〉・이소는 자가 덕심(德沈)이며, 의조랑(儀曹郞)을 지냈다.

齊神武欲用李元忠爲僕射, 文襄〈1〉言其常醉, 不可委以臺閣. 其子搔〈2〉聞之, 請元忠節飮, 元忠曰: "我言作僕射不勝飮酒樂. 爾愛僕射, 宜勿飮酒." **任**

〈1〉・文襄太子, 名澄, 神武長子. [『北史』]

〈2〉・字德沈, 官儀曹郞. [『北齊書』]

056-2(0071)

북제 신무제가 동쪽으로 행차했을 때, 이원충이 노거(路車)[1]에 장식 없는 아쟁과 탁주를 싣고 가서 받들어 영접했다. 신무제는 술손님이 있다는 말을 들었지만 즉시 만나보지는 않았다. 그러자 이원충은 수레에서 내려 혼자 앉아 술을 따르고 육포를 찢어 먹으면서 문지기에게 말했다.

“본디 공께서 천하의 영걸을 초빙한다고 말하던데 지금 국사(國士)[2]가 문에 도착했다는 말을 듣고도 입에 든 밥을 뱉거나 발 씻는 것을 멈추고[3] 나와서 맞이하지 않으니, 그 사람됨을 가히 알 수 있네. 내 명함을 돌려주고 더 이상 통지하지 말게.”

문지기가 그 사실을 아뢰자 신무제는 황급히 그를 만났다.

역주 1) 노거(路車): 輅車와 같음. 옛날에 天子나 諸侯가 타는 수레.

2) 국사(國士): 온 나라에서 받들어 추앙하는 선비.

3) 입에 든 밥을 뱉거나 발 씻는 것을 멈추고: 원문은 “吐哺輟洗”. 자신을 낮추고 賢士를 잘 예우하는 것을 말함. 周公은 현사가 찾아오면, 한 번 머리를 감는 도중에 세 번이나 머리카락을 움켜쥐고 나오고 한 번 식사하는 도중에 세 번이나 입에 든 밥을 뱉고 나와서 맞이했다고 함. 이를 ‘三握髮三吐哺’라고 함. 劉邦은 酈食其가 배알하러 오자 발을 씻던 것을 멈추고 일어나 그를 맞이했다고 함. 이를 ‘輟洗’라고 함.

齊神武東出, 李元忠以路車載素箏濁酒奉迎. 神武聞其酒客, 未卽見之. 元忠下車獨坐, 酌酒擘脯食之, 謂門者曰: “本言公招延英傑, 今聞國士到門, 不吐哺輟洗, 其人可知. 還吾刺, 勿復通也.” 門者以告, 神武遽見之. 簡

056-3(0072)

손등(孫騰)〈1〉과 사마자여(司馬子如)〈2〉가 한번은 함께 이원충을 찾아갔더니, 이원충이 나무 아래에 앉아서 이불을 둘러쓴 채 술병을 마주대하고 있었는데, 집안에는 휑하니 잡초만 우거져 있었다. 이원충은 하녀에게 깔고 있던 요 두 채를 걷어가지고 가서 저당 잡히고 술을 받아오게 하면서 천천히 두 사람에게 말했다.

“뜻밖에도 오늘 명아주잎과 콩잎[1]을 따게 되었소!”〈3〉

〈1〉・손등은 자가 용작(龍雀)이며 함양(咸陽) 석안(石安) 사람이다. 어려서부터 성품이 질박하고 솔직했으며, 관리의 일을 잘 이해하고 있었다. 신무제는 그를 깊이 신임하여 속마음을 털어놓았다. 상서복야(尚書僕射)를 지냈다.

〈2〉・사마자여는 자가 준업(遵業)이며 하내(河內) 온(溫) 사람이다. 신무제의 행대상서

(行臺尙書)가 되어 조석으로 신무제의 측근에서 군사(軍事)와 국정에 참여했다.

〈3〉 · 일설에 따르면, 손등과 사마자여가 이원충을 찾아갔더니, 이원충이 갈포 두건을 쓰고 이불을 두른 채 술병을 마주대하고 혼자 술을 마시고 있었으며, 부인을 불러 나오게 했는데 부인의 옷이 땅에 끌리지도 않았다. 두 사람은 서로 쳐다보고 탄식하며 떠났다가 많은 쌀과 비단을 그에게 보내주었는데, 그는 그것을 받아 다른 사람들에게 나눠주었다고 한다.

역주 1) 명아주잎과 콩잎: 원문은 "藜藿(려곽)". 가난한 사람들이 먹는 변변치 못한 채소.

孫騰〈1〉 · 司馬子如〈2〉嘗共詣李元忠, 逢其方坐樹下, 擁被對壺, 庭室蕪曠. 使婢卷兩褥以質酒, 徐謂二人曰: "不意今日披藜藿也!"〈3〉 簡

〈1〉 · 字龍雀, 咸陽石安人. 少質直, 明解吏事. 神武深信待之, 寄以腹心. 官尙書僕射. [『北史』]

〈2〉 · 字遵業, 河內溫人. 爲神武行臺尙書, 朝夕左右參知軍國. [李百藥『齊書』]

〈3〉 · 一說[1)], 孫 · 馬詣元忠, 元忠方葛巾擁被, 對壺獨酌, 呼妻出, 衣不曳地. 二人相視, 歎息而去, 大餉米絹, 受而散之.

校勘 1) 一說: 『世說新語補』注에는 출처가 『北史』라 되어 있음.

057

[北齊] 이집(李集)

057-1(0073)

북제 전경승(典卿丞) 이집이 군주의 면전에서 간언하면서 군주를 걸왕(桀王)과 주왕(紂王)에 빗대자, 북제 군주〈1〉가 그를 포박하여 흐르는 물속에 처넣게 했다가 한참 후에 끌어내서 그에게 말했다.

"나는 걸왕 · 주왕과 비교하여 어떠한가?"

이집이 말했다.

"그들에게 훨씬 미치지 못합니다!"

또 그를 물속에 처넣게 했다가 끌어내서 다시 물었는데, 이렇게 서너 번을 했지만 이집의 대답은 처음과 같았다. 그러자 군주가 크게 웃으며 말했다.

"천하에 이런 어리석은 사람이 있다니! 이제야 용방(龍逄)과 비간(比干)[1]조차도 준재가 아님을 알겠도다!"

그리고는 마침내 그를 풀어주었다. 얼마 후에 이집이 조정에 들어와 군주를 알현했는데, 간언할 것이 있는 듯이 보이자 군주는 결국 그를 참수해버렸다.

〈1〉·문선제(文宣帝) 고양(高洋)이다.

역주 1) 용방(龍逄)과 비간(比干): 龍逄은 夏나라 桀王의 충신이고, 比干은 殷나라 紂王의 충신이었는데, 둘 다 충간하다가 죽임을 당함.

齊典卿丞[1]李集面諫, 比之桀·紂, 齊主〈1〉令縛置流中, 久之引出, 謂曰: "吾何如桀·紂?" 曰: "彌不及矣!" 又令沉之, 引出更問, 如此數四, 集對如初. 主大笑曰: "天下有如此癡人, 方知龍逄·比干未是俊物!" 遂釋之. 頃之, 入見, 似有所諫, 竟斬之.* **方**

〈1〉·文宣帝洋也.

校勘 * 이 고사는『世說新語補』에는 나오지 않고,『資治通鑑』권166「梁紀二十二」에 나옴.

1) 典卿丞:『資治通鑑』에는 "典御丞"이라 되어 있음.

058

[北魏] 이원개(李元凱)

058-1(0074)

남제에서 사신을 파견하여 북위로 보냈는데, 북위의 군주는 남제의 인사를 매우 중시하여 친히 그들과 담론하다가 신하들을 돌아보며 말했다.

"강남에는 좋은 신하가 많소이다."

측근 신하 이원개가 대답했다.

"강남에는 좋은 신하가 많아서 1년에 한 번 군주를 바꾸지만, 강북에는 좋은 신하가 없어서 100년에 한 번 군주를 바꿉니다."

북위의 군주는 몹시 부끄러워했다.

齊遣使如魏, 魏主甚重齊人, 親與談論, 顧謂羣臣曰: "江南多好臣." 侍臣李元凱對曰: "江南多好臣, 歲一易主, 江北無好臣, 百年一易主." 主甚慚.* 言

校勘 * 이 고사는『世說新語補』에는 나오지 않고,『資治通鑑』권137「齊紀三」에 나옴.

059

[北魏] 이해(李諧)

자는 건화(虔和)다. 어려서부터 풍모가 훌륭했는데, 조군(趙郡) 사람 이소(李搔)가 한번은 그를 보고 말하길: "영군(領軍)의 문하에서 한 신인(神人)을 보았다"라고 했다. 이해는 [부친의] 팽성후(彭城侯) 작위를 습봉했으며, 중서시랑(中書侍郎)을 역임했다. [東魏 孝靜帝] 천평(天平) 연간(534~537) 말에 동위(東魏)가 양나라와 화친을 맺고 싶어서 이해를 사신으로 보냈다. 양 무제는 [그를 접견하고 나서] 좌우 신하들에게 말하길: "경들은 일찍이 북쪽에 인물이 전혀 없다고 말했는데, 이런 사람이 도대체 어디서 왔단 말이오?"라고 했다.

字虔和. 幼有風采, 趙郡李搔嘗見之, 曰: "領軍門下, 見一神人." 襲爵彭城侯, 歷位中書侍郎. 天平末, 魏欲與梁和, 以諧聘焉. 梁武謂左右曰: "卿輩常言北間都無人物, 此等何處來?" [『北史』]

059-1(0075)

북[北魏]에서 이해를 남[梁]에 사신으로 보냈는데, 양(梁) 무제(武帝: 蕭衍)가 그와 함께 유람하다가 방생하는 곳에 이르렀다. 무제가 물었다.

"그 나라에서도 방생을 하시오?"

이해가 대답했다.

"잡지도 않고 놓아주지도 않습니다."

무제는 몹시 부끄러워했다.〈1〉

〈1〉· 윤주(潤州)의 장명주(長命洲)는 양 무제가 방생하던 곳이다.

北使李諧至南, 梁武與之遊歷, 至放生處. 帝問曰: "彼國亦放生否?" 諧答曰: "不取亦不放." 帝大慚.〈1〉 言 互 梁武

〈1〉· 潤州長命洲, 梁武放生處. [『郡國志』]

060

[北魏] 이밀(李謐)

자는 영화(永和)다. 어려서부터 학문을 좋아하여 제자백가의 책을 두루 읽었다. 처음에 소학박사(小學博士) 공번(孔璠)을 스승으로 모셨는데, 몇 년 뒤에 공번이 오히려 이밀을 찾아와서 학업을 청하자 같은 문하생들이 이를 두고 말하길: "청색은 쪽으로 만들지만 쪽빛은 청색만 못하다. 스승이 어찌 일정하겠는가? 스승은 경서에 밝은 데 있다"라고 했다. 조정의 초징으로 저작좌랑(著作佐郎)에 임명되었지만 사양하며 동생 이욱(李郁)에게 제수해 달라고 하자 조정에서 조서를 내려 허락했다. 주(州)에서 두 번 그를 수재(秀才)로 천거했고 공부(公府)에서 두 번 초징했지만 모두 나아가지 않았다. 오직 금(琴)과 책만을 일삼았으며 세상과 인연을 끊으려는 마음을 지녔다. 그가 죽었을 때 박사 공번 등이 상주하여 그의 시호를 정처선생(貞處先生)이라 했다.

字永和. 少好學, 周覽百氏. 初師小學博士孔璠, 數年後, 璠還就謐請業, 同門生爲之語曰: "青成藍, 藍謝青. 師何常? 在明經." 徵拜著作佐郎, 辭以授弟郁, 詔許之. 州再擧秀才, 公府二辟, 並不就. 惟以琴書爲業, 有絶世之心. 及卒, 博士孔璠等, 奏謚爲貞處先生. [『北史』]

060-1(0076)

이영화는 두문불출하고 집안을 깨끗이 치우고서 손님을 끊고 휘장을 내린 채 지냈으며, 가산(家産)일랑 아랑곳하지 않고 책만 일삼으면서 손수 책을 산정(刪定)했는데, 매번 이렇게 탄식했다.

"대장부가 만 권의 책을 가지고 있으면서 어느 겨를에 남면(南面)하여[1] 백 개의 성을 다스리겠는가!"

역주 1) 남면(南面)하여: 군왕의 지위에 오른다는 뜻.

李永和杜門却掃, 絶迹下帷, 棄産營書, 手自刪削, 每歎曰: "大丈夫擁書萬卷, 何假南面百城!" 豪

061

[隋] 이덕림(李德林)

자는 공보(公輔)며 박릉 안평(安平) 사람이다. 어려서부터 총명하고 영민하여 몇 살 되지 않았을 때 좌사(左思)의 「촉도부(蜀都賦)」를 암송했으며, 15살 때에는 오경(五經)과 고금의 문장을 하루에 수천 언(言)씩 외웠다. 고서(古書)에 해박했으며, 음양참위학(陰陽讖緯學)에도 통달하지 못한 것이 없었다. 문장을 잘 지었는데, 말이 핵심을 찌르고 문리(文理)가 잘 통했다. 수 문제(文帝: 楊堅) 때 상부속(相府屬)이 되었으며, 의동대장군(儀同大將軍) 직함을 더해 받았다.

字公輔, 博陵安平人. 幼聰敏, 數歲, 誦左思「蜀都賦」, 十五誦五經・古今文, 日數千言. 該博墳典, 陰陽緯候, 無不通涉. 善屬文, 詞覈而理暢. 隋文帝時, 爲相府屬, 加儀同大將軍. [『隋書』]

061-1(0077)

이덕림의 부친이 교서랑(校書郎)〈1〉으로 있다가 죽었는데, 그때는 몹시 추운 겨울이었음에도 이덕림은 홑 상복에 맨발로 자신이 직접 영구수레를 몰고 고향으로 돌아가 장례를 치렀다. 당시 박릉(博陵)의 호족 최심(崔諶)이 휴가를 청하여 고향으로 돌아와서 이덕림을 조문하러 가려 했다. 그는 처음에는 수십 명의 기병을 수행원으로 데리고 갔으나 [도중에 기병을] 점점 줄여서 이덕림의 집 문에 이를 즈음에는 겨우 5명의 기병만 남아 있었다. 그리고는 말했다.

"이생(李生: 李德林)으로 하여금 나의 등등한 기세를 나무라게 해서는 안 되지."

〈1〉・부친의 이름은 이경족(李敬族)이며 태학박사(太學博士)를 지냈다.

역주 1) 이생(李生: 李德林)으로 하여금 나의 등등한 기세를 나무라게 해서는 안 되지: 이덕림으로부터 자신의 등등한 기세를 꾸지람 듣지 말아야 한다는 뜻.

李德林父校書〈1〉亡, 時正嚴冬, 單衰徒跣, 自駕靈輿, 反葬. 博陵豪族崔諶者, 休假還鄉, 將赴弔德林. 從者數十騎, 稍稍減留, 比至德林門, 纔餘五騎. 云: "不得令李生怪人熏灼." 德

〈1〉・名敬族, 官博士. [『隋書』]

061-2(0078)

이덕림이 매번 진(陳)나라를 평정할 계책을 도울 때마다,〈1〉 수 고조(高祖: 文帝 楊堅)〈2〉가 말채찍으로 남쪽을 가리키며 말했다.

"기다렸다가 진나라를 평정한 후에 경을 칠보장엄공(七寶莊嚴公)[1]에 봉하겠소."

〈1〉・개황(開皇) 8년(588)에 고경(高熲)을 원수로 삼아 군사를 거느리고 진나라 토벌에 나섰는데, 고경이 낭중(郎中) 설도형(薛道衡)에게 말하길: "강동(江東)을 이길 수 있겠소?"라고 하자, 설도형이 말하길: "이길 수 있습니다. 곽박(郭璞)이 말하길: '강동이 왕국으로 나뉜 지 300년 뒤에 다시 중국과 합쳐진다'고 했는데, 지금 이 운수가 거의 다 찼습니다"라고 했다.

〈2〉・고조는 이름이 견(堅)이고 성이 양씨(楊氏)며 한(漢)나라 태위(太尉) 양진(楊震)의 후손이다.

역주 1) 칠보장엄공(七寶莊嚴公): '칠보장엄'은 불교용어로, 칠보로 아름답고 장엄하게 꾸미는 일을 말함. 여기서는 이덕림의 공훈이 대단함을 비유함.

李德林每贊平陳之計,〈1〉 隋高祖〈2〉以馬鞭南指曰: "待平陳之後, 會以七寶莊嚴公." 寵

〈1〉・開皇八年, 以高熲爲元帥, 帥師伐陳, 熲謂郎中薛道衡曰: "江東可克乎?" 道衡曰: "克之. 郭璞言: '江東分王三百年, 復與中國合.' 今此數將周也. [『隋書』]

〈2〉・名堅, 姓楊氏, 漢太尉震後. [『隋書』]

062

[唐] 이밀(李密)

자는 법주(法主)다. 문무의 재주를 겸비하고 뜻과 기개가 웅대했으며 재산을 털어 식객을 길렀다. 나중에는 지난날의 태도를 바꾸고 분발하여 학문에 몰두했다. 양현감(楊玄感)이 군대를 일으켰을 때 그를 모주(謀主)로 삼았다. 이밀은 여러 번의 전투에서 승리를 거둔 끝에 위공(魏公)으로 칭호를 높이고 단을 설치하고 왕위에 올랐다. 나중에는 당나라에 귀항하여 형국공(邢國公)에 봉해졌다.

字法主. 才兼文武, 志氣雄遠, 散財養客. 後更折節, 下帷耽學. 楊玄感擧兵, 以爲謀主. 屢戰克捷, 上號魏公, 設壇卽位. 後歸身於唐, 封邢國公. [『隋書』]

062-1(0079)

이밀은 눈동자가 정사각형이고 검은자위와 흰자위가 분명했다. 수 양제(煬帝: 楊廣)가 그를 보고 우문술(宇文述)〈1〉에게 말했다.

"왼쪽 의장대 아래에 있는 시커먼 아이는 누구요?"

우문술이 대답했다.

"포산공(蒲山公) 이관(李寬)〈2〉의 아들이옵니다."

그러자 양제가 말했다.

"저 아이는 쳐다보는 눈매가 보통과 다르니 호위대에 넣지 마시오."

〈1〉・우문술은 자가 백통(伯通)이며 대군(代郡) 무천(武川) 사람이다. 북주(北周) 무제(武帝: 宇文邕) 때 부친[宇文盛]의 군공(軍功) 덕분에 벼슬을 시작하여 개부(開府)에 임명되었다. [수나라] 개황(開皇) 연간(581~600) 초에 거위대장군(居衛大將軍)에 임명되었다.

〈2〉・이관은 용맹하고 전투에 뛰어났으며, 재주와 지략이 출중했다. 북주에서 수나라에 이르기까지 여러 차례 장령(將領)을 지냈다.

李密目瞳子正方, 黑白明澈. 煬帝見之, 謂宇文述〈1〉曰: "左仗下黑色小兒爲誰?" 云: "是蒲山公李寬〈2〉子." 帝曰: "此小兒瞻視異常, 無令入衛." 容

〈1〉・字伯通, 代郡武川人. 周武帝時, 以父軍功起家, 拜開府. 開皇初, 拜居衛大將軍. [『隋書』]

〈2〉・寬, 驍勇善戰, 幹畧過人. 自周及隋, 數經將領. [『隋書』]

062-2(0080)

이밀은 부들 언치를 깐 황소를 타고 『한서(漢書)』 한 질을 황소 뿔 위에 걸어놓고서, 한 손으로는 소 멍에끈을 잡고 다른 한 손으로는 『한서』를 넘기면서 보았다. 월국공(越國公: 楊素)〈1〉이 길에서 그를 만났는데, 뒤따라가며 말고삐를 당겨 다가가서 그를 따라잡은 뒤에 물었다.

"어느 곳의 서생인데 이처럼 공부에 열중이신가?"

이밀은 그가 월국공인 것을 알아보고 곧장 소에서 내려 재배(再拜)한 뒤 스스로 성명을 밝혔다. 월국공이 무슨 책을 읽느냐고 묻자 이밀이 대답했다.

"「항우전(項羽傳)」입니다."

월국공은 그를 기특하게 여기며 함께 얘기를 나눈 뒤 크게 기뻐하며 아들 양현감(楊玄感) 등에게 말했다.

"내가 살펴보니 이밀의 식견과 기량은 너희들이 따라가지 못한다."

〈1〉・월국공은 양소(楊素)다.

李密乘一黃牛, 被以蒲韉, 將『漢書』一帙掛於角上, 一手捉牛靷, 一手翻『漢書』. 越國公〈1〉遇見於道, 從後按轡躡之, 旣及, 問: “何處書生, 耽學如此?” 密識是越公, 乃下牛再拜, 自言姓名. 又問所讀書, 答云: “「項羽傳」.” 越公奇之, 與語, 大悅, 謂其子玄感等曰: “吾觀李密識度, 女等不及.” **識**

〈1〉・楊素.

063

[唐] 이백(李白)

자는 태백(太白)이며 산동(山東) 사람이다. 부친이 임성현위(任城縣尉)를 지냈기에 그곳에서 살았다. 젊었을 때 노중(魯中: 山東)의 공소부(孔巢父)・한면(韓沔)・배정(裵政)・장숙명(張叔明)・도면(陶沔)과 함께 조래산(徂徠山)에서 은거하면서 자신들을 ‘죽계육일(竹溪六逸)’이라 불렀다. 천보(天寶) 연간(742~756)에 회계(會稽)를 유람하다가 도사 오균(吳筠)과 함께 섬중(剡中: 剡縣)에서 은거했는데, 오균이 초징되어 대궐에 나아가 조정에서 이백을 천거하여 함께 한림대조(翰林待詔)가 되었다. 이백은 빼어난 재주를 지녔으며 의기가 호방하여 표연히 세상을 초탈한 마음을 지녔다. 현종(玄宗: 李隆基)이 악부(樂府)의 새로운 가사를 짓고자 하여 이백을 불렀는데, 이백은 그때 이미 취하여 주막에 누워 있었다. 부름을 받고 궁궐로 들어와서 물을 얼굴에 뿌리고는 즉시 붓을 들어 10여 장(章)의 가사를 짓자 현종이 그를 가상히 여겼다. 한번은 궁전 위에서 술에 몹시 취해 있다가 발을 들어 고력사(高力士)에게 신발을 벗기게 했는데, 이 때문에 배척당하여 강호를 정처 없이 떠돌았다. 한번은 달 밝은 밤에 배를 타고 채석기(采石磯)에서 금릉(金陵: 南京)까지 갔는데, 궁중 비단 도포를 입은 채로 배 안에서 도도하게 웃으면서 곁에 아무도 없는 것처럼 행동했다. 나중에 영왕(永王) 이린(李璘)의 반란사건에 연루되어 야랑(夜郎)에 장기간 유배되었다가 사면을 받고 돌아오던 도중에 선성(宣城)에서 죽었다.

字太白, 山東人. 父任城尉, 因家焉. 少與魯中孔巢父・韓沔・裵政・張叔明・陶沔, 隱於徂徠山, 號‘竹溪六逸’. 天寶中, 遊會稽, 與吳筠隱剡中, 筠徵赴闕, 薦之於朝, 待詔翰林. 白有逸才, 志氣宏放, 飄然有超世之心. 玄宗欲造樂府新詞, 召白, 白已醉臥酒津. 召入以水灑面, 卽秉筆成十餘章, 上嘉之. 嘗沉醉殿上, 引足令高力士脫韡, 由是斥去, 浪迹江湖. 嘗月夜乘舟, 自采石達金陵, 衣宮錦袍, 舟中笑傲, 傍若無人. 後坐永王璘事, 長流夜郎, 遇赦還, 卒於宣城. [錢希白『南部新書』·『唐書』]

063-1(0081)

이백이 화산(華山)[1]의 낙안봉(落鴈峯)에 올라 말했다.

"이곳에서 숨을 내쉬고 들이마시면 [하늘의] 오제좌(五帝座)[2]와 통할 것 같은데, 안타깝게도 사람을 놀라게 하는 사조(謝眺: 謝朓)의 시를 가져오지 않아서 머리를 긁적이며 푸른 하늘에 물어본다."

역주 1) 화산(華山): 太華山. 五嶽 가운데 西嶽으로, 지금의 陝西省 華陰縣 서남쪽에 있음.

2) 오제좌(五帝座): 紫微宮의 별자리를 말함. 紫微宮은 북두칠성의 북쪽에 있는 별자리로 三垣의 中垣에 해당하며 天帝가 산다고 함. 紫宮·紫宮垣·紫微·紫微垣·紫垣·天廚·天槍이라고도 함.

李白登華山落鴈峯, 曰: "此處呼吸之氣, 想通帝坐, 恨不携謝眺驚人詩來, 搔首問青天爾." 豪

064

[唐] 이백약(李百藥)

자는 중규(重規)며 정주(定州) 안평(安平) 사람으로, 이덕림(李德林)의 아들이다. 7살 때 이미 능숙하게 문장을 지었다. 산기상시(散騎常侍)를 지냈다.

字重規, 定州安平人, 德林子. 七歲能屬文. 官散騎常侍. [宋祁『唐書』] 賞 詳 劉子翼

064-1(0082)

이백약이 7살 때 중서사인(中書舍人) 육예(陸乂)가 한번은 그의 부친 이덕림을 찾아갔는데, 어떤 사람이 서릉(徐陵)의 글[1]을 읽다가 말했다.

"낭야(琅琊)의 벼를 베다."

좌중의 손님들은 그 일에 대해 전혀 알지 못했는데, 이백약이 나아가 말했다. "『좌전(左傳)』에서 '우인(鄅人)이 볍씨를 뿌렸다'고 했으며,〈1〉 그 주(注)[2]에서 '우국(鄅國)은 지금의 낭야군(琅琊郡) 개양현(開陽縣)에 있다'고 했습니다."

사람들은 모두 그의 영민함에 감복했다.

〈1〉·『좌전(左傳)』[3] 「소공(昭公) 18년」에 보인다.

역주 1) 서릉(徐陵)의 글: 인용된 구절은 現傳하는 서릉의 문집에는 보이지 않음. 『舊唐書』 권72 「李百藥傳」에 의하면, 어떤 사람이 서릉의 글을 인용하여 "旣取成周之禾, 將刈瑯琊之稻."라고 했다 함. 徐陵은 南朝 陳代의 문학가로 字는 孝穆. 당시 宮體詩의 대표작가로 庾信과 함께 '徐庾'로 병칭됨. 『玉臺新詠』을 편찬하고, 後人이 집록한 『徐孝穆集』이 있음.

2) 주(注): 杜預의 注를 말함.

3) 『좌전(左傳)』: 「昭公十八年」條에 "六月, 鄅人藉稻, 邾人襲鄅. 鄅人將閉門, 邾人羊羅攝其首焉, 遂入之, 盡俘以歸. 鄅子曰: '余無歸矣.' 從帑於邾, 邾莊公反鄅夫人, 而舍其女."라는 기록이 있음.

李百藥七歲時, 中書舍人陸乂嘗過其父德林, 有讀徐陵文者, 云: "刈琅琊之稻." 坐客並不識其事, 百藥進曰: "『傳』稱'鄅人藉稻.'〈1〉 注云: '鄅國在琅琊開陽縣.'" 人皆服其機穎. 夙

〈1〉·『左傳』「昭公十八年」.

065

[唐] 이면(李勉)

자는 현경(玄卿)이며, 정왕(鄭王) 이원의(李元懿)의 증손자다. 그는 어려서부터 경학과 사학을 열심히 공부했으며, 장성해서는 성품이 단아하고 고상했다. 덕종(德宗: 李适) 때 사도평장사(司徒平章事)가 되었는데, 하루는 덕종이 이면에게 말하길: "사람들이 모두들 노기(盧杞)가 간사하다고 말하는데, 짐은 어찌하여 그것을 모르고 있는가?"라고 하자, 대답하길: "천하 사람들은 모두 그가 간사한 줄을 알고 있지만 폐하께서만 모르고 계시기 때문에 그가 간사한 것이옵니다"라고 했다. 당시 사람들은 그의 정직함을 칭송했다. 이면은 성품이 솔직담백하고 옛것과 특이한 것을 좋아했으며 청렴하고 대범하여 종신(宗臣)들의 모범이 되었다. 금(琴) 연주에 뛰어났고 시를 잘 지었다. 재상의 지위에 30년 동안 있었지만, 봉록을 모두 친지들에게 줘버리고 자신은 죽을 때까지 사사로이 쌓아둔 재물이 없었다. 그는 천관(天官: 吏部)에 있을 때 어진 선비들을 예로써 겸손히 대했다. 이순(李巡)과 장삼(張參)을 판관(判官)으로 삼았는데, 그들이 막부(幕府)에서 일하다 죽자, 3년 동안 매번 연회가 있을 때마다 반드시 연회석에 빈자리를 마련하고 [그 앞에] 음식을 차려놓고 술을 따랐으며, 말과 안색에 진정한 슬픔이 담겨 있었다. 당시 논자들은 이를 훌륭히 여겼다.

字玄卿, 鄭王元懿曾孫. 幼勤經史, 長而沉雅淸峻. 德宗朝以司徒平章事, 一日上謂勉曰: "衆人皆言盧杞奸邪, 朕何不知?" 對曰: "天下皆知其姦邪, 獨陛下不知, 所以爲奸邪也." 時人多其正直. 勉坦率素淡, 好古尙奇, 淸廉簡易, 爲宗臣之表. 善鼓琴, 好屬詩. 在相位三千年, 祿俸皆遺親黨, 身沒無私積. 其在天官, 禮賢下士. 以李巡·張糸爲判官, 卒於幕, 三歲之內, 每遇宴飮, 必設虛位於筵次, 陳膳執酹, 辭色悽惻. 論者美之. [劉昫『唐書』]

065-1(0083)

이견공(李汧公: 李勉)은 젊어서 가난하여 양주(梁州)와 송주(宋州) 지방에서 객지 생활을 하다가 어떤 제생(諸生)[1]과 함께 여관에 투숙했다. 제생은 병들어 곧 죽어가면서 백금(白金)을 꺼내 이견공에게 말했다.

"주변에 아는 사람이 아무도 없으니, 바라건대 당신이 이것으로 나를 장례 치러주고 나머지는 당신이 가졌으면 합니다."

이견공은 그 일을 허락하고 장례를 치르면서 은밀히 남은 백금을 관 아래에 놓아두었다. 나중에 제생의 집안사람이 찾아오자, 이견공은 그와 함께 무덤을 열고 백금을 꺼내 그에게 주었다.

역주 1) 제생(諸生): 儒生 또는 鄕試에 합격한 秀才.

李汧公少貧, 客游梁宋, 與諸生共逆旅. 諸生病且死, 出白金語公曰: “左右無知者, 幸君以此葬我, 餘則君自取之.” 公許之, 託葬, 密置餘金棺下. 後其家來謁, 共啓墓出金付之. 德

066

[唐] 이필(李泌)

자는 장원(長源)이다. 어려서부터 총명하고 영민하여 경사(經史)를 두루 섭렵했으며 ‘역상(易象)’의 연구에 정통했다. 문장을 잘 지었으며 스스로 제왕을 보좌할 인재라고 자부했다. 천보(天寶) 연간(742~756)에 상서(上書)하여 천자의 부름을 받고 알현했으며 한림대조(翰林待詔)가 되었다. 양국충(楊國忠)이 꺼려하자 그는 명산에 은둔하면서 은일에 젖어 유유자적했다. 숙종(肅宗: 李亨)이 영무(靈武)에 이르자[1] 이필은 숭산(嵩山)의 영수(潁水)에서 행궁(行宮)으로 가서 고금 성패의 조짐에 대해 진언했다. 숙종은 이필을 침소로 맞이하여 일마다 모두 그에게 자문을 구했는데, 이필이 자신을 산인(山人: 隱士)이라고 칭하면서 한사코 벼슬을 사양하자 숙종은 특별히 그를 산관(散官)[2]으로 삼아 총애했다.

역주 1) 숙종(肅宗: 李亨)이 영무(靈武)에 이르자: 756년에 숙종이 安祿山의 난을 피해 영무로 몽진하여 그곳에서 즉위한 것을 말함.

2) 산관(散官): 직위만 있고 직무가 없는 관리. 散職·散階·散秩·散吏라고도 함.

字長源. 少聰敏, 博涉經史, 精究‘易象’. 善屬文, 以王佐自負. 天寶中, 上書召見, 待詔翰林. 楊國忠忌之, 潛遁名山, 以習隱自適. 肅宗至靈武, 泌自嵩潁赴行在, 陳古今成敗之機. 延致臥內, 動皆顧問, 泌稱山人, 固辭官秩, 特以散官寵之. [劉昫『唐書』]

066-1(0084)

[玄宗] 개원(開元) 연간(713~741)에 불교·도교·공자의 학설에 해박한 자를 모두 불러 모아 궁중에서 서로 문답하게 했다. 그 중에 9살 된 원숙(員俶)이 담론하는 자리에 올랐는데, 논변이 물줄기를 쏘듯이 거침없어서 좌중의 사람들이 모두

무릎을 꿇었다. 황제가 그를 남달리 여기며 말했다.

"원반천(員半千)의 손자라면 당연히 그래야지!"〈1〉

그리고는 물었다.

"아이들 중에 혹 너와 같은 자가 있느냐?"

원숙이 꿇어앉아 아뢰었다.

"신의 외숙의 아들인 이필(李泌)이 있사옵니다."

황제는 즉시 급히 그를 불러오게 했다. 이필이 당도했을 때 황제는 한창 장열(張說)과 함께 바둑을 구경하고 있었는데, 장열에게 그의 재능을 시험해보게 했다. 장열이 이필에게 「방원동정(方圓動靜)」이란 제목으로 부(賦)를 지어보라고 청하자, 이필이 잠시 머뭇거리다가 말했다.

"그 대강의 뜻을 듣고 싶습니다."

그래서 장열이 말했다.

"네모난 것[方]은 바둑판 같고, 둥근 것[圓]은 바둑알 같으며, 움직이는 것[動]은 바둑이 산 것 같고, 고요한 것은 바둑이 죽은 것 같네."

이필이 즉시 대답했다.

"네모난 것은 도의를 행하는 것 같고, 둥근 것은 지혜를 쓰는 것 같으며, 움직이는 것은 거침없이 재주를 펼치는 것 같고, 고요한 것은 뜻을 얻은 것 같네."

이에 장열은 황제에게 신동을 얻었음을 경하했다. 황제가 크게 기뻐하며 말했다.

"이 아이의 정신은 모름지기 체구보다 크도다!"

〈1〉・원반천은 진주(晉州) 임분(臨汾) 사람으로, 본명은 여경(餘慶)이다. 왕의방(王義方)이 그에게 말하길: "500년마다 현인이 한 명씩 나오는데 바로 그대가 그에 해당되오"라고 하여, 이로 인해 이름을 '반천'으로 바꾸었다. 예종(睿宗: 李旦) 때 숭문관학사(崇文館學士)를 지냈다.

開元間, 悉召能言佛・道・孔子者, 相答禁中. 有員俶, 九歲升座, 詞辯注射, 坐人皆屈. 帝異之, 曰: "半千孫固應耳!"〈1〉 因問: "童子豈有類若者乎?" 俶跪奏: "有臣舅子李泌." 帝卽馳召之. 泌至, 帝方與張說觀奕, 因使說試其能. 說請賦「方圓動靜」,

泌逡巡曰: "願聞其略." 說因曰: "方若碁局, 圓若棋子, 動若棋生, 靜若碁死." 泌卽答曰: "方若行義, 圓若用智, 動若騁材, 靜若得意." 說因賀帝得奇童. 帝大悅曰: "是子精神, 要大於身!" 夙

〈1〉・員半千, 晉州臨汾人, 本名餘慶. 王義方謂之曰: "五百年一賢, 足下當之." 因改名'半千'. 睿宗朝, 崇文館學士. [劉昫『唐書』]

066-2(0085)

숙종(肅宗: 李亨)이 이필과 함께 군대를 출동시켰는데, 군사들이 두 사람을 가리키면서 가만히 말했다.

"누런 옷을 입은 사람은 성인이시고, 흰 옷을 입은 사람은 산인(山人)이다."

숙종이 그 말을 듣고 이필에게 일러주며 말했다.

"이렇게 어려운 때에 감히 관직으로 경의 뜻을 굽히게 할 수는 없지만, 잠시나마 자색 도포[1]를 입음으로써 군중의 의심을 끊는 것이 좋겠소."

이필이 하는 수 없이 그것을 받았더니 숙종이 웃으며 말했다.

"이미 이것을 입었으니 어찌 그에 어울리는 직함이 없을 수 있겠소!"

그리고는 품속에서 칙서를 꺼내 이필을 시모군국(侍謀軍國)・원수부행군장사(元帥府行軍長史)로 삼았다. 이필이 한사코 사양하자 숙종이 말했다.

"짐이 감히 경을 신하로 삼고자 하는 것이 아니라 이 난국을 구하고자 함이오. 역적[安祿山]이 평정되기를 기다렸다가 그때 가서 마음껏 고상한 뜻을 펼치시오."

이필은 결국 그 직함을 받았다.

역주 1) 자색 도포: 紫色 朝服을 말함. 일반적으로 高官이 입는 官服을 뜻함.

肅宗與李泌出行軍, 軍士指之, 竊言曰: "衣黃者, 聖人也, 衣白者, 山人也." 上聞之, 以告泌曰: "艱難之際, 不敢相屈以官, 且衣紫袍以絕羣疑." 泌不得已受之, 上笑曰: "旣服此, 豈可無名稱!" 出懷中勅, 以泌為侍謀軍國・元帥府行軍長史. 泌固辭, 上曰: "朕非敢相臣, 以濟艱難. 俟賊平, 任行高志." 泌乃受.* 龍

校勘 * 이 고사는 『世說新語補』에는 나오지 않고, 『資治通鑑』 권218 「唐紀三十四」에 나옴.

066-3(0086)

숙종(肅宗: 李亨)이 이필의 처소로 찾아가서 술을 마신 뒤 같은 침상에서 잠을 자려 하자 이필이 말했다.

"신은 지금 보답 받은 은덕이 충분하며 또한 신은 한인(閑人)인데 어찌 이런 생활을 즐길 수 있겠사옵니까?"

숙종이 말했다.

"짐은 선생과 오랫동안 우환을 함께 하다가 지금에야 비로소 즐거움을 함께 하게 되었는데 어찌하여 급작스레 떠나려 하시오?"

이필이 말했다.

"신에게는 머물 수 없는 이유 다섯 가지가 있사오니, 원컨대 폐하께서 신이 떠나는 걸 윤허해주셔서 신을 죽음에서 면해주셨으면 하옵니다."

숙종이 말했다.

"무슨 말이오?"

이필이 대답했다.

"신이 폐하를 만남이 너무 이르고, 폐하께서 신을 신임하심이 너무 막중하고, 신을 총애하심이 너무 깊고, 신의 공이 너무 높고, 신의 행적이 너무 두드러지니, 이것이 머물 수 없는 이유이옵니다."

숙종이 말했다.

"일단 잠을 자고 다른 날 논의하기로 합시다."

이필이 대답했다.

"폐하께서 지금 신의 침상에 누워 계시는데도 청할 수 없는데, 하물며 다른 날 향안(香案: 御案) 앞에서이겠사옵니까! 폐하께서 신이 떠나는 걸 윤허해주시지 않는 것은 신을 죽이는 것이옵니다."

숙종이 말했다.

"경이 짐을 이처럼 의심하고 있는 줄은 생각지도 못했소. 어찌 짐이 경을 처벌하여 죽인단 말이오?"

이필이 대답했다.

"폐하께서 신을 처벌하여 죽이지 않기 때문에 신이 돌아가길 청하는 것이옵니다. 만약 신을 처벌하여 죽인다면 신이 어떻게 다시 말씀드릴 수 있겠사옵니까! 또한 신을 죽이는 것은 폐하가 아니옵고 바로 '머물 수 없는 다섯 가지 이유'이옵니다."

肅宗就泌飮酒, 同榻而寢, 泌曰: "臣今報德足矣, 復為閑人, 何樂如之?" 上曰: "朕與先生久同憂患, 今方同樂, 奈何遽去?" 泌曰: "臣有五不可留, 願陛下聽臣去, 免臣於死." 上曰: "何謂也?" 對曰: "臣遇陛下太早, 陛下任臣太重, 寵臣太深, 臣功太高, 跡太奇, 此其所以不可留也." 上曰: "且眠矣, 異日議之." 對曰: "陛下今就臣榻臥, 猶不得請, 況異日香案之前乎! 陛下不聽臣去, 是殺臣也." 上曰: "不意卿疑朕如此. 豈朕而辦殺卿耶?" 對曰: "陛下不辦殺臣, 故臣求歸. 若其旣辦殺, 臣安得復言! 且殺臣者, 非陛下也, 乃'五不可'也."* 寵

校勘 * 이 고사는 『世說新語補』에는 나오지 않고, 『資治通鑑』 권220 「唐紀三十六」에 나옴.

067

[唐] 이귀년(李龜年)

이원제자(梨園弟子)[1]였으며, 노래로써 한 시대의 명성을 날렸다.

역주 1) 이원제자(梨園弟子): 唐 玄宗이 樂工과 궁녀들에게 음악과 무용을 교습시키던 이원에 소속된 才人.

梨園弟子, 以歌擅一代之名. [『楊太眞外傳』]

067-1(0087)

이귀년이 한번은 기왕(岐王: 李範)〈1〉의 저택에 가서 금(琴) 연주를 듣고 말했다.

"이것은 진성(秦聲)이다."

한참 있다가 또 말했다

"이것은 초성(楚聲)이다."

주인이 들어가서 물어보았더니, 앞에 연주한 사람은 농서(隴西)의 심연(沈妍)이었고 뒤에 연주한 사람은 양주(揚州)의 설만(薛滿)이었다.

〈1〉・기왕은 이름이 이범(李範)이며 예종(睿宗: 李旦)의 넷째아들로 기왕에 봉해졌다. 학문을 좋아하고 글씨에 뛰어났다.

李龜年嘗至岐王〈1〉宅, 聞琴, 曰: "此秦聲." 良久又曰: "此楚聲." 主人入問之, 則前彈者隴西沈妍, 後彈者揚州薛滿. 術

〈1〉・名範, 睿宗第四子, 封岐王. 好學工書. [『唐書』]

068

[唐] 이덕유(李德裕)

자는 문요(文饒)며 조군(趙郡) 사람이다. 조부 이서균(李栖筠)은 어사대부(御史大夫)를 지냈고, 부친 이길보(李吉甫)는 원화(元和) 연간(806~820) 초에 재상을 지냈다. 이덕유는 어려서부터 장대한 뜻을 지니고서 고심하여 학문에 힘썼으며, 약관의 나이에 벌써 지업(志業)을 크게 이루었다. 정원(貞元) 연간(785~804)에 병부상서평장사(兵部尙書平章事)로서 찬황백(贊皇伯)에 봉해졌다. 나중에 붕당 사건[1]에 연루되어 애주사호(崖州司戶)로 폄적되었다.

1) 붕당 사건: 이덕유는 武宗 會昌 연간(840~846)에 권력을 장악하고 牛僧孺와 李宗閔 등의 반대파를 탄압했는데, 宣宗의 즉위와 함께 실각하여 우승유 등에 의해 지방관으로 좌천됨. 이를 '李牛黨爭'이라 함.

字文饒, 趙郡人. 祖栖筠, 御史大夫, 父吉甫, 元和初宰相. 德裕幼有壯志, 苦心力學, 年纔

及冠, 志業大成. 貞元中, 以兵部尚書平章事, 封贊皇伯. 後爲朋黨所搆, 貶崖州司戶. [『唐書』]

068-1(0088)

이찬황이 재상으로 있을 때, 어떤 친지가 조정의 명을 받들어 경구(京口)[1]로 가게 되었는데 이찬황이 그에게 말했다.

"금산(金山)[2]의 샘물과 양자강(揚子江)의 중령수(中泠水)[3]〈1〉를 각각 한 병씩 담아오시오."

그 사람은 배를 타고 가면서 술에 취하여 그 사실을 잊어버리고 있다가 석두성(石頭城)[4]에 이르러서야 비로소 기억이 나서 그곳의 물을 한 병 떠가지고 돌아와 이찬황에게 바쳤다. 이찬황은 그 물을 마셔보더니 말했다.

"강남의 물맛이 근년에 크게 달라졌나 보오. 이것은 건업(建業: 南京) 석두성 아래의 물과 매우 비슷하오."

그 사람은 사과하며 감히 숨기지 못했다.

〈1〉· 육우(陸羽)가 천하의 20군데 물을 품평했는데, 양자강의 남령수(南零水)는 제7등급이다.

역주 1) 경구(京口): 지금의 江蘇省 鎭江市.

2) 금산(金山): 鎭江市의 서북쪽에 있음. 唐나라 때는 양자강 안에 있었으며 산 위에 이름난 샘이 있었음.

3) 중령수(中泠水): 中泠泉. 중령천도 경구의 서북쪽에 있음. 渴水期에 그 물을 길어 차를 끓였는데, 당시 "天下第一泉"이라는 명성이 있었음.

4) 석두성(石頭城): 옛 터가 지금의 南京市 淸涼山에 있음.

李贊皇作相日, 有親知奉使京口, 贊皇曰: "金山泉·揚子江中泠水,〈1〉 各置一壺." 其人擧棹, 醉而忘之, 至石頭城方憶, 乃汲一瓶歸獻. 李飮之, 曰: "江南水味大異頃歲. 此頗似建業石頭城下水." 其人謝過, 不敢隱. **術**

〈1〉· 陸羽水品天下二十水, 揚子江南零水爲第七. [張又新『水記』]

069

[唐] 이사진(李嗣眞)

활주(滑州) 광성(匡城) 사람이다. 박학하고 음률에 밝았으며, 음양술(陰陽術)과 추산술(推算術)[1]에도 뛰어났다. 어사중승(御史中丞)을 지냈다.

역주 1) 추산술(推算術): 길흉을 점치거나 미래를 예측하는 술법.

滑州匡城人. 博學曉音律, 兼善陰陽·推筭之術. 官御史中丞. [劉昫『唐書』]

069-1(0089)

태상(太常)[1]에 황종(黃鐘)[2]이 빠져 있어서 주조했으나 완성할 수 없었다. 이사진은 숭업리(崇業里)에서 살았는데, 아마도 땅속에 황종이 있을 것이라고 생각했지만 그곳을 찾아내지 못했다. 길에서 한 수레를 만났는데 방울소리가 매우 우렁찼다. 그 소리를 듣고 이사진이 말했다.

"궁성(宮聲)[3]이다."

이사진은 그 방울을 사가지고 돌아와 공터에서 흔들었는데, 마치 호응하는 것이 있는 듯하여 그곳을 파서 황종을 얻었다. 그리하여 여러 악기가 마침내 조화를 이루게 되었다.

역주 1) 태상(太常): 제사와 禮樂 등의 일을 관장하는 관서인 太常寺를 말함.

2) 황종(黃鐘): 古樂 6律 6呂의 12음의 표준음. 특별히 제작한 律管이나 鐘으로 12음을 만드는데, 황종은 12음 중 첫 번째 음임. 여기서는 黃鐘音의 律鐘을 말함.

3) 궁성(宮聲): 五聲 혹은 七聲 가운데의 한 음. 궁은 中의 뜻으로, 중앙에 위치하므로 4방으로 통하며, 음악의 시초를 창도하고 생명을 베풀어 나머지 4성의 벼리가 된다고 함. 그 성질은 원만하고 그 소리는 마치 소가 굴 안에서 우는 것같이 낮고 무거우며 화합을 위주로 함. 여기서는 黃鐘宮을 말함.

太常缺黃鐘，鑄不能成．李嗣眞居崇業里，疑土中有之，弗得其所．道逢一車，鐸聲甚厲．嗣眞曰："宮聲也．"市以歸，振於空地，若有應者，掘之得鐘．衆樂遂和．術

070

[唐] 이납(李納)

치청절도사(淄靑節度使) 이정기(李正己)의 아들이다. 공부상서(工部尙書)를 지냈다.

淄靑節度正己子．官工部尙書．[『唐書』]

070-1(0090)

이납은 성격이 굉장히 급했는데, 바둑을 몹시 좋아하여 바둑을 둘 때면 침착하게 두면서 매우 너그럽고 느긋해지곤 했다. 이납이 조급하게 화를 낼 때 집안사람들이 몰래 바둑 기구를 앞에 늘어놓으면, 이납은 그것을 보자마자 기뻐하며 화난 얼굴을 바꾸면서 바둑알을 집어 포석하느라 화낸 일을 모두 잊어버렸다.

李納性辯急，酷尙奕碁，每下子安詳，極於寬緩．有時躁怒，家人輩則密以碁具陳於前，納覩便欣然改容，取子布筭，都忘其恚．惑

071

[宋] 이항(李沆)

자는 태초(太初)며 낙주(洛州) 비향(肥鄕) 사람이다. 중후하고 과묵했으며 기량이 크고 도량이 넓었다. 평장사(平章事)를 지냈으며, 죽은 후 중서령(中書令)에 추증되고 문정(文靖)이란 시호를 받았다.

字太初, 洛州肥鄉人. 沉厚寡言, 器度宏遠. 官平章事, 卒贈中書令, 謚文靖. [『東都事略』]

071-1(0091)

이문정이 재상이 되었을 때는 태평시절이었다. 무릇 건의서를 올리는 사람 중에서 개혁을 주장하거나 급진적인 논리를 펼치길 좋아하는 자가 있으면, 이문정은 그들을 모두 물리치면서[1] 말했다.

"이렇게 함으로써 나라에 보답한다."〈1〉

〈1〉・일찍이 이공(李公: 李沆)의 동년(同年)[2] 마량(馬亮)이 그를 질책하며 말하길: "외부에서 노형을 '입 없는 박[無口瓠]'이라고 논합니다"라고 하자, 이공이 웃으며 말하길: "나는 조정에 거하고 있지만 뛰어난 재주가 없어서, 그저 조야(朝野)에서 진언하는 이해관계를 일체 물리치고 있으니, 오로지 그렇게 함으로써 나라에 보답하고 있을 따름이오. 지금 나라의 방비와 제도가 잘 통제되어 엉긴 기름처럼 빈틈이 없으니, 만약 진언한 바에 따라 하나하나 행한다면 해를 끼치는 바가 실로 많게 될 것이오"라고 했다.

역주 1) 물리치면서: 원문은 "報罷". 신하가 등용되길 바라면서 올리는 상서를 퇴각하는 것.

2) 동년(同年): 같은 해에 과거에 급제한 사람.

李文靖爲相, 當太平之際. 凡有建議, 務更張喜激昂者, 一切報罷, 曰: "用此報國."〈1〉 政

〈1〉・公嘗被同年馬亮責之曰: "外議以兄爲無口瓠." 公笑曰: "吾居政府, 然無長才, 但中外所陳利害, 一切報罷, 聊以此補國耳. 今國家防制統悉, 密若凝脂, 苟徇所陳, 一一行之, 則所傷實多." [『湘山野錄』]

072

[齊] 기승진(紀僧眞)

건강(建康) 사람이다. 젊었을 때 제 고제(高帝: 蕭道成)를 섬겨 깊은 신임을 받았다. 고제가 한번은 기승진에게 자신의 필적을 모방해서 상주문에 답하게 했는데 모두 자신의 것과 일치했다. 기승진은 용모와 말씨에 평소 선비의 기풍이 담겨 있었다. 무제(武帝: 蕭賾)가 한번은 그에게 눈짓하면서 웃으며 말하길: “인생에서 어찌 반드시 가문을 따져야겠는가? 기승진의 당당함은 귀인(貴人)들이 미치지 못하는 바로다!”라고 했다.

建康人. 少事齊高帝, 備見親信. 嘗令學帝手迹, 報答書疏, 皆付之. 僧眞容貌言吐, 雅有士風. 武帝嘗目送之, 笑曰: “人生何必計門戶? 紀僧眞堂堂[1], 貴人所不及也!” [『南史』]

校勘 1) 堂堂: 원문은 “常常”이라 되어 있지만 誤記로 보이므로 『南史』 권77 「紀僧眞傳」에 의거하여 고침.

072-1(0092)

기승진은 제(齊: 南齊) 세조(世祖: 武帝 蕭賾)에게서 총애를 받았는데, 한번은 이런 부탁을 했다.

“신은 본현(本縣)의 무관 출신으로 성스러운 시대를 만나 벼슬의 영화가 여기에 이르렀으니 더 이상 바라는 것이 없사옵니다. 다만 폐하께 나아가 청하오니 사대부(士大夫)가 되게 해주시옵소서.”

세조가 말했다.

“그 일은 강효(江斅)와 사약(謝瀹)을 통해야 하니 나는 개입할 수 없소. 직접 그를 찾아가보도록 하시오.”

기승진이 어지를 받들고 강효를 찾아가서 평상에 올라 자리를 잡고 앉았다. 그러자 강효가 좌우를 돌아보며 명했다.

“내 평상을 손님으로부터 멀리 옮겨라.”

기승진이 풀이 죽은 채로 물러나와 세조에게 고했더니 세조가 말했다.

“사대부란 본디 천자가 명해서 되는 것이 아니오.”

紀僧眞得幸於齊世祖, 嘗請曰: “臣出自本縣武吏, 邀逢聖時, 堦榮至此, 無復所須. 惟就陛下乞作士大夫.” 帝曰: “此由江斅・謝瀹, 我不得措意, 可自詣之.” 僧眞承旨, 詣斅, 登榻坐定. 斅顧命左右曰: “移吾床遠客.” 僧眞喪氣而退, 以告世祖, 世祖

曰: “士大夫故非天子所命.” 方 互 江敳 謝灊

073

[晉] 지첨(摯瞻)

자는 경유(景游)며 경조(京兆) 장안(長安) 사람으로, 태상(太常) 지우(摯虞)의 형인 지육(摯育)의 아들이다. 중조(中朝: 西晉)에 난이 일어났을 때 왕돈에게 의지하여 서양태수(西陽太守)가 되었다. 왕돈이 입고 있던 헌 갖옷을 외부도독(外部都督)에게 주는 것을 보고, 지첨이 간언하길: “장군의 갖옷이 비록 헌 것이지만 소리(小吏)에게 주는 것은 마땅치 않습니다”라고 했다. 왕돈이 말하길: “어째서 안 된단 말인가?”라고 하자, 지첨이 취한 김에 말하길: “만약 윗사람의 의복을 모두 하사해도 좋다면 초선(貂蟬)[1]까지 하사해도 괜찮습니까?”라고 했다. 왕돈이 다시 말하길: “비유든 것이 타당치 않네. 그렇게 한다면 2천 석의 봉록[2]으로도 감당치 못할 것이네”라고 하자, 지첨이 말하길: “제가 보기에 서양을 떠나는 것은 신발을 벗는 것처럼 간단할 뿐입니다”라고 했다. 왕돈이 모반을 일으켰을 때 지첨은 수주내사(隨州內史)로 좌천되었다.

역주 1) 초선(貂蟬): 담비의 꼬리와 매미의 깃털로 장식한 고관의 冠.
2) 2천 석의 봉록: 太守의 봉록을 말함.

字景游, 京兆長安人, 太常虞兄育子也. 中朝亂, 依王敦爲西陽太守. 見敦以故壞裘賜外部都督, 諫曰: “裘雖故, 不宜與小吏.” 敦曰: “何爲不可?” 瞻因醉曰: “若上服皆可用賜, 貂蟬亦可賜下乎?” 敦曰: “非喩所引. 如此, 不堪二千石.” 瞻曰: “瞻視去西陽, 如脫屣耳.” 敦反, 乃左遷隨州內史. [『摯氏世本』]

073-1(0093)

지첨은 일찍이 네 군의 태수와 대장군(大將軍: 王敦)의 호조참군(戶曹參軍)을 지냈으며, 나중에 좌천되어 수주내사(隨州內史)가 되었는데, 그때 나이가 겨우 29살이었다. 일찍이 왕돈(王敦)에게 작별할 때 왕돈이 지첨에게 말했다.

"그대는 나이가 아직 30살도 안되었는데 이미 만석(萬石)의 봉록을 받으니 너무 이른 것 같네."

그러자 지첨이 말했다.

"장군께 비하면 약간은 너무 이른 것 같지만, 감라(甘羅)에 비하면 이미 너무 늙었습니다."〈1〉

〈1〉· 감라는 진(秦)나라 재상 감무(甘茂)의 손자다. 12살 때 진나라의 상경(上卿)이 되었다.

摯瞻曾作四郡太守·大將軍戶曹叅軍, 復出作內史, 年始二十九. 嘗別王敦, 敦謂瞻曰: "卿年未三十, 已爲萬石, 亦太早." 瞻曰: "方於將軍, 少爲太早, 比之甘羅, 已爲太老."〈1〉 **言**

〈1〉· 羅, 秦相茂之孫. 年十二而爲上卿. [『史記』]

074

[漢] 비의(費禕)

자는 문위(文偉)며 강하(江夏) 사람이다. 익주(益州)에서 유학했다. 허숙룡(許叔龍)·동윤(董允)과 이름을 나란히 했다. 장완(蔣琬)을 대신하여 상서령(尙書令)이 되었다.

字文偉, 江夏人. 遊學益土. 與許叔龍·董允齊名. 代蔣琬爲尙書令. [『蜀志』] **雅** **詳** 董和

074-1(0094)

위(魏)나라 군대가 흥평(興平)에 주둔하자, 촉한(蜀漢)에서는 비문위에게 부절(符節)[1]을 주어 군대를 이끌고 가서 방어하게 했다. 광록대부(光祿大夫) 내민(來敏)이 비문위의 집으로 가서 작별하면서 그에게 바둑을 두자고 청했다. 그때는 우격(羽檄)[2]이 빗발치고 수레 채비가 이미 끝난 상태였다. 하지만 비문위는 대국(對局)에 몰두하면서 싫증내는 기색이 없었다. 내민이 말했다.

"잠시 그대를 살피면서 시험해보았는데, 진실로 합당한 사람이니 틀림없이 적을 해결할 수 있을 것이오."

역주 1) 부절(符節): 여기서는 군대의 지휘권을 말함.
2) 우격(羽檄): 새의 깃털을 꽂아 至急의 뜻을 전하던 檄文.

魏軍次于興平, 漢假費文偉節, 督師往禦. 光祿大夫來敏至文偉許別, 就求圍棋. 于時羽檄交馳, 嚴駕已訖. 文偉留意對戲, 色無厭倦. 敏曰: "聊觀試卿耳, 信自可人, 必能辨賊者." 雅 互 來敏

075

[魏] 위탄(韋誕)

자는 중장(仲將)이며 경조(京兆) 두릉(杜陵) 사람이다. 문장과 학문에 뛰어났으며 글을 잘 지었다. 광록대부(光祿大夫)로 죽었다.

字仲將, 京兆杜陵人. 有文學, 善屬辭. 以光祿大夫卒. [『文章敘錄』]

075-1(0095)

위중장은 글씨에 뛰어났다. 위(魏) 명제(明帝: 曹叡)가 궁전을 세웠을 때 편액을 달고자 하여 위중장으로 하여금 사다리에 올라가서 쓰게 했다. 내려온 뒤에 보니 위중장은 머리카락과 귀밑털이 허옇게 되어 있었다. 그래서 위중장은 자손들에게 다시는 글씨를 배우지 말라고 경계시켰다.〈1〉

〈1〉・위탄은 해서(楷書)에 뛰어났는데, 위나라의 궁전과 누관(樓觀)의 편액은 대부분 위탄이 쓴 것이다. 명제가 능소관(陵霄觀)을 세웠을 때 잘못하여 글씨를 쓰기 전에 먼저 편액을 달아버렸다. 그래서 위탄을 바구니에 담고 긴 밧줄에 도르래를 달아 끌어올려 편액에 글씨를 쓰게 했다.

韋仲將能書. 魏明帝起殿, 欲安榜, 使仲將登梯題之. 旣下, 頭鬢皓然. 因敕兒孫勿復學書.〈1〉 巧

〈1〉· 誕善楷書, 魏宮觀多誕所題. 明帝立陵霄觀, 誤先釘榜. 乃籠盛誕, 轆轤長絙引上, 使就題之. [衛恒『四體書勢』]

076

[唐] 위승경(韋承慶)

자는 연휴(延休)다. 부친 위사겸(韋思謙)은 칙천무후(則天武后) 때 납언(納言)을 지냈다.

字延休. 父思謙, 則天朝納言. [劉昫『唐書』]

076-1(0096)

위씨(韋氏) 일족 중에서 효우(孝友)와 문학(文學)에 뛰어난 사람으로는 위승경과 위사립(韋嗣立)〈1〉이 있고, 음악에 정통한 사람으로는 위만석(韋萬石)〈2〉이 있으며, 예의에 통달한 사람으로는 위숙하(韋叔夏)〈3〉가 있고, 사관(史官)의 재능이 박식한 사람으로는 위술(韋述)〈4〉이 있다. 당시 조동희(趙冬曦)〈5〉의 형제들도 훌륭한 명성이 있었다.〈6〉 그래서 장연공(張燕公: 張說)이 일찍이 사람들에게 말했다.

"위씨와 조씨 형제들은 사람 가운데 훌륭한 재목[1]이다."

〈1〉· 위사립은 위승경의 이복동생이다. 계모 왕씨(王氏)는 위승경을 매우 엄하게 대했는데, 위승경이 벌로 매를 맞을 때마다 위사립이 반드시 옷을 벗고 대신 맞겠다고 청했다. 계모[위사립의 친모]가 들어주지 않으면 위사립은 곧장 스스로 자신을 매질했다. 계모는 그러한 사실을 알고 난 뒤로 위승경에게 점점 사랑과 용서를 베풀었다. 논자들은 그들을 [晉나라 때의] 왕상(王祥)과 왕람(王覽)[2] 형제에 견주었다.

〈2〉· 위만석은 위정(韋挺)의 아들이다. 학문에 뛰어났으며 음률에 정통했다. 태상경(太常卿)을 지냈다.

〈3〉· 위숙하는 좌복야(左僕射) 위안석(韋安石)의 형이다. 국자좨주(國子祭酒)를 지냈다.

〈4〉· 위술은 『국사(國史)』 113권을 찬술했는데 사건은 간략하되 기술은 상세했다. 소영사(蕭穎士)는 그를 초주(譙周)와 진수(陳壽)[3]의 무리라고 여겼다. 안록산(安祿山)의 난으로 양경(兩京: 長安·洛陽)이 반적에게 함락되자, 위술은 『국사』를 품에 안아 남산(南山)에 감췄으며, 나머지 경적(經籍)과 재산은 불타거나 노략질당하여 거의 없어졌다. 위술 자신도 반적에게 억류되었다.

〈5〉· 조동희는 정주(定州) 사람이다. 감찰어사(監察御史)를 지냈다.

〈6〉· 조동희의 형 조하일(趙夏日)과 동생 조화벽(趙和璧)·조안정(趙安貞)·조거정(趙居貞)·조이정(趙頤貞)·조휘정(趙彙貞)은 모두 진사(進士)에 급제했다.

역주 1) 훌륭한 재목: 원문은 "杞梓". 杞는 고리버드나무고, 梓는 가래나무. 둘 다 기물이나 가구를 만드는 데 좋은 목재임.

2) 왕상(王祥)과 왕람(王覽): 두 사람 모두 晉나라 사람으로 효행으로 이름났음.

3) 초주(譙周)와 진수(陳壽): 譙周는 三國時代 蜀나라 사람으로 天文學에 정통했으며 저서로 『法訓』과 『五經論』 등이 있음. 陳壽는 晉나라 사람으로 著作郎에 제수되어 『三國志』를 편찬함.

韋氏孝友·文學有承慶·嗣立,〈1〉 邃音樂有萬石,〈2〉 達禮儀則叔夏,〈3〉 史才博識有述.〈4〉 時趙冬曦〈5〉兄弟亦有美名.〈6〉 張燕公嘗語人曰: "韋·趙兄弟, 人之杞梓." 賞

〈1〉· 承慶異母弟也. 母王氏遇承慶甚嚴, 每有杖罰, 嗣立必解衣請代. 母不聽, 輒自私杖. 母知之, 漸加恩貸. 議者比王祥·王覽. [劉昫『唐書』]

〈2〉· 挺之子. 有學業, 而善音律. 官太常卿. [劉昫『唐書』]

〈3〉· 左僕射安石兄也. 官國子祭酒. [劉昫『唐書』]

〈4〉· 述勒成『國史』一百十三卷, 事簡而記詳. 蕭穎士以爲譙周·陳壽之流. 祿山之亂, 兩京陷賊, 述抱『國史』藏於南山, 經籍資産焚剽殆盡. 述亦陷於賊. [劉昫『唐書』]

〈5〉· 定州人. 官監察御史. [『唐詩紀事』]

〈6〉· 冬曦兄夏日, 弟和璧·安貞·居貞·頤貞·彙貞, 皆擢進士第. [宋祁『唐書』]

077

[唐] 위척(韋陟)

자는 은경(殷卿)이며 위안석(韋安石)의 아들이다. 어려서부터 풍모가 엄숙하고 장중하여 일찍 재상의 명망을 얻었으며 순국공(郇國公)에 습봉되었다. 이림보(李林甫)와 양국충(楊國忠)에게 배척당하고 중원에서 병란이 일어나자, 답답해하며 뜻을 얻지 못하여 탄식하길: "내 길이 여기에서 막히는구나! 뜻은 있으되 펼치지 못하니 천명이 아니겠는가!"라고 했다. 병에 걸려 죽었다.

字殷卿, 安石子. 自幼風標峻整, 有台輔之望, 襲封郇國公. 爲李林甫・楊國忠所擠, 中原兵起, 鬱鬱不得志, 嘆曰: "吾道窮於此乎! 有志不伸, 得非天命!" 因遘疾卒. [『唐書』]

077-1(0097)

위척의 주방 안에는 향긋하고 맛있는 음식이 골고루 마련되어 있었는데, 사람들이 그 안에 들어가면 대부분 물리도록 배불리 먹고 돌아갔다. 그래서 당시 사람들이 그것을 두고 말했다.

"사람이 밥을 먹고자 하지 않으면 근골이 편안해지지만,[1] 연줄을 타서 출세하려면[2] 모름지기 순공(郇公: 韋陟)의 주방에 들어가야 한다."

역주 1) 밥을 먹고자 하지 않으면 근골이 편안해지지만: 벼슬하여 봉록을 얻기 위해 애쓰지 않으면 몸이 편안해진다는 뜻.

2) 연줄을 타서 출세하려면: 원문은 "夤緣". 빌붙다・아첨하다는 뜻. 즉 뇌물을 주거나 연줄을 타서 출세하려는 것을 말함.

韋陟廚中, 飮食香味錯雜, 人入其中, 多飽飫而歸. 時人爲之語曰: "人欲不飯筋骨舒, 夤緣須入郇公廚." **汰**

078

[唐] 위고(韋皐)

자는 무신(武臣)이며 경조(京兆) 사람이다. 검남절도사(劍南節度使)가 되었는데, 공을 세위 검교사도(檢校司徒)와 중서령(中書令) 벼슬을 더해 받았으며, 남강군왕(南康郡王)에 봉해졌다.

字武臣, 京兆人. 爲劍南節度, 以功加檢校司徒・中書令, 封南康郡王. [『唐書』]

078-1(0098)

[唐 文宗] 개성(開成) 연간(836~840)에 연영전(延英殿)에서 주대(奏對)[1]할 때, 이석(李石)〈1〉이 아뢰었다.

"일찍이 서촉(西蜀)에서 중원일(中元日)[2]에 절을 찾아갔다가 옛 검남절도사(劍南節度使) 위고(韋皐)의 초상을 보았사옵니다. 그곳에 도착한 백성들은 먼저 위고의 초상에 절한 뒤에 부처님께 참배했사옵니다. 신이 그곳 연장자들에게 [그 연유를] 물어보았더니 모두들 말하길: '한창 세금이 과중하게 부과되었을 때 영공(令公: 韋皐)께서 해마다 돌아가면서 세금을 완전히 면제해주셨기 때문에 서촉 백성들이 깊은 은혜를 입었습니다. 지금은 그런 혜택이 없기 때문에 영공을 추모하는 정이 더욱 간절합니다'라고 했사옵니다."

〈1〉・이석은 자가 중옥(中玉)이며 농서(隴西) 사람이다. 검교사공(檢校司空)과 평장사(平章事)를 지냈다.

역주 1) 주대(奏對): 天子의 물음에 臣下들이 대답하는 것.
2) 중원일(中元日): 中元節. 음력 7월 15일. 백중날. 盂蘭盆節.

開成中, 延英奏對, 李石〈1〉言: "嘗西蜀中元日, 詣佛寺, 見故劍南節度使韋皐圖形. 百姓至者, 先拜而後謁佛. 臣訪於故老, 皆曰: '方稅重, 令公輪年全放, 恩深於蜀. 今無此惠澤, 追思益切." 政

〈1〉・字中玉, 隴西人. 官檢校司空・平章事. [『唐書』]

079

[唐] 위수(韋綬)

덕종(德宗: 李适) 때 한림학사(翰林學士)를 지냈다. 정원(貞元) 연간(785~804)의 정치는 대부분 내서(內署: 翰林院)에서 결정했는데, 위수가 논의한 바는 대부분 중도(中道)에 합당했다.

德宗朝, 翰林學士. 貞元之政, 多決於內署, 綬所議多合中道. [『唐書』]

079-1(0099)

위수가 한림원(翰林院)에 있을 때, 덕종(德宗: 李适)이 한번은 한림원에 갔는데 위비(韋妃)가 수행했다. 마침 위수가 한창 잠을 자고 있기에 학사(學士) 정인(鄭絪)〈1〉이 뛰어가서 알리려고 했으나 덕종이 허락하지 않았다. 그때는 대한(大寒)이라 몹시 추웠는데 덕종은 위비의 촉힐포(蜀纈袍)[1]를 그에게 덮어주고 그냥 갔다.

〈1〉・정인은 자가 문명(文明)이다. 문학으로 벼슬에 나아가 현귀한 관직을 역임했다. 여러 벼슬을 거쳐 중서시랑(中書侍郎)과 집현전태학사(集賢殿太學士)를 지냈다.

역주 1) 촉힐포(蜀纈袍): 촉 지방에서 나는 고운 무늬비단으로 만든 도포.

韋綬在翰林, 德宗嘗至其院, 韋妃從幸. 會綬方寢, 學士鄭絪〈1〉欲馳告之, 帝不許. 時適大寒, 帝以妃蜀纈袍覆而去. 寵

〈1〉・字文明. 以文學進, 踐歷華顯. 累遷中書侍郎・集賢殿太學士. [劉昫『唐書』]

080

[晉] 치감(郗鑒)

자는 도휘(道徽)며 고평(高平) 금향(金鄕) 사람으로, [漢나라 御史大夫] 치려(郗慮)의 후손이다. 학자다운 아량으로 이름이 났었다. 영군(領軍)으로 초징되어 사공(司空)과 태위(太尉)로 승진했다.

字道徽, 高平金鄕人, 慮後也. 以儒雅著名. 徵爲領軍, 遷司空・太尉. [『郗鑒別傳』]

080-1(0100)

치태위가 사공에 임명되었을 때, 동석한 사람들에게 말했다.

"평생토록 나의 바람은 그다지 많은 것에 있지 않았습니다. 어쩌다 세상이 몹시 혼란한 때를 만나 재상의 지위에 오르게 되었습니다만, 주박(朱博)의 한음(翰音)처럼 실로 마음에 부끄럽습니다!"〈1〉

〈1〉・한(漢)나라 주박은 자가 자원(子元)이며 두릉(杜陵) 사람이다. 승상(丞相)이 되어 칙명을 받을 때, 종이 울리는 듯한 큰 소리가 났다. 황제가 양웅(揚雄)에게 그 까닭을 묻자, 대답하길: "「홍범(洪範)」에 이른바 '고요(鼓妖)'[1)]라는 것이옵니다. 군주가 총명치 못하여 [신하가] 헛된 명성으로 승진하면 무형(無形)의 소리가 나는 것이옵니다"라고 했다. 주박은 나중에 사건에 연루되어 자살했다.

・『주역(周易)』「중부(中孚)」: 상구(上九). 한음(翰音)이 하늘에 오르니 곧고도 흉하다.

・한(翰)은 높이 나는 것이다. 비(飛)는 소리는 드날리지만 실상이 따르지 못하는 것이다.

역주 1) 고요(鼓妖): 귀를 흐리게 하는 요괴라는 뜻으로 총명치 못한 것을 상징함.

郗太尉拜司空, 語同坐曰: "平生意不在多. 值世故紛紜, 遂至台鼎, 朱博翰音, 實愧於懷!"〈1〉 **言**

〈1〉・漢朱博, 字子元, 杜陵人. 爲丞相, 受策, 有大聲如鍾鳴. 上問揚雄, 對曰: "「洪範」所謂'鼓妖'也. 人君不聰, 空名得進, 則有無形之聲." 博後坐事自殺. [『漢書』]

・『易』「中孚」曰 : 上九. 翰音登于天, 貞凶.

・翰, 高飛也. 飛者, 音飛而實不從也. [王弼注]

080-2(0101)

변망지(卞望之: 卞壼)가 말했다.

"치공은 자체에 세 가지 모순이 있다. 윗사람을 섬기는 데는 방정하면서도 아랫사람이 자기에게 아첨해주기를 좋아하는 것이 첫째 모순이고, 청렴하고 바르게 몸을 다스리면서도 [일마다] 너무 계산적이고 따지는 것이 둘째 모순이며, 스스로 독서를 좋아하면서도 남이 학문하는 것을 싫어하는 것이 셋째 모순이다."

卞望之云: "郗公體中有三反. 方於事上, 好下佞己, 一反. 治身清貞, 大脩計校, 二反. 自好讀書, 憎人學問, 三反." 品

080-3(0102)

치태위는 만년에 담론을 좋아했는데, 평소에 경험을 쌓지는 않았지만 매우 자부하고 있었다. 나중에 입조하여 천자를 배알하게 되었을 때, 왕승상(王丞相: 王導)이 말년에 [정무를 처리하면서] 유감스런 일이 많았기 때문에, 왕승상을 만날 때마다 반드시 심하게 충고하려고 작정했다. 왕공(王公: 王導)은 그의 의중을 알고 있었으므로 매번 화제를 돌려 다른 말을 하곤 했다. 치태위는 [도성을 떠나 京口의] 진(鎭)으로 돌아갈 때가 되자, 일부러 거마를 채비하게 하여 왕승상을 찾아갔는데, 왕승상은 수염을 뻣뻣이 세우고 엄한 얼굴을 하고 있었다. 치태위는 자리에 앉자마자 곧장 말했다.

"이제 떠나게 되었으니 반드시 소견을 말해야겠소이다."

생각은 가득했으나 입을 떼기가 무거워서 말이 유창하지 못했다. 왕공이 치태위의 말끝을 받아서 말했다.

"나중에 다시 만날 기약이 없으니 나 또한 속마음을 털어놓으려 합니다. 원컨대 공은 더 이상 담론일랑 하지 마시오."

치태위는 마침내 크게 성을 내고 썰렁해진 마음으로[1] 나가면서 한 마디도 할 수가 없었다.

역주 1) 썰렁해진 마음으로: 원문은 "氷衿". 실망·낙담한 모양.

郗太尉晚節好談, 旣雅非所經, 而甚矜之. 後朝覲, 以王丞相末年多可恨, 每見必欲苦相規誡. 王公知其意, 每引作他語. 臨還鎭, 故命駕詣丞相, 丞相翹須厲色. 上坐便言: "方當乖別, 必欲言其所見." 意滿口重, 辭殊不流. 王公攝其次曰: "後面未期,

亦欲盡所懷. 願公勿復談." 郗遂大嗔, 氷衿而出, 不得一言. **規** **五** 王導

080-4(0103)

명제(明帝: 司馬紹)가 왕돈(王敦)의 위협을 두려워하여 치감에게 합비(合肥)를 진수하게 하자, 왕돈이 그를 꺼려하여 표문을 올려 치감을 상서령(尚書令)으로 삼았다. 치감이 조정으로 돌아가는 길에 왕돈의 처소에 들렀는데, 왕돈이 그와 함께 서조(西朝: 西晉 조정)의 인사들을 논하다가 말했다.

"악언보(樂彥輔: 樂廣)는 재주가 부족할 따름이니, 그 실상을 살펴본다면 어찌 만무추(滿武秋: 滿奮)보다 낫겠소?"

치감이 말했다.

"악언보는 기품이 평담하여 민회태자(愍懷太子: 司馬遹)[1]가 폐위되었을 때 부드러우면서도 올바름을 지닐 수 있었지만, 만무추는 절조를 잃은 사람이니[2] 어떻게 그와 견줄 수 있겠습니까?"

왕돈이 말했다.

"그때는 매우 급박한 위기 상황이었소."

치감이 말했다.

"대장부라면 당연히 생사를 걸어야지요."

왕돈은 그 말을 싫어하여 다시는 치감을 만나지 않았다.

역주 1) 민회태자(愍懷太子: 司馬遹): 惠帝의 장자로 諱는 遹. 어려서부터 총명하여 조부 武帝[司馬炎]의 사랑을 받아 태자로 책봉되었으나, 賈后와 賈謐 등의 참소로 元康 9년(299)에 폐위당했다가 이듬해 永康 원년(300)에 살해당했는데, 그때 23세였음.

2) 만무추는 절조를 잃은 사람이니: 趙王 司馬倫이 惠帝 永康 원년(300)에 賈后 일당을 제거한 후 永寧 원년(301)에 혜제를 폐위하고 스스로 제위에 올랐는데, 그때 滿奮이 황제의 옥새를 사마륜에 바쳤음.

明帝畏王敦之逼, 使郗鑒鎮合肥, 敦忌之, 表鑒為尚書令. 鑒還過敦, 敦與論西朝人士, 曰: "樂彥輔, 短才耳, 考其實, 豈勝滿武秋耶?" 鑒曰: "彥輔道韻平淡, 愍懷之

廢, 柔而能正, 武秋失節之士, 安得擬之?" 敦曰: "當是時, 危機交急." 鑒曰: "丈夫當死生以之." 敦惡其言, 不復見.* **方** **互** 王敦 樂廣 滿奮

校勘 * 이 고사는『世說新語補』에는 나오지 않고,『何氏語林』「方正」제31조와『資治通鑑』권92「晉紀十四」에 나오는데,『何氏語林』에 수록된 고사가 보다 자세함.

081

[晉] 치음(郗愔)

자는 방회(方回)며 치감(郗鑒)의 장자다. 침착하고 순박하여 고집이나 다툼이 없었으며, 개인적인 친분관계를 줄여 남과 교제하는 일이 드물었다. 시중(侍中)과 사도(司徒)를 지냈다.

字方回, 鑒長子. 淵靖純素, 無執無競, 簡私暱, 罕交遊. 官侍中・司徒. [『郗愔別傳』] **儉** **詳** 郗超

081-1(0104)

치사공(郗司空: 郗鑒)의 집에 북방 출신의 하인[1]이 있었는데, 문장을 이해할 수 있었으며 일마다 자신의 의견을 갖고 있었다. 왕우군(王右軍: 王羲之)이 유윤(劉尹: 劉惔)에게 그를 칭찬하자, 유윤이 물었다.

"치방회와 비교하여 어떻소이까?"

왕우군이 말했다.

"그는 정작 의견을 갖고 있는 천한 소인일 뿐이니, 어찌 곧바로 치방회에 견줄 수 있겠소이까?"

유윤이 말했다.

"만약 치방회만 못하다면 진실로 보통 하인일 뿐이오."

역주 1) 북방 출신의 하인: 원문은 "傖奴". '傖'은 '촌놈'이란 뜻으로 주로 남방인들이 북방인을 멸시하여 부르던 말.

郗司空家有傖奴, 知及文章, 事事有意. 王右軍向劉尹稱之, 劉問: "何如方回?" 王曰: "此正小人有意向耳, 何得便比方回?" 劉曰: "若不如方回, 故是常奴耳." 品

082

[晉] 치초(郗超)

자는 경흥(景興)이며 치음(郗愔)의 아들이다. 젊어서부터 성품이 자유분방하여 사소한 예절에 구속받지 않았으며, 당대에 견줄 만한 바가 없을 정도의 도량을 지니고 있었다. 여러 벼슬을 거쳐 중서랑(中書郎)과 사도장사(司徒長史)를 지냈다.

字景興, 愔子. 少卓犖不羈, 有曠世之度. 累遷中書郎·司徒長史. [『中興書』] 識 詳 傅亮 賞 詳 王坦之

082-1(0105)

사공(謝公: 謝安)이 말했다.

"현인·성인과 범인의 차이는 그 사이가 가깝다."

자식과 조카들이 이를 인정하지 않자, 사공이 탄식하며 말했다.

"치초가 이 말을 들었다면 반드시 은하수처럼 끝없는 말로는 여기지 않았을 텐데!"〈1〉

〈1〉·『장자(莊子)』[「逍遙遊」] : 견오(肩吾)가 연숙(連叔)에게 묻길: "내가 접여(接輿)에게서 말을 들었는데, 그 말이 너무나 커서 가당치 않았으며 심하게 비약하여 건잡을 수 없어서 그 말을 괴이하게 여겼으니, 마치 은하수처럼 끝이 없는 것 같았습니다"라고 했다.

謝公云: "賢聖去人, 其間亦邇." 子姪未之許, 公歎曰: "若郗超聞此語, 必不語河漢!"〈1〉 **言** **互** 謝安

〈1〉·『莊子』曰 : 肩吾問於連叔曰: "吾聞言於接輿, 大而無當, 往而不反, 驚怖其言, 猶河漢而無極也."

082-2(0106)

환선무(桓宣武: 桓溫)가 치초와 함께 조정의 신하를 숙청할 것을 의논하여 명단이 들어 있는 문서를 이미 작성해놓고 그날 밤 함께 잠을 잤다. 다음날 새벽에 일어나 사안(謝安)과 왕탄지(王坦之)를 불러 들어오게 하여 그 문서를 던져 보여주었다. 치초는 아직 침대 휘장 속에서 자고 있었다. 사안은 아무 말도 하지 않았지만, 왕탄지는 곧바로 던져 돌려주면서 말했다.

"많습니다."

환선무가 붓을 들어 [일부 명단을] 삭제하려 하자, 치초가 어느덧 휘장을 사이에 두고 환선무와 가만히 이야기를 나누었다. 사안이 웃음을 머금고 말했다.

"치생(郗生: 郗超)은 가히 장막 속에 들어 있는 손님[1]이라 할 만하군요!"

역주 1) 장막 속에 들어 있는 손님: 원문은 "入幕賓". '幕賓'은 幕僚나 幕友와 같은 뜻으로 將帥나 州府의 幕府에서 일하는 참모를 뜻하지만, 여기서는 치초가 휘장 속에 있는 것을 해학적으로 표현하여 한 말임.

桓宣武與郗超議芟夷朝臣, 條牒旣定, 其夜同宿. 明晨起, 呼謝安·王坦之入, 擲疏示之. 郗猶在帳內. 謝都無言, 王直擲還, 云: "多." 宣武取筆欲除, 郗不覺竊從帳中與宣武言. 謝含笑曰: "郗生可謂入幕賓也!" **雅** **互** 桓溫 謝安

082-3(0107)

치초는 사현(謝玄)과 사이가 좋지 않았다. 부견(苻堅)이 장차 동진(東晉)을 병탄할 작정으로[1] 이미 양(梁)·기(岐) 지역[2]을 승냥이처럼 집어삼키고 또한 회수(淮水)

의 남쪽[3]을 호시탐탐 넘보고 있었다. 당시 조정에서는 사현을 파견하여 북벌하기로 결의했지만 논자들 사이에서는 자못 찬반양론이 엇갈렸다. 그러나 오직 치초만은 이렇게 말했다.

"그는 반드시 일을 성공시킬 것입니다. 내가 옛날에 그와 함께 환선무(桓宣武: 桓溫)의 막부에 있을 때 보았는데, 그는 사람들의 재능을 모두 남김없이 발휘하도록 하여 비록 미천한 자[4]일지라도 또한 자신의 임무를 해낼 수 있게 했습니다. 이것으로 미루어 보면 틀림없이 공훈을 세울 수 있을 것입니다."

나중에 사현이 과연 큰 공을 세우자, 당시 사람들은 모두 치초의 선견지명에 감탄했으며, 또한 그가 자신의 애증(愛憎)의 감정으로 남의 장점을 덮어버리지 않는 것을 높이 평가했다.

역주 1) 동진을 병탄할 작정으로: 원문은 "問晉鼎". 『左傳』「宣公三年」의 기록을 보면, 春秋時代 楚王이 周나라로 가서 帝位 傳承의 보물로 전해진 鼎의 무게를 물어보았다는 고사가 있음. 여기서는 부견이 동진을 찬탈할 의도가 있음을 뜻함. 당시 前秦의 부견은 長安을 중심으로 전성기를 맞이하여 그 여세를 몰아 동진을 병탄하려고 남하를 시도했음. 그러나 太元 8년(383)에 淝水의 전쟁에서 동진의 장군 謝玄에게 패배함.

2) 양(梁)·기(岐) 지역: 지금의 河南省 남부에서 湖北省 북부에 있던 梁州와 岐州 지역을 말함.

3) 회수(淮水)의 남쪽: 원문은 "淮陰". 지금의 江蘇省에 淮陰郡이 있었지만, 여기서는 그냥 淮水의 남쪽의 뜻으로 쓰였음.

4) 미천한 자: 원문은 "履屐之間". 신분이 미천하여 下官末職에 있는 사람을 뜻함.

郗超與謝玄不善. 苻堅將問晉鼎, 旣已狼噬梁·岐, 又虎視淮陰矣. 于時朝議遣玄北討, 人間頗有異同之論. 惟超曰: "是必濟事. 吾昔嘗與共在桓宣武府, 見使才皆盡, 雖履屐之間, 亦得其任. 以此推之, 容必能立勳." 元功旣擧, 時人咸歎超之先覺, 又重其不以愛憎匿善. **識** **互** 秦主堅 謝玄

082-4(0108)

치사도(郗司徒: 郗愔)가 북부(北府)[1]에 있을 때, 환선무(桓宣武: 桓溫)는 그가 병

권(兵權)을 장악하고 있는 것을 못마땅해 했다.〈1〉 치사도는 일의 기미에 대해 평소 어두웠는데, 환선무에게 다음과 같은 서찰을 보냈다.

"바야흐로 함께 왕실을 도와 원릉(園陵)을 수복하고 싶습니다.[2)]"

치사도의 장남 치가빈(郗嘉賓: 郗超)[3)]이 외출했다가 길에서 [부친이 환선무에게 보내는] 사자(使者)가 도착했다는 소식을 듣고 급히 서찰을 꺼내 다 읽고 나서 갈기갈기 찢어버린 뒤 곧장 집으로 돌아가 서찰을 다시 써서 스스로 이렇게 진술했다.

"늙고 병들어 세상일을 감당할 수 없으니 한직(閑職)이나 맡으면서 스스로 보양하기를 청하고 싶습니다."

환선무는 그 서찰을 받고 크게 기뻐했으며, 즉시 조서를 내려 치사도를 독오군(督五郡: 都督浙江東五郡事)과 회계태수(會稽太守)로 전임시켰다.

〈1〉·서주 사람들은 대부분 힘이 세고 용맹스러워서 '정병(精兵)'이라 불렸다. 그래서 환온(桓溫)이 늘 말하길: "경구(京口)의 술은 마실 만하고 키[箕]는 쓸 만하며 병사는 부릴 만하다"라고 했다.

역주 1) 북부(北府): 京口[지금의 江蘇省 丹徒縣]의 軍府를 말함. 京口가 도성 建康의 북쪽에 있었기 때문에 '北府'라고 했음.

2) 원릉(園陵)을 수복하고 싶습니다: 본래 晉의 도읍은 洛陽이었지만 匈奴族 劉淵·劉聰 등에 의해 점령당한 이후 中原은 이민족이 통치하게 되었는데, 元帝 司馬睿가 建康에서 즉위하여 東晉이 건립되면서 先代의 陵廟가 있는 洛陽을 수복하자는 운동이 일어났음.

3) 치가빈(郗嘉賓: 郗超): 郗超는 당시 桓溫의 參軍으로 있었음.

郗司徒[1)]在北府, 桓宣武惡其居兵權.〈1〉 郗於事機素暗, 遣牋詣桓: "方欲共獎王室, 脩復園陵." 世子嘉賓出行, 於道上聞信至, 急取牋視竟, 寸寸毁裂, 便回還更作牋, 自陳: "老病不堪人間, 欲乞閒地自養." 宣武得牋大喜, 卽詔轉公督五郡·會稽太守. **捷**

〈1〉·徐州人多勁悍, 號精兵. 故桓溫常曰: "京口酒可飮, 箕可用, 兵可使." [『南徐州記』]

校勘 1) 郗司徒: 『世說新語補』에는 "郗司空"이라 되어 있음.

082-5(0109)

치공(郗公: 郗鑒)은 재물을 크게 모아 수천만 전(錢)을 가지고 있었지만, [손자] 치가빈(郗嘉賓: 郗超)의 생각은 그와 매우 달랐다. 한번은 아침 문안인사를 드릴 때였는데, 치씨 집안의 가법에는 자제가 어른과 함께 앉지 못했기 때문에 치가빈은 한동안 서서 이야기한 뒤에 마침내 재물에 관한 일을 언급했다. 치공이 말했다.

"너는 바로 내 돈을 얻고 싶은 게로구나!"

그리고는 하루 동안 창고를 열어서 마음대로 쓰라고 했다. 치공은 처음에 기껏해야 수백만 전 정도만 손실될 것이라고 생각했었다. 그러나 치가빈은 결국 하루 동안 친척과 친구들에게 나눠주어 얼마 되지 않아 돈을 거의 다 써버렸다. 치공은 그 말을 듣고 놀라 자빠지지 않을 수 없었다.

郗公大聚斂, 有錢數千萬, 嘉賓意甚不同. 常朝問訊, 郗家法, 子弟不坐, 因倚語移時, 遂及財貨事. 郗公曰: "汝正當欲得吾錢耳!" 迺開庫一日, 令任意用. 郗公始正謂損數百萬許. 嘉賓遂一日乞與親友, 周旋略盡. 郗公聞之, 驚怪不能已已. 儉 五 郗愔

世說新語姓彙韻分 卷之二

083

[晉] 위서(魏舒)

자는 양원(陽元)이며 임성(任城) 사람이다. 어려서 부친을 여의고 외갓집 영씨(寗氏)에 의해 양육되었다. 영씨가 저택을 지으려고 할 때 점술가가 말하길: "틀림없이 귀한 외손이 나올 것이오"라고 했다. 외조모는 마음속으로 외손 성씨(盛氏)[1]가 어리지만 총명하기 때문에 점술에 부응할 것이라고 생각했다. 위서가 말하길: "외갓집을 위해 이 저택에 대한 점술을 틀림없이 실현하겠다"라고 했다. 위서의 어릴 적 이름은 지둔(遲鈍)이었다. 숙부 위형(魏衡)이 그에게 물방아를 관리하게 하면서 늘 말하길: "서(舒)가 800호의 장(長)만 된다면 나는 소원이 없겠다"라고 했지만, 위서는 개의치 않았다. 신장은 8척 3촌이었으며, 보통 사람들의 평범한 일은 행하지 않았다. 젊어서부터 활솜씨가 뛰어났는데, 가죽옷을 입고 산속으로 들어가 사냥을 할 때마다 많이 잡아오곤 했다. 후장군(後將軍) 종육(鍾毓)의 장사(長史)로 있을 때, 종육이 참모들과 함께 활쏘기 시합을 하면 위서는 늘 옆에 앉아서 산가지를 놓곤 했다[2]. 나중에 한번은 조원(組員)이 부족한 경우가 생겨 위서를 넣어 충원했는데, 위서가 쏘았더니 명중하지 않음이 없었기에 종육이 감탄하고 미안해하면서 말하길: "내가 그대의 재능을 충분히 발휘하지 못하게 했구먼. 이처럼 활솜씨가 뛰어나다니![3]"라고 했다. 상국참군(相國參軍)으로 전임되었다. 진왕(晉王: 文帝 司馬昭)은 매번 조회가 끝나면 눈으로 그를 배웅하면서 말하길: "위서는 위풍당당하니 사람들의 영수로다!"라고 했다. 여러 벼슬을 거쳐 시중(侍中)과 사도(司徒)를 지냈다.

역주 1) 성씨(盛氏): 『晉書』 권41 「魏舒傳」에는 "魏氏"라 되어 있는데, 문맥상 타당함. 魏氏는

魏舒를 말함.

2) 산가지를 놓곤 했다: 원문은 “畫籌”. 명중한 화살을 계산하는 것을 말함.

3) 내가~뛰어나다니: 원문은 “吾之不足盡卿, 如此射矣.” 이 구절만으로는 의미가 분명하지 않아 아마도 誤脫字가 있는 듯함. 『晉書』 권41 「魏舒傳」에는 “吾之不足以盡卿才, 有如此射矣, 豈一事哉!”라 되어 있음.

字陽元, 任城人. 幼孤, 爲外氏甯家所養. 甯氏起宅, 相者曰: “當出貴甥.” 外祖母意以盛氏甥小而惠, 謂應相也. 舒曰: “當爲外氏成此宅相.” 小名遲鈍. 叔父衡使守水碓, 每言: “舒堪八百戶長, 我願畢矣.” 舒不以介意. 身長八尺三寸, 不修常人近事. 少工射, 着韋衣入山澤, 每獵大獲. 爲後將軍鍾毓長史, 毓與条佐射戲, 舒常爲坐畫籌. 後値朋人少, 以舒充數, 於是發無不中, 毓歎謝曰: “吾之不足盡卿. 如此射矣!” 轉相國条軍. 晉王每朝罷, 目送之曰: “魏舒堂堂, 人之領袖!” 累遷侍中·司徒. [王隱『晉書』] **賞** **詳** 王湛

084

[晉] 위의(魏顗)

자는 장제(長齊)며 회계(會稽) 사람이다. 벼슬이 산음령(山陰令)에 이르렀다.

字長齊, 會稽人. 仕至山陰令. [『魏氏譜』]

084-1(0110)

위장제는 평소에 넓은 도량을 지녔지만, 재능과 학문은 뛰어나지[1] 못했다. 처음 관리가 되어 부임하러 떠날 때, 우존(虞存)이 그를 조롱하며 말했다.

“그대와 세 가지 법을 약정하려 하오. 현리(玄理)를 담론하면 사형이고, 시문을 지으면 체형(體刑)이며, 인물을 품평하면 유죄(有罪)요.[2]”

위장제는 유쾌하게 웃었으며 못마땅한 기색이 없었다.

역주 1) 뛰어나지: 원문은 “經”. 수련하다. 연마하다. 여기서는 잘하다·뛰어나다는 뜻.

2) 현리(玄理)를 ~ 유죄(有罪)요: 원문은 “談者死, 文筆者刑, 商略抵罪.” ‘談’은 玄理를 논

하는 것, '文筆'은 시문을 짓는 것, '商略'은 인물을 품평하고 논평하는 것. 이 세 가지는 모두 당시 문사들이 즐겨 하던 고상한 일이었음. 魏顗는 才學이 부족하여 이 세 가지 일에 능하지 못했기 때문에 虞存이 이것으로 그를 조롱한 것임.

魏長齊雅有體量, 而才學非所經. 初宦當出, 虞存嘲之曰: "與卿約法三章. 談者死, 文筆者刑, 商略抵罪." 魏怡然而笑, 無忤於色. 排

085

[北魏] 위수(魏牧)

자는 백기(伯起)고 어릴 적 자는 불조(佛助)며, 거록(鉅鹿) 하곡양(下曲陽) 사람이다. 어려서부터 영민하고 재치가 있었으며 세세한 예절은 지키지 않았다. 부친을 따라 변방에서 지내면서 말 타고 활 쏘는 것을 익히길 좋아했다. 나중에는 지난날의 태도를 바꾸고 공부에 전념하여 훌륭한 문장으로 이름을 드러냈다. 태학사(太學士)에 제수되고 중서감(中書監)에 이르렀다.

字伯起, 小字佛助, 鉅鹿下曲陽人. 少機警, 不持細行. 隨父在邊, 好習騎射. 後折節讀書, 以文華顯. 除太學士, 至中書監. [『北史』] 言 詳 盧詢祖 徐陵

085-1(0111)

서상시(徐常侍: 徐陵)〈1〉가 북제(北齊)에 사신으로 갔을 때, 위수의 문학이 북조에서 으뜸이었다. 위수가 자기의 문집을 기록하여 서상시에게 보여주며 그것을 강남에 전하도록 했는데, 서상시는 급히 강을 건너가면서 위수의 문집을 물에 빠뜨리며 말했다.

"나는 위공(魏公: 魏收)을 위해 그의 졸렬함을 감춰주려고 한다."

〈1〉· 서상시는 서릉(徐陵)이다.

徐常侍〈1〉聘齊時, 魏收文學, 北朝之秀. 收錄其文集以示徐, 令傳之江左, 徐速濟江

沉之, 曰: "吾爲魏公藏拙." 輕 互 徐陵
〈1〉・陵也.

086

[唐] 위징(魏徵)

처음에는 은왕(隱王: 李建成)[1]의 세마(洗馬)가 되었으며, 은왕이 패망한 뒤 진왕(秦王: 李世民)이 그를 첨사주부(詹事主簿)로 등용했다. 태자태사(太子太師)를 지냈고 정공(鄭公)에 봉해졌으며, 정관(貞觀) 17년(643)에 죽었다.

역주 1) 은왕(隱王: 李建成): 唐 高祖 李淵의 큰아들 李建成. 고조가 당나라를 건국한 후 그를 황태자로 책봉했는데, 626년 둘째아들 秦王 李世民[太宗]이 정변을 일으켜 玄武門에서 이건성을 죽임. 이건성은 642년에 隱太子에 복위됨. 魏徵이 이건성을 섬길 때 이세민을 제거하라고 권유했지만, 이세민은 제위에 오른 후 오히려 그를 중용함.

初爲隱王洗馬, 及隱王敗, 秦王引爲詹事主簿. 官太子太師, 封鄭公, 貞觀十七年卒. [『唐書』]

086-1(0112)

태종(太宗: 李世民)은 죽은 황후〈1〉를 그리워마지않아 동산 안에 높은 누관(樓觀)을 지어서 소릉(昭陵)[1]을 바라보았는데, 한번은 위징을 불러 함께 누관에 올라 그곳을 바라보게 했더니, 위징이 자세히 보고 나서 말했다.

"신은 눈이 어두워서 잘 볼 수 없사옵니다."

태종이 손으로 그곳을 가리키자 위징이 말했다.

"신은 폐하께서 헌릉(獻陵)〈2〉을 바라보시는 것으로 생각했사옵니다. 소릉이라면 신이 분명히 보았사옵니다."

태종은 울면서 그 누관을 허물어버리게 했다.

〈1〉・문덕황후(文德皇后) 장손씨(長孫氏)다.
〈2〉・헌릉은 고조(高祖: 李淵)의 능호(陵號)다.

역주 1) 소릉(昭陵): 唐 太宗 李世民의 陵. 태종의 비 문덕황후가 먼저 이곳에 묻혔음.

太宗念后〈1〉不已, 於園中作層觀以望昭陵, 嘗引魏徵同登, 使視之, 徵熟視之曰: "臣昏眊, 不能見." 上指示之, 徵曰: "臣以為陛下望獻陵〈2〉. 若昭陵則臣固見之矣." 上泣, 為毀觀.* **規**

〈1〉· 文德皇后長孫氏也.

〈2〉· 高祖陵號.

校勘 * 이 고사는 『世說新語補』에는 나오지 않고, 『資治通鑑』 권194 「唐紀十」과 『新唐書』 권97 「魏徵傳」에 나옴.

087

[宋] 위야(魏埜)

자는 중선(仲先)이며 섬우(陝右)의 처사다. 포중(蒲中)의 이독(李瀆)과 함께 모두 높은 절개를 지녔으며 시를 읊으면서 서로 가까이 지냈다. 일찍이 동쪽 교외에 사방 1장(丈) 넓이의 토굴을 파고 긴 대나무를 심어 그늘을 드리웠으며 그 앞으로 샘물이 흘러가게 했는데, 그곳을 '낙천동(樂天洞)'이라 불렀다.

字仲先, 陝右處士. 與蒲中李瀆, 俱有高節, 以吟詠相善. 嘗於東郊鑿土室方丈, 蔭以修竹, 泉流其前, 曰樂天洞. [『澠水燕談錄』] **企** **詳** 寇準

088

[漢] 서치(徐穉)

자는 유자(孺子)며 예장 남창(南昌) 사람이다. 그 사람됨이 청랑(清朗)하고 고매했으며 세속을 초탈했다. 자주 여러 공(公)들에게 초징되었어도 나아가지 않았지만 그들이 죽게 되면 만 리 길을 조문하러 가곤 했다. 갈 때는 항상 미리 닭 한 마리를 굽고 베를 술 속에 담가두었다가 말려서 그것으로 닭을 싸 가지고 가서 가야할 무덤의 길밖에 이르러, 물로 베를 적시고 쌀밥 한 말에 흰 띠풀로 자리를 삼아 닭을 앞에 놓고 술 따르기를 끝내면, 명함만 남겨 놓고 곧바로 떠났다.

字孺子, 豫章南昌人. 清妙高跱, 超世絶俗. 前後爲諸公所辟, 雖不就, 及其死, 萬里赴吊. 常預炙雞一隻, 以綿漬酒中, 暴乾以裹雞, 徑到所赴冢隧外, 以水漬綿, 斗米飯, 白茅爲藉, 以雞置前, 醊酒畢, 留謁卽去. [謝承『後漢書』]

088-1(0113)

진중거(陳仲擧: 陳蕃)는 예장태수(豫章太守)가 되었을 때 도착하자마자 곧장 서유자가 있는 곳을 묻고서 먼저 그를 만나보려 했는데, 주부(主簿)가 아뢰었다.

"모두들 부군(府君: 太守)께서 먼저 관청으로 납시길 바라고 있습니다."

그러자 진중거가 말했다.

"옛날 주(周) 무왕(武王)은 상용(商容)〈1〉이 사는 마을을 향해 수레에서 허리를 굽히느니라 자리가 따뜻해질 겨를이 없었다 하니, 내가 현자에게 예의를 차리는 것이 안 될 게 무어란 말이냐!"〈2〉

〈1〉・상용은 은(殷)나라의 현인으로 노자(老子)의 스승이다.

〈2〉・진번(陳番)이 예장에 있을 때, 서치를 위해 특별히 평상 하나를 마련해 두고서 그가 돌아가면 매달아 놓곤 했다. 그가 예우 받음이 이와 같았다.

陳仲擧爲豫章太守, 至便問徐孺子所在, 欲先看之. 主簿白: "羣情欲府君先入廨." 陳曰: "武王式商容〈1〉之間, 席不暇煗, 吾之禮賢, 有何不可!"〈2〉 德 五 陳蕃

〈1〉・殷之賢人, 老子師也. [『說文解字』]

〈2〉・蕃在豫章, 爲穉獨設一榻, 去則懸之. 見禮如此. [袁宏『漢紀』]

088-2(0114)

서유자는 일찍이 강하(江夏)의 황공(黃公: 黃瓊)〈1〉을 모신 적이 있었다. 나중에 황공이 죽자 서유자는 장례식에 참석하러 가야 했는데, 그곳까지 갈 노자가 없자

거울 가는 도구를 챙겨 들고 따라가면서 도처에서 [거울을 갈아주고] 삯을 번 다음에야 나아갈 수 있었다.

〈1〉· 황공은 이름이 경(瓊)이고 자가 세영(世英)이며, 위군태수(魏郡太守) 황향(黃香)의 아들이다. 처음에 부친 덕으로 태자사인(太子舍人)에 임명되었으나 병을 핑계 대고 취임하지 않았다. 나중에 의랑(議郞)·복야(僕射)·태위(太尉)를 역임하고 원향후(邧鄕侯)에 봉해졌다.

徐孺子嘗事江夏黃公〈1〉. 後黃公亡沒, 孺子往會葬, 無資以自致, 齎磨鏡具自隨, 所在取直, 然後得前. 德

〈1〉· 名瓊, 字世英, 魏郡太守香子. 初以父任爲太子舍人, 辭病不就. 後歷議郞·僕射·太尉, 封邧鄕侯. [范曄『後漢書』]

088-3(0115)

서유자가 9살 때 달빛 아래서 놀고 있었는데, 어떤 사람이 그에게 말했다.

"만약 달 속에 다른 물건이 없다면 틀림없이 더욱 밝아지겠지?"〈1〉

서유자가 말했다.

"그렇지 않습니다. 비유하자면 사람 눈 속에 동자가 있어서 이것이 없으면 절대로 밝게 볼 수 없는 것과 같은 이치입니다."

〈1〉·『오경통의(五經通義)』: "달 속에 토끼와 두꺼비가 있는 것은 어째서인가?"[1] "달은 음(陰)이고 두꺼비도 음인데 토끼와 더불어 밝은 것은 음이 양(陽)에 머물러 있기 때문이다."

역주 1) 달 속에 토끼와 두꺼비가 있는 것은 어째서인가: 『後漢書』「天文志」注에는 "羿가 西王母에게 불사약을 청했는데 姮娥가 이를 훔쳐가지고 달로 도망가서 두꺼비가 되었다"고 기록되어 있음. 후에 달을 '蟾蜍'라 부르는 것은 여기에서 비롯됨.

徐孺子年九歲, 嘗月下戲, 人語之曰: "若令月中無物, 當極明耶?"〈1〉 徐曰: "不然. 譬如人眼中有瞳子, 無此必不明." 夙

〈1〉·『五經通議』曰 : "月中有免·蟾蜍者何?" "月陰也, 蟾蜍亦陰也,[1] 而與免並明, 陰繫陽也."

校勘 1) 月陰也, 蟾蜍亦陰也: 中華書局 排印本『初學記』 권1에는 "兎陰也, 蟾蠩陽也."라고 되어 있는데, 문맥상 보다 타당함.

089

[晉] 서녕(徐寧)

자는 안기(安期)며 동해(東海) 담(郯) 사람이다. 명철하고 타고난 품덕을 지녔으며 총명하고 박식했다. 이부랑(吏部郞) · 좌장군(左將軍) · 강주자사(江州刺史)를 지냈다.

字安期, 東海郯人. 通朗有德, 淸惠博涉. 官吏部郞·左將軍·江州刺史. [『徐江州本事』]

089-1(0116)

유공(庾公: 庾亮)이 호군장군(護軍將軍)으로 있을 때, 환정위(桓廷尉: 桓彝)에게 훌륭한 관리 한 명을 물색해달라고 부탁했는데, 이미 1년이 지나갔다. 환정위가 나중에 우연히 서녕을 만나보고 그를 인정하여 마침내 유공에게 추천하며 말했다. "남이 당연히 가지고 있는 것[장점]은 그라고 해서 반드시 가지고 있는 것은 아니지만, 남이 당연히 가지고 있지 않는 것[단점]은 그도 반드시 가지고 있지 않으니[1], 진실로 해대(海岱)[2]의 청고한 인물입니다!"

역주 1) 반드시 가지고 있지 않으니: 원문은 "不必無"지만 문맥상 '不'이 빠져야 타당하다고 여겨 '必無'의 뜻으로 번역함. 본서 038-1(0051)조에서도 "王長史道江道羣: '人可應有, 乃不必有, 人可應無, 己必無.'"라고 하여 '不'이 빠져 있음.

2) 해대(海岱): 舜임금 때의 12州 가운데 하나로서 東海에서 泰山 사이의 땅. 옛날에는 靑州라고 했으며, 지금의 山東省 지방에 해당함. '岱'는 泰山을 말함.

庾公爲護軍, 屬桓廷尉覓一佳吏, 乃經年. 桓後遇見徐寧而知之, 遂致於庾公曰: "人所應有, 其不必有, 人所應無, 己不必無, 眞海岱淸士!" 賞

090

[晉] 서광(徐廣)

자는 야민(野民)이며 동완(東莞) 고장(姑臧) 사람이다. 사현(謝玄)이 연주(兗州)를 다스릴 때 그를 종사(從事)로 초징했다. 환현(桓玄)이 국정을 보좌할 때 그를 대장군(大將軍)의 좨주(祭酒)로 삼았다.

字野民, 東莞姑臧人. 謝玄爲兗州, 辟從事. 桓玄輔政, 以爲大將軍祭酒. [『晉書』]

090-1(0117)

환현(桓玄)이 제위를 찬탈하자,[1] 서야민은 홀로 슬픔을 느껴 눈물을 주르륵 흘렸다. 사선명(謝宣明: 謝晦)이 이를 말리자 서야민이 눈물을 거두면서 말했다.

"당신은 송(宋)나라 조정을 위해 천명을 보좌하는 사람이지만 이 몸은 진(晉)나라 황실의 유로(遺老)니, 그 근심하고 좋아하는 일이 본디 같지 않지요."

그리고는 더욱 흐느껴 울었다.

역주 1) 환현(桓玄)이 제위를 찬탈하자: 東晉 安帝 元興 원년(402)에 환현은 군대를 일으켜 도성 建康을 공격하여 조정을 장악했으며, 이듬해에 스스로 帝位에 올라 국호를 楚라 했으나, 얼마 후 劉裕에게 진압됨.

桓玄簒立, 徐野民獨哀感, 涕泗交流. 謝宣明止之, 收淚言曰: "君爲宋朝佐命, 身是晉室遺老, 憂喜之事, 固自不同." 乃更歔欷. **方** **互** 謝晦

091

[劉宋] 서선지(徐羡之)

자는 종문(宗文)이며 서녕(徐寧)의 손자다. 사공(司空)과 녹상서사(錄尙書事)를 지냈다. 서선지는 평민출신이었고 게다가 학술도 없었지만, 단지 의지와 도량만으로 하루아침에 조정 대신의 반열에 올랐는데, 조야(朝野)의 사람들이 그를 추숭하여 그가 재상의 명망을 지니고 있다고 여겼다. 나중에 사회(謝晦)·부량(傅亮)과 함께 주살당했다.

字宗文, 寧孫. 官司空·錄尙書事. 羨之起自布衣, 又無學術, 直以志力局度, 一旦居廊廟, 朝野推服, 謂有宰臣之望. 與謝晦·傅亮同誅. [『宋書』]

091-1(0118)

서선지는 침착하고 과묵했으며 근심하거나 기쁜 기색을 얼굴에 드러내지 않았다. 바둑을 꽤 잘 두었지만 남이 바둑 두는 것을 구경할 때는 늘 바둑을 둘 줄 모르는 것처럼 했다. 한번은 사회(謝晦)·부량(傅亮)과 함께 연회에서 모였는데, 사회와 부량은 재주와 학식이 풍부하고 언변이 뛰어났지만, 서선지는 풍격과 도량이 엄정하여 때가 된 연후에야 말을 했다. 정선지(鄭鮮之)〈1〉가 감탄하며 말했다.

"서선지와 부량의 담론을 살펴보니 더 이상 학문만 가지고는 뛰어남을 판단하지 못하겠다!"

〈1〉·정선지는 자가 도자(道子)며 형양(滎陽) 개봉(開封) 사람이다. 집에서 휘장을 내린 채 공부에 전념하면서 다른 사람들과의 교유를 끊었다. 상서우복야(尙書右僕射)를 지냈다.

徐羨之沉密寡言, 不以憂喜見色. 頗工奕棋, 觀戱常若未解. 嘗與謝晦·傅亮宴聚, 晦·亮才學辨博, 羨之風度詳整, 時然後言. 鄭鮮之〈1〉歎曰: "觀徐·傅言論, 不復以學問爲長!" **雅** **互** 傅亮

〈1〉·字道子, 滎陽開封人. 下帷讀書, 絶交遊之務. 官尙書右僕射. [沈約『宋書』]

092

[梁] 서면(徐勉)

자는 수인(修仁)이며 동해(東海) 담(郯) 사람이다. 어려서 부모를 여의고 가난했지만 일찍부터 고상한 지조를 닦는 데 힘썼다. 그가 6살 때 한번은 장맛비가 내리자 집안사람들이

기청제(祈晴祭)를 지냈는데, 그가 즉석에서 제문을 지어 어른들의 칭찬을 받았다. 장성해서는 뜻을 돈독히 하고 학문을 좋아했으며, 국자감생(國子監生)으로 벼슬길에 들어섰다. 왕검(王儉)은 국자좨주(國子祭酒)로 있을 때 서면이 재상의 기량을 지녔다고 칭찬했다. 그는 시중(侍中)을 역임했으며 간숙(簡肅)이라는 시호를 받았다. 서면이 일찍이 아들 서숭(徐崧)을 훈계하기 위해 쓴 편지에서 이르길: "우리 집안은 대대로 청렴하여 늘 가난하게 살았는데, 재산에 관한 일에 대해서는 도모하지 않았을 뿐만 아니라 일찍이 언급조차 하지 않았다. 몸을 낮추고 세파를 겪다가 마침내 오늘에 이르렀지만 이것을 어찌 내 재주로 이룬 것이겠느냐? 위로 선조들의 풍모와 기량에 힘입었기에 여기에 이르게 된 것이다. 옛 사람들은 '청렴결백함을 자손에게 남겨주는 것이 또한 후덕한 일이 아니겠는가?'라고 했으며, 또 '자식에게 바구니 가득 황금을 남겨주는 것은 경서 하나를 물려주느니만 못하다'라고 했다. 이 말의 뜻을 자세히 살펴보면 진실로 헛된 말이 아니다. 어떤 이는 장원을 새로 만들라고 권하기도 하고, 또 재산을 굴려서 이익을 거두라고도 했지만, 이런 일들은 모두 거절하고 받아들이지 않았다. 이는 백성들과 이익을 다투지 않으려고[1] 해서가 아니라, 그저 번잡함을 줄이고자 했기 때문이다. 중년에 동쪽 텃밭에 작은 동산을 만든 것은 곡물을 심어 수입을 얻고자 한 것이 아니라, 연못을 파고 나무를 심어 잠시 경치를 감상하며 즐기고자 했기 때문이다. 또 근교의 빈터에 결국 집을 지은 것은 만약 벼슬을 그만두고 물러났을 때 그곳에서 노래하거나 통곡하고자 했기 때문이다. 근자에 동쪽 땅에 아들과 손자를 위한 집 두 채를 지어 대충 이미 제 모습을 갖추었으니, 복숭아나무와 오얏나무가 무성하고 오동나무와 대나무가 그늘을 드리우며, 두렁길이 서로 통하고 도랑길이 서로 이어졌다. 또한 화려한 누대와 높은 정자는 자못 조망의 아름다움을 지니고 있고, 외로운 봉우리와 무성한 초목에는 번잡한 일이 일어나지 않으며, 도랑 속에는 줄풀과 부들이 풍성하고, 호수 안에는 마름과 연꽃이 풍부하다. 사령운(謝靈運)의 「산가시(山家詩)」에서 '이 안은 천지간의 물건이지만, 지금은 비루한 사람의 소유가 되었네'라고 했다. 나는 이 동산을 20년 동안 소유했는데 지금은 천지간의 물건이 되었으니, 천지간의 물건과 내가 서로 대면하는 날이 그 얼마나 될런가! 내가 지금 작은 전가(田家)를 지었는데, 친속이 이미 많아졌으니 이치상으로도 이것이 필요할 것이다. 듣자하니 네가 사들인 고숙(姑熟)의 전답은 소금기가 많은 개펄이라 하지만, 이미 경작하기로 했다면 마땅히 성공하도록 하여라. 만약 수확한 바가 생기거든 너는 넉넉히 나누어 내외 대소 친속들에게 마땅히 적절하게 돌아가도록 하여라. 나는 노년의 나이에 접어들고 마음과 힘이 점점 쇠잔하여, 관리로서 공무를 수행하는 것도 거의 제대로 해내지 못하고 있으니, 그 가운데 여가를 찾아 스스로 쉬고자 한다. 혹 겨울철의 따스한 햇볕이나 여름철의 시원한 그늘 아래 좋은 시절의 아름다운 경치가 펼쳐졌을 때 업무를 처리하다가 틈이 나면, 지팡이 짚고 짚신 신고 누추한 누각을 한가로이 거닐다가 연못으로 가서 물고기를 구경하고 숲을 헤치고 들어가서 새소리를 듣고 탁주 한 잔에 금(琴) 한 곡을 타면서, 짧은 시각의 잠깐 동안의 즐거움을 찾고 일상에 거하면서 죽음을 기다리길 바라니, 더 이상 집안의 자질구레한 일로 수고하는 것은 마땅치 않다. 나는 더 이상 농사일을 언급하지 않을 테니 너도 더 이상 나에게 그런 일을 말하지 마라. 설령 요(堯) 임금 때와 같은 홍수가 나고 탕(湯) 임금 때와 같은 가뭄이 든다 하더라도 내가 어찌 그 해결 방법을 알겠느냐? 만약 곡식이 곳간에 가득 차게 된다면 그건 너의 행운이다. 『예기(禮記)』[2]에서 이르길: '효자는 부모의 뜻을 잘 계승하고 부모의 일을 잘 따른다'라고 했다. 지금 또한 바라건대, 네가 나의 이러한 뜻을 온전히 이룬다면 여한이 없겠다."라고 했다.

역주 1) 백성들과 이익을 다투지 않으려고: 원문은 "拔葵去織". 公儀休가 魯나라의 재상으로 있을 때, 아욱국을 먹고 맛이 좋자 채마밭에 있던 아욱을 뽑아 버렸고, 집에서 짠 베가 곱자 부인을 쫓아냈다고 함. 이런 물건으로 백성들과 이익을 다투지 않고자 한 것임. 『史記』「循吏列傳」에 보임.

2) 『예기(禮記)』: 인용된 구절은 본래 『禮記』「中庸」에 들어 있었는데, 지금은 『中庸』 제19장에 나옴.

字修仁, 東海郯人. 幼孤貧, 早勵淸節. 六歲時, 屬霖雨, 家人祈霽, 率爾爲文, 見稱耆宿. 及長, 篤志好學, 起家國子生. 王儉為祭酒, 稱勉有宰輔之量. 歷官侍中, 謚簡肅. 嘗爲書戒子崧曰: "吾家世淸廉, 常居貧素, 産業之事, 所未嘗言, 非直不經營而已. 薄躬遭逢, 遂至今日, 豈由才致? 仰藉先代風範, 故臻此耳. 古人'以淸白遺子孫, 不亦厚乎?' 又曰: '遺子黃金滿籯, 不如一經.' 詳求此言, 信非徒語. 或勸創闢田園, 亦令殖貨聚斂, 若此事, 皆拒而不納. 非謂拔葵去織, 且欲省息紛紜. 中年聊於東田營小園者, 非在播藝, 以要利入, 正欲穿池種樹, 少寄情賞. 又以郊際閑曠, 終可爲宅, 儻或懸車致事, 實欲歌哭於斯. 近營東邊兒孫二宅, 麄已成立, 桃李茂密, 桐竹成陰, 塍陌交通, 渠畎相屬. 華樓迥榭, 頗有臨眺之美, 孤峯叢薄, 不無糾紛之興, 瀆中並饒菰蒲, 湖裏殊富芰蓮. 謝靈運「山家詩」云: '中爲天地物, 今成鄙夫有.' 吾此園有之二十載矣, 今爲天地物, 物之與我, 相校幾何哉! 吾今營小田舍, 親累旣多, 理亦須此. 聞汝所買姑熟田地, 甚爲舃鹵, 而旣以營之, 宜使成立. 苟有所收穫, 汝可分贍. 內外大小, 宜令得所. 吾年時朽暮, 心力稍殫, 牽課奉公, 略不克擧, 其中餘暇, 纔可自休. 或復冬日之陽, 夏日之陰, 良辰美景, 文案間隙, 負杖躡屩, 逍遙陋館, 臨池觀魚, 披林聽鳥, 濁酒一盃, 彈琴一曲, 求數刻之暫樂, 庶居常以待終, 不宜復勞家間細務. 吾不復言及田事,汝亦勿復與吾言之. 假使堯水湯旱, 吾豈知如何? 若其滿庾盈箱, 爾之幸也. 記云: '孝者, 善繼人之志, 善述人之事.' 今且望汝全吾此志, 則無所恨矣." [『梁書』]

092-1(0119)

서면이 이부상서(吏部尙書)로 있을 때, 한번은 문인(門人)들과 밤에 모임을 가졌다. 손님 중에 어떤 사람이 첨사오관랑(詹事五官郞) 벼슬을 청하자, 서면이 정색하며 대답했다.

"오늘 밤은 단지 풍월(風月)에 대해 얘기하는 자리니 공무를 언급하는 것은 마땅치 않소."

당시 사람들은 그의 사심(私心) 없음에 탄복했다.

徐勉爲吏部尙書, 嘗與門人夜集. 客有求詹事五官, 勉正色答云: "今夕止可談風月, 不宜及公事." 時人服其無私. **方**

092-2(0120)

낭야(瑯琊)의 왕원장(王元長: 王融)은 재학과 명성이 매우 뛰어났는데, 서면과 서로 교제하고 싶어서 매번 다른 사람에게 부탁하여 그를 부르곤 했다. 하지만 서면은 사람들에게 이렇게 말했다.

"왕랑(王郞: 王融)은 명망이 너무 높아서 [그 앞에서] 옷자락을 가볍게 털기 어렵습니다[1]."

얼마 후 왕원장이 화를 당하자, 당시 사람들은 조짐을 알아차리는 서면의 식견에 탄복했다.

역주 1) 옷자락을 가볍게 털기 어렵습니다: 선불리 왕원장을 만날 수 없다는 뜻.

瑯琊王元長才名甚盛, 欲與徐勉相識, 每托人召之. 徐謂人曰: "王郞名高望促, 難可輕襒衣裾." 俄而元長及禍, 時人服其幾鑒. **識** **互** 王融

093

[陳] 서릉(徐陵)

자는 효목(孝穆)이며 동해(東海) 담(郯) 사람이다. 그의 모친 장씨(臧氏)는 오색구름이 봉황으로 변하여 자신의 왼쪽 어깨 위에 앉는 꿈을 꾸고 나서 얼마 후에 서릉을 낳았다. 서릉은 13살 때 『노자(老子)』와 『장자(莊子)』의 뜻에 통달했고, 장성해서는 역사 전적을 두루 섭렵했으며, 문장이 훌륭했다. 벼슬은 중서감(中書監)과 영태자첨사(領太子詹事)에 이르렀다.

字孝穆, 東海郯人. 母臧氏夢五色雲化爲鳳, 集左肩上, 已而誕陵. 十三通『老』·『莊』義, 及長, 博涉史籍, 美文辭. 官至中書監·領太子詹事. [『南史』] 輕 詳 魏收

093-1(0121)

서효목이 위(魏: 北魏)나라에 사신으로 가자, 위나라 사람들이 그에게 객관을 내주고 연회를 열어주었다. 그날은 몹시 더웠는데, 주객(主客)[1] 위수(魏收)가 서효목을 조롱하여 말했다.

"오늘의 더위는 당연히 서상시(徐常侍: 徐陵)께서 가져온 것이지요!"

그러자 서효목이 조용히 대답했다.

"예전에 왕숙(王肅)〈1〉이 이곳에 와서 위나라를 위해 처음으로 예의를 제정했는데, 지금 내가 사신으로 와서는 경에게 또 추위와 더위를 알게 하는군요."

〈1〉· 왕숙은 자가 공의(恭懿)며 낭야(瑯琊) 사람이다. 어려서부터 총명하고 언변이 좋았으며 큰 뜻을 지녀 제(齊: 南齊)나라에서 비서승(秘書丞) 벼슬을 했다. 하지만 부친 왕환(王奐)이 제 무제(武帝: 蕭賾)에게 살해당하자, 왕숙은 건업(建業)에서 북위(北魏)로 망명했다. [북위] 효문제(孝文帝: 元宏)가 겸허하게 그를 기다렸다가 불러 만나서 [망명하게 된] 연유를 물어보았는데, 왕숙은 말이 민첩하고 뜻이 절실했으며 언변이 좋은데다 예법까지 갖추고 있었다. 산기상시(散騎常侍)와 양주자사(揚州刺史)를 지냈다.

역주 1) 주객(主客): 빈객 접대를 맡은 관리.

徐孝穆使魏, 魏人授館宴賓. 是日甚熱, 主客魏收嘲孝穆曰: "今日之熱, 當由徐常侍來!" 孝穆從容答曰: "前王肅〈1〉至此, 爲魏始制禮儀, 今我來聘, 使卿復知寒暑." **言** **互** 魏收

〈1〉· 字恭懿, 瑯琊人. 少聰辯有大志, 爲齊秘書丞. 父奐爲齊武帝所殺, 肅自建業來奔魏. 孝文虛衿待之, 引見問故, 肅辭義敏切, 辯而有體[1]. 官散騎常侍 · 揚州刺史. [『北史』]

校勘 1) 有體: 『北史』 권42 「王肅傳」에는 "有禮"라 되어 있는데, 문맥상 보다 타당함.

094

[唐] 서유공(徐有功)

명경과(明經科)에 급제하여 포주(蒲州)의 사법참군(司法參軍)에 제수되었는데, 너그럽고 어진 정사를 펼쳐서 형벌을 시행하지 않았다. 그래서 하급관리와 백성들이 그의 은덕과 믿음에 감동하여 번갈아 서로 약속하길: "만약 서사법(徐司法: 徐有功)의 곤장을 맞는 자가 있으면 우리 모두가 그를 질책하고 벌주도록 하자"라고 했다. 이로 말미암아 결국 그가 임기를 마칠 때까지 한 사람도 사형당한 자가 없었다.

擧明經, 除蒲州司法叅軍, 爲政寬仁, 不行杖罰. 吏人感其恩信, 遞相約曰: "若犯徐司法杖者, 衆斥罰之." 由是終於代滿, 不戮一人. [『唐書』]

094-1(0122)

천후(天后: 則天武后)가 한번은 서유공을 불러 질책했다.

"공은 근자에 옥사를 판결하면서 실출(失出)[1]이 많은데 어찌 된 것이오?"

그러자 서유공이 대답했다.

"실출은 신의 작은 잘못이지만, 호생(好生)[2]은 폐하의 크신 덕이옵니다."

역주 1) 실출(失出): 죄인에게 형을 감해주거나 면죄해주는 잘못된 법적 조치.

2) 호생(好生): 생명을 아끼고 사랑하는 것.

天后嘗召徐有功, 責之曰: “公比斷獄, 多失出, 何耶?” 有功答曰: “失出臣小過, 好生陛下大德.” 言

095

[唐] 서회(徐晦)

진사(進士)에 급제하고 제과(制科)에 통과하여 양빙(楊憑)의 천거를 받았다. 양빙이 죄를 지었을 때 친구와 친척들 중에서 감히 그를 전송하는 자가 없었는데, 서회만이 그를 전송했다. 며칠 되지 않아서 어사중승(御史中丞) 이이간(李夷簡)이 그에게 감찰어사(監察御史)를 맡아달라고 청하자, 서회가 말하길: “제 평생에 공(公: 李夷簡)의 문하에 발을 들여놓은 적이 없는데, 공은 어찌하여 저를 발탁하십니까?”라고 했더니, 이이간이 말하길: “듣자하니 그대는 양림하(楊臨賀: 楊憑)를 전송하면서 자신을 돌보지 않고 위험을 무릅썼다고 하니, 어찌 나라를 저버리겠소?”라고 했다. 이로 말미암아 그의 명성이 알려졌다.

進士擢第, 登制科, 爲楊憑所薦. 及憑得罪, 交親無敢祖送, 獨晦送之. 不數日, 御史中丞李夷簡請爲監察, 晦曰: “生平不踐公門, 公何取而見獎拔?” 夷簡曰: “聞君送楊臨賀, 不顧犯難, 肯負國乎?” 由是知名. [『唐書』]

095-1(0123)

양빙(楊憑)〈1〉이 죄를 짓[고 유배가게 되]자 인척과 친구 중에서 아무도 감히 그를 전송해주는 자가 없었는데, 오직 서회만이 그를 남전(藍田)까지 전송해주었다. 그래서 권재지(權載之: 權德輿)가 서회에게 말했다.

“그대는 양림하(楊臨賀: 楊憑)를 정성껏 후대하는데 그러다가 연루라도 되지 않겠는가?”

그러자 서회가 말했다.

“제가 평민으로 있을 때 양림하께서 나를 인정하여 후대해주셨는데, 지금 그가 먼 곳으로 유배 가는 마당에 어찌 차마 아무 말도 없이 헤어질 수 있겠습니까?

만일 공께서 간사한 아첨배에게 참소를 당하신다면 제가 어찌 감히 길가는 사람처럼 대하겠습니까?"

권재지는 그의 후덕함에 감탄했다.

〈1〉・양빙은 자가 허수(虛受)며 홍농(弘農) 사람이다. 호남관찰사(湖南觀察使)를 지냈다. 이이간(李夷簡)에게 탄핵당하여 임하현위(臨賀縣尉)로 좌천되었다.

楊憑〈1〉得罪, 姻友無敢送者, 獨徐晦送至藍田. 權載之謂徐: "君誠厚楊臨賀, 無乃爲累乎?" 徐曰: "晦自布衣時, 楊知我厚, 方玆流播, 寧忍無言而別? 有如公爲奸佞譖斥, 敢自同路人乎?" 載之歎其長厚. 德 互 權德輿

〈1〉・字虛受, 弘農人. 官湖南觀察使. 爲李夷簡所劾, 責受臨賀尉. [『唐書』]

096

[晉] 저도(褚陶)

자는 계아(季雅)며 오군(吳郡) 전당(錢塘) 사람으로, 저선생(褚先生: 褚少孫)[1]의 후손이다. 총명함이 출중하여 13세에 「구조부(鷗鳥賦)」와 「수애부(水碓賦)」 2편을 지었다. 엄중필(嚴仲弼: 嚴隱)이 그를 보고 비범하다고 생각하여 말하길: "저선생이 다시 출현했도다!"라고 했다. 젊어서부터 노는 것을 좋아하지 않았고, 고서(古書)[2]를 읽으면서 스스로 즐겼다. 친한 이들에게 말하길: "성현의 도(道)가 책[3] 속에 다 갖추어져 있으니, 이것을 버리고 무엇을 구하리오?"라고 했다. 장화(張華)가 저도에게 서찰을 보내 말하길: "이륙(二陸: 陸機・陸雲)은 강한(江漢)에서 뛰는 용이고, 고언선(顧彥先: 顧榮)은 조양(朝陽)에서 우는 봉황[4]이오. 지금 이후로는 남방의 황금[5]이 이미 바닥난 것이라고 늘 걱정했는데, 다시 그대를 얻게 되었소! 그래서 연주(延州: 季札)[6]의 덕(德)이 외롭지 않고 산천의 보물이 없어지지 않은 것을 알게 되었소"라고 했다. 저도는 벼슬이 중위(中尉)에까지 이르렀다.

역주 1) 저선생(褚先生: 褚少孫): 前漢 沛 사람으로 大儒 王式을 師事하고 博士가 됨.

2) 고서(古書): 원문은 "墳典". 三墳五典을 말함. 三皇五帝가 지었다고 전해지는 고대의 책.

3) 책: 원문은 "黃卷". 옛날의 책은 벌레가 먹는 것을 막기 위해 표지를 누런색으로 염색했는데, '黃卷'은 여기에서 나온 말로 책에 대한 통칭으로 쓰임.

4) 조양(朝陽)에서 우는 봉황: 원문은 “鳳鳴朝陽”. 『詩經』 「大雅・卷阿」에서 “鳳凰鳴矣, 于彼高岡. 梧桐生矣, 于彼朝陽.”이라 하고, 이에 대한 「毛傳」에서 “山東曰朝陽”이라 함. ‘鳳凰朝陽’은 賢才가 때를 얻은 것을 비유하고, ‘朝陽’은 일반적으로 동방을 뜻함.
5) 남방의 황금: 원문은 “南金”. 남방에서 나오는 양질의 황금. 『詩經』 「魯頌・泮水」에 “元龜象齒, 大賂南金.”이라는 구절이 보임. 여기서는 황금처럼 보배로운 남방의 人才를 비유함.
6) 연주(延州: 季札): 『晉書』 권92 「褚陶傳」에는 “延門”이라 되어 있음. ‘延州’와 ‘延門’은 모두 延陵을 가리킴. 延陵은 吳의 季札이 받은 封土임.

字季雅, 吳郡錢塘人, 褚先生後也. 聰惠絶倫, 年十三, 作「鷗鳥」・「水碓」二賦. 嚴仲弼見而奇之曰: “褚先生復出矣!” 弱不好弄, 以賁典自娛. 語所親曰: “聖賢備在黃卷中, 舍此何求?” 張華與陶書曰: “二陸龍躍於江漢, 彦先鳳鳴於朝陽. 自此以來, 常恐南金已盡, 而復得之於吾子! 故知延州之德不孤, 淵岱之寶不匱.” 仕至中尉. [『褚氏家傳』] 賞 詳 陸機

097

[晉] 저부(褚裒)

자는 계야(季野)며 하남(河南) 사람이다. 어려서부터 대범하면서도 고귀한 풍격이 있었으며, 과묵하다는 칭송을 받았다. 여러 벼슬을 거쳐 강주자사(江州刺史)와 연주자사(兗州刺史)에 이르렀으며, 죽은 후 시중(侍中)과 태부(太傅)에 추증되었다.

字季野, 河南人. 少有簡貴之風, 沖默之稱. 累遷江・兗二州刺史, 贈侍中・太傅. [『晉陽秋』] 識 詳 孟嘉 賞 詳 杜乂 輕 詳 孫綽

097-1(0124)

사태부(謝太傅: 謝安)는 저공을 매우 중시하여 늘 이렇게 칭찬했다.
“저계야는 비록 말은 하지 않지만 사시(四時)의 기운이 또한 갖춰져 있다.”

謝太傅絶重褚公, 常稱: “褚季野雖不言, 而四時之氣亦備.” 德

097-2(0125)

저공이 장안현령(章安縣令)에서 태위(太尉: 庾亮)의 기실참군(記室參軍)으로 전임되었는데, 이름은 이미 널리 알려져 있었지만 직위가 낮아서 그를 알아보는 사람이 많지 않았다. 저공은 [새 부임지로 가기 위해] 동쪽으로 떠나면서 상인의 배를 탔고, 이임자[저공]를 전송하는 관리도 몇 명뿐이었다. 저공은 전당정(錢塘亭)에 투숙했다. 당시 오흥(吳興)의 심충(沈充)이 현령으로 있었는데, 마침 손님을 전송하느라 절강(浙江: 錢塘江)을 건너게 되었다. [현령과] 손님이 [배에서] 나오자, 정자 관리는 저공을 내쫓아 외양간으로 옮겨가게 했다. 조수가 찼을 때[1] 심령(沈令: 沈充)이 일어나 배회하다가 물었다.

"외양간에 있는 사람은 누구인가?"

정자 관리가 대답했다.

"어제 촌놈[2] 한 명이 와서 정자에 투숙했는데, 존귀하신 손님이 오셨기에 잠시 그를 옮겨가게 했습니다."

현령이 취한 김에 멀리서 물었다.

"어이 촌사람, 떡 먹고 싶은가? 성명은 뭐지? 함께 얘기나 해보세."

그러자 저공이 손을 들어 대답했다.

"하남의 저계야올시다."

원근에서 오랫동안 저공의 이름을 들어서 알고 있었으므로 현령은 크게 당황해 했으며, 감히 저공을 다시 옮겨가게 할 수 없어서 곧장 외양간으로 가서 명함을 드리고 저공을 뵈었다. 또한 소와 양을 잡아 요리를 만들어 저공 앞에 차려놓았으며, 정자 관리를 채찍질하여 무례함에 대한 사죄를 하고자 했다. 저공은 그와 함께 술을 주고받았는데, 말과 안색이 평상시와 다름없었으며 [종전의 일 따위는] 잊어버린 듯한 모습이었다. 현령은 저공을 현의 경계까지 전송해주었다.

역주 1) 조수가 찼을 때: 浙江[錢塘江]은 조수가 찼을 때 그 물결과 소리가 굉장하여 예부터 '浙江觀潮'라고 하여 유명함. 특히 중추절 무렵이 가장 볼만하므로 음력 8월 18일을 '潮生日'이라 부르며 이를 구경하러 오는 사람이 많음.

2) 촌놈: 원문은 "傖父". '傖人'이라고도 함. 당시 토착 남방인이 이주해온 북방인을 멸시하여 부르던 말인데, 이러한 관념은 西晉이 吳를 멸한 후부터 나타나기 시작하여 東晉代에 심화되었음.

褚公於章安令遷太尉記室叅軍, 名字已顯而位微, 人未多識. 公東出, 乘估客船, 送故吏數人. 投錢塘亭住. 爾時吳興沈充爲縣令, 當送客過浙江. 客出, 亭吏驅公移牛屋下. 潮水至, 沈令起彷徨, 問: "牛屋下是何物人?" 吏云: "昨有一傖父來寄亭中, 有尊貴客, 權移之." 令有酒色, 因遙問: "傖父, 欲食餅不? 姓何等? 可共語." 褚因擧手答曰: "河南褚季野." 遠近久承公名, 令於是大遽, 不敢移公, 便於牛屋下脩刺詣公. 更宰殺爲饌, 具於公前, 鞭撻亭吏, 欲以謝慚. 公與之酌宴, 言色無異, 狀如不覺. 令送公至界. 雅

097-3(0126)

환무륜(桓茂倫: 桓彝)이 말했다.

"저계야는 뱃속에 들어 있는 『춘추(春秋)』다[1]."

이것은 그가 마음속으로 재단(裁斷)하는 것을 말한다.

역주 1) 뱃속에 들어 있는 『춘추(春秋)』다: 원문은 "皮裏陽秋". 겉으로 好惡를 말하지 않고 마음속으로 褒貶하는 것을 말함. 『晉書』 권93 「褚裒傳」에서 "裒有皮裏陽秋, 言其外無臧否, 而內有褒貶也"라고 함. '陽秋'는 원래 '春秋'인데, 東晉 元帝의 鄭太后 阿春의 諱를 피하기 위하여 고친 것임. 한편 周一良의 『魏晉南北朝史札記』 「任子春秋與皮裏春秋」條에서는 "'皮裏'實卽'活人'之意. 『梁書』三三「劉孝綽附子諒傳」云: '少好學, 有文才, 又博悉晉代故事, 時人號曰皮裏晉書.' …意卽'活晉書'. 以此例推之, 皮裏春秋原意亦不外活春秋也."라고 하여 '皮裏陽秋'를 '活陽[春]秋', 즉 '살아 있는 『춘추』'라고 해석하는 것이 옳다고 주장함.

桓茂倫云: "褚季野皮裏陽秋." 謂其裁中也. 賞

098

[晉] 저상(褚爽)

자는 무홍(茂弘)이고 어릴 적 자는 기생(期生)이며, 저부(褚裒)의 손자다. 중서랑(中書郎)과 의흥태수(義興太守)를 지냈다.

字茂弘, 小字期生, 裒之孫. 官中書郎・義興太守. [『續晉陽秋』]

098-1(0127)

저기생이 젊었을 때, 사공(謝公: 謝安)은 그를 높이 인정하여 항상 이렇게 말했다. "저기생이 만약 훌륭한 인물이 되지 않는다면, 나는 다시는 인물을 품평하지 않겠노라!"

褚期生少時, 謝公甚知之, 恒云: "褚期生若不佳者, 僕不復相士!" 識

099

[劉宋] 저소(褚炤)

자는 언선(彦宣)이며 하남(河南) 사람이다. 젊어서부터 고상한 절조를 지녔다. 국자박사(國子博士)에 제수되었지만 한 쪽 눈이 멀어서 임명되지 못했다.

字彦宣, 河南人. 少有高節. 除國子博士, 以一目眇不拜. [『南史』]

099-1(0128)

저언선은 사촌형 저언회(褚彦回: 褚淵)가 두 조정[1]을 섬기는 것을 늘 비난했다.〈1〉 저언회의 아들 저분(褚賁)〈2〉이 저언선에게 의향을 물으러 찾아갔더니, 저언선이 물었다.

“사공(司空: 褚淵)은 오늘 어디에 계시느냐?”

저분이 말했다.

“옥새와 인끈을 받들고 제대사마(齊大司馬: 齊 高帝 蕭道成)의 집에 계십니다.”

그러자 저언선이 정색하며 말했다.

“네 집의 사공이 한 집안의 물건을 다른 한 집안에 넘겨주려는 것[2]도 모르면서 다시 무슨 말을 하겠느냐?”

저언회는 장난을 좋아하여 조서를 꾸며 저언선에게 초거(軺車)[3]를 지급했다. 그러자 저언선이 대노하며 말했다.

“이것을 두는 것은 가문을 욕되게 하는 것이니, 어찌 다른 사람들로 하여금 보게 할 수 있겠는가!”

그리고는 불을 찾아 그것을 태우려 하자, 마부가 수레를 몰아 도망쳐 겨우 화를 면했다.

〈1〉・소도성(蕭道成)이 창오왕(蒼梧王: 後廢帝 劉昱)을 시해하고 나서, 태후(太后)의 명으로 원찬(袁粲)・저연(褚淵)・유병(劉秉)을 불러 논의하고 안성왕(安成王: 順帝 劉準)을 황제로 옹립했다. 원찬과 유병이 은밀히 모의하여 소도성을 주살하려고 했는데, 일이 실패하여 모두 죽임을 당했다. 소도성이 유송의 제위를 선양받자 저연이 백관을 이끌고 옥새와 인끈을 받들고 제왕(齊王: 蕭道成)의 궁궐로 가서 제위에 오르라고 권했다.

〈2〉・저분은 자가 위선(蔚先)이다. 젊어서부터 성품이 강직했다. 부친이 원찬 등을 배반하고 제 고제(高帝: 蕭道成)를 따르자 원분은 그 불가함을 강하게 주장했으며, 종신토록 그 일을 부끄럽게 여겨 물러나 은거하려는 뜻을 품었다. 시중(侍中) 벼슬을 지냈다.

역주 1) 두 조정: 원문은 “二姓”. 여기서는 劉宋과 南齊 두 조정을 말함.

2) 한 집안의 물건을 다른 한 집안에 넘겨주려는 것: 劉宋의 國璽를 南齊에 넘겨주는 것을 말함.

3) 초거(軺車): 말 한 마리가 끄는 가볍고 작은 수레.

褚彦宣常非從兄彦回身事二姓.〈1〉 彦回子賁〈2〉往問訊彦宣, 彦宣問曰: “司空今日何在?” 賁曰: “奉璽紱在齊大司馬門.” 彦宣正色曰: “不知汝家司空將一家物與一家,亦復何謂?” 彦回好戲, 詔以軺車給之. 彦宣大怒曰: “着此辱門戸, 那可令人見!” 索火燒之, 馭者奔車乃免. **方** **互** 褚淵

〈1〉・蕭道成旣弒蒼梧王, 以太后令召袁粲・褚淵・劉秉會議, 迎立安成王. 粲・秉密謀誅道成, 事敗, 皆死. 道成受宋禪, 淵率百官奉璽綬, 詣齊宮勸進. [『資治通鑑』]

〈2〉・字蔚先. 少耿介. 父背袁粲等, 附齊高帝, 賁深執不可, 終身愧恨, 有棲退之志. 位侍中. [『南史』]

100

[齊] 저연(褚淵)

자는 언회(彦回)며 저소(褚炤)의 사촌형이다. 젊어서부터 세상의 명성을 얻었다. 부친[褚湛之]이 죽자 재산을 동생에게 넘겨주고 자신은 수천 권의 책만 가졌다. 송(宋: 劉宋)나라에서 벼슬하여 사공(司空)이 되었고, 나중에는 제(齊: 南齊)나라의 조정에서 어명을 보좌하여 벼슬이 시중(侍中)과 사도(司徒)에 이르렀다.

字彦回, 炤從父兄. 少有世譽. 父卒, 推財與弟, 惟取書數千卷. 仕宋爲司空, 後爲齊朝佐命, 官至侍中・司徒. [蕭子顯『齊書』] **方** **詳** 褚炤 **輕** **詳** 劉祥

100-1(0129)

저사도(褚司徒: 褚淵)가 한번은 원찬(袁粲)의 집에서 모였는데, 초가을의 시원한 저녁나절에 풍광이 매우 아름다웠다. 저언회가 금(琴)을 가져와 「별학조(別鶴操)」[1] 라는 곡을 연주했는데, 음률이 조화롭고 풍채도 화락했다. 왕욱(王彧)과 사장(謝莊)이 모두 그 자리에 있다가 감탄하며 말했다.

“걸림 없는 마음[2]이 이치가 담겨 있는 악기에 부합하니, 음률이 잠시 어긋나더라도 어쩔 수 없다!”

역주 1) 「별학조(別鶴操)」: 악부(樂府) 금곡(琴曲)의 명칭. 옛날에 상릉목자(商陵牧子)가 자식을 낳지 못하는 부인과 집안의 강요에 의해 헤어지면서 지은 노래라고 함.

2) 걸림 없는 마음: 원문은 “無累之神”. 세속을 초탈한 자유로운 심령을 뜻함.

褚司徒嘗集袁粲舍, 初秋涼夕, 風月甚美. 彦回援琴, 奏「別鶴」之曲, 宮商既調, 風神諧暢. 王彧·謝莊並在坐, 歎曰: "以無累之神, 合有道之器, 宮商暫離, 不可得已!" 賞

101

[晉] 여안(呂安)

자는 중제(中悌)며 동평(東平)사람이다. 뜻이 크고 도량이 넓었으며, 세속을 초탈한 기풍을 지녔다.

字中悌, 東平人. 志量開曠, 有拔俗風氣. [『晉陽秋』]

101-1(0130)

혜강(嵇康)과 여안은 사이가 좋아서 매번 서로 생각이 났다 하면 천리를 마다 않고 수레를 채비하게 하여 찾아가곤 했다. 여안이 나중에 찾아갔을 때, 마침 혜강은 집에 없었고 [혜강의 형] 혜희(嵇喜)〈1〉가 문을 열고 그를 맞이했는데, 여안은 들어가지도 않고 대문 위에 '봉(鳳)'자만 써놓고 가버렸다. 혜희는 그 의미를 깨닫지 못하고 오히려 기뻐했다. 여안이 일부러 '봉'자를 써놓은 것은 보통 새[凡鳥]라는 뜻이었다.[1]

〈1〉· 혜희는 자가 공목(公穆)이며 혜강의 형이다. 양주자사(揚州刺史)를 지냈다.

역주 1) 일부러 '봉'자를 써놓은 것은 보통 새[凡鳥]라는 뜻이었다: 여기에서 呂安은 '鳳'자를 써서 嵇喜가 凡才라는 것을 풍자했는데, 나중에 '題鳳'·'題凡鳥'라는 말은 평범한 범재를 풍자하는 典故가 되었음.

嵇康與呂安善, 每一相思, 千里命駕. 安後來, 值康不在, 喜〈1〉出戶延之, 不入, 題門上作'鳳'字而去. 喜不覺, 猶以爲欣. 故作'鳳'字, 凡鳥也. 簡 五 嵇康

〈1〉・字公穆, 康兄. 官揚州刺史. [『晉百官名』]

102

[唐] 여태을(呂太乙)

처음에 어사리행(御史裏行)이 되었는데, 자신의 재능을 자부했으나 정식으로 관직을 받지 못하자 관청 안의 대숲을 읊어 자신의 뜻을 기탁하길: "쭉 뻗은 동헌 앞의 대나무, 거듭된 세월의 추위에도 푸르기만 하네. 곧은 속으로 그저 절개만 드러낼 뿐, 대 꺼풀 작아 아직 장대가 되지 못하네"라고 했다. 나중에 호부원외랑(戶部員外郎)으로 승진했다.

初爲御史裏行, 自負才華而不卽眞, 詠院中叢竹以寄意曰: "擢擢當軒竹, 靑靑重歲寒. 心貞徒見節, 籜小未成竿." 後遷戶部員外郎. [『大唐新語』]

102-1(0131)

여태을이 호부원외랑이 되었다. 호부는 이부(吏部)와 관서를 이웃하고 있었는데, 이부에서 호부에 공문서를 보내 담장에 모두 가시나무를 심게 하여 관원들이 서로 왕래하는 것을 막고자 했다. 그러자 여태을이 그 공문서에 이렇게 답했다.

"친애하는 저 이부는 관리의 전형을 총괄하는 관서니, 마땅히 대범하면서도 요령이 있고 청렴하면서도 사리에 통달해야 하거늘 하필이면 울타리를 설치하여 가시나무를 심는단 말입니까?"

상서성(尙書省)[1]에서는 그의 뛰어난 기량을 칭찬했다.

역주 1) 상서성(尙書省): 戶部와 吏部는 모두 상서성에 속함.

呂太乙爲戶部員外郎. 戶部與吏部隣司, 吏部移牒戶部, 令墻宇悉樹棘, 以防令史交通. 太乙報牒曰: "眷彼吏部, 銓總之司, 當須簡要淸通, 何必設籬種棘?" 省中賞其俊拔. **規**

103

[唐] 여재(呂才)

103-1(0132)

태종(太宗: 李世民)은 근래의 잡서(雜書) 가운데 잘못되고 거짓된 것이 특히 많다고 생각하여, 태상박사(太常博士) 여재에게 그것을 정정 간행하여 바치도록 명했다. 여재는 잡서들에 대해 모두 서문을 썼는데, 유가의 경서와 역사서를 바탕으로 했다. 그는 『녹명(祿命)』[1]의 서문에서 다음과 같이 말했다.

"『녹명』이란 책은 많은 말 가운데 간혹 들어맞는 경우가 있어서 사람들이 그것을 믿는다. 하지만 장평(長平)[2]에서 병졸들을 구덩이에 생매장했는데, 그들이 모두 삼형(三刑)[3]을 범했단 말은 듣지 못했다. 또 남양(南陽)의 존귀한 선비[4]라고 해서 어찌 반드시 모두 육합(六合)[5]에 합당했겠는가? 지금 또한 같은 해에 같은 복록을 타고났지만 그 귀함과 천함이 현격하게 차이나고, 같은 운명에 같은 어머니에게서 태어났지만 그 장수함과 요절함이 크게 다르니, 이것은 모두 '녹명'이 들어맞지 않는다는 분명한 증거다."

역주 1) 『녹명(祿命)』: 인생의 福祿에 관한 운수를 기록한 책. 『舊唐書』「經籍志」와 『新唐書』「藝文志」에 劉孝恭의 『祿命書』 20권이 저록되어 있음.

2) 장평(長平): 漢 高祖 劉邦 원년(기원전 206)에 秦나라의 항복한 병사 45만 명을 장평에서 한꺼번에 구덩이에 생매장함.

3) 삼형(三刑): 옛 陰陽家와 占星家들이 12地支와 五行의 相生·相剋 관계를 가지고 형벌을 받게 되는 경우를 설명한 것임. 세 개의 支가 서로 돌아가면서 형벌을 주는 경우는 寅→巳→申→寅, 丑→戌→未→丑이 있고, 두 개의 支가 서로 형벌을 주는 경우는 子→卯→子가 있으며, 한 개의 支가 자기 스스로에게 형벌을 주는 경우는 辰→辰, 午→午, 酉→酉, 亥→亥가 있는데, 이 세 가지 경우를 '삼형'이라 함. 이를 범하는 사람이나 땅은 흉하다고 여겨짐.

4) 남양(南陽)의 존귀한 선비: 예로부터 남양에서 존귀한 선비들이 많이 배출되었다고 함. 後漢의 光武帝 劉秀도 남양 출신이고 그 덕으로 존귀하게 되었다고 함.

5) 육합(六合): 陰陽家들은 月과 日의 地支가 서로 화합하면 길하다고 여겼음. 子와 丑, 寅과 亥, 卯와 戌, 辰과 酉, 巳와 申은 서로 화합하는 경우고, 午와 未는 서로 화합하지 않

는 경우인데, 이 여섯 가지를 '육합'이라 함.

太宗以近世雜書訛僞尤多, 命太常博士呂才刊定上之. 才皆為之敘, 質以經史. 其敘『祿命』曰: "『祿命』之書, 多言或中, 人乃信之. 然長平坑卒, 未聞共犯三刑. 南陽貴士, 何必俱當六合? 今亦有同年同祿而貴賤懸殊, 共命共胎而壽夭更異, 此皆祿命不驗之著明者也."* 言

校勘 * 이 고사는 『世說新語補』에는 나오지 않고, 『資治通鑑』 권196 「唐紀十二」와 『舊唐書』 권79 「呂才傳」과 『新唐書』 권107 「呂才傳」에 나옴.

104

[漢] 허건(許虔)

자는 자정(子政)이며 평여(平輿) 사람이다. 인품은 고결함을 숭상했으며 아정하고 활달했다. 처음 벼슬길에 나아가[1] 군(郡)의 공조(功曹)가 되었는데, 간악한 자들을 모두 파직시킴으로써 온 군이 숙연해졌다.

역주 1) 처음 벼슬길에 나아가: 원문은 "釋褐". '解褐'과 같은 뜻임. 신분이 천한 자가 입는 거친 갈포 옷을 벗고 관복을 입는다는 뜻으로, 처음 관직에 나아가는 것을 말함.

字子政, 平輿人. 體尚高潔, 雅正寬亮. 釋褐爲郡功曹, 黜奸廢惡, 一郡肅然. [『汝南先賢傳』]

104-1(0133)

사자미(謝子微: 謝甄)〈1〉가 허자장(許子將: 許劭) 형제를 보고 말했다.

"평여(平輿)의 연못에 용 두 마리가 있다."

또한 허자정이 20살 되었을 때 사자미가 그를 보고 감탄하며 말했다.

"허자정과 같은 사람은 나라를 다스릴 기량을 지니고 있도다! 얼굴색을 바로 하고 충간하는 것은 진중거(陳仲擧: 陳蕃)에 견줄 만하고[1], 악한 자를 징벌하고 못난 자를 물리치는 것은 범맹박(范孟博: 范滂)의 풍격과 같다."

〈1〉· 사자미는 이름이 견(甄)이며 여남(汝南) 사람이다. 인물을 명확히 알아보는 것에 대해서는 곽림종(郭林宗: 郭泰)도 그에게 미치지 못했다.

역주 1) 진중거(陳仲擧: 陳蕃)에 견줄 만하고: 陳蕃은 청렴한 관료의 대표적인 인물로서, 宦官 세력에 과감하게 대항하다가 도리어 주살당했음.

謝子微〈1〉見許子將兄弟, 曰: "平輿之淵, 有二龍焉." 見許子政弱冠之時, 歎曰: "若許子政者, 有幹國之器! 正色忠謇, 則陳仲擧之匹, 伐惡退不肖, 范孟博之風." 賞 互 許劭

〈1〉· 名甄, 汝南人. 明識人倫, 雖郭林宗不及矣. [『汝南先賢傳』]

105

[漢] 허소(許劭)

자는 자장(子將)이다. 명성과 절조가 높았고 인물을 품평하길 좋아했는데, 많은 사람들로부터 칭송과 인정을 받았다. 형 허정(許靖)과 함께 향당의 인물들을 논평하길 좋아하여, 매월 그 품제(品題)를 바꾸었기 때문에 여남(汝南)의 풍속에 월단평(月旦評)이란 말이 생겨나게 되었다. 허소가 아직 그 명성이 드러나지 않았을 때, 당시 사람들은 허소가 그의 형 허건만 못하다고 생각했다. 그러나 허건은 항상 탄식하면서[1] 허소를 칭찬했으며, 스스로 그만 못하다고 생각했다. 원소(袁紹)가 공부연(公府掾)[2]으로 초징했지만 나아가지 않았다. 강남으로 피난했다가 예장(豫章)에서 죽었다.

역주 1) 탄식하면서: 원문은 "拊髀(비)". 넓적다리를 쓸면서 스스로 탄식하는 것을 말함.

2) 공부연(公府掾): 三公[太尉·司徒·司空]의 幕府에 있던 屬官을 말함.

字子將. 峻名節, 好人倫, 多所賞識. 與兄靖共論鄉黨人物, 每月輒更其品題, 汝南俗有月旦評焉. 劭聲未發時, 時人以謂不如兄虔. 虔恒拊髀稱劭, 自以爲不及也. 袁紹辟公府掾, 不就. 避地江南, 卒於豫章. [范曄『後漢書』·『汝南先賢傳』·『海內先賢傳』] 賞 詳 許虔

105-1(0134)

허자장은 영천(潁川)에 당도하여 대부분 덕망 높은 인물들과 교유했는데, 오직 진중궁(陳仲弓: 陳寔)만 찾아가지 않았다. 또한 진중거(陳仲擧: 陳蕃)의 부인이 죽어서 고향으로 돌아와 장례를 치렀는데, 향리 사람들이 모두 그의 집을 찾아갔지만 허자장만 가지 않았다. 어떤 사람이 그 까닭을 묻자 허자장이 말했다.

"진태구(陳太丘: 陳寔)는 도(道)가 넓은데 넓으면 주밀하기 어렵고, 진중거는 성품이 준엄한데 준엄하면 두루 미치기가 드뭅니다. 그래서 찾아가지 않은 것입니다."

당시 사람들은 그의 감식안에 탄복했다.

許子將當[1]到潁川, 多長者之游, 唯不詣陳仲弓. 又陳仲擧妻喪還葬, 鄕人俱至, 許獨不往. 或問其故, 子將曰: "太丘道廣, 廣則難周, 仲擧性峻, 峻則少通. 故不造也." 時人服其裁量. **識** **互** 陳寔 陳蕃

校勘 1) 當: 『世說新語補』에는 "嘗"이라 되어 있음.

106

[晉] 허조(許璪)

자는 사문(思文)이며 의흥(義興) 양선(陽羡) 사람이다. 벼슬이 이부시랑(吏部侍郞)에까지 이르렀다.

字思文, 義興陽羡人. 仕至吏部侍郞. [『晉百官名』·『許氏譜』]

106-1(0135)

허시중(許侍中: 許璪)과 고사공(顧司空: 顧和)이 함께 왕승상(王丞相: 王導)의 종사(從事)가 되었는데, 당시에 이미 [승상으로부터] 예우를 받아 연회나 집회에 함께 참석하지 않은 적이 거의 없었다. 한번은 밤에 왕승상의 집에 가서 놀았는데, 두 사람이 마음껏 즐기고 나자 왕승상은 곧 자기 침실로 들어가 자라고 했다. 고사공은 새벽까지 뒤척이면서 숙면을 취할 수 없었는데, 허시중은 침상에 올라가 자마자 곧바로 드르렁! 드르렁! 크게 코를 골았다. 그래서 왕승상이 여러 손님들을 돌아보면서 말했다.

"여기도 잠을 자기 어려운 곳이군요."

許侍中·顧司空俱作丞相從事, 爾時已被遇, 遊宴集聚, 略無不同. 嘗夜至丞相許戲, 二人歡極, 丞相便命使入己帳眠. 顧至曉回轉, 不得快孰, 許上牀, 便咍臺大鼾. 丞相顧諸客曰: "此中亦難得眠處." 雅 互 顧和

107

[晉] 허순(許詢)

자는 현도(玄度)며 고양(高陽) 사람으로 [魏 中領軍] 허윤(許允)의 현손이다. 어려서부터 총명하여 사람들이 신동이라 불렀다. 사도연(司徒掾)으로 초징되었으나 나아가지 않았다. 요절했다.

字玄度, 高陽人, 允之玄孫. 總角秀惠, 衆稱神童. 辟司徒掾, 不就. 早卒. [『續晉陽秋』] 文 詳 支遁

107-1(0136)

허현도가 동생을 데리고 도성으로 나가 결혼을 시켰는데, 사람들 중에 [허현도의 동생이라는 말만 듣고도] 그를 흠모하지 않는 이가 없었다. 이미 도착한 뒤에 그 동생을 보았더니 너무 어수룩했기에 모두들 그를 조롱하려 하자, 허현도는 빈주(賓主)의 예의를 깍듯이 차려 사람들을 상대했다. 그래서 유진장(劉眞長: 劉惔)이 웃으며 말했다.

"허현도가 동생의 결혼을 위해 10겹의 쇠 가리개를 쳤군!"

許玄度將弟出都婚, 諸人無不欽遲. 旣至, 見其弟乃甚癡, 都欲嘲棄之, 玄度爲作賓主相對. 劉眞長笑曰: "玄度爲弟婚, 施十重鐵步障!" 言

107-2(0137)

유윤(劉尹: 劉惔)이 말했다.

"맑은 바람이 부는 달 밝은 밤이면 문득 허현도가 떠오른다."

劉尹云: "淸風朗月, 輒思玄度." 言

107-3(0138)

허연(許掾: 許詢)이 젊었을 때 사람들이 그를 왕구자(王苟子: 王修)와 비교하자 허연은 크게 불만스러웠다. 그때 여러 명사들과 지법사(支法師: 支遁)가 함께 회계(會稽)의 서사(西寺)에서 불경을 강론했는데 왕구자도 그곳에 있었다. 허연은 마음속으로 몹시 분이 나서 곧장 서사로 가서 왕구자와 변론을 벌려 우열을 결정하고자 했다. 격렬하게 서로 논쟁한 끝에 마침내 왕구자가 크게 패했다. 이번에는 반대로 허연이 왕구자의 논리를 사용하고 왕구자가 허연의 논리를 사용하여 다시 서로 변론을 벌렸지만 왕구자가 또 패했다. 허연이 지법사에게 말했다.

"제자[허연]의 방금 전 의론이 어떠합니까?"

지법사가 말했다.

"당신의 의론은 훌륭하긴 하지만 어찌 그렇게 심하게 하시오? 이것을 어찌 진리의 중정(中正)함을 구하는 담론이라 하겠소?"

許掾年少時, 人以比王苟子, 許大不平. 時諸人士及支法師, 並在會稽西寺講, 王亦在焉. 許意甚忿, 便往西寺, 與王論理, 共決優劣. 苦相折挫, 王遂大屈. 許復執王理, 王執許理, 更相覆疏, 王復屈. 許謂支曰: "弟子向語何似?" 支曰: "君語佳則佳

矣, 何至相苦耶? 豈是求理中之談哉?" 文 互 王修

107-4(0139)

허연(許掾: 許詢)이 간문제(簡文帝: 司馬昱)를 방문했는데, 그날 밤은 바람이 고요하고 달이 밝아서 함께 밀실 안에서 담론을 나누었다. 가슴속의 정회(情懷)를 시로 읊어 내는 것은 특히 허연이 잘하는 바였는데, 이날은 시에 실은 언어가 청려(淸麗)하여 평소보다 뛰어났다. 간문제는 비록 평소에 그와 가까이 지냈지만, 이번의 만남에서는 더욱 감탄하여 자기도 모르게 무릎을 가까이 한 채 함께 손을 맞잡고 담론하면서 새벽 무렵까지 이르렀다. 나중에 간문제가 말했다.

"허현도의 재능과 감성은 진실로 쉽사리 많이 얻을 수 있는 것이 아니다!"

許掾詣簡文, 爾夜風恬月朗, 共作曲室中語. 襟情之詠, 偏是許之所長, 辭寄淸婉, 有逾平日. 簡文雖契素, 此遇尤相咨嗟, 不覺造膝, 共叉手語, 達于將旦. 旣而曰: "玄度才情, 故未易多有許!" 賞

107-5(0140)

왕우군(王右軍: 王羲之)이 허현도에게 물었다.

"그대는 스스로 사안석(謝安石: 謝安)과 비교하여 어떻다고[1] 생각하는가?"

허현도가 미처 대답하지 못하자 왕우군이 말했다.

"사안석은 당연히 그대보다 뛰어나고, 아만(阿萬: 謝萬)은 틀림없이 눈을 부라리고 그대에게 덤벼드려 할걸?"

역주 1) 사안석(謝安石: 謝安)과 비교하여 어떻다고: 원문은 "何如安石". 문맥상으로 보아 "何如安 · 萬" 또는 "何如安石 · 萬石"으로 고치는 것이 보다 타당할 것 같음.

王右軍問許玄度: "卿自言何如安石?" 許未答, 王因曰: "安石故相爲雄, 阿萬當裂眼爭耶?" 品 互 謝萬

107-6(0141)

허연(許掾: 許詢)은 산수를 유람하기 좋아했는데, 몸이 민첩하여 산을 오르는 데 수월했다. 그래서 당시 사람들이 이렇게 말했다.

"허연은 명승지를 좋아하는 마음을 지니고 있을 뿐만 아니라 실제로 명승지를 잘 다닐 수 있는 체구를 갖고 있다."

許掾好遊山水, 而體便登陟. 時人云: "許非徒有勝情, 實有濟勝之具." 棲

107-7(0142)

허현도가 도성에 한 달 동안 머물고 있을 때, 유윤(劉尹: 劉惔)은 그를 찾아가지 않는 날이 없었는데 이윽고 이렇게 탄식했다.

"그대가 잠시라도 도성을 떠나지 않는다면, 나는 직무를 태만히 하는[1] 경윤(京尹)[2]이 될 것이오!"

역주 1) 직무를 태만히 하는: 원문은 "輕薄". 본래는 언행이 장중하지 못한 것을 뜻하지만, 여기서는 맡은 바 임무를 소홀히 하는 것을 말함.

2) 경윤(京尹): 京兆尹. 도성이 소재한 지역의 행정장관. 劉惔은 당시 丹陽尹으로 있었는데, 丹陽郡은 당시 도성 建康을 포함한 지금의 江蘇省 일대를 관할했음.

許玄度停都一月, 劉尹無日不往, 乃嘆曰: "卿復少時不去, 我成輕薄京尹!" 寵 互 劉惔

108

[唐] 허경종(許敬宗)

자는 연족(延族)이며 항주(杭州) 신성(新城) 사람이다. 검교중서시랑(檢校中書侍郎)을 지냈다. 고종(高宗: 李治)이 무소의(武昭儀: 則天武后)를 황후로 책봉할 때 허경종이 그 계획에 찬성하여 군공(郡公)에 봉해졌다.

字延族, 杭州新城人. 官檢校中書侍郞. 高宗立武昭儀, 敬宗贊成其計, 進封郡公. [『唐書』]

108-1(0143)

허경종은 만난 사람을 대부분 잊어버렸다. 어떤 사람이 그에게 총명하지 못하다고 말하자 그가 말했다.

"그대는 본디 기억하기 어렵소. 만약 하(何: 何遜)〈1〉·유(劉: 劉孝綽)〈2〉·심(沈: 沈約)〈3〉·사(謝: 謝朓)〈4〉를 만난다면, 어둠 속에서 더듬더라도 알 수 있을 것이오."

〈1〉·하는 하손(何遜)이다.

〈2〉·유는 유효작(劉孝綽)이다.

〈3〉·심은 심약(沈約)이다.

〈4〉·사는 사조(謝朓)다.

許敬宗見人多忘之. 或謂其不聰, 曰: "卿自難記. 若遇何〈1〉·劉〈2〉·沈〈3〉·謝〈4〉, 暗中摹索, 亦可識." 簡

〈1〉·遜.

〈2〉·孝綽.

〈3〉·約.

〈4〉·朓.

109

[唐] 허근선(許謹選)

109-1(0144)

허근선은 성품이 자유분방하여 사소한 예의범절에는 구애받지 않았다. 그는 친구들과 화원에서 연회를 즐길 때 휘장을 치거나 자리를 마련한 적이 없었으며, 그저 동복(僮僕)에게 떨어진 꽃을 모아 자리 밑에 깔게 하고는 이렇게 말했다.

"나는 본래 꽃방석을 가지고 있다."

許謹選[1]放曠不拘小節. 與親友結宴花圃中, 未嘗張幄設坐, 只使僮僕聚落花鋪坐下, 曰: "吾自有花裀." **棲**

校勘 1) 許謹選: 『開元天寶遺事』에도 이 고사가 실려 있는데 주인공이 學士 許愼選이라 되어 있음.

110

[吳] 우번(虞翻)

자는 중상(仲翔)이며 회계(會稽) 여요(餘姚) 사람이다. 어려서부터 학문을 좋아하고 고상한 뜻을 지녔다. 우번이 12살 때 그의 형을 기다리던 어떤 손님이 우번에게 들르지 않자, 우번이 나중에 그 손님에게 편지를 보내 말하길: "호백(虎魄: 琥珀)은 썩은 가라지를 취하지 않고 자석(磁石)은 굽은 침을 받지 않는다고 했습니다. 지나가면서도 안부를 묻지 않는 것은 또한 옳은 일이 아니겠지요?"라고 했다. 손님은 그 편지를 받고 그를 기특하게 생각했다.

字仲翔, 會稽餘姚人. 少好學有高志. 年十二, 客有候其兄者, 不過翻, 翻追與書曰: "虎魄不取腐芥, 磁石不受曲針. 過而不存, 不亦宜乎?" 客得書奇之. [『吳志』·『吳書』]

110-1(0145)

손토역(孫討逆: 孫策)이 이미 예장(豫章)을 평정하고 돌아와 장병들에게 연회를 베풀면서 우중상에게 말했다.

"내가 예전에 수춘(壽春)에 다시 갔다가 마일제(馬日磾)〈1〉를 만나 중주(中州: 中原)의 사대부들과 모임을 가졌는데, 그들은 우리 동쪽 사람들이 재주는 많지만 학문이 넓지 못한 것이 흠이라고 말했소. 그 말에는 우리가 그들에게 미치지 못한다는 뜻이 담겨 있지만, 나는 여전히 그렇지 않다고 생각하오. 경은 박학하고 견문이 넓으니, 미리 경을 허도(許都)[1]로 한 번 보내 조정의 인사들을 두루 만나 함부로 지껄이는 중원 놈들을 꺾어놓았으면 하오. 경이 가고 싶지 않다면 장자강(張子綱: 張紘)을 보내겠지만, 아무래도 장자강은 저 조무래기들의 혀를 묶어놓을 수 없을 것 같소."

〈1〉・마일제는 자가 옹숙(翁叔)이며 마융(馬融) 친족 형제의 손자다. [漢] 헌제(獻帝: 劉協) 때 태부(太傅)를 지냈으며, 채옹(蔡邕)과 함께 석경(石經)을 교정했다.

역주 1) 허도(許都): 許昌. 曹操가 獻帝를 협박하여 이곳으로 遷都하게 했음.

孫討逆既定豫章, 還饗將士, 謂虞仲翔曰: "孤昔再至壽春, 見馬日磾,〈1〉 及與中州士大夫會, 言我東方人多才耳, 恨學問不博. 語議有所不及, 孤意猶謂未爾. 卿博學洽聞, 故前欲令卿一詣許, 交見朝士, 以折中國妄語兒. 卿不願行, 便使張子綱, 恐子綱不能結兒輩舌也." **言** **互** 張紘 孫策

〈1〉・字翁叔, 融族孫. 獻帝時太傅, 與蔡邕同校定石經. [『三輔決錄』]

110-2(0146)

우중상이 동오(東吳)에 있을 때 조공(曹公: 曹操)이 그를 초징하고자 했는데, 우중상이 그 말을 듣고 말했다.

"도척(盜跖)이 남은 재물로 좋은 집안을 더럽히려 하는가?"

虞仲翔在東吳, 曹公欲辟之, 虞聞之曰: "盜跖欲以餘財汙良家耶?" **輕**

110-3(0147)

우중상이 남방으로 방축되자,〈1〉 스스로 자신의 고고한 절조를 한스러워하면서 몸소 남에게 아첨하지 못하고 윗사람을 범해서 죄를 얻었으니, 당연히 오랫동안 바닷가에 묻혀 있으면서 살아서도 더불어 얘기할 사람이 없고 죽어서도 금파리만 조문객이 될 것이라고 여겼다. 하지만 설령 천하에 단 한 사람만이라도 자기를 알아준다면 충분히 한스럽지 않다고 생각했다.

〈1〉・우번은 성품이 소탈하고 정직했는데, 여러 차례 술로 인해 실수를 했다. 손권(孫權)이 한번은 직접 일어나 술을 따라주었는데, 우번은 땅에 엎드려 취한 척하고서 술잔을 받지 않았다. 이에 화가 난 손권이 손에 검을 들고 그를 치려했는데, 유기(劉基)가 손권을 끌어안으며 간언하여 겨우 화를 면할 수 있었다. 손권이 또 한번은 장소(張昭)와 함께 신선을 논하고 있었는데, 우번이 장소에게 손가락질하며 말하길: "그들은 모두 죽은 사람이오. 그대가 신선을 말하고 있는데 세상에 어찌 신선이 있단 말이오!"라고 했다. 손권은 우번에게 분노가 쌓여 있었기에 마침내 우번을 교주(交州)로 유배시켰다. 우번은 비록 죄를 지어 방축되었지만 가르치고 배우는 일을 게을리 하지 않아서 문하생이 늘 수백 명이나 되었다.

虞仲翔放棄南方,〈1〉 自恨踈節, 骨體不媚, 犯上獲罪, 當長歿海隅, 生無可與語, 死以青蠅爲吊客. 使天下一人知己者, 足以不恨. 忿

〈1〉・翻性踈直, 數有酒失. 權嘗自起行酒, 翻伏地陽醉, 不持. 權手劒欲擊之, 劉基抱權諫, 得免. 權又與張昭論神仙, 翻指昭曰: "彼皆死人. 而語神仙, 世豈有神仙也!" 權積怒, 遂徙翻交州. 雖處罪放, 講學不倦, 門徒常數百人. [『吳志』]

111

[晉] 우존(虞存)

[자는 도장(道長)이며] 회계(會稽) 산음(山陰) 사람이다. 어려서부터 탁월했으며 풍격이 고상했다. 상서이부랑(尙書吏部郞)을 역임했다.
동생 우건(虞謇)은 자가 도진(道眞)이며 벼슬은 군(郡)의 공조(功曹)에 이르렀다.

[字道長], 會稽山陰人. 幼而卓拔, 風情高逸. 歷尙書吏部郞. [孫統「存誄敘」]
弟謇, 字道眞, 仕至郡功曹. [范汪『棋品』]

111-1(0148)

하표기(何驃騎: 何充)가 회계내사(會稽內史)로 있을 때, 우존의 동생 우건이 회계군의 주부(主簿)였다. 우건은 하표기가 손님을 만나느라 피곤하므로, 일반 손님을 끊고 집안사람들로 하여금 손님 수를 조절하여 꼭 만나야 할 사람만 선발하도록 건의하려 했다. 그래서 건의문을 작성하여 우존에게 보여주었다. 우존은 당시 하표기의 상급 보좌관으로 있었는데, 마침 우건과 함께 식사하고 있다가 말했다.

"건의문은 매우 잘 되었군. 기다리면 내가 식사를 끝내고 나서 교서(教書)[1]를 써주겠네."

식사가 끝나자 우존이 붓을 들어 건의문 뒤에 이렇게 썼다.

"만약 곽림종(郭林宗: 郭泰)과 같은 문정장(門庭長)[2]을 얻는다면 건의한 바대로 함이 마땅하겠지만, 그대는 어디에서 그러한 인물을 얻을 것인가?"

우건은 이에 그만 두었다.

역주 1) 교서(教書): 여기서는 虞存이 虞謇의 건의문에 대하여 何充을 대신하여 教書를 지었다는 뜻임.

2) 문정장(門庭長): 漢代에 치안을 담당하던 亭長에 상당하는 하급관리.

何驃騎作會稽, 虞存弟謇作郡主簿. 以何見客勞損, 欲白斷常客, 使家人節量, 擇可通者. 作白事成, 以見存. 存時爲何上佐, 正與謇共食, 語云: "白事甚好. 待我食畢作教." 食竟, 取筆題白事後云: "若得門庭長如郭林宗者, 當如所白, 汝何處得此人?" 謇於是止. 政

112

[晉] 우소부(虞嘯父)

회계(會稽) 사람이다. 회계내사(會稽內史)를 지냈다.

會稽人. 官會稽內史. [『中興書』]

112-1(0149)

우소부가 효무제(孝武帝: 司馬曜)의 시중(侍中)으로 있을 때 효무제가 조용히 물었다.

"그대는 문하성(門下省)[1]에 있는데 그대가 헌체(獻替)[2]하는 것을 전혀 듣지 못했소."

우소부의 집은 바다에 가까운 부춘(富春)[3]에 있었는데, 그는 효무제가 진상물[4]을 바란다고 생각하여 대답했다.

"계절이 아직 따뜻하여 제어(鮆魚)와 새우젓[5]을 운반할 수 없사오니, 머지않아 틀림없이 진상하겠나이다."

효무제는 손뼉을 치며 크게 웃었다.

역주 1) 문하성(門下省): 황제 직속의 고문기관. 侍中은 門下省 소속 관리임.

2) 헌체(獻替): '獻可替否'의 줄임말로, 선을 권하고 악을 물리쳐서 군주를 바르게 보좌한다는 뜻. 우소부는 '獻替'라는 말을 獻上의 뜻으로 오해한 것임.

3) 부춘(富春): 지금의 浙江省 富陽縣으로, 당시에는 會稽郡에 속했음.

4) 진상물: 원문은 "意氣". 바치는 예물을 말함.

5) 제어(鮆魚)와 새우젓: 원문은 "鮆魚蝦魠". '鮆魚'는 鰶魚[전어]를 말하며, 날로 먹거나 말려서 먹음. '魠'은 '鮺(자)'의 오기로 보임. 宋本『世說新語』에는 '鮺'라 되어 있음. '鮺'는 '鮓'와 같으며 젓갈의 뜻. 『晉書』 권76 「虞嘯父傳」에는 '蝦魠'이 '蝦鮓'라 되어 있음.

虞嘯父爲孝武侍中, 帝從容問曰: "卿在門下, 初不聞有所獻替." 虞家富春, 近海, 謂帝望其意氣, 對曰: "天時尙煖, 鮆魚蝦魠未可致, 尋當有所上獻." 帝撫掌大笑. 紕

113

[晉] 우비(虞騑)

자는 사행(思行)이며 우번(虞翻)의 증손자다. 이부랑(吏部郞)과 오흥태수(吳興太守)를 역임했으며, 금자광록대부(金紫光祿大夫)로 초징되었다.

字思行, 翻曾孫. 歷吏部郞・吳興守, 徵爲金紫光祿大夫. [『虞光祿傳』]

113-1(0150)

회계(會稽)의 우비는 환선무(桓宣武: 桓溫)와 동료였는데[1], 그는 재기와 철리가 뛰어나고 훌륭한 명망을 지니고 있었다. 왕승상(王丞相: 王導)이 일찍이 우비에게 말했다.

"공유(孔愉)는 삼공(三公)의 재능은 있지만 삼공의 명망이 없고, 정담(丁潭)〈1〉은 삼공의 명망은 있지만 삼공의 재능이 없는데, 이를 겸비한 사람은 바로 그대로다!"

그러나 우비는 [벼슬이 삼공에] 이르기 전에 죽고 말았다.

〈1〉・정담은 자가 세강(世康)이며 산음(山陰) 사람이다. 젊어서부터 공유와 명성을 나란히 했다. 벼슬은 광록대부에 이르렀다.

역주 1) 환선무(桓宣武: 桓溫)와 동료였는데: 원문은 "桓宣武同俠". 『晉書』 권76 「虞騠傳」에는 "與譙國桓彝俱爲吏部郞, 情好甚篤."이라 되어 있는 것으로 보아, "桓宣武"는 "桓宣城" 즉 桓彝의 誤記로 추정함. 또는 "桓宣武" 다음에 '父'字가 빠졌을 가능성도 있음. 사실상 桓溫은 懷帝 永嘉 6년(312)에 태어났으므로 元帝 말년(324)이라도 겨우 12살 정도에 불과했으므로 虞騠와 함께 조정에서 벼슬했을 가능성이 없음. 또한 "同俠"은 『世說敘錄』「考異」의 해당고사에는 "同使"라 되어 있는데, '同使'는 '同僚'의 뜻임.

會稽虞騠[1]與桓宣武同俠, 其人有才理勝望. 王丞相嘗謂騠曰: "孔愉有公才而無公望, 丁潭〈1〉有公望而無公才, 兼之者其在卿乎!" 騠未達而喪. 品 互 孔愉

〈1〉・字世康, 山陰人. 少與孔愉齊名. 仕至光祿大夫. [『會稽後賢記』]

校勘 1) 會稽虞騠: 『世說新語補』에는 이 다음에 "元皇時" 3字가 있음. 元皇은 東晉 元帝 司馬睿를 말함.

114

[齊] 우완지(虞玩之)

자는 무요(茂瑤)며 회계(會稽) 여요(餘姚) 사람이다. 어려서부터 문장을 즐겨 서책을 두루 섭렵했으며, 인물을 품평하길 좋아했다. 상서우승(尙書右丞)을 지냈다.

字茂瑤, 會稽餘姚人. 少閑刀筆, 泛涉書史, 好臧否人物. 官尙書右丞. [『南史』]

114-1(0151)

제(齊)나라 고제(高帝: 蕭道成)가 동부(東府: 揚州府)를 진수하고 있을 때, 당시 소부(少府)로 있던 우완지가 나막신을 끌고 연회석에 참석했다. 고제가 그의 신발을 가져다 살펴보았더니, 색깔은 검게 변했고 한쪽으로 닳아서 날카로워졌으며 끊어진 신발 끈은 짚으로 이어놓은 상태였다. 그래서 고제가 물었다.

"경은 이 나막신을 대체 몇 년이나 신었는가?"

우완지가 말했다.

"처음 벼슬길에 나갈 때 샀으니 이미 30년 넘게 신었습니다."

고제는 감탄하면서 그에게 새 나막신을 주었으나 우완지는 받지 않았다. 고제가 그 까닭을 물었더니, 우완지가 대답했다.

"공께서 하사하신 선물은 은혜롭기도 하고 귀중하기도 하지만, 닳은 상투꽂이와 헤진 신발은 버릴 수 없습니다."

고제는 한참이나 훌륭하다고 칭송했다.〈1〉

〈1〉· 고제는 성이 소씨(蕭氏)고 이름이 도성(道成)이다. 처음에는 송(宋)나라에서 벼슬하여 공을 세워 제국공(齊國公)에 봉해졌으며, 결국에는 송나라의 제위를 선양받았다.

齊高帝鎭東府時, 虞玩之爲少府, 躡屐造席. 高帝取屐視之, 訛黑斜銳, 蔂斷以芒接之. 因問: "卿此屐已幾載?" 玩之曰: "初釋褐時買之, 著已三十年." 高帝咨嗟, 因爲贈屐, 玩之不受. 問其故, 答曰: "公之賜, 恩華俱重, 但遺簪弊履, 復不可遺." 帝稱

善久之.〈1〉 德

〈1〉・高帝, 姓蕭, 名道成. 初仕宋, 以功封齊公, 竟受宋禪. [『齊書』]

114-2(0152)

우완지는 인물을 품평하길 좋아했다. 왕중보(王仲寶: 王儉)가 한번은 원외랑(員外郞) 공적(孔逷)〈1〉을 천거했는데, 우완지가 다른 의견을 강하게 제시하여 왕중보가 몹시 원망스럽게 생각했다. 나중에 우완지가 죽은 후에 원외랑 공선(孔瑄)이 왕중보를 찾아가서 우완지에게 회계오관(會稽吾官)[1] 직을 내려달라고 청했는데, 한창 세수를 하고 있던 왕중보가 쥐엄나무 열매[2]를 땅에 내던지며 말했다.

"그대 고향의 풍속은 몹시 고약하군. 우완지는 죽어서도 남을 번거롭게 하다니!"〈2〉

〈1〉・공적은 자가 세원(世遠)이며 산음(山陰) 사람이다. 벼슬은 태자가령(太子家令)에 이르렀다.

〈2〉・우완지가 동쪽[회계]으로 돌아갈 때 그에게 원망을 품고 있던 왕검은 그를 전송하러 나가지 않았고 조정에서도 그를 전별하는 자가 없었다. 유휴(劉休)가 친지에게 편지를 보내 말하길: "우공(虞公: 虞玩之)이 바닷가에서 머리를 풀어헤친 것은 옛 사람의 훌륭함과 같지만, 동도(東都)에서의 전송은 사뭇 성대하지 못했소"라고 했다.

역주 1) 회계오관(會稽吾官): 五官은 강남의 민간에서 天・地・神・人・物을 관장하는 관리를 말하는 것으로, 죽은 후에 追封되는 神職임. 공선과 우완지가 모두 회계 사람이었기 때문에 공선이 이런 청을 한 것임.

2) 쥐엄나무 열매: 원문은 "皂莢". 당시 더러운 것을 씻어낼 때 세제로 사용했음.

虞玩之好臧否人物. 王仲寶常擧員外郞孔逷,〈1〉 玩之頗持異議, 仲寶甚恨之. 後玩之亡後, 有員外郞孔瑄就仲寶求會稽吾官, 仲寶方盥, 投皂莢於地, 曰: "卿鄕俗殊惡. 虞玩之至死煩人!"〈2〉 忿 互 王儉

〈1〉・字世遠, 山陰人. 仕至太子家令. [『南史』]

〈2〉・玩之東歸, 儉懷恨不出送, 朝廷無祖餞者. 劉休與親知書曰: "虞公散髮海隅, 同古人

之美, 而東都之送, 殊不藹藹." [『南史』]

115

[唐] 우세남(虞世南)

자는 백시(伯施)며 월주(越州) 여요(餘姚) 사람이다. 성품이 침착하고 욕심이 적었으며 뜻을 돈독히 하여 학문에 정진했다. 어렸을 때 형 우세기(虞世基)와 함께 고야왕(顧野王)에게서 공부했는데, 10여 년에 걸쳐 정심하여 게으르지 않았으며 간혹 수십 일 동안 세수나 빗질을 하지 않을 때도 있었다. 또 지영(智永) 스님이 왕희지(王羲之)의 서체에 뛰어났는데, 우세남은 그를 사사(事師)하여 그 서체를 오묘하게 터득함으로써 명성이 자자하게 되었다. 비서감(秘書監)을 지냈고 영흥현자(永興縣子)라는 작위를 받았다.

字伯施, 越州餘姚人. 性沉靜寡欲, 篤志勤學. 少與兄世基, 學於顧野王, 經十餘年, 精思不倦, 或累旬不盥櫛. 又沙門智永善羲之書, 世南師焉, 妙得其體, 由是聲名藉甚. 官秘書監, 爵永興縣子. [劉昫『唐書』]

115-1(0153)

태종(太宗: 李世民)이 한번은 출행했는데, 담당관리가 부서(副書)[1]를 싣고 수행하길 청하자, 태종이 말했다.

"그럴 필요 없다. 우세남이 여기 있으니. 그는 '걸어 다니는 비서(秘書)'다."

역주 1) 부서(副書): 秘書省 藏書의 副本을 말함.

太宗嘗出行, 有司請載副書以從, 上曰: "不須. 虞世南在此, '行秘書'." 賞

116

[漢] 주휘(朱暉)

자는 문계(文季)며 남양(南陽) 완(宛) 사람이다. 집안 대대로 벼슬을 했다. 주휘는 어려서 부친을 여의었으나 기백이 있었다. 벼슬은 상서령(尙書令)에 이르렀다.

字文季, 南陽宛人. 家世衣冠. 暉早孤, 有氣決. 官至尙書令. [范曄『後漢書』]

116-1(0154)

주문계와 장감(張堪)〈1〉은 같은 현(縣) 사람이었는데, 장감이 태학(太學)에서 주문계를 만나보고 그를 매우 존중하여 그의 팔을 붙잡고 말했다.

"처자식을 주생(朱生)에게 맡기고 싶소."

그러나 주문계는 [장감이 선배였기 때문에] 감히 대답하지 못했다. 장감이 죽은 뒤에, 주문계는 그의 처자식이 빈곤하다는 소문을 듣고 직접 찾아가 안부를 물었으며 재물을 넉넉하게 주었다. 주문계의 아들이 이상히 여겨 물었다.

"아버님께서는 장감과 친구로 지내지 않으셨는데 어찌하여 갑자기 이렇게 하십니까?"

주문계가 말했다.

"장감이 일찍이 나를 알아주는 말을 했기 때문에 나는 마음속으로 그 믿음을 지킨 것이니라."

〈1〉・장감은 자가 군유(君游)며 남양 완 사람이다. 의지가 훌륭하고 품행이 엄정했다. 어양태수(漁陽太守)를 역임했다. 관직을 떠나는 날, 그는 끌채가 부러진 수레를 타고 베로 만든 침낭만 들고 갔다.

朱文季與張堪〈1〉同縣, 張於太學中見文季, 甚重之, 把臂語曰: "欲以妻子託朱生." 文季不敢對. 張亡後, 聞其妻子貧困, 自往候視, 厚賑贍之. 子怪問曰: "大人不與堪爲友, 何忽如此?" 文季曰: "堪嘗有知己之言, 吾以信於心也." 德

〈1〉・字君游, 南陽宛人. 志美行勵. 歷漁陽太守. 去職之日, 乘折轅車, 布被囊而已. [范曄『後漢書』]

117

[漢] 주목(朱穆)

자는 공숙(公叔)이며 남양(南陽) 완(宛) 사람으로 주휘(朱暉)의 아들이다. 5살 때 이미 학문을 좋아했다. 성품이 엄정하고 그릇된 것을 싫어하여 자기와 같은 부류가 아니면 사귀지 않았다. 중원 사람들이 칭송하길: "남양의 주공숙은 소나무와 측백나무 아래를 걸어가는 것처럼 고상하다[1]"라고 했다. 주목은 시류의 경박함을 유감스러워하고 돈독함을 숭상하여 「숭후론(崇厚論)」을 지었다.

역주 1) 고상하다: 원문은 "飂飂(류)". 바람이 높게 부는 모양. 峻逸하고 高尙한 기상을 뜻함.

字公叔, 南陽宛人, 暉子. 五歲好學. 性矜嚴疾惡, 不交非類. 華夏稱曰: "南陽朱公叔, 飂飂如行松栢之下." 穆感時澆薄, 慕尙敦篤, 乃作「崇厚論」. [張璠『漢紀』· 謝承『後漢書』·『李氏家傳』· 袁山松『後漢書』]

117-1(0155)

주공숙은 학문에 심취하여 정진하고 강론에 뜻을 집중했는데, 간혹 생각에 깊이 잠겨 있다가 자신도 모르게 의관을 잊어버리고 구덩이나 언덕으로 떨어지기도 했다. 그의 부친은 그가 정말 바보여서 말의 다리가 몇 개인지조차도 거의 모를 것이라고 여겼다.

朱公叔耽學專精, 銳意講誦, 或時思至, 不自知亡失衣冠, 顚墜阬岸. 其父以爲專愚, 幾不知馬之幾足. **文**

118

[劉宋] 주백년(朱百年)

회계(會稽) 산음(山陰) 사람이다. 어려서부터 고상한 정취가 있었다. 부모님이 돌아가시자 부인 공씨(孔氏)를 이끌고 회계의 남산(南山)으로 들어가 나무 베고 조릿대를 캐서 생업으로 삼았다. 그는 나무와 조릿대를 길 어귀에 놓아두었는데, 그러면 행인들이 그것을 가져가곤 했다. 다음날 아침에도 또 그렇게 되어 있자 사람들은 다소 의아해했는데, 한참이 지나서야 그것이 주은사(朱隱士: 朱百年)가 팔려고 내놓은 것임을 알게 되었다. 그래서 필요한 사람은 가져가는 양에 따라 [그에 해당하는] 돈을 놓아두고 갔다.

會稽山陰人. 少有高情. 親亡, 携妻孔氏, 入會稽南山, 伐樵採篛爲業. 以樵篛置道頭, 輒爲行人所取. 明旦已復如此, 人稍怪之, 稍久知是朱隱士所賣. 隨其多少留錢而去. [『南史』]

118-1(0156)

주백년은 집이 가난하여, 어머니가 겨울철에 돌아가셨는데도 옷에 솜이 전혀 들어있지 않았다. 그래서 주백년은 그때 이후로 솜옷과 비단옷을 입지 않았다. 한번은 추운 때에 [같은 縣의] 공사원(孔思遠: 孔顗)을 찾아가 하룻밤 묵었는데, [공사원이 입은] 의복은 모두 겹베로 되어 있었다. 주백년이 술을 마시고 취해 잠이 들자 공사원은 침구로 그를 덮어주었다. 주백년은 처음에 모르고 있다가 깨어난 뒤에 침구를 끌어당기며 공사원에게 말했다.

"솜이 정말로 너무 따뜻하군요!"

그리고는 눈물을 흘리며 슬피 통곡했다. 공사원도 이를 보고 감동하여 울었다.

朱百年家貧, 母以冬月亡, 衣並無絮. 百年自此不衣綿帛. 嘗寒時, 就孔思遠宿, 衣悉裌布. 飮酒醉眠, 思遠以臥具覆之. 百年初不知, 旣覺, 引去, 謂思遠曰: "綿定奇溫!" 因流涕悲慟. 思遠亦爲感泣. 德

119

[劉宋] 주이(朱异)

자는 언화(彥和)며 전당(錢唐) 사람이다. 부친 주손지(朱巽之)는 자가 처림(處林)이고 절조를 지니고 있었으며 「변상론(辯相論)」을 지었다. 주이는 경사(經史)를 두루 열람하고 아울러 여러 기예에도 통달했다. 중령군(中領軍)을 지냈다.

字彦和, 錢唐人. 父巽之, 字處林, 有志節, 著「辯相論」. 异徧覽經史, 兼通雜藝. 官中領軍. [『南史』]

119-1(0157)

주이는 오경(五經)을 두루 공부하고 문사(文史)를 섭렵했으며, 바둑・글씨・산법에도 모두 뛰어났다. 20세에 도성으로 갔는데, 심약(沈約)이 그를 놀리며 말했다.

"그대는 젊은데도 어찌하여 청렴하지 않는가?"

주이가 머뭇거리며 그 뜻을 이해하지 못하자 심약이 말했다.

"천하에 있는 문장과 바둑과 글씨를 그대가 한꺼번에 다 가져가버렸으니 어찌 청렴하다 하겠는가?"

朱异遍治五經, 涉獵文史, 博弈書筭, 皆其所長. 年二十詣都, 沈約戲語曰: "卿年少, 何乃不廉?" 异逡巡未達其旨, 約曰: "天下惟有文義棋書, 卿一時將去, 那得云廉?" 排

120

[唐] 주도추(朱桃椎)

성도(成都) 사람이다. 성품이 담박하고 일부러 일을 만들지 않았으며 은거하면서 벼슬하지 않았다. 고사렴(高士廉)이 익주(益州)에 있을 때 자주 사람을 보내 안부를 물었는데, 주도추는 그 사람을 보면 곧바로 수풀 속으로 달아나 몸을 숨겼다.

成都人. 澹泊無爲, 隱居不仕. 高士廉在益州, 屢遣人存問, 見輒走林草自匿. [宋祁『唐書』]

120-1(0158)

주도추는 은거하면서 벼슬하지 않았으며, 갖옷을 걸치고 새끼줄을 두른 채 인간 세상에서 부침(浮沉)했다. 두익주(竇益州: 竇軌)〈1〉가 그에게 의복을 보내주면서 향정(鄕正)[1]이 되라고 강요하자, 주도추는 아무 말 없이 물러나 산속으로 도망쳐 들어가 버렸다. 여름에는 벌거벗고 지냈고 겨울에는 나무껍질로 몸을 덮었으며, 남이 보내주는 물건은 하나도 받지 않았다. 그는 늘 짚신을 삼아서 길옆에 놓아두곤 했는데, 그것을 본 사람들은 모두 "주거사(朱居士: 朱桃椎)의 짚신이다"라고 하면서 쌀로 바꿔서 본래 짚신이 있던 곳에 놓아두었다. 그러면 주도추는 저녁에 이르러 그 쌀을 가져갔으며 끝내 사람들을 만나지 않았다.

〈1〉·두궤(竇軌)는 자가 사칙(士則)이다. 익주도행대좌복야(益州道行臺左僕射)를 지냈다.

역주 1) 향정(鄕正): 鄕官名. 政教와 禁令을 관장했음.

朱桃椎隱居不仕, 披裘帶索, 浮沉人間. 竇益州〈1〉遺以衣服, 逼爲鄕正, 桃椎不言而退, 逃入山中. 夏則裸形, 冬則樹皮自覆, 贈遺一無所受. 每織芒屩置路傍, 見者皆言"朱居士屩", 易米置本處. 桃椎至夕取之, 終不見人. 棲

〈1〉·名軌, 字士則. 爲益州道行臺左僕射. [劉昫『唐書』]

121

[吳] 오전(吳展)

자는 사계(士季)며 하비(下邳) 사람이다. 충직함은 잘못을 바로잡기에 충분하고 청렴함은 풍속을 쇄신하기에 충분하며, 신실함은 신명(神明)과 통할만하고 재능은 세상을 다스릴 만했다. 오(吳)나라에서 벼슬하여 광주자사(廣州刺史)와 오군태수(吳郡太守)를 지냈으나, 오나라가 망한 뒤에는 하비로 돌아와 두문불출하고 스스로를 지키면서 빈객들과 교제하지 않았다.

字士季, 下邳人. 忠足矯非, 淸足厲俗, 信可結神, 才堪幹世. 仕吳爲廣州刺史·吳郡太守. 吳亡, 還下邳, 閉門自守, 不交賓客. [蔡洪「與刺史周俊書」]

121-1(0159)

어떤 사람이 채수재(蔡秀才: 蔡洪)[1]〈1〉에게 물었다.

"오(吳) 땅의 명문 구족(舊族)은 어떻습니까?"

채수재가 대답했다.

"오부군(吳府君: 吳展)〈2〉은 성군 시대의 노련한 인물[2]이고 태평성대의 걸출한 인재며, 주영장(朱永長: 朱誕)〈3〉은 백성을 다스리는 지극한 품덕을 지녔고 공평한 인선(人選)을 행하는 높은 명망을 지녔으며, 엄중필(嚴仲弼: 嚴隱)〈4〉은 깊은 소택지에서 우는 학이고[3] 그윽한 계곡에서 노니는 흰 망아지며[4], 고언선(顧彦先: 顧榮)은 팔음(八音)[5]으로 조화된 금슬이고 오색으로 아롱진 용무늬며, 장위백(張威伯: 張暢)〈5〉은 추운 겨울에도 무성한 소나무고 어두운 밤에도 빛나는 빛이며, 육사형(陸士衡: 陸機)과 육사룡(陸士龍: 陸雲)은 창공을 배회하는 큰 기러기와 고니고 북채로 치기를 기다리는 매달린 북입니다. 무릇 이러한 여러 명현들은 큰 붓을 호미와 쟁기로 삼고 종이와 죽간을 비옥한 밭으로 삼으며, 현묵(玄默)[6]함을 경작으로 삼고 철리를 풍년으로 삼으며, 담론을 화려한 꽃으로 삼고 충서(忠恕)[7]를 진귀한 보물로 삼으며, 문장을 비단 수놓듯이 짓고 오경을 비단 짜듯이 마음에 새겨 넣으며, 겸허함을 자리삼아 깔고 앉고 예의와 겸양을 휘장삼아 펼치며, 인의를 집삼아 행동하고 도덕을 넓은 저택삼아 수양합니다."

〈1〉· 채수재는 채홍(蔡洪)이다.

〈2〉· 오부군은 오전이다.

〈3〉· 주영장은 이름이 탄(誕)이며 오군(吳郡) 사람이다. 현량(賢良)[8]으로 천거되었고 의랑(議郞)을 지냈다.

〈4〉· 엄중필은 이름이 은(隱)이며 오군 사람이다. 타고난 기품이 청순하며 사려가 깊고 도량이 컸다. 완릉령(宛陵令)을 지냈다.

〈5〉· 장위백은 이름이 창(暢)이며 오군 사람이다. 타고난 품성이 강인하고 총명하며 뜻과 생각이 청명(淸明)하여 혼란한 가운데에 있으면서도 전혀 흔들리지 않았다[9].

역주 1) 채수재(蔡秀才: 蔡洪): '秀才'는 漢代에 설치한 인재 추천 과목 중의 하나. 魏晉代에도 이 과목을 설치하여 인재를 선발함. 後漢에서는 '茂才'라고도 함.

2) 노련한 인물: 원문은 "老成". 경험이 풍부하고 훌륭한 품덕을 갖춘 인물을 말함. 『詩經』「大雅·蕩」에 "雖無老成人, 尙有典刑."이라는 구절이 있음.

3) 깊은 소택지에서 우는 학이고: 원문은 "九皐之鳴鶴". 『詩經』「小雅·鶴鳴」에 "鶴鳴于九皐"라는 구절이 있음.

4) 그윽한 계곡에서 노니는 흰 망아지며: 원문은 "空谷之白駒". 『詩經』「小雅·白駒」에 "皎皎白駒, 在彼空谷."이라는 구절이 있음.

5) 팔음(八音): 金·石·絲·竹·匏·土·革·木의 8가지 악기를 말함.

6) 현묵(玄黙): 淸靜한 黙想.

7) 충서(忠恕): '忠'은 자신의 성심성의를 다하는 것을 말하고, '恕'는 자신의 처지를 헤아려 남을 이해해주는 것을 말함. 『論語』「里仁」篇에 "夫子之道, 忠恕而已矣."라는 구절이 있음.

8) 현량(賢良): 漢代에 설치한 인재 추천 과목 가운데 하나. 魏晉代에도 계속됨.

9) 혼란한 가운데에 있으면서도 전혀 흔들리지 않았다: 원문은 "居磨涅之中, 無淄磷之損". 『論語』「陽貨」에서 "不曰堅乎? 磨而不磷. 不曰白乎? 涅而不淄."라고 함. 절대적으로 견고한 것은 갈아도 닳지 않고 절대적으로 흰 것은 물들여도 검어지지 않는다는 뜻으로, 君子는 혼탁하고 어지러운 와중에서도 자신을 더럽히지 않는다는 말.

有問秀才〈1〉: "吳舊姓何如?" 答曰: "吳府君〈2〉, 聖王之老成, 明時之儁乂. 朱永長〈3〉, 理物之至德, 淸選之高望. 嚴仲弼〈4〉, 九皐之鳴鶴, 空谷之白駒. 顧彦先, 八音之琴瑟, 五色之龍章. 張威伯〈5〉, 歲寒之茂松, 幽夜之逸光. 陸士衡·士龍, 鴻鵠之徘徊, 懸鼓之待槌. 凡此諸君, 以洪筆爲鉏耒, 以紙札爲良田, 以玄黙爲稼穡, 以義理爲豐年, 以談論爲英華, 以忠恕爲珍寶, 著文章爲錦繡, 蘊五經爲繒帛, 坐謙虛爲席薦, 張義讓爲帷幕, 行仁義爲室宇, 脩道德爲廣宅." **賞** **互** 顧榮 陸機 陸雲

〈1〉· 蔡洪也.

〈2〉· 展.

〈3〉· 名誕, 吳郡人. 擧賢良, 官議郞.

〈4〉· 名隱, 吳郡人. 禀氣淸純, 思度淵偉. 官宛陵令.

〈5〉· 名暢, 吳郡人. 禀性堅明, 志慮淸朗, 居磨涅之中, 無淄磷之損.

122

[晉] 오은지(吳隱之)

자는 처묵(處默)이며 복양(濮陽) 사람이다. 성품이 지극히 효성스러웠으며, 청렴하고 결백하여 봉록을 친족들에게 나눠주고 자기는 겨울에 이불도 없이 지냈다. 광주자사(廣州刺史)가 되었을 때 광주에 탐천(貪泉)이라는 샘물이 있었는데, 세상에 전하는 말에 따르면 그 물을 마시는 자는 그 마음에 만족함이 없어진다고 했다. 그렇지만 오은지는 곧장 그 샘물을 떠 마시고 시를 지어 이르길: "석문(石門)에 탐천이 있는데, 한 번만 마시면 천금을 갈망하게 된다네. 허나 시험 삼아 백이(伯夷)와 숙제(叔齊)더러 마시라 한다면, 끝내 그 마음 변치 않을 것이네"라고 했다.
형 오탄지(吳坦之)는 자가 처정(處靖)이며, 벼슬은 중랑장공조(中郎將功曹)에 이르렀다.

字處默. 濮陽人. 性至孝, 廉潔, 奉祿頒九族, 冬月無被. 爲廣州刺史, 州有貪泉, 世傳飮之者其心無厭. 隱之乃酌而飮之, 因賦詩曰: "石門有貪泉, 一歃懷千金. 試使夷齊飮, 終當不易心." [鄭緝『孝子傳』·『晉安帝紀』]
兄坦之, 字處靖. 仕至中郞將功曹. [『吳氏譜』]

122-1(0160)

오도조(吳道助: 吳坦之)〈1〉와 오부자(吳附子: 吳隱之)〈2〉 형제는 단양군(丹陽郡)에서 살았다. 나중에 모친 동부인(童夫人)의 상을 당하자 아침부터 저녁까지 계속 곡을 했는데, 모친을 그리는 정이 간절하여 빈객이 조문하러 오면 발을 구르며 애절하게 통곡하여 길가는 사람들조차 이 때문에 눈물을 흘렸다. 한강백(韓康伯: 韓伯)은 그때 단양윤(丹陽尹)으로 있었으며 그의 모친 은씨(殷氏)도 그 군에 있었는데, 매번 오씨 형제의 곡성을 들을 때마다 측은하게 여겨 한강백에게 말했다.

"네가 만약 선관(選官)이 되거든 이 사람들을 잘 대우해주어라."

한강백도 그들과 서로 잘 알고 있었다. 한강백은 후에 과연 이부상서(吏部尙書)가 되었다. 대오(大吳: 吳坦之)는 끝까지 복상(服喪)을 그만 두지 않았지만, 소오(小吳: 吳隱之)는 마침내 크게 영달했다.

〈1〉· 도조는 오탄지의 어릴 적 자다.
〈2〉· 부자는 오은지의 어릴 적 자다.

吳道助〈1〉· 附子〈2〉兄弟, 居在丹陽郡. 後遭母童夫人艱, 朝夕哭臨, 及思至, 賓客吊省, 號踊哀絶, 路人爲之落淚. 韓康伯時爲丹陽尹, 母殷在郡, 每聞二吳之哭, 輒爲悽惻. 語康伯曰: "汝若爲選官, 當好料理此人." 康伯亦甚相知. 韓後果爲吏部尙書. 大吳不免哀制, 小吳遂大貴達. 德 互 韓康伯母
〈1〉· 坦之小字.
〈2〉· 隱之小字.

122-2(0161)

사석노(謝石奴: 謝石)〈1〉는 오은지를 초청하여 위장군(衛將軍)의 주부(主薄)로 삼았다. 오은지가 장차 딸을 시집보내게 되었는데, 사석노는 그가 청빈하기 때문에 딸을 보내면서 틀림없이 약소하게 하리라는 것을 알고서 장군부(將軍府)의 주방을 [그의 집으로] 옮겨 그의 혼사를 도와주게 했다. 사자가 [오은지의 집에] 도착했더니, 막 한 하녀가 개를 끌고 팔러 가는 것이 보였으며 그밖에는 적막하니 아무런 준비도 없었다.
〈1〉· 사석노는 이름이 석(石)이며 사안(謝安)의 동생이다. 가절대도독(假節大都督)으로서 형의 아들 사현(謝玄) · 사염(謝琰)과 함께 부견(苻堅)을 격파했다.

謝石奴〈1〉請吳隱之爲衛將軍主薄. 隱之將嫁女, 謝知其貧潔, 遣女必當率薄, 乃令移廚帳, 助其經營. 使者至, 方見一婢牽犬賣之, 此外蕭然無辦. 德
〈1〉· 名石, 安之弟. 假節大都督, 與兄子玄 · 琰破苻堅. [『晉書』]

123

[唐] 오도현(吳道玄)

자는 도자(道子)며 동경(東京: 洛陽) 양적(陽翟) 사람이다. 약관의 나이에 이르기도 전에 그림의 오묘함을 궁극했다. 동락(東洛: 洛陽)을 돌아다닐 때 명황(明皇: 玄宗)이 그의 명성을 알고 궁중으로 불러들여 내공봉(內供奉)으로 삼았다.

字道子, 東京陽翟人. 年未弱冠, 窮丹青之妙. 浪迹東洛, 明皇知其名, 召入內供奉. [朱景玄『唐朝名畫錄』]

123-1(0162)

현종(玄宗: 李隆基)은 문득 가릉강(嘉陵江)의 산수가 떠오르자, 오생(吳生: 吳道玄)에게 역마를 주어 그곳에 가서 그 모습을 그려오게 했다. 오도현이 돌아오자 현종이 물었더니 오도현이 말했다.

"신은 본디 밑그림을 그리지 않으며 모두 마음속에 기억해두옵니다."

현종이 그를 대동전(大同殿)으로 보내 그림을 그리게 했는데, 그는 가릉강의 산수화를 하루 만에 완성했다. 당시 산수화로 이름을 날리던 이장군(李將軍: 李思訓)〈1〉도 대동전에서 그림을 그렸는데, 몇 달 만에야 비로소 끝냈다. 이에 대해 현종이 말했다.

"이사훈(李思訓)의 몇 달에 걸친 공력과 오도현의 하루 만에 그린 솜씨는 각자 그 오묘함을 다 표현했도다."

〈1〉· 이장군은 이름이 사훈(思訓)이다. 그림에 뛰어났는데 그 품격이 고상하고 특출하여 당나라 산수화의 으뜸이었다. 무위대장군(武衛大將軍)을 지냈다.

玄宗忽思嘉陵江山水, 假吳生驛遞, 令往寫貌. 及回, 帝問之, 道玄云: "臣無粉本, 並記在心." 遣於大同殿圖之, 嘉陵江山水, 一日而就. 時有李將軍〈1〉山水擅名, 亦畫大同殿, 數月方畢. 上曰: "李思訓數月之功, 吳道玄一日之跡, 各極其妙也." 巧

〈1〉· 名思訓. 善畫, 品格高奇, 爲唐朝山水第一. 官衛將軍. [『唐朝名畫錄』]

123-2(0163)

오도현이 일찍이 대전(大殿) 안에 용 다섯 마리를 그렸는데, 그 비늘이 날아 움직이는 듯했으며 매번 큰 비가 내리려 하면 곧바로 안개가 피어났다.

吳道玄嘗畫殿內五龍, 鱗甲飛動, 每欲大雨, 卽生烟霧. 巧

124

[北齊] 소경(蘇瓊)

자는 진지(珍之)다. 형옥참군(刑獄參軍)을 지냈다.

字珍之. 官刑獄叅軍. [『北史』]

124-1(0164)

소경은 청하태수(淸河大守)로 있을 때 청렴하고 신중하여 사사로움이 없었다. 도연(道硏)이라는 어떤 스님이 그를 뵙고자 했는데, 자신의 채무를 그가 처리해주길 바라는 의도였다. 소경은 도연을 만날 때마다 현리(玄理)에 대해 담론하고 물었기 때문에 도연은 [자신의 일에 대해] 말을 꺼낼 길이 없었다. 제자들이 그 연유를 묻자 도연이 말했다.

"부군(府君: 太守)을 만날 때마다 곧장 나를 데리고 푸른 구름 사이로 들어가는 바람에 지상의 일에 대해 논할 길이 없었다."

그리고는 마침내 채무문서를 불태워버렸다.

蘇瓊爲淸河大守, 淸愼無私. 有沙門道硏求謁, 意在理債. 瓊每見則談問玄理, 道硏無由啓口. 弟子問其故, 道硏曰: "每見府君, 徑將我入靑雲間, 無由得論地上事." 遂焚其券. 政

125

[唐] 소세장(蘇世長)

옹주(雍州) 무공(武功) 사람이다. 10여 살 때 상주문을 올려 정치에 대해 언급했는데, 북주(北周) 무제(武帝: 宇文邕)가 묻길: "어떤 책을 읽었느냐?"라고 하자, 대답하길: "『효경(孝經)』과 『논어(論語)』이옵니다"라고 했다. 왕세충(王世充)이 제왕을 참칭했을 때 행대복야(行臺僕射)에 임명되었다. 왕세충이 평정되고 난 뒤에 소세장은 한남(漢南) 지역을 가지고 당나라에 귀항(歸降)했다.

雍州武功人. 十餘歲, 上書言事, 周武帝問: "讀何書?" 對曰: "『孝經』·『論語』." 王世充僭號, 署行臺僕射. 世充平, 以漢南歸國. [『唐書』]

125-1(0165)

소세장이 고릉(高陵)에서 천자의 수렵을 따라갔는데, 그날 짐승을 많이 잡아서 정문(旌門)[1] 앞에 늘어놓았다. 고조(高祖: 李淵)가 여러 신하들을 돌아보며 말했다.

"오늘 사냥은 즐거웠소?"

소세장이 대답했다.

"폐하께서 수렵을 하심에 국사를 약간만 제쳐두고 100일도 채우지 않으셨기에[2] 〈1〉 크게 즐겁지는 않사옵니다."

고조는 안색이 변하더니 잠시 후 웃으며 말했다.

"광기가 발작했소?"

소세장이 대답했다.

"신이 개인을 놓고 따져보면 광기지만 폐하의 국가를 놓고 따져보면 충성이옵니다."

〈1〉·『서경(書經)』: [夏王] 태강(太康)이 낙수(洛水)에서 수렵하면서 100일 동안 돌아오지 않았다.

역주 1) 정문(旌門): 천자의 깃발을 세워놓은 문.

2) 국사를 약간만 제쳐두고 100일도 채우지 않으셨기에: 여기서는 반어적으로 말한 것임.

蘇世長從獵於高陵, 是日大獲, 陳禽於旌門. 高祖[1]顧謂羣臣曰: "今日畋, 樂乎?" 蘇對曰: "陛下畋獵, 薄廢萬機, 不滿十旬,〈1〉 未爲大樂." 高祖[1]色變, 旣而笑曰: "狂態發耶?" 對曰: "臣爲私計則狂, 爲陛下國計則忠." 方

〈1〉·『書』曰 : 太康畋于有洛, 十旬不返.

校勘 1) 高祖: 『世說新語補』에는 "高宗"이라 되어 있음.

125-2(0166)

소세장이 한번은 황제[高祖]를 모시고 피향전(披香殿)[1]에서 연회에 참석했는데, 술기운이 오르자 황제에게 말했다.

"이 전각은 [隋] 양제(煬帝: 楊廣)가 지은 것이옵니까?"

황제가 말했다.

"경의 간언은 충직한 것 같지만 실은 거짓이 많소. 어찌 이 전각을 짐이 지은 것임을 모른단 말이오?"

소세장이 대답했다.

"신은 정말로 몰랐사옵니다. 단지 그 화려하고 사치스러움이 경궁(瓊宮)과 녹대(鹿臺)[2]처럼 보여서 왕업을 개창하신 군주가 지은 것은 아니라고 생각했을 뿐입니다. 옛날에 무공(武功)에서 폐하를 모실 적에 보았는데, 거처하신 저택은 겨우 비바람만 가릴 정도였지만 당시에는 그래도 충분하다고 여겼사옵니다. 지금은 수(隋)나라의 궁실을 이어받아 이미 지극히 사치스러운데도 거기에 또 화려함을 더하니, 장차 어떻게 그 잘못을 바로잡을 수 있겠사옵니까?"

황제는 그의 말을 깊이 인정했다.

역주 1) 피향전(披香殿): 당나라 경선궁(慶善宮)에 있던 전각 이름. 경선궁은 高祖의 옛 저택으로 武功縣의 渭水 북쪽에 있었음.

2) 경궁(瓊宮)과 녹대(鹿臺): 殷나라 紂王이 세운 궁전과 누대 이름.

蘇世長嘗侍宴披香殿, 酒酣, 謂帝曰: "此殿煬帝之所為耶?" 帝曰: "卿諫似直而實多詐. 豈不知此殿朕之所爲耶?" 對曰: "臣實不知. 但見其華侈如瓊宮·鹿臺, 非興王

之所為耳. 昔侍陛下於武功, 見所居宅僅庇風雨, 當時亦以為足. 今因隋之宮室, 已極侈矣, 而又增之, 將何以矯其失乎?" 帝深然之.* **規**

校勘 * 이 고사는 『世說新語補』에는 나오지 않고, 『資治通鑑』 권189 「唐紀五」와 『舊唐書』 권75 「蘇世長傳」과 『新唐書』 권103 「蘇世長傳」에 나옴.

126

[唐] 소정(蘇頲)

자는 정석(廷碩)이다. 어려서부터 영민하여 한 번에 천 자를 읽어냈다. 마재(馬載)가 말하길: "옛날에 '하루에 천 리를 간다'고 하더니 소생(蘇生: 蘇頲)이 바로 그러하다"라고 했다. 개원(開元) 연간(713~741)에 재상이 되었다.
소정의 부친 소괴(蘇瓌)는 자가 창용(昌容)이다. 정도(正道)로 조정에 임했으며, 중종(中宗: 李顯)과 예종(睿宗: 李旦) 두 조정에서 재상을 지냈다.

字廷碩. 幼敏悟, 一覽至千言. 馬載曰: "古稱'一日千里', 蘇生是矣." 開元中爲相. [『唐詩紀事』]
父瓌, 字昌容. 以正立朝, 相中・睿二宗. [『唐詩紀事』]

126-1(0167)

소정이 다섯 살 때 배담(裴談)〈1〉이 그의 부친[蘇瓌]을 방문했다. 그때 소정은 유신(庾信)의 「고수부(枯樹賦)」를 암송하고 있었는데, [배담의] '담(談)'자를 피휘(避諱)하여 그 운(韻)을 바꾸어[1] 읊었다.

"지난해에 옮겨 심은 버드나무, 한수(漢水) 남쪽에서 한들거리네. 이제 잎이 흔들려 떨어지는 것을 보니, 강가가 쓸쓸하구나. 나무도 이와 같거늘, 사람이 어찌 당해 내리오!"〈2〉

사람들이 모두 감탄하며 그를 남달리 여겼다.〈3〉

〈1〉・배담은 중종 때 어사대부(御史大夫)가 되었다. 불교를 숭상하여 신봉했다. 부인이 사납고 투기가 심하여 배담은 그녀를 엄한 임금처럼 두려워했다.

〈2〉・유신의 「고수부」의 본래 운은 '음(陰)'이 '남(南)', '심(潯)'이 '담(潭)', '임(任)'이 '감(堪)'으로 되어 있다.

〈3〉・소괴는 처음에 소정의 재능을 알아보지 못하여, 소정을 마구간에 거처하게 하면서 품팔이꾼들과 섞여 일을 하게 했다. 하루는 어떤 손님이 소괴를 찾아왔는데, 소정이 빗자루를 안고 마당을 종종걸음으로 가다가 글이 적혀 있는 종이를 떨어뜨렸다. 손님이 그것을 집어서 보니 「영곤륜노(詠崑崙奴)」[2]라는 시였다. 소괴가 나오자 손님이 묻길: "저 아이는 누구입니까? 당신 친족의 서출이 아닙니까? 만약 자식의 예(禮)로써 거두어 키우면 반드시 소씨 집안의 훌륭한 아들이 될 것입니다"라고 했다. 소괴는 그때부터 점점 소정을 친애하게 되었다. 한번은 어떤 사람이 토끼를 바치자 소괴가 곧장 소정을 불러 그것을 읊어보라고 했더니 소정이 즉석에서 시를 지어[3] 올렸다. 소괴는 크게 놀라면서 곧바로 자식의 예로서 잘 대해주었다. 이로부터 소정은 학문이 날마다 새로워졌다.

역주 1) 운(韻)을 바꾸어: 인용된 구절은 「枯樹賦」의 맨 마지막 부분으로 본래는 "昔年種柳, 依依漢南. 今看搖落, 悽愴江潭. 樹猶如此, 人何以堪."인데, '南'・'潭'・'堪'이 裴談의 '談'자와 同音이기 때문에 즉석에서 같은 뜻을 지닌 '陰'・'潯'・'任'으로 바꾸어 읊은 것임.

2) 「영곤륜노(詠崑崙奴)」: 『開天傳信記』에 따르면, "指頭十颋墨, 耳朵兩張匙."라는 구절이 적혀 있었다고 함. 곤륜노는 아랍 지역 출신의 피부 빛이 검은 노비로, 당나라 때 권문세가에서 곤륜노를 부리는 것이 성행했음.

3) 시를 지어: 『開天傳信記』에 따르면, "兎子死闌殫, 持來掛竹竿. 試將明鏡照, 何異月中看."이란 내용이었다고 함.

蘇颋年五歲, 裴談〈1〉常過其父. 颋方誦庾信「枯樹賦」, 避'談'字諱, 因易其韻曰: "昔年移柳, 依依漢陰. 今看搖落, 悽愴江潯. 樹猶如此, 人何以任!"〈2〉皆歎異之.〈3〉夙

〈1〉・中宗朝, 御史大夫. 崇奉釋氏. 妻悍妬, 談畏如嚴君. [孟啓『本事詩』]

〈2〉・庾信「枯樹賦」本韻, '陰'作'南', '潯'作'潭', '任'作'堪'.

〈3〉・瓌初未知颋, 處颋於馬廄中, 與傭僕雜作. 一日有客詣瓌, 颋擁篲趨庭, 遺墜文書. 客取視之, 乃「詠崑崙奴」詩也. 瓌出, 客問: "何人? 非足下宗族庶孼耶? 若加禮收擧, 必蘇氏之令子也." 瓌自是稍親之. 適有人獻兎, 瓌乃召颋詠, 立呈詩. 瓌大驚, 驟加禮敬. 由是學問日新. [鄭棨『開天傳信記』]

127

[宋] 소식(蘇軾)

자는 자첨(子瞻)이고 호는 동파(東坡)며 미주(眉州) 미산(眉山) 사람이다. 10살이 되도록 부친 소순(蘇洵)이 관학(官學)[1]의 일로 사방을 돌아다녔기 때문에 모친 정씨(程氏)가 그에게 글을 가르쳤다. 약관(弱冠)의 나이가 되었을 무렵에는 경전과 사서를 공부하여 통달했고 날마다 수천 언의 문장을 지었다. 진사(進士) 을과(乙科)에 급제하여 영종(英宗: 趙曙) 때 직사관(直史館)이 되었으며, [神宗] 희녕(熙寧) 연간(1068~1077)에 황주단련사(黃州團練使)로 폄적되었다가 철종(哲宗: 趙煦)의 부름을 받고 한림학사(翰林學士)가 되었다. 소성(紹聖) 연간(1094~1097) 초에 그가 선조(先朝)를 비방했다고 어사(御史)들이 탄핵하는 바람에 파직되어 혜주(惠州)로 귀양 갔다.

역주 1) 관학(官學): 太學・國子監과 府州縣의 학교.

字子瞻, 號東坡, 眉州眉山人. 生十歲而父洵官學四方, 母程氏授以書. 比冠, 學通經史, 屬文日數千言. 中進士乙科, 英宗朝, 直史館, 熙寧中, 謫黃州團練, 哲宗召爲翰林學士. 紹聖初, 御史論其譏斥先朝, 落職惠州安置. [『東都事略』]

127-1(0168)

소장공(蘇長公: 蘇軾)은 양선(陽羨)에 살집을 정하고 500민(緡: 1緡은 1000文)으로 집 한 채를 샀다. 그런데 장차 그 집에 들어가 살려고 했을 때, 우연히 밤길을 가다가 어떤 늙은 부인이 몹시 슬프게 우는 소리를 들었다. 소장공이 그 노파에게 물었다.

"어찌하여 이렇게 슬퍼하시오?"

노파가 말했다.

"이전에 살던 집은 100년 동안 전해온 것인데, 하루아침에 떠나게 되었기 때문에 우는 것입니다."

소장공이 그 노파에게 살던 곳이 어디냐고 물었더니, 바로 자기가 500민을 주고 산 그 집이라고 했다. 그래서 소장공은 즉시 집문서를 불태워버리고 노파에게 그 값을 요구하지도 않았다. 그리고는 마침내 곤릉(昆陵)으로 돌아갔으며 다시는 땅을 사지 않았다.

蘇長公卜居陽羨, 以五百緡買一宅. 將入居, 偶夜行, 聞老婦人哭極哀. 公問嫗: "何爲哀傷如是?" 嫗言: "舊居相傳百年, 一旦訣別, 所以泣也." 問其居所在, 正五百緡買者. 卽取屋券焚之, 不索其値. 遂還昆陵, 不復買地. 德

127-2(0169)

범촉공(范蜀公: 范鎭)〈1〉은 평소 술을 마시지 않았고, 또한 불교를 비난했다. 그는 허하(許下: 許昌)에 있을 때 한지국(韓持國: 韓維) 형제〈2〉와 왕래했는데, 한지국 형제는 모두 이 두 가지 일[1]을 추숭했다. 범촉공은 이를 몹시 못마땅해 하다가 소자첨에게 서찰을 보내 무슨 방법으로 이를 해결해야 하는지 물었더니, 소자첨이 이렇게 답장했다.

"공께 청하건대, [그들이 술과 불교에] 미혹되는 마음이 어디에서 생겨나고 [공이 그것을] 해결하고자 하는 마음이 어떤 모습을 하고 있는지 한 번 살펴보십시오. 이것[2]이 아직 서지 않았다면 저것[3]이 다시 무엇에 의거하겠습니까? 이는 아마 누런 얼굴의 구담씨(瞿曇氏)[4]도 모름지기 옷깃을 여미게 될 것이니, 하물며 이를 배우는 자임에랴!"〈3〉

〈1〉・범촉공은 이름이 진(鎭)이고 자가 경인(景仁)이며 성도(成都) 사람이다. 설규(薛奎)가 촉군태수(蜀郡太守)로 있다가 조정으로 돌아와서 말하길: "훌륭한 사람 한 명을 얻었는데 응당 문학으로 세상에 이름날 것입니다"라고 했다. 그는 학문의 근본을 육경(六經)에 두고 부처・노자(老子)・신불해(申不害)・한비자(韓非子) 등의 논설은 언급하지 않았다. 단명전학사(端明殿學士)와 제거태을궁(提擧太乙宮) 겸 시독(侍讀)을 역임했다.

〈2〉・한지국은 이름이 유(維)다. 문하시랑(門下侍郞)을 지냈다. 동생으로 한강(韓絳)과 한진(韓縝)이 있었다.

〈3〉・소공(蘇公: 蘇軾)이 일찍이 범공과 함께 담론하다가 그가 불법을 믿지 않는 까닭을 캐물었더니, 범공이 말하길: "나는 평생의 일 가운데 직접 눈으로 보지 않은 것은 믿은 적이 없소"라고 했다. 그러자 소공이 말하길: "공은 또한 어찌 그럴 수 있소? 만약 공이 병들었다면 의원에게 진맥하게 하여, 의원이 공의 몸이 차갑다고 하면 뜨거운 성분의 약을 먹고 의원이 공의 몸이 뜨겁다고 하면 차가운 성분의 약을 먹을 것이오. 공은 왜 진맥만 받고도 믿는 것이오? 어찌하여 유독 불교에 대해서만 반드시 직접 보기를 기다린단 말이오?"라고 했다.

역주 1) 두 가지 일: 술 마시는 일과 불교를 믿는 일을 말함.

2) 이것: 범촉공이 한지국 형제의 일을 해결하고자 하는 마음을 말함.

3) 저것: 한지국 형제가 술과 불교에 탐닉하는 마음을 말함.

4) 누런 얼굴의 구담씨(瞿曇氏): 釋迦牟尼를 말함. 瞿曇은 梵語 Gautama를 음역한 것으로 석가모니의 俗姓이고, 누런 얼굴은 부처의 法身이 金色인 것을 말함.

范蜀公〈1〉素不飮酒, 又詆佛教. 在許下, 與韓持國兄弟〈2〉往還, 諸韓皆崇此二事. 公頗病之, 貽蘇子瞻書, 問救之當以何術, 子瞻報曰: "請公試觀能惑之性, 何自而生, 欲救之心, 作何形相. 此猶不立, 彼復何依? 正恐黃面瞿曇, 亦須歛衽, 況學之者耶!"〈3〉 **文**

〈1〉・名鎭, 字景仁, 成都人. 薛奎守蜀, 還朝曰: "得一偉人, 當以文學名世." 其學本六經, 不道佛・老・申・韓之說. 歷官端明殿學士・提擧太乙宮兼侍讀. [『宋史』]

〈2〉・持國, 名維. 官門下侍郎. 有弟絳・縝. [『五朝名臣言行錄』・『宋史』]

〈3〉・蘇公嘗與范公論, 求其所以不信之說, 范公云: "鎭平生事, 非目所見者, 未嘗信." 蘇公曰: "公亦安能然哉? 設公有疾, 令醫切脉, 醫曰寒則服熱藥, 曰熱則餌寒藥. 公何嘗見脉而信之? 何獨至於佛而必待見耶?" [張耒『明道雜志』]

127-3(0170)

소자첨은 황주(黃州)와 영외(嶺外)에 폄적되어 있을 때, 매일 아침 일어나 손님을 불러와 함께 얘기하지 않으면 반드시 나가서 손님을 찾아갔다. 그는 함께 교유하는 사람도 꼭 가리지는 않았고 각각 그 사람의 신분의 고하에 따라 자유분방하게 담소했으며 더 이상 경계를 나누지 않았다. 얘기를 잘 못하는 사람이 있으면 억지로 귀신 이야기라도 하게 했으며, 혹 할 말이 없다고 하면 이렇게 말했다.

"우선 적당히 말해두시오."

蘇子瞻在黃州及嶺外, 每旦起, 不招客與語, 必出訪客. 所與遊亦不盡擇, 各隨其人高下, 談諧放蕩, 不復爲畛畦. 有不能談者, 則强使之說鬼, 或辭無有, 則曰: "姑妄言之." 任

127-4(0171)

소장공이 혜주(惠州)에 폄적되어 있을 때, 온 세상에 그가 이미 죽었다는 소문이 전해졌다. 7년 뒤에 소장공이 [사면되어] 북쪽으로 돌아오고 있을 때, 장승상(章丞相: 章惇)[1]은 뇌주(雷州)로 폄적되어 가고 있었다. 소동파가 남창태수(南昌太守) 섭조흡(葉祖洽)〈1〉을 만났더니 섭조흡이 물었다.

"세상에 전하길, 소단명(蘇端明: 蘇軾)[2]은 이미 도산(道山)으로 돌아갔다[3]고 하던데, 지금 그대는 아직도 인간세상에서 노닐고 있소이까?"

그러자 소동파가 말했다.

"도중에 장자후(章子厚: 章惇)를 만나 곧바로 돌아왔을 뿐이오."

〈1〉· 섭조흡은 자가 돈례(敦禮)며 소무(邵武) 사람이다. 희녕(熙寧) 연간(1068~1077) 초에 대책(對策) 시험에서 당시 권력자에게 영합했는데, 시험관 송민구(宋敏求)와 소식은 그를 내치려고 했으나 여혜경(呂惠卿)이 일등으로 뽑았다. 그는 관직에 있는 동안 사리사욕을 채우고 부당하게 재물을 착복한 것으로 이름이 알려졌다. 휘유각직학사(徽猷閣直學士)로 생을 마쳤다.

역주 1) 장승상(章丞相: 章惇): 北宋 때의 奸臣. 그가 재상으로 있을 때 蘇軾을 惠州와 瓊州로 폄적시켰음.

2) 소단명(蘇端明: 蘇軾): 端明은 端明殿學士를 말함. 소식이 일찍이 단명전학사를 지냈기 때문에 이렇게 부른 것임.

3) 도산(道山)으로 돌아갔다: 죽음에 대한 완곡한 표현.

蘇長公在惠州, 天下傳其已死. 後七年北歸, 時章丞相方貶雷州. 東坡見南昌太守葉祖洽〈1〉, 葉問曰: "世傳端明已歸道山, 今尙爾游戲人間耶?" 東坡曰: "途中見章子厚, 乃回反耳." 排

〈1〉· 字敦禮, 邵武人. 熙寧初, 對策投合用事者, 考官宋敏求·蘇軾欲黜之, 呂惠卿擢爲第

一. 在官以牟利黷貨聞. 終徽猷閣直學士. [『宋史』]

128

[宋] 소순흠(蘇舜欽)

자는 자미(子美)다. 기개가 있고 큰 뜻을 품고 있었다. 범중엄(范仲淹)이 그를 집현교리(集賢校理)로 천거하고 진주원(進奏院)을 감독하게 했다. 왕공진(王拱辰)에게 탄핵당하여 방축되어 오중(吳中)에서 기거하며 물과 바위가 있는 땅을 사서 창랑정(滄浪亭)을 짓고 더욱 열심히 책을 읽으며 스스로 기뻐했다. 때때로 분노와 번민의 감정을 시가에 표현하여 종종 사람들을 놀라게 했다.

字子美. 慷慨有大志. 范仲淹薦試集賢校理, 監進奏院. 爲王拱辰所劾, 放廢寓居吳中, 買水石作滄浪亭, 益讀書自喜. 時發憤懣於歌詩, 往往驚人. [『宋史』]

128-1(0172)

소자미는 성품이 호방하여 예법에 구애받지 않았으며 술 마시기를 좋아했는데, 장인 두기공(杜祁公: 杜衍)〈1〉의 집에 있을 때 저녁마다 책을 읽으면서 한 말의 술을 기본으로 삼았다. 두기공은 몹시 미심쩍어서 사람을 시켜 은밀히 그를 엿보게 했다. 소자미는 『한서(漢書)』의 「장량전(張良傳)」을 읽다가 "장량이 자객과 함께 진(秦)나라 황제를 저격했다"는 대목에 이르러 손바닥을 치며 말했다.

"내리쳐서 맞히지 못하다니 안타깝도다!"

그리고는 큰 술잔[1] 가득 술을 따라 마셨다. 다시 『한서』를 읽다가 "장량이 말하길: '처음 신이 하비(下邳)에서 일어나 유(留) 땅에서 주상과 만났는데, 이는 하늘이 신을 폐하께 내려주신 것이옵니다'라고 했다"는 대목에 이르러 또 책상을 치며 말했다.

"군주와 신하가 제대로 만나기란 이처럼 어렵구나!"

그리고는 다시 큰 술잔을 들어 마셨다. 두기공이 웃으며 말했다.

"이런 술안주[2]만 있다면 한 말의 술도 많다고 하기에 부족하겠군!"

〈1〉· 두기공은 이름이 연(衍)이고 자가 세창(世昌)이며 월주(越州) 산음(山陰) 사람이다. 강인한 의지와 엄격한 절조를 지녔으며, 특히 학문에 독실했다. 용도학사(龍圖學士)와 형부시랑(刑部侍郎)을 지냈다.

역주 1) 큰 술잔: 원문은 "大白". 大杯와 같은 뜻.

2) 술안주: 원문은 "下物". 下酒物과 같은 뜻.

蘇子美豪放不羈，好飮酒，在外舅杜祁公〈1〉家，每夕讀書，以一斗爲率．公深以爲疑，密使覘之．子美讀『漢書』「張良傳」，至"良與客狙擊秦皇帝"，撫掌曰："惜乎擊之不中!" 遂滿引一大白．又讀至"良曰：'始臣起下邳，與上會於留，此天以授陛下'"，又撫案曰："君臣相遇，其難如此!" 復擧一大白．公笑曰："有如此下物，一斗不足多也!" **豪**

〈1〉· 名衍，字世昌，越州山陰人．苦志厲操，尤篤於學．龍圖學士 · 刑部侍郎．[『宋史』]

129

[宋] 소상(蘇庠)

자는 양직(養直)이다. 부친 소백고(蘇伯固)는 소동파(蘇東坡: 蘇軾)를 좇아 교유했는데, 소동파의 "나는 꿈에 작은 배 타고 진택(震澤: 太湖)을 유람했네[我夢扁舟遊震澤][1]"라는 사(詞)는 소백고를 위해 지은 것이다. 소양직의 "촉옥새 쌍으로 나는 물 가득한 연못[屬玉雙飛水滿塘][2]"이라는 구절은 또한 소동파의 칭찬을 받았다. 소동파는 그를 "우리 집안의 양직[吾家養直]"이라고 불렀다.

역주 1) 我夢扁舟遊震澤: 蘇軾의 詞 「歸朝歡」의 한 구절. 앞에 "昔在九江與蘇伯固唱和…"라는 序가 있음. 『蘇東坡集』에는 "遊"가 "浮"로 되어 있음.

2) 屬玉雙飛水滿塘: 蘇庠의 詞 「清江曲」의 한 구절. "屬玉"은 鸀鳿으로 물새 이름.

字養直．父伯固從東坡遊，東坡"我夢扁舟遊震澤"之詞，爲伯固作也．養直"屬玉雙飛水滿塘"

之句, 亦見賞于坡. 坡呼爲“吾家養直”. [荃翁『貴耳集』]

129-1(0173)

소양직이 경구(京口)[1]에서 은거하고 있을 때, 소흥(紹興) 연간(1131~1162)에 서사천(徐師川: 徐俯)〈1〉과 함께 조정의 부름을 받았는데 소양직은 응하지 않았다. 서사천은 조정에 나아갈 때 가는 길에 소양직의 집에 들러서 매우 즐겁게 술을 마셨다. 두 공(公)이 평소 바둑을 둘 때는 서사천이 소양직보다 고수였는데, 이날은 소양직이 바둑 한 알을 집어 들면서 웃으며 서사천을 바라보며 말했다.

“오늘은 아무래도 이 늙은이에게 이 한 점을 내놓아야 할 것 같소이다!”

그러자 서사천은 부끄러운 기색을 띠었다.

〈1〉· 서사천은 이름이 부(俯)며 홍주(洪州) 분녕(分寧) 사람이다. 부친 서희(徐禧)가 나랏일을 위해 죽었기에 그 은덕으로 통직랑(通直郎)에 제수되었다. [靖康 연간(1126)에] 장방창(張邦昌)[2]이 제위를 참칭하자 마침내 벼슬을 그만두었다. 당시 공부시랑(工部侍郎) 하창언(何昌言)과 그의 동생 하창진(何昌辰)은 장방창의 휘(諱)를 피하여 모두 이름을 바꾸었는데, 서부는 여종을 사서 이름을 창노(昌奴)라 하고 손님이 찾아오면 즉시 그 여종을 불러 앞에서 부렸다. 나중에 왕조(汪藻)가 천거하여 간의대부(諫議大夫)가 되었다.

역주 1) 경구(京口): 江蘇省 鎭江市의 옛 이름.

2) 장방창(張邦昌): 北宋 때 정치인으로 字는 子能. 太宰相을 지냄. 靖康의 亂 때 金나라가 그를 楚帝로 책봉함. 후에 高宗에 의해 자결하라는 명을 받음.

蘇養直隱京口, 紹興間與徐師川〈1〉同召, 養直不起. 師川造朝時, 便道過養直, 留飮甚懽. 二公平日對奕, 徐高於蘇, 是日養直拈一子, 笑視師川曰: “今日還須讓老夫下此一着!” 師川有媿色. **棲**

〈1〉· 名俯, 洪州分寧人. 以父禧死事, 授通直郎. 張邦昌僭位, 遂致仕. 時工部侍郎何昌言與弟昌辰避邦昌諱, 皆改名, 俯買婢爲昌奴, 客至卽呼前驅使之. 後汪藻薦之, 爲諫議大夫. [『宋史』]

130

[晉] 노지(盧志)

자는 자통(子通)이다. 부친은 상서(尙書) 노정(盧珽)이고, 조부는 사공(司空) 노육(盧毓)이다. 노지는 젊어서부터 이름이 알려졌으며, 업령(鄴令)으로부터 벼슬을 시작하여 위위경(衛尉卿)과 상서랑(尙書郞)을 지냈다.

노지의 먼 조상 노충(盧充)은 범양(范陽) 사람이다. 그의 집에서 서쪽으로 30리 떨어진 곳에 최소부(崔少府)[1]의 무덤이 있었다. 노충은 동짓날 하루 전에 집을 나서 서쪽으로 사냥하러 갔다가 노루 한 마리를 발견하고 활을 당겨 쏘았는데, 바로 명중했으나 노루는 쓰러졌다가 다시 일어났다. 노충은 그것을 뒤쫓다가 자기도 모르게 멀리까지 갔다. 문득 1리쯤 되는 곳에 관저처럼 보이는 문이 보였으며, 문 안에서 문지기[2] 한 명이 소리치길: "손님, 어서 오십시오"[3]라고 했다. 노충이 묻길: "이곳은 누구의 저택이오?"라고 했더니, 대답하길: "소부의 저택입니다"라고 했다. 노충이 말하길: "내 의복이 보잘 것 없으니 어떻게 귀인을 뵐 수 있겠소?"라고 하자, 즉시 어떤 사람이 새 옷 한 벌을 들고 와서 그를 맞이했다. 노충이 그 옷을 입었더니 몸에 꼭 맞았다. 그래서 곧장 들어가 소부를 뵙고 성명을 밝혔다. 술과 고기 안주가 몇 차례 나온 뒤 최씨가 말하길: "근자에 당신 부친의 편지를 받았는데, 당신을 위해 내 막내딸을 신붓감으로 청한다고 하시기에 이렇게 맞이한 것이오"라고 하면서 즉시 그 편지를 꺼내 노충에게 보여주었다. 노충은 부친이 돌아가셨을 당시 비록 어렸지만 이미 부친의 필적을 보아서 알고 있었으므로 곧장 아무 말 없이 흐느끼면서 탄식했다. 최씨는 즉시 안에 명하여 딸을 잘 단장시키도록 하고 노충을 동쪽 사랑으로 가게 했다. 노충이 도착하자 신부는 이미 수레에서 내려 자리말에 서 있었으며, 두 사람은 함께 맞절을 했다. 3일간의 혼례가 끝나고 노충이 돌아와 최씨를 뵙자, 최씨가 말하길: "당신은 돌아가도록 하시오. 딸에게 임신기가 있으니 아들을 낳으면 당연히 당신에게 돌려보낼 것이고, 딸을 낳으면 이곳에 남겨두어 양육하겠소"라고 했다. 그리고는 수레를 잘 채비하여 손님을 배웅하라고 밖에 명했다. 최씨는 문까지 나와 배웅하면서 노충의 손을 잡고 눈물을 흘렸는데, 이별의 정감이 살아 있는 사람과 다름없었다. 또한 의복 한 벌과 침구 한 벌을 주었다. 노충이 수레에 오르자마자 번개처럼 가서 순식간에 집에 도착했다. 가족들은 그를 보고 슬픔과 기쁨이 교차되었으며 [어찌된 영문인지] 캐물었다. 그제야 노충은 최씨가 죽은 사람이고 그의 무덤에 들어갔었다는 사실을 알고는 뒤늦게 놀라면서 탄식했다. 4년 뒤 삼월 삼짇날 강가에서 계제사(禊祭祀)[4]를 지내고 있을 때, 문득 두 대의 소 수레[5]가 떴다가 가라앉았다 하는 것이 보였다. 이윽고 그 수레가 강 언덕으로 올라오자 노충이 가서 수레의 뒷문을 열고 보았더니, 최씨의 딸과 3살 된 남자 아이가 함께 타고 있었다. 노충이 그녀를 보고 기뻐하면서 손을 잡으려 하자, 여인이 손을 들어 뒤 수레를 가리키면서 말하길: "아버님께서 당신을 만나고자 하십니다"라고 했다. 즉시 최소부가 나타나자 노충은 다가가 그간의 안부를 물었다. 여인은 아이를 안아 노충에게 돌려주고 또한 황금 주발을 주면서 이별을 나누었으며, 아울러 다음과 같은 시 한 수를 주었다. "밝게 반짝이는 영지의 자질, 빛나고 아름답게 얼마나 무성한가! 고운 꽃 때가 되어 피어나니, 경이로움에 신기함 드러내네. 맺은 꽃봉오리 피어보지도 못한 채, 한 여름에 서리 맞아 시들었네. 빛나는 영화 길이 어둠 속으로 스러지고, 인생 길 영원히 펼칠 길 없네. 음양의 이치 깨닫지 못했다네, 철인이 홀연 강림할 때까지는. 잠깐의 만남과 빠른 이별도, 모두 천지신명께 달린 것. 무엇을 나의 낭군에게 드릴까? 황금 주발로 아이 양육할 수 있다네. 은애함도 이제는 이별이니, 끊어지듯 아픈 이내 간장!" 노충이 아이와 주발과 시를 받아들었더니 금세 두 수레가 보이지 않았다. 아이를 데리고 돌아오니 좌중의 사람들이 그 아이를 귀신이라고 생각하여 모두 멀리서 침을 뱉었지만[6] 아이의 모습은 변함이 없었다. 아이에게 "누가 너의 아버지니?"라고 물으면 아이는 노충의 품으로 달려가곤 했다. 사람들은 처음에는 괴이하고 좋지 않게 여겼지만, 그 시를 전해 읽은 뒤에는 죽은 자와 산 자 사이의 신비한 교통을 개연히 탄식했다. 노충은 주발을 팔러 시장에 가서 그 값을 높게 부르고 빨리 팔려고 하지 않으면서 그것을 알아보는 사람이 나타나기를 기대했다. 난데없이 어떤 늙은 하녀 하나가 와서 노충에게 주발을 얻게 된 연유를 묻고는 돌아가 그 주인에게 알렸는데, 그 주인은 바로 최소부 딸의 이모였다. 그 주인이 사람을 보내 조사하게 했더니 과연 사실이었다. 그 주인이 노충에게 말하길: "나의 조카인 최소부의 딸은 시집도 가기 전에 죽었는데, 가족과 친지들이 애통하여 황금 주발 하나를 관 속에 넣어 주었지요. 지금 당신의 주발을 보니 매우 비슷하군요. 그 주발을 얻게 된 자초지종을 들을 수 있겠습니까?"라고 하자, 노충은 사실대로 대답해주었다. 그래서 즉시 아이를 데리러 노충의 집으로 갔는데, 아이는 최씨 딸도 닮고 노충도 닮았었다. 이모가 말하길: "내 조카는 3월 말에 낳았는데, 그 아버지가 말하길: '봄은 따스하고 온화하니[煖溫] 훌륭하고 강하게[休强] 키웠으면 한다'라고 하면서 즉시 자를 '온휴(溫休)'라고 지었지요. '온휴'는 대개 혼령과 결혼한다[幽婚]는 뜻이니[7] [혼령과 결혼하게 될] 조짐이 [그 이름에] 이미 나타난 것이지요"라고 했다. 아이는 성장하여 마침내 훌륭한 인물이 되어 여러 군의 태수[8]를 역임했으며 뛰어난 치적을 세웠다. 그 후손으로 노식(盧植)이 태어나 한(漢)나라의 상서가 되었고, 노식의 아들 노육은 위(魏)나라의 사공이 되었으며, 대대로 고관이 되어 지금에 이르렀다.

역주 1) 최소부(崔少府): 少府는 縣尉의 별칭.

2) 문지기: 원문은 "鈴下". 鈴下는 鈴閣 아래에서 有事時 鈴을 잡아당겨 알리는 軍卒을 말함. 본문에서는 그냥 문지기로 해석함.

3) 손님, 어서오십시오: 원문은 "家前"이라 되어 있지만 뜻이 불분명하므로, 『搜神記』 권16에 의거하여 "客前"으로 고쳐 번역함.

4) 계제사(禊祭祀): 삼월 삼짇날 흐르는 물가에서 몸을 깨끗이 씻고 신에게 빌어 재앙을 없애고 복을 구하는 행사.

5) 두 대의 소 수레: 원문은 "一犢車"라 되어 있지만 문맥상 타당하지 않으므로, 『搜神記』 권16에 의거하여 "二犢車"로 고쳐 번역함.

6) 침을 뱉었지만: 예로부터 귀신은 사람의 침을 꺼려하기 때문에 사람이 귀신에게 침을 뱉으면 귀신이 본래 정체를 드러낸다고 믿었음.

7) '온휴'는 대개 혼령과 결혼한다[幽婚]는 뜻이니: '溫休'의 反切은 '幽'가 되고 '休溫'의 반절은 '婚'이 되기 때문이 합하여 '幽婚'이 됨.

8) 태수: 원문은 "二千石". 二千石은 당시 太守의 俸祿. 태수의 代稱으로 쓰임.

字子通. 父尙書珽, 祖司空毓. 志少知名, 起家鄴令, 官衛尉卿・尙書郞. [『世語』]

志遠祖盧充者, 范陽人. 家西三十里有崔少府墓. 充先冬至一日, 出家西獵, 見一獐, 擧弓而射, 卽中之, 獐倒而復起. 充逐之, 不覺遠. 忽見一里門如府舍, 門中一鈴下有唱: "家前!" 充問: "此何府也?" 答曰: "少府府也." 充曰: "我衣惡, 那得見貴人?" 卽有人提襆新衣迎之. 充著, 盡可體. 便進見少府, 展姓名. 酒炙數行, 崔曰: "近得尊府君書, 爲君索小女婚, 故相延耳." 卽擧書示充. 充, 父亡時雖小, 然已見父手迹, 便歔欷無辭. 崔卽勑內, 令女郞莊嚴, 使充就東廊. 充至, 婦已下車, 立席頭, 共拜. 爲三日畢, 還見崔, 崔曰: "君可歸矣. 女有娠相, 生男, 當以相還, 生女, 當留自養." 勑外嚴車送客. 崔送至門, 執手零涕, 離別之感, 無異生人. 復致衣一襲, 被褥一副. 充便上車, 去如電逝, 須臾至家. 家人相見悲喜, 推問. 知崔是亡人, 而入其墓, 追以懊惋. 居四年, 三月三日臨水戲, 忽見一犢車, 乍浮乍沒. 旣上岸, 充往開車後戶, 見崔氏女與三歲男兒共載. 充見之忻然, 欲捉其手, 女擧手指後車曰: "府君見人." 卽見少府, 充往問訊. 女抱兒還充, 又與金盌, 別, 幷贈詩曰: "煌煌靈芝質, 光麗何猗猗. 華艷當時顯, 嘉異表神奇. 含英未及秀, 中夏罹霜萎. 榮曜長幽滅, 世路永無施. 不悟陰陽運, 哲人忽來儀. 會淺離別速, 皆由靈與祗. 何以贈余親, 金盌可頤兒. 愛恩從此別, 斷絶傷肝脾." 充取兒盌及詩, 忽不見二車處. 將兒還, 四座謂是鬼魅, 僉遙唾之, 形如故. 問兒: "誰是汝父?" 兒竟就充懷. 衆初怪惡, 傳省其詩, 慨然嘆死生之玄通也. 充詣市賣盌, 高擧其價, 不欲速售, 冀有識者. 欻有一老婢, 問充得盌之由, 還報其大家, 卽女姨也. 遣視之, 果是. 謂充曰: "我姨姊, 崔少府女, 未嫁而亡, 家親痛之, 贈一金盌, 著棺中. 今視卿盌, 甚似. 得盌本末, 可得聞不?" 充以事對. 卽詣充家迎兒, 兒有崔氏狀, 又似充貌. 姨曰: "我舅甥三月末間産, 父曰: '春煖, 溫也, 願休强也.' 卽字溫休. 溫休, 蓋幽婚也, 其兆先彰矣." 兒遂成爲令器, 歷數郡二千石, 皆著績. 其後生植, 爲漢尙書, 植子毓, 爲魏司空, 冠蓋相承至今也. [『孔氏志怪』] **方** **詳** 陸機

131

[北齊] 노순조(盧詢祖)

범양(范陽) 탁(涿) 사람이다. 학술이 높았고 문장이 화려하여 후진(後進) 가운데 준재였다. 수재(秀才)에 천거되었으며 사도기실(司徒記室)을 지냈다.

范陽涿人. 有術學, 文辭華美, 爲後生之俊. 擧秀才, 官司徒記室. [李百藥『齊書』]

131-1(0174)

위불조(魏佛助: 魏收)가 노사도(盧思道)〈1〉를 극구 칭찬하면서 노순조를 그만 못하다고 생각하자, 노순조가 말했다.

"[그 사람은] 아직 높이 날수 없는 것을 보았을 땐 그 깃털을 빌려주지만, 빼어난 자태로 하늘로 솟구치는 것을 알았을 땐 그 날갯죽지를 잘라버린다."

〈1〉· 노사도는 자가 자행(子行)이다. 총명하고 준수하며 언변이 좋았다. 노사도가 16살 때, 중산(中山) 사람 유송(劉松)이 다른 사람을 위해 비문을 지어서 노사도에게 보여주었는데, 노사도는 그 내용을 대부분 이해할 수 없었다. 이에 충격을 받은 그는 공부하기 시작하여 형자재(邢子才: 邢劭)[1]를 스승으로 섬겼다. 나중에 그는 다시 문장을 지어서 유송에게 보여주었는데, 이번에는 유송이 쉽게 이해할 수 없었다. 사공참군(司空參軍)과 산기시랑(散騎侍郞)을 지냈다.

역주 1) 형자재(邢子才: 邢劭): 北齊의 國子祭酒로서 魏收와 함께 명성을 날렸음.

魏佛助盛譽盧思道〈1〉, 以詢祖爲不及, 詢祖曰: "見未能高飛者, 借其羽毛, 知逸勢冲天者, 剪其翅翮." 言 互 魏收

〈1〉· 字子行. 聰爽俊辯. 年十六, 中山劉松爲人作碑, 示思道, 思道多所不解. 乃感激讀書, 師事邢子才. 後爲文示松, 松乃不能甚解. 官司空参軍 · 散騎侍郎. [『北齊書』]

131-2(0175)

노순조는 말재간이 뛰어나고 인물을 품평하길 좋아했는데, 한번은 사람들에게 이렇게 말했다.

"내가 어제 동녘이 밝아오기 전에 화씨(和氏: 和士開)의 문밖을 지나가다가〈1〉 보았더니, 이륙(二陸: 陸機 · 陸雲)〈2〉과 양반(兩潘: 潘岳 · 潘尼)[1]〈3〉의 무리가 빽빽이 들어서서 홰나무나 버드나무처럼 가지런히 나열해 있었소."〈4〉

〈1〉· 화씨는 화사개(和士開)를 말한다.
· 화사개는 자가 언통(彦通)이며 청도(淸都) 임장(臨漳) 사람이다. 교묘한 말과 아첨으로 북제(北齊) 신무제(神武帝: 高歡)의 총애를 받았다. 벼슬은 상서좌복야(尙書左僕射)에 이르렀다.

〈2〉· 이륙은 육기(陸機)와 육운(陸雲)이다.

〈3〉· 양반은 반악(潘岳)과 반니(潘尼)다.
· 반니는 자가 정숙(正叔)이며 형양(滎陽) 사람이다. 어려서부터 훌륭한 재주를 지녔고 문장이 온아했다. 태상경(太常卿)을 지냈다.

〈4〉· 화사개가 권력을 장악하자 문사(文士)들이 모두 그의 문하로 몰려드는 것을 말한다.
· 혹자는 이렇게 말했다. 노사도(盧思道)는 고제(高齊: 北齊)에서 벼슬했지만 오랫동안 승진할 수 없었다. 당시 화사개는 한창 권력을 전횡하고 있었는데, 어떤 사람이 노사도에게 말하길: "어찌하여 화사개를 한 번 만나보지 않습니까?"라고 했다. 노사도는 본디 자긍심이 높았기에 그를 찾아가보고 싶었지만 사람들이 볼까봐 두려워서 날이 밝기 전에 갔다. 화사개의 집 문에 이르렀더니 이미 서 있는 사람이 많았다. 노사도는 말을 멈추고 고삐를 쥔 채 바라보면서 말하길: "저들은 어떤 사람이기에 빽빽이 들어서서 홰나무나 버드나무처럼 가지런히 나열해 있단 말인가?"라고 했다. 그리고는 말을 채찍질하여 급히 그곳을 떠났다.

역주 1) 이륙(二陸: 陸機 · 陸雲)과 양반(兩潘: 潘岳 · 潘尼): 본래는 晉代의 저명한 문학가들이

지만, 여기서는 당시의 文士들을 가리킴.

盧詢祖甚有口辯, 好臧否人物, 嘗語人曰: "我昨東方未明, 過和氏門外,〈1〉 見二陸〈2〉·兩潘〈3〉, 森然與槐柳齊列."〈4〉 排

〈1〉·當謂和士開.

·字彥通, 淸都臨漳人. 以傾巧便辟, 有寵於齊神武. 仕至尙書左僕射. [『北史』]

〈2〉·機·雲.

〈3〉·岳·尼也.

·尼, 字正叔, 滎陽人. 少有淸才, 文辭溫雅. 官太常卿. [『文士傳』]

〈4〉·謂士開當權, 文士皆輻輳其門也.

·或云, 盧思道仕高齊, 久不得進. 時士開方用事, 或謂盧曰: "何不一見和?" 思道素自高, 欲往, 恐爲人所見, 乃未明而行. 比至其門, 立者衆矣. 盧駐轡望之, 曰: "彼何人, 斯森然與槐柳齊列?" 因鞭馬疾去. [劉餗『隋唐嘉話』]

132

[唐] 노매(盧邁)

자는 자현(子玄)이며 범양(范陽) 사람이다. 효성과 우애로 이름이 알려졌다. 급사중평장사(給事中平章事)를 지냈다.

字子玄, 范陽人. 以孝友稱. 官給事中平章事. [劉昫『唐書』]

132-1(0176)

재상 노매는 소금과 식초를 먹지 않았는데, 동료가 그에게 물었다.

"그대는 소금과 식초를 먹지 않고 어떻게 견디오?"

그러자 노매가 웃으며 말했다.

"그대는 온종일 소금과 식초를 먹고 또한 어떻게 견디오?"

盧相邁不食鹽醋, 同列問之: "足下不食鹽醋, 何堪?" 邁笑曰: "足下終日食鹽醋, 復又何堪?" 排

133

[唐] 노승경(盧承慶)

노사도(盧思道)의 손자다. 탁지상서(度支尙書)와 동중서문하삼품(同中書門下三品)을 지냈다.

思道之孫. 官度支尙書・同中書門下三品. [『唐書』]

133-1(0177)

노승경이 사형태상백(司刑太常伯)으로 있을 때 한번은 내외 관리의 실적을 평가했는데[1], 조운(漕運)을 맡은 어떤 관리가 [풍랑을 만나] 조미(漕米)[2]를 잃어버리자 노승경이 이렇게 평가했다.

"조운을 감독하다 양곡을 잃었으니 중하(中下)[3]로 평가한다."

그 사람이 태연자약한 태도로 아무 말도 없이 물러가자, 노승경은 그의 도량을 높이 쳐서 고쳐 적었다.

"[양곡을 잃은 일은] 사람의 힘으로 어쩔 수 없는 경우니 중중(中中)으로 평가한다."

[이 말을 듣고도] 그 사람이 기뻐하는 기색이 없고 송구스럽다는 말도 하지 않자, 노승경은 또 고쳐 적었다.

"총애와 모욕에 놀라지 않으니 중상(中上)으로 평가한다."

역주 1) 관리의 실적을 평가했는데: 당나라 때는 관리의 실적을 3년에 1번씩 9년에 걸쳐 3번 평가하여 인사에 반영했음.

2) 조미(漕米): 조세로 징수하여 漕運하던 쌀.

3) 중하(中下): '中下'로 평가받으면 1품급 강등되고 3개월 녹봉이 깎임. '中中'은 1품급 승진에 녹봉을 그대로며, '中上'은 2품급 승진에 3개월 녹봉이 가산됨.

盧承慶為司刑太常伯, 嘗考內外官, 有一官督運, 失米, 承慶考之曰: "監運損糧, 考中下." 其人容色自若, 無言而退, 承慶重其雅量, 改注曰: "非力所及, 考中中." 既無喜容, 亦無愧詞, 又改曰: "寵辱不驚, 考中上."* **雅**

校勘 * 이 고사는 『世說新語補』에는 나오지 않고, 『資治通鑑』 권201 「唐紀十七」과 『新唐書』 권106 「盧承慶傳」에 나옴.

134

[唐] 노장용(盧藏用)

자는 자잠(子潛)이며 노승경(盧承慶)의 종손(從孫)이다. 젊어서부터 문학으로 유명했다. 종남산에 은거하면서 청렴하고 검약한 지조를 지녔다. 하지만 조정에 올라서는 이리저리 눈치를 보고 남을 속이고 아첨하면서 오로지 권문귀족을 섬겼기에 이 때문에 세상에서 비난을 받았다. 공부시랑(工部侍郎)과 상서우승(尚書右丞)을 지냈다.

字子潛, 承慶姪孫. 少以辭學稱. 隱居終南, 有貞儉之操. 及登朝, 趦趄詭佞, 專事權貴, 以此獲譏於世. 官工部侍郎・尚書右丞. [『唐書』]

134-1(0178)

노장용은 처음에 종남(終南)과 소실(少室) 두 산에 은거했는데, 때때로 당세에 벼슬하고자 하는 뜻을 가지고 있었기에 사람들이 그를 '어가를 수행하는 은사[隨駕隱士]'라고 평했다. 노장용은 만년에 권세와 이록을 추구했다. [도사] 사마승정(司馬承禎)〈1〉이 장차 산으로 돌아가려 할 때, 노장용이 종남산을 가리키며 말했다.

"저 속에 정말 좋은 곳이 있습니다."

그러자 사마승정이 천천히 말했다.

"내가 보기에 그곳은 벼슬길에 나아가는 첩경일 뿐이오."

〈1〉· 사마승정은 자가 자미(子微)다. 반사정(潘師正)을 스승으로 섬겨 벽곡술(辟穀術)과 도인술(導引術)을 전수받았다. 예종(睿宗: 李旦)과 명황(明皇: 玄宗 李隆基)이 여러 차례 부른 끝에 그는 도성으로 나왔다. 죽은 후에 정일선생(正一先生)이란 호를 추증했다.

盧藏用初隱終南·少室二山, 時有意當世, 人目爲'隨駕隱士'. 晩年乃徇權利. 司馬承禎〈1〉將還山, 藏用指終南曰: "此中大有佳處." 承楨徐曰: "以僕視之, 仕宦之捷逕耳." 輕

〈1〉· 字子微. 事潘師正, 傳辟穀·導引術. 睿宗·明皇累召, 至京師. 卒贈正一先生[1]. [『唐詩紀事』]

校勘 1) 正一先生: 『新唐書』 권196 「司馬承禎傳」에는 "貞一先生"이라 되어 있음.

135

[唐] 노기(盧杞)

자는 자량(子良)이며 노회신(盧懷慎)의 손자다. 부친 노혁(盧奕)은 어사중승(御史中丞)을 지냈다. 안록산(安祿山)이 동도(東都: 洛陽)를 침범하자 관리들은 모두 도망쳐 흩어졌지만, 노혁은 동도어사대(東都御史臺)에 혼자 있다가 역적에게 붙잡혀 결국 살해되었다. 노기는 문음(門蔭)[1]으로 솔부병조(率府兵曹)로 벼슬을 시작하여 어사중승으로 초징되었다. 당시 상보(尙父) 곽자의(郭子儀)가 병이 나자 백관들이 찾아가 조문했는데, 모두 주위의 시비(侍婢)를 물리치지 않았다. 그런데 노기가 조문하러 오자 곽자의는 주위 사람을 모두 물러가게 한 뒤 혼자 안석에 기대어 그를 대접했다. 집안사람들이 그 까닭을 물었더니 곽자의가 말하길: "노기는 용모가 볼품없고 마음이 음험하니 좌우 사람들이 그를 보면 반드시 웃을 것이다. 만약 이 사람이 권력을 얻게 된다면 곧바로 우리 일족은 한 사람도 남지 않게 될 것이다"라고 했다. 노기는 조정에서 규탄하는 지위에 있을 때 상주하여 논의하는 것이 어지에 들어맞았다. 여러 벼슬을 거쳐 어사대부(御史大夫)와 황문시랑(黃門侍郞)[2]을 지냈다.

역주 1) 문음(門蔭): 공을 세운 조상의 덕택으로 관직에 特任되는 것을 말함.

2) 황문시랑(黃門侍郞): 『舊唐書』 권135 「盧杞傳」에는 門下侍郎 겸 同中書門下平章事가 되었다고 되어 있는데, 이는 바로 재상의 지위를 말함.

字子良, 懷愼之孫. 父奕, 御史中丞. 安祿山犯東都, 人吏奔散, 奕在臺獨居, 爲賊所執, 遂見害. 杞以蔭, 解褐率府兵曹, 徵爲御史中丞. 時尚父子儀病, 百官造問, 皆不屏姬侍. 杞至, 子儀悉屛去, 獨隱几待之. 家人問其故, 子儀曰: "杞形陋而心險, 左右見之必笑. 若此人得權, 即吾族無類矣." 及居糾彈之地, 論奏稱旨. 累遷御史大夫・黃門侍郎. [劉昫『唐書』] **讒** **詳** 張鎰 **仇** **詳** 顔眞卿

136

[晉] 부랑(符朗)

자는 원달(元達)이며 부견(符堅)의 사촌형이다. 성품이 호방하고 머리가 총명했다. 부견이 늘 말하길: "우리 가문의 천리마다"라고 했다. 부견이 모용충(慕容冲)에게 포위당하자,[1] 부랑은 사현(謝玄)[2]에게 투항하여 원외산기시랑(員外散騎侍郞)으로 등용되었다. 왕침(王忱)이 형 왕국보(王國寶)와 함께 거마를 채비하게 하여 그를 방문했다. 스님 축법태(竺法汰)가 부랑에게 묻길: "왕이부(王吏部: 王忱) 형제는 만나보셨습니까?"라고 하자, 부랑이 말하길: "한 사람은 개 얼굴에 사람 마음을 하고 있는 자고, 또 한 사람은 사람 얼굴에 개 마음을 하고 있는 자 아닙니까?"라고 했다. 이렇게 말한 것은 왕침은 못 생겼으나 재능이 있고, 왕국보는 잘 생겼으나 마음이 비뚤어졌기 때문이었다.

역주 1) 부견이 모용충(慕容冲)에게 포위당하자: 『資治通鑒』 권105 「晉紀」27의 기록에 따르면, 太元 9년(384) 9월에 慕容冲이 長安에 있던 苻[符]堅을 포위했으며, 다음 달에 苻[符]朗은 謝玄에게 투항했음.

2) 사현(謝玄): 원문은 "謝安"이라 되어 있지만 오기가 분명하므로 "謝玄"으로 고쳐 번역함. 위의 역주 참조.

字元達, 堅從兄. 性宏放, 神氣爽悟. 堅常曰: "吾家千里駒." 堅爲慕容冲所圍, 朗降謝安[1],

用爲員外散騎侍郞. 王忱與兄國寶命駕詣之. 法汰問朗曰: “見王吏部兄弟未?” 朗曰: “非一狗面人心, 又一人面狗心者是耶?” 忱醜而才, 寶美而狠故也. [裴景仁『秦書』] 排 互 王忱 王國寶

校勘 1) 謝安: 『世說新語』 注에 인용된 裴景仁의 『秦書』에는 “謝玄”이라 되어 있음.

137

[晉] 호위(胡威)

자는 백호(伯虎)며 회남(淮南) 사람이다. 부친 호질(胡質)은 충의와 청렴으로 이름이 났었다. 호질이 형주자사(荊州刺史)로 있을 때, 호위가 도성에서 그를 만나보러 갔다가 돌아가겠다고 고하자 호질이 호위에게 비단 한 필을 주었다. 호위가 무릎을 꿇고 말하길: “아버님께서는 청렴함으로 이름이 높으신데 어디서 이것을 얻으셨습니까?”라고 하자, 호질이 말하길: “이것은 내 봉록의 나머지이기 때문에 너의 노자로 주는 것이다”라고 했다. 이에 호위가 받아 가지고 떠났다. 호위는 매번 객사에 이를 때마다 손수 말안장을 풀고 땔감을 가져다가 밥을 지었으며, 식사가 끝나면 다시 여정을 따라 길을 재촉했다. 그런데 호질의 부하인 장하도독(帳下都督)이 몰래 식량을 싸가지고 그를 기다리고 있다가, 그와 함께 동반하여 매사에 서로 도와 일을 처리했으며, 또한 식사도 마련해주었다. 호위가 이것을 이상히 여겨 은밀히 그를 유도하여 물어본 결과, 그가 바로 부친의 장하도독이라는 것을 알아냈다. 그래서 그에게 사례하고 돌려보냈다. 나중에 이 일을 호질에게 얘기했더니, 호질이 도독을 곤장 백 대에 처하고 그의 관직을 삭탈해버렸다. 부자의 청렴함과 신중함이 이와 같았다.

字伯虎, 淮南人. 父質以忠淸顯. 質爲荊州, 威自京師往省之, 及告歸, 質賜威絹一疋, 威跪曰: “大人淸高, 於何得此?” 質曰: “是吾奉祿之餘, 故以爲汝糧耳.” 威受而去. 每至客舍, 自放驢取樵爨炊, 食畢, 復隨旅進道. 質帳下都督陰齎糧要之, 因與爲伴, 每事相助經營之, 又進少飯. 威疑之, 密誘問之, 乃知都督. 謝而遣之. 後以白質, 質杖都督一百, 除其吏名. 父子淸愼如此. [『晉陽秋』]

137-1(0179)

진(晉) 무제(武帝: 司馬炎)가 호위와 함께 이야기를 나누던 차에 그의 부친의 청렴한 덕행에 대해 언급하다가 마침내 호위에게 물었다.

"그대는 그대와 그대의 부친 중에 누가 더 청렴하다고 스스로 생각하오?"

호위가 말했다.

"제가 어찌 감히 신의 부친을 바랄 수 있겠사옵니까!"

무제가 다시 물었다.

"그대의 부친이 왜 그대보다 낫다고 생각하오?"

호위가 대답했다.

"신의 부친의 청렴함은 늘 남이 알까봐 걱정하지만, 신의 청렴함은 늘 남이 알아주지 않을까봐 걱정하옵니다."

晉武與胡威語次, 因及其父清德, 遂問威曰: "卿自謂孰與父淸?" 威曰: "威乃何敢望臣父!" 帝又問: "卿父以何爲勝耶?" 威答曰: "臣父淸常恐人知, 臣淸常恐人不知." 品

138

[晉] 간보(干寶[1])

자는 영승(令升)이고 신채(新蔡) 사람으로, 단양승(丹陽丞) 간영(干瑩)의 아들이다. 젊어서부터 박학하고 재능과 기량이 뛰어나 이름이 알려졌으며, 산기상시(散騎常侍)를 역임했다.

字令升, 新蔡人, 丹陽丞瑩子. 少以博學才器著, 歷散騎常侍. [『中興書』]

校勘 1) 干寶: 저본에서는 "于寶"라고 하여 [虞] 韻部에 배치했지만 오기가 분명하므로 고침. 아래 고사에서도 마찬가지임.

138-1(0180)

간보가 유진장(劉眞長: 劉惔)에게 자신의 『수신기(搜神記)』[1]에 대해 이야기했더니〈1〉 유진장이 말했다.

"그대는 가히 귀신세계의 동호(董狐)[2]라고 부를 만하오!"〈2〉

〈1〉· 간보의 부친에게 총애하는 첩이 있었는데, 간보의 모친이 질투가 심하여 간보의 부친을 장례치를 때 그녀를 무덤 속으로 밀어 넣어 버렸다. 10년이 지난 뒤에 모친이 죽자 합장하기 위하여 부친의 무덤을 열었더니 그 하녀 첩이 관 위에 엎드려 있었는데, 다가가서 살펴보니 차츰차츰 숨을 쉬었으며 수레에 실어서 집으로 돌아온 뒤로 하루가 지나자 소생했다. 그녀의 말에 따르면, 간보의 부친은 늘 음식을 가져다주고 그녀와 함께 잠을 잤으며 애정이 살아 있을 때와 같았다고 했다. 집안의 길흉에 대해서도 말하곤 했는데, 조사해보았더니 모두 들어맞았다. 그녀는 완전히 회복되어 몇 년을 살고 난 뒤에 비로소 죽었다. 그래서 간보가 『수신기』를 지었는데, 그 중에서 "느낀 바가 있었다"고 말한 것이 바로 이 일이다.

〈2〉·『춘추전(春秋傳)』: 조천(趙穿)이 진(晉) 영공(靈公)을 도원(桃園)에서 공격하여 죽이자, 조선자(趙宣子: 趙盾)는 진(晉)나라의 국경을 넘어가기 전에 돌아왔다. 태사(太史: 董狐)가 "조둔(趙盾)이 그 군주를 시해했다"[3]고 기록하자, 조선자가 "그렇지 않다"고 말했더니, 태사가 대답하길: "당신은 정경(正卿)의 신분으로, 망명해서도 국경을 넘지 않았고 돌아와서도 역적을 토벌하지 않았으니, 군주를 시해한 자가 당신이 아니면 누구란 말이오?"라고 했다.

· 공자(孔子): 동호는 옛 훌륭한 사관(史官)으로 법을 기록함에 숨김이 없었다. 조둔은 옛 어진 대부지만 법 때문에 악명을 받았다.

역 주 1) 『수신기(搜神記)』: 東晉의 干寶가 지은 중국 志怪小說의 대표적인 작품. 그 내용은 대부분 神仙·鬼神·因果應報·民間傳說 등에 관한 것임. 원서는 南宋 때 망실된 것으로 보이며, 今本 20권은 후대인이 찬집한 것임.

2) 귀신세계의 동호(董狐): '董狐'는 춘추시대 晉나라의 史官. 孔子로부터 良史라는 칭송을 받은 이후로 '훌륭한 사관'의 대명사가 되었음. 干寶 역시 사관으로 東晉 元帝 때 국사편찬을 맡았고 『晉紀』 20권을 지어 당시에 '良史'라고 일컬어졌기 때문에, 劉惔이 이렇게 말한 것임.

3) 조둔(趙盾)이 그 군주를 시해했다: 춘추시대 晉 靈公이 무도함을 자행하자 대부 趙盾이 누차 간했으나, 영공이 오히려 조둔을 죽이려 하자 조둔은 망명길에 올랐으며, 조둔의 族弟 趙穿이 영공을 시해함. 나중에 조둔이 돌아오자 동호는 조정에 "趙盾弑其君"이라고 써놓았음. 『春秋左氏傳』「宣公2年」條에 나옴.

干寶向劉眞長叙其『搜神記』,〈1〉 劉曰: "卿可謂鬼之董狐!"〈2〉 排

〈1〉·寶父有嬖人, 寶母至妬, 葬寶父時, 因推著藏中. 經十年而母喪, 開墓, 其婢伏棺上, 就視猶煖, 漸有氣息, 輿還家, 終日而蘇. 說寶父常致飮食, 與之接寢, 恩情如生. 家中吉凶, 輒語之, 校之悉驗. 平復數年後, 方死. 寶因作『搜神記』, 中云"有所感起"是也. [『孔氏志怪』]

〈2〉·『春秋傳』曰 : 趙穿攻晉靈公於桃園, 趙宣子未出境而復. 太史書"趙盾弑其君", 宣子曰: "不然." 對曰: "子爲正卿, 亡不越境, 反不討賊, 非子而誰?"

·孔子曰 : 董狐, 古之良史也, 書法不隱. 趙盾, 古之賢大夫也, 爲法受惡.

139

[漢] 포원(蒲元)

139-1(0181)

포원은 천성적으로 기발한 생각이 많았는데, 일찍이 사곡구(斜谷口)[1]에서 제갈무후(諸葛武侯: 諸葛亮)를 위해 칼 3천 자루를 주조했다. 그리고는 스스로 말했다.

"한수(漢水)[2]는 물이 무디고 약하여 담금질에 쓸 수 없지만, 촉강(蜀江)[3]은 물이 시원하고 세차니 이를 일러 대금(大金)의 원기[4]라고 한다."〈1〉

포원은 다른 사람에게 명하여 성도(成都)에서 장강(長江)의 물을 가져오게 했는데, 그 물로 칼을 담금질하려다가 말했다.

"부수(涪水)[5]가 섞여 있어서 쓸 수 없다!"

물을 가져온 사람이 섞이지 않았다고 항변하자, 포원은 칼로 물을 그으면서 8되가 섞였다고 말했다. 그제야 물을 가져온 사람이 머리를 조아리며 실토했다.

"부수의 나루터에서 물을 엎었기에 부수 8되를 보충했습니다."

또 한 번은 대나무 통에 쇳가루를 가득 채워 넣은 다음에 칼을 들어 그것을 잘랐는데, 칼이 닿자마자 대나무 통이 부서져 흩어졌다. 그래서 그 칼을 '신도(神刀)'라고 했다.

〈1〉·『수경주(水經注)』 : 촉중(蜀中)의 금강(錦工)은 직금(織錦)[6]을 그 강물에 씻으면 비단이 매우 선명해진다.

역주 1) 사곡구(斜谷口): 사곡은 陝西省 終南山에 있음. 옛날에 陝과 蜀이 통하는 길목이었는데, 그 북쪽 입구를 사곡구라고 함.
2) 한수(漢水): 陝西省 寧强縣에서 발원하여 湖北省 武漢市에서 장강으로 흘러들어가는 장강 최대의 지류.
3) 촉강(蜀江): 四川省 경내를 흐르는 장강의 일단을 말함.
4) 대금(大金)의 원기: 천지 金氣의 정수를 뜻함.
5) 부수(涪水): 장강의 지류로 四川省 경내를 흐름.
6) 직금(織錦): 매우 귀한 견직물의 일종. '織成錦'·'織成'이라고도 함. 채색실과 금실로 꽃무늬를 넣어 직조한 것으로 자수와 비슷함. 한나라 이후로 제왕과 공경대신들의 옷감으로 널리 쓰였음.

蒲元性多奇思, 於斜谷口爲諸葛武侯鑄刀三千口. 自言: "漢水鈍弱, 不任淬用, 蜀江爽烈, 是謂大金之元精."〈1〉 命人於成都取江水, 蒲以淬刀, 言: "雜涪水不可用!" 取水者捍言不雜, 蒲以刀畫水, 言雜八升. 取水者叩頭云: "於涪津覆水, 遂以涪水八升益之." 又嘗以竹筒納鐵珠滿中, 擧刀斷之, 應手虛落. 因曰'神刀'. 術

〈1〉·『水經注』曰 : 蜀中錦工, 織錦濯之江流, 則錦至鮮明.

140

[漢] 유승(庾乘)

자는 세유(世遊)며 영천(潁川) 사람이다. 벼슬에 여러 번 초징되었지만 모두 나아가지 않았기에 세상에서 그를 '징군(徵君)'이라 불렀다.

字世遊, 潁川人. 徵辟並不起, 世號'徵君'. [范曄『後漢書』]

140-1(0182)

유징군은 젊었을 때 현청(縣廳)에서 잡일을 했는데, 곽림종(郭林宗: 郭泰)이 그를 보고 발탁하여 학궁(學宮: 國子監)에서 유학하라고 권유함으로써 마침내 제생(諸生: 秀才)으로 뽑혔다. 나중에 강론에 뛰어나게 되었지만 스스로 가문이 비천하다고 생각하여 매번 아래 자리에 앉았는데, 제생과 박사들이 모두 그를 찾아와서 질문하며 학문을 토론했다. 이로 말미암아 학궁에서는 아래 자리를 귀하게 여기게 되었다.

庾徵君少給事縣庭, 郭林宗見而拔之, 勸遊學宮, 遂爲諸生傭. 後能講論, 自以卑第, 每處下坐, 諸生博士皆就讐問. 由是學中以下坐爲貴. 企

141

[晉] 유애(庾敳)

자는 자숭(子嵩)이며 영천(潁川) 사람으로, 시중(侍中) 유준(庾峻)의 셋째아들이다. 성품이 확 트이고 도량이 넓었으며, 스스로 노장(老莊)의 무리라고 일컬었다. 한번은 『장자(莊子)』를 읽다가 두루마리를 펴서 1척쯤 되었을 때, 곧장 내려놓으면서 말하길: "이 책을 읽지 않았을 때는 지극한 이치는 이와 같아야 한다고 일찍이 생각했었는데, 지금 읽어보니 내 생각과 조금도 다르지 않다"라고 했다. 벼슬은 예주장사(豫州長史)에 이르렀다.

字子嵩, 潁川人, 侍中峻第三子. 恢廓有度量, 自謂是老莊之徒. 嘗讀『莊子』, 開卷一尺許, 便放去, 曰: "未讀此書, 嘗謂至理如此, 今見之, 了不異人意." 仕至豫州長史. [『晉陽秋』]

141-1(0183)

유자숭이 「의부(意賦)」[1]를 다 지었을 때,〈1〉 조카 유문강(庾文康: 庾亮)이 보고 물었다.

"만약 뜻이 있다면 부로 다 표현해낸 것이 아니며, 만약 뜻이 없다면 다시 뭐하러 부를 짓는단 말입니까?"

유자숭이 대답했다.

"바로 유의(有意)와 무의(無意)의 사이에 있기 때문이지."

〈1〉· 유애는 왕실에 어려움이 많은 것을 보고 결국 그 화에 걸려들게 될 것을 알았기 때문에 「의부」를 지어 자신의 감회를 기탁했다. 나중에 석륵(石勒)에게 살해당했다.

역주 1) 「의부(意賦)」: "至理歸於渾一兮, 榮辱固亦同貫. 存亡旣已均齊兮, 正盡死復何歎. 物咸定於無初兮, 俟時至而後驗. 若四節之素代兮, 豈當今之得遠? 且安有壽之與夭兮, 或者情橫多戀. 宗統竟初不別兮, 大德亡其情願. 蠢動皆神之爲兮, 癡聖惟質所建. 眞人都遣穢累兮, 性茫蕩而無岸. 縱驅於遼廓之庭兮, 委體乎寂寥之館. 天地短於朝生兮, 億代促於始旦. 顧瞻宇宙微細兮, 眇若豪鋒之半. 飄颻玄曠之域兮, 深漠暢而靡玩. 兀與自然并體兮, 融液忽而四散." [『晉書』 권50 「庾敳傳」]

庾子嵩作「意賦」成,〈1〉 從子文康見, 問曰: "若有意耶, 非賦之所盡. 若無意耶, 復何所賦?" 答曰: "正在有意無意之間." **文**

〈1〉· 敳見王室多難, 知終嬰其禍, 乃作「意賦」以寄懷. 後爲石勒所害. [『晉陽秋』]

141-2(0184)

왕태위(王太尉: 王衍)는 유자숭과 친한 사이가 아니었는데도, 유자숭은 계속 그를 '그대[卿]'[1]라고 불렀다. 그래서 왕태위가 말했다.

"'당신[君]'[2]은 그러지 마시오."

그러자 유자숭이 말했다.

"그대는 나를 당신이라 부르고 나는 그대를 그대라고 부르니, 나는 나의 법을 쓰면 되고 그대는 그대의 법을 쓰면 되지요."

역주 1) 그대[卿]: 卿은 본래 官爵으로서 나중에는 상대방에 대한 美稱으로 사용되었으나, 南北朝時代에는 '爾'·'汝'와 같은 어감으로 친한 사이에 있는 동년배나 그 이하의 사람에게 사용했음.

2) 당신[君]: 卿보다는 정중한 호칭.

王太尉不與庾子嵩交, 庾卿之不置. 王曰: "君不得爲爾." 庾曰: "卿自君我, 我自卿卿. 我自用我法, 卿自用卿法." **方** **互** 王衍

141-3(0185)

유경손(劉慶孫: 劉輿)이 태부(太傅: 司馬越)〈1〉의 막부에 있을 때, 당시 인사(人士)들 가운데 그에게 걸려들어 곤경을 당한 사람이 많았다. 오직 유자숭만은 세상일 밖에 마음을 두었기 때문에 트집을 잡을 만한 여지가 없었다. 유경손은 나중에 유자숭의 성품이 검소하고 집안이 부유하다는 사실을 포착하여, 그에게 천만 냥을 꾸어오게 하라고 태부를 설득했는데, 그가 인색함을 보이면 그것을 기회로 삼을 작정이었다. 그래서 태부가 여러 사람이 모인 자리에서 유자숭에게 [돈을 꾸어줄 수 있는지를] 물었다. 유자숭은 그때 쓰러질 정도로 크게 취했는데, 안석 위에 떨어진 두건에 머리를 들이밀어 쓰고서 천천히 대답했다.

"하관(下官)의 집에는 물론 2~3천만 냥[1]이 있으니 공의 마음대로 가져가십시오."

유경손은 이에 비로소 감복하고 말았다. 나중에 어떤 사람이 유자숭에게 그 일을 말했더니 유자숭이 말했다.

"소인의 생각으로 군자의 마음을 헤아린 격[2]이라고 말할 수 있겠지요."

〈1〉・동해왕(東海王) 사마월(司馬越)은 자가 원초(元超)다. 젊어서부터 신분에 구애받지 않는 지조를 중시하여 안팎의 인물들이 그에게 귀복(歸服)했다. 여러 벼슬을 거쳐 사공(司空)과 태부에 이르렀다.

역주 1) 2~3천만 냥: 원문은 "兩娑千萬". '娑'는 '三'의 방언. 지금도 북방인은 '三'을 '沙'로 읽고 山西人은 '薩'로 읽기도 함. 劉淇의 『助字辨略』에서는 "兩娑千萬. 娑, 語辭, 猶言兩個千萬"이라고 하여 어조사로 봄.

2) 소인의 생각으로 군자의 마음을 헤아린 격: 이 말은 『左傳』「昭公28年」의 "以小人之腹, 爲君子之心"이라는 구절에 근거하고 있음.

劉慶孫在太傅〈1〉府, 于時人士多爲所構. 惟庾子嵩縱心事外, 無跡可間. 後以其性儉家富, 說太傅令換千萬, 冀其有吝, 於此可乘. 太傅於衆坐中問庾. 庾時頹然已醉, 幘墜几上, 以頭就穿取, 徐答云: "下官家故可有兩娑千萬, 隨公所取." 於是乃服. 後有人向庾道此, 庾曰: "可謂以小人之慮, 度君子之心." **雅** **互** 劉輿

〈1〉· 東海王越, 字元超. 少尙布衣之操, 爲中外所歸. 累遷司空·太傅. [『八王故事』]

141-4(0186)

사마태부(司馬太傅: 司馬越)의 막부에는 명사가 많았는데, 하나같이 당시의 준걸들이었다. 유문강(庾文康: 庾亮)이 말했다.

"그 가운데에 있는 유자숭[1]을 보니, 항상 정신력이 충만해 있다.[2]"

역주 1) 유자숭: 庾敳는 당시 司馬越의 從事中郎으로 있었음.

2) 정신력이 충만해 있다: 원문은 "神王". '王'은 '旺'과 통하며 旺盛하다는 뜻.

司馬太傅府多名士, 一時儁異. 庾文康云: "見子嵩在其中, 常自神王." 賞

141-5(0187)

당시 사람들이 유중랑(庾中郎: 庾敳)을 품평했다.

"대도(大道)에 [마음을] 맡기는[1] 데 뛰어나고, 자신[의 재능]을 감추는 데 능하다."

역주 1) 대도(大道)에 [마음을] 맡기는: 원문은 "託大". 심오한 大道의 경지에 마음을 맡기고서 일상적인 일에는 관심을 갖지 않는 것을 말함.

時人目庾中郎: "善於託大, 長於自藏." 賞

142

[晉] 유량(庾亮)

자는 원규(元規)며 유애(庾敳)의 조카이자 명목황후(明穆皇后)의 큰 오라비다. 깊은 아량에 덕량(德量)을 갖추고 있어서, 당시 사람들이 그를 하후태초(夏侯太初: 夏侯玄)와 진장문(陳長文: 陳群)의 무리에 견주었다. 여러 벼슬을 거쳐 정서대장군(征西大將軍)과 형주자사(荊州刺史)를 지냈다.

字元規, 鼓從子, 明穆皇后長兄. 淵雅有德量, 時人方之夏侯太初·陳長文之倫. 累遷征西大將軍·荊州刺史. [『晉陽秋』] **文** **詳** 庾闡 **方** **詳** 孫綽 **賞** **詳** 王玄 **品** **詳** 謝鯤 **任** **詳** 溫嶠 **輕** **詳** 王導

142-1(0188)

유공(庾公: 庾亮)이 타는 말 중에 적로(的盧)〈1〉[라는 凶馬]가 있었는데, 어떤 사람이 그에게 팔아 버리라고 말했다. 그러자 유공이 말했다.

"이것을 판다면 반드시 살 사람이 있겠지만 다시 그 주인을 해칠 것이니, 어찌 자기에게 편하지 않다고 해서 그것을 다른 사람에게 옮길 수 있겠는가? 옛날에 손숙오(孫叔敖)가 뒷사람을 위해 머리 둘 달린 뱀을 죽였다는〈2〉 옛 미담도 있으니, 이를 본받는 것이 또한 도리에 맞는 것이 아니겠는가?"

〈1〉· 백락(伯樂)의 『상마경(相馬經)』: 말 중에서 이마의 흰 반점이 입을 지나 앞 이빨까지 있는 것을 이름하여 '유안(楡鴈)'이라 하는데 일명 '적로'라고도 한다. 이 말은 노비가 타면 객사하고 주인이 타면 기시(棄市)의 형벌에 처하게 되는 흉마다.

〈2〉· 손숙오가 어렸을 때 길을 가다가 머리 둘 달린 뱀을 보고 죽여서 묻었다. 그리고 집에 돌아와 그의 어머니를 보고 울었다. 어머니가 그 까닭을 묻자, 대답하길: "머리 둘 달린 뱀을 본 사람은 반드시 죽는다고 하는데, 오늘 나갔다가 보았기 때문에 우는 것입니다"라고 했다. 어머니가 다시 묻길: "뱀은 지금 어디에 있느냐?"라고 하자, 대답하길: "뒷사람이 볼까봐 걱정되어 죽여서 묻어버렸습니다"라고 했다. [이를 듣고] 어머니가 말하길: "대저 남모르게 베푼 은덕이 있으면 반드시 남들이 다 알게 복을 받는다고 했으니 너는 걱정 말아라"라고 했다. 나중에 초나라의 영윤(令尹)[1]이 되었다.

역주 1) 영윤(令尹): 楚나라의 最高 大臣.

庾公乘馬有的盧,〈1〉 或語令賣去. 庾云: "賣之必有買者, 卽復害其主, 寧可不安己而移於他人哉? 昔孫叔敖殺兩頭蛇以爲後人,〈2〉 古之美談, 效之, 不亦達乎?" **德**

〈1〉・白樂『相馬經』曰 : 馬白額入口至齒者, 名曰'楡雁', 一名'的盧'. 奴乘客死, 主乘棄市, 凶馬也.

〈2〉・孫叔敖, 兒時出道上, 見兩頭蛇, 殺而埋之. 歸見其母, 泣. 問其故, 對曰: "夫見兩頭蛇者, 必死, 今出見之, 故耳." 母曰: "蛇今安在?" 對曰: "恐後人見, 殺而埋之矣." 母曰: "夫有陰德, 必有陽報, 爾無憂也." 後爲楚令尹. [賈誼『新書』]

142-2(0189)

유공이 한번은 절에 들어가 누워 있는 불상〈1〉을 보고 말했다.

"이 사람은 중생을 구제하느라 피곤한 것이로다."

당시 사람들은 이를 명언이라 여겼다.

〈1〉・『열반경(涅槃經)』 : 석가여래(釋迦如來)께서 등이 아파 사라쌍수(沙羅雙樹)[1] 사이에서 머리를 북쪽으로 하고 누우셨다. 그래서 후세의 화가들이 이러한 불상을 그렸다.

역주 1) 사라쌍수(沙羅雙樹): 석가가 사라나무 숲에서 열반에 들었을 때 그 사방에 서 있던 한 쌍의 나무로, 그가 入滅한 뒤에 하얗게 말라버렸다고 함.

庾公嘗入佛圖, 見臥佛,〈1〉 曰: "此子疲於津梁." 于時以爲名言. 言

〈1〉・『涅槃經』云 : 如來背痛, 於雙樹間北首而臥. 故後之圖繪者爲此象.

142-3(0190)

유태위(庾太尉: 庾亮)가 [반란을 일으킨] 소준(蘇峻)과 싸우다가 패하여, 부하 10여 명을 이끌고 작은 배를 타고 서쪽으로 패주했다. 반란군이 추격하여 덮치자 [유태위의 부하가 그들을] 쏜다는 것이 잘못하여 조타수를 맞혔는데, 슝! 하는 소리와 함께 조타수가 고꾸라졌다. 배 위의 사람들이 모두 대경실색하여 우왕좌왕했지만, 유량은 동요된 기색을 보이지 않고 천천히 말했다.

"그런 솜씨로 어떻게 적을 맞힐 수 있겠는가?"

사람들은 이내 안정을 되찾았다.

庾太尉與蘇峻戰, 敗, 率左右十餘人, 乘小船西奔. 亂兵相剝掠, 射誤中柂工, 應弦而倒. 擧船上咸失色分散, 亮不動容, 徐曰: "此手那可使着賊?" 衆迺安. 雅

142-4(0191)

세간에서 칭찬했다.

"유문강(庾文康: 庾亮)은 '풍년의 옥[1]'이고, [그의 동생] 유치공(庾穉恭: 庾翼)은 '흉년의 곡식[2]'이다."〈1〉

『유가론(庾家論)』[3]에서는 이렇게 말했다.

"유문강이 칭찬하길, [동생] 유치공은 '흉년의 곡식'이고 [조카] 유장인(庾長仁: 庾統)은 '풍년의 옥'이라고 했다."

〈1〉· 유량은 [治世에] 국정을 맡을 기량을 지녔고 유익(庾翼)은 [亂世에] 세상을 구제할 재능을 지녔으므로 각자 쓰임이 있다는 것을 말한 것이다.

역주 1) 풍년의 옥: 태평성대를 더욱 빛내준다는 뜻을 내포하고 있음.

2) 흉년의 곡식: 난세의 위급함을 구해준다는 뜻을 내포하고 있음.

3) 『유가론(庾家論)』: 書名으로 추정함. 서명이 아니라면 "유씨 집안사람들이 논하길"로 번역할 수 있음.

世稱: "庾文康爲'豊年玉', 穉恭爲'荒年穀'."〈1〉 『庾家論』云: "是文康稱恭爲'荒年穀', 長仁爲'豊年玉'." 賞 互 庾翼 庾統

〈1〉· 謂亮有廊廟之器, 翼有匡世之才, 各有用也.

142-5(0192)

손흥공(孫興公: 孫綽)이 말했다.

"유태위는 평소 즐겨 기탁하는 바를 늘 속세 밖에 두었는데, 비록 유연한 마음으로 세상에 응하거나 자벌레처럼 그 행적을 굽히더라도 심령이 맑디맑아서 진실로 심오한 생각으로 산수를 대한다."

孫興公云: "庾太尉雅好所托, 常在塵埃之外, 雖柔心應世, 蠖屈其迹, 而方寸湛然, 固以玄對山水." 賞

142-6(0193)

유태위가 무창(武昌)을 다스리고 있을 때, 날씨 좋고 경치 아름다운 가을밤에 막료 은호(殷浩)·왕호지(王胡之) 등이 남루(南樓)에 올라 시를 읊조렸다. 음조가 막 높아지려 할 때 계단[1]에서 나막신 소리가 몹시 크게 들렸는데, 틀림없는 유공이었다. 잠시 후 유공이 종자(從者) 10여 명을 이끌고 걸어오자 여러 명사들이 일어나 피하려 했더니[2], 유공이 천천히 말했다.

"여러분, 잠시 머무시오! 이 늙은이도 이 자리에 흥취가 적지 않소이다."

그리고는 곧장 접이 의자[3]에 앉아 사람들과 함께 읊조리고 담소하면서 그 자리가 끝날 때까지 마음껏 즐겼다. 나중에 왕일소(王逸少: 王羲之)가 [도성으로] 내려와 왕승상(王丞相: 王導)과 얘기하다가 그 일에 대해서 언급했더니, 왕승상이 말했다.

"유원규도 그땐 위의(威儀)가 약간 흐트러지지 않을 수 없었을 걸."

그러자 왕우군(王右軍: 王羲之)이 말했다.

"[그의 마음에는] 오직 산수(山水)[4]만 들어 있지요."

역주 1) 계단: 원문은 "函道". 여기서는 樓臺로 올라가는 계단을 말함.

2) 피하려 했더니: 庾亮은 평소 매우 謹嚴하여 사람들이 쉽게 접근하려 하지 않았음.

3) 접이 의자: 원문은 "胡床". 옛날 胡 지방에서 들어온 일종의 간이용 의자로, 후대의 접이식 의자와 비슷함.

4) 산수(山水): 원문은 "丘壑". 深山幽谷을 좋아하는 고아한 정취를 말함.

庾太尉在武昌, 秋夜氣佳景清, 使吏殷浩·王胡之之徒登南樓理詠. 音調始遒, 聞函道中有屐聲甚厲, 定是庾公. 俄而率左右十許人步來, 諸賢欲起避之, 公徐云: "諸君少住! 老子於此處興復不淺." 因便據胡床, 與諸人詠謔, 竟坐甚得任樂. 後王逸少

下，與丞相言及此事，丞相曰："元規爾時風範，不得不小穨." 右軍曰："惟丘壑獨存." **容**

142-7(0194)

유량의 아들[庾會]이 소준(蘇峻)의 난을 만나 살해당했는데[1]，제갈도명(諸葛道明: 諸葛恢)의 딸〈1〉이 유량 아들의 부인이었다. 그녀가 과부로 있다가 장차 개가하려 할 때 제갈도명이 유량에게 서찰을 보내 그 일을 언급했더니，유량이 이렇게 회답했다.

"따님이 아직 젊으니 그렇게 하는 것이 마땅합니다만，죽은 아들을 생각하니 마치 방금 죽은 것 같습니다."

〈1〉· 유량의 아들 유회(庾會)는 자가 회종(會宗)이고 어릴 적 자가 아공(阿恭)이다. 제갈회(諸葛恢)의 딸 제갈문호(諸葛文虎)를 아내로 맞았다.

역주 1) 유량의 ~ 살해당했는데: 庾會는 咸和 6년(331)，19살 때 蘇峻에게 살해당했다고 함.

庾亮兒遭蘇峻難遇害，諸葛道明女〈1〉爲庾兒婦. 旣寡，將改適，與亮書及之，亮答曰："賢女尙少，故其宜也，感念亡兒，若在初歿." **傷**

〈1〉· 亮子會，字會宗，小字阿恭. 娶諸葛恢女，名文虎[1]. [『庾氏譜』]

校勘 1) 文虎:『世說新語』注에 인용된『庾氏譜』에는 "文彪"라 되어 있음.

142-8(0195)

유문강이 죽었을 때 하양주(何揚州: 何充)가 장례식에 참석하여 말했다.

"옥수(玉樹)를 땅속에 묻고 보니 사람의 마음이 어떻게 견딜 수 있겠는가!"〈1〉

〈1〉· 유문강이 처음 무창(武昌)을 다스리기 위해 석두성(石頭城)을 출발했을 때，언덕에서 구경하던 백성들이 노래하길: "유공이 무창으로 올라올 때는 나는 새처럼 펄펄하더니[1]，유공이 양주[2]로 돌아갈 때는 흰 말이 상여수레[3]를 끄네"라고 했으며，또는 말하길: "유공이 처음 올라올 때는 나는 갈가마귀처럼 펄펄하더니，유공이 양주로 돌아갈 때는 흰 말이 상여수레를 끄네"라고 했다. 그 후 조정에서 그를 연달아 초징했으나 그는 도성으로 들어가지 않았는데, 얼마 있다가 죽자 [그의 시체를 운반하여] 도성으로 내려가 장례를 치렀다.

역주 1) 펄펄하더니: 원문은 "翩翩". 동작이 경쾌하고 得意한 모양.
2) 양주: 都城 建康은 당시 揚州 丹陽郡에 속해 있었음.
3) 상여수레: 원문은 "旒旐(류조)". 旒는 깃대에 매지 않는 쪽의 기폭 위에 붙인 긴 오리. 旐는 거북과 뱀을 그린 폭이 넓은 검은 빛깔의 깃발. 여기서는 상여 앞에서 들고 가는 깃발을 말함.

庾文康亡, 何揚州臨葬云: "埋玉樹着土中, 使人情何能已已!"〈1〉 **傷**

〈1〉・文康初鎭武昌, 出石頭, 百姓看者於岸, 歌曰: "庾公上武昌, 翩翩如飛鳥. 庾公還揚州, 白馬牽旒旐." 又曰: "庾公初上時, 翩翩如飛鴟. 庾公還揚州, 白馬牽旐車." 後連徵不入, 尋薨, 下都葬焉. [『靈鬼志』「謠徵」]

142-9(0196)

심공(深公: 竺法深)이 말했다.

"사람들은 유원규를 명사라고 하지만 그의 가슴속엔 가시가 3말쯤 들어 있다."

深公云: "人謂庾元規名士, 胸中柴棘三斗許." **輕**

143

[晉] 유빙(庾氷)

자는 계견(季堅)이다. 젊어서부터 절조(節操)를 지녔기에 형 유량(庾亮)이 그를 중히 여겨 말하길: "우리 집안의 안평중(晏平仲: 晏嬰)[1]이다"라고 했다. 거기장군(車騎將軍)과 강주자사(江州刺史)를 지냈다.

역주 1) 안평중(晏平仲: 晏嬰): 春秋時代 齊 景公 때의 재상. 대대로 '節儉力行'한 인물로 알려짐.

字季堅. 少有檢操, 兄亮器之曰: "吾家晏平仲." 官車騎將軍・江州刺史. [『晉陽秋』] **方** **詳** 孔坦

143-1(0197)

소준(蘇峻)이 난을 일으키자[1] 유씨(庾氏) 일족이 도망쳐 흩어졌다. 유빙은 당시 오군내사(吳郡內史)로 있었는데 단신으로 도망쳤다. 백성과 관리들도 모두 떠났지만, 오직 어떤 군졸(郡卒)만이 혼자 작은 배에 유빙을 태우고 전당강(錢塘江) 어귀로 나가서 대나무 거적으로 그를 덮어주었다. 당시 소준은 상금을 걸고 유빙을 찾느라 도처에 명하여 매우 다급하게 수색했다. 군졸은 시장이 있는 모래섬에 배를 대놓고는 술을 마시고 취한 채로 돌아와 노를 휘두르며 다른 배를 향하여 말했다.

"어느 곳에서 유오군(庾吳郡: 庾氷)을 찾으시오? 바로 이 안에 있소이다!"

유빙은 몹시 두려웠지만 감히 움직이지 못했다. 수색하는 관리가 보니 배가 작고 물건을 실은 공간도 비좁은데다 군졸이 취하여 제정신이 아니라고 생각하여 전혀 의심하지 않았다. 군졸이 호송하여 제강(淛江: 浙江)[2]을 건네준 덕택에 유빙은 산음현(山陰縣)의 위씨(魏氏) 집에 기거하여 화를 면했다. 나중에 소준의 반역사건이 평정되고 나서 유빙이 군졸에게 보답하고자 그가 원하는 바를 들어주고자 했더니 군졸이 말했다.

"저는 출신이 비천하므로[3] 훌륭한 관직[4]은 바라지 않습니다. 다만 어려서부터 천한 일을 하느라[5] 고달파서 실컷 술을 마실 수 없는 것을 항상 걱정했으니, 만약 여생을 마칠 때까지 술이 풍족하다면 더 이상 필요할 게 없겠습니다."

유빙은 그를 위해 큰 집을 지어주고 노비를 사주었으며, 그가 죽을 때까지 집안에 백 곡(斛)의 술이 늘 있도록 해주었다. 당시 사람들은 그 군졸이 지혜가 있을 뿐만 아니라 인생에도 달관했다고 생각했다.

역주 1) 소준(蘇峻)이 난을 일으키자: 晉 明帝 太寧 3년(325)에 명제가 죽고 겨우 5살 된 成帝가 즉위하자, 庾太后가 섭정하고 王導・庾亮[庾太后의 오빠] 등이 정권을 장악했는데, 유량은 소준과 祖約 등을 의심하여 成帝 咸和 2년(327)에 소준을 입조케 하여 그의 병

권을 빼앗고자 함. 소준은 조약과 함께 유량 토벌을 구실로 삼아 반란을 일으켜, 함화 3년(328)에 建康까지 진격하여 조정의 군대를 대패시킴. 유량의 동생인 유빙도 이때 반군을 피하여 도망감.

2) 제강(淛江: 浙江): 浙江의 옛 명칭. 절강에는 水源이 셋 있는데, 처음 합류되는 지점에서는 桐江·富春江이라 부르고, 吳郡 錢塘縣으로 들어가서는 錢塘江이라 부르며, 끝에 杭州灣으로 흘러들어감.

3) 비천하므로: 원문은 "廝下". 본래는 말을 사육하는 잡역부를 뜻하는데, 여기서는 신분이나 지위가 비천한 사람을 말함.

4) 훌륭한 관직: 원문은 "名器". '名'은 작위, '器'는 輿服[수레와 관복]을 뜻함. 여기서는 그냥 훌륭한 관직으로 풀었음.

5) 천한 일을 하느라: 원문은 "執鞭". 채찍을 잡고 말을 모는 사람. 일반적으로 천한 일에 종사하는 사람을 가리킴. 『論語』「述而」에 나옴.

蘇峻亂, 諸庾逃散. 庾冰時爲吳郡, 單身奔亡. 民吏皆去, 唯郡卒獨以小船載冰出錢塘口, 蘧篨覆之. 時峻賞募覓冰, 屬所在搜檢甚急. 卒捨船市渚, 因飮酒醉還, 舞棹向船曰: "何處覓庾吳郡? 此中便是!" 冰大惶怖, 然不敢動. 監司見船小裝狹, 謂卒狂醉, 都不復疑. 自送過淛江, 寄山陰魏家, 得免. 後事平, 冰欲報卒, 適其所願, 卒曰: "出自廝下, 不願名器. 少苦執鞭, 恒患不得快飮酒, 使其酒足餘年畢矣, 無所復須." 冰爲起大舍, 市奴婢, 使門內有百斛酒, 終其身. 時謂此卒非唯有智, 且亦達生. 任

144

[晉] 유익(庾翼)

자는 치공(穉恭)이며 유량(庾亮)의 동생이다. 당시 논자들이 그의 경륜을 인정했다. 유량이 죽자 조정에서 유익을 칠주도독(七州都督)으로 삼았다. 정서장군(征西將軍)으로 승진했다.

字穉恭, 亮弟. 時論以經略許之. 亮薨, 乃以翼都督七州. 進征西將軍. [『庾翼別傳』] 賞 詳 庾亮

144-1(0198)

유치공이 형주자사(荊州刺史)로 있을 때, 깃털 부채를 무제(武帝: 司馬炎)에게 헌상했는데, 무제는 그것이 쓰던 물건이 아닌가 하고 의심했다. 그러자 시중(侍中) 유소(劉劭)〈1〉가 말했다.

"백량대(柏梁臺)[1]가 구름에 닿을 정도로 높아도 장인이 먼저 그 아래에 있었으며, 관현악의 성대한 연주도 종(鍾)과 기(夔)[2]가 먼저 그 음악을 들었사옵니다. 유치공이 부채를 헌상한 것은 그것이 좋은 물건이기 때문이지 새 물건이기 때문은 아니옵니다."

유치공이 나중에 그 말을 듣고 말했다.

"이 사람은 마땅히 황제의 측근에 있어야 한다."

〈1〉· 유소는 자가 언조(彦祖)며 팽성(彭城) 사람이다. 박식하고 학문을 좋아했으며, 다재다능하고 초서와 예서에 능했다. 여러 벼슬을 거쳐 시중과 예장태수(豫章太守)를 지냈다.

역주 1) 백량대(柏梁臺): 漢 武帝 때 長安에 세운 누대.

2) 종(鍾)과 기(夔): '종'은 鍾子期. 春秋時代 楚人으로 伯牙의 가야금 소리를 잘 이해했다고 하여 '知音'으로 불림. '기'는 舜임금 때의 樂正(樂官長).

庾穉恭爲荊州, 以毛扇上武帝, 武帝疑是故物. 侍中劉劭〈1〉曰: "柏梁雲搆, 工匠先居其下, 管絃繁奏, 鍾·夔先聽其音. 穉恭上扇, 以好不以新." 庾後聞之, 曰: "此人宜在帝左右." **言**

〈1〉· 字彦祖, 彭城人. 博識好學, 多藝能, 善草隸. 累遷侍中·豫章太守. [『文字志』]

144-2(0199)

유정서(庾征西: 庾翼)가 대대적으로 호족(胡族: 後趙) 정벌에 나섰는데,[1] 이미 출발하고 나서 더 이상 진군하지 않고 양양(襄陽)에 주둔하고 있었다.〈1〉 은예장(殷豫章: 殷羨)이 그에게 편지를 쓰고 부러진 뿔 여의(如意)[2] 하나를 보내 그를 조롱했더니, 유정서가 답장하여 말했다.

"보내주신 것 잘 받았습니다. 비록 망가진 물건이지만 그래도 고쳐서 쓰려고 합니다."

〈1〉· 유익은 군대를 이끌고 장차 북적(北狄: 後趙)을 정벌하려 했는데, 이미 양양에 이르렀으나 북적이 여전히 강성하여 결전을 할 수 없었다. 때마침 강제(康帝: 司馬岳)가 붕어하고 형 유빙(庾冰)이 죽자, 유익은 아들 유방지(庾方之)를 남겨두어 양양을 지키게 하고 자신은 급히 하구(夏口)로 돌아갔다.

역주 1) 대대적으로 호족(胡族: 後趙) 정벌에 나섰는데: 『晉書』 권73 「庾翼傳」에 따르면, 東晉 康帝 建元 원년(343)에 庾亮의 동생인 庾翼은 북방 後趙의 石季龍을 정벌할 것을 조정에 건의했으며, 조정의 반대에도 불구하고 출병을 강행했음.

2) 부러진 뿔 여의(如意): '如意'는 器物名으로, 약간 휘어진 가늘고 긴 자루 끝에 손가락 모양, 心字 모양, 구름모양 등이 달려 있으며, 骨·角·竹·木·玉·銅·鐵 등으로 만들었음. 위진시대에 淸談家나 스님들이 주로 애용했는데, 가려운 곳을 마음대로 긁을 수 있다고 해서 '如意'라고 했다 함. 殷羨이 庾翼에게 부러진 여의를 보낸 이유는 庾翼이 襄陽에 머물면서 마음대로[如意] 진격하지 못함을 조롱하기 위한 것임.

庾征西大擧征胡, 旣成行, 止鎭襄陽.〈1〉殷豫章與書, 送一折角如意以調之, 庾答書曰: "得所致. 雖是敗物, 猶欲理而用之." **排**

〈1〉· 翼率衆, 將伐狄, 旣至襄陽, 狄尙强, 未可決戰. 會康帝崩, 兄冰薨, 留子方之守襄陽, 自馳還夏口.

145

[晉] 유화(庾龢)

자는 도계(道季)며 유량(庾亮)의 아들이다. 풍격이 소탈했으며, 문장과 담론으로 당시에 칭송받았다. 관직은 단양윤(丹陽尹)에 이르렀으며 중령군(中領軍)을 겸임했다.

字道季, 亮子. 風情率悟, 以文談致稱於時. 仕至丹陽尹, 兼中領軍. [徐廣『晉紀』] **巧** **詳** 戴逵

145-1(0200)

사호아(謝胡兒: 謝朗)가 유도계에게 말했다.

"어쩌면 여러 사람이 그대에게 와서 담론을 벌일지도 모르니 성채를 단단히 하는 게 좋겠소."

유도계가 말했다.

"만약에 왕문도(王文度: 王坦之)가 온다면 나는 예비 부대만으로 그를 기다리겠지만, 한강백(韓康伯: 韓伯)이 온다면 황하(黃河)를 건너간 뒤 [타고 온] 배를 불살라버리겠소[1]."

역주 1) 황하(黃河)를 건너간 뒤 [타고 온] 배를 불살라버리겠소: 『春秋左傳』「文公三年」條에 따르면, 秦伯(穆公)이 晉나라를 토벌할 때 황하를 건너간 뒤 타고 왔던 배를 불태워버렸다고 함. 이는 필사의 각오를 보인 것임.

謝胡兒語庾道季: "諸人莫當就卿談, 可堅城壘." 庾曰: "若文度來, 我以偏師待之, 康伯來, 濟河焚舟." **言** **互** 韓伯 王坦之

145-2(0201)

유도계가 말했다.

"사고의 논리가 조리 있고 조화로운 점은 내가 한강백(韓康伯: 韓伯)에게 부끄럽고, 의지력이 강직한 점은 내가 왕문도(王文度: 王坦之)에게 부끄럽지만, 이 [두 사람] 이하로는 모두 내가 백배 낫다."

庾道季云: "思理倫和, 吾愧康伯, 志力彊正, 吾愧文度, 自此以還, 吾皆百之." **品** **互** 韓伯 王坦之

145-3(0202)

유도계가 말했다.

"염파(廉頗)와 인상여(藺相如)[1]는 비록 천 년 전에 죽은 사람이지만, 지금도 늠

름하게 항상 생기가 있다. 조여(曹蜍: 曹茂之)〈1〉와 이지(李志)〈2〉는 비록 현재에 살아 있지만, 미미하여[2] 구천(九泉) 아래에 있는 사람 같다. 사람들이 모두 이와 같다면, 바로 새끼를 매듭지어서라도 다스릴 수 있겠지만[3], 여우·이리·오소리·담비에게 다 잡아먹힐까 봐 걱정이다."〈3〉

〈1〉· 조무지(曹茂之)는 자가 영세(永世)고 어릴 적 자가 여(蜍)며, 팽성(彭城) 사람이다. 상서랑(尙書郎)을 지냈다.

〈2〉· 이지는 자가 온조(溫祖)며 이중(李重)의 손자다. 벼슬은 원외상시(員外常侍)와 남강상(南康相)에 이르렀다.

〈3〉· 사람들이 모두 조여와 이지처럼 질박하고 순진하면 천하에 간교한 백성이 없게 되어 새끼를 매듭지어서라도 다스릴 수 있겠지만, 재지(才智)가 알려지지 않으면 공적까지 사라지므로 몸은 여우나 이리에게 잡아먹히고 세상에 명성을 드날릴 수 없게 된다는 말이다.

역주 1) 염파(廉頗)와 인상여(藺相如): 둘 다 전국시대 趙나라 사람. 廉頗는 名將으로 제후들에게 이름이 알려졌으며, 藺相如는 惠文王 때의 賢臣으로 秦 昭王과의 회담에서 조나라의 和氏璧을 차지하고 돌려주지 않는 昭王에게서 사과를 받아냄.

2) 미미하여: 원문은 "厭厭". 기백이 부족하여 생기가 없는 모양.

3) 새끼를 매듭지어서라도 다스릴 수 있겠지만: 원문은 "結繩而治". 『周易』「繫辭傳下」에 나오는 구절. 사람들이 소박하고 온순하여 다스리기 쉽다는 뜻.

庾道季云: "廉頗·藺相如雖千載上死人, 懍懍恒有生氣. 曹蜍〈1〉·李志〈2〉雖見在, 厭厭如九泉下人. 人皆如此, 便可結繩而治, 但恐狐狸猯狢噉盡."〈3〉 品

〈1〉· 曹茂之, 字永世, 小字蜍, 彭城人. 官尙書郎. [『曹氏譜』]

〈2〉· 字溫祖, 重孫. 仕至員外常侍·南康相. [『晉百官名』·『李氏譜』]

〈3〉· 言人皆如曹·李質魯淳慤, 則天下無姦民, 可結繩致治, 然才智無聞, 功迹俱滅, 身盡於狐狸, 無擅世之名.

146

[晉] 유희(庾羲)

자는 숙화(叔和)고 유량(庾亮)의 셋째아들이며 어릴 적 자는 도은(道恩)이다. 고상하고 진솔한 인품을 지녔다. 건위장군(建威將軍)과 오국내사(吳國內史)를 지냈다.

字叔和, 亮第三子, 小字道恩. 拔尙率到. 官建威將軍・吳國內史. [徐廣『晉紀』]

146-1(0203)

손흥공(孫興公: 孫綽)이 「유공(庾公: 庾亮)의 뇌문(誄文)」[1]을 지었는데, 문장에 [자신의 마음을] 기탁한 말이 많았다.〈1〉 뇌문을 다 짓고 나서 [유공의 아들인] 유도은에게 보여주었더니, 유도은이 보고 탄식하면서 그에게 돌려보내며 말했다. "선친과 당신은 본래 이러한 관계에까지는 이르지 않았습니다."

〈1〉・뇌문 개략 : 아! 나와 공은, 풍류가 서로 같았네. [공의 인품] 헤아려 [나의] 마음 기탁하노니, 공을 스승처럼 여기네. [나는] 비록 진실로 불민하지만, 삼가 수신(修身)에 힘쓰네.[2]

역주 1) 「유공(庾公: 庾亮)의 뇌문(誄文)」: 庾亮은 咸康 6년(340)에 죽었음. 誄文은 亡者의 생전의 행장을 기록하여 그의 죽음을 애도하는 문장을 말함. 孫綽은 이밖에 庾亮의 碑文도 지었음.

2) 삼가 수신(修身)에 힘쓰네: 원문은 "敬佩絃韋". '佩絃韋'는 자신의 성격상 결함을 고치려고 노력한다는 뜻. 『韓非子』「觀行」에 "西門豹之性急, 故佩韋以自緩. 董安于之心緩, 故佩絃以自急."이란 구절이 있음.

孫興公作「庾公誄」, 文多託寄之辭.〈1〉 旣成, 示庾道恩, 庾見, 慨然送還之, 曰: "先君與君, 自不至於此." **方** **互** 孫綽

〈1〉・誄文略曰 : 咨予與公, 風流同歸. 擬量託情, 視公猶師. 雖實不敏, 敬佩絃韋. [『孫綽集』]

147

[晉] 유법창(庾法暢)

씨족과 출신은 미상이다. 일찍이 「인물론(人物論)」을 지어 스스로 자신의 훌륭함을 서술하길: "예리한 깨달음에 신묘함이 있으며, 재기 넘치는 언사에 통달된 언변이다"라고 했다.

氏族所出未詳. 嘗著「人物論」, 自叙其美云: "悟銳有神, 才辭通辯."

147-1(0204)

유법창이 유태위(庾太尉: 庾亮)를 방문하면서 가장 좋은 주미(麈尾)[1]를 들고 갔는데, 공(公: 庾亮)이 말했다.

"이렇게 지극히 좋은 것이 어떻게 여기에 있소?"

유법창이 말했다.

"청렴한 자는 달라 하지 않고 탐욕스런 자에게는 주지 않기 때문에 여기에 있는 것입니다."

역주 1) 주미(麈尾): 禪僧이 담론할 때 손에 들고 흔드는 둥근 모양의 총채. '麈尾扇' 또는 '拂子'라고도 함.

庾法暢造庾太尉, 握麈尾至佳, 公曰: "此至佳, 那得在?" 法暢曰: "廉者不求, 貪者不與, 故得在耳." 言

148

[晉] 유통(庾統)

자는 장인(長仁)이고 어릴 적 자는 적옥(赤玉)이며 영천(穎川) 사람으로, 유역(庾懌)의 아들이다. 젊어서부터 훌륭한 명성이 있었으며, 벼슬은 심양태수(潯陽太守)에 이르렀다.

字長仁, 小字赤玉, 穎川人, 懌子. 少有令名, 仕至潯陽太守. [『中興書』] 賞 詳 庾亮

148-1(0205)

간문제(簡文帝: 司馬昱)가 유적옥을 평했다.

"간약(簡約)하고 진솔하며, 수신을 잘하여 허물을 제거한다."

사인조(謝仁祖: 謝尙)가 말했다.

"유적옥의 가슴속에는 응어리진 것[1]이 없다."

역주 1) 응어리진 것: 원문은 "宿物". 본래는 하룻밤이 지난 것이라는 뜻이나, 여기서는 불만이나 응어리진 마음을 비유함.

簡文目庾赤玉: "省率治除." 謝仁祖云: "庾赤玉胸中無宿物." 賞

148-2(0206)

유장인이 동생들과 함께 오(吳) 지방으로 들어가는 길에 역정(驛亭)[1]에서 숙박하려 했다. 동생들이 먼저 가서 보았더니 상민(常民)들이 방에 가득 차 있었는데, 도무지 서로 비켜 줄 생각이 없었다. 유장인이 말했다.

"내가 한 번 가 보아야겠다."

그리고는 지팡이를 짚은 채 한 아이를 데리고 문으로 막 들어서자, 투숙객들이 그의 기상과 풍모를 보고 일시에 물러나 숨었다.〈1〉

〈1〉· 일설에는 유량(庾亮)의 고사라고도 한다.[2]

역주 1) 역정(驛亭): 여행객들을 위하여 일정한 거리의 驛站에 설치한 공공 숙박시설.

2) 유량(庾亮)의 고사라고도 한다: 사실상 庾統에게는 형이나 동생이 없었지만 그의 伯父인 庾亮에게는 懌·氷·條·翼의 동생이 있었으므로, 이 說이 보다 타당하다고 생각함.

庾長仁與諸弟入吳, 欲住亭中宿. 諸弟先上, 見羣小滿屋, 都無相避意. 長仁曰: "我試觀之." 乃策杖將一小兒, 始入門, 諸客望其神姿, 一時退匿.〈1〉 容

〈1〉· 一說是亮也.

149

[晉] 유천(庾闡)

자는 중초(仲初)며 유량(庾亮)의 일족이다. 어려서 부친을 여의었으며 9살에 이미 문장을 잘 지었다. 산기시랑(散騎侍郞)으로 전임되었고 대저작(大著作)에 임명되었다. 「양도부(揚都賦)」를 지어 당시에 명성을 떨쳤다.

字仲初, 亮之族. 少孤, 九歲能屬文. 遷散騎侍郎, 領大著作. 爲「揚都賦」, 邈絶當時. [『中興書』]

149-1(0207)

유천이 처음 「양도부(揚都賦)」[1]를 지어 온교(溫嶠)와 유량(庾亮)을 평했다.

"온교는 의(義)의 표상 내걸고, 유량은 만민의 희망되니[2], 명성을 비유하면 쇠의 소리요, 덕을 비유하면 옥의 광택이로다[3]."

유공(庾公: 庾亮)이 그 부가 완성되었다는 말을 듣고 보여 달라고 하면서 아울러 선물을 주자, 유천은 '희망[望]'을 '준일[儁]'로 고치고 '광택[亮]'을 '윤택[潤]'으로 고쳤다.[4]

역주 1) 「양도부(揚都賦)」: 揚都는 建康[지금의 南京]을 말함. 완전한 작품은 전하지 않음.

2) 만민의 희망되니: 원문은 "作民之望". 『詩經』 「小雅·都人士」에서 "行歸于周, 萬民所望."이라 함.

3) 명성을 비유하면 쇠의 소리요, 덕을 비유하면 옥의 광택이로다: 원문은 "方響則金聲, 比德則玉亮." 『孟子』 「萬章下」에서 "孔子之謂集大成, 集大成也者, 金聲而玉振之也."라고 함.

4) '희망[望]'을 '준일[儁]'로 고치고 '광택[亮]'을 '윤택[潤]'으로 고쳤다: 庾亮의 이름을 피하기 위하여 '亮'을 '潤'으로 고치고, 韻을 맞추기 위하여 다시 '望'을 '儁'으로 고친 것임.

庾闡始作「揚都賦」, 道溫·庾云: "溫挺義之標, 庾作民之望. 方響則金聲, 比德則玉亮." 庾公聞賦成, 求看, 兼贈貺之. 闡更改'望'爲'儁', 以'亮'爲'潤'云. **文** **互** 溫嶠 庾亮

150
[齊] 유고지(庾杲之)

자는 경행(景行)이며 신야(新野) 사람이다. 어려서부터 곧고 바른 성품에 용모가 준수하고 온화했다. 봉조청(奉朝請)으로 벼슬을 시작하여 태자우위솔(太子右衛率)을 지냈다.

字景行, 新野人. 少貞立, 韶令和潤. 起家奉朝請, 太子右衛率. [蕭子顯『齊書』] **龍** **詳** 王儉

150-1(0208)

유고지는 청빈한 생활을 스스로 영위하여 식사 때 부추 절임과 데친 부추와 생 부추 잡채(雜菜)만 먹었는데, 어떤 사람[1]이 농담 삼아 말했다.

"누가 유랑(庾郎: 庾杲之)을 청빈하다 했는가? 어채[2]를 먹을 때 늘 27가지[3]나 되던데."

역주 1) 어떤 사람: 『南史』 권49 「庾杲之傳」에 따르면, 任昉이 말했다고 함.

2) 어채: 원문은 "鮭(해)". 吳語로 魚菜의 총칭.

3) 27가지: 부추를 뜻하는 "韮"와 "九"가 발음이 같기 때문에 韮葅·瀹韮·生韮를 합하여 27가지라고 농담한 것임.

庾杲之淸素自業, 食惟有韮葅·瀹韮·生韮襍菜, 或戲之曰: "誰謂庾郎貧? 食鮭常有二十七種." **棲**

151
[梁] 유신(庾信)

자는 자산(子山)이며 남양(南陽) 신야(新野) 사람이다. 조부 유역(庾易)은 남제(南齊)의 징사(徵士)[1]였고, 부친 유견오(庾肩吾)는 양(梁)나라의 중서령(中書令)이었다. 유신은 어려서부터 걸출했고 여러 책을 널리 읽었다. 양나라에서 벼슬하여 산기상시(散騎常侍)가 되었다. 양 원제(元帝: 蕭繹)가 즉위했을 때 북주(北周)에 사신으로 갔다가 마침내 장안

(長安)에 머무르면서 표기장군(驃騎將軍)과 개부의동삼사(開府儀同三司)를 역임했다. 그는 비록 지위와 명망이 크게 현달했지만 늘 고향에 대한 그리움이 있어서 「애강남부(哀江南賦)」를 지었다.

역주 1) 징사(徵士): 徵君. 학문과 덕망이 높아 군주가 불러도 나아가 벼슬하지 않는 隱士.

字子山, 南陽新野人. 祖易, 齊徵士, 父肩吾, 梁中書令. 信幼俊邁, 博覽羣書. 仕梁爲散騎常侍. 元帝卽位, 聘於周, 遂留長安, 歷仕驃騎・開府. 雖位望通顯, 常有鄕關之思, 作「哀江南賦」. [『周書』]

151-1(0209)

유신은 북조에 갔을 때 오직 온자승(溫子昇)의 「한산사비(寒山寺碑)」만 좋아했다. 나중에 그가 남조로 돌아왔을 때 사람들이 북방의 문학이 어떠한지 물었더니 유신이 말했다.

"오직 한산사의 한 조각 비석만 함께 얘기할 만하고, 그 나머지는 마치 나귀가 울고 개가 짖는 것 같을 뿐이오."

庾信至北, 惟愛溫子昇「寒山寺碑」. 後南還, 人問北方何如, 信曰: "惟寒山寺一片石堪共語, 餘若驢鳴犬吠耳." **輕** **互** 溫子昇

152

[梁] 유자여(庾子輿)

자는 효경(孝卿)이며 남양(南陽) 신야(新野) 사람이다. 부친 유역(庾域)은 효성스런 품행을 지녔는데, 모친이 학 울음소리를 좋아하자 유역이 열심히 간구했더니 어느 날 한 쌍의 학이 날아 내려왔다. 유자여는 어려서부터 매우 총명하여 5살에 『효경(孝經)』을 읽으면서 손에서 책을 놓지 않았다. 어떤 이가 말하길: "이 책은 문장이 많지도 않은데 어찌하여 그렇게 스스로 고심하는가?"라고 하자, 유자여가 대답하길: "효(孝)는 덕(德)의 근본이니 어찌 많지 않다고 하겠습니까?"라고 했다.

字孝卿, 南陽新野人. 父域有孝行, 母好鶴唳, 域孜孜營求, 一日雙鶴來下. 子輿幼而岐嶷, 五歲讀『孝經』, 手不釋卷. 或曰: "此書文句不多, 何用自苦?" 答曰: "孝者德之本, 何謂不多?" [『南史』]

152-1(0210)

유자여는 부친이 파서(巴西)에서 벼슬하다 돌아가시자,〈1〉 상여를 모시고 고향으로 돌아갔다. 파동(巴東)의 음예석(淫預石)[1]에 이르렀을 때 구당협(瞿塘峽)의 큰 여울에 가을 강물이 여전히 거세자, 유자여는 가슴을 치며 길게 절규했다. 그런데 그날 밤에 강물이 갑자기 줄어들어서 유자여는 안전하게 강물을 타고 내려갔다. [유자여가 장강을] 건너가고 난 뒤에 강물은 이전처럼 다시 거세졌다. 당시 사람들은 이 일을 두고 이렇게 말했다.

"음예석이 두건처럼 보일 땐 본래 건너갈 수 없는데, 구당협의 강물이 줄어든 건 유공(庾公: 庾子輿) 때문이라네."〈2〉

〈1〉· 유역은 파서와 재동(梓潼) 두 군의 태수(太守)를 지냈으며, 관직에 있다가 죽었다.

〈2〉·『고악부(古樂府)』「염예가(灩澦歌)」: 염예퇴(灩澦堆)의 크기가 두건만큼 해지면, 구당협은 범접할 수 없다네.

역주 1) 음예석(淫預石): 灩澦堆. 長江 瞿塘峽 어귀에 있는 급한 여울.

庾子輿, 父卒官巴西,〈1〉 奉喪歸. 至巴東淫預石, 瞿塘大灘秋水猶壯, 子輿撫心長叫. 其夜, 水忽減退, 安流而下. 旣渡, 水壯如舊. 時人爲之語曰: "淫預如襆本不通, 瞿塘水退爲庾公."〈2〉 **德**

〈1〉· 庾域爲巴西·梓潼二郡太守, 卒於官. [『南史』]

〈2〉·『古樂府』「灩澦歌」曰 : 灩澦大如襆, 瞿塘不可觸.

153

[晉] 조광(祖廣)

자는 연도(淵度)며 범양(范陽) 사람이다. 벼슬은 호군장군(護軍將軍)의 장사(長史)에 이르렀다.

字淵度, 范陽人. 仕至護軍長史. [『祖氏譜』]

153-1(0211)

조광은 걸어 다닐 때 항상 머리를 움츠렸다. 조광이 환남군(桓南郡: 桓玄)을 방문하여 막 수레에서 내리자 환남군이 말했다.

"하늘이 너무나 맑게 개었는데도 조참군(祖參軍: 祖廣)은 마치 비가 새는 방에서 나온 것 같군."

祖廣行恒縮頭. 詣桓南郡, 始下車, 桓曰: "天甚晴朗, 祖叅軍如從屋漏中來." 排

154

[晉] 조납(祖納)

자는 사언(士言)이며 범양(范陽) 주(遒) 사람으로, 9대에 걸쳐 효렴(孝廉)에 천거되었다. 조납은 품덕을 잘 닦았으며 청담에 능했다. 정위경(廷尉卿)과 광록대부(光祿大夫)를 지냈다.

字士言, 范陽遒人, 九世孝廉. 納治行操, 能清言. 官廷尉卿·光祿大夫. [王隱『晉書』] 規 詳 王隱

154-1(0212)

조광록(祖光祿: 祖納)은 어려서 아버지를 여의고 가난하게 살았지만, 성품이 지극히 효성스러워서 항상 어머니를 위해 손수 불을 때 밥을 지었다. 왕평북(王平北: 王乂)〈1〉은 그의 훌륭한 명성을 듣고 그에게 비녀(婢女) 2명을 보내주었으며, 이어서 그를 중랑(中郞)으로 등용했다. 어떤 사람이 그를 비웃으며 말했다.

“종놈의 값이 종년의 배로구나!”

그러자 조광록이 말했다.

“백리해(百里奚) 또한 어찌 반드시 검은 양가죽 5장보다 쌌다고 하겠는가?”〈2〉

〈1〉・왕평북은 이름이 예(乂)고 자가 숙원(叔元)이며 낭야(琅邪) 임기(臨沂) 사람이다. 벼슬은 대상서(大尙書)와 평북장군(平北將軍)에 이르렀다.

〈2〉・백리해는 자가 정백(井伯)이며 초국(楚國) 사람이다. 젊어서 우(虞)나라에서 벼슬하여 대부(大夫)가 되었다. 진(晉)나라가 우나라에게서 길을 빌어 괵(虢)나라를 치려했을 때, 백리해는 이를 간했으나 듣지 않자 이내 우나라를 떠났다.

・진(秦) 목공(穆公)이 상인들에게 우나라에서 소금을 실어오게 했는데, 여러 상인들이 양가죽 5장을 주고 백리해를 사서 노비로 부렸다. 실어온 소금을 목공이 보다가 [수레를 끄는] 소가 살쪄 있는 것을 이상하게 여겨 그 까닭을 물어 보았더니, 백리해가 대답하길: “때에 맞춰 물과 먹이를 주고 난폭하지 않게 부렸더니 이 때문에 살이 쪘습니다”라고 했다. 이에 목공은 담당 관리에게 명하여 그를 목욕시키고 의관을 입히게 했다. 공손지(公孫支)는 자기의 공경(公卿) 자리를 백리해에게 양보하고서 그를 일러 ‘오고대부(五羖大夫)’라 했다.

祖光錄少孤貧, 性至孝, 常自爲母炊爨作食. 王平北〈1〉聞其佳名, 以兩婢餉之, 因取爲中郞. 有人戱之者曰: “奴價培婢!” 祖云: “百里奚亦何必輕於五羖之皮耶?”〈2〉 **德**

〈1〉・名乂, 字叔元, 瑯琊臨沂人. 官至大尙書・平北將軍. [『王乂別傳』]

〈2〉・百里奚, 字井伯, 楚國人. 少仕於虞, 爲大夫. 晉欲假道於虞以伐虢, 諫而不聽, 乃去之. [『楚國先賢傳』]

・秦穆公使賈人載鹽於虞, 諸賈人買百里奚以五羊皮. 穆公觀鹽, 怪其牛肥, 問其故, 對曰: “飮食以時, 使之不暴, 是以肥也.” 公令有司沐浴衣冠之. 公孫支讓其卿位, 號曰‘五羖大夫’. [『說苑』]

155

[晉] 조적(祖逖)

자는 사치(士稚)며 범양(范陽) 주(遒) 사람이다. 활달하고 분방하여 예의를 차리지 않았으며, 재물을 가볍게 여겨 남에게 베풀기를 좋아했다. 그는 유곤(劉琨)과 함께 모두 호걸로 이름이 자자했다. 24세에 유곤과 함께 사주주부(司州主簿)로 초징되었는데, 이불을 함께 덮고 잘 정도로 친밀했다. 한밤중에 닭 우는 소리를 듣고 함께 일어나 말하길: "이것은 나쁜 소리만은 아니다[1]"라고 했다. 매번 세상일을 논할 때면 한밤중에 일어나 앉아 말하길: "만약 천하가 끓는 솥처럼 어지러워져서 호걸들이 함께 일어나게 되면, 나와 그대는 중원에서 서로를 피해야 하네"라고 했다. 여남태수(汝南太守)가 되었을 때 수도[洛陽]가 함락되자[2] 유민을 거느리고 남쪽으로 건너가서 중종(中宗: 元帝 司馬睿)에게 중원을 회복할 계책을 진언했더니, 중종이 그를 예주자사(豫州刺史)로 임명했다. 조적은 마침내 사병(私兵)[3]을 거느리고 장강을 건너 북으로 진격하면서 맹세하길: "나 조적이 만약 중원을 평정하지 못하고 다시 이곳을 건너온다면, 저 장강에 걸고[4] [분명히 천벌을 받을 것이다]!"라고 했다. 의로운 용사들을 휘하로 불러들여 석호(石虎)[5]를 여러 차례 무찔렀다. 그래서 석호는 감히 더 이상 하남(河南)을 넘보지 못했으며, 석륵(石勒)은 조적의 모친 묘를 위해 묘를 지키는 관리를 두었다. 유곤이 친구에게 서찰을 보내 말하길: "나는 창을 [베개 삼아] 베고 아침을 기다리면서 역적을 효수(梟首)할 뜻을 지니고 있는데, 조생(祖生: 祖逖)이 나보다 먼저 채찍을 휘두를까[6] 항상 걱정이다!"라고 했다. 조적이 병으로 죽게 되었을 때 요성(妖星)이 예주의 상공에 나타나자, 조적이 말하길: "이것은 필시 나 때문이니, 하늘이 아직 외적을 멸하려 하지 않기 때문일 뿐이다!"라고 했다. 죽은 후 거기장군(車騎將軍)에 추증되었다.

역주

1) 이것은 나쁜 소리만은 아니다: 닭은 본래 새벽에 울어야 하는데 한밤중에 울었다는 것은 세상이 어지러워질 불길한 조짐을 암시함. 그러나 오히려 그 소리를 나쁘지만은 않다고 한 것은 난세가 되어 영웅이 활약하게 되면 자신들도 큰일을 할 수 있는 기회를 잡을 수 있다고 생각했기 때문임.

2) 수도[洛陽]가 함락되자: 懷帝[司馬熾] 永嘉 5년(311)에 흉노족 前趙王 劉聰이 낙양을 함락한 것을 말함.

3) 사병(私兵): 원문은 "部曲". 官軍이 아닌 개인 소유의 사병을 말함.

4) 저 장강에 걸고: 원문은 "有如大江". 맹세할 때 흔히 사용하는 말.

5) 석호(石虎): 羯族 後趙를 개국한 石勒의 조카로서, 石勒이 華北 지역을 평정하는 데 공을 세움.

6) 먼저 채찍을 휘두를까: 남보다 먼저 일에 착수하는 것을 말함.

字士稚[1], 范陽遒人. 豁蕩不修儀檢, 輕財好施. 與劉琨俱以雄豪著名. 年二十四, 與琨同辟司州主簿, 共被而寢. 中夜聞雞鳴, 俱起曰: "此非樂聲也." 每語世事, 則中宵起坐, 相謂曰: "若四海鼎沸, 豪傑共起, 吾與足下相避中原耳." 爲汝南太守, 値京師傾覆, 率流民南渡, 說中宗雪復神州之計, 拜爲豫州刺史. 逖遂率部曲, 北渡江, 誓曰: "祖逖若不淸中原而復濟此者, 有如此大江!" 招懷義士, 屢破石虎. 虎不敢復闚河南, 石勒爲逖母墓置守吏. 劉琨與親舊書曰: "吾枕戈待旦, 志梟逆虜, 常恐祖生先吾著鞭耳!" 會其病卒, 先有妖星見豫州分, 逖曰: "此必爲我也, 天未欲滅寇故耳!" 贈車騎將軍. [虞預『晉書』·『晉陽秋』]

校勘 1) 士稚: 원문은 "士雅"라 되어 있지만 誤記로 보이므로, 『世說新語』注에 인용된 虞預의 『晉書』와 『晉書』 권62 「祖逖傳」에 의거하여 고침.

155-1(0213)

왕대장군(王大將軍: 王敦)은 처음 도성으로 [장강을 따라 공격해] 내려가 정사를 처결하고 관리를 배치할 생각이 있어서, 먼저 참군(參軍)을 보내 조정에 고하고 당시 명사들에게 그 뜻을 퍼뜨렸다. 조거기(祖車騎: 祖逖)는 아직 수춘(壽春)을 다스리기 전이었는데[1], 눈을 부릅뜨고 성난 목소리로 사자(使者)에게 말했다.

"그대는 아흑(阿黑: 王敦)[2]에게 전하라. 어찌 감히 불손한 짓을 하다니! 서둘러 군대를 수습하여 당장 돌아가라! 곧 그렇게 하지 않으면 내가 3천 병사를 이끌고 가서 장창(長槍) 자루를 휘둘러 [장강 상류로] 올라가게 만들 테다[3]!"

왕대장군은 그 말을 듣고 계획했던 일을 그만 두었다.

역주 1) 수춘(壽春)을 다스리기 전이었는데: 壽春은 豫州[지금의 河南省]에 있었으며, 나중에 祖逖은 豫州刺史가 되었음. 즉 이 구절은 豫州刺史가 되기 전이라는 뜻.

2) 아흑(阿黑: 王敦): 王敦의 어릴 적 字.

3) 장창(長槍) 자루를 휘둘러 [장강 상류로] 올라가게 만들 테다: 원문은 "槊脚令上". '槊'은 자루가 1丈 8尺이나 되는 긴 창으로 주로 말 위에서 사용함. '令上'은 도성 建康으로부터 長江 上流 지역으로 내쫓아 버린다는 뜻.

王大將軍始欲下都, 處分樹置, 先遣叅軍告朝廷, 諷旨時賢. 祖車騎尙未鎭壽春, 瞋目厲聲, 語使人曰: "卿語阿黑. 何敢不遜! 催攝回去! 須臾不爾, 我將三千兵槊脚令

上!" 王聞之而止. 豪 互 王敦

155-2(0214)

조거기(祖車騎: 祖逖)는 강남으로 건너왔을 때, 공적으로나 사적으로나 검소하여 좋은 의복이나 물건이 없었다. 왕도(王導)와 유량(庾亮) 등 여러 인사들이 함께 조거기를 찾아갔는데, 언뜻 보았더니 갖옷과 핫옷이 겹겹이 쌓여 있고 진귀한 장식물이 가득 늘어져 있기에 여러 인사들이 이상하게 여겨 물으니 조거기가 말했다.

"어젯밤에 또 남당(南塘)[1]을 한 차례 다녀왔소."

당시에 조거기는 늘 장사(壯士)들로 하여금 북을 치면서 나아가 약탈하게 했는데, 담당관리[2]들도 그 일을 용인해주고 죄를 묻지 않았다.〈1〉

〈1〉・조적은 성격이 융통성이 있고 대범하여 자질구레한 예절에 구속받지 않았다. 또한 따르는 자들은 대부분 거칠고 사나운 장사였는데, 조적은 그들을 모두 자신의 자제처럼 대우했다. 당시 양주(揚州)에 큰 기근이 들었을 때, 조적의 식객들이 약탈을 자행했지만 조적은 언제나 그들을 보호하여 온전하게 지켜주었다. 논자들이 이로 인해 그를 폄하했다.

역주 1) 남당(南塘): 東晉의 도성 建康을 흐르는 秦淮河의 남쪽 제방으로, 지금의 南京 부근에 있음.

2) 담당관리: 원문은 "在事之人". 해당사건을 처리할 책임이 있는 관리를 말함.

祖車騎過江時, 公私儉薄, 無好服玩. 王・庾諸公共就祖, 忽見裘袍重疊, 珍飾盈列, 諸公怪問之, 祖曰: "昨夜復南塘一出." 祖于時恒自使健兒鼓行劫鈔, 在事之人, 亦容而不問.〈1〉 任

〈1〉・逖性通濟, 不拘小節. 又賓從多是桀黠勇士, 逖待之皆如子弟. 時揚土大飢, 賓客攻剽, 逖輒擁護全衛. 談者小之. [『晉陽秋』]

156

[晉] 조약(祖約)

자는 사소(士少)며 조적(祖逖)의 동생이다. 여러 벼슬을 거쳐 평서장군(平西將軍)과 예주자사(豫州刺史)를 지냈다. 수양(壽陽)에 주둔하고 있다가 소준(蘇峻)과 함께 반란을 일으켰다. 소준이 패하자 조약은 [後趙의] 석륵(石勒)에게 투항했다. 나중에 석륵에게 주살당했다.

字士少, 逖弟. 累遷平西將軍·豫州刺史. 鎭壽陽, 與蘇峻反. 峻敗, 約投石勒. 後爲石勒所誅. [『祖約別傳』] **雅** **詳** 阮孚 **賞** **詳** 謝萬

157

[北魏] 조영(祖瑩)

자는 원진(元珍)이며 범양(范陽) 사람이다. 8살 때 이미 『시(詩)』와 『서(書)』를 암송할 수 있었는데, 부모님이 그가 책에 빠져 병이 들까봐 걱정하자 조영은 몰래 등불을 감춰놓았다가 부모님이 잠자리에 들고 나면 등불을 켜서 책을 읽었다. 재학과 명성이 뛰어나 태학박사(太學博士)에 임명되었으며, 국자좨주(國子祭酒)와 황문시랑(黃門侍郞)을 역임했다. 문학으로 한 시대의 존중을 받았다.

字元珍, 范陽人. 八歲能誦『詩』·『書』, 父母恐其耽書成疾, 瑩密藏火, 父母寢, 燃火讀書. 以才名拜太學博士, 歷國子祭酒·黃門侍郞. 以文學見重一時. [『北史』]

157-1(0215)

조원진이 팽성왕(彭城王: 元勰)[1]의 참군(參軍)으로 있을 때, 상서령(尙書令) 왕숙(王肅)이 대성(臺省)에서 「비평성(悲平城)」[2]이란 시〈1〉를 읊은 적이 있었다. 팽성왕은 그 시가 훌륭하다고 매우 감탄하면서 왕숙에게 다시 읊게 하고 싶었는데, 그만 "「비팽성(悲彭城)」[3] 시"라고 잘못 말하고 말았다. 그러자 왕숙이 장난삼아 말했다.

"무슨 뜻으로 「비평성」을 「비팽성」이라 하신 것입니까?"

조원진이 그 자리에 있다가 즉시 말했다.

"「비팽성」에 대한 것도 있는데 왕공(王公: 王肅)께서 아직 보시지 못했을 뿐입니다."

그러자 왕숙이 말했다.

"그럼 한 번 암송해보시오."

조원진이 그 말이 떨어지자마자 말했다.

"팽성을 슬퍼하노니, 초(楚)나라 노래가 사방에서 들려오네. 석량정(石梁亭)엔 시체가 쌓여 있고, 수수(睢水) 안엔 피가 흐르네."

팽성왕이 물러나 조원진에게 말했다.

"경은 진정 귀신같은 입이오! 오늘 경이 없었다면 오(吳) 땅 놈[4]에게 당할 뻔했소."

〈1〉·「비평성」 시: "평성을 슬퍼하노니, 말을 몰아 운중(雲中)[5]으로 들어가네. 음산(陰山)[6]은 늘 눈보라로 어둡고, 황량한 소나무엔 바람 그칠 날 없네."

역주 1) 팽성왕(彭城王: 元勰): 北魏 獻文皇帝[拓跋弘]의 아들. 영민하고 학문에 심취했으며 평소에 문장 짓기를 좋아함.

2) 「비평성(悲平城)」: 平城은 北魏의 故都로, 옛 터가 지금의 山西省 大同縣 서북쪽에 있음. 漢 高祖 劉邦이 匈奴를 공격하다가 이곳에서 포위당한 적이 있었음.

3) 「비팽성(悲彭城)」: 彭城은 楚覇王 項羽가 이곳에 도읍을 정했음. 지금의 江蘇省 徐州市에 있었음.

4) 오(吳) 땅 놈: 원문은 "吳子". 北朝人들이 南朝人을 낮잡아 부르던 말.

5) 운중(雲中): 漢代의 郡名. 지금의 內蒙古 托克托縣 동북쪽에 있었음.

6) 음산(陰山): 지금의 內蒙古 陰山山脈을 말함.

祖元珍爲彭城王叅軍, 時尙書令王肅曾於省中詠「悲平城」詩〈1〉. 彭城甚嗟其美, 欲使更詠, 乃失語云: "「悲彭城」詩." 肅因戱云: "何意「悲平城」爲「悲彭城」也?" 祖在坐, 卽云: "有所「悲彭城」, 王公自未見耳." 肅云: "可爲誦之." 卽應聲曰: "悲彭城, 楚歌四面起. 屍積石梁亭, 血流睢水裏." 彭城退謂祖曰: "卿定是神口! 今日不得卿, 幾爲吳子所屈." **捷**

〈1〉·詩云: "悲平城, 驅馬入雲中. 陰山常晦雪, 荒松無罷風."

158

[北魏] 조정(祖珽)

자는 효징(孝徵)이며 조영(祖瑩)의 아들이다. 머리가 영민했으며 문장이 힘차고 호방했다. 비서랑(秘書郞)으로 벼슬을 시작했다. 성품이 거칠고 경박하여 청렴함과 신중함을 지킬 수 없었다. 북위(北魏) 신무왕(神武王: 拓跋孤)[1]이 한번은 부하 관료들에게 연회를 베풀었는데 연회자리에서 황금 술잔[2]이 없어졌다. 두태후(竇太后)가 술 마신 자들에게 모두 모자를 벗으라고 했더니 과연 조효징의 상투 속에 술잔이 있었다. 이를 본 사람들은 몹시 부끄럽게 여겼지만 조효징은 즐거워하면서 아무렇지도 않게 여겼다.

역주 1) 신무왕(神武王: 拓跋孤): 北魏 太祖 道武帝 拓跋珪가 큰 공훈을 세운 이복동생 拓跋孤를 사후에 高涼王에 추봉하고 神武라는 시호를 내렸음.

2) 술잔: 원문은 "叵(파)羅". 주둥이가 크고 운두가 낮은 술잔.

字孝徵, 瑩子. 神情機警, 詞藻遒逸. 起家秘書郞. 性踈率, 不能廉愼. 魏神武嘗宴僚屬, 於坐失金叵羅. 竇太后令飮者皆脫帽, 果在孝徵髻中. 見者以爲深耻, 孝徵怡然不屑. [『北史』·『聞見錄』]

158-1(0216)

조효징은 자유분방하여 제멋대로 행동했는데, 일찍이 교주자사(交州刺史) 사마세운(司馬世雲)의 집에 가서 술을 마시다가 구리 접시 2개를 몰래 감췄다. 요리사의 요청으로 손님들을 수색했더니 과연 조효징의 품속에서 접시를 찾아냈다.

祖孝徵放縱不羈, 曾至交州刺史司馬世雲家飮酒, 遂藏銅疊二面. 廚人請搜諸客, 果於孝徵懷中探得. 紕

159

[魏] 두서(杜恕)

자는 무백(務伯)이다. 명제(明帝: 曹叡) 때 산기상시(散騎常侍)와 황문시랑(黃門侍郎)에 임명되었다.

字務伯. 明帝時, 拜散騎・黃門侍郎. [『魏志』・『杜氏新書』]

159-1(0217)

두서가 『가계(家戒)』를 지으면서 말했다.

"장자대(張子臺: 張閣)〈1〉는 촌스러운 사람처럼 보이지만, 그는 마음속으로 천지만물 중에서 어떤 것이 아름답고 좋은 것인지 알지 못한다. 사람됨이 이와 같다면 본디 설령 부귀하지 못하더라도 재앙과 근심이 어디에서 생겨나겠는가?"

〈1〉・장자대는 이름이 각(閣)이며 동도(東都: 洛陽) 사람이다. 벼슬은 태복(太僕)에 이르렀다.

杜恕著『家戒』, 道: "張子臺,〈1〉 視之似鄙朴人, 然其心中不知天地間何者美好. 作人如此, 自可不富貴, 禍患當何從而來?" 德

〈1〉・名閣, 東都人. 官至太僕. [『典略』]

160

[晉] 두예(杜乂)

자는 홍치(弘治)며 경조(京兆) 사람으로 두예(杜預)의 손자다. 젊어서부터 훌륭한 명성이 있었으며 단양승(丹陽丞)을 지냈다. 일찍 죽었다.

字弘治, 京兆人, 預孫也. 少有令名, 仕丹陽丞. 早卒. [『晉陽秋』] 輕 詳 殷浩

160-1(0218)

세간에서 품평했다.

"두홍치는 고아하고 청신하며, 저계야(褚季野: 褚裒)는 온화하고 과묵하다."

世目: "杜弘治標鮮, 季野穆少." 賞 互 褚裒

160-2(0219)

유단양(劉丹陽: 劉惔)과 왕장사(王長史: 王濛)가 와관사(瓦官寺)[1]에서 모였는데, 환호군(桓護軍: 桓伊)도 그 자리에 있다가 함께 서진과 동진의 인물을 품평했다. 어떤 사람이 물었다.

"두홍치는 위호(衛虎: 衛玠)[2]와 비교하여 어떻습니까?"

환호군이 대답했다.

"두홍치는 외모가 청아하고 위호는 찬란하게 정신이 뛰어나지요."

왕장사와 유단양은 그 말을 훌륭하다고 생각했다.〈1〉

〈1〉· 일설에는 유담(劉惔)과 사상(謝尙)이 함께 인물을 논하고 있었는데, 어떤 사람이 묻길: "두예는 위개(衛玠)에 견줄 수 있겠습니까?"라고 하자, 사상이 말하길: "어떻게 비교할 수 있겠소? 그 사이[3]에 몇 사람이나 들어갈 수 있는데"라고 했다고 한다.

역주 1) 와관사(瓦官寺): 東晉의 유명한 불교 사원. 哀帝 興寧 2년(364)에 釋慧力이 지었으며, 도성 建康[지금의 江蘇省 南京市]의 서남쪽에 위치함. 사원 안에 戴安道가 안치한 불상 5尊과 顧愷之가 그린 維摩圖와 安帝 때 師子國에서 바친 玉像이 있는데, 당시 사람들은 이것을 '三絶'이라 불렀음.

2) 위호(衛虎: 衛玠): '虎'는 衛玠의 어릴 적 자임.

3) 그 사이: 衛玠와 杜乂의 品第 차이를 말함. 즉 이 구절은 두 사람의 차이가 크다는 뜻임.

劉丹楊·王長史在瓦官寺集, 桓護軍亦在坐, 共商略西朝及江左人物. 或問: "杜弘治何如衛虎?" 桓答曰: "弘治膚淸, 衛虎奕奕神令." 王·劉善其言.〈1〉 品 互 衛玠

〈1〉· 一說[1], 劉惔·謝尙共論人物, 或問: "杜乂可方衛玠不?" 謝曰: "安得比? 其間可容數人."

校勘 1) 一說: 『世說新語』와 『世說新語補』 注에는 출전이 『衛玠別傳』이라 되어 있음.

160-3(0220)

왕우군(王右軍: 王羲之)이 두홍치를 보고 감탄하며 말했다.

"얼굴은 기름이 엉겨 있는 것[1] 같고 눈은 옻칠을 찍어 놓은 것[2] 같으니, 이는 신선 세계의 인물이로다!"

당시 사람 가운데 왕장사(王長史: 王濛)의 용모를 칭찬하는 자들이 있었는데, 채공(蔡公: 蔡謨)이 말했다.

"두홍치를 보지 못한 것이 아쉬울 뿐이오!"

역주 1) 기름이 엉겨 있는 것: 원문은 "凝脂". 피부가 하얗고 윤기 흐르는 것을 말함.
2) 옻칠을 찍어 놓은 것: 원문은 "點漆". 눈이 새까맣고 또렷한 것을 말함.

王右軍見杜弘治, 歎曰: "面如凝脂, 眼如點漆, 此神仙中人!" 時人有稱王長史形者, 蔡公曰: "恨不見杜弘治耳!" 容

161

[唐] 두황상(杜黃裳)

자는 준소(遵素)며 경조(京兆) 두릉(杜陵) 사람이다. 굉사과(宏辭科)에 급제했다. 검교사공(檢校司空) 겸 하중윤(河中尹)을 지냈으며, 빈국공(邠國公)에 봉해졌다.

字遵素, 京兆杜陵人. 登宏辭科. 官檢校司空兼河中尹, 封邠國公. [劉昫『唐書』]

161-1(0221)

이사고(李師古)〈1〉는 권세를 잡고 발호했지만, 재상으로 있던 두황상을 꺼려하여 감히 국법을 범하지 못했다. 그래서 유능한 관리 한 명에게 명하여 돈 수천 꿰미와 양탄자를 깐 수레 한 대를 두황상에게 보내게 했다. 그러나 사자는 감히 곧장 그것을 보내지 못하고 두황상의 집 문 앞에서 며칠 동안 기회를 엿보고 있었다.

마침 푸른 수레가 나왔는데, 남루한 푸른 옷을 입은 하녀 2명이 따라가면서 [수레에 탄 분이] 상공(相公: 杜黃裳)의 부인이라고 말했다. 사자가 급히 돌아가 이사고에게 고했더니, 이사고는 자신의 계략을 포기하고 종신토록 감히 변절하지 못했다.

〈1〉・이사고는 치청절도사(淄靑節度使) 이납(李納)의 아들이다.

李師古〈1〉跋扈, 憚杜黃裳爲相, 未敢失禮. 命一幹吏, 寄錢數千繩, 并氈車子一乘. 使者未敢遽送, 於宅門伺候累日. 有綠輿出, 從婢二人, 靑衣繿縷, 言是相公夫人. 使者遽歸以告師古, 師古折其謀, 終身不敢改節. 德

〈1〉・淄靑節度使納之子. [『唐書』]

162

[唐] 두심언(杜審言)

두릉(杜陵) 사람이다. 선부원외랑(膳部員外郞)을 지냈다. 평소 자신의 재주를 믿고 오만했기 때문에 당시 선비들의 미움을 받았다. 등봉(登封) 연간(696)에 소미도(蘇味道)가 천관시랑(天官侍郞: 吏部侍郞)으로 있을 때, 두심언이 관리 선발에 참여하여 시판(試判)[1]을 끝내고 나서 사람들에게 말하길: "소미도는 반드시 죽을 것이다"라고 했다. 사람들이 그 까닭을 물었더니 두심언이 말하길: "내 판정문을 보면 틀림없이 스스로 부끄러워서 죽을 것이다"라고 했다. 또 사람들에게 말하길: "내 문장은 굴원(屈原)과 송옥(宋玉)을 속관으로 삼기에 합당하고, 내 필적은 왕희지(王羲之)를 신하로 삼기에 합당하다"라고 했다. 그 오만방자함이 이와 같았다.

역주 1) 시판(試判): 당나라 때 인재 선발을 위한 考試 항목 가운데 하나로, 해당자의 문장 능력을 평가하여 그 文理의 우열을 판정함.

杜陵人. 官膳部員外郞. 平生恃才蹇傲, 爲時輩所疾. 登封中, 蘇味道爲天官侍郞, 審言預選, 試判訖, 謂人曰: "味道必死." 人問其故, 審言曰: "見吾判, 自當羞死." 又謂人曰: "吾之文章, 合得屈・宋作衙官, 吾之書迹, 合得王羲之北面." 其矜誕如此. [孔平仲『續世說』]

162-1(0222)

두심언이 장차 죽게 되었을 때 송지문(宋之問)과 무평일(武平一: 武甄)〈1〉에게 말했다.

"내가 살아 있는 동안 오래도록 공들을 억눌렀소이다. 지금 내가 장차 죽게 되었으니 진실로 크게 위안이 되겠지만, 나를 대신할 사람을 만나지 못한 것이 한스러울 뿐이오!"

〈1〉· 무평일은 이름이 견(甄)이다.

杜審言將死, 語宋之問・武平一〈1〉曰: "吾在, 久壓公等. 今且死, 固大慰, 但恨不見替人!" **簡** **互** 宋之問

〈1〉· 名甄. [『唐詩記事』]

163
[唐] 두보(杜甫)

자는 자미(子美)며 두심언(杜審言)의 손자이자 두한(杜閑)의 아들이다. 천보(天寶) 연간(742~755)에 「삼대례부(三大禮賦)」를 바쳤더니 명황(明皇: 玄宗 李隆基)이 훌륭히 여겼다. 경조(京兆)가 어지러워지자[1] 걸어서 행재궁(行在宮)을 찾아가 [肅宗을] 배알하고 좌습유(左拾遺)에 제수되었는데 직언하다가 관직을 잃었다. 두보는 진주(秦州)에서 객거할 때 땔감을 져 나르고 상수리와 밤을 따서 먹고살았다. 검남 지방을 떠돌다가 검남동서천절도사(劍南東西川節度使) 엄무(嚴武)를 만나게 되어 그를 찾아가 의탁했다. 엄무는 재차 검남 지방을 통솔하게 되자 표문을 올려 두보를 참모와 검교공부원외랑(檢校工部員外郎)으로 삼았다. 엄무는 대대로 예전부터 두보를 매우 잘 대우해주었으며 직접 그의 집을 찾아가기도 했는데, 두보는 엄무를 만나면서 간혹 두건을 쓰지 않을 때도 있었다. 엄무가 연회 자리에서 빈객들을 마주대하고 문장을 거침없이 써냈는데, 두보가 술에 취한 김에 말하길: "엄정지(嚴挺之)에게 이런 아들이 있을 줄은 생각지도 못했다!"라고 했더니, 엄무가 노하여 오랫동안 노려보다가 말하길: "두심언의 손자가 호랑이 수염을 잡아당기는군!"라고 했다. 이 말에 온 좌중이 모두 웃는 바람에 험악한 분위기가 일단 수습되었다. 엄무의 모친은 현량한 인재가 해를 당할까봐 걱정하여 마침내 작은 배에 두보를 태워 삼협(三峽) 아래로 보냈다.

역주 1) 경조(京兆)가 어지러워지자: 安祿山이 난을 일으켜 도성 長安을 점령한 것을 말함.

字子美, 審言孫, 閑子也. 天寶中, 獻「三大禮賦」, 明皇奇之. 京兆亂, 步謁行在, 授拾遺, 以直言失官. 客秦州, 負薪採橡栗自給. 流落劍南, 會嚴武節度劍南東西川, 往依焉. 武再帥劍南, 表爲叅謀·檢校工部員外郞. 武以世舊待甫甚善, 親詣其家, 甫見之, 或時不巾也. 武飮宴, 對客騁其筆札. 杜甫乘醉言曰: "不謂嚴挺之有此兒也!" 武恚目久之, 曰: "杜審言孫子擬捋虎鬚!" 合坐皆笑, 以彌縫之. 武母恐害賢良, 遂以小舟送甫下峽. [元稹「杜子美誌」·宋祁『唐書』·范攄『雲溪友議』]

163-1(0223)

엄무(嚴武)는 대대로 예전부터 두보를 매우 잘 대우해주었다. 두보는 성격이 조급하고 오만불손했는데, 한번은 술에 취한 김에 엄무의 침상에 올라가더니 똑바로 쳐다보며 말했다.

"엄정지(嚴挺之)에게 이런 아들이 있다니!"

嚴武以世舊待杜甫甚善. 甫性偏躁傲誕, 嘗醉登武牀, 瞪視曰: "嚴挺之乃有此兒!" **輕**

164

[晉] 무해(武陔)

자는 원하(元夏)며 무주(武周)의 아들이다. 두 동생 무소(武韶)·무무(武茂)와 함께 소년 시절부터 모두 명망이 있었다. 같은 군(郡)의 유창(劉昶)은 사람을 잘 알아보는 것으로 명성이 높았는데, 그가 무주를 찾아갔더니 무주가 세 아들을 인사시켰다. 유창이 말하길: "[당신의 세 아들은] 모두 나라의 준재들이오. 무원하는 기량이 가장 뛰어나니 아공(亞公)[1]이 될 수 있을 것이며, 두 동생도 상백(常伯)[2]이나 납언(納言)[3]에 손색이 없을 것이오"라고 했다. 무해는 벼슬이 복야(僕射)에 이르렀다.

역주 1) 아공(亞公): 三公에 다음 가는 지위로 宰相을 말함.

2) 상백(常伯): 侍中이나 散騎常侍의 관직을 말함.

3) 납언(納言): 御命의 출납을 관장하는 관리. 侍中이나 尙書의 관직을 말함.

字元夏, 周子. 與二弟韶·茂, 總角並有器望. 同郡劉昶名知人, 造周, 周見三子. 昶曰: "皆國士也. 元夏器量最優, 可爲亞公, 二弟不減常伯·納言." 陔仕至僕射. [虞預『晉書』] 品 詳

陳泰 排 詳 鍾毓

世說新語姓彙韻分 卷之三

165

[吳] 고옹(顧雍)

자는 원탄(元歎)이며 오군(吳郡) 사람이다. 그 선조는 월왕(越王) 구천(句踐)의 방계 혈족으로 고읍(顧邑)에 봉해졌기 때문에, 자손들이 마침내 고(顧)를 성씨로 했다. 고옹은 여러 주군(州郡)을 연달아 다스렸는데 모두 정치 업적을 세웠다. 벼슬은 승상(丞相)에 이르렀다. 평생 술을 마시지 않았고 과묵했다. 손권(孫權)이 일찍이 말하길: "고후(顧侯: 顧雍)가 자리에 있으면 사람들을 즐겁지 못하게 한다"라고 했다.

字元歎, 吳郡人. 其先越王句踐之支庶, 封於顧邑, 子孫遂氏焉. 雍連牧州郡, 皆有治迹. 位至丞相. 平生不飮酒, 寡言語. 孫權嘗曰: "顧侯在坐, 令人不樂." [『文士傳』·『吳志』]

165-1(0224)

채중랑(蔡中郞: 蔡邕)이 [유배지] 삭방(朔方)에서 돌아온 뒤, 일찍이 오(吳) 땅에서 원한을 피하고 있었을 때 고원탄이 그에게서 금(琴)과 서법을 배웠다. 고원탄은 마음이 한결같고 청정했으며 민첩하여 가르치기 쉬웠으므로, 채중랑이 감탄하며 그를 남달리 여겨 말했다.

"그대는 반드시 지극한 경지에 이를 것이니, 지금 내 이름을 그대에게 주겠네!"

고원탄은 마침내 이름을 '옹(雍)'[1]이라고 했다.

역주 1) 옹(雍): 雍과 邕은 음과 뜻이 서로 통함.

祭中郞從朔方還, 嘗避怨於吳, 顧元歎從學琴書. 顧專一淸靜, 敏而易敎, 中郞歎異之, 曰: "卿必成致, 今以吾名與卿!" 顧遂名'雍'. 文

165-2(0225)

예장태수(豫章太守) 고소(顧劭)는 고옹의 아들이다. 고소가 예장군에서 죽었을 때, 고옹은 속관들을 성대히 모아놓고 스스로 바둑을 두고 있었다. 사절이 도착했다고 밖에서 아뢰었으나 아들의 서찰은 없었다. 고옹은 비록 안색에 변함이 없었으나 마음속으로는 그 까닭을 알고서, 손톱으로 손바닥을 꼬집어 피가 흘러 자리를 적시었다. 빈객들이 이미 떠난 뒤에야 비로소 탄식하며 말했다.

"이미 연릉(延陵: 季札)의 고고함이 없는데 어찌 실명했다는 질책을 받을 수 있으랴!"〈1〉

그리고는 이내 마음을 크게 먹고 슬픔을 떨쳐버렸으며 태연한 안색을 지었다.

〈1〉· 연릉의 계자(季子: 季札)가 제(齊)나라에 갔다가 돌아오는 길에 큰아들이 죽자 영읍(嬴邑)과 박읍(博邑)의 사이에서 장례를 치렀다. 공자가 말하길: "연릉의 계자는 오(吳)나라에서 예를 잘 알고 있는 사람이다"라고 하면서 가서 그 장례를 보았다. 그 묘혈(墓穴)의 깊이는 지하의 물이 나오는 데까지 이르지 않았으며, 시신을 염(斂)할 때도 평상시 입던 의복으로 했다. 매장한 뒤 봉분(封墳)할 때는 그 폭과 길이가 묘혈을 덮을 정도였고, 그 높이는 몸을 굽혀야 손이 닿을 정도였다. 봉분을 마친 뒤에는 왼쪽 어깨를 드러내놓고 오른손으로 봉분을 만지면서 3번 곡읍(哭泣)하며 말하길: "육신이 땅으로 돌아가는 것은 천명이다. 그렇지만 혼령은 어디든 가지 못하는 곳이 없다"라고 한 뒤, 마침내 떠났다. 공자가 말하길: "연릉의 계자는 예에 있어서 법도에 합당하도다!"라고 했다. / 자하(子夏)가 아들을 잃고 [너무 비통해한 나머지] 실명하고 말았다. 증자(曾子)가 그를 조문하며 말하길: "친구가 실명하면 곡읍해야 한다"라고 했다. 증자가 곡읍하자, 자하 또한 곡읍하며 말하길: "천명이로다! 나에게는 죄가 없다"라고 했더니, 증자가 화를 내며 말하길: "상(商: 子夏), 그대에게 어찌 죄가 없단 말인가? 내가 그대와 함께 수수(洙水)와 사수(泗水)의 사이에서 선생님을 모셨는데, 그대는 은퇴하여 서하(西河)의 주변에 거하면서 서하의 사람들로 하여금 그대를 선생님으로 여기게 했으니, 이

것이 그대의 첫 번째 죄네. 그대의 부친께서 돌아가셨을 때, 사람들에게서 [그대가 장례를 훌륭히 치렀다는 칭송을] 듣지 못했으니, 이것이 자네의 두 번째 죄네. 그대의 아들이 죽었을 때 그대가 [너무 비통해한 나머지] 실명했으니, 이것이 그대의 세 번째 죄네"라고 했다. 그러자 자하가 지팡이를 내던지고 사죄하며 말하길: "내가 잘못했네! 내가 잘못했어!"라고 했다.*

역주 * 이 고사의 전반부는『禮記』「檀弓下」에 보이고, 후반부는「檀弓上」에 보임.

豫章太守顧劭, 是雍之子. 劭在郡卒, 雍盛集僚屬自圍碁. 外啓信至, 而無兒書. 雖神氣不變, 而心了其故, 以爪掐掌, 血流沾褥. 賓客旣散, 方歎曰: "已無延陵之高, 豈可有喪明之責?"〈1〉 於是豁情散哀, 顏色自若. **雅** **互** 顧劭

〈1〉· 延陵季子適齊, 及其反也, 其長子死, 葬於嬴博之間. 孔子曰: "延陵季子, 吳之習於禮者也." 往而觀其葬焉. 其坎深不至於泉, 其斂以時服. 旣葬而封, 廣輪掩坎, 其高可隱也. 旣封, 左袒, 右還其封, 且號者三, 曰: "骨肉歸復於土, 命也. 若魂氣, 則無不之也." 而遂行. 孔子曰: "延陵季子之於禮也, 其合矣乎!" 子夏哭其子, 而喪其明, 曾子吊之, 曰: "朋友喪明則哭之." 曾子哭, 子夏亦哭, 曰: "天乎! 予之無罪也." 曾子怒曰: "商, 汝何無罪也? 吾與汝事夫子於洙泗之間, 退而老於西河之上, 使西河之民, 疑汝於夫子, 爾罪一也. 喪爾親, 使民未有聞焉, 爾罪二也. 喪爾子, 喪爾明, 爾罪三也." 子夏投其杖而拜曰: "吾過矣! 吾過矣!" [『禮記』]

166

[吳] 고소(顧劭)

자는 효칙(孝則)이며 고옹(顧雍)의 아들이다. 예장태수(豫章太守)로 벼슬을 시작했는데, 선행을 장려함으로써 백성을 가르쳐 그 교화가 크게 행해졌다.

字孝則, 雍子. 起家豫章太守, 擧善以教民, 風化大行. [環濟『吳紀』] **雅** **詳** 顧雍 **品** **詳** 龐統

166-1(0226)

방사원(龐士元: 龐統)이 오(吳)나라에 이르자 오나라 사람들이 모두 그와 친교를 맺었다. 방사원이 육적(陸績)〈1〉・고소・전종(全琮)〈2〉을 만나보고 나서 그들을 품평했다.

"육자(陸子: 陸績)는 말하자면 둔한 말이지만 빨리 달릴 수 있는 쓰임이 있고, 고자(顧子: 顧劭)는 말하자면 둔한 소이지만 무거운 짐을 싣고 멀리 갈 수 있다."

어떤 사람이 물었다.

"당신이 품평한 바에 따르면 육적이 고소보다 낫다는 말입니까?"

방사원이 말했다.

"둔한 말은 비록 꽤 빠르지만 한 사람만 태울 수 있을 뿐이오. 그러나 둔한 소는 하루에 백 리를 가지만 싣는 것이 어찌 한 사람뿐이겠소?"

오나라 사람들은 [이 말에 누구도] 반론을 제기하지 않았다. [방사원이 또 품평했다.]

"전자(全子: 全琮)가 명성을 좋아하는 것은 여남(汝南)의 번자소(樊子昭)와 같다."

〈1〉・육적은 자가 공기(公紀)다. 어려서부터 준일하여 재예(才藝)와 술수(術數)에 뛰어났다. 울림태수(鬱林太守)를 지냈다.

〈2〉・전종은 자가 자황(子黃)[1]이며 전당(錢塘) 사람이다. 대사마(大司馬)를 지냈다.

역주 1) 자황(子黃): 『三國志』 권60 「吳書・全琮傳」에는 "子璜"이라 되어 있음.

龐士元至吳, 吳人竝友之. 見陸績〈1〉・顧劭・全琮〈2〉而爲之目曰: "陸子所謂駑馬有逸足之用, 顧子所謂駑牛可以負重致遠." 或問: "如所目, 陸爲勝耶?" 曰: "駑馬雖精速, 能致一人耳. 駑牛一日行百里, 所致豈一人哉?" 吳人無以難. "全子好聲名, 如汝南樊子昭." 品

〈1〉・字公紀. 幼有儁朗才數. 官鬱林太守. [『文士傳』]

〈2〉・字子黃, 錢塘人. 官大司馬. [環濟『吳紀』]

167

[晉] 고영(顧榮)

자는 언선(彥先)이며 고옹(顧雍)의 아들이다. 어려서부터 재주가 뛰어나고 영민했으며, 풍격이 빼어나고 훌륭했다. 정위정(廷尉正)을 역임했다.

字彥先, 雍子. 少朗俊機警, 風穎標徹. 歷廷尉正. [『文士傳』] 賞 詳 陸機 吳展 忿 詳 丘靈鞠.

167-1(0227)

고영이 낙양(洛陽)에 있을 때 한 번은 남의 초청에 응해 갔었는데, 구운 고기를 나르는 사람에게 그 고기를 먹고 싶어 하는 기색이 있음을 알아차리고서 자기 것을 거두어 그에게 주었다. 같은 자리에 있던 사람들이 이를 비웃자 고영이 말했다.
"어찌 종일토록 구운 고기를 만지면서도 그 맛을 모르는 자가 있어서야 되겠소?"
후에 난리를 만나 강남으로 건너가게 되었는데, 위급함을 겪을 때마다 항상 어떤 사람이 자기를 도와주곤 했다. 그래서 그 까닭을 물어 보았더니, 그에게서 구운 고기를 받아먹었던 바로 그 사람이었다.

顧榮在洛陽, 嘗應人請, 覺行炙人有欲炙之色, 因輟己施焉. 同坐哈[1]之, 榮曰: "豈有終日執炙, 而不知其味者乎?" 後遭亂渡江, 每經危急, 常有一人左右己. 問其所以, 乃受炙人也. 德

校勘 1) 哈: 『世說新語補』에는 "嗤"라 되어 있음.

167-2(0228)

고언선은 평생 금(琴)을 좋아했으므로, 그가 죽었을 때 집안사람들이 항상 금을 영구대(靈柩臺) 위에 놓아두었다. 장계응(張季鷹: 張翰)이 가서 곡을 하다가 그 애통함을 가누지 못하여 마침내 곧장 영구대로 올라가서 금을 탔는데, 몇 곡을 끝내고 나서 금을 어루만지며 말했다.

"고언선! 여전히 이것을 감상하시겠는가?"

그리고는 다시 대성통곡하더니 결국에는 상주(喪主)의 손도 잡아보지 않고 떠나버렸다[1].

역주 1) 상주(喪主)의 손도 잡아보지 않고 떠나버렸다: 亡者에게 온전한 애통함을 표하기 위하여 生者에게는 조문하지 않은 것으로 여겨지는데, 이러한 조문의 행태는 常禮는 아니지만 당시 일부 名士界에서 종종 볼 수 있었음.

顧彥先平生好琴, 及喪, 家人常以琴置靈牀上. 張季鷹往哭之, 不勝其慟, 遂徑上牀, 鼓琴, 作數曲竟, 撫琴曰: "顧彥先! 頗復賞此不?" 因又大慟, 遂不執孝子手而出. **傷逝** 張翰

168

[晉] 고현(顧顯)

자는 맹저(孟著)며 고영(顧榮)의 형의 아들이다. 젊어서부터 명성이 높았으며 기랑(騎郎)을 지냈다. 일찍 죽자 당시 사람들이 그를 애도했다.

字孟著, 榮兄子也. 少有重名, 官騎郎. 蚤卒, 時爲悼惜. [徐廣『晉紀』]

168-1(0229)

고맹저가 한번은 주백인(周伯仁: 周顗)에게 술을 권했으나 주백인이 받지 않았다. 그래서 고맹저는 자리를 옮겨 기둥에게 술을 권하면서 기둥에 대고 말했다.

"어찌 동량(棟梁)[1]이 되었다고 자처할 수 있겠는가?"

주백인은 그 말을 듣고 매우 기뻐하여 마침내 흉금을 털어놓는 친구가 되었다.

역주 1) 동량(棟梁): 周顗가 吏部尙書로서 국가의 중요 인물이 된 것을 기둥에 걸쳐 있는 대들보에 비유한 것임.

顧孟著嘗以酒勸周伯仁, 伯仁不受. 顧因移勸柱, 而語柱曰: "詎可便作棟梁自遇?" 周得之欣然, 遂爲衿契. **方** **互** 周顗

169

[晉] 고화(顧和)

자는 군효(君孝)다. 젊어서부터 이름이 알려졌는데 친족 고영(顧榮)이 말하길: "이 사람은 우리 집안의 기린아니 틀림없이 우리 가문을 흥성케 할 것이다"라고 했다. 벼슬은 상서령(尙書令)에 이르렀다.

字君孝. 少知名, 族人顧榮曰: "此吾家麒麟也, 必興吾宗." 仕至尙書令. **雅** **詳** 許璪 **夙** **詳** 顧敷.

169-1(0230)

고화가 처음 양주종사(楊州從事)가 되었을 때, 초하룻날 관청에 출근하면서 들어가기 전에 관청문 밖에서 잠시 수레를 멈추었다. 그때 주후(周侯: 周顗)가 왕승상(王丞相: 王導)을 만나러 가다가 고화의 수레 옆을 지나갔는데, 고화는 이를 잡으면서 태연히 움직이지 않았다. 주후가 이미 지나쳐 갔다가 다시 돌아와 고화의 가슴을 가리키며 말했다.

"이 속에 무엇이 있는가?"

고화는 변함없이 이를 잡으면서 천천히 대답했다.

"이 속이 가장 헤아리기 어려운 곳입니다."

이윽고 주후가 관청으로 들어가 왕승상에게 말했다.

“경의 주군(州郡)의 관리 중에 상서령(尙書令)이나 복야(僕射)가 될 만한 인재가 한 명 있더군요.”

顧和始爲揚州從事, 月旦當朝, 未入頃, 停車州門外. 周侯詣丞相, 歷和車邊, 和覓蝨, 夷然不動. 周旣過, 反還, 指顧心曰: “此中何所有?” 顧搏蝨如故, 徐應曰: “此中最是難測地.” 周侯旣入, 語丞相曰: “卿州吏中, 有一令·僕才.” 雅

170

[晉] 고부(顧敷)

자는 조근(祖根)이며 고화(顧和)의 손자다. 대성(大成)할 기량을 넘치게 지니고 있었다. 벼슬은 저작랑(著作郞)에 이르렀으며 23세에 죽었다.

字祖根, 和孫也. 滔然有大成之量. 仕至著作郞, 二十三卒. [『顧愷之家傳』] 夙 詳 張玄之

170-1(0231)

사공(司空) 고화(顧和)가 당시 명사들과 함께 청담을 나누고 있을 때, 장현지(張玄之)와 고부[1]는 [각각 고화의] 외손자와 친손자로서 모두 7살이었는데 함께 평상 옆에서 놀고 있었다. 그때 두 아이는 [할아버지와 손님들이 나누는] 청담을 들었지만 서로 관심이 없는 듯한 표정이었다. 그러나 밤에 등불 아래에서 두 아이가 함께 손님과 주인의 청담을 [흉내내며] 서술했는데, 전혀 빠트린 바가 없었다. 그러자 고화가 자리를 넘어가서 그들의 귀를 잡아당기며 말했다.

“쇠락한 가문에서 다시 이러한 보배가 생겨날 줄은 생각지도 못했도다!”

역주 1) 장현지(張玄之)와 고부: 張玄之는 顧和의 딸이 張彭祖에게 시집가서 낳은 아들이고, 顧敷는 顧和의 아들인 顧履之의 아들임.

司空顧和與時賢共淸言, 張玄之・顧敷是中外孫, 年並七歲, 並[1]牀邊戲. 于時聞語, 神情如不相屬. 瞑於燈下, 二兒共叙客主之言, 都無遺失. 和[2]越席而提其耳曰: "不意衰宗復生此寶!" 夙 互 張玄之

校勘 1) 並: 『世說新語補』에는 "在"라 되어 있음.
2) 和: 『世說新語補』에는 "顧公"이라 되어 있음.

171

[晉] 고열(顧悅)

자는 군숙(君叔)이며 진릉(晉陵) 사람이다. 처음에 은호(殷浩)의 양주별가(揚州別駕)가 되었는데, 은호가 죽자 상소하여 은호를 변호함으로써 은호가 과연 억울함을 풀게 되자, 당시 논자들이 이를 칭송했다. 나중에 상서좌승(尙書左丞)이 되었다.

字君叔, 晉陵人. 初爲殷浩揚州別駕, 浩卒, 上疏理浩, 得申, 物論稱之. 後爲尙書左丞. [『中興書』]

171-1(0232)

고열은 간문제(簡文帝: 司馬昱)와 동갑이었는데도 머리가 일찍 희어졌다. 간문제가 말했다.

"경은 어찌하여 일찍 백발이 되었소?"〈1〉

고열이 대답했다.

"갯버들[蒲柳]의 자태는 가을을 바라보면 잎을 떨구지만[而落], 송백(松柏)의 자질은 서리를 맞으면 더욱 무성하기[彌茂] 때문이옵니다."〈2〉

〈1〉・당시 간문제는 흰 머리카락이 없었다.

〈2〉・고개지(顧愷之)가 부친을 위해 지은 「전(傳)」에는 "이락(而落)"이 "선령(先零: 먼저 시들다)"이라 되어 있고, "미무(彌茂)"가 "유무(猶茂: 오히려 무성하다)"라 되어 있다.

顧悅與簡文同年, 而髮蚤白. 簡文曰: "卿何以先白?"〈1〉 對曰: "蒲柳之姿, 望秋而落, 松柏之質, 經霜彌茂."〈2〉 言

〈1〉· 時簡文髮無二毛.

〈2〉· 愷之爲父傳, "而落"作"先零", "彌茂"作"猶茂".

172

[晉] 고개지(顧愷之)

자는 장강(長康)이며 고열(顧悅)의 아들이다. 산기상시(散騎常侍)를 지냈다. 박학하고 재기(才氣)가 있었지만 사람됨이 둔하고 어수룩했다. 그렇지만 뽐냄이 대단하여 그로 인해 당시 사람들에게 웃음거리가 되곤 했다. 환온이 말하길: "고장강의 몸속은 어리석음과 총명함이 각각 절반씩 차지하는데, 그것을 종합해서 논한다면 바로 평균 수준이다"라고 했다. 그는 또한 그림에 뛰어났다. 그래서 세상에서는 그에게 세 가지의 뛰어남[三絶]이 있다고들 하는데, 화절(畫絶)·문절(文絶)·치절(癡絶)이 그것이다.

字長康, 悅子. 官散騎常侍. 博學有才氣, 爲人遲鈍. 而自矜尚, 爲時所笑. 桓溫云: "長康體中癡黠各半, 合而論之, 正平平耳." 又善圖寫. 世云有三絶, 畫絶·文絶·癡絶. [丘淵之『文章錄』·『中興書』·宋明帝『文章志』] 巧 詳 謝鯤 殷仲堪 排 詳 殷仲堪

172-1(0233)

고장강이 회계(會稽)에서 돌아왔는데, 어떤 사람이 그곳 산천의 아름다움에 대해 묻자 고장강이 말했다.

"천 개의 바위가 빼어남을 다투고 만 개의 골짜기가 흐름을 다투는데, 초목이 그 위를 온통 뒤덮고 있어서 마치 구름과 노을이 짙게 깔린 듯했소."

顧長康從會稽還, 人問山川之美, 顧曰: "千巖競秀, 萬壑爭流, 草木蒙籠其上, 若雲興霞蔚." 言

172-2(0234)

환정서(桓征西: 桓溫)가 강릉성(江陵城)〈1〉을 아주 아름답게 수축했는데, 빈객과 막료들을 모아놓고 장강(長江)의 나루터를 떠나면서 성을 바라보며 말했다.

"만약 이 성을 잘 묘사할 수 있는 사람에게는 상을 주겠소."

고장강이 그때 빈객으로 그 자리에 참석했다가 이렇게 묘사했다.

"멀리 층성(層城)을 바라보니 붉은 누각이 노을 같구나!"

환정서는 당장에 비녀(婢女) 두 명을 그에게 상으로 주었다.

〈1〉· 강릉성은 바로 임강왕(臨江王: 劉榮)[1)]이 다스리던 곳이다. 임강왕이 조정에 소환되어 성의 북문을 나설 때 수레 바퀴축이 부러지자, 한 노인이 울며 말하길: "우리 왕은 이제 떠나면 돌아오지 못할 것이다!"라고 했다. 이때부터 그 문은 열지 않았다.

역주 1) 임강왕(臨江王: 劉榮): 前漢 景帝의 아들로 태자에서 폐위당하여 임강왕이 됨.

桓征西治江陵城〈1〉甚麗, 會賓僚出江津望之, 云: "若能目此城者, 有賞." 顧長康時爲客, 在坐, 目曰: "遙望層城, 丹樓如霞!" 桓卽賞以二婢. 言 互 桓溫

〈1〉· 卽臨江王所治. 王被徵出城北門, 而車軸折, 父老泣曰: "吾王去不還矣!" 從此不開其門. [盛弘之『荊州記』]

172-3(0235)

어떤 사람이 고장강에게 물었다.

"당신의 「쟁부(箏賦)」를 혜강(嵇康)의 「금부(琴賦)」와 비교하면 어떻습니까?"

고장강이 말했다.

"제대로 감상할 줄 모르는 사람은 [「쟁부」가 「금부」보다] 늦게 나왔다고 해서 버려두지만, 깊은 식견을 지니고 있는 사람은 역시 진기하다고 하면서 귀하게 여깁니다."

或問顧長康: "君「箏賦」, 何如嵇康「琴賦」?" 顧曰: "不賞者, 作後出相遺, 深識者, 亦以高奇見貴." 文

172-4(0236)

고장강이 배숙칙(裴叔則: 裴楷)의 초상을 그릴 때, 뺨 위에 수염 세 올을 더 그려 넣었다.[1] 사람들이 그 이유를 물었더니 고장강이 말했다.

"배해(裴楷)는 준수하고 활달하며 식견을 지니고 있는데, 이것이 바로 그 식견을 보여주는 것이오."

그림을 보는 사람들이 그것을 잘 살펴보니, 더 그려 넣은 수염 세 올에 정신이 깃들어 있는 것 같았으며 그것을 그려 넣지 않았을 때보다 훨씬 낫다는 것을 확실히 느꼈다.

역주 1) 뺨 위에 수염 세 올을 더 그려 넣었다: 원문은 "頰上益三毛". 여기에서 '頰上添毫'라는 成語가 생겨났는데, 그림이나 문장이 윤색을 거친 다음에 훨씬 생동감을 띠는 것을 뜻함.

顧長康畫裴叔則, 頰上益三毛. 人問其故, 顧曰: "裴楷儁朗有識具, 正此是其識具." 看畫者尋之, 定覺益三毛如有神明, 殊勝未安時. 巧 互 裴楷

172-5(0237)

고장강은 사람의 초상을 그리면서 간혹 몇 년 동안 눈동자를 찍지 않는 경우가 있었다. 사람들이 그 까닭을 물었더니 고장강이 말했다.

"자태의 미추(美醜)는 본래 그림의 오묘한 점과는 무관하니, 정신을 전하여 진영(眞影)을 그려내는 것은 바로 이것 속에 있지요."[1]

역주 1) 정신을 전하여 진영(眞影)을 그려내는 것은 바로 이것 속에 있지요: 원문은 "傳神寫照, 正在阿堵中." '傳神寫照'는 그림을 그릴 때 대상인물의 정신까지 전달할 수 있을 정도로 생생하고 逼眞하다는 뜻. '阿堵'는 육조시대의 속어로 '阿'는 발어사고 '堵'는 이것[此]의 뜻. 여기에서 '傳神阿堵'라는 成語가 생겨남.

顧長康畫人, 或數年不點目精. 人問其故, 顧曰: "四體姸媸[1], 本無關於妙處, 傳神寫照, 正在阿睹[2]中." 巧

校勘 1) 媸: 『世說新語補』에는 "蚩"라 되어 있음. 뜻은 같음.

2) 睹: "堵"의 誤記임. 『世說新語補』에는 "堵"라 되어 있는데 타당함.

172-6(0238)

고장강이 은형주(殷荊州: 殷仲堪)의 막료로 있다가 휴가를 청하여 동쪽으로 돌아갔다.[1] 당시의 관례로는 막료에게 베돛을 지급하지 않았는데, 고장강은 한사코 요청하여 결국 얻어가지고 출발했다. 그러나 파총(破冢)[2]에 이르러 폭풍을 만나 베돛이 크게 부서지고 말았다. 고장강이 은형주에게 서찰을 써서 말했다.

"지명이 파총이라 하더니 정말로 무덤을 깨고 나왔습니다.[3] 나그네는 안전하고 베돛은 별 탈 없습니다."[4]

역주 1) 동쪽으로 돌아갔다: 顧愷之의 고향은 晉陵 無錫인데, 無錫은 荊州의 동쪽에 있었음.

2) 파총(破冢): 지명. 지금의 湖北省 江陵縣 동쪽 30리의 長江 東岸에 있음.

3) 무덤을 깨고 나왔습니다: '破冢'이라는 지명에 빗대서 한 말로, 죽을 뻔하다가 겨우 살아났다는 뜻.

4) 나그네는 안전하고 베돛은 별 탈 없습니다: 원문은 "行人安穩, 布颿無恙." 본래 '行人無恙, 布颿安穩.'이라고 해야 하는데, 일부러 거꾸로 말함으로써 풍랑을 만나 배가 뒤집혔음을 넌지시 암시한 것임.

顧長康作殷荊州佐, 請暇還東. 爾時例不給布颿, 顧苦求之, 乃得發. 至破冢, 遭風大敗. 作牋與殷云: "地名破冢, 眞破冢而出. 行人安穩, 布颿無恙." 排

172-7(0239)

고장강은 사탕수수를 먹을 때 끝부분부터 먼저 먹었다. 어떤 사람이 그 이유를 물으니 고장강이 말했다.

"점점 멋진 경지에 이르기 때문이지요."[1]

역주 1) 점점 멋진 경지에 이르기 때문이지요: 원문은 "漸至佳境". 『晉書』 권92 「顧愷之傳」과 『藝文類聚』 권87에 인용된 『世說』에는 "漸入佳境"이라 되어 있음. '漸入佳境'이란 成語가 바로 이 고사에서 비롯된 것임.

顧長康噉甘蔗, 先食尾. 人問所以, 云: "漸至佳境." 排

172-8(0240)

어떤 사람이 고장강에게 물었다.

"어찌하여 낙양 서생의 창법[洛生詠][1]을 쓰지 않습니까?"

고장강이 대답했다.

"어찌 늙은 종년의 소리를 내겠소!"[2]〈1〉

〈1〉・낙양 서생의 창법[洛下書生詠]은 소리가 둔탁하기 때문에 '늙은 종년의 소리'라고 한 것이다.

역주 1) 낙양 서생의 창법[洛生詠]: '洛下書生詠'이라고도 함. 당시에 유행하던 창법으로 둔탁한 鼻音으로 노래했다 함.

2) 어찌 늙은 종년의 소리를 내겠소: 顧愷之는 본래 晉陵 無錫[지금의 江蘇省에 속함] 출신이므로 맑고 낭랑한 南方音에 익숙했기 때문에 당시 유행하던 북방 창법에 대해 멸시한 것임.

人問顧長康: "何以不作洛生詠?" 答曰: "何至作老婢聲!"〈1〉 輕

〈1〉・洛下書生詠, 音重濁, 故云'老婢聲'.

173

[劉宋] 고침(顧琛)

자는 홍위(弘瑋)며 고화(顧和)의 증손자다. 성품이 신중하고 근실하여 부화(浮華)한 시류를 좋아하지 않았다. 주종사(州從事)와 부마도위(駙馬都尉)로 벼슬을 시작하여 여러 벼슬을 거쳐 상서고부랑(尙書庫部郎)을 지냈다.

字弘瑋, 和之曾孫也. 性謹確不尙浮華. 起家州從事·駙馬都尉, 累遷尙書庫部郎. [沈約『宋書』]

173-1(0241)

송(宋: 劉宋) 문제(文帝: 劉義隆) 때 도언지(到彦之)〈1〉가 북벌하면서 갑옷과 무기 및 군수물자가 매우 성대했는데, 패배하여 돌아오면서 그것들을 남김없이 모두 버리고 도망치는 바람에 무기고가 텅 비게 되었다. 하루는 문제가 신하들과 연회를 즐기고 있었는데, 황외(荒外: 北魏)[1]에서 항복해온 사람이 그 자리에 있었다. 문제가 고부랑(庫部郎) 고침에게 물었다.

"무기고에 갑옷과 무기가 아직 얼마나 있는가?"

그러자 고침은 거짓으로 10만 명의 갑옷과 무기가 있다고 대답했다. 문제는 묻고 나서 곧 후회했지만, 고침의 대답을 듣고는 매우 기뻐했다.

〈1〉·도언지는 자가 도예(道豫)며 팽성(彭城) 사람으로, 초(楚)나라 대부(大夫) 굴도(屈到)의 후손이다. 예주자사(豫州刺史)를 지냈다.

역주 1) 황외(荒外: 北魏): 南朝에서 中原 지역을 부르던 말. 여기서는 北魏를 가리킴.

宋文帝時, 到彦之〈1〉北伐, 甲兵資實甚盛, 及敗還, 委棄蕩盡, 武庫一空. 一日帝與羣臣宴, 有荒外降人在列. 帝問庫部郎顧琛: "庫中仗猶有幾許?" 琛詭對有十萬人仗. 帝旣問而悔, 得琛對, 甚喜. **捷**

〈1〉·字道豫, 彭城人, 楚大夫屈到後也. 官豫州刺史. [『南史』]

174

[劉宋] 고협(顧協)

자는 정례(正禮)며 고화(顧和)의 6대 손이다. 어려서부터 지조가 있었다. 손아래 처남 장솔(張率)이 무제(武帝: 劉裕)에게 고협을 천거했는데, 무제가 고협의 나이를 묻자 장솔이 35세라고 말했다. 그러자 무제가 말하길: "북방은 지세가 높고 기후가 서늘하여 40살이면 벼슬하기 딱 알맞은 나이이지만, 남방은 지세가 낮고 기후가 습하여 30살이면 금방 쇠잔해진다. 따라서 고협은 이미 늙었지만 부모를 모심이 효성스럽고 벗과 사귐이 미더우니 또한 초야에 내버려둘 수 없다"라고 하고는, 이내 고협을 태상박사(太常博士)로 삼았다. 고협은 산기상시사인(散騎常侍舍人)으로 있다가 죽었다.

字正禮, 和六世孫也. 少有志操. 內弟張率薦於武帝, 帝問協年, 率言三十五. 帝曰: "北方高涼, 四十强仕, 南方卑濕, 三十便衰. 如協便爲已老, 但其事親孝, 與友信, 亦不可遺於草澤." 於是以協爲太常博士. 終散騎常侍舍人. [『南史』]

174-1(0242)

고상시(顧常侍: 顧協)는 청렴강직하고 지조가 높았는데, 정위정(廷尉正)으로 있을 때에도 겨울철에 얇은 홑옷을 입었다. 시경(寺卿: 大理寺卿) 채자도(蔡子度: 蔡廓)〈1〉가 사람들에게 말했다.

"나는 내가 입고 있는 저고리를 벗어서 고랑(顧郎: 顧協)에게 주고 싶지만, 고랑이 남의 옷과 음식을 꺼려할까 봐 걱정이오."

결국 감히 그에게 주지 못했다.

〈1〉・채자도는 이름이 확(廓)이며 채계(蔡系)의 손자다. 여러 책을 두루 섭렵했으며 언행이 예법에 맞았다. 저작좌랑(著作佐郎)으로 벼슬을 시작하여 태위종사중랑(太尉從事中郎)으로 마쳤다.

顧常侍淸介志操, 爲廷尉正時, 冬服單薄. 寺卿蔡子度〈1〉謂人曰: "我欲解身上襦與顧郎, 恐顧郎難衣食者." 竟不敢遺之. 德

〈1〉・名廓, 系之孫. 博涉羣書, 言行以禮. 起家著作佐郎, 終太尉從事中郎. [『宋書』]

175

[齊] 고환(顧歡)

자는 경이(景怡), 다른 자는 현평(玄平)이며 오흥(吳興) 염관(鹽官) 사람이다. 황로술(黃老術)을 좋아하고 음양서(陰陽書)에 정통하여 술수를 행하면 대부분 효험이 있었다. 은거하면서 벼슬하지 않았다.

字景怡, 一字玄平, 吳興鹽官人. 好黃老, 通陰陽, 爲術數多驗. 隱居不仕. [『南史』]

175-1(0243)

고장유(顧長孺: 顧黯)〈1〉는 은거의 지조를 지니고 있었으며, 고경이와 함께 모두 초징에 나아가지 않았다. 고경이는 만년에 복식술(服食術)[1]을 행하면서 사람들과 통교하지 않았는데, 아침마다 문을 나서면 산새들이 그의 손바닥에 내려앉아 모이를 먹었다.

〈1〉· 고장유는 이름이 암(黯)이며 오군(吳郡) 사람이다.

역주 1) 복식술(服食術): 도가의 養生術 가운데 하나로 丹藥을 복용하는 것을 말함.

顧長孺〈1〉有隱操, 與顧景怡俱不就徵. 景怡晩節服食, 不與人通, 每旦出戶, 山鳥集其掌取食. **棲**

〈1〉· 名黯, 吳郡人也. [『齊書』]

176

[魏] 부하(傅嘏)

자는 난석(蘭碩)이며 북지(北地) 이양(泥陽) 사람으로, 부개자(傅介子)의 후손이다. 여러 벼슬을 거쳐 하남윤(河南尹)과 상서(尙書)를 지냈다. 부하는 이미 사리에 통달하고 올바름을 좋아했으며, 이치에 밝아 그 요체를 체득했다. 일찍이 재(才)와 성(性)의 관계에 대해 논했는데, 그 근원에 대한 탐구가 정미(精微)하여 그를 따라갈 수 있는 자가 드물었다. 종회(鍾會)가 그것을 집성하여 논했다.

字蘭碩[1], 北地泥陽人, 傅介子之後. 累遷河南尹・尚書. 嘏旣達治好正, 而有淸理識要. 嘗論才性, 原本精微, 鮮能及者. 鍾會集而論之. [『魏志』・『傅子』] 賞 詳 夏侯玄

校勘 1) 蘭碩: 『三國志』 권21 「魏書・傅嘏傳」에는 "蘭石"이라 되어 있음.

176-1(0244)

부하는 현허(玄虛)한 명리(名理)[1]를 논하는 데 뛰어났고, 순찬(荀粲)은 현원(玄遠)한 철리를 논하길 좋아했다. 매번 함께 담론할 때마다 서로의 논리를 이해하지 못하여 논쟁이 붙었다. 그럴 때에 배기주(裴冀州: 裴徽)가 두 사람의 논지를 해석하고 서로의 생각을 소통시켜 늘 두 사람의 감정을 흡족하게 해주면 피차간에 모두 즐거워했다.

역주 1) 현허(玄虛)한 명리(名理): 원문은 "虛勝". 정확한 뜻은 미상이나 대개 '현허한 명리', 또는 '현허함을 첫째로 꼽는 논리'라는 의미로 추정함.

傅嘏善言虛勝, 荀粲談尚玄遠. 每至共語, 有爭而不相喩. 裴冀州釋二家之義, 通彼我之懷, 常使兩情皆得, 彼此俱暢. 文 互 荀粲 裴徽

176-2(0245)

하안(何晏)・등양(鄧颺)・하후현(夏侯玄)이 모두 부하[1]에게 교제하기를 구했으나 부하는 끝내 허락하지 않았다. 그들이 순찬(荀粲)을 통하여 교유하도록 설득하자, 순찬이 부하에게 말했다.

"하후태초(夏侯太初: 夏侯玄)는 한 시대의 명사로서 마음을 비운 채로 그대와 교제하고자 하는데 그대는 교유할 수 없다는 생각을 품고 있소. 교유하면 일이 잘 이루어질 것이고 교유하지 않으면 사이가 벌어질 것이오. 그대가 이 두 현사(賢士)와 화목하게 지낸다면 나라의 경사가 될 것이니, 이것이 바로 인상여(藺相如)가 염파(廉頗)에게 머리를 숙였던[2] 까닭이오."

그러자 부하가 말했다.

"하후태초는 뜻은 크지만 [능력이 부족하여] 애만 쓰고 있으며 헛된 명성에 영합할 뿐이니, 진실로 이른바 '매끄러운 말솜씨로 나라를 망하게 하는 인물'[3]이오. 하안과 등양은 이루어놓은 일은 있지만 조급하고, 박식하기는 하지만 요체가 부족하며, 밖으로는 이득을 좋아하고 안으로는 자신을 단속함이 없소. [또한 자기와 뜻이] 같은 자는 귀하게 여기고 [자기와 뜻이] 다른 자는 미워하며, 말이 너무 많고 자기보다 앞선 자를 질투하니, 말이 많으면 다투는 일이 많고 앞선 자를 질투하면 친한 사람이 없는 법이오. 내가 살펴보건대 이 세 현사는 모두 덕을 어그러뜨리는 사람일 뿐이니, 멀리하더라도 오히려 화(禍)에 말려들까 두려운데 하물며 친할 수 있겠소?"

나중에 모두 그의 말대로 되었다[4].

역주 1) 부하: 傅嘏는 司馬氏를 지지하여 何晏·鄧颺·夏侯玄 등의 曹爽 옹립파와 대립하는 입장을 보였음.

2) 인상여(藺相如)가 염파(廉頗)에게 머리를 숙였던: 藺相如와 廉頗는 둘 다 전국시대 趙나라 사람. 『史記』 권81 「廉頗藺相如傳」의 해당 내용은 다음과 같다. 인상여는 큰 공을 세웠으므로 上卿에 임명되어 그 지위가 염파보다 위에 있었다. 염파가 분노하여 그를 욕보이려고 했으나, 인상여는 매번 병을 핑계대고 조회에 참석하지 않았으며 멀리서 염파를 바라보고는 수레를 돌려 피해 숨곤 했다. 이것을 지켜본 인상여의 舍人이 그를 떠나려고 하자, 인상여가 말하길: "대저 秦王의 위세 앞에서도 나는 조정에서 그를 질책했거늘 어찌 염장군을 두려워하겠느냐? 생각해 보면, 진나라는 강하고 趙나라는 약하지만 진나라는 우리 두 사람이 있기 때문에 감히 조나라에 출병하지 못하는 것이다. 그런데 지금 두 호랑이가 서로 다툰다면 둘 다 살아남지 못할 형세가 되고 만다. 나는 국가가 위급하기 때문에 사사로운 원한은 뒤로 미루고 있는 것이다"라고 했다. 염파는 그 말을 듣고 인상여에게 사죄했다.

3) 매끄러운 말솜씨로 나라를 망하게 하는 인물: 원문은 "利口覆國之人". 『論語』 「陽貨」에 "惡利口之覆邦家者"라는 구절이 있음. 한편 『三國志』 권21 「傅嘏傳」의 裴松之 注에 인용된 『傅子』에는 이 말이 何晏에 대한 것으로 되어 있음.

4) 그의 말대로 되었다: 何晏과 鄧颺은 曹爽의 추방에 반대하다가 249년에 司馬懿에게 주살당했고, 夏侯玄도 司馬師에게 대항하다가 254년에 살해당했음.

何晏・鄧颺・夏侯玄並求傅嘏交, 而嘏終不許. 諸人乃因荀粲說合之, 謂嘏曰: "夏侯太初, 一時之傑士, 虛心於子, 而卿意懷不可. 交合則好成, 不合則致隟. 二賢若穆, 則國之休, 此藺相如所以下廉頗也." 傅曰: "夏侯太初, 志大心勞, 能合虛譽, 誠所謂'利口覆國之人'. 何晏・鄧颺有爲而譟, 博而寡要, 外好利而內無關籥. 貴同惡異, 多言而妬前, 多言多釁, 妬前無親. 以吾觀之, 此三賢者, 皆敗德之人爾, 遠之猶恐罹禍, 況可親之耶?" 後皆如其言. 識 互 何晏 鄧颺 夏侯玄

177

[劉宋] 부량(傅亮)

자는 계우(季友)며 북지(北地) 영주(靈州) 사람이다. 경서와 사서를 널리 섭렵했으며 특히 문장에 뛰어났다. 상서령(尙書令)을 역임하고 광록대부(光祿大夫)를 지냈다.
부친 부원(傅瑗)은 자가 숙옥(叔玉)이다. 호군장사(護軍長史)를 지냈다.
형 부적(傅迪)은 자가 장유(長猷)다. 벼슬은 오병상서(五兵尙書)[1]에 이르렀으며, 태상(太常)에 추증되었다.

역주 1) 오병상서(五兵尙書): 尙書省에서 軍事를 관장하는 兵部의 장관으로, 中兵・外兵・騎兵・別兵・都兵의 五兵을 통솔함.

字季友, 北地靈州人. 博涉經史, 尤善文辭. 歷尙書令, 任光祿大夫. [『宋書』・丘淵之『文章錄』]
父瑗, 字叔玉. 官護軍長史. [『傅氏譜』]
兄迪, 字長猷. 位至五兵尙書, 贈太常. [『宋書』] 雅 詳 徐羨之

177-1(0246)

치초(郗超)는 부원(傅瑗)과 친하게 지냈다. 부원이 자신의 두 아들을 치초에게 인사시켰는데, 당시 그들은 모두 소년이었다. 치초가 그들을 한참 동안 살펴보고 나서 부원에게 말했다.

"작은 놈[傅亮]은 재능과 명성이 모두 훌륭하겠소. 그러나 그대의 가문을 지키는 것은 결국 큰 놈[傅迪]에게 달렸소."

[부원의 두 아들은] 바로 부량(傅亮) 형제다.

郗超與傅瑗周旋. 瑗見其二子, 竝總髮. 超觀之良久, 謂瑗曰: "小者才名皆勝, 然保卿家, 終當在兄." 卽傅亮兄弟也. 識

178

[劉宋] 부소(傅昭)

자는 무원(茂遠)이며 영주(靈州) 사람이다. 청렴함과 고요함으로 관직에 임했으며, 조정에 있을 때도 알현을 청하는 일이 없었다. 산기상시(散騎常侍)를 지냈다.

字茂遠, 靈州人. 以淸靜莅官, 居朝廷無所請謁. 官散騎常侍. [『南史』]

178-1(0247)

부무원은 담박하게 고요히 지냈으며 사람들과 함부로 교유하지 않았다. 원사도(袁司徒: 袁粲)는 매번 그의 집 문을 지날 때마다 감탄했다.

"그 집 문을 지나가면 적막하니 아무도 없는 듯한데, 그 휘장을 젖히면 그 사람이 그곳에 있으니, 어찌 명현(名賢)이 아니겠는가!"

傅茂遠泊然靜處, 不妄交遊. 袁司徒每經其戶, 輒歎曰: "經其戶, 寂若無人, 披其帷, 其人斯在, 豈得非名賢!" 德

179

[宋] 유척(喩陟)

자는 명중(明仲)이며 목주(睦州) 사람이다. 평소 산례(散隸)[1]에 뛰어났으며 특히 피리 연주에 정통했다. 한번은 말 위에서 피리를 불며 시를 읊자 장운수(張芸叟)가 화답했다.

역주 1) 산례(散隸): 散筆로 쓴 隸書의 일종.

字明仲, 睦州人. 雅善散隸, 尤妙長笛. 嘗有馬上吹笛詩, 張芸叟和之. [『墨莊漫錄』]

179-1(0248)

유명중은 피리 연주에 정통했다. 여러 군의 지절(持節)[1]로 있을 때, 관할 지역을 시찰하러 나갈 때마다 산수가 아름다운 곳에 이르면 말 위에서 바람을 맞으며 문득 금세 몇 곡을 짓곤 했다.

역주 1) 지절(持節): 宋代 州郡의 長官 겸 總軍事에 대한 통칭.

喩明仲妙於長笛. 持節數郡, 每出按行, 至山水佳處, 馬上臨風, 輒快作數弄. 任

180

[唐] 노암(路巖)

자는 노첨(魯瞻)이며 양평(陽平) 관지(冠氏) 사람이다. 어려서부터 남달리 총명했다. 호부시랑(戶部侍郎)으로서 동평장사(同平章事)가 되었다.[1]

역주 1) 호부시랑(戶部侍郎)으로서 동평장사(同平章事)가 되었다: 宰相이 되었다는 뜻. 侍中이나 中書令이 아닌 자가 재상의 직분을 맡게 되면, 대부분 '同中書門下平章事'[簡稱 '同平章事']란 직함을 더해주었음.

字魯瞻, 陽平冠氏人. 幼聰敏過人. 官戶部侍郎同平章事. [『唐書』]

180-1(0249)

노암이 회남(淮南)에서 [節度使] 최현(崔鉉)〈1〉을 보좌하여 지사(支使)[1]가 되었는데, 최현은 그가 반드시 부귀해질 것을 알아보고 일찍이 이렇게 말했다.

"노십(路十: 路巖)[2]은 언젠가 반드시 그 관리가 될 것이다."〈2〉

얼마 후 노암은 조정으로 들어가 감찰어사(監察御史)가 되었으며, 장안성(長安城)을 벗어나지 않은 채 10년 만에 재상에 이르렀다.〈3〉 노암이 한림원(翰林院)으로 들어갔을 때, 여전히 회남에 있던 최현이 그 소식을 듣고 말했다.

"노십이 지금 이미 한림원으로 들어갔으니 어떻게 늙을 때까지 기다릴 수 있겠는가?"

나중에 모두 최현의 말대로 되었다.

〈1〉· 최현은 자가 태석(台碩)이다. 호부시랑(戶部侍郎)으로서 동평장사(同平章事)가 되었다.

〈2〉· [호삼성(胡三省)의] 『통감주(通鑑注)』: 재상이 된다는 뜻이다.

〈3〉· 당시 노암은 36세였다.

역주 1) 지사(支使): 唐代 節度使나 觀察使 등의 屬官으로 그 직무는 掌書記와 같음.

2) 노십(路十: 路巖): 노암의 항렬이 열 번째이기 때문에 그렇게 부른 것임.

路巖佐崔鉉〈1〉於淮南爲支使, 鉉知其必貴, 嘗曰: "路十終須作彼一官."〈2〉 旣而入爲監察御史, 不出長安城, 十年至宰相.〈3〉 其入翰林日, 鉉猶在淮南, 聞之曰: "路十今已入翰林, 如何得老?" 後皆如鉉言. 識

〈1〉· 字台碩. 官戶部侍郎同平章事. [劉昫『唐書』]

〈2〉· 『通鑑注』曰 : 謂作相也.

〈3〉· 時巖年三十六.

181

[魏] 혜강(嵇康)

자는 숙야(叔夜)며 초국(譙國) 질(銍) 사람이다. 혜강의 본래 성은 계(溪)다. 그 선조가 원한을 피하여 상당(上黨)을 떠나 초국 질현으로 이사했다. 질현에 혜산(嵇山)이 있는데, 그 기슭에서 살았으므로 '혜'를 성씨로 했다. 중산대부(中散大夫)를 지냈다.
일찍이 「양생론(養生論)」을 지었는데 그 대략은 다음과 같다: "대저 이가 머리에 붙어 있으면 검어 지고[1], 사향노루가 잣나무를 먹으면 향기를 내며[2], 험준한 산에 살면 목덜미에 혹이 생기고[3], 진(晉)나라에 거하면 이가 누렇게 된다[4]. 어찌 다만 찜질을 하여 기(氣)를 무겁게 함으로써 몸을 가볍게 할 수 없으며, 향을 품어 향기를 내게 함으로써 수명을 연장시킬 수 없겠는가? 진실로 영지로 찜질하고 단 샘물로 씻으면 억지로 하지 않아도 저절로 얻어져서 몸이 젊어지고 마음이 심오해진다. 그러면 거의 선문(羨門)[5]과 수명을 비교하고 왕교(王喬)[6]와 나이를 견줄 수 있으니, 어찌 양생이 불가능하다고 할 수 있겠는가?"

역주 1) 이가 머리에 붙어 있으면 검어 지고: 원문은 "蝨着頭而黑". 『文選』 권53 「養生論」 李善 注에 인용된 『抱朴子』에 "今頭蝨著身, 皆稍變而白. 身蝨處頭, 皆漸化而黑. 則是玄素果無定質, 移易存乎所漸."이라 함.

2) 사향노루가 잣나무를 먹으면 향기를 내며: 원문은 "麝食栢而香". 『文選』 「養生論」 李善 注에 인용된 『本草名醫』에 "麝形似麞, 常食柏葉, 五月得香. 又夏月食蛇蟲多, 至寒則香滿."이라 함.

3) 험준한 산에 살면 목덜미에 혹이 생기고: 원문은 "頸處險而癭". 『文選』 「養生論」 李善注에 인용된 『淮南子』에 "沮險氣多癭. 謂人居山險, 樹木瘤臨其水上, 飮此水則患癭."이라 함. 그러나 『淮南子』 「墬形訓」에는 "沮險氣多癭"의 구절만 있음.

4) 진(晉)나라에 거하면 이가 누렇게 된다: 원문은 "齒居晉而黃". 『五雜俎』에 "晉國多棗, 食之齒黃."이라 함.

5) 선문(羨門): 옛 신선. 『史記』 「秦始皇本紀」에 "三十二年, 始皇之碣石, 使燕人盧生求羨門·高誓."라 함.

6) 왕교(王喬): 신선 王子喬를 말함. 『列仙傳』에 "王子喬者, 周靈王太子晉也. 道人浮丘公, 接以上嵩高山."이라 함.

字叔夜, 譙國銍人. 嵇本姓溪. 其先避怨徙上黨, 移譙國銍縣. 縣有嵇山, 家於其側, 因氏焉. 官中散大夫. [「嵇康集叙」·王隱『晉書』·虞預『晉書』·『文章叙錄』]
嘗著「養生論」, 略曰: "夫蝨着頭而黑, 麝食栢而香, 頸處險而癭, 齒居晉而黃. 豈惟蒸之使重無使輕, 芬之使香勿使延哉? 誠能蒸以靈芝, 潤以醴泉, 無爲自得, 體妙心玄. 庶與羨門比

壽, 王喬爭年. 何爲不可養生哉?" 言 詳 趙至 賞 詳 宋祁 品 詳 何晏 簡 詳 呂安

181-1(0250)

혜중산(嵇中散: 嵇康)이 한번은 밤에 등불 밑에서 금(琴)을 타고 있을 때 난데없이 한 사람이 방으로 들어왔는데, 처음 들어올 때는 얼굴이 매우 작았다가 이내 점점 커지더니 마침내 한 길 남짓이나 길어졌으며, 얼굴빛이 시커멓고 홑옷에 새끼줄 허리띠를 매고 있었다. 혜중산은 그를 자세히 보다가 한참 후에 등불을 불어 끄면서 말했다.

"나는 도깨비하고 불빛을 다투는 게 부끄럽다!"

嵇中散嘗於夜中燈火下彈琴, 有一人入室, 初來時面甚小, 斯須轉大, 遂長丈餘, 顔色甚黑, 單衣草帶. 嵇熟視旣久, 乃吹火滅曰: "恥與魑魅爭光!" 雅

181-2(0251)

종사계(鍾士季: 鍾會)는 재성(才性) 이론에 정통했지만, 이전부터 혜강과는 면식이 없었다. 그래서 종사계는 당시 명현준재(名賢俊才)들을 초청하여 함께 혜강을 찾아갔다. 혜강은 큰 나무 아래에서 한창 쇠를 불리고 있었고, 상자기(向子期: 向秀)는 조수로서 풀무질을 하고[1] 있었다. 혜강은 망치를 들고서 쉬지 않았는데, 마치 옆에 아무도 없는 것처럼 한참 동안 한 마디 말도 건네지 않았다. 종사계가 일어나 가려 하자 혜강이 말했다.

"무얼 듣고 왔다가 무얼 보고 가시는가?"

종사계가 말했다.

"들을 걸 듣고 왔다가 볼 걸 보고 가지요."〈1〉

〈1〉· 혜강은 본래 손재주가 뛰어나 쇠 불리는 일을 잘했다. 집에 무성한 버드나무가 있었는데, 물을 끌어들여 버드나무 둘레를 흐르게 해놓아 여름에도 매우 시원했다. 혜강은 늘 그 아래에서 한가롭게 놀았으며 자신이 직접 쇠를 불리곤 했다. 집안은 비록 가난했지만 사람들이 쇠 불릴 일을 부탁하더라도 혜강은 품삯을 받지 않았다. 다만 친척이나 친구들이 닭과 술을 가지고 찾아오면, 함께 먹고 마시면서 청담(淸談)만 나눌 뿐이었다.

· 종회(鍾會)가 혜강의 명성을 듣고 찾아갔는데, 살찐 말을 타고 가벼운 갖옷을 입었으며[2] 따르는 빈객들이 구름처럼 많았다. 그때 혜강은 다리를 쭉 뻗고 앉아 한창 쇠를 불리면서 그에게 인사조차 하지 않았으므로, 종회는 깊은 원한을 품었다. 나중에 종회는 여안(呂安)의 사건[3]에 연루시켜 마침내 혜강을 참소했다.

역주 1) 풀무질을 하고: 원문은 "鼓排". '排'는 '鞴'·'韛'와 통하며, 가죽으로 만든 바람주머니를 말하는데, 오늘날 대장간에서 사용하는 풀무와 비슷한 역할을 했음.

2) 살찐 말을 타고 가벼운 갖옷을 입었으며: 원문은 "乘肥衣輕". 부귀한 사람의 훌륭한 행차를 말함. 『論語』「雍也」篇에 "赤之適齊也, 乘肥馬, 衣輕裘."라는 기록이 있음.

3) 여안(呂安)의 사건: 呂安의 형 呂巽[呂遜이라고도 함]이 여안의 처 徐氏와 간통했는데, 사람들에게 알려질까 두려워 오히려 여안을 참소하여 그를 변방으로 추방해야 한다는 상소문을 올린 사건을 말함. 당시 嵇康은 친구 여안의 무고함을 변호하다가 사건에 연루되어 투옥되었으며, 나중에 여안과 함께 주살당함. 여손은 鍾會의 총애를 받은 사람이었음. 바로 다음 고사 참조.

鍾士季精有才理, 先不識嵇康. 鍾要于時賢俊之士, 俱往尋康. 康方大樹下鍛, 向子期爲佐鼓排. 康揚槌不輟, 傍若無人, 移時不容[1]一言. 鍾起去, 康曰: "何所聞而來? 何所見而去?" 鍾曰: "聞所聞而來, 見所見而去."〈1〉 **簡** **互** 鍾會

〈1〉· 康性絶巧, 能鍛鐵. 家有盛柳樹, 乃激水以圜之, 夏天甚清涼. 恒居其下傲戲, 乃身自鍛. 家雖貧, 有人說鍛者, 康不受直. 唯親舊以鷄酒往, 與共飲噉, 淸談而已. [『文士傳』]

· 會聞康名而造焉, 乘肥衣輕, 賓客如雲. 康方箕踞而鍛, 不爲之禮, 會深啣之. 後因呂安事, 而遂譖康焉. [『魏氏春秋』]

校勘 1) 容: 『世說新語補』에는 "交"라 되어 있음.

181-3(0252)

혜중산(嵇中散: 嵇康)은 동시(東市)[1]에서 처형당할 때 안색조차 변하지 않은 채, 금(琴)을 가져오게 하여 타면서 「광릉산(廣陵散)」[2]을 연주했다. 곡이 끝나자 말했다.

“원효니(袁孝尼: 袁準)가 일찍이 이 곡을 배우겠다고 청했으나 내가 못내 아까워하여 전수해주지 않았는데, 「광릉산」은 이제 끊어지게 되었구나!”〈1〉

태학생(太學生) 3천 명이 상서하여 그를 스승으로 모시겠다고 청원했으나 조정에서 윤허해주지 않았다. 문왕(文王: 司馬昭)도 나중에는 [그를 처형한 것을] 후회했다.〈2〉

〈1〉· 처음에 혜강은 동평(東平)의 여안(呂安)과 친분이 두터웠다. 여안의 친형 여손(呂遜)이 여안의 처 서씨(徐氏)와 간통하자, 여안은 여손을 고소하고 처와 이혼할 작정을 하고 혜강에게 자문했더니, 혜강이 그에게 충고하면서 만류했다. 여손은 속으로 스스로 불안해하다가 여안이 모친을 때렸다고 밀고하여 그를 변방으로 유배시킬 것을 청하는 표문(表文)을 올렸다. 여안은 유배가게 되었을 때, 자신을 변호하면서 진술하는 중에 혜강의 얘기를 언급했다.

· 혜강이 감옥을 찾아가 여안을 위해 변론했는데, 종회(鍾會)가 혜강에 대해서 논고하길: “지금 황도(皇道)가 밝게 펼쳐져 사해에 그 교화가 널리 미침으로써, 변방에도 [남의 선행을] 헐뜯거나 [남의 악행을] 따라 하는 자가 없고 마을에도 서로 다른 의론이 없는데, 혜강은 위로는 천자께 불충하고 아래로는 왕후를 섬기지 않은 채, 시속(時俗)을 가볍게 여기고 세상에 오만하여 남의 쓰임을 받지 못하고 있다. 지금 혜강을 주살하지 않는다면 왕도(王道)를 맑고 깨끗하게 할 수 없다”라고 했다. 그리하여 혜강을 체포했다.

〈2〉· 혜강이 하옥되자 태학생 수천 명이 그의 석방을 청원했다. 그 당시에 준걸과 영재들이 모두 혜강을 따라 감옥으로 들어갔으나, [혜강은 그들을] 모두 잘 타일러 곧 산개시켰다. 혜강은 결국 여안과 함께 주살당했다.

역주 1) 동시(東市): 洛陽城 동쪽에 있었던 牛馬市. 처형장으로도 쓰였음.

2) 「광릉산(廣陵散)」: 琴曲의 명칭. ‘散’은 ‘操’·‘弄’·‘引’ 등과 같은 뜻으로 곡조를 의미함. 『晉書』 권49 「嵇康傳」에 따르면, 혜강이 밤에 華陽亭에서 묵을 때 자칭 古人이라고 하는 어떤 객이 나타나 혜강에게 그 곡을 가르쳐주면서 절대로 다른 사람에게 전수하지 말라고 맹세하게 했다고 함.

嵇中散臨刑東市, 神氣不變, 索琴彈之, 奏「廣陵散」. 曲終曰: “袁孝尼嘗請學此散, 吾靳固不與, 「廣陵散」於今絶矣!”〈1〉 太學生三千人上書, 請以爲師, 不許. 文王亦

尋悔焉.〈2〉 **雅**

〈1〉・初, 康與東平呂安善. 安嫡兄遜, 淫安妻徐氏, 安欲告遜遣妻, 以咨於康, 康喩而抑之. 遜內不自安, 陰告安撾母, 表求徙邊. 安當徙, 訴自理, 辭引康. [『晉陽秋』]

・康詣獄以明之, 鍾會庭論康曰: "今皇道開明, 四海風靡, 邊鄙無詭隨之民, 街巷無異口之議, 而康上不臣天子, 下不事王侯, 輕時傲世, 不爲物用. 今不誅康, 無以淸潔王道." 於是收康. [『文士傳』]

〈2〉・康之下獄, 太學生數千人請之. 于時豪俊皆隨康入獄, 悉解喩, 一時散遣. 康竟與安同誅. [王隱『晉書』]

181-4(0253)

혜강이 급군(汲郡)의 산속을 유람하다가 도사 손등(孫登)을 만나 마침내 그와 함께 노닐었다. 혜강이 떠나려 할 때 손등이 말했다.

"당신은 재주는 높지만 몸을 보전하는 도는 부족하오."〈1〉

〈1〉・혜강은 3년 동안 손등을 좇아 교유했는데, 그가 생각하는 바를 물었으나 그는 끝내 대답하지 않았다. 혜강이 장차 떠나려 할 때 손등이 비로소 말하길: "그대는 불을 아시오? 불은 타면서 빛을 내는데 그 빛을 쓰지 않으면 그뿐이지만 중요한 것은 빛을 쓰는 데 있소. 사람은 태어나면서 재주를 부여받는데 그 재주를 쓰지 않으면 그뿐이지만 중요한 것은 재주를 쓰는 데 있소. 그래서 빛을 쓰는 데 땔감을 얻는 것이 중요한 것은 그 빛남을 보전하기 위함이며, 재주를 쓰는 데 물리(物理)를 아는 것이 중요한 것은 그 수명을 보전하기 위함이오. 지금 그대는 재주는 많으나 식견이 부족하니 지금의 세상에서 화를 면하기가 어렵소"라고 했다. 그러나 혜강은 그 충고를 실행할 수 없었다. 혜강은 [呂安의 사건에 연루되어] 감옥에 갇히고 나서야 시를 지어 스스로를 질책하길: "옛날로는 유하혜(柳下惠)에게 부끄럽고 지금으로는 손등에게 부끄럽도다[1]!"라고 했다.

역주 1) 옛날로는 유하혜(柳下惠)에게 부끄럽고 지금으로는 손등에게 부끄럽도다: 원문은 "昔慚下惠, 今愧孫登." 嵇康의 「幽憤詩」 가운데 두 구절. 「幽憤詩」는 『文選』 권23에 수록되어 있음. '下惠'는 柳下惠를 말함. 柳下惠는 춘추전국시대 魯나라의 士師인 展獲[字는 子禽]으로, 忠直함 때문에 3번이나 관직에서 쫓겨났음에도 불구하고 목숨을 보전함.

嵇康遊於汲郡山中, 遇道士孫登, 遂與之遊. 康臨去, 登曰: "君才則高矣, 保身之道不足."〈1〉 **規**

〈1〉・康從登遊三年, 問其所圖, 終不答. 將別, 乃曰: "子識火乎? 生而有光, 而不用其光, 果然在於用光. 人生有才, 而不用其才, 果然在於用才. 故用光在乎得薪, 所以保其耀. 用才在乎識物, 所以全其年. 今子才多識寡, 難乎免於今之世矣." 康不能用. 及逮獄, 爲詩自責云: "昔慚下惠, 今愧孫登!" [『文士傳』]

181-5(0254)

혜강은 신장이 7척 8촌이었고 풍모가 특히 빼어났다.〈1〉 그를 본 사람이 이렇게 감탄했다.

"깔끔하고 엄숙하며[1] 시원스럽고 청준(淸俊)하구나!"

어떤 사람은 이렇게 말했다.

"쏴아[2]! 하고 소나무 아래의 바람처럼 높다랗게 천천히 분다."

산공(山公: 山濤)이 말했다.

"혜숙야의 사람됨은 외로운 소나무가 홀로 서 있는 것처럼 우뚝하며[3], 그가 취했을 때는 옥산(玉山)이 장차 무너지려는 것처럼 흔들거린다[4]."

〈1〉・혜강은 육체를 흙이나 나무처럼 여겨 아무런 꾸밈도 하지 않았지만, 용 같은 풍채와 봉황 같은 자태는 타고난 바탕 그대로였다. 정작 그가 사람들 속에 있으면 곧바로 비범한 인물임을 저절로 알 수 있었다.

역주 1) 깔끔하고 엄숙하며: 원문은 "蕭蕭肅肅". 蕭蕭는 말쑥하고 멋스런 모양. 肅肅은 흐트러짐 없이 단정한 모양.

2) 쏴아: 원문은 "肅肅". 颯颯과 같음. 바람이 부는 소리.

3) 우뚝하며: 원문은 "巖巖". 높이 솟아 있는 모양.

4) 흔들거린다: 원문은 "傀俄". 무너져 내리려는 모양. 또는 巍峩와 같은 뜻으로 보아 산이 높은 모양으로 풀기도 함.

嵇康身長七尺八寸, 風姿特秀.〈1〉 見者歎曰: "蕭蕭肅肅, 爽朗淸擧!" 或云: "肅肅如松下風, 高而徐引." 山公曰: "嵇叔夜之爲人也, 巖巖若孤松之獨立, 其醉也, 傀俄若玉山之將崩." **容**

〈1〉・康土木形骸, 不加飾厲, 而龍章鳳姿, 天質自然. 正爾在羣形之中, 便自知非常之器. [『嵇康別傳』]

182

[晉] 혜소(嵇紹)

자는 연조(延祖)며 혜강(嵇康)의 아들이다. 10살 때 부친을 여의고 모친을 효성스럽게 모셨다. 여러 벼슬을 거쳐 산기상시(散騎常侍)를 지냈다. 혜제(惠帝: 司馬衷)가 탕음(蕩陰)에서 패하자 백관과 좌우 신하들이 모두 뿔뿔이 도망갔으나, 오직 혜소만이 의연히 의관을 정제하고서 직접 황제를 호위했다. 칼날이 어연(御輦)에 교차되고 날아오는 화살이 빗발처럼 쏟아지는 속에서 마침내 그는 죽음을 당했다.

字延祖, 康子. 十歲而孤, 事母孝謹. 累遷散騎常侍. 惠帝敗於蕩陰, 百官左右皆奔散, 唯紹儼然端冕, 以身衛帝. 兵交御輦, 飛箭雨集, 遂以見害. [王隱『晉書』] **德** **詳** 羅企生 **賞** **詳** 阮渾 王玄

182-1(0255)

혜강(嵇康)이 피살당한 후에 산공(山公: 山濤)이 혜강의 아들 혜소를 비서승(秘書丞)[1]에 천거했다. 혜소가 산공에게 벼슬길에 나가야 하는지 마는지에 대해 물었더니 산공이 말했다.

"자네를 위하여 오래토록 생각해 보았네. 천지와 사시도 오히려 돌고 도는 것[2]이어늘 하물며 사람에 있어서랴!"

역주 1) 비서승(秘書丞): 秘書省의 차관으로 궁중의 도서를 담당했으며, 秘書郞보다는 지위가 높았음. 南朝의 귀족들 사이에서 첫째가는 淸官으로 인정받았음.

2) 돌고 도는 것: 원문은 "消息". '消'는 '減', '息'은 '增'의 뜻으로 時運이 순환하는 것을 말함.

嵇康被誅後, 山公擧康子紹爲秘書丞. 紹咨公出處, 公曰: "爲君思之久矣. 天地四時, 猶有消息, 而況人乎!" **政**

182-2(0256)

제왕(齊王) 사마경(司馬冏)이 대사마(大司馬)가 되어 조정을 보좌하고 있을 때,〈1〉 혜소가 시중(侍中)이 되어 사마경을 찾아가 정사를 자문했다. 그 때 사마경은 연회를 열고 갈여(葛旟)〈2〉와 동애(董艾)〈3〉 등을 불러 함께 시사(時事)를 논하고 있었다. 갈여 등이 사마경에게 아뢰었다.

"혜시중은 관현악기에 뛰어나니 공께서 그에게 연주해보라 하십시오."

그래서 악기를 주었지만 혜소가 거절하고 받지 않자 사마경이 말했다.

"오늘은 함께 즐기고자 하는데 경은 어찌하여 거절하시오?"

혜소가 말했다.

"공께서는 황실을 보좌하고 계시니 하시는 일마다 모범이 되어야 합니다.[1] 저는 비록 관직이 낮긴 하지만 상백(常伯: 侍中)의 직분에 있으며, 관현악기를 다루는 것은 대개 악관(樂官)의 일이니, 선왕(先王)께서 정하신 예복[2]을 입고 악관의 일을 할 수는 없습니다. 지금 고명하신 명으로 강요하신다면 감히 구차하게 사양할 수 없으니, 마땅히 예관(禮冠)을 벗고 평복으로 갈아입겠습니다. 이것이 저의 마음입니다."

갈여 등은 못마땅해 하면서 물러갔다.

〈1〉・사마경은 자가 경치(景治)며 제왕 사마유(司馬攸)의 아들이다. 조왕(趙王) 사마륜(司馬倫)이 제위를 찬탈하자 사마경은 의병을 일으켜 사마륜을 주살함으로써, 대사마로 임명되고 구석(九錫)을 더해 받았다. 나중에 장사왕(長沙王: 司馬乂)에게 주살당했다.

〈2〉・갈여는 자가 허여(虛旟)다. 제왕의 장사(長史)를 지냈다. 사마경이 패했을 때 주살당했다.

〈3〉・동애는 자가 숙지(叔智)다. 젊어서부터 공명을 좋아했으며 선비로서의 예절을 닦지 않았다. 제왕이 의병을 일으켰을 때 동애를 우장군(右將軍)으로 기용했다. 제왕이 패했을 때 주살당했다.

역주 1) 하시는 일마다 모범이 되어야 합니다: 『孝經』 제9장 「聖治」에서 "言思可道, 行思可樂, 德義可尊, 作事可法, 容止可觀, 進退可度."라고 함.

2) 선왕(先王)께서 정하신 예복: 『孝經』 제4장 「卿大夫」에서 "非先王之法服, 不敢服. 非

先王之法言, 不敢道. 非先王之德行, 不敢行."이라 함.

齊王冏爲大司馬輔政,〈1〉 嵇紹爲侍中, 詣冏咨事. 冏設宰會, 召葛旟〈2〉・董艾〈3〉等, 共論時宜. 旟等白冏: "嵇侍中善於絲竹, 公可令操之." 遂送樂器, 紹推却不受, 冏曰: "今日共爲歡, 卿何却耶?" 紹曰: "公協輔皇室, 令作事可法. 紹雖官卑, 職備常伯, 操絲比竹, 蓋樂官之事, 不可以先王法服, 爲伶人之業. 今逼高命, 不敢苟辭, 當釋冠冕, 襲私服. 此紹之心也." 旟等不自得而退. 方

〈1〉・冏, 字景治, 齊王攸子也. 趙王倫簒位, 冏起義兵誅倫, 拜大司馬, 加九錫. 後爲長沙王所誅. [虞預『晉書』]

〈2〉・字虛旟. 爲齊王長史. 冏敗, 見誅. [『齊王官屬名』・『晉陽秋』]

〈3〉・字叔智. 少好功名, 不修士檢. 齊王起義, 用艾領右將軍. 王敗, 見誅. [『八王故事』]

182-3(0257)

어떤 사람이 왕융(王戎)에게 말했다.

"혜연조는 들 학이 닭 무리에 있는 것처럼 특출합니다."

그러자 왕융이 대답했다.

"당신은 아직 그의 부친[嵇康]을 못 보신 게로군요."

有人語王戎曰: "嵇延祖卓卓如野鶴之在雞羣." 答曰: "君未見其父耳." 容

183

[宋] 미불(米芾)

자는 원장(元章)이다. 일찍이 서화학박사(書畫學博士)가 되었다가 나중에 예부원외랑(禮部員外郎)으로 전임되었다. 여러 차례 탄핵문을 받아 조정에서 축출되자, 하루는 채경(蔡京)에게 서찰을 보내 자신의 실의에 빠져 곤궁한 처지를 하소연했으며, 또한 집안 식구 10명을 데리고 떠나 진류(陳留)에 이르렀다가 혼자 커다란 배 한 척을 얻어 타게 된 일을 언급하면서 행간에 작은 배 한 척을 그려놓았더니 채경이 그것을 보고 웃었다. 당시 탄핵문에서 정작 그가 미쳤다고 하자, 미불은 또 집정자들에게 차례로 고하면서 스스로 생각하길, 조정의 안팎에서 오랫동안 벼슬했고 아울러 대신(大臣)들에게 인정을 받았으며 자신을 추천한 사람 수십 수백 명이 모두 관리로서의 능력을 으뜸이라고 칭찬했으니 미쳤다고 여길 만한 것은 하나도 없다고 했다. 그래서 세상에 「미로변전첩(米老辯顚帖)」이 전해지게 되었다.

字元章. 嘗為書畫學博士, 後遷禮部員外郎. 數遭白簡逐出, 一日以書抵蔡京, 訴其流落, 且言擧室百指, 行至陳留, 獨得一舟如許大, 遂畫一舟於行間, 京哂焉. 時彈文正謂其顚, 而芾又歷告諸執政, 自謂久任中外, 並被大臣知遇, 擧主累數十百, 皆用吏能爲稱首, 一無有以顚蒙者. 世遂傳「米老辯顚帖」. [『宋史』·『海岳遺事』]

183-1(0258)

소장공(蘇長公: 蘇軾)이 유양(維揚)에 있을 때, 하루는 손님을 초대했는데 모두 한 시대의 명사들이었다. 미원장도 그 자리에 있다가 술이 반쯤 취했을 때 갑자기 일어서더니 스스로를 추켜세우며 말했다.

"세상 사람들은 모두 날더러 미쳤다고 하는데, 정말인지 자첨(子瞻: 蘇軾)에게 물어보고 싶소."

그러자 소장공이 웃으며 대답했다.

"나는 여러 사람들의 생각을 따르겠소."[1)]

역주 1) 나는 여러 사람들의 생각을 따르겠소: 원문은 "吾從衆." 『論語』 「子罕」편에서 孔子가 한 말임. "子曰: '麻冕禮也, 今也純, 儉, 吾從衆.'"

蘇長公在維揚, 一日設客, 皆一時名士. 米元章亦在坐, 酒半, 元章忽起立, 自贊曰: "世人皆以芾爲顚, 願質之子瞻." 公笑答曰: "吾從衆." **排**

183-2(0259)

미원장이 연수(漣水)를 다스렸는데, 그 지역이 영벽(靈壁)[1)]에 접해 있어서 귀한 돌을 아주 많이 수집했다. 그는 돌 하나하나를 품평했으며, 서재로 들어가 그것들을 감상했다 하면 하루 종일 밖으로 나오지 않았다. 당시 염찰사(廉察使)로 있던 양차공(楊次公: 楊傑)〈1〉이 그 지역을 시찰하러 갔다가 정색하며 말했다.

"조정에서 천리의 군읍(郡邑)을 공에게 맡겼는데, 공은 어찌하여 종일토록 돌만 만지면서 군읍의 일은 전혀 살피지 않는 게요?"

미원장이 곧장 앞으로 나아가 왼쪽 소매 속에서 돌 하나를 꺼냈는데, 깊은 산 모양이 영롱하게 아롱져 있고 봉우리와 동굴이 모두 갖춰져 있었으며 빛깔이 매우 선명하고 윤기가 났다. 미원장이 그것을 이리저리 돌려보고 뒤집어보다가 양차공에게 보여주며 말했다.

"이런 돌을 어찌 사랑하지 않을 수 있겠습니까!"

양차공이 거들떠보지도 않자 미원장은 이내 그것을 소매 속에 집어넣었다. 미원장이 다시 돌 하나를 꺼냈는데, 가파른 산이 중첩되고 이어져 그 기묘함이 더욱 뛰어났다. 미원장은 다시 그것을 소매 속에 집어넣었다. 맨 마지막에 돌 하나를 꺼냈는데, 정말 하늘이 그리고 신이 새긴 것처럼 정교했다. 미원장이 양차공을 돌아보며 말했다.

"이런 돌을 어찌 사랑하지 않을 수 있겠습니까!"

그러자 양차공이 갑자기 말했다.

"공만 사랑하는 것이 아니라 나 또한 사랑하오."

그리고는 즉시 미원장의 손에서 그것을 낚아채더니 곧장 수레에 올라 떠나버렸다.

〈1〉・양차공은 이름이 걸(傑)이며 무위(無爲) 사람이다. 젊어서부터 명성이 있었다. 벼슬은 예부원외랑(禮部員外郎)에 이르렀다. 자호(自號)를 무위자(無爲子)라 했다.

역주 1) 영벽(靈壁): 靈璧을 말함. 縣名으로 지금의 安徽省에 있음. 美石의 산지로 유명한데, 옥처럼 흰 무늬가 있고 모양이 기묘하며 두드리면 소리가 남. '靈璧石'이라고도 함.

米元章守漣水，地接靈壁，蓄石甚富．一一品目，入玩則終日不出．楊次公〈1〉爲察使，因往廉焉，正色言曰："朝廷以千里郡邑付公，那得終日弄石，都不省錄郡事?"

米徑前, 於左袖中取一石, 嵌空玲瓏, 峯巒洞穴皆具, 色極清潤. 宛轉反覆, 以示楊曰: "如此石, 安得不愛!" 楊殊不顧, 乃納之袖. 又出一石, 疊嶂層巒, 奇巧又勝, 又納之袖. 最後出一石, 盡天劃神鏤之巧. 顧楊曰: "如此石, 安得不愛!" 楊忽曰: "非獨公愛, 我亦愛也." 卽就米手攫得之, 徑登車去. 簡

〈1〉・名傑, 無爲人. 少有名. 官至禮部員外郎. 自號無爲子. [『宋史』「文苑傳」]

183-3(0260)

미원장이 진주(眞州)에 있을 때, 한번은 배 안에서 채유(蔡攸)〈1〉를 배알했다. 채유가 왕우군(王右軍: 王羲之)의 「왕략첩(王略帖)」[1]을 꺼내서 보여주었더니, 미원장이 놀라 감탄하면서 다른 그림과 바꾸자고 요구했다. 채유가 난색을 표하자 미원장이 말했다.

"만약 제 뜻을 따라주지 않으면 저는 즉시 이 강에 몸을 던져 죽어버릴 것입니다!"

그리고는 크게 소리치며 뱃전에 기대어 떨어지려 하자, 채유가 결국 그에게 「왕략첩」을 주었다.〈2〉

〈1〉・채유는 자가 군안(君安)이며 채경(蔡京)의 아들이다. 용도각학사(龍圖閣學士) 겸 시독(侍讀)을 지냈다. 사국(史局)의 관료 100명은 대부분 삼관(三館)[2]의 준재들이었는데, 채유는 대신(大臣)의 아들로서 그들의 영수가 되었지만 무지하여 학문을 알지 못했기에 선비들이 그를 인정해주지 않았다.

〈2〉・미불의 문장은 생경하고 특이하여 이전 사람의 문장을 답습하지 않았다. 특히 글씨에 정통했는데, 묵직하면서도 날아오르는 듯하여 왕헌지(王獻之)의 필법을 체득했다. 그의 산수화와 인물화는 스스로 일가를 이루었으며, 특히 모사(模寫)에 뛰어나 진품과 혼동을 일으킬 정도였다. 옛 기물과 서화를 만나면 있는 힘을 다해 구하려고 했는데 반드시 얻고 나서야 그만두었다. 보진재(寶晉齋)를 세워 그것들을 보관해놓고 앉으나 서나 어루만졌다. 그는 감식에 정통하여 한 번 그의 품평을 거친 물건은 값이 몇 배로 뛰었다. 그가 교유한 사람은 모두 명사들이었는데, 왕안석(王安石)은 그의 시구를 따서 부채 위에 썼으며 소식(蘇軾)도 그를 칭찬하길 좋아했다. 관(冠)과 의복은 당나라 사람의 것을 따랐으며, 풍채가 시원스럽고 목소리가 낭랑하여 그가 가는 곳마다 사람들이 몰려들어 구경했다. 하지만 결벽증이 있어서 다른 사람과는 수건이나 그릇을 함께 쓰지 않았다. 때때로 웃음거리가 될 만한 일도 있었다. 또한 행동거지가 종잡을 수 없어서 세상에 부합할 수 없었기 때문에 벼슬길에서 여러 번 곤란을 겪었다.

역주 1)「왕략첩(王略帖)」: 王羲之의 書法帖 가운데 하나.

2) 삼관(三館): 학자들이 공부하던 學館으로, 송나라 때는 廣文館·太學館·律學館을 삼관이라 했음.

米元章在眞州, 嘗謁蔡攸〈1〉於舟中. 攸出右軍「王略帖」示之, 元章驚歎, 求以他畫易之. 攸有難色, 元章曰: "若不見從, 某卽投此江死矣!" 因大呼, 據船舷欲墮, 攸遂與之.〈2〉 **感**

〈1〉· 字君安[1], 京子也. 爲龍圖學士兼侍讀. 史局官僚百人, 多三館儁遊, 而攸用大臣子領袖其間, 懵不知學, 士論不與. [『宋史』]

〈2〉· 芾為文奇險, 不剽襲前人. 特妙翰墨, 沉著飛翥, 得王獻之筆意. 畫山水人物, 自名一家, 尤工臨移, 至亂真. 遇古器物書畫, 則極力求取, 必得乃已. 立寶晉齋貯之, 坐起玩撫. 精於鑒裁, 一經題品, 價增數倍. 所與遊皆名士, 王安石摘其詩句書扇上, 蘇軾亦喜稱譽之. 冠服效唐人, 風神蕭散, 音吐清暢, 所至人聚觀之. 而好潔成癖, 至不與人同巾器. 時有可傳笑者. 又舉止顛頎, 不能與世俯仰, 故仕數困. [『宋史』]

校勘 1) 君安: 『宋史』 권472 「蔡攸傳」에는 "居安"이라 되어 있음.

184

[漢] 예형(禰衡)

자는 정평(正平)이며 평원(平原) 사람이다. 뛰어난 재주가 출중하여 젊어서부터 공융(孔融)과 이여지교(爾汝之交)[1]를 맺었다. 그 당시 예형은 아직 20살도 안되었고 공융은 이미 50살이 넘었지만, 공융은 예형의 뛰어난 재능을 존경하여 함께 진심으로 우정을 맺었으며, 건안(建安) 연간(196~219) 초에 북방을 유람했다. 공융이 조조(曹操)에게 여러 번 장계를 올려 그의 재주를 칭찬하자, 조조는 진심으로 그를 만나보고자 했다. 그러나 예형은 광병(狂病)을 핑계대고 가지 않았으며, 도리어 여러 번 마음 내키는 대로 말을 했다. 조조는 그것을 매우 분하게 생각했지만, 그의 재주와 명성 때문에 죽이지는 못하고 대신 그를 욕보이려고 고리(鼓吏)로 등록하도록 했다. 그 후 조조는 8월 조회 때 북 연주를 대대적으로 관람하고자 3층 누각을 짓고 빈객들을 배석시켰다. 그리고 비단으로 옷을 만들고 높다란 모자 하나와 홑 겉옷 하나와 작은 바지를 만들었는데, 고리 중에서 연주하는 자는 모두 입고 있던 옛 옷을 벗고 이 새 옷으로 갈아입어야 했다. 차례가 예형에 이르자 그는 북을 치며 「어양참과(漁陽摻檛)」라는 곡을 연주했는데, 땅을 박차고 앞으로 나와 발을 급하게 구르는 모습이 예사롭지 않았다. 또한 북소리가 매우 구슬프고 박자가 특히 미묘하여 좌객 중에서 감동하여 탄식하지 않는 자가 없었다. 그런데 예형이 이미 연주를 하면서도 옷을 갈아입으려 하지 않자, 관리가 꾸짖으며 말하길: “이봐, 고리! 어찌하여 혼자만 옷을 갈아입지 않느냐?”라고 했다. 이에 예형은 곧 북 치던 것을 멈추고 조조 앞에 서서 먼저 바지를 벗은 다음에 나머지 옷을 벗고 알몸으로 섰다. 그리고 천천히 높다란 모자를 쓰고 다음으로 홑 겉옷을 입고 마지막으로 바지를 입었다. 옷 입기를 다 마치고는 다시 북을 치고 나서 북채를 들고 나갔는데, 그의 얼굴에는 부끄러운 기색이 없었다. 이를 본 조조가 웃으면서 주위 사람들에게 말하길: “본래 예형을 욕보이려고 했는데 예형이 도리어 나를 욕보이고 말았군!”라고 했다. 공융이 물러나와 예형을 꾸짖으며 말하길: “정평은 너무 도도하오. 꼭 이렇게까지 해야겠소?”라고 했다. 그러면서 조조의 정성스런 뜻을 얘기했더니 예형이 조조를 찾아가겠다고 허락했다. 이에 공융이 다시 조조를 만나 예형의 광병에 대해 얘기하면서 지금 그가 찾아뵙고 스스로 사죄하고자 한다고 말했더니, 조조가 기뻐하며 문지기에게 명하여 손님이 찾아오면 곧바로 들이라고 했으며 매우 늦게까지 그를 기다렸다. 마침내 예형이 베 홑옷과 두건을 착용하고 손에 3척 길이의 막대기를 들고 대군영의 문에 앉아 막대기로 땅을 치며 큰소리로 욕을 하자, 관리가 아뢰길: “밖에 어떤 미친놈이 군영 문에 앉아 패역의 말을 지껄이고 있습니다”라고 했다. 조조가 노하여 공융에게 말하길: “예형은 조무래기니 내가 그를 죽이는 것은 참새나 쥐를 죽이는 것과 같다. 다만 이 사람은 평소 허명(虛名)이 있어서 원근의 사람들은 내가 그를 포용할 수 없을 것이라고 생각하니, 지금 그를 유표(劉表)에게 보내서 어떻게 되는지 보는 것이 좋겠다”라고 했다. 이에 사람을 파견하여 그를 말에 태워 보냈다. 예형이 출발할 때 사람들이 그를 위해 전송하면서 먼저 성 남쪽에 전별연을 마련해놓고 서로 주의를 주며 말하길: “예형은 발끈하여 성을 내고 무례하니, 지금 그가 나중에 도착하면 모두 일어나지 않음으로써 그의 기를 꺾도록 합시다”라고 했다. 예형이 도착했지만 사람들이 일어나려 하지 않자 예형이 앉아서 크게 통곡했다. 사람들이 그 까닭을 물었더니 예형이 말하길: “앉아 있는 것들은 무덤이고 누워 있는 것들은 시체니 시체와 무덤 사이에서 어찌 슬퍼하지 않을 수 있겠소!”라고 했다. 유표와 형주(荊州)의 사대부들은 이전부터 예형의 재주와 명성에 탄복하고 있었기에 예형이 도착하자 그를 빈객의 예로써 후대했다. 모든 문장과 의론은 예형이 아니면 정할 수 없었다. 나중에 예형이 다시 유표를 업신여기자 유표는 수치스러워서 그를 용납할 수 없었다. 강하태수(江夏太守) 황조(黃祖)가 성격이 급했기에 유표는 일부러 예형을 황조에게 보냈는데 황조도 그를 잘 대해주었다. 예형은 황조의 서기(書記)

가 되어 일의 경중과 완급을 잘 헤아려 각각 적당함을 얻었다. 황조가 그의 손을 잡고 말하길: "처사, 이것은 내 뜻과 꼭 들어맞으니 내 마음속에서 말하고자 한 바와 같소"라고 했다. 황조의 장자 황역(黃射)은 예형을 특히 잘 대우해주었다. 한번은 황역이 예형과 함께 나들이했다가 [한나라 때] 채옹(蔡邕)이 지은 비문을 함께 읽었는데, 황역은 그 문장을 좋아하여 돌아왔을 때 그것을 베껴오지 못한 것을 안타까워했다. 그러자 예형이 말하길: "내가 비록 한 번 보았지만 그것을 기억할 수 있습니다. 다만 그 중에서 빠진 두 글자만 분명하지 않을 뿐입니다"라고 했다. 그리고는 그 문장을 써냈다. 황역이 급히 사람을 보내 비문을 베껴오게 해서 대조해보았더니 예형이 쓴 것과 똑 같아서 탄복하지 않은 사람이 없었다. 황역이 당시 빈객을 크게 모아 연회를 벌렸는데, 어떤 사람이 앵무새를 바치자 황역이 예형에게 술잔을 들어 보이며 말하길: "선생께서 이것으로 부(賦)를 지어 귀한 손님들을 즐겁게 해주셨으면 합니다"라고 했다. 예형이 붓을 잡고 지었는데 문장은 더 이상 고칠 곳이 없었으며 문채도 매우 아름다웠다. 나중에 황조가 싸움배 위에 기장밥과 고깃국을 차려놓고 빈객을 크게 모아 연회를 벌렸는데, 당시 강하(江夏)의 장백운(張伯雲)도 그 자리에 있다가 예형에게 말하길: "예교(禮教)는 무엇을 말하기에 이걸 먹고 있소?"라고 했다. 하지만 예형은 대답하지 않고 변함없이 기장밥을 먹었다. 황조가 말하길: "처사는 대답하는 게 마땅치 않소?"라고 하자, 예형이 황조에게 말하길: "군자가 어찌 수레 앞의 말구유 소리를 듣겠소?"라고 했다. 황조가 꾸짖자 예형이 황조를 빤히 쳐다보며 욕하길: "죽일 놈의 대장장이!"라고 했다. 황조가 대노하여 곤장을 치게 하려 했는데, 예형이 그치지 않고 욕하자 마침내 그를 목매달아 죽이게 했다. 황역이 구하러 왔지만 이미 돌이킬 수 없었기에 눈물을 흘리며 말하길: "이 사람은 남다른 재주를 지녀서 조조와 유표도 죽이지 않았는데 대인께서는 어찌하여 죽였습니까!"라고 하자, 황조가 말하길: "남이 네 아비를 대장장이라고 욕하는데 어떻게 죽이지 않을 수 있겠느냐!"라고 했다.

역주 1) 이여지교(爾汝之交): 서로 자네라고 부를 정도로 친한 사귐.

字正平, 平原人. 逸才飄擧, 少與孔融作爾汝之交. 時衡未滿二十, 融已五十, 敬衡才秀, 共結殷勤, 以建安初北游. 融數與曹操牋, 稱其才, 操傾心欲見. 衡稱狂疾不往, 而數有恣言. 操甚忿之, 以其才名不殺, 圖欲辱之, 乃令錄爲鼓吏. 後至八月朝會, 大閱試鼓節, 作三重閣, 列坐賓客. 以帛絹製衣, 作一岑牟, 一單絞及小幝, 鼓吏度者, 皆當脫其故衣, 着此新衣. 次傳衡, 衡擊鼓爲「漁陽摻檛」, 蹋地來前, 躡駁脚足, 容態不常. 鼓聲甚悲, 音節殊妙, 坐客莫不慷慨. 度, 不肯易衣. 吏呵之曰: "鼓吏! 何獨不易服?" 衡便止, 當曹操前, 先脫幝, 次脫餘衣, 裸身而立. 徐徐乃着岑牟, 次着單絞, 後乃着幝. 畢, 復擊鼓摻槌而去, 顏色無怍. 操笑謂四坐曰: "本欲辱衡, 衡反辱孤!" 孔融退而數之曰: "正平大雅. 固當爾耶?" 因宣操區區之意, 衡許往.

融復見操, 說衡狂疾, 今求得自謝. 操喜, 敕門者有客便通, 待之極晏. 衡乃着布單衣・踈巾, 手持三尺梲杖, 坐大營門, 以杖箠地大罵. 吏白: "外有狂生, 坐於營門, 言語悖逆." 操怒, 謂融曰: "禰衡豎子, 孤殺之猶雀鼠耳. 顧此人素有虛名, 遠近將謂孤不能容之, 今送與劉表, 視當如何." 於是遣人騎送之. 臨發, 衆人為之祖道, 先供設於城南, 乃更相戒曰: "禰衡勃虐無禮, 今因其後到, 咸當以不起折之." 及衡至, 衆人莫肯興, 衡坐而大號. 衆問其故, 衡曰: "坐者為塚, 臥者為屍, 屍塚之間, 能不悲乎!" 劉表及荊州士大夫先服其才名, 及衡至, 甚賓禮之. 文章言議, 非衡不定. 後衡復慢侮於表, 表耻不能容, 以江夏太守黃祖性急, 故送衡與之, 祖亦善待焉. 衡為作書記, 輕重踈密, 各得體宜. 祖持其手曰: "處士, 此正得祖意, 如祖腹中之所欲言也." 祖長子射尤善於衡. 嘗與衡俱遊, 共讀蔡邕所作碑文, 射愛其辭, 還恨不繕寫. 衡曰: "吾雖一覽, 猶能識之. 惟其中石缺二字為不明." 因書出之. 射馳使寫碑還校, 如衡所書, 莫不歎服. 射時大會賓客, 人有獻鸚鵡, 射舉卮於衡曰: "願先生賦之, 以娛嘉賓." 衡攬筆而作, 文無加點, 辭采甚麗. 後黃祖在艨衝舡上設黍臛, 大會賓客, 時江夏張伯雲亦在坐, 謂衡曰: "禮敎云何, 以食此?" 衡不答, 弄黍如故. 祖曰: "處士不當答之也?" 衡謂祖曰: "君子寧聞車前馬槽?" 祖呵之, 衡熟視祖, 罵曰: "死鍛錫公!" 祖大怒, 欲杖之, 罵不止, 遂令絞殺之. 黃射來救, 不及, 流涕曰: "此有異才, 曹・劉不殺, 大人奈何殺之!" 祖曰: "人罵汝父作鍛錫公, 奈何不殺!" [『典略』・『文士傳』・『後漢書』・『禰衡別傳』]

184-1(0261)

예형이 위(魏) 무제(武帝: 曹操)의 미움을 받아 고리(鼓吏)로 폄적되어 정월 보름에 북 연주를 시범 보였다. 예형은 북채를 휘두르며 「어양참과(漁陽摻檛)」라는 곡을 연주했는데, 깊고도 장중한 금석(金石)의 소리가 나자 사방에 앉아 있던 사람들이 이것을 듣고 몸가짐을 고쳤다. 이에 공융(孔融)이 말했다.

"예형의 죄는 서미(胥靡)의 형벌에 처해졌던 부열(傅說)과 같습니다만, 명군(明君)의 꿈에 나타날 수 없었을 뿐이지요!"〈1〉

이에 위 무제는 부끄러워하면서 그를 사면해주었다.

〈1〉・[殷나라] 무정(武丁)은 하늘이 자기에게 현인을 내려주는 꿈을 꾸고 나서 화공들에게 꿈속에서 본 그 현인의 초상을 그리게 하여 천하를 뒤져 찾게 했는데, 부암(傅巖)의 들녘에서 베옷을 입고 서미의 형벌에 처해 있던 토공(土工: 傅說)을 보았다.

・서미는 형벌 명칭이다. '서'는 서로[相]라는 뜻이고 '미'는 좇는다[從]는 뜻이다.

즉 서로 연결해서 묶어놓아 따라다니게 하는 가벼운 형벌을 말한다.

禰衡被魏武謫爲鼓吏, 正月半試鼓. 衡揚枹爲「漁陽摻檛」, 淵淵有金石聲, 四座爲之改容. 孔融曰: "禰衡罪同胥靡, 不能發明王之夢!"〈1〉 魏武慚而赦之. 言 互 孔融

〈1〉· 武丁夢天賜己賢人, 使百工寫其像, 求諸天下, 見築者胥靡, 衣褐於傅巖之野, 是謂'傅說'. [皇甫謐『帝王世紀』]

· 胥靡, 刑名. '胥', 相也, '靡', 從也. 謂相從坐輕刑也. [張晏注]

184-2(0262)

시월 초하루에 황조(黃祖)가 싸움배 위에서 연회를 열어 기장밥과 고깃국을 차렸는데, 예형이 젊은 나이에 그 자리에 참석했다. 기장밥과 고깃국이 나오자 예형은 먼저 배불리 먹었으며, 다른 여러 손님들은 전혀 돌아보지도 않은 채 북채를 들고 장난만 칠 뿐이었다.

十月朝, 黃祖在艨衝舟上會, 設黍臛, 衡年少在坐. 黍臛至, 衡先自飽食, 都不顧衆賓, 惟擧搏以弄戲. 簡

184-3(0263)

예정평이 형주(荊州)에서 북쪽으로 가서 허도(許都)에 머물 적에 명함 하나를 써서 가슴에 품고 다녔는데, 그 명함이 닳아 훼손되도록 만나는 사람이 없었다. 그래서 어떤 사람이 물었다.

"어찌하여 진장문(陳長文: 陳羣)과 사마백달(司馬伯達: 司馬朗)〈1〉을 따르지 않습니까?"

예정평이 말했다.

"그대는 날더러 도살하고 술파는 놈들을 따르란 말이요?"

그 사람이 또 물었다.

"그렇다면 지금은 누구라면 괜찮습니까?"

예정평이 말했다.

"큰놈은 공문거(孔文擧: 孔融)고 작은놈은 양덕조(楊德祖: 楊脩)요."

〈1〉・사마백달은 이름이 랑(朗)이고 하내(河內) 온(溫) 사람이다. 12살 때 경전 시험을 봐서 동자랑(童子郎)이 되었다. 나중에 성고령(成皐令)과 당양장(堂陽長)이 되어서는 너그럽고 은혜로운 다스림에 힘썼으며, 연주자사(兗州刺史)로 전임되어서는 정치교화가 크게 행해졌다.

禰正平自荊州北遊許都, 書一刺懷之, 漫滅而無所遇. 或問之曰: "何不從陳長文・司馬伯達〈1〉乎?" 禰曰: "卿欲使我從屠沽兒輩耶?" 又問: "當今復誰可者?" 禰曰: "大兒孔文擧, 小兒楊德祖." 輕

〈1〉・名朗, 河內溫人. 十二試經, 爲童子郞. 後爲成皐令・堂陽長, 治務寬惠, 遷兗州刺史, 政化大行. [『魏志』]

184-4(0264)

유형주(劉荊州: 劉表)가 한번은 직접 서찰을 써서 손백부(孫伯符: 孫策)에게 보내고자 하여 예정평에게 보여주었더니, 예정평이 비웃으며 말했다.

"이런 글을 손책(孫策) 막부의 조무래기에게 읽게 하시렵니까? 이것을 장자포(張子布: 張昭)[1]에게 보게 한단 말입니까?"

역주 1) 장자포(張子布: 張昭): 孫策이 東吳의 맹주로 있을 때 張昭를 長史와 撫軍中郎長으로 삼았음.

劉荊州嘗自作書, 欲與孫伯符, 以示禰正平, 正平嗤之, 言: "如是爲欲使孫策帳下兒讀之耶? 將使張子布見乎?" 輕

184-5(0265)

어떤 사람이 예정평에게 물었다.

"순령군(荀令君: 荀彧)과 조탕구(趙盪寇: 趙稚長)〈1〉는 모두 당대를 대표할 만합니까?"

예정평이 대답했다.

“순문약(荀文若: 荀彧)은 얼굴을 빌려서 초상집에 조문하게 할 만하고, 조치장(趙稚長)은 주방을 감독하면서 손님을 맞이하게 할 만하지요.”

그 말의 뜻은 순문약은 그저 얼굴만 잘생겼고 조치장은 고기 먹는 것을 탐한다는 것이다.

〈1〉・조탕구는 이름이 치장이며, 탕구장군(盪寇將軍)을 지냈다.

人問禰正平: “荀令君・趙盪寇〈1〉皆足蓋當世乎?” 禰答曰: “文若可借面吊喪, 稚長可使監廚請客.” 其意以荀但有貌, 趙健啖肉也. 輕 五 荀彧

〈1〉・名稚長, 官盪寇將軍. [『魏志』]

185

[漢] 위자(衛茲)

자는 자허(子許)며 진류(陳留) 양읍(襄邑) 사람이다. 남을 기만하는 행동을 하지 않고 시류(時流)의 명성을 따르지 않았으며, 명철한 사고가 심원하고 책략이 원대했다. 조조(曹操)가 진류로 가서 위자와 만나 거병(擧兵)할 것을 함께 모의했다. 그때 위자가 말하길: “난이 일어난 지 오래되었으니 군대가 아니면 이를 평정할 수 없습니다”라고 했다. 그리하여 조조를 따랐다가 형양(滎陽)에서 전사했다.

字子許, 陳留襄邑人. 不爲詭激之行, 不徇流俗之名, 明慮淵深, 規略宏遠. 曹操到陳留, 與茲相見, 同議起兵. 茲曰: “亂生久矣, 非兵無以整之.” 因從操, 戰死滎陽. [『先賢行狀』]

185-1(0266)

위자허는 약관의 나이에 같은 군(郡)의 권문생(圈文生)과 함께 훌륭한 품덕으로 칭송받았다. 한번은 곽림종(郭林宗: 郭泰)이 두 사람과 함께 시장에 갔는데, 위자허는 물건을 살 때 상인이 부르는 대로 값을 치렀지만, 권문생은 상인과 옥신각신하면서 값을 깎고 나서야 물건을 샀다. [이것을 보고] 곽림종이 말했다.

“위자허는 욕심이 적고 권문생은 욕심이 많으니, 이 두 사람은 형제 사이라고

하기 보다는 오히려 부자(父子) 사이라고 하겠다[1]."

나중에 권문생은 부정한 재물로 인해 내침을 당했지만, 위자허는 굳은 절조로 명예를 이루었다.〈1〉

〈1〉· 이렇게 인물을 평가하는 것은 오히려 표면적이다.

역주 1) 부자(父子) 사이라고 하겠다: 서로 차이가 아주 큰 것을 비유함.

衛子許弱冠與同郡圈文生同稱盛德. 郭林宗與二人俱到市, 子許買物, 隨價讎直, 文生訿呵, 減價乃取. 林宗曰: "子許少欲, 文生多情, 此二人非徒兄弟, 乃父子也." 後文生以穢貨見捐, 子許以烈節致譽.〈1〉 **識** **互** 郭泰

〈1〉· 如此看人, 尚在皮毛.

186

[晉] 위관(衛瓘)

자는 백옥(伯玉)이며 하동(河東) 사람이다. 10살 때 부친[衛凱]을 여의었는데 지극한 효성이 남달랐다. 곧고 맑은 성품에 명리(名理)에 뛰어났으며, 관직에 있을 때 직무를 잘 처리하여 칭송받았다.

字伯玉, 河東人. 十歲喪父, 至孝過人. 性貞靜有名理, 在位以任職稱. [『晉書』] **賞** **詳** 樂廣

186-1(0267)

진(晉) 무제(武帝: 司馬炎)는 태자(太子: 惠帝 司馬衷)가 우둔하다는 것을 전혀 깨닫지 못하고 반드시 제위를 잇게 할 생각을 갖고 있었는데, 여러 명신들도 대부분 직언을 올렸다. 무제가 한번은 능운대(凌雲臺)에 앉아 있을 때, 위관이 옆에 있다가 속마음을 아뢰고자 취한 척하고 무제 앞에 꿇어앉아 손으로 어좌(御座)를 어루만지면서 말했다.

"이 자리가 아깝구나!"

무제는 [그 말의 뜻을] 알아차렸지만 웃으면서 말했다.

"공은 취했소?"

晉武帝旣不悟太子之愚, 必有傳後意, 諸名臣亦多獻直言. 帝嘗在淩雲臺上坐, 衛瓘在側, 欲申其懷, 因如醉跪帝前, 以手撫床曰: "此坐可惜!" 帝悟, 因笑曰: "公醉耶?" **規**

187

[晉] 위개(衛玠)

자는 숙보(叔寶)고 어릴 적 자는 호(虎)며 위관(衛瓘)의 손자다. 식견이 뛰어나고 사리에 통달했으며 타고난 자질이 빼어났다. 사유여(謝幼輿: 謝鯤)는 그를 아버지 다음가는 예로 대우했다. 악광(樂廣)의 딸을 아내로 맞았는데, 악광은 천하의 명성을 지니고 있었다. 그래서 배하(裴遐)가 말하길: "장인은 얼음처럼 맑고 사위는 옥처럼 윤택하니, 이른바 '진진(秦晉)의 배필'[1]이다"라고 했다. 태자세마(太子洗馬)를 지냈다.

역주 1) 진진(秦晉)의 배필: 春秋時代 秦·晉 양국은 대대로 혼인관계를 맺어 우의가 두터웠는데, 나중에 양가의 좋은 혼인을 비유할 때 이렇게 말함.

字叔寶, 小字虎, 瓘孫也. 穎識通達, 天韻標令. 謝幼輿待以亞父之禮. 娶樂廣女, 廣有海內之名. 裵遐曰: "婦翁氷淸, 女壻璧潤, 所謂'秦晉之匹'." 官太子洗馬. [『晉諸公贊』·『衛玠別傳』] **賞** **詳** 樂廣 **品** **詳** 杜乂

187-1(0268)

위세마(衛洗馬: 衛玠)는 늘 남에게 부족한 점이 있더라도 마음으로 용서해줄 수 있고 뜻밖에 비난을 받더라도 이치로 풀어줄 수 있다고 생각했다. 그래서 종신토록 기쁘거나 성난 기색을 띠지 않았다.

衛洗馬常以人有不及, 可以情恕, 非意相干, 可以理遣. 故終身不見喜慍之色. 德

187-2(0269)

위개가 처음 장강(長江)을 건너려 할 때, 심신이 초췌하여 좌우사람들에게 말했다.

"이 망망한 강물을 바라보니 나도 모르게 온갖 생각이 교차합니다. 진실로 이러한 정회를 떨쳐버리지 못한다면 또한 다시 누가 이런 처지에서 벗어날 수 있을까요!"

衛玠初欲渡江, 形神慘顇, 語左右云: "見此芒芒, 不覺百端交集. 苟未免有情, 亦復誰能遣此!" 言

187-3(0270)

위개가 총각 시절에 악령(樂令: 樂廣)에게 꿈에 대해 물었더니, 악령이 대답했다.

"그것은 '생각[想]'이지."

위개가 말했다.

"육체와 정신이 결합되어 있지 않을 때 꿈을 꾸는데, 어찌하여 그것이 '생각'이란 말입니까?"

악령이 말했다.

"'원인[因]'이 있기 때문이지. 수레를 타고 쥐구멍으로 들어간다든지 절구질을 하고 나서 쇠절구공이를 씹어 먹는다든지 하는 꿈을 이제껏 한 번도 꾼 적이 없는 것은 모두 '생각'도 없고 '원인'도 없기 때문이지."〈1〉

위개는 며칠 동안 '원인'이라는 것에 대해 생각했지만 도무지 알 수가 없어서 마침내 병이 들고 말았다. 악령이 그 소식을 듣고 일부러 수레를 타고 가서 위개에게 상세히 설명해주었더니, 위개의 병에 금세 차도가 있었다. 악령이 감탄하며 말했다.

"이 아이의 가슴 속에는 틀림없이 불치의 병이 없을 것이다!"〈2〉

〈1〉 · 『주례(周禮)』[1]에 육몽(六夢)이라는 것이 있는데, 첫째는 정몽(正夢)으로 아무런 느낌도 없이 편안하게 꾸는 꿈을 말하고, 둘째는 악몽(噩夢)으로 깜짝 놀라서 꾸는 꿈을 말하고, 셋째는 사몽(思夢)으로 깨어 있을 때 생각했던 것을 꾸는 꿈을 말하고, 넷째는 오몽(寤夢)으로 깨어 있을 때 말했던 것을 꾸는 꿈을 말하고, 다섯째는 희몽(喜夢)으로 즐거워서 꾸는 꿈을 말하고, 여섯째는 구몽(懼夢)으로 두려워서 꾸는 꿈을 말한다. 악령이 말한 바를 살펴보면, '생각'이라는 것은 아마도 사몽이고 '원인'이라는 것은 아마도 정몽인 것 같다.

〈2〉 · [춘추시대] 진(晉)나라 경공(景公)이 병들어서 진(秦)나라에 의원을 요청하자, 진백(秦伯)이 의원 완(緩)을 보내 치료하게 했다. 의원이 아직 이르지 않았을 때 경공은 병이 두 동자로 변하는 꿈을 꾸었다. 꿈속에서 한 동자가 말하길: "그는 훌륭한 의원이라서 우리를 해칠까봐 두려워"라고 하자, 다른 동자가 말하길: "고(膏)와 황(肓) 사이에 있으면 우리를 어떻게 하겠어?"라고 했다. 의원이 도착해서 말하길: "이 병은 치료할 수 없습니다. 고와 황 사이에 있기 때문에 공략해도 도달할 수 없고 찔러도 미칠 수 없으며 약도 이르지 못합니다"라고 하자, 경공이 말하길: "훌륭한 의원이로다"라고 했다.

· 주(注)[2] : 황은 [횡경]막이다. 심장 아래를 고라 한다.

역주 1) 『주례(周禮)』: 「春官 · 占夢」에 보임.

2) 주(注): 『춘추전(春秋傳)』 「成公十年」條의 杜預의 注를 말함.

衛玠總角時, 問樂令'夢', 樂云: "是'想'." 衛曰: "形神所不接而夢, 豈是想耶?" 樂云: "'因'也. 未嘗夢乘車入鼠穴, 擣韲噉鐵杵, 皆無'想'無'因'故也."〈1〉 衛思'因', 經日不得, 遂成病. 樂聞, 故命駕爲剖析之, 衛卽小差. 樂歎曰: "此兒胸中, 當必無膏肓之疾!"〈2〉 **文** **互** 樂廣

〈1〉 · 『周禮』有六夢. 一曰正夢, 謂無所感動, 平安而夢也. 二曰噩夢, 謂驚愕而夢也. 三曰思夢, 謂覺時所思念也. 四曰寤夢, 謂覺時道之而夢也. 五曰喜夢, 謂喜悅而夢也. 六曰懼夢, 謂恐懼而夢也. 按樂所言, '想'者, 蓋思夢也, '因'者, 盖正夢也.

〈2〉 · 晉景公有疾, 求醫於秦, 秦伯使醫緩爲之. 未至, 公夢疾爲二豎子. 曰: "彼良醫也, 懼傷我焉." 其一曰: "居肓之上膏之下, 若我何?" 醫至, 曰: "疾不可爲也. 在膏之下肓之上, 攻之不可達, 刺之不可及, 藥不至焉." 公曰: "良醫也." [『春秋傳』]

· 肓, 鬲也. 心下爲膏. [杜預注]

187-4(0271)

왕평자(王平子: 王澄)는 세상을 뛰어넘는 걸출한 재능을 지니고 있어서 남에게 감복하는 경우가 드물었지만, 매번 위개의 말을 들으면 곧 탄식하면서 졸도하곤 했다.〈1〉

〈1〉・왕징(王澄)은 높은 기상이 출중하여 세상을 뛰어넘어 홀로 도도했지만, 매번 위개의 담론을 듣다가 [그 담론이] 이치를 꿰뚫을 때나 핵심적인 오묘한 경지[1]에 이르게 되면 곧 그 자리에서 절도하곤 했다. 전후로 세 번 [위개의 담론을] 들었는데 그 때문에 세 번 절도했다. 그래서 당시 사람들이 마침내 말하길: "위군(衛君: 衛玠)이 도를 논하면 평자는 세 번 절도한다"라고 했다.

역주 1) 핵심적인 오묘한 경지: 원문은 "要妙之際". '要妙'는 要諦가 되는 玄妙한 도리를 말함.

王平子邁世有俊才, 少所推服. 每聞衛玠言, 輒歎息絶倒.〈1〉 **賞** **互** 王澄

〈1〉・王澄高氣不羣, 邁世獨傲, 每聞玠之語議, 至于理會之間, 要妙之際, 輒絶倒於坐. 前後三聞, 爲之三倒. 時人遂曰: "衛君談道, 平子三倒." [『衛玠別傳』]

187-5(0272)

왕돈(王敦)이 대장군(大將軍)이 되어 예장(豫章)에 주둔하고 있을 때, 위개가 전란을 피하여 낙양(洛陽)으로부터 와서 왕돈에게 의탁했는데, 서로 만나보고는 기뻐하면서 며칠 동안 담론을 나눴다. 그때 사곤(謝鯤)이 [왕돈의] 장사(長史)로 있었는데, 왕돈이 사곤에게 말했다.

"영가(永嘉) 연간(307~312)에 정시(正始) 연간(240~249)의 청담[1]을 다시 듣게 될 줄은 생각지도 못했소. 아평(阿平: 王澄)이 만약 살아 있다면 틀림없이 또 절도했을 것이오!"

역주 1) 정시(正始) 연간(240~249)의 청담: 원문은 "正始之音". '正始'는 魏 齊王 曹芳의 연호. '音'은 당시 활약했던 何晏・王弼 등의 清談을 말함.

王敦爲大將軍, 鎭豫章, 衛玠避亂, 從洛投敦, 相見欣然, 談話彌日. 于時謝鯤爲長史, 敦謂鯤曰: "不意永嘉之中, 復聞正始之音. 阿平若在, 當復絶倒!" 賞

187-6(0273)

표기장군(驃騎將軍) 왕무자(王武子: 王濟)는 위개의 외숙으로 재기(才氣)가 뛰어나고 풍모가 훌륭했는데, 위개를 볼 때마다 이렇게 감탄했다.

"주옥(珠玉)이 옆에 있으니 내 모습의 초라함을 느낀다!"

驃騎王武子是衛玠之舅, 儁爽有風姿. 見玠, 輒歎曰: "珠玉在側, 覺我形穢!" 容 互 王濟

187-7(0274)

위개가 예장(豫章)으로부터 하도(下都: 建鄴)[1]에 이르렀는데, 사람들은 오랫동안 그의 명성을 들어왔기 때문에 에워싼 구경꾼이 담을 친 것 같았다. 위개는 이전부터 병약했기에 몸이 피로를 견디지 못하여 마침내 병이 들어 죽고 말았다. 그래서 당시 사람들은 "구경 독이 위개를 죽였다[看殺衛玠]"고 말했다.〈1〉

〈1〉· 위개는 사람들 무리 속에서 진실로 남다른 덕망을 지니고 있었다. 어렸을 때 백양거(白羊車)[2]를 타고 낙양(洛陽)의 시가를 지나가면, 사람들이 모두 말하길: "뉘 집 옥동이지?"라고 했다. 그래서 그 가문과 고을 사람들이 그를 "벽인(璧人)"이라 불렀다.

역주 1) 하도(下都: 建鄴): 建鄴[建康]을 말함. 晉代의 옛 도읍이 洛陽이었기 때문에 建鄴을 下都라 한 것임.

2) 백양거(白羊車): 흰 양이 끄는 작은 어린이 수레.

衛玠從豫章至下都, 人久聞其名, 觀者如堵牆. 玠先有羸疾, 體不堪勞, 遂成病而死. 時人謂"看殺衛玠".〈1〉 容

〈1〉· 玠在羣伍之中, 寔有異人之望. 齠齔時, 乘白羊車於洛陽市上, 咸曰: "誰家璧人?" 於

是家門州黨號爲“壁人”. [『衛玠別傳』]

187-8(0275)

왕승상(王丞相: 王導)이 위세마(衛洗馬: 衛玠)를 보고 나서 말했다.
“너무나도 몸이 쇠약하여 비록 온종일 몸조리한다 하더라도 가벼운 비단옷조차 감당하지 못할 것 같다.”

王丞相見衛洗馬, 曰: “居然有羸形, 雖復終日調暢, 若不堪羅綺.” 容

187-9(0276)

위세마(衛洗馬: 衛玠)가 영가(永嘉) 6년(312)에 죽었는데, 사곤(謝鯤)이 그를 위해 곡을 하여 길가는 사람까지 감동시켰다. 함화(咸和) 연간(326～334)에 승상(丞相) 왕공(王公: 王導)이 다음과 같은 교지를 내렸다.
“위세마는 마땅히 이장(移葬)시켜야 한다. 이 분은 고아한 명사로서 천하 사람들이 추앙하는 바니, 소박한 제물이나마 차려서 옛 정의(情誼)를 돈독히 하는 것이 옳다.”

衛洗馬以永嘉六年喪, 謝鯤哭之, 感動路人. 咸和中, 丞相王公教曰: “衛洗馬當改葬. 此君風流名士, 海內所瞻, 可脩薄祭, 以敦舊好.” 傷

188

[晉] 위영(衛永)

자는 군장(君長)이며 성양(成陽) 사람이다. 벼슬은 좌군장사(左軍長史)에 이르렀다.

字君長, 成陽人. 位至左軍長史. [『衛氏譜』]

188-1(0277)

손흥공(孫興公: 孫綽)이 유공(庾公: 庾亮)의 참군(參軍)으로 있을 때 함께 백석산(白石山)을 유람했는데, 위군장도 그 자리에 있었다. 손흥공이 말했다.

"이 사람은 마음과 감정이 도무지 산수에 관심이 없지만 문장은 잘 짓는다."

그러자 유공이 말했다.

"위군장은 풍격과 운치가 거의 그대들에게 미치지 못하지만, 마음을 기울이는 것[1]은 또한 범속하지 않다."

손흥공은 마침내 그 말에 감복했다[2].

역주 1) 마음을 기울이는 것: 원문은 "傾倒處". 여기서는 문장 짓는 일을 말함.

2) 감복했다: 원문은 "沐浴". 信服・心服・感服의 의미. 진심으로 믿고 따른다는 뜻.

孫興公爲庾公參軍, 共遊白石山, 衛君長在坐. 孫曰: "此子神情都不關山水, 而能作文." 庾公曰: "衛風韻殊不及卿諸人, 傾倒處亦不近." 孫遂沐浴此言. **賞** **互** 孫綽

188-2(0278)

조사소(祖士少: 祖約)가 위군장을 보고 말했다.

"이 사람은 장수(將帥)의 형상[1]을 지니고 있다."

역주 1) 장수(將帥)의 형상: 원문은 "旄仗下形". 旄仗은 쇠꼬리나 새 깃털을 끝에 장식한 깃대로 儀仗이나 閱兵 때 사용함. '旄仗 아래의 형상'이란 바로 旄仗 아래에 서 있는 위풍당당한 모습, 즉 장수가 될 만한 인물을 말함. 衛永은 나중에 실제로 東晉의 左軍長史가 되었음.

祖士少見衛君長云: "此人有旄仗下形." **容**

189

[晉] 위전(衛展)

자는 도서(道舒)다. 응양장군(鷹揚將軍)과 강주자사(江州刺史)를 지냈다.

字道舒. 官鷹揚將軍·江州刺史. [『永嘉流人名』]

189-1(0279)

위강주(衛江州: 衛展)가 심양(尋陽)[1]에 있을 때, 오래 전부터 알고 지내던 어떤 사람이 그를 찾아왔는데, 위강주는 그를 전혀 대접하지[2] 않은 채 오직 '왕불류행(王不留行)'[3] 한 근만 보내주었다.〈1〉 그 사람은 위강주가 보내준 물건을 받고 곧바로 수레 채비를 명했다. 이홍범(李弘範: 李軌)이 그 말을 듣고 말했다.

"외숙은 너무 각박하더니, 결국 초목을 사용하여 손님을 쫓아버렸군."〈2〉

〈1〉·『본초(本草)』[4]에 따르면, '왕불류행'은 창상(創傷)을 치료하고 중풍을 방지하며 오래 복용하면 몸이 가벼워진다.

〈2〉·이궤(李軌)는 자가 홍범이며 강하(江夏) 사람이다. 벼슬은 상서랑(尙書郎)에 이르렀다.

·생각건대, 이궤는 유씨(劉氏)의 외조카다. 따라서 그는 틀림없이 이홍도(李弘度: 李充)[5]며 이홍범이 아니다.

역주 1) 심양(尋陽): 西晉 惠帝 때 설치한 郡으로 江州에 속했음. 지금의 湖北省 黃梅縣 서남쪽에 治所가 있었음.

2) 대접하지: 원문은 "料理". 접대하다·돌보다는 뜻.

3) 왕불류행(王不留行): 약초명. 石竹科에 속하는 일년생 초본식물. 『本草綱目』 권16 「草部·王不留行」에 "此物, 性走而不得住, 雖有王命, 不能留其行, 故名."이라는 기록이 있음. 봄에서 가을에 걸쳐 淡紅色의 꽃이 피고 콩과 비슷한 열매가 열림. 衛展은 이 약초를 손님에게 보내 '더 이상 머물지 말라'는 약초 이름 그대로의 뜻을 전달한 것임.

4) 『본초(本草)』: 『本草綱目』 권16 「草部·王不留行」에 보임.

5) 이홍도(李弘度: 李充): 『太平御覽』 권749에 인용된 『晉中興書』에 따르면, 李充의 모친 衛氏는 衛展의 누이동생이므로, 李充은 위전의 외조카가 됨. 따라서 劉孝標의 按語가

타당함.

衛江州在尋陽, 有知舊人投之, 都不料理, 惟餉'王不留行'一斤.〈1〉 此人得餉, 便命駕. 李弘範聞之, 曰: "家舅刻薄, 乃復驅使草木."〈2〉 **儉** **互** 李充

〈1〉·『本草』, '王不留行', 治金瘡, 除風, 久服之, 輕身.

〈2〉·李軌, 字弘範, 江夏人. 仕至尙書郞. [『中興書』]

·按, 軌, 劉氏甥. 此應弘度, 非弘範也.

190

[漢] 채옹(蔡邕)

자는 백개(伯喈)며 진류(陳留) 어(圉) 사람이다. 6대조 채훈(蔡勳)은 포선(鮑宣)·탁무(卓茂)와 함께 신(新) 왕실[1]에서 벼슬하지 않았다. 채옹은 사리에 통달하고 뛰어난 재주를 지녔으며, 박학하고 문장을 잘 지었다. 또한 기예와 술수(術數)에도 정통하지 못한 것이 없었다. 벼슬은 좌중랑장(左中郞將)에 이르렀다. 왕윤(王允)에게 주살당했다.

역주 1) 신(新) 왕실: 王莽이 세운 新 왕조를 말함.

字伯喈, 陳留圉人. 六世祖勳, 與鮑宣·卓茂不仕新室. 邕通達有俊才, 博學善屬文, 技藝術數, 無不精綜. 仕至左中郞將. 爲王允所誅. [張璠『漢紀』·『續漢書』] **文** **詳** 顧雍 **規** **詳** 王隱 **傷** **詳** 孔融 **術** **詳** 蔡琰

190-1(0280)

왕충(王充)〈1〉이 『논형(論衡)』을 완성했지만 아직 중원에는 전해지지 않았었다. 채중랑(蔡中郞: 蔡邕)이 강동(江東)에 갔을 때 그것을 얻고는 훌륭한 문장이라고 감탄하면서 항상 비장(秘藏)하고 읽으면서 이야깃거리로 삼았다. 채중랑이 북쪽으로 돌아왔을 때 제공(諸公)들은 그의 담론이 훨씬 심원해진 것을 느꼈는데, 그의 휘장 안을 찾아보았더니 과연 『논형』 한 부가 나왔다.

〈1〉・왕충은 자가 중임(仲任)이며 회계(會稽) 상우(上虞) 사람이다. 사이오(謝夷吾)가 왕충을 추천하며 말하길: "왕충의 천부적인 재능은 배워서 더한 바가 아니다. 비록 전대(前代)의 맹가(孟軻: 孟子)・순경(荀卿: 荀子)이나 근세의 양웅(揚雄)・유향(劉向)・사마천(司馬遷)도 그를 능가할 수 없다"라고 했다.

王充〈1〉著『論衡』成, 中土未有傳者. 蔡中郎到江東, 得之, 歎爲高文, 恒秘翫以爲談助. 及還北, 諸公覺其談更遠, 檢求帳中, 果得『論衡』一部. 文

〈1〉・字仲任, 會稽上虞人. 謝夷吾薦充曰: "充之天才, 非學所加. 雖前世孟軻・荀卿, 近世揚雄・劉向・司馬遷, 不能過也." [袁山松『後漢書』・謝承『後漢書』]

190-2(0281)

채중랑(蔡中郎: 蔡邕)이 진류(陳留)에 있을 때, 이웃사람이 채중랑을 불러 술을 마시자고 했다. 채중랑이 갈 즈음에 이웃집에서는 주흥이 이미 무르익었는데, 손님 가운데 어떤 사람이 가림벽에서 금(琴)을 타고 있었다. 채중랑은 이웃집 문에 이르러 그 소리를 몰래 듣더니 말했다.

"잔치를 즐기자고 날 불렀는데 살심(殺心)이 있으니 어찌된 일인가?"

그리고는 마침내 돌아가 버렸다. 명을 전하는 자가 주인에게 채중랑이 문에 도착했다가 떠났다고 알렸다. 채중랑은 평소 고을사람들에게 존숭받는 인물이었으므로 주인이 스스로 일어나 좇아가서 그 까닭을 물었는데, 채중랑이 사실대로 갖추어 고하자 주인은 몹시 낙심했다. 그때 금을 탄 사람이 말했다.

"내가 보았더니 사마귀가 바야흐로 우는 매미를 겨냥하고 있었는데, 매미가 떠나려다 아직 날아가지 않은 상태에서 사마귀가 매미를 놓고 일진일퇴(一進一退)하고 있었습니다. 이것을 보고 내 마음이 바짝 긴장하면서 오직 사마귀가 매미를 놓칠까봐 걱정했습니다. 이것이 혹시 살심을 일으켜 소리에 드러난 것이 아니겠습니까?"

채중랑이 웃으며 말했다.

"그건 충분이 그럴 만하군요!"〈1〉

〈1〉・오(吳) 땅 사람이 오동나무를 태워서 밥을 짓고 있었는데, 채옹은 불이 세차게 타는 소리를 듣고 그것이 훌륭한 목재임을 알아보았다. 그래서 그것을 재단하여 금을 만들었더니 과연 아름다운 소리가 났지만 끝에는 그을린 자국이 남아 있었다. 당시 사람들은 그 금을 '초미금(焦尾琴)'이라 이름했다.

蔡中郎在陳留, 鄰人召中郎飮. 比往, 酒已酣, 客有彈琴於屛. 中郎至門, 潛聽之, 曰: "以樂召我, 而有殺心, 何也?" 遂返. 將命者告主人以蔡君至門而去. 中郎素爲鄕邦所宗, 主人自起, 追問其故. 中郎具以告, 莫不憮然. 彈琴者曰: "我見螳螂方向鳴蟬, 蟬將去而未飛, 螳螂爲之一前一却. 吾心聳然, 惟恐螳螂之失蟬也. 此豈有殺心而形於聲者乎?" 中郎笑曰: "此足以當之矣!"〈1〉 術

〈1〉・吳人燒桐以爨, 邕聞火烈聲, 知其良木. 因裁爲琴, 果有美音, 而尾有焦. 時人名'焦尾琴'. [范曄『後漢書』]

190-3(0282)

채중랑(蔡中郎: 蔡邕)이 오(吳) 땅 사람에게 말했다.

"내가 예전에 회계(會稽) 고천정(高遷亭: 柯亭)을 지나가다가 대나무로 서까래를 한 집을 보았는데, 동편으로 16번째 서까래를 가지고 피리를 만들 수 있소."

그래서 그것을 가져다 피리를 만들었는데 과연 특이한 소리가 났다.〈1〉

〈1〉・복도(伏滔)의 「장적부서(長笛賦序)」: 가정(柯亭)[1]의 누관(樓觀)은 대나무로 서까래를 만들었는데, 채옹이 그것을 가져다 피리를 만들었더니 진기한 소리가 정말 뛰어났다.

역주 1) 가정(柯亭): 지금의 浙江省 紹興縣 서남쪽에 있는 정자. 千秋亭・高遷亭이라고도 함.

蔡中郎告吳人曰: "吾昔嘗經會稽高遷亭, 見屋椽竹, 東間第十六, 可以爲笛." 取用, 果有異聲.〈1〉 術

〈1〉・伏滔「長笛賦序」云 : 柯亭之觀, 以竹爲椽, 邕取爲笛, 奇聲獨絶.

190-4(0283)

채중랑(蔡中郎: 蔡邕)은 성품이 침착하고 세심했으며 금(琴) 연주를 좋아했다. 희평(熹平)[1] 연간(172~178)에 청계(淸溪)로 들어가서 귀곡선생(鬼谷先生: 鬼谷子)의 옛 거처를 방문했다. 산은 다섯 굽이가 있는데 각 굽이마다 신령한 자취가 있었다. 채중랑은 한 굽이마다 한 곡을 지어서 3년 만에 곡을 모두 완성한 뒤 산을 나가 마계장(馬季長: 馬融)과 왕자사(王子師: 王允)〈1〉 무리에게 바쳤는데, 모두들 그 뛰어남에 감탄했다.

〈1〉・왕자사는 이름이 윤(允)이며 태원(太原) 사람이다. 젊어서부터 큰 절개를 좋아했다. 곽림종(郭林宗: 郭泰)이 그를 만나보고 나서 훌륭하다고 여기며 말하길: "왕생(王生: 王允)은 하루에 천리를 가는 준마니 군왕을 보좌할 만한 인재다"라고 했다. 나중에 사손서(士孫瑞)와 모의하여 함께 동탁(董卓)을 주살했다.

역주 1) 희평(熹平): 원문은 "嘉平"이라 되어 있지만 오기로 보이므로 고침. 蔡邕(132~192)은 후한 때 사람이고, 嘉平은 魏 齊王 曹芳의 연호(249~254)이므로 시대상으로 맞지 않음.

蔡中郎性沉審, 志好琴道. 嘉平中入淸溪, 訪鬼谷先生故居. 山五曲, 曲有靈迹. 中郎每一曲制一弄, 三年曲成, 出呈馬季長・王子師〈1〉輩, 皆嘆異之. 巧

〈1〉・名允, 太原人. 少好大節. 郭林宗見而奇之, 曰: "王生一日千里, 王佐才也." 後與士孫瑞結謀, 同誅董卓. [范曄『後漢書』]

191

[晉] 채홍(蔡洪)

자는 숙개(叔開)며 오군(吳郡) 사람이다. 훌륭한 언변을 지녔다. 처음에는 오(吳)나라 조정에서 벼슬하다가 [西晉] 태강(太康) 연간(280~289)에 본주(本州)의 종사(從事)가 되었으며 수재(秀才)로 천거되었다. 벼슬은 송자현령(松滋縣令)에 이르렀다.

字叔開, 吳郡人. 有才辯, 初仕吳朝, 太康中, 本州從事, 擧秀才. 仕至松滋令. [『蔡洪集錄』・王隱『晉書』]

191-1(0284)

채홍이 낙양(洛陽)에 갔는데, 낙양 사람들이 물었다.

“조정이 처음 들어섬에 제공(諸公)이 인재초빙의 명을 내려, 누추한 곳에서 영재와 기재(奇才)를 구하고 깊은 산골에서 현재와 준재를 찾고 있습니다. 당신은 오(吳)·초(楚)의 선비로서 망국의 유민인데, 어떤 남다른 재주가 있기에 이번의 선발에 응했소이까?”

채홍이 대답했다.

“야광주가 반드시 맹진(孟津)의 강에서만 나오는 것은 아니며,〈1〉 손에 가득 찰 정도로 큰 벽옥이 반드시 곤륜산(崑崙山)에서만 채취되는 것은 아니오. 대우(大禹)는 동이(東夷)에서 태어났고 문왕(文王)은 서강(西羌)에서 태어났으니,〈2〉 성현의 출생지가 어찌 반드시 일정한 곳이 있겠소? 옛날에 무왕(武王)이 주왕(紂王)을 토벌하고 은(殷)나라의 어리석은 백성을 낙읍(洛邑: 洛陽)에 옮겨 살게 했으니, 여러분은 바로 그들의 후예가 아니겠소?”

〈1〉· 수후(隋侯)가 출행(出行)하다가 도중에 두 동강으로 잘린 뱀이 있었다. 수후가 그것을 붙여 이어주었더니 뱀이 마침내 살아서 기어갔다. 나중에 그 뱀이 명월주(明月珠)를 물고 와서 은덕에 보답했는데, 그 빛이 밤을 낮처럼 비추었다. 그래서 그 구슬을 ‘수주(隋珠)’라고 했다. [左思의] 「촉도부(蜀都賦)」에 “수후가 그 야광주를 가벼이 여겼네”라는 구절이 있다.

〈2〉·『맹자(孟子)』[「離婁下」]를 살펴보니, “순(舜)임금은 저풍(諸馮)에서 태어났으니 동이 사람이며, 문왕은 기주(岐周)에서 태어났으니 서이(西夷) 사람이다”라고 했으니, 동이는 순임금의 출생지지 우임금의 출생지가 아니다.

蔡洪赴洛, 洛中人問曰: “幕府初開, 羣公辟命, 求英奇於仄陋, 采賢俊於巖穴. 君吳楚之士, 亡國之餘, 有何異才, 而應斯擧?” 蔡答曰: “夜光之珠, 不必出於孟津之河,〈1〉 盈握之璧, 不必采於崑崙之山. 大禹生於東夷, 文王生於西羌,〈2〉 聖賢所出, 何必常處? 昔武王伐紂, 遷頑民於洛邑, 得無諸君是其苗裔乎?” 言

〈1〉· 隋侯出行, 有蛇斬而中斷者. 侯連而續之, 蛇得生而去. 後含明月珠以報其德, 光明照夜同晝. 因曰‘隋珠’. 「蜀都賦」所謂“隋侯鄙其夜光也.”

〈2〉· 按『孟子』, “舜生於諸馮, 東夷之人, 文王生於岐周, 西夷之人.” 則東夷是舜, 非禹也.

192

[晉] 채모(蔡謨)

자는 도명(道明)이며 제양(濟陽) 사람이다. 박학다식했다. 난리를 피하여 강남으로 옮겨 온 뒤 녹상서사(錄尙書事)와 양주자사(揚州刺史)를 역임했다. 죽은 뒤 사공(司空)에 추증되었다.

字道明, 濟陽人. 博學有識. 避地江左, 歷尙書事・揚州刺史. 贈司空. [『蔡司徒別傳』] 輕 詳 王導

192-1(0285)

왕몽(王濛)과 유담(劉惔)은 늘 채공(蔡公: 蔡謨)을 존경하지 않았다. 두 사람이 한번은 채공을 방문하여 한참 동안 얘기한 뒤에 채공에게 물었다.

"공은 스스로 보기에 왕이보(王夷甫: 王衍)와 비교하여 어떻습니까?"

채공이 대답했다.

"나는 왕이보만 못하지요."

왕몽과 유담이 서로 눈짓하고 웃으며 말했다.

"공의 어떤 점이 그만 못합니까?"

채공이 대답했다.

"왕이보에겐 그대들과 같은 손님이 없지요!"

王・劉每不重蔡公. 二人嘗詣蔡, 語良久, 乃問蔡曰: "公自言何如夷甫?" 答曰: "身不如夷甫." 王・劉相目而笑曰: "公何處不如?" 答曰: "夷甫無君輩客!" 排

192-2(0286)

채사도(蔡司徒: 蔡謨)가 장강을 건너와서 방게[彭蜞][1]를 보고 크게 기뻐하며 말했다.

"게는 8개의 다리가 있고 2개의 집게발이 더 있다."[2]

그러고서 그것을 삶게 했는데, 먹고 난 뒤 토하고 설사하며 곤욕을 치르고 나서야 비로소 게가 아닌 것을 알았다. 나중에 사인조(謝仁祖: 謝尙)에게 그 일을 말했더니 사인조가 말했다.

"그대는 『이아(爾雅)』를 자세히 읽지 않아서 『권학(勸學)』[3] 때문에 거의 죽을 뻔했군!"〈1〉

〈1〉·『대대례(大戴禮)』「권학편(勸學篇)」: 게는 2개의 집게발과 8개의 다리가 있는데, 뱀장어의 구멍이 아니면 기거할 곳이 없는 것은 게의 성질이 조급하기 때문이다.

·그래서 채옹(蔡邕)은 『권학장(勸學章)』을 지으면서 거기에서 뜻을 취했다.

·『이아(爾雅)』[4] : 활택(蝟蠌)[5]의 작은 것을 노(蟧)[6]라 한다. 즉 방게인데, 게와 비슷하지만 작다.[7]

·그러나 이 세 가지는 모두 8개의 다리와 2개의 집게발이 있으며, 모습이 서로 매우 비슷하다.

역주 1) 방게[彭蜞]: '蟛蜞'와 같은 말. 바다 근처 단물의 모래 속에서 사는 게의 일종으로 독이 있다고 함.

2) 게는 8개의 다리가 있고 2개의 집게발이 더 있다: 원문은 "蟹有八足, 加以二螯." 蔡邕의 『勸學章』에 나오는 구절. 채옹은 東漢人으로 자는 伯喈며 蔡譔의 증조부임.

3) 『권학(勸學)』: 채옹이 지은 『勸學章』을 말함.

4) 『이아(爾雅)』: 인용된 문장은 『爾雅』「釋魚」에 나옴.

5) 활택(蝟蠌): 소라게의 일종.

6) 노(蟧): 『爾雅』「釋魚」에는 "蟧"라 되어 있음. '蟧'는 방게새끼를 말함.

7) 즉 방게인데, 게와 비슷하지만 작다: 원문은 "卽彭蜞也, 似蟹而小." 정확히 말하면, 이 두 구절은 郭璞의 注文임.

蔡司徒渡江, 見彭蜞, 大喜曰: "蟹有八足, 加以二螯." 令烹之, 旣食, 吐下委頓, 方知非蟹. 後向謝仁祖說此事, 謝曰: "卿讀『爾雅』不熟, 幾爲『勸學』死!"〈1〉 紕

〈1〉·『戴禮』「勸學篇」曰 : 蟹二螯八足, 非蟺蛇之穴無所寄托者, 用心躁也.

·故蔡邕爲『勸學章』, 取義焉.

·『爾雅』曰 : 蝟蠌小者蟧. 卽彭蜞也, 似蟹亦小.

·然此三物, 皆八足二螯, 而狀甚相類.

193

[晉] 배휘(裴徽)

자는 문계(文季)며 하동(河東) 문희(聞喜) 사람이다. 벼슬은 기주자사(冀州刺史)에 이르렀다.

字文季, 河東聞喜人. 仕至冀州刺史. [『永嘉流人名』] **文** **詳** 傅嘏 王弼 **賞** **詳** 管輅

194

[晉] 배해(裴楷)

자는 숙칙(叔則)이며 배휘(裴徽)의 아들이다. 여러 벼슬을 거쳐 하남윤(河南尹)과 중서령(中書令)을 지냈다.

字叔則, 徽子. 累遷河南尹·中書令. [『晉諸公贊』] **規** **詳** 石崇 **巧** **詳** 顧愷之 **任** **詳** 阮籍.

194-1(0287)

양왕(梁王: 司馬肜)〈1〉과 조왕(趙王: 司馬倫)〈2〉은 황실의 가까운 친족으로서 당시에 존귀한 신분이었다. 배령공(裴令公: 裴楷)은 해마다 이 두 나라의 조세 중에서 수백만 전(錢)을 청하여 내외 친척 가운데 가난한 자들을 구제해주었다. 어떤 사람이 이를 비꼬아 말했다.

"어찌하여 남의 물건을 구걸해서 은혜를 베푼단 말인가?"

그러자 배해가 말했다.

"남아도는 것을 덜어서 부족한 데에 보태는 것은 하늘의 도(道)이지요."

〈1〉·양왕은 이름이 동(肜)이고 자가 자휘(子徽)다. 벼슬은 태재(太宰)에 이르렀다.

〈2〉·조왕은 이름이 윤(倫)이고 자가 자이(子彝)다. 벼슬은 상국(相國)에 이르렀다.

梁王〈1〉・趙王〈2〉, 國之近屬, 貴重當時. 裴令公歲請二國租錢數百萬, 以恤中表之貧者. 或譏之曰: "何以乞物行惠?" 裴曰: "損其餘, 補不足, 天之道也." 德

〈1〉・名彤, 字子徽. 位至太宰. [朱鳳『晉書』]

〈2〉・名倫, 字子彝. 位至相國. [朱鳳『晉書』]

194-2(0288)

배숙칙이 새로운 저택을 지었는데 매우 화려했다. 하루는 형과 함께 그 저택에서 노닐었는데, 형은 마음속으로 그 저택을 갖고 싶었지만 입으로는 말하지 않았다. 배숙칙은 형의 마음을 알아차리고 곧장 형이 살도록 그 저택을 양보했다.

裴叔則營新宅, 甚麗. 與兄共遊, 兄心欲之, 而口不言. 叔則知其意, 便推使兄住. 德

194-3(0289)

진(晉) 무제(武帝: 司馬炎)가 처음 등극했을 때 시초점(蓍草占)을 쳐서 '일(一)'을 얻었는데, 왕위가 존속하는 세대수는 이것의 많고 적음에 달렸었다. 그래서 무제가 불쾌해하자 여러 신하들은 실색하여 감히 나서서 말하는 자가 없었다. 그때 시중(侍中) 배해가 나아가 아뢰었다.

"신이 듣자오니, 하늘은 '일'을 얻어 맑아지고, 땅은 '일'을 얻어 평안해지며, 왕후는 '일'을 얻어 천하의 곧음이 된다 하옵니다."

그러자 무제가 기뻐했고 여러 신하들도 탄복했다.〈1〉

〈1〉・[왕필(王弼)의] 『노자주(老子注)』: '일'이라는 것은 수의 시작이며 만물의 궁극이다. 각각 이 '일'은 만물이 중심으로 여기는 바이다. 각각 그 '일'을 얻음으로써 이러한 맑음・평안함・곧음에 이르게 된다.

晉武帝始登阼, 探策得'一', 王者世數, 繫此多少. 帝旣不悅, 羣臣失色, 莫能有言者. 侍中裴楷進曰: "臣聞天得'一'以淸, 地得'一'以寧, 侯王得'一'以爲天下貞." 帝悅, 羣臣歎服.〈1〉 言

〈1〉·『老子注』: 一者, 數之始, 物之極也. 各是一, 物所以爲主也. 各以其一, 致此淸·寧·貞.

194-4(0290)

왕태위(王太尉: 王衍)가 말했다.

"배령공(裴令公: 裴楷)을 보았더니 그 명철함이 환하게 빛나 모든 사람을 압도하니 보통 식견을 지닌 인물이 아니다. 만약 죽은 사람을 다시 살릴 수 있다면 마땅히 그와 함께 뜻을 같이 하겠다."〈1〉

〈1〉·혹은 왕융(王戎)이 한 말이라고도 한다.

王太尉曰: "見裴令公精明朗然, 籠盖人上, 非凡識也. 若死而可作, 當與之同歸."〈1〉 賞 互 王衍

〈1〉·或云王戎語.

194-5(0291)

배령공(裴令公: 裴楷)은 준수한 용모를 지니고 있었는데, 어느 날 병이 들어 위독한 지경에 이르자 혜제(惠帝: 司馬衷)〈1〉가 왕이보(王夷甫: 王衍)를 보내 위문하게 했다. 배령공은 벽을 향해 누워 있다가 왕의 사자가 도착했다는 말을 듣고 억지로 눈을 돌려 그를 보았다. 왕이보가 나와서 사람들에게 말했다.

"두 눈동자가 번쩍이는 게 바위 아래에서 치는 번개 같으니, 정신은 활기차게 움직이지만 몸이 약간 안 좋은 것 같소."

〈1〉·혜제는 이름이 충(衷)이며 무제(武帝: 司馬炎)의 태자다.

裴令公有儁容姿, 一旦有疾至困, 惠帝〈1〉使王夷甫往看. 裴方向壁臥, 聞王使至, 彊回視之. 王出語人曰: "雙眸閃閃, 若巖下電, 精神挺動, 體中故小惡." 容

〈1〉·名衷, 武帝太子. [『晉書』]

194-6(0292)

배령공(裴令公 : 裴楷)은 준수한 용모와 자태를 지니고 있어서, 관모(官帽)를 벗고 있거나 허름한 옷에 머리를 풀어헤치고 있어도 모두 보기 좋았다. 당시 사람들은 그를 '옥 같은 사람[玉人]'이라 여겼다. 그를 만나본 사람이 말했다.

"배숙칙을 보면 마치 옥산(玉山) 위를 걷고 있는 것처럼 사람을 밝게 비춘다."

裴令公有儁容儀, 脫冠冕, 麤服亂頭皆好. 時人以爲玉人. 見者曰: "見裴叔則, 如玉山上行, 光暎照人." 容

195

[晉] 배찬(裴瓚)

자는 국보(國寶)며 배해(裴楷)의 아들이다. 재기가 출중했으며 중서랑(中書郞)으로 있다가 죽었다.

字國寶, 楷子也. 才氣儁爽, 終中書郞. [『晉諸公贊』]

195-1(0293)

배국보는 배숙칙(裴叔則: 裴楷)의 아들인데 풍모가 고매했다. 특히 왕만자(王萬子: 王綏)의 존중을 받아 매번 왕만자가 그를 좇아 교유했다. 왕만자의 부친 왕안풍(王安豐: 王戎)이 말했다.

"배국보는 애당초 너를 찾아온 적이 없는데 너는 어찌하여 그렇게 자주 그를 찾아가느냐?"

그러자 왕만자가 말했다.

"배국보는 비록 저를 알지 못하지만 저는 본디 배국보를 잘 알고 있기 때문입니다."

裴國寶是裴叔則子, 風神高邁. 特爲王萬子所重, 每從之遊. 萬子父安豐謂之曰: "國寶初不來, 汝那得數往?" 萬子曰: "國寶雖不知綏, 綏自知國寶." **企** **互** 王綏

196

[晉] 배위(裴頠)

자는 일민(逸民)이며 배휘(裴徽)의 조카이자 배수(裴秀)의 아들이다. 명리를 논하는 데 뛰어났다. 상서좌복야(尚書左僕射)를 지냈다. 조왕(趙王) 사마륜(司馬倫)에게 살해당했다.

字逸民, 徽從子, 秀之少子也. 善言名理. 官尚書左僕射. 爲趙王倫所害. [『晉惠帝起居注』·『冀州記』] **文** **詳** 王衍

196-1(0294)

여러 명사들이 함께 낙수(洛水)에 가서 놀다가 돌아오자, 악령(樂令: 樂廣)이 왕이보(王夷甫: 王衍)에게 물었다.

"오늘 놀이는 즐거웠습니까?"

왕이보가 말했다.

"배복야(裴僕射: 裴頠)는 명리(名理)[1]를 논하는 데 뛰어나 끊임없이 고아한 운치가 솟아났고, 장무선(張茂先: 張華)은 『사기(史記)』와 『한서(漢書)』를 논했는데 오래토록 계속 들을 만했으며, 나와 왕안풍(王安豊: 王戎)은 연릉(延陵)[2]과 자방(子房)[3]에 대해 이야기했는데 역시 초연하게 심오하고 진지했소이다."

역주 1) 명리(名理): 명분과 이치에 관한 논의로 당시 철리담론의 일종.

2) 연릉(延陵): 春秋時代 吳나라의 公子 季札.

3) 자방(子房): 漢 高祖의 忠臣 張良.

諸名士共至洛水戲, 還, 樂令問王夷甫曰: “今日戲樂乎?” 王曰: “裴僕射善談名理, 混混有雅致, 張茂先論『史』·『漢』, 靡靡可聽, 我與王安豐說延陵·子房, 亦超超玄著.” 言 互 王衍 張華

196-2(0295)

배성공(裴成公: 裴頠)이 「숭유론(崇有論)」을 지었을 때 당시 사람들이 그의 논리를 논박했지만 아무도 꺾을 수 없었다. 오직 왕이보(王夷甫: 王衍)가 왔을 때만 약간 굽히는 듯했다. 그래서 당시 사람들은 왕이보의 논리로써 배성공을 논박했지만, 그의 논리는 도리어 더욱 새롭게 발전했다.〈1〉

〈1〉· 배위는 세간에서 허무의 이치를 숭상하는 것을 못마땅하게 여겼기 때문에 「숭유론」과 「귀무론(貴無論)」 두 편을 지었다[1].

역주 1) 「숭유론」과 「귀무론(貴無論)」 두 편을 지었다: 원문은 “著「崇有」二論”으로 「귀무론」이 빠져 있음. 그러나 『三國志』 「魏書·裴潛傳」 注에는 “著「崇有」·「貴無」二論”이라 되어 있어서 여기에 근거하여 첨가함.

裴成公作「崇有論」, 時人攻難之, 莫能折. 惟王夷甫來, 如小屈. 時人卽以王理難裴, 理還復申.〈1〉 文 互 王衍

〈1〉· 頠疾世俗尙虛無之理, 故著「崇有」二論. [『晉諸公贊』]

196-3(0296)

주필(周弼)〈1〉이 배일민을 칭송했다.

“마치 무기고와 같아서 다섯 가지 병기[1]가 즐비하다!”

〈1〉· 주필은 [晉 武帝] 함녕(咸寧) 연간(275~279)에 어사중승(御史中丞)을 지냈다.

역주 1) 다섯 가지 병기: 戈·殳·戟·酋矛·夷矛의 다섯 가지 병기. 여기서는 裴頠의 학문이 廣博하고 식견이 예리한 것을 비유함.

周弼〈1〉稱逸民: "若武庫, 五兵縱橫!" 賞

〈1〉· 咸寧中, 爲御史中丞. [『晉紀』]

197

[晉] 배하(裴遐)

자는 숙도(叔道)며 하동(河東) 사람이다. 젊어서부터 철리에 뛰어나다고 일컬어졌다. 사공연(司空掾)과 산기랑(散騎郎)에 초징되었다.

字叔道, 河東人. 少有理稱. 辟司空掾·散騎郎. [『晉諸公贊』]

197-1(0297)

배하가 주복(周馥)〈1〉의 처소에 있을 때 주복이 주인으로서 연회를 마련했다. 배하가 다른 사람과 함께 바둑을 두고 있을 때 주복의 사마(司馬)가 술을 따라주었는데, 배하는 한창 바둑에 몰두해 있던 터라 금방 마실 수 없었다. 그러자 사마가 화가 나서 배하를 끌고 가 땅바닥에 내동댕이쳤다. 배하는 곧 자리로 돌아왔는데, 거동도 평상시와 같았고 안색도 변함이 없었으며 방금 전 그대로 바둑을 계속 두었다. 나중에 왕이보(王夷甫: 王衍)가 배하에게 물었다.

"그때 어떻게 안색조차 변하지 않을 수 있었소?"

배하가 대답했다.

"단지 승부에만 집착하고[闇當][1] 있었기 때문이지요."〈2〉

〈1〉· 주복은 자가 조선(祖宣)이며 여남(汝南) 사람이다. 진동장군(鎭東將軍)을 지냈다.

〈2〉· "암당(闇當)"은 "투장(鬪將)"이라 되어 있기도 하다.

역주 1) 승부에만 집착하고[闇當]: 정확한 뜻은 미상. 楊勇의 『世說新語校牋』에서는 '闇當'·'闇故'·'鬪將'을 '鬪變'의 誤記로 추정하고 '개인적인 싸움[私鬪]'의 뜻으로 봄. 陳僅의 『捫燭脞談』 권12에서는 '闇當'을 '묵묵히 참아내다[默受]'의 뜻일 것이라고 추정함. 또는 '闇當'을 문자 그대로 풀이하여 '이치에 어두워 타당치 못하다'의 뜻으로 추정하기도 함.

裴遐在周馥〈1〉所, 馥設主人. 遐與人圍棋, 馥司馬行酒, 遐正戲, 不時爲飮. 司馬恚, 因曳遐墜地. 遐還坐, 擧止如常, 顔色不變, 復戱如故. 王夷甫問遐: "當時何得顔色不異?" 答曰: "直是闇當故耳."〈2〉 雅

〈1〉· 字祖宣, 汝南人. 官鎭東將軍. [鄧粲『晉紀』]

〈2〉· "闇當", 一作"鬪將".

198

[晉] 배막(裴邈)

자는 경성(景聲)이며 배위(裴頠)의 사촌동생이다. 태부(太傅: 司馬越)의 종사중랑(從事中郞)과 좌사마(左司馬)를 지냈다.

字景聲, 頠從弟也. 官太傅從事中郎·左司馬. [『晉諸公贊』] 雅 詳 王衍 賞 詳 劉與

199

[齊] 배소명(裴昭明)

하동(河東) 문희(聞喜) 사람이다. 어려서부터 유학과 사학의 가학(家學)을 전수받았다. 영명(永明) 연간(483~493)에 [北朝의] 이민족 조정에 사신으로 갔는데, 세조(世祖: 武帝 蕭賾)가 말하길: "경은 어명을 수행할 재주를 지녔으니 한 군(郡)을 상으로 줌이 마땅하도다"라고 했다. 돌아온 뒤 시안내사(始安內史)가 되었다.

河東聞喜人. 少傳儒史之業. 永明中使虜, 世祖曰: "卿有將命之才, 當以一郡相賞." 還爲始安內史. [『南齊書』]

199-1(0298)

배시안(裴始安: 裴昭明)은 군(郡)에 있다가 집으로 돌아왔으나 너무 가난했다. 그래서 세조(世祖: 武帝 蕭賾)〈1〉가 말했다.

"배소명은 시안군 내사(內史)를 그만두고 집으로 돌아갔지만 머물 집이 없었다. 나는 전적에 밝지는 못하지만 옛 사람 중에서 누가 그와 견줄 만한지 모르겠다."

〈1〉· 세조는 이름이 이(頤[賾])고 자가 선원(宣遠)이며, 고제(高帝: 蕭道成)의 맏아들이다.

裴始安在郡還, 甚貧罄. 世祖〈1〉曰: "裴昭明罷郡歸, 遂無宅. 我不諳書, 不知古人中誰比." 德

〈1〉· 名頤, 字宣遠, 高帝長子. [『南史』]

200

[唐] 배염(裴炎)[1)]

200-1(0299)

동평장사(同平章事) 위현동(魏玄同)[2)]은 평소 배염과 사이가 좋았다. 당시 사람들은 그들의 우의가 처음부터 끝까지 변하지 않았기에 그들을 '내구붕(耐久朋: 영원한 벗)'이라고 불렀다.

역주 1) 배염(裴炎): 자는 자륭(子隆), 시호는 충(忠). 명경과(明經科)에 급제하여 벼슬길에 오름. 중서령(中書令)을 지내면서 중종(中宗)과 뜻이 맞지 않자 측천무후(則天武后)와 함께 중종을 폐위하고 예왕(豫王)을 옹립함. 서경업(徐敬業)의 반란을 계기로 측천무후에게 정권을 예왕에게 돌려줄 것을 요구하다 참형됨.

2) 위현동(魏玄同): 자는 화초(和初), 봉호는 거록남(鉅鹿男). 진사 출신으로 이부시랑(吏部侍郞)과 지관상서(地官尙書) 등을 지냄. 혹리(酷吏) 주흥(周興)과의 불화로 사형당함.

同平章魏玄同, 素與裴炎善. 時人以其終始不渝, 謂之'耐久朋'.* 品

校勘 * 이 고사는 『世說新語補』에는 나오지 않고, 『資治通鑑』 권204 「唐紀二十」과 『舊唐書』

권87 「魏玄同傳」에 나옴.

201

[唐] 배도(裴度)

자는 중립(中立)이며 하동(河東) 문희(聞喜) 사람이다. 문하시랑(門下侍郞)으로서 창의군 절도사(彰義軍節度使)에 충임되어 회채(淮蔡) 지역을 평정했으며 진국공(晉國公)에 봉해졌다.

字中立, 河東聞喜人. 以門下侍郞充彰義軍節度使, 淮蔡平, 封晉國公. [『唐書』]

201-1(0300)

배진공(裴晉公: 裴度)은 술수(術數)를 믿지 않았는데, 매번 사람들에게 이렇게 말했다.

"닭·돼지·물고기·마늘 같은 음식은 만나면 곧 먹고, 사람의 생로병사는 때가 이르면 곧 행한다."

裴晉公不信術數, 每語人曰: "鷄猪魚蒜, 逢着則喫, 生老病死, 時至則行." 雅

201-2(0301)

헌종(憲宗: 李純) 초에 유종원(柳宗元)[1]〈1〉과 유우석(劉禹錫)을 초징하여 도성에 이르게 했는데, 얼마 후에 둘 다 폄적되어 유종원은 유주자사(柳州刺史)[2]로 나가고 유우석은 파주자사(播州刺史)[3]로 나가게 되었다. 유종원은 유우석이 노친을 모셔야만 하는데 파주가 가장 좋지 않은 곳이라 생각하여, [자신의 임지인] 유주와 바꿔달라고 주청했다. 하지만 헌종은 [그의 주청을] 윤허하지 않으면서 말했다.

"좋지 않는 군으로 나가는 것과 노모가 있는 것이 무슨 상관이란 말이오?"

그러자 배진공(裴晉公: 裴度)이 나아가 말했다.

"폐하께서는 지금 태후(太后: 順宗莊憲皇后)〈2〉를 모시고 계시니 그와 같은 말씀을 하시는 것은 온당치 못하옵니다."

〈1〉・유종원은 자가 자후(子厚)다. 박학홍사과(博學弘詞科)에 급제하여 어사리행(御史裏行)이 되었다. 왕숙문(王叔文)과 가까이 지냈는데, 나중에 왕숙문이 추진한 일이 실패하자 유주자사로 폄적되었다. 유종원은 좌천되고 나서 그의 문학적 구상이 더욱 깊어졌으며, 불운에 막힌 답답한 심사를 한결같이 문장에 담아냈다. 세상에서는 그를 유유주(柳柳州)라 불렀다.

〈2〉・태후는 순종장헌황후(順宗莊憲皇后) 왕씨(王氏)다.

역주 1) 유종원(柳宗元): 유종원은 유우석 등과 함께 개혁을 주장한 王叔文 집단에 참여하여 禮部員外郎에 임명되었다가 개혁이 실패한 뒤 유종원은 永州司馬로 좌천되고 유우석은 朗州司馬로 좌천되었으며, 元和 10년(815)에 유우석 등과 함께 부름을 받고 도성으로 돌아왔지만 얼마 후 다시 유종원은 柳州刺史로 전출되고 유우석은 連州刺史로 전출되었음.

2) 유주자사(柳州刺史): 유주는 治所가 지금의 廣西省 柳州市에 있었음.

3) 파주자사(播州刺史): 파주는 治所가 지금의 貴州省 遵義縣에 있었음.

憲宗初徵柳宗元〈1〉・劉禹錫至京, 俄皆貶謫, 柳得柳州, 劉得播州. 柳以禹錫須侍老親, 播州最爲惡處, 請以柳州換. 上不許曰: "但要與惡郡, 豈繫母在?" 裴晉公進曰: "陛下方侍太后〈2〉, 不合發此言." **規**

〈1〉・字子厚. 登博學弘詞科, 爲御史裏行. 與王叔文善, 叔文敗, 貶爲柳州刺史. 旣放斥, 其文思益深, 堙厄感鬱, 一寓諸文. 世號柳柳州. [宋祁『唐書』]

〈2〉・順宗莊憲皇后王氏. [『唐書』]

202

[唐] 배길(裴佶)

자는 홍정(弘正)이다. 약관(弱冠)의 나이에 진사(進士)에 급제했으며, 습유(拾遺)를 지냈다. 배길은 성품이 청렴하고 강직하며 온화하고 민첩했는데, 그가 교유한 사람은 모두 명사들이었다. 특히 정여경(鄭餘慶)과 우의가 돈독했는데, 배길이 죽자 정여경은 친구로서의 상을 치렀다.

字弘正. 弱冠擧進士, 官拾遺. 佶清勁溫敏, 所交皆名士. 與鄭餘慶特相友善, 佶歿, 餘慶行朋友之服. [劉昫『唐書』]

202-1(0302)

주자(朱泚)의 난[1] 때 배길은 벼슬아치 몇 명과 함께 하인인 척하면서 성을 빠져나가려고 했다. 그 중에서 배길이 가장 못생겼는데 스스로를 "감초(甘草)"라고 불렀다. 성문을 지키는 병사가 말했다.

"이 몇 사람은 분명 하인이 아니지만 감초 같은 자는 의심할 것 없다."

역주 1) 주자(朱泚)의 난: 주자는 幽州 昌平 사람으로, 부친의 도움으로 從軍하여 代宗 때 幽州盧龍節度使에 임명되었지만 太尉 직함을 가지고 도성에 머물렀는데, 建中 4년(783)에 경원(涇原) 지방의 군대가 도성에서 난을 일으켜 주자를 주군으로 받들자, 주자는 白華殿에 거하면서 자칭 大秦皇帝라 함. 관군이 도성을 수복한 뒤 그를 참수함.

朱泚之亂, 裴佶與衣冠數人佯爲奴, 求出城. 佶最寢陋, 自稱"甘草". 門兵曰: "此數子定非人奴, 如甘草者不疑." 容

203

[晉] 최표(崔豹)

자는 정웅(正熊)이며 연국(燕國) 사람이다. 태부승(太傅丞)을 지냈다.

字正熊, 燕國人. 官太傅丞. [『晉百官名』]

203-1(0303)

최정웅이 도군(都郡)[1]을 만나보러 갔는데, 진씨(陳氏) 성을 가진 도군이 최정웅에게 물었다.

"그대는 최저(崔杼)[2]로부터 몇 대(代)나 떨어졌는가?"

최정웅이 대답했다.

"제가 최저로부터 떨어진 것은 명부(明府: 太守의 존칭)께서 진항(陳恒)[3]으로부터 떨어진 것과 같습니다."

역주 1) 도군(都郡): 刺史로서 郡太守를 겸임한 사람을 말함.

2) 최저(崔杼): 春秋時代 齊나라의 대부로 莊公을 시해했음.

3) 진항(陳恒): 春秋時代 齊나라의 대부로 簡公을 시해했음.

崔正熊詣都郡, 都郡將姓陳, 問正熊: "君去崔杼幾世?" 答曰: "民去崔杼, 如明府之去陳恒." **言**

204

[北魏] 최호(崔浩)

자는 백심(伯深)이며 청하(清河) 사람이다. 어려서부터 학문을 좋아하여 경사(經史)·현상(玄象: 天文)·음양(陰陽)·백가(百家)의 설을 두루 보지 않은 것이 없었다. 아름다운 부인처럼 얼굴이 곱고 피부가 새하얬다. 책략을 세우는 데 뛰어나 스스로를 [漢나라의] 장량(張良)에 견주었는데, 옛일을 고찰하는 것은 자신이 그보다 뛰어나다고 생각했다. 벼슬은 특진무군대장군(特進撫軍大將軍)·좌광록대부(左光祿大夫)에 이르렀다.

字伯深, 清河人. 少好學, 經史·玄象·陰陽·百家之言, 無不該. 纖妍白皙如美婦人. 長於謀計, 自比張良, 謂稽古過之. 官至特進撫軍大將軍·左光祿大夫. [『北史』] **賞** **詳** 高允 **傷** **詳** 眭夸

205

[北魏] 최릉(崔㥄)

자는 장유(長孺)며 청하(淸河) 사람이다. 풍모가 준수하고 행동거지가 훌륭했으며, 여러 서적을 두루 열람하고 문장력까지 갖추었다. 벼슬은 연주자사(兗州刺史)에 이르렀다.

字長孺, 淸河人. 狀貌偉麗, 善於容止, 歷覽羣書, 兼有詞藻. 仕至兗州刺史. [『魏書』]

205-1(0304)

제(齊: 北齊)나라 신무제(神武帝: 高歡)가 말했다.
"최릉은 응당 영복(令僕)[1]이 될 만하지만 의기가 너무 강한 게 안타깝다."

역주 1) 영복(令僕): 尙書令과 僕射. 둘 다 조정의 중추적인 要職임.

齊神武言: "崔㥄應作令僕, 恨其神明太遒." 品

206

[北魏] 최첨(崔瞻)

자는 언통(彦通)이며 최릉(崔㥄)의 아들이다. 성품이 결백하고 행동거지가 훌륭하며 풍채가 빼어났다. 말을 함부로 하지 않았다.

字彦通, 㥄子也. 潔白, 善容止, 神彩嶷然. 言不妄發. [『北史』]

206-1(0305)

최첨의 재학과 풍류는 후진(後進) 가운데 으뜸이었다. 시중(侍中) 이신준(李神儁)은 만년까지 아들이 없었는데, 형소(邢劭)에게 이렇게 말했다.

"어제 최릉(崔㥄)의 아들을 보았는데 그야말로 후생(後生) 가운데 으뜸이었소. 나에게는 결국 그런 아들놈이 없으니 사람의 마음을 아프게 하는구려!"

崔瞻才學風流, 爲後來之秀. 侍中李神儁, 晚年無子, 語邢劭曰: "昨見崔㥄兒, 便爲後生第一. 我遂無此物, 使人傷懷!" 企

206-2(0306)

최첨은 어사대(御史臺)에 있을 때, 항상 집에서 음식을 보내와서 진수성찬을 모두 차려놓고 별실에서 혼자 식사하면서도 태연하게 처신했다. 성이 배씨(裴氏)인 한 어사가 최첨이 식사하는 것을 엿보다가 다짜고짜 찾아갔다. 최첨은 그와 말을 나누지도 않고 또 숟가락과 젓가락을 더 가져오라고 하지도 않았다. 배씨는 앉아서 최첨이 식사를 마치는 것을 지켜보고 물러나왔다. 다음날 배씨는 스스로 숟가락과 젓가락을 가지고 가서 마음껏 먹고 마셨다. 그제야 최첨이 배씨에게 말했다.

"나는 애당초 그대를 불러 식사하지 않았고 또 그대와 함께 말도 나누지 않았는데, 그대는 마침내 사소한 예절에 구애받지 않을 수 있었소. 옛날 유의(劉毅)가 경구(京口)에 있을 때 무모하게 구운 거위고기를 달라고 한 일이 어찌 또한 이것과 다르겠소? 그대는 분명 명사요!"

그리고는 매번 그와 함께 식사를 했다.〈1〉

〈1〉・유의는 자가 희락(希樂)이며 팽성(彭城) 사람이다. 젊어서부터 큰 뜻을 지녔지만 집안의 가산에 대해서는 돌보지 않았다. [桓玄이 제위를 찬탈했을 때 劉裕・何無忌 등과 함께 의병을 일으켜] 나라의 위태로움을 바로잡아 회복시킨 공으로 도독(都督)을 역임하고 남평군공(南平郡公)에 봉해졌다. 처음에 유의는 매우 곤궁했는데, 경구에 있을 때 친구들과 함께 관부의 동당(東堂)을 빌려 활쏘기를 했다. 강주자사(江州刺史) 유열(庾悅)이 나중에 막료들과 함께 동당으로 갔더니, 유의가 그에게 말하길: "저와 같은 곤궁한 처지에 있는 사람들은 함께 모여 한 번 활쏘기 하는 것이 매우 어렵습니다. 당신은 다른 여러 당에서도 할 수 있으니 오늘은 양보해주셨으면 합니다"라고 했다. 하지만 유열은 들어주지 않았다. 활 쏘는 자들이 모두 해산했지만 유의만 혼자 남아 이전처럼 계속 활을 쏘았다. 얼마 후 유열이 거위고기를 먹자 유의가 남은 것을 달라고 했지만 유열이 또 대답하지 않았기에 유의는 그 일을 늘 마음에 담아 두었다[1].

역주 1) 마음에 담아 두었다: 東晉 安帝 義熙 연간(405~418)에 유의가 득세한 뒤 일부러 유열의 豫章太守 직을 박탈하고 그 軍府를 해산한 뒤 사람을 보내 자신의 뜻을 넌지시 내보였더니, 유열이 분하고 두려워하다가 죽었다고 함.

崔瞻在御史臺, 恒於宅中送食, 備盡珍羞, 別室獨餐, 處之自若. 有一御史, 姓裴, 伺瞻食便往造焉. 瞻不與交言, 又不命匙筯. 裴坐視瞻食罷而退. 明日, 裴自携匙筯, 恣情飮噉. 瞻方謂裴曰: "我初不喚君食, 亦不共君語, 君遂能不拘小節. 昔劉毅在京口, 冒請鵝炙, 豈亦異是? 君定名士!" 於是每與之同食.〈1〉 簡

〈1〉·劉毅, 字希樂, 彭城人. 少有大志, 不修家人產業. 以匡復功, 官都督, 爵南平郡公. 初, 毅甚屯窶, 在京日, 與親故借府東堂出射. 江州刺史庾悅, 與僚佐詣堂, 毅告之曰: "毅輩屯否之人, 合一射甚難. 君於諸堂並可, 望以今日見讓." 悅不許. 射者皆散, 惟毅獨留射如故. 旣而悅食鵝, 毅求其餘, 悅又不答, 毅常銜之. [『晉書』]

207

[唐] 최신명(崔信明)

청주(青州) 익도(益都) 사람이다. 박학하고 기억력이 뛰어나 붓을 댔다 하면 문장을 이루었다.

青州益都人. 博聞強記, 下筆成章. [『唐書』]

207-1(0307)

최신명은 일찍이 자신의 문장을 자부하여 이백약(李百藥)보다 낫다고 여겼는데, 정세익(鄭世翼)〈1〉이 강에서 최신명을 만나 그에게 말했다.

"일찍이 듣자하니 '단풍이 떨어지니 오강(吳江)이 차갑네'라는 시가 있다고 들었는데 그 나머지 것도 보았으면 하오."

최신명이 기뻐하며 자신의 여러 시편을 꺼내 보여주었더니, 정세익은 그의 마지막 시편을 다 보기도 전에 말했다.

"본 것이 들은 것에 미치지 못하군."

그리고는 시편들을 강물에 던져버리고 배를 저어 곧장 떠났다.

〈1〉· 정세익은 형양(滎陽) 사람이다. 양주녹사참군(揚州錄事參軍)을 지냈는데, 그의 말이 사람들에게 거슬려 정관(貞觀) 연간(627~649)에 비방죄에 연루되어 수주(嶲州)로 유배되었다가 죽었다.

崔信明嘗自矜其文, 謂過李百藥, 鄭世翼〈1〉遇之江中, 謂信明曰: "嘗聞有'楓落吳江冷', 願見其餘." 信明欣然, 多出衆篇, 世翼覽未終篇, 曰: "所見不逮所聞." 投諸水, 引舟逕去. **輕**

〈1〉· 滎陽人. 爲揚州錄事条軍, 以言忤物, 貞觀中坐怨謗, 流死嶲州. [『唐詩紀事』]

208

[宋] 최공유(崔公孺)

간의대부(諫議大夫) 최립(崔立)의 아들이다. 성품이 충직하여 면전에서 남의 잘못을 꾸짖길 좋아했다.

諫議大夫立之子. 性亮直, 喜面折人過. [『涑水紀聞』]

208-1(0308)

한위공(韓魏公: 韓琦)이 집정하고 있을 때, 감사(監司)[1] 가운데 그 직책에 합당하지 않은 사람이 있자 최공유가 나아가 말했다.

"공께서는 만물을 빚어내고 주조하는 지위[2]에 계시니 마땅히 대자연을 마음으로 삼으셔야 합니다. 대자연은 뱀과 호랑이가 사람을 해치기 때문에 뱀을 늪지에 두고 호랑이를 산림에 둔 것입니다. 그런데 공은 지금 어찌하여 그런 자를 사통팔달의 큰 길에 두는 것입니까?"

역주 1) 감사(監司): 轉運使 등과 같은 지방 고관을 말함. 그들은 지방 관리를 감찰하는 책무를 지녔기에 '監司'라고 통칭했음.
2) 만물을 빚어내고 주조하는 지위: 宰相의 지위를 말함.

韓魏公執政, 監司有非其人者, 崔公孺進曰: "公居陶鎔之地, 宜以造化爲心. 造化以蛇虎害人, 故置蛇於藪澤, 置虎於山林, 公今何乃置之通衢?" **規** **互** 韓琦

209

[宋] 뇌유종(雷有終)

동주(同州) 합양(郃陽) 사람으로, 뇌덕양(雷德驤)의 아들이다. 부친 덕분에 채무현위(菜蕪縣尉)가 되었다. 벼슬은 선휘북원사(宣徽北院使)에 이르렀다.

同州郃陽人, 德驤子也. 以父任爲菜蕪尉. 官至宣徽北院使. [『東都事略』]

209-1(0309)

뇌선휘(雷宣徽: 雷有終)는 도서(道書)에 자못 해박했는데, 한번은 사서(史書)를 읽다가 책을 내던지고 눈물을 흘리며 말했다.

"공명이란 탐욕스런 사람의 미끼니, 창을 휘두르며 변방을 개척하고 검을 뽑아 들고 반역도를 토벌하면서 삶과 죽음, 밥 먹는 것과 숨 쉬는 것도 돌아보지 않는다. 하지만 죽음에 이르러 관 하나에 몸을 거두어 넣고 나면 온갖 일이 모두 끝나 버리니 슬프도다!"

雷宣徽頗涉道書, 因讀史, 廢書流涕曰: "功名者貪夫之鉤餌, 橫戈開邊, 杖劍討叛, 死生食息之不顧. 及其死也, 一棺戢身, 萬事都已, 悲夫!" **傷**

210

[宋] 매순(梅詢)

자는 창언(昌言)이며 선성(宣城) 사람이다. 어려서부터 학문을 좋아하고 언변이 뛰어났다. 진사(進士)에 급제했으며, 용도각직학사(龍圖閣直學士)와 한림시독학사(翰林侍讀學士)를 역임했다. 발에 병이 나서 지방관으로 나가 지허주(知許州)가 되었다.

字昌言, 宣城人. 少好學, 有辭辯. 進士及第, 歷龍圖學士・侍讀學士. 病足, 出知許州. [『宋史』]

210-1(0310)

매시독(梅侍讀: 梅詢)은 만년에 벼슬에 조바심이 났지만 발에 병이 났기에 늘 그 발을 매만지며 꾸짖었다.

"이 속에 귀신이 들어 있다! 나를 양부(兩府)[1]로 가지 못하게 하는 것은 너로다!"

역주 1) 양부(兩府): 宋代에는 中書省과 樞密院을 文武를 대표하는 兩府라고 했음. 지위가 中書令과 樞密使에 이르면 바로 재상으로 입각할 수 있었음. 여기서는 재상이 되는 것을 암시함.

梅侍讀晚年躁於祿位, 而病足, 常撫其足而詈之曰: "是中有鬼! 令我不至兩府者, 汝也!" 忿

211

[漢] 내민(來敏)

자는 경달(敬達)이며 신야(新野) 사람이다. 여러 전적을 섭렵했는데, 『춘추좌씨전(春秋左氏傳)』에 뛰어났으며 특히 『창힐편(倉頡篇)』[1]과 『이아(爾雅)』의 훈고(訓詁)에 정통했다.

선주(先主: 劉備)가 그를 전학교위(典學校尉)에 임명했다. 그는 맹광(孟光)과 함께 국가의 기밀을 신중히 처리하지 못하여 자주 폄적당했다. 하지만 내민은 동궁(東宮)의 옛 신하로서 은총을 받아 특별히 우대받았다. 나중에 집신장군(執慎將軍)이 되어 관직명으로 스스로를 경계시키고자 했다.

역주 1) 『창힐편(倉頡篇)』: 秦나라의 李斯가 지은 옛 字書. 史籒의 大篆을 간략하게 고쳐 小篆으로 썼음.

字敬達, 新野人. 涉獵書籍, 善『左氏春秋』, 尤精『倉』·『雅』訓詁. 先主署典學校尉. 與孟光皆以樞機不慎, 數見貶. 然敏東宮舊恩, 特加優待. 後為執慎將軍, 欲令以官自警. [『蜀志』]
雅 **詳** 費偉

212

[晉] 대연(戴淵)

212-1(0311)

대연은 젊었을 때 협사(俠士)로 떠돌면서 품행을 단속하지 않았으며, 늘 장강과 회수(淮水) 사이에서 상인과 여행객들을 습격하여 약탈했다. 육기(陸機)가 휴가를 마치고 낙양(洛陽)으로 돌아가는 길에 짐[1]이 매우 많았는데, 대연이 젊은이들을 시켜 약탈하도록 했다. 대연은 강 언덕 위에서 접이 의자에 걸터앉아 좌우 사람들을 지휘했는데 그 방법이 모두 적절했다. 대연은 풍채가 예리하게 빼어나 비록 하찮은 일을 처리하면서도 그 기백이 자못 남달랐다. 육기가 배 지붕 위에서 멀리 그에게 말했다.

"그대는 재주가 이와 같은데도 약탈 짓을 하는가?"

그러자 대연이 곧장 눈물을 흘리며 칼을 던지고 육기에게 귀순했는데, 하소연하는 말이 매우 격정적이었다. 육기는 더욱 그를 중시하여 교제를 맺은 뒤에 문장을 지어 그를 추천했다.〈1〉

〈1〉・육기가 조왕(趙王) 사마륜(司馬倫)에게 대연을 추천하며 말하길: “대연은 진실로 동남 지방의 숨겨진 보물이며 조정의 귀한 옥돌입니다. 만약 사통팔달의 대로[2]에 몸을 기탁한다면 반드시 준마[3]와 함께 길을 갈 수 있을 것이며, 조정에서 본질을 빛낸다면 반드시 보옥[4]과 함께 광채를 드리울 수 있을 것입니다. 대저 메마른 언덕에 사는 사람은 주옥을 옮기는 데 과감하고, 윤택한 산에 사는 사람은 보옥을 바치는 데 적극적입니다[5]. 대개 명암이 드러나게 되면 보통 식견을 지닌 사람도 분간할 수 있습니다”라고 하자, 사마륜이 즉시 대연을 초징했다.

역주 1) 짐: 원문은 “輜重”. 여행자가 수레에 실어 운반하는 무거운 짐.

2) 사통팔달의 대로: 원문은 “康衢”. ‘康’은 五方, ‘衢’는 四方으로 통하는 大路.

3) 준마: 원문은 “驥騄”. 모두 名馬의 이름. ‘驥’는 千里馬, ‘騄’은 騄駬로 周 穆王의 八駿馬 가운데 하나.

4) 보옥: 원문은 “璵璠”. 모두 寶玉의 이름. ‘璵’는 美玉, ‘璠’은 璠璵의 美玉.

5) 메마른 ~ 적극적입니다: 원문은 “枯岸之民, 果於輸珠, 潤山之客, 烈於貢玉”. 『大戴禮記』 권8 「勸學篇」의 “玉居山而木能潤, 淵生珠而岸不枯.”라는 구절에 근거함. 즉 육기가 주옥과 같이 훌륭한 대연을 자신 있게 추천한다는 뜻.

戴淵少時, 遊俠不治行檢, 嘗在江淮間攻掠商旅. 陸機赴暇還洛, 輜重甚盛, 淵使少年掠劫. 淵在岸上, 據胡床, 指麾左右, 皆得其宜. 淵旣神姿峰穎, 雖處鄙事, 神氣猶異. 機於船屋上遙謂之曰: “卿才如此, 亦復作劫邪?” 淵便泣涕, 投劒歸機, 辭厲非常. 機彌重之, 定交, 作筆薦焉. 〈1〉 **自** **互** 陸機

〈1〉・機薦淵於趙王倫曰: “淵誠東南之遺寶, 朝廷之貴璞. 若得寄迹康衢, 必能結軌驥騄, 耀質廊廟, 必能垂光璵璠. 夫枯岸之民, 果於輸珠, 潤山之客, 烈於貢玉. 蓋明暗呈形, 則庸識所甄也.” 倫卽辟淵. [虞預『晉書』]

213

[晉] 대규(戴逵)

자는 안도(安道)며 초국(譙國) 사람이다. 금(琴)을 타길 좋아하고 글을 잘 지었으며, 특히 유람과 연회를 즐겼다. 논자들은 그를 고루하지 않은 은자라고 인정했다. 여러 번 초징

(招徵)의 명을 사양하여 마침내 고상한 인물이라는 평가를 받았다.

字安道, 譙國人. 好皷琴, 善屬文, 尤樂遊宴. 談者許其通隱. 累辭徵命, 遂著高尙之目. [『晉安帝紀』]

213-1(0312)

대안도는 젊어서부터 높은 명성을 지니고 있었는데, 무릉왕(武陵王: 司馬晞)이 그가 금(琴)을 잘 탄다는 말을 듣고 사람을 보내 그를 불러오게 했다. 하지만 대안도는 사자 앞으로 가더니 금을 부숴버리면서 곧장 말했다.

"나 대안도는 왕후(王侯)의 광대가 될 수는 없소!"

戴安道少有高名, 武陵王聞其善皷琴, 使人召之. 安道就使者前打破琴, 直語云: "戴安道不能爲王侯伶人!" 方

213-2(0313)

대공(戴公: 戴逵)이 동쪽[會稽]에서 나오자, 사태부(謝太傅: 謝安)가 그를 만나보러 갔다. 사태부는 본래 대공을 경시했기 때문에 만나서 단지 금(琴)과 글씨에 대해서만 논했다. 하지만 대공은 조금도 언짢은 기색이 없었으며, 금과 글씨에 대해 담론하는 것이 갈수록 오묘했다. 사태부는 자연히 그의 기량을 알게 되었다.

戴公從東出, 謝太傅往看之. 謝本輕戴, 見但與論琴書. 戴旣無吝色, 而談琴書愈妙. 謝悠然知其量. 雅

213-3(0314)

대안도는 이미 동산(東山)에서 굳게 지조를 지키고 있었지만,〈1〉 그의 형[戴逯]〈2〉은 무공(武功)[1]을 세우고자 했다. 사태부(謝太傅: 謝安)가 말했다.

"그대 형제의 뜻과 일은 어쩌면 그렇게 너무나 다르오?"

그러자 그의 형이 말했다.

"하관은 '그 근심을 견디지 못하고'[2] 아우는 '그 즐거움을 고치지 않기'[2] 때문입니다."

〈1〉· 대규는 회계(會稽)의 섬산(剡山)에 은거하면서 국자박사(國子博士)로 초징되었으나 나아가지 않았다.

〈2〉· 대규의 형 대록(戴逯)은 자가 안구(安丘)다. 대록은 무용으로 이름이 알려졌고 공을 세워[3] 광릉후(廣陵侯)에 봉해졌으며, 벼슬은 대사농(大司農)에 이르렀다.

역주 1) 무공(武功): 원문은 "式遏之功". 外族의 침입을 막아 나라를 편안케 하는 공. 『詩經』「大雅·民勞」에 "式遏寇虐, 憯不畏明."이란 구절이 있고, 이것에 대한 鄭箋에서 "式, 用也. 遏, 止也."라고 함.

2) 그 근심을 견디지 못하고, 그 즐거움을 고치지 않기: 원문은 "不堪其憂"와 "不改其樂". 『論語』「雍也」에 "賢哉回也! 一簞食, 一瓢飮, 在陋巷, 人不堪其憂, 回也不改其樂."이란 구절이 있음.

3) 공을 세워: 『晉書』 권79 「謝玄傳」과 『資治通鑑』 권104 「晉紀」26의 기록에 따르면, 戴逯은 383년 肥水의 전쟁 때 謝玄을 따라가 前秦의 苻堅을 격파하는 데 공을 세웠음.

戴安道旣厲操東山,〈1〉 而其兄〈2〉欲建式遏之功. 謝太傅曰: "卿兄弟志業, 何其太殊?" 戴曰: "下官'不堪其憂', 家弟'不改其樂'." **棲**

〈1〉· 逵隱會稽剡山, 國子博士徵, 不就. [『續晉陽秋』]

〈2〉· 名逯, 字安丘. 以武勇顯, 有功, 封廣陵侯, 仕至大司農. [『戴氏譜』]

213-4(0315)

대안도가 범선(范宣)에게 나아가 배웠는데,〈1〉 범선이 하는 것을 보고서 범선이 책을 읽으면 대안도도 역시 책을 읽고 범선이 책을 베끼면 역시 책을 베꼈다. 대안도는 유독 그림을 좋아했지만, 범선은 그림이 쓸모없어서 그것에 마음을 수고롭게 하는 것이 마땅치 않다고 생각했다. 하지만 대안도가 「남도부도(南都賦圖)」[1]를 그렸더니, 범선은 다 보고 난 뒤에 감탄하면서 크게 유익하다고 생각하여 비로소 그림을 중시하게 되었다.

〈1〉· 대규가 천리를 멀다 하지 않고 예장(豫章)으로 범선을 찾아갔더니, 범선이 그를 만나보고 남달리 여겨 형의 딸을 그에게 시집보냈다.

역주 1) 「남도부도(南都賦圖)」: 「南都賦」는 東漢의 張衡이 지은 것으로, 『文選』 권4에 수록되어 있음. '南都'는 荊州 南陽郡으로 宛縣[지금의 河南省 南陽市]에 治所가 있었음. 東漢의 光武帝 劉秀가 南陽에서 起身했는데, 宛縣이 洛陽의 남쪽에 있었기 때문에 '南郡'이라 불렀음.

戴安道就范宣學,〈1〉 視范所爲, 范讀書亦讀書, 范抄書亦抄書. 唯獨好畫, 范以爲無用, 不宜勞思於此. 戴乃畫「南都賦圖」, 范看畢, 咨嗟, 甚以爲有益, 始重畫. 巧 互 范宣

〈1〉· 逵不遠千里往豫章詣范宣, 宣見, 異之, 以兄女妻焉. [『中興書』]

213-5(0316)

대안도가 중년에 불상(佛像)[1]을 그렸는데 매우 정묘했다. 유도계(庾道季: 庾龢)가 그것을 보고 대안도에게 말했다.

"불상에 드러난 정신이 너무 세속적이니, 그대의 세속의 정이 아직 다 없어지지 않았기 때문인가 보오."

그러자 대안도가 말했다.

"오직 옛날의 무광(務光)[2]만이 그대의 그 말을 면할 수 있을 것이오."

역주 1) 불상(佛像): 원문은 "行像". 석가탄신일인 사월 초파일에 화려하게 장식한 수레에 불상을 싣고 市中을 돌아다니는 것을 말함. '行像'은 '灌佛'과 함께 석가탄신일의 중요한 행사임.

2) 무광(務光): 夏나라 桀王 때의 仙人. 『列仙傳』에 그의 전이 있음. 殷나라 湯王이 천하를 평정한 뒤에 무광에게 천하를 넘겨주려 했는데, 그 말을 들은 무광은 돌을 짊어지고 스스로 盧水에 빠져 죽었다고 함.

戴安道中年畫行像, 甚精妙. 庾道季看之, 語戴云: "神明太俗, 由卿世情未盡." 戴云: "唯務光當免卿此語耳." 巧 互 庾龢

214

[劉宋] 대옹(戴顒)

자는 중약(仲若)이며, 대규(戴逵)의 아들이다.

字仲若, 逵子也. [『宋書』]

214-1(0317)

대중약이 봄날에 귤 두 개와 술 한 말을 들고 갔는데, 어떤 사람이 물었다.

"어디로 가시오?"

대중약이 대답했다.

"꾀꼬리 소리를 들으러 갑니다. 이는 속진에 막힌 귀에 돌침을 놓고 허기진 시(詩) 뱃속에 음악을 들려주기 위함이지요."

戴仲若春日携雙柑・斗酒, 人問: "何之?" 答曰: "往聽黃鸝聲. 此俗耳鍼砭, 詩腸鼓吹." **言**

215

[唐] 대지덕(戴至德)

고종(高宗: 李治) 때 동삼품(同三品)을 지냈다.

高宗時, 爲同三品. [『唐書』]

215-1(0318)

대지덕과 유인궤(劉仁軌)[1]가 각각 우복야(右僕射)와 좌복야로 있을 때 서로 날짜를 바꿔가며 소장(訴狀)을 받았다. 어떤 노파가 유인궤를 찾아가 소장을 진술하려다가 잘못하여 대지덕을 찾아갔는데, 대지덕이 그 소장을 끝까지 다 보기도 전에 노파가 말했다.

"본래 일처리를 잘하시는 복야인 줄 알았는데 이제 보니 일처리를 잘하시는 복야가 아니군요! 제 소장을 돌려주십시오."

그러자 대지덕은 웃으면서 노파에게 소장을 주었다. 당시 사람들은 그의 장자(長者)[2]다운 풍모를 칭찬했다.

역주 1) 대지덕과 유인궤(劉仁軌): 대지덕과 유인궤는 高宗 때 재상의 지위에 해당하는 左右僕射를 지냈는데, 대지덕은 소장이 접수되면 그 본말을 면밀히 검토하여 공평무사하게 처리하면서도 드러나지 않게 했지만, 유인궤는 접수된 소장을 대부분 받아들여 일의 형편에 따라 처리했음. 이로 인해 유인궤는 일처리를 잘하는 복야[解事僕射]라는 칭송을 받았음.

2) 장자(長者): 덕망이 높고 나이가 지긋한 사람.

戴至德·劉仁軌爲左右僕射, 更日受牒訴. 有老嫗欲詣仁軌陳牒, 誤詣至德, 至德覽之未終, 嫗曰: "本謂是解事僕射, 乃不解事僕射耶! 歸我牒." 至德笑而授之. 時人稱其長者.* 雅

校勘 * 이 고사는 『世說新語補』에는 나오지 않고 『何氏語林』 「德行」에 나오는데 문자상 출입이 다소 있음. 『資治通鑑』 권202 「唐紀十八」에도 나옴.

216

[漢] 순거백(荀巨伯)

영천(潁川) 사람으로 환제(桓帝: 劉志) 때 사람이다. 그의 생애는 자세히 알 수 없다.

潁川人, 桓帝時人. 未詳其始末. [『荀氏家傳』]

216-1(0319)

순거백이 멀리 친구의 병을 위문하러 갔는데, 때마침 호적(胡賊)이 군(郡)을 공격했다. 그래서 친구가 순거백에게 말했다.

"나는 이제 죽을 것이니 자네는 떠나는 게 좋겠네!"

그러자 순거백이 말했다.

"멀리 자네를 보러 왔는데 자네는 날더러 떠나라고 하니, 이는 의리를 해쳐서 목숨을 구하자는 것이니 어찌 나 순거백이 행할 바이겠는가?"

호적이 이미 이르러서 순거백에게 말했다.

"대군이 밀어 닥쳐 온 군이 도망가 텅 비었는데, 너는 어떤 사내기에 감히 홀로 남아 있느냐?"

순거백이 말했다.

"친구가 병이 들어서 차마 버리고 떠날 수 없으니, 차라리 내 몸으로 친구의 목숨을 대신하고자 한다!"

그러자 호적들이 서로 말했다.

"우리같이 의리 없는 사람들이 의로운 나라에 잘못 들어 왔구나!"

그리고는 마침내 군대를 이끌고 돌아갔다. 그래서 온 군이 모두 온전할 수 있었다.

荀巨伯遠看友人疾, 値胡賊攻郡. 友人語巨伯曰: "吾今死矣, 子可去!" 巨伯曰: "遠來相視, 子令吾去, 敗義以求生, 豈荀巨伯所行耶?" 賊旣至, 謂巨伯曰: "大軍至, 一郡盡空, 汝何男子, 而敢獨止?" 巨伯曰: "友人有疾, 不忍委之, 寧以我身代友人命!" 賊相謂曰: "我輩無義之人, 而入有義之國!" 遂班軍而還. 一郡並獲全. 德

217

[漢] 순숙(荀淑)

자는 계화(季和)며 영천(潁川) 영음(潁陰) 사람이다. 그에 의해 발탁된 빈천하고 신분이 낮은 사람 중에서 문서의 기록을 맡아보던 관리들은 모두 영재가 되었다. 방정과(方正科)[1]에 급제하여 낭릉후(朗陵侯)의 재상에 임명되었다. 순숙에게는 8명의 아들이 있었는데, 검(儉)·곤(緄)·정(靖)·도(燾)·왕(汪)·상(爽)·숙(肅)·부(敷)가 이들이다. 순숙은 서호리(西豪里)에서 살았는데, 그곳 현령인 범강(范康)이 말하길: "옛날 고양씨(高陽氏)[2]에게 재주 있는 아들 8명이 있었다"라고 하고서, 마침내 그 마을을 '고양리(高陽里)'라 이름 지었다. 당시 사람들은 그들을 불러 '팔룡(八龍)'이라 했다.

역주 1) 방정과(方正科): 漢代의 인재선발 과목 가운데 하나.
2) 고양씨(高陽氏): 三皇五帝 중의 하나인 顓頊. 黃帝의 손자이며 昌意의 아들이라 함.

字季和, 潁川潁陰人也. 所拔韋褐芻牧之中, 執案刀筆之吏, 皆爲英彦. 擧方正, 補朗陵侯相. 有子八人, 儉·緄·靖·燾·汪·爽·肅·敷. 淑居西豪里, 縣令范康[1]曰: "昔高陽氏有才子八人." 遂署其里爲'高陽里'. 時人號曰'八龍'. [『先賢行狀』·張璠『漢紀』] 德 詳 鍾皓

校勘 1) 范康: 『世說新語補』에 인용된 張璠의 『漢紀』에는 "苑康"이라 되어 있음.

217-1(0320)

진태구(陳太丘: 陳寔)가 순랑릉(荀朗陵: 荀淑)을 방문했는데, 가난하고 검소해서 노복이 없었다. 그래서 [맏아들] 진원방(陳元方: 陳紀)에게는 수레를 몰게 하고, [막내아들] 진계방(陳季方: 陳諶)에게는 지팡이를 들고 뒤따르게 했으며, [손자] 진장문(陳長文: 陳羣)은 아직 어렸으므로 수레에 태웠다. 그들이 도착하자, 순랑릉은 [셋째아들] 순숙자(荀叔慈: 荀靖)에게는 대문에서 그들을 맞아들이게 하고, [여섯째아들] 순자명(荀慈明: 荀爽)에게는 술을 가져오게 하고, 나머지 여섯 용들에게는 식사를 내오게 했으며, [손자] 순문약(荀文若: 荀彧)은 역시 어렸으므로 무릎 앞에 앉게 했다. 이때에 태사(太史)[1]가 황제께 아뢰었다.

"진인(眞人)들이 동쪽으로 몰려갔습니다."〈1〉

〈1〉·그때 하늘에 덕성(德星)[2]이 모여들자, 태사가 아뢰길: "500리 안에 현인들이 모여들었습니다"라고 했다.

역주 1) 태사(太史): 天文과 曆法을 관장하는 관리.
2) 덕성(德星): 상서로운 징표로 나타나는 별. 瑞星 또는 景星이라고도 함.

陳太丘詣荀朗陵, 貧儉無僕役. 乃使元方將車, 季方持杖後從, 長文尙小, 載着車中. 旣至, 荀使叔慈應門, 慈明行酒, 餘六龍下食, 文若亦小, 坐着膝前. 于時太史奏: "眞人東行."〈1〉 **德** **互** 陳寔

〈1〉· 于時德星聚, 太史奏: "五百里賢人聚." [檀道鸞『續晉陽秋』]

218

[漢] 순정(荀靖)

자는 숙자(叔慈)며 순숙(荀淑)의 아들이다. 젊어서부터 뛰어난 재주를 지녔고 행동거지가 예법에 합당했다. 그가 죽었을 때 학사(學士)로서 그의 뇌문(誄文)을 지은 자가 26명이나 되었다. 시호는 현행선생(玄行先生)이다.

字叔慈, 淑子也. 少有俊才, 動止以禮. 及卒, 學士製誄者二十六人. 諡曰玄行先生. [皇甫謐『高士傳』]

218-1(0321)

어떤 사람이 여남(汝南)의 허장(許章)에게 물었다.
"순숙자와 순자명(荀慈明: 荀爽) 중에서 누가 더 훌륭합니까?"
허장이 말했다.
"두 사람 모두 귀한 옥이니, 순자명은 명랑(明朗)함을 밖으로 내보이고 순숙자는 온윤(溫潤)함을 안으로 지니고 있습니다."

或問汝南許章曰: "叔慈·慈明孰賢?" 許曰: "二荀皆玉也, 慈明外朗, 叔慈內潤." **品** **互** 荀爽

219

[漢] 순상(荀爽)

일명 순서(荀諝)라고도 하고 자는 자명(慈明)이며 순숙(荀淑)의 아들이다. 문장과 전적을 섭렵하지 않은 것이 없었다. 당시 사람들이 하는 말에 이르길: "순씨네 여덟 용 중에서 순자명에 짝할 자가 없다"라고 했다. 그는 은거하면서 뜻을 돈독히 하여 관직에 초징되었으나 나아가지 않았다. 동탁(董卓)이 정권을 잡고서 다시 순상을 초징했을 때, 순상은 도피하려고 했으나 관리가 급하게 붙잡는 바람에 벼슬하게 되었다. 포의(布衣)에서 몸을 일으켜 95일 만에 삼공(三公)에까지 이르렀다.

一名諝, 字慈明, 淑子也. 文章典籍, 無不涉. 時人諺曰: "荀氏八龍, 慈明無雙." 潛處篤志, 徵聘無所就. 董卓秉政, 復徵爽, 爽欲遁去, 吏持之急. 起布衣, 九十五日至三公. [『漢南紀』·張璠『漢紀』] 品 詳 荀靖

219-1(0322)

순자명이 여남(汝南)의 원랑(袁閬)과 서로 만났는데, 원랑이 영천(潁川)의 인사에 대해 물었다. 순자명이 먼저 자기의 여러 형들에 대해 얘기하자, 원랑이 웃으면서 말했다.

"저명인사가 겨우 친족과 친구에 국한될 뿐이오?"

순자명이 말했다.

"그대가 비난하는 것은 무슨 이유에 근거한 것이오?"

원랑이 말했다.

"바야흐로 나라의 인재를 물었는데 형제들을 얘기하니 이 때문에 탓했을 뿐이오."

그러자 순자명이 말했다.

"옛날에 기해(祁奚)는 집안사람을 천거할 때는 자기 자식을 빼놓지 않았고 외부 사람을 천거할 때는 자기 원수도 빼놓지 않아서 지극히 공정하다고 여겨졌소.〈1〉 그리고 주공(周公) 단(旦)이 「문왕(文王)」[1]이란 시에서 요(堯)·순(舜)의 덕을 논하지 않고 문왕과 무왕(武王)을 칭송한 것은 친족을 귀히 여기는 뜻이오. 또한 『춘추(春秋)』의 의법(義法)도 자기 나라인 노국(魯國)은 우선으로 하고 그 외의 다른 나라들은 다음으로 했소. 그러니 자기의 친족을 사랑하지 않고 남을 사랑하는 것은 패덕(悖德)이 아니겠소?"

〈1〉· 기해가 중군위(中軍尉)로 있을 때 늙음을 이유로 사직을 청하자 진후(晉侯)가 후임자를 물었는데, 기해는 자기의 원수인 해호(解狐)를 추천했다. 장차 그를 기용하려고 했으나 그만 죽어버리자 다시 기해에게 물었더니, 대답하길: "기오(祁午)면 괜찮습니다"라고 했다. 기오는 그의 아들이었다. 군자들은 기해가 훌륭한 사람을 천거하는 데 능하다고 할 만하다고 했다. 자기의 원수를 추천하되 아첨한다 하지 않았고, 자기 자식을 내세우되 당파 짓는다 하지 않았다.

역주 1) 「문왕(文王)」: 『詩經』「大雅」의 편명.

荀慈明與汝南袁閬相見, 問潁川人士. 慈明先及諸兄, 閬笑曰: "士但可因親舊而已乎?" 慈明曰: "足下相難, 依據者何經?" 閬曰: "方問國士, 而及諸兄, 是以尤之耳." 慈明曰: "昔者祁奚[1], 內舉不失其子, 外舉不失其讎, 以爲至公.〈1〉 公旦「文王」之詩, 不論堯舜之德, 而頌文武者, 親親之義也. 『春秋』之義, 內其國而外諸夏. 且不愛其親而愛他人者, 不爲悖德乎?" **言** **互** 袁閬

〈1〉· 祁奚爲中軍尉, 請老, 晉侯問嗣焉, 稱解狐, 其讎也. 將立之而卒, 又問焉, 對曰: "午也可." 其子也. 君子謂祁奚可謂能擧善矣. 稱其讎, 不爲諂, 立其子, 不爲比. [『春秋傳』]

校勘 1) 祁奚: 원문에는 "祈奚"라 되어 있지만 誤記이므로, 『世說新語』와 『春秋左傳』에 의거하여 고침. 注에 인용된 『春秋傳』에서도 마찬가지임.

220

[漢] 순욱(荀彧)

자는 문약(文若)이며 순곤(荀緄)의 아들이다. 사람됨이 영준(英俊)하고 자신을 낮추어 겸손하게 인사를 대우했으며, 자리에 앉을 때는 방석을 포개 놓지 않았다. 대각(臺閣: 朝廷)에 있을 때에도 사욕으로 뜻을 어지럽히지 않았다. 시중(侍中)과 상서령(尙書令)을 지냈다. 50세에 죽자 시호를 경후(敬侯)라 했다.

字文若, 緄子也. 爲人美偉, 折節待士, 坐不累席. 其在臺閣間, 不以私欲撓意. 官侍中·尙書令. 年五十薨, 謚曰敬侯. [『典略』] 輕 詳 禰衡

220-1(0323)

유계화(劉季和)가 일찍이 말했다.

"순령군(荀令君: 荀彧)이 남의 집에 가면 그가 앉았던 곳에서 늘 사흘 동안 향기가 난다."〈1〉

〈1〉·유계화는 본디 향을 좋아했는데, 한번은 측간에 갔다 돌아오다가 향로 위를 지나가자, 주부(主簿) 장탄(張坦)이 말하길: "사람들이 공을 속된 사람이라고 하더니 헛말이 아니군요"라고 했다. 유계화가 말하길: "순령군이 남의 집에 가면 그가 앉았던 곳에서 늘 사흘 동안 향기가 난다고 하는데, 그대는 나를 순령군과 비교하여 어떻다고 생각하오? 내가 내 자신을 사랑하는 것을 싫어하는 것이오?"라고 하자, 장탄이 말하길: "옛날에 어떤 아름다운 부인[1]이 병을 앓아서 가슴을 움켜쥐고 눈썹을 찡그렸는데, 그녀를 본 사람들은 모두 [그 모습도] 아름답다고 여겼답니다. 그 이웃에 사는 못생긴 부인이 그녀를 따라하자 그녀를 본 사람들이 모두 달아났답니다. 공께서는 하관(下官)으로 하여금 피해 달아나게 하시렵니까?"라고 했다.

역주 1) 어떤 아름다운 부인: 春秋時代 越나라의 미인 西施를 말함. 그녀를 따라한 이웃집의 못생긴 여자는 東施라고 함.

劉季和嘗言: "荀令君至人家, 坐處常三日香."〈1〉 容

〈1〉·劉季和性愛香, 嘗上厠還, 過香鑪上, 主簿張坦曰: "人名公俗人, 不虛也." 季和曰: "荀令君至人家, 坐處三日香, 爲我如何令君, 而惡我愛我[1]也?" 坦曰: "古有好婦人, 患而捧心嚬眉, 見者皆以爲好. 隣有醜婦法之, 見者走. 公便欲使下官遁走耶?" [『襄陽記』]

校勘 1) 我: 『何氏語林』 注에 인용된 『襄陽記』에는 "香"이라 되어 있음.

221

[魏] 순찬(荀粲)

자는 봉천(奉倩)이며 순욱(荀彧)의 [막내]아들이다. 성품이 깔끔하고 고귀해서 보통사람들과 교유할 수 없었으며, 그가 벗한 사람들은 모두 한 시대의 준걸이었다. 형 순운(荀惲)은 자가 장천(長倩)이고, 순오(荀俁)는 자가 숙천(叔倩)이고, 순선(荀詵)은 자가 만천(曼倩)이고, 순의(荀顗)는 자가 경천(景倩)이다.

字奉倩, 彧子. 性簡貴, 不能與常人交接, 所友皆一時俊傑. 兄惲, 字長倩, 俁, 字叔倩, 詵, 字曼倩, 顗, 字景倩. [『魏志』·何劭『荀粲別傳』·『荀氏家傳』] 文 詳 傳嘏

221-1(0324)

순봉천의 여러 형들은 모두 유학을 논의했지만 순봉천만은 도학(道學)을 논하길 좋아했다. 그는 늘 이렇게 생각했다.

"자공(子貢)이 '선생님께서 성(性)과 천도(天道)에 대해 말씀하신 것은 얻어 들을 수 없다'[1]고 말했는데, 그렇다면 육적(六籍: 六經)이 비록 남아 있지만 그것은 진실로 성인의 찌꺼기일 뿐이다."

그의 형 순오(荀俁)가 [그의 생각에 대해] 논박했다.

"『역경(易經)』에서 '성인은 형상을 세워서 뜻을 다 드러내고 그것에 설명을 붙여서 말을 다 표현한다'[2]고 했으니, 아무리 심오한 말인들 어찌 들을 수 없겠는가?"

그러자 순봉천이 대답했다.

"대개 이치 중에 심오한 것은 물상(物象)으로 드러낼 수 있는 바가 아닙니다. 지금 '형상을 세워서 뜻을 다 드러낸다'고는 하지만 그것은 뜻 밖의 것까지 통할 수 있는 것이 아니며, '그것에 설명을 붙여서 말을 다 표현한다'고는 하지만 그것은 설명 밖의 것까지 말할 수 있는 것이 아닙니다. 따라서 형상 밖에 존재하는 뜻과 설명 밖에 존재하는 말은 진실로 안에 담겨 있어서 밖으로 드러날 수 없는 것입니다."

당시 논변에 능한 선비들도 모두 그를 꺾을 수 없었다.

역주 1) 선생님께서 ~ 얻어 들을 수 없다: 『論語』「公冶長」에 나오는 구절.
2) 성인은 ~ 다 표현한다: 『周易』「繫辭上傳」에 나오는 구절.

荀奉倩諸兄並以儒術論議, 奉倩獨好言道. 常以"子貢稱'夫子之言性與天道, 不可得聞', 然則六籍雖存, 固聖人之糠粃也." 兄俁難曰: "『易』云'聖人立象以盡意, 繫辭焉以盡言', 則微言胡不可聞?" 奉倩答曰: "盖理之微者, 非物象之所擧也. 今稱'立象以盡意', 此非通於意外者也. '繫辭焉以盡言', 此非言乎繫表者也. 斯則象外之意, 繫表之言, 固蘊而不出矣." 一時能言之士, 皆莫能屈. 文

221-2(0325)

순봉천은 부인〈1〉과의 사랑이 지극히 돈독했다. 겨울에 부인이 열병을 앓자, 곧장 정원으로 나가 자신의 몸을 차갑게 해서 돌아온 뒤 자신의 몸을 부인에게 갖다 댔다. 부인이 죽자 순봉천도 그 후 얼마 되지 않아 역시 죽었는데, 이 때문에 세간의 비난을 받았다. 순봉천이 말했다.

"부인의 품덕(品德)은 일컫기에 부족하며 마땅히 미색을 위주로 해야 한다."

배령(裴令: 裴頠)이 그 말을 듣고 말했다.

"그것은 흥이 올랐을 때의 일이지 훌륭한 덕을 지닌 자의 말이 아니니, 후인들은 그 말에 현혹되지 말기를 바란다."

〈1〉· 부인은 표기장군(驃騎將軍) 조홍(曹洪)의 딸이다.

荀奉倩與婦〈1〉至篤. 冬月婦病熱, 乃出中庭, 自取冷還, 以身熨之. 婦亡, 奉倩後少時亦卒, 以是獲譏於世. 奉倩曰: "婦人德不足稱, 當以色爲主." 裴令聞之, 曰: "此乃是興到之事, 非盛德言, 冀後人未昧此語." 惑

〈1〉· 驃騎將軍曹洪女也. [『荀粲別傳』]

222

[晉] 순욱(荀勖)

자는 공증(公曾)이며 순상(荀爽)의 증손이다. 10여 살 때부터 문장을 잘 지었다. 여러 벼슬을 거쳐 시중(侍中)·중서감(中書監)에 기용되었다.

字公曾, 荀爽曾孫. 十餘歲能屬文. 累遷侍中·中書監. [虞預『晉書』] **方** **詳** 和嶠 **術** **詳** 阮咸

222-1(0326)

순욱이 한번은 진(晉) 무제(武帝: 司馬炎)의 연회석상에서 죽순과 밥을 먹었는데, 좌중의 사람들에게 말했다.

"이것은 오래된 나무[1]로 불을 때서 익힌 것이오."

좌중의 사람들이 그 말을 믿지 않고 은밀히 사람을 보내 알아보게 했더니, 정말로 오래된 수레바퀴를 사용한 것이었다.

역주 1) 오래된 나무: 원문은 "勞薪". 땔감을 실어 나르느라 고생한다는 뜻으로 수레바퀴를 말함.

荀勖嘗在晉武帝坐上食筍進飯, 謂在坐人曰: "此是勞薪炊也." 坐者未之信, 密遣問之, 實用故車脚. **術**

222-2(0327)

종회(鍾會)는 순제북(荀濟北: 荀勖)[1]의 외당숙이었으나 두 사람은 감정이 좋지 않았다. 순제북은 백만금의 가치가 있는 보검을 가지고 있었는데, 늘 모친 종부인(鍾夫人)의 처소에 두었다. 종회는 글씨에 뛰어났으므로 순제북의 필적을 모방한 뒤 편지를 써서 순제북의 모친에게 보내 보검을 가져오게 하여 그대로 훔쳐가지고 가서 돌려주지 않았다. 순욱은 범인이 종회라는 것을 알았지만 되찾을 길이 없어서 그에게 보복할 방법을 생각했다. 나중에 종회 형제가 천만금을 들여 저택한 채를 지었는데, 처음 완성되었을 때는 매우 정교하고 화려했으며 아직 이사하여 살지는 않았다. 순욱은 그림에 뛰어났으므로 종회 저택의 문간방[2]으로 몰래 들어가서 [종회 부친인] 태부(太傅: 鍾繇)의 초상을 그려놓았는데, 의관과 모습이 살아 있을 때와 똑 같았다. 종회 형제는 대문을 들어서자마자 크게 슬퍼했으며, 저택은 결국 빈 채로 폐가가 되었다.

역주 1) 순제북(荀濟北: 荀勖): 荀勖이 晉나라 때 濟北郡公에 봉해졌기 때문에 그렇게 부름.
2) 문간방: 원문은 "門堂". 대문 옆에 딸린 방.

鍾會是荀濟北從舅, 二人情好不協. 荀有寶劍, 可直百萬, 常在母鍾夫人許. 會善書, 學荀手迹, 作書與母取劍, 仍竊去不還. 荀勖知是鍾, 而無由得也, 思所以報之. 後鍾兄弟以千萬起一宅, 始成, 甚精麗, 未得移住. 荀極善畫, 乃潛往畫鍾門堂, 作太傅形象, 衣冠狀貌如平生. 二鍾入門, 便大感慟, 宅遂空廢. **巧** **互** 鍾會

223

[晉] 순선(荀羨)

자는 영칙(令則)이며 영천(潁川) 사람이다. 맑고 온화한 성품에 식견을 지녔으며, 공주(公主: 元帝 司馬睿의 딸 尋陽公主)의 남편으로서 부마도위(駙馬都尉)가 되었다. 은호(殷浩)가 그를 기용하여 북중랑장(北中郞將)으로 삼았다. 순선은 28세 때 서주(徐州)·연주(兗州) 두 주의 자사(刺史)가 되었는데, 동진의 젊은 지방장관 가운데 순선만한 이가 없었다.

字令則, 潁川人. 淸和有識裁, 以主壻爲駙馬都尉. 殷浩引爲北中郞將. 年二十八, 爲徐·兗二州刺史, 中興方伯之少, 未有若羨者也. [『晉陽秋』·『中興書』] **寵** **詳** 王濛

223-1(0328)

순중랑(荀中郞: 荀羨)이 경구(京口)에 있을 때, 북고산(北固山)〈1〉에 올라 바다를 바라보며 말했다.

"비록 삼산(三山)[1]은 보이지 않지만 저절로 사람에게 구름 위로 솟구치는 기상을 품게 하니, 만약에 진(秦)·한(漢)의 군왕들〈2〉 같으면 반드시 옷자락을 걷고 발을 적셔 건너갔을 것이다."

〈1〉·북고산은 서주의 산봉우리 이름이다.

〈2〉·진나라의 시황제(始皇帝)와 한나라의 무제(武帝)다.

역주 1) 삼산(三山): 삼신산(三神山). 전설상에 바다 가운데 있고 신선이 산다고 하는 세 산으로, 봉래(蓬萊)·방장(方丈)·영주(瀛洲)를 말함.

荀中郎在京口, 登北固〈1〉望海, 云: "雖未覩三山, 便自使人有凌雲意. 若秦·漢之君,〈2〉 必當褰裳濡足." **言**

〈1〉·徐州嶺名.

〈2〉·始皇·武帝.

224

[漢] 진함(陳咸)

어사대부(御史大夫) 진만년(陳萬年)의 아들이다. 강직하고 남다른 재주를 지녔다. 정위감(廷尉監)을 지냈으며, 여러 벼슬을 거쳐 상서(尙書)가 되었다.

御史萬年子. 亢直有異才. 官廷尉監, 累遷尙書. [班固『漢書』]

224-1(0329)

진상서(陳尙書: 陳咸)는 왕망(王莽)〈1〉이 하무(何武)〈2〉와 포선(鮑宣)〈3〉을 주살하는 것을 보고 한숨 쉬며 탄식했다.

"나는 떠나가야겠다!"

그리고는 부자가 함께 고향마을로 돌아가서 문을 걸어 닫고 출입하지 않았다. 또한 여전히 한(漢)나라의 조제(祖祭: 길 제사)와 납제(臘祭: 선달 제사)를 지냈는데, 어떤 사람이 그 이유를 묻자 이렇게 대답했다.

"내 조상님이 어찌 왕씨(王氏: 王莽)의 제사를 알겠소?"〈4〉

〈1〉· 왕망은 자가 거군(巨君)이다.

〈2〉· 하무는 자가 군공(君公)이며 촉군(蜀郡) 사람이다. 어사대부(御史大夫)를 지냈다.

〈3〉· 포선은 자가 자도(子都)며 발해(渤海) 사람이다. 하무의 천거로 간의대부(諫議大夫)가 되었다.

〈4〉· 조(祖)는 길 제사다. 납(臘)은 한 해가 끝날 때 지내는 대제(大祭)다. 왕자(王者)는 각각 그 출행에 있어서 만물이 왕성할 때는 조제를 지내고 만물이 시들 때는 납제를 지낸다. 한나라는 화덕(火德)으로 천하의 왕이 되었는데, 화덕은 오월(午月: 음력 5월)에 흥성하고 술월(戌月: 음력 9월)에 쇠하므로 오월에 조제를 지내고 술월에 납제를 지낸다.

陳尚書見王莽〈1〉誅何武〈2〉·鮑宣,〈3〉喟然歎曰: "吾可以逝矣!" 父子相與歸鄉里, 閉門不出入. 猶用漢家祖臘, 或問之, 答曰: "我先祖豈知王氏臘乎?"〈4〉 **方**

〈1〉· 字巨君. [司馬光『通鑑』]

〈2〉· 字君公, 蜀郡人. 官御史大夫. [班固『漢書』]

〈3〉· 字子都, 渤海人. 何武薦爲諫議大夫. [班固『漢書』]

〈4〉· 祖, 道祭也. 臘, 歲終之大祭也. 王者各以其行, 盛日爲祖, 墓日爲臘. 漢火德王, 火盛於午, 墓於戌, 故以午祖戌臘."

225

[漢] 진번(陳蕃)

자는 중거(仲擧)며 여남(汝南) 평여(平輿) 사람이다. 집이 황폐해졌어도 치우지는 않고 말하길: "대장부는 마땅히 국가를 위하여 천하를 쓸어야지!"라고 했다. 환제(桓帝: 劉志) 말년에 이르러 환관이 국사를 전횡하고 외척이 횡포를 부렸다. 이때 진번은 태부(太傅)에 제수되었는데, 두무(竇武)와 모의하여 환관들을 주살하려다가 도리어 해를 입었다.

字仲擧, 汝南平輿人. 有室荒蕪不掃除, 曰: "大丈夫當爲國家掃天下!" 値桓帝之末, 閹竪用事, 外戚豪橫. 及拜太傅, 與竇武謀誅宦官, 反爲所害. [『汝南先賢傳』] **德** **詳** 徐穉 **識** **詳** 許劭

225-1(0330)

여남(汝南)의 진중거와 영천(穎川)의 이원례(李元禮: 李膺) 두 사람에 대해 [사람들이] 그들의 공적과 덕행을 논했지만 선후를 결정할 수 없었다. 그런데 채백개(蔡伯喈: 蔡邕)가 이렇게 논평했다.

"진중거는 윗사람에게 직언하는 데 강직하고 이원례는 아랫사람을 통솔하는 데 준엄하니, 윗사람에게 직언하기는 어렵지만 아랫사람을 통솔하기는 쉽다."〈1〉

그래서 마침내 진중거는 '삼군(三君)'의 마지막에 놓이게 되었고,〈2〉 이원례는 '팔준(八俊)'의 처음에 놓이게 되었다.〈3〉

〈1〉· 당시 사람들이 그들에 대해 말하길: "강권(强權)을 두려워하지 않는 진중거, 천하의 모범이 되는 이원례"라고 했다.

〈2〉· '삼군'은 한 시대에 존귀하게 여겨지는 인물이다. 두무(竇武)·유숙(劉淑)·진번은 젊어서부터 높은 지조를 지니고 있어서 천하의 사람들이 그들을 존경하고 칭송했다.

〈3〉· 이응(李膺)·왕창(王暢)·순곤(荀緄)·주우(朱寓)·위랑(魏朗)·유우(劉佑)·두해(杜楷)·조전(趙典)을 '팔준'이라 한다[2].

역주 1) 이응(李膺) ~ '팔준'이라 한다: 『後漢書』 권67 「黨錮傳」에는 "荀緄"이 "荀昱"으로, "朱寓"가 "朱寓"로, "劉佑"가 "劉祐"로, "杜楷"가 "杜密"로 되어 있으며 그 순서도 일치하지 않음. 참고로 『後漢書』의 관련기록은 다음과 같음: "時海內希風之流, 遂共相標榜, 指天下名士, 爲之稱號. 上曰三君, 次曰八俊, 次曰八顧, 次曰八及, 次曰八廚, 猶古之八元·八凱也. 竇武·劉淑·陳蕃爲三君, 君者, 言一世之所宗也. 李膺·荀昱·杜密·王暢·劉祐·魏朗·趙典·朱寓爲八俊, 俊者, 言人之英也. 郭林宗·宗慈·巴肅·夏馥·范滂·尹勳·蔡衍·羊陟爲八顧, 顧者, 言能以德引人者也. 張儉·岑晊·劉表·陳翔·孔昱·苑康·檀敷·翟超爲八及, 及者, 言其能導人追宗者也. 度尙·張邈·王考·劉儒·胡毋班·秦周·蕃嚮·王章爲八廚, 廚者, 言能以財救人者也."

汝南陳仲擧·穎川李元禮二人, 共論其功德, 不能定先後. 蔡伯喈評之曰: "陳仲擧彊於犯上, 李元禮嚴於攝下, 犯上難, 攝下易."〈1〉 仲擧遂在三君之下,〈2〉 元禮在八俊之上.〈3〉 **品** **互** 李膺

〈1〉· 時人爲之語曰: "不畏强禦陳仲擧, 天下模楷李元禮." [張璠『漢紀』]

〈2〉· '三君'者, 一時之所貴也. 竇武·劉淑·陳蕃, 少有高操, 海內尊而稱之. [謝沈『漢書』]

〈3〉· 曰 : 李膺 · 王暢 · 荀緄 · 朱寓 · 魏朗 · 劉佑 · 杜楷 · 趙典爲'八俊'. [薛瑩『漢書』]

225-2(0331)

진번과 두무(竇武)〈1〉가 환관에게 살해당하자 곽림종(郭林宗: 郭泰)이 들에서 그들을 위해 곡했는데,〈2〉 애통해하고 나서 탄식하며 말했다.

"'사람들이 모두 죽겠다고 하니 이 나라는 망하리로다!'〈3〉 '바라보니 저 까마귀는 뉘 집 지붕에 앉을는지 모르겠네!'"〈4〉

〈1〉· 두무는 자가 유평(遊平)이며 부풍(扶風) 사람으로, 안풍후(安豐侯) 두융(竇融)의 현손(玄孫)이다. 벼슬은 대장군(大將軍)을 지냈고 문희후(聞喜侯)에 봉해졌다. 벼슬에 있는 동안 명사들을 많이 초징했다. 자신을 깨끗이 하고 악행을 미워했으며 뇌물이 통하지 않았다.

〈2〉· [『禮記』] 「단궁(檀弓)」 : 그냥 아는 사람이라면 나[孔子]는 들에서 곡하는데, [伯高의 경우] 들에서 곡하면 그를 너무 소원하게 여기는 것이다.

〈3〉· [『詩經』] 「대아(大雅) · 첨앙(瞻仰)」 시다.

〈4〉· [『詩經』] 「소아(小雅) · 정월(正月)」 시다.

陳蕃 · 竇武〈1〉爲中官所害, 郭林宗哭之於野,〈2〉 慟旣而歎曰: "'人之云亡, 邦國殄瘁!'〈3〉 '瞻烏爰止, 不知於誰之屋!'"〈4〉 **傷** **互** 郭泰

〈1〉· 字遊平, 扶風人, 安豐侯融玄孫. 官大將軍, 聞喜侯. 在位多辟名士. 淸身疾惡, 禮賂不通. [『後漢書』]

〈2〉· 「檀弓」曰 : 所知, 吾哭諸野, 於野則已踈.

〈3〉· 「大雅 · 瞻仰」詩.

〈4〉· 「小雅 · 正月」詩.

226

[漢] 진식(陳寔)

자는 중궁(仲弓)이며 영천(潁川) 허창(許昌) 사람이다. 문희현령(聞喜縣令)과 태구현장(太丘縣長)을 지냈는데, 그의 덕풍의 교화가 널리 퍼졌다.

字仲弓, 潁川許昌人. 爲聞喜令·太丘長, 風化宣流. [『陳寔傳』] 德 詳 荀淑 言 詳 陳紀 識 詳 許劭 夙 詳 陳紀

226-1(0332)

진중궁이 태구현장(太丘縣長)으로 있을 때, 어떤 강도가 부자를 죽였는데 관원이 그를 체포했다. 진중궁은 사건이 일어난 장소에 미처 도착하지 않았을 때, 도중에 주민 중에서 풀자리 위에 아이를 낳았다가 거두지 않아 죽인 자가 있다는 말을 듣고서 수레를 돌려 그곳부터 가서 일을 처리했다. 그러자 주부(主簿)가 말했다.

"강도가 더 큰 일이니 마땅히 먼저 처리하셔야 합니다."

진중궁이 말했다.

"강도가 부자를 죽인 것이 어찌 골육이 서로 해치는 것과 같겠는가?"

陳仲弓爲太丘長, 有劫賊殺財主, 主者捕之. 未至發所, 道聞民有在草不起子者, 回車往治之. 主簿曰: "賊大, 宜先按討." 仲弓曰: "盜殺財主, 何如骨肉相殘?" 政

226-2(0333)

진태구(陳太丘: 陳寔)의 아들 진기(陳紀)와 진기의 아들 진군(陳羣)은 모두 높은 명성을 지니고 있었는데,〈1〉 세상 사람들은 [그들에 대해] '공(公: 陳羣)은 경(卿: 陳紀)에게 부끄럽고 경은 장(長: 陳寔)에게 부끄럽다'고 여겼다.〈2〉

〈1〉·진식은 젊어서부터 고결한 덕행으로 이름났는데, 초징(招徵) 명령을 거듭 사양하면서 대문을 닫고 수레를 걸어둔 채 느긋한 마음으로 여생을 보냈다. [靈帝] 중평(中平) 연간(184~188)에 집에서 죽자 천하 사람들이 조문하러 왔는데, 장례식에 모인 사람이 3만 명이었다. 진기도 지극한 덕행으로 칭송받았는데, 형제가 부모를 효성스럽게 모셨으며 집안이 화목했다. 진군 역시 높은 명망을 지니고 있었다. 공융(孔融)은 재주가 뛰어나고 도도했는데, 나이는 진군과 진기의 사이에 있었다. 처음에는 진기와 벗했고 나중에는 진군과 사귀었으며 다시 진기의 존경을 받았다. 이로 말미암아 그의 명성이 드러났다.

〈2〉·진식은 태구현장(太丘縣長)[1]을 지냈고, 진기는 홍려경(鴻臚卿)[2]을 지냈으며, 진군은 사공(司空)[3]을 지냈다.

역주 1) 태구현장(太丘縣長): 漢나라에서는 만 戶를 기준으로 하여 大縣과 小縣을 구분하고, 대현의 장관을 令이라 하고 소현의 장관을 長이라 함.
2) 홍려경(鴻臚卿): 東漢 때 太常·光祿勳·衛尉·太僕·廷尉·宗正·大司農·少府와 함께 九卿 가운데 하나.
3) 사공(司空): 東漢 때 太尉[大司馬]·司徒와 함께 三公 가운데 하나.

陳太丘子紀, 紀子羣, 並有高名,〈1〉 天下以爲'公慚卿, 卿慚長'.〈2〉 品 互 陳紀 陳羣

〈1〉· 寔少著淸德, 連辭徵命, 閉門懸車, 棲遲養老. 中平中卒于家, 天下致吊, 會葬者三萬人. 紀亦以至德稱, 兄弟孝養, 閨門雍和. 羣亦有重名. 孔融才高倨傲, 年在羣·紀之間. 先與紀友, 後與羣交, 更爲紀拜. 由是顯名. [『後漢書』·『傅子』·『魏志』]

〈2〉· 寔爲太丘長, 紀鴻臚卿, 羣司空.

227

[漢] 진기(陳紀)

자는 원방(元方)이며 진식의 맏아들이다. 지극한 덕이 세속을 초탈하여 진식과 더불어 훌륭한 명성을 함께 드날렸으며, 동생 진심(陳諶) 또한 이들과 짝했다. 매번 재상부(宰相府)에서 그들을 부를 적마다 검은 염소와 기러기가 무리를 이루었다. 세상에서는 이들을 '삼군(三君)'이라 불렀으며, 모든 성(城)에서 이들의 초상을 그렸다. 진심은 자가 계방(季方)이다. 재주와 식견이 널리 통달했다.

字元方, 寔長子. 至德絶俗, 與寔高名並著, 而弟諶又配之. 每宰府辟召, 羔鴈成羣. 世號'三君', 百城皆圖畫. 諶, 字季方. 才識博達. [『先賢行狀』·『海內先賢傳』] 品 詳 陳寔 陳登 德 詳 華歆

227-1(0334)

어떤 손님이 진태구(陳太丘: 陳寔)를 방문하여 하룻밤을 묵게 되었는데, 진태구가 아들 진원방과 진계방에게 밥을 지으라고 했다. 손님이 진태구와 담론을 펼치자, 두 사람은 불을 때다가 함께 하던 일을 내버려두고 담론을 엿듣느라 밥할 때 솥 밑에 대나무 발[1] 까는 것을 잊어버리는 바람에 쌀이 솥 안으로 떨어지고 말았다. 진태구가 물었다.

"밥을 하면서 어찌하여 찌지[2] 않았느냐?"

진원방과 진계방이 단정히 무릎 꿇고 말했다.

"아버님께서 손님과 말씀 나누시는 것을 함께 엿듣다가 밥할 때 대나무 발 까는 것을 잊어버리는 바람에 밥이 지금 죽이 되고 말았습니다."

진태구가 말했다.

"너희들이 아는 바가 자못 있더냐?"

두 아들이 대답했다.

"어렴풋이나마 기억하고 있습니다."

두 아들은 함께 진술하면서 서로 번갈아 고쳐주고 보충하여 말에 빠트린 것이 없었다. 진태구가 말했다.

"이와 같다면 죽이라도 괜찮으니 어찌 반드시 밥이라야만 하리!"

역주 1) 대나무 발: 원문은 "箄". 아마도 "箅"의 誤記인 듯함. '箅'는 솥이나 시루 밑에 까는 대나무 발을 말함. 『說文解字』「竹部」에서 "箅, 蔽也, 所以蔽甑底."라고 함.

2) 찌지: 원문은 "餾". 밥에 뜸을 들이거나 쌀을 찌는 것을 말함. 당시에는 쌀을 쪄서 지은 밥을 '飯'이라 했음.

賓客詣陳太丘宿, 太丘使元方・季方炊. 客與太丘論議, 二人進火, 俱委而竊聽, 炊忘著箄, 飯落釜中. 太丘問: "炊何不餾?" 元方・季方長跪曰: "大人與客語, 乃俱竊聽, 炊忘著箄, 飯今成糜." 太丘曰: "爾頗有所識否?" 對曰: "彷彿志之." 二子俱說, 更相易奪, 言無遺失. 太丘曰: "如此, 但糜自可, 何必飯也!" 夙 互 陳寔

227-2(0335)

진원방의 아들 진장문(陳長文: 陳羣)은 영특한 재주가 있었는데, 진계방의 아들

진효선(陳孝先: 陳忠)〈1〉과 더불어 각기 자기 아버지의 공덕을 논하면서 다투었으나 결론이 나지 않았다. 그래서 할아버지인 진태구(陳太丘: 陳寔)에게 물었더니, 진태구가 말했다.

"원방은 형 되기 어렵고 계방은 동생 되기 어렵다."〈2〉

〈1〉· 진효선은 이름이 충(忠)이다. 주(州)에서 벼슬하라고 불렀으나 가지 않았다.

〈2〉· 어떤 판본에는 "원방은 동생 되기 어렵고 계방은 형 되기 어렵다"라고 되어 있다.

陳元方子長文有英才, 與季方子孝先〈1〉各論其父功德, 爭之不能決. 咨於太丘, 太丘曰: "元方難爲兄, 季方難爲弟."〈2〉 德 互 陳羣

〈1〉· 名忠. 州辟不就. [『陳氏譜』]

〈2〉· 一作"元方難爲弟, 季方難爲兄."

227-3(0336)

진태구(陳太丘: 陳寔)가 친구와 함께 출타하기로 약속했다. 정오에 만나기로 약속했는데 정오가 지나도록 친구가 도착하지 않자 진태구는 그냥 떠났고, 그가 떠난 후에야 친구는 도착했다. 진원방은 당시 나이가 7살이었는데 대문 밖에서 놀고 있었다. 손님이 진원방에게 물었다.

"존친께서는 계시는가?"

진원방이 대답했다.

"당신을 오랫동안 기다렸으나 오시지 않아서 이미 떠나셨습니다."

친구가 곧장 화를 내며 말했다.

"사람도 아니구먼! 남과 함께 출타하기로 약속해놓고는 버려두고 그냥 떠나다니!"

그러자 진원방이 말했다.

"당신이 부친과 정오에 만나기로 약속해놓고 정오가 지나도록 도착하지 않은 것은 신의가 없음이며, 자식을 대놓고 아비를 욕하는 것은 무례함입니다."

친구가 무색해하면서 수레에서 내려 잡아끌었지만 진원방은 대문 안으로 들어가 뒤도 돌아보지 않았다.

陳太丘與友期行. 期日中, 過中不至, 太丘舍去, 去後乃至. 元方時年七歲, 門外戲. 客問元方: "尊君在不?" 答曰: "待君久不至, 已去." 友人便怒曰: "非人哉! 與人期行, 相委而去!" 元方曰: "君與家君期日中, 日中不至, 則是無信, 對子罵父, 則是無禮." 友人慚, 下車引之, 元方入門不顧. 夙 互 陳寔

227-4(0337)

영천태수(潁川太守)가 진중궁(陳仲弓: 陳寔)을 삭발형에 처했는데.〈1〉 어떤 객이 진원방에게 물었다.

"부군(府君: 太守에 대한 존칭)은 어떤 사람이오?"

진원방이 말했다.

"고명하신 분이지요."

다시 객이 물었다.

"그대의 부친은 어떤 사람이오?"

진원방이 대답했다.

"충신효자시지요."

그랬더니 객이 말했다.

"『역(易)』[1]에서 이르길, '두 사람이 마음을 같이 하면 그 날카롭기가 쇠를 끊고, 한 마음에서 나온 말은 그 향기롭기가 난초와 같다'고 했는데, 어찌하여 고명하신 부군이 충신효자를 벌준단 말이오?"

진원방이 말했다.

"당신의 말은 어찌 그리도 잘못되었소? 그래서 대답하지 않겠소."

다시 객이 말했다.

"그대는 허리 굽혀 공손만 떨 뿐 대답할 수 없는 것이겠지."

이에 진원방이 말했다.

"옛날에 [殷나라의] 고종(高宗)은 효자 효기(孝己)〈2〉를 추방했고, [周나라의]

윤길보(尹吉甫)는 효자 백기(伯奇)〈3〉를 추방했으며, [漢나라의] 동중서(董仲舒)는 효자 부기(符起)를 추방했는데, [쫓아낸] 세 분은 고명하신 분들이었고 [쫓겨난] 세 사람은 충신효자들이었소."

그러자 객은 부끄러워하면서 물러갔다.

〈1〉・[劉孝標가] 생각건대, 진식(陳寔)이 향리에 있을 때 주군(州郡)에서 해결할 수 없는 의심나는 송사가 있으면 모두 진식에게 가지고 왔다. 어떤 사람은 와서 사실을 고백하기도 하고, 어떤 사람은 도중에서 말을 바꾸기도 했는데, 모든 사람들이 말하길: "차라리 형벌에 의해 고통 받을지언정 진군(陳君: 陳寔)에게 비난받지는 않겠다"라고 했다. 그러니 융성한 덕으로 사람을 감동시킴이 이처럼 대단한데도 스스로를 지키지 못하고 오히려 형벌에 처해지는 일이 어떻게 있을 수 있겠는가? 아마도 그렇지 않았을 것이다!

〈2〉・[은나라의 고종] 무정(武丁)에게는 어진 자식인 효기가 있었는데, 그 어머니가 일찍 죽었다. 그 뒤 무정이 후처의 말에 미혹되어 그를 추방하여 죽이자, 세상 사람들이 모두 그를 애도했다.

〈3〉・윤길보는 주나라의 경(卿)이었다. 백기라는 아들이 있었는데, 백기의 어머니가 죽자 다시 아내를 맞아들였다. 후처는 백규(伯邽)라는 아들을 낳자 윤길보에게 백기를 참소했는데, 이 때문에 윤길보는 백기를 들로 내쫓아버렸다. 선왕(宣王)이 놀이하러 나갈 때 윤길보가 수행했는데, 백기는 노래를 지어 그 가사로 선왕을 감동시켰다. 선왕이 이를 듣고 말하길: "이것은 효자의 말이로다!"라고 했다. 이에 윤길보는 들에서 백기를 찾아오고 후처를 활로 쏘아 죽였다.

역주 1) 『역(易)』: 인용된 구절은 『周易』「繫辭上傳」에 나옴.

潁川太守髠陳仲弓,〈1〉 客有問元方: "府君何如?" 元方曰: "高明之君也." "足下家君何如?" 曰: "忠臣孝子也." 客曰: "『易』稱'二人同心, 其利斷金. 同心之言, 其臭如蘭.' 何有高明之君, 而刑忠臣孝子者乎?" 元方曰: "足下言何其謬也? 故不相答." 客曰: "足下但因傴爲恭不能答." 元方曰: "昔高宗放孝子孝己,〈2〉 尹吉甫放孝子伯奇,〈3〉 董仲舒放孝子符起. 唯此三君, 高明之君, 唯此三子, 忠臣孝子." 客慚而退.

言 互 陳寔

〈1〉・按, 寔之在鄕里, 州郡有疑獄不能決者, 皆將詣寔. 或到而情首, 或中途改辭, 皆曰: "寧爲刑戮所苦, 不爲陳君所非." 豈有盛德感人若斯之甚, 而不自衛, 反招刑辟? 殆不然乎!

〈2〉・武丁有賢子孝己, 其母蚤死. 武丁惑後妻之言, 放之而死, 天下哀之. [『帝王世紀』]

〈3〉・吉甫, 周卿. 有子伯奇, 奇母死, 更娶. 後妻生子曰伯邦, 乃譖伯奇, 放之於野. 宣王出遊, 吉甫從, 伯奇乃作歌, 以言感之. 宣王聞之曰: "此孝子之辭也!" 吉甫乃求伯奇於野, 而射殺後妻.

228

[漢] 진등(陳登)

자는 원룡(元龍)이며 하비(下邳) 회포(淮浦) 사람이다. 학문은 고금을 통달했고 예법에 따라 처신했으며, 영웅다운 자태와 뛰어난 지략을 지니고 있었다. 광릉태수(廣陵太守)를 역임했다.

字元龍, 下邳淮浦人. 學通古今, 處身循禮, 有雄姿異略. 歷廣陵太守. [謝承『後漢書』] **言** **詳** 昭烈

228-1(0338)

진원룡이 공조(功曹) 진계필(陳季弼: 陳矯)〈1〉에게 허창(許昌)[1]으로 가보라고 하면서 그에게 말했다.

"허창에서의 논의가 나에 대해 못마땅해 하니, 그대가 잘 살펴보고 돌아와서 알려주었으면 하오."

진계필이 돌아와서 말했다.

"원근의 논의를 들어보았더니 명부(明府: 陳登)[2]께서 교만하여 스스로 뽐내고 있다고 많은 사람들이 생각하고 있습니다."

진원룡이 말했다.

"대저 집안이 화목하면서 덕행이 있는 사람이라면 나는 진원방(陳元方: 陳紀) 형제를 존경하고, 못처럼 맑고 옥처럼 깨끗하면서 예법이 있는 사람이라면 나는 화자어(華子魚: 華歆)를 존경하며, 결백한 행실을 닦아 악행을 미워하면서 식견과 도의가 있는 사람이라면 나는 조원달(趙元達: 趙達)〈2〉을 존경하고, 견문이 넓고 기억력이 뛰어나면서 재능이 빼어나고 탁월한 사람이라면 나는 공문거(孔文擧: 孔融)를 존경하며, 영웅다운 자태가 헌걸차면서 왕후(王侯)의 지략을 갖추고 있는 사람이라면 나는 유현덕(劉玄德: 劉備)을 존경하오. 존경하는 바가 이와 같은데 어찌 교만함이 있겠소?"

〈1〉・진계필은 이름이 교(矯)며 광릉(廣陵) 동양(東陽) 사람이다. 위(魏)나라에서 벼슬하여 시중(侍中)과 사도(司徒)를 지냈다.

〈2〉・조원달은 바로 조달(趙達)이며 하남(河南) 사람이다. 젊었을 때 선보(單甫)에게서 학문을 배웠는데, 치밀하게 사고한 끝에 동남쪽에 왕자(王者)의 기운이 있으므로 피난하는 것이 좋겠다고 생각하여 몸을 빼내 강남으로 건너갔다. 스스로 죽게 될 날을 알았는데 바로 그 날에 죽었다.

역주 1) 허창(許昌): 지금의 河南省에 있음. 東漢 獻帝 建安 원년(196)에 曹操가 獻帝를 모시고 이곳으로 가서 도읍을 정했음.

2) 명부(明府: 陳登): 明府는 太守에 대한 존칭. 당시 陳登은 廣陵太守로 있었음.

陳元龍使功曹陳季弼〈1〉詣許, 謂之曰: "許下論議, 待吾不足, 足下相爲觀察, 還以見誨." 季弼還曰: "聞遠近之論, 頗謂明府驕而自矜." 元龍曰: "夫閨門雍穆, 有德有行, 吾敬陳元方兄弟. 淵淸玉潔, 有禮有法, 吾敬華子魚. 淸修疾惡, 有識有義, 吾敬趙元達.〈2〉 博聞强記, 奇逸卓犖, 吾敬孔文擧. 雄姿傑出, 有王伯之略, 吾敬劉玄德. 所敬如此, 何驕之有?" 品 互 陳紀 華歆 孔融 昭烈

〈1〉・名矯, 廣陵東陽人. 仕魏, 官侍中・司徒. [『魏志』]

〈2〉・卽趙達, 河南人. 少從單甫學, 用思精密, 謂東南有王氣, 可以避難, 脫身渡江. 自知亡日, 如期死. [『吳志』]

229

[魏] 진군(陳羣)

자는 장문(長文)이며 진기(陳紀)의 아들이다. 조부 진식(陳寔)이 일찍이 말하길: "이 아이가 반드시 우리 종실을 흥성케 할 것이다"라고 했다. 장성해서는 넓은 식견과 큰 도량을 지녔으며, 그가 친하게 사귄 사람들은 모두 부친의 친구들이었다. 벼슬은 사공(司空)을 지냈다.

字長文, 紀子. 祖寔嘗曰: "此兒必興吾宗." 及長, 有識度, 其所善皆父黨. 官司空. [『魏書』]

德 **詳** 陳紀 **品** **詳** 陳寔 **輕** **詳** 禰衡

230

[魏] 진림(陳琳)

자는 공장(孔璋)이며 광릉(廣陵) 사람이다. 기주(冀州)로 피난했을 때 원소(袁紹)가 그에게 문장을 관장하게 했다. 원소의 격문은 모두 진림이 지은 문장이었다. 나중에 진림이 조조(曹操)에게 귀의했을 때 조조가 그에게 말하길: "경은 예전에 본초(本初: 袁紹)를 위해 이서(移書)[1]를 지었을 때, 그저 짐의 죄상만 기록하여 그 오점이 내 한 몸에만 그치게 했으면 좋았을 텐데, 어찌하여 위로 부친과 조부에까지 미치게 했는가?"라고 하자 진림이 사죄했다. 조조는 그의 재능을 아껴서 그를 책망하지 않았다.

역주 1) 이서(移書): 移文. 漢代부터 있었던 공문서의 한 가지. 동등한 관청 사이에 주고받던 공문서로, 때로는 檄文과 더불어 布告文의 성격을 띠기도 했음.

字孔璋, 廣陵人. 避難冀州, 袁紹使典文章. 紹檄文, 皆琳之辭也. 後歸曹操, 操謂曰: "卿昔爲本初移書, 但可罪孤而已, 惡惡止其身, 何乃上及父祖耶?" 琳謝罪. 操愛其才而不責也. [『魏略』]

230-1(0339)

진공장이 [曹操를 치는] 격문(檄文)을 작성하여 조공(曹公: 曹操)에게 올렸다. 조공은 그 전부터 두통으로 고생하고 있었는데, 그 날 두통이 생겨 누워서 진공장이 지은 격문을 읽다가 벌떡 일어나 말했다.

"이것이 내 병을 낫게 했다!"

陳孔璋草檄文成, 以呈曹公. 公先苦頭風, 是日疾發, 臥讀孔璋所著, 翕然而起曰: "此愈我疾!" 文

231

[魏] 진태(陳泰)

자는 현백(玄伯)이며 진군(陳羣)의 아들이다.

字玄伯, 羣之. [『魏志』] 排 詳 鍾毓

231-1(0340)

고귀향공(高貴鄕公: 曹髦)이 죽자 조정의 안팎이 시끌시끌했다.〈1〉 사마문왕(司馬文王: 司馬昭)이 시중(侍中) 진태(陳泰)에게 물었다.

"어떻게 이 소요를 진정시킬 수 있겠소?"

진태가 말했다.

"오직 가충(賈充)을 죽여서 천하에 사죄해야만 합니다."

사마문왕이 말했다.

"그보다 좀 낮추면 안 되겠소?"

진태가 대답했다.

"다만 그 이상은 되지만 그 이하는 안 된다고 봅니다."〈2〉

〈1〉・고귀향공은 이름이 모(髦)고 자가 언사(彦士)며, 문제(文帝: 曹丕)의 증손자다. 학문을 좋아했으며 일찍 대성(大成)했다. 제왕(齊王: 曹芳)이 폐위되자 군신(群臣)들이 그를 맞이하여 황제로 옹립했다. 조모는 황제의 권위가 날로 사라져가는 것을 보고 그 분을 이기지 못하여 상서(尙書) 왕경(王經) 등에게 이르길: "사마소(司馬昭)의 [제위 찬탈] 야심은 길가는 사람들도 아는 바니, 나는 폐위당하는 치욕을 앉아서 받을 수는 없소"라고 했다. 그리고는 마침내 검을 뽑아 들고 수레에 올라 궁궐의 숙위병을 이끌고 전고(戰鼓)를 치면서 운룡문(雲龍門)을 나섰다. 그때 가충이 [군대를 이끌고] 밖에서 들어오자 황제의 군대는 패하여 흩어졌다. 황제가 여전히 손에 검을 들고 분전하자 병사들은 감히 접근하지 못했다. 태자사인(太子舍人) 성제(成濟)가 가충에게 묻길: "사태가 급합니다! 어떻게 하면 좋을지 말씀해 주십시오"라고 하자, 가충이 말하길: "공(公: 司馬昭)이 그대들을 키운 것은 바로 오늘을 위해서니 물을 것도 없다"라고 했다. 그래서 성제가 즉시 앞으로 나아가 조모를 찔렀는데 그 칼날이 등으로 나왔다. 그때 폭우가 쏟아지고 천둥과 번개가 치면서 하늘이 어두워졌다.

〈2〉· 일설에는, 진태가 사마소에게 가충을 죽이라고 권했더니, 사마소가 말하길: "경은 다른 방법을 다시 생각해주겠소?"라고 하자, 진태가 말하길: "어찌 저에게 다시 그 다음 말을 하게 하십니까?"라고 했다. 진태는 마침내 피를 토하고 죽었다.

高貴鄕公薨, 內外諠譁.〈1〉 司馬文王問侍中陳泰曰: "何以靜之?" 泰云: "惟殺賈充, 以謝天下." 文王曰: "可復下此不?" 對曰: "但見其上, 未見其下."〈2〉 **方** **互** 賈充

〈1〉· 高貴鄕公, 名髦, 字彦士[1], 文帝曾孫. 好學, 夙成. 齊王廢, 羣臣迎立之. 髦見威權日去, 不勝其忿, 謂尚書王經等曰: "司馬昭之心, 路人所知也, 吾不能坐受廢辱." 遂拔劍升輦, 率殿中宿衛, 鼓出雲龍門. 賈充自外而入, 帝師潰散. 帝猶手劍奮擊, 衆莫敢逼. 太子舍人成濟問充曰: "事急矣! 當云何?" 充曰: "公畜汝等, 政爲今日, 無所問也." 濟卽前刺髦, 刃出於背. 時暴雨, 雷電晦冥. [『魏志』·『漢晉春秋』·『魏氏春秋』]

〈2〉· 一說[2], 泰勸昭殺充, 昭曰: "卿更思其他." 泰曰: "豈可使泰復發後言?" 遂嘔血死.

校勘 1) 彦士: 원문은 "彦文"이라 되어 있지만 誤記이므로, 『世說新語』 注에 인용된 『魏志』와 『三國志』「魏書·高貴鄕公髦帝紀」에 의거하여 고침.

2) 一說: 『世說新語』와 『世說新語補』 注에는 출전이 『魏氏春秋』라 되어 있음.

231-2(0341)

사마문왕(司馬文王: 司馬昭)이 무해(武陔)에게 물었다.

"진현백은 그의 부친인 진사공(陳司空: 陳羣)과 비교하면 어떻소?"

무해가 말했다.

"아정한 인품과 널리 통달된 학문으로 천하의 교화를 자기의 임무로 삼을 수 있는 것은 [그의 부친만] 못하지만, 명철하고 노련한 재능과 지극히 간명한 방법으로 공을 세우고 일을 처리하는 것은 [그의 부친보다] 낫습니다."

司馬文王問武陔: "陳玄伯何如其父司空?" 陔曰: "通雅博暢, 能以天下聲教爲己任者, 不如也, 明練簡至, 立功立事, 過之." 品 五 武陔

232

[晉] 진규(陳逵)

자는 임도(林道)다. 젊어서부터 재간이 있었으며, 명민함으로 이름을 세웠다. 광릉공(廣陵公)에 습봉되었고, 황문랑(黃門郎)과 서중랑장(西中郎將)을 지냈으며, 양(梁)과 회남(淮南) 두 군(郡)의 태수를 맡았다.

字林道. 少有幹, 以淸敏立名. 襲封廣陵公, 黃門郎・西中郎將, 領梁・淮南二郡太守. [『陳逵別傳』]

232-1(0342)

진림도가 장강의 서안(西岸)[1]에 있을 때, 도성 사람들이 함께 그를 영접하여 우저(牛渚)[2]로 나가 모임을 가졌다. 진림도의 현리(玄理)는 이미 뛰어났기 때문에 사람들은 함께 담론하여 그를 꺾어보고 싶었다. 그러나 진림도가 여의(如意)로 뺨을 괸 채 계롱산(鷄籠山)[3]을 바라보며 이렇게 탄식했다.

"손백부(孫伯符: 孫策)의 뜻과 공업(功業)이 실현되지 못했구나!"

그리하여 사람들은 모임이 끝나도록 그와 담론할 수 없었다.

역주 1) 서안(西岸): 長江 북쪽의 歷陽[지금의 安徽省 和縣]을 말함.

2) 우저(牛渚): 一名 牛渚山. 지금의 安徽省 當塗縣 서북쪽으로 長江에 접해 있는 곳.

3) 계롱산(鷄籠山): 일명 鷄鳴山・欽天山. 孫策의 옛 전쟁터. 지금의 安徽省 和縣 서북쪽에 있는 산으로, 그 모양이 닭장 같아서 그렇게 부름.

陳林道在西岸, 都下諸人共要至牛渚會. 陳理既佳, 人欲共言折. 陳以如意拄頰, 望鷄籠山, 歎曰: "孫伯符志業不遂!" 於是竟坐不得談. 豪

233

[晉] 진수(陳壽)

자는 승조(承祚)며 파서(巴西) 안한(安漢) 사람이다. 젊어서 초주(譙周)를 스승으로 모셨다. 촉(蜀)나라에서 벼슬하여 관각령사(觀閣令史)를 지냈다. 진수는 부친이 돌아가셨을 때 병이 나자 하녀에게 환약을 만들게 했기에 향리에서 그를 폄적시켜야 한다고 논의했는데, 이 일에 연루되어 수년 동안 낮은 벼슬에 머물러 있었다. 장화(張華)가 그의 재주를 아껴 그를 효렴(孝廉)에 천거했으며, 진수는 좌저작랑(佐著作郎)에 제수되었다.

字承祚, 巴西安漢人. 少師事譙周. 仕蜀爲觀閣令史. 父喪有疾, 使婢丸藥, 鄉黨以爲貶議, 坐是沉滯者累年. 張華愛其才, 擧孝廉, 除佐著作郎. [『晉書』]

233-1(0343)

진수가 장차 『삼국지(三國志)』를 지으려 하면서 정량주(丁梁州)에게 말했다.

"만약 천 곡(斛)의 쌀을 빌려준다면 마땅히 존공(尊公: 丁廙)〈1〉을 위해 훌륭한 전(傳)을 짓겠소."

하지만 정량주가 진수에게 쌀을 주지 않자 결국 진수는 그의 부친을 위한 전을 짓지 않았다.〈2〉 당시 논자들은 이 일을 가지고 진수를 경시했다. 정량주는 정경례(丁敬禮: 丁廙)의 아들이다.

〈1〉· 정이(丁廙)는 자가 경례다. 어려서부터 재주가 있었으며 박학하고 견문이 넓었다. [후한] 건안(建安) 연간(196～219)에 황문시랑(黃門侍郎)이 되었다.

〈2〉· 정이가 한번은 조용히 위(魏) 무제(武帝: 曹操)에게 말하길: "임치후(臨菑侯: 曹植)는 천성이 어질고 효성스러우며 총명하고 지혜로워서 천하의 현재들이 모두 그를 따라 노닐면서 그를 위해 기꺼이 죽기를 원합니다"라고 했다. 위 무제가 말하길: "식(植)은 내가 사랑하고는 있지만 어찌 경의 말처럼 될 수 있겠소! 내가 그를 후사로 세우고자 하는데 어떠하오?"라고 하자, 왕이가 말하길: "제가 듣건대, 신하를 아는 것은 군주만한 이가 없고 자식을 아는 것은 아비만한 이가 없다고 했습니다. 그런데 군주가 신하의 총명함과 우매함을 논하지 않고 아비가 자식의 현명함과 우둔함을 묻지 않지만, 능히 신하와 자식을 알 수 있는 것은 어째서입니까? 아마도 서로 아는 것은 한 가지 일이나 한 가지 사물만을 통해서가 아니며, 서로 하고 싶은 말을 남김없이 하는 것은 하루 아침이나 하루 저녁만을 통해서가 아니기 때문일 것입니다. 게다가 명공(明公: 曹操)께서는 그에게 성철(聖哲)하신 덕을 더해주시고 신하와 자식의 도리를 익히게 하고 계십니다. 지금 명철하신 명을 내려 길이 평안한 말씀을 해주신다면, 가히 위로는 천명에 상응하고 아래로는 인심에 부합한다고 할 것입니다"라고 했다. 위 무제는 그의 의견을 깊이 받아들였다.

陳壽將爲『國志』, 謂丁梁州曰: "若覓千斛米見借, 當爲尊公〈1〉作佳傳." 丁不與米, 遂不爲立傳.〈2〉 時論以此少之. 梁州是敬禮子. **紕**

〈1〉· 丁廙, 字敬禮. 少有才, 博學洽聞. 建安中, 為黃門侍郎. [『文士傳』]

〈2〉· 廙嘗從容謂魏武曰: "臨菑侯天性仁孝, 聰明智達, 天下賢才, 皆願從游而為之死." 魏武曰: "植, 吾愛之, 安能若卿言! 吾欲立為嗣, 何如?" 廙曰: "廙聞知臣莫若君, 知子莫若父. 至於君不論明闇, 父不問賢愚, 而能知其臣子者何? 蓋由相知非一事一物, 相盡非一朝一夕. 況明公加之以聖哲, 習之以臣[1]子. 今發明達之命, 吐永安之言, 可謂上應天命, 下合人心也." 魏武深納之. [『文士傳』]

校勘 1) 臣: 『世說新語補』에 인용된 『文士傳』에는 "人"이라 되어 있음.

234

[劉宋] 진유(陳遺)

234-1(0344)

오군(吳郡)의 진유는 집안에서 지극히 효성스러웠다. 그의 어머니는 솥 밑에 누른 누룽지를 좋아했는데, 진유는 오군의 주부(主簿)가 되어서도 항상 자루 하나를 차고 다니면서 밥을 지을 때마다 누룽지를 긁어모아 돌아와서 어머니께 드리곤 했다. 후에 손은(孫恩)〈1〉의 도적이 오군에 나타나자, 원부군(袁府君: 袁山松)〈2〉은 그날로 바로 정벌에 나섰다. 그때 진유는 여러 말[斗]의 누룽지를 모았지만 미처 집에 돌아갈 겨를이 없어서 마침내 그것을 메고 종군했다. 호독(滬瀆)의 싸움에서 패하여 병사들이 뿔뿔이 흩어져 산 속으로 도망했지만 대부분 굶어 죽었는데, 진유만은 누룽지 때문에 살아남게 되었다. 당시 사람들은 이를 지극한 효성에 대한 보답이라고 여겼다.

〈1〉・손은은 일명 손령수(孫靈秀)라고도 하며 낭야(瑯琊) 사람이다. 숙부 손태(孫泰)가 반란을 도모하다가 주살당하자, 손은은 바닷가로 도망가서 10만 명의 무리를 모아 각지의 군현을 공략했다. 나중에 임해태수(臨海太守) 신병(辛昺)에게 참수당했다.

〈2〉・원부군은 원산송(袁山松)이다.

역주 1) 오두미도(五斗米道): 後漢 말에 張陵이 창시한 도교 종단. 장릉을 따라 도를 받은 자는 5말의 쌀을 바쳤기 때문에 오두미도라 함.

吳郡陳遺, 家至孝. 母好食鐺底焦飯, 遺作郡主簿, 恒裝一囊, 每煮食, 輒貯錄焦飯, 歸以遺母. 後値孫恩〈1〉賊出吳郡, 袁府君〈2〉卽日便征. 遺已聚斂得數斗焦飯, 未展歸家, 遂帶以從軍. 戰於滬瀆, 敗, 軍人潰散, 逃走山澤, 皆多饑死, 遺獨以焦飯得活. 時人以爲純孝之報也. 德

〈1〉・一名靈秀, 瑯琊人. 叔父泰, 謀叛伏誅, 恩逃於海上, 聚衆十萬, 攻沒郡縣. 後爲臨海太守辛昺所斬. [『晉安帝紀』]

〈2〉・山松.

235

[陳] 진훤(陳暄)

의흥(義興) 국산(國山) 사람이며, 자사(刺史) 진경지(陳慶之)의 아들이다. 벼슬은 산기상시(散騎常侍)를 지냈다.

義興國山人, 刺史慶之子. 官散騎常侍. [『南史』]

235-1(0345)

진훤은 문재(文才)가 탁월하게 빼어났지만 지나치게 술에 빠져 있었다. 그래서 형의 아들 진수(陳秀)가 그에게 편지를 보내 말렸더니 진훤이 이렇게 답장했다.

"속히 술지게미 언덕을 만들면 내가 장차 그곳에서 늙어죽겠다."〈1〉

〈1〉 · 진수는 진훤이 과다하게 술 마시는 것을 늘 걱정하여 진훤의 친구 하서(何胥)에게 편지를 보내 그가 진훤을 말려주길 바랐다. 그러자 진훤이 진수에게 편지를 보내 말하길: "네가 효전(孝典: 何胥)에게 보낸 편지를 보았는데, 내가 과도하게 술을 마신다고 썼더구나. 나는 이것을 좋아한지 50여 년이나 되었다. 예전에 오국(吳國)의 장공(張公: 張季舒)도 술을 매우 좋아했는데, 내가 장공을 만났을 때 그는 이미 60세였지만 술잔 가득 술을 따라 마시는 것만큼은 젊었을 때보다 훨씬 낫다고 스스로 말했다. 내가 지금 술에 나아가는 것도 지난날보다 낫다. 늙어갈수록 더욱 독실해지는 자는 오직 나와 장계서(張季舒)뿐이다. 나는 바야흐로 이 사람과 함께 지하에서 기쁨을 나누고자 하는데 너는 나의 이런 뜻을 일찍 꺾고자 하느냐? 옛날에 완함(阮咸)과 완적(阮籍)은 함께 죽림에서 노닐었지만, [족형제의 아들] 완선자(阮宣子: 阮脩)는 그 말을 이해하지 못했다. 왕담(王湛)은 현담(玄談)에 능하고 말을 잘 탔지만, 왕무자(王武子: 王濟)는 그를 바보 숙부라고 불렀다. 어찌하여 진류(陳留)[1]의 기풍은 이어지지 못하고 태원(太原)[2]의 기세는 드높았단 말인가? 그 뒤바뀜이 참으로 이상하도다! 나는 이미 이 세상에서 적막하고 만년에 늙고 병들었으며, 가산은 안회(顏回)나 원헌(原憲)[3]과 다르지 않고 이름은 아직 재상에 오르지 못했으니, 만약 날마다 진한 술을 마시지 않는다면 다시 어디로 돌아가겠느냐? 너는 술 마시는 것을 잘못이라고 여기지만 나는 술 마시지 않는 것을 허물이라고 여긴다. 옛날에 주백인(周伯仁: 周顗)은 강남으로 건너왔을 때 단지 사흘 동안만 깨어 있었지만 나는 오히려 적다고 여기지 않았으며, 정강성(鄭康成: 鄭玄)은 하루에 300잔의 술을 마셨지만 나는 오히려 많다고 여기지 않았다. 나는 늘 술을 물에 비유하는데, 물은 배를 띄워 건너가게 할 수도 있지만 또한 배를 전복시킬 수도 있다. 예전에 강자의(江諮議: 江總)가 말하길: '술은 병기와 같다. 병기는 천 일 동안 사용하지 않을 수도 있지만 하루라도 갖추지 않으면 안 되며, 술은 천 일 동안 마시지 않을 수도 있지만 일단 마실 땐 취하지 않으면 안 된다'라고 했다. 훌륭하도다, 강공(江公)이여! 함께 술을 논할 수 있겠다. 너는[4] 내가 시중(侍中)의 집에서 수레에서 떨어지고 무릉(武陵)의 저택에서 구덩이에 빠진 것에 놀라 조야(朝野)를 두루 돌아다니면서 스스로 송구하다고[5] 말한다. 이는 바로 공자가 '나는 행복하다. 만일 내가 잘못을 하면 사람들이 반드시 아는구나'[6]라고 한 경우와 같다. 내 평생에 소원은 내가 죽고 난 후 내 묘비에 '진나라 옛 술꾼 진군의 신도[陳故酒徒陳君之神道]'라고 쓰는 것이다. 이와 같은 뜻이라면 남쪽으로 떠났다가 돌아오지 못해 가의(賈誼)가 통곡한 것[7]을 피하겠는가! 하수조(何水曹: 何胥)의 눈은 술잔과 솥단지를 알아보지 못하고 내 입은 술바가지와 술 국자에서 떨어지지 않지만, 너는 하수조와 함께 같은 날 깨어 있기보다는 차라리 나와 함께 같은 날 취해 있는 것이 낫지 않겠느냐? 이는 바로 그 깨어 있음은 따라갈 수 있지만 그 취함은 따라갈 수 없음을 말하는 것이다"라고 했다.

역주 1) 진류(陳留): 阮咸·阮籍 일족을 말함. 이들은 모두 陳留 尉氏 阮氏임.

2) 태원(太原): 王濟 일족을 말함. 이들은 모두 太原 晉陽 王氏임.

3) 안회(顔回)나 원헌(原憲): 둘 다 孔子의 제자로 安貧樂道하면서 道를 지킨 것으로 이름남.

4) 너는: 원문은 "周"라 되어 있지만 문맥상 어울리지 않으므로『南史』권61「陳暄傳」에 의거하여 "汝"로 고쳐 번역함.

5) 송구하다고: 원문은 "憔悴"라 되어 있지만 문맥상 어울리지 않으므로『南史』권61「陳暄傳」에 의거하여 "焦悚"으로 고쳐 번역함.

6) 나는 행복하다. 만일 내가 잘못을 하면 사람들이 반드시 아는구나:『論語』「述而」편에 나오는 구절.

7) 가의(賈誼)가 통곡한 것: 西漢의 정론가이자 문학가인 가의는 文帝의 신임을 받아 公卿의 지위에 오르려 했으나 周勃·灌嬰 등 大臣들의 참소로 長沙王의 太傅로 좌천되었는데, 湘水를 건너가다가「弔屈原賦」를 지어 굴원에게 조의를 표하며 자신의 불우한 처지를 노래함.

陳暄文才俊逸, 而沉湎過度. 兄子秀致書止之, 暄答曰: "速營糟丘, 吾將老焉."〈1〉 **任**

〈1〉·秀常憂暄飲酒過多, 致書於暄友人何胥, 冀其諷諫. 暄與秀書曰: "見汝書與孝典, 陳吾飲酒過差. 吾有此好五十餘年. 昔吳國張公亦稱耽嗜, 吾見張公時, 已六十, 自言引滿大勝少年. 吾今所進亦勝於往日. 老而彌篤, 惟吾與張季舒耳. 吾方與此子交歡地下, 汝欲夭我此志耶? 昔阮咸·阮籍同遊竹林, 宣子不明斯言. 王湛能玄言巧騎, 武子呼為痴叔. 何陳留之風不嗣, 太原之氣巋然? 翻成可怪! 吾既寂寥當世, 朽病殘年, 產不異於顔原, 名未動於卿相, 若不日飲醇酒, 復欲安歸? 汝以飲酒為非, 吾以不飲為過. 昔周伯仁渡江, 惟三日醒, 吾不以為少. 鄭康成一日三百盃, 吾不以為多. 吾嘗譬酒猶水也, 可以濟舟, 亦可以覆舟. 故江諮議有言: '酒猶兵也. 兵可千日而不用, 不可一日而不備. 酒可千日而不飲, 不可一飲而不醉.' 美哉江公! 可與論酒矣. 周[1]驚吾墜車侍中之門, 陷地武陵之第, 遍匝朝野, 自言憔悴[2]. '丘也幸. 苟有過, 人必知之.' 吾平生所願, 身沒之後, 題吾墓云'陳故酒徒陳君之神道'. 若斯志意, 豈避南征之不復, 賈誼之慟哭者哉! 何水曹眼不識盃鐺, 吾口不離瓢杓, 汝寧與何同日而醒, 與吾同日而醉乎? 政言其醒可及, 其醉不可及也." [『南史』]

校勘 1) 周: 『世說新語補』에 인용된 『南史』와 『南史』 권61 「陳暄傳」에는 모두 "汝"라 되어 있는데 타당함.

2) 悴: 『南史』 권61 「陳暄傳」에는 "悚"이라 되어 있는데 문맥상 타당함.

236

[齊] 진현달(陳顯達)

팽성(彭城) 사람이다. 정남대장군(征南大將軍)과 강주자사(江州刺史)를 지냈으며, 울림왕(鬱林王: 蕭昭業)을 폐위시키는 데 가담한 공훈으로 작위를 받아 공(公)이 되었다. 동혼후(東昏侯: 蕭寶卷)가 즉위하자, 그는 마음속으로 의심과 두려움을 품고 군대를 일으켜 건업(建業: 建康)을 습격했다가 패하여 죽었고 아들들도 모두 주살당했다.

彭城人. 官征南大將軍・江州刺史, 豫廢鬱林之勳, 進爵爲公. 東昏立, 內懷疑怖, 擧兵襲建業, 敗死, 諸子皆伏誅. [『南齊書』]

236-1(0346)

진강주(陳江州: 陳顯達)의 아들들은 대부분 호사와 사치를 일삼았는데 진강주는 이를 기뻐하지 않았다. [아들] 진휴상(陳休尙)이 영부주부(郢府主簿)가 되어 구강(九江)을 지나면서 부친에게 작별을 고하자, 진현달이 그에게 말했다.

"주미(麈尾)[1]와 같은 파리채는 왕씨(王氏)나 사씨(謝氏)[2] 집에서나 쓰는 물건이니 너는 이것을 들고 있을 필요가 없다."

그리고는 즉시 그것을 가져다 면전에서 불태워 없앴다.

역주 1) 주미(麈尾): 禪僧이나 淸談家들이 담론할 때 손에 들고 흔드는 둥근 모양의 총채. '麈尾扇' 또는 '拂子'라고도 함.

2) 왕씨(王氏)나 사씨(謝氏): 南朝의 대표적인 두 名族. 여기서는 名門閥族을 뜻함.

陳江州諸子多事豪侈, 江州不悅. 休尙爲郢府主簿, 過九江, 拜別, 顯達語之曰: "麈尾蠅拂, 是王・謝家物, 汝不須捉此." 卽取於前燒除之. **規**

237

[宋] 진집중(陳執中)

자는 소예(昭譽)다. 부친의 후광으로 비서성정자(秘書省正字)에 임명되었고 여러 벼슬을 거쳐 평장사(平章事: 宰相)가 되었다. 죽은 후 시중(侍中)에 추증되었고 조서에 의해 공(恭)이라는 시호를 받았다.

字昭譽. 以父恕任爲秘書正字, 累遷平章事. 卒贈侍中, 詔謚恭. [『宋史』]

237-1(0347)

진공공(陳恭公: 陳執中)이 박주(亳州)를 다스리고[1] 있을 때, 생일이 되자 친족들이 대부분 「노인성도(老人星圖)」〈1〉를 바쳤다. 하지만 조카 진세수(陳世修) 혼자만 「범려유오호도(范蠡遊五湖圖)」를 바치고 아울러 다음과 같은 찬(贊)을 지었다.

"현명하도다 도주공(陶朱公: 范蠡)이여! 월(越)나라를 패자(霸者)로 만들고 오(吳)나라를 평정했네. 이름은 죽은 뒤에 드러나나니, 조각배 타고 오호(五湖)를 떠다녔다네."

진공공은 그날로 부절(符節)을 반납했다[2].〈2〉

〈1〉・『춘추원명포(春秋元命苞)』: 호성(弧星)[3] 북쪽을 향하여 큰 별 하나를 가리켜 노인성(老人星)이라 한다. 나라가 잘 다스려져 태평하면 이 별이 나타나는데, 이 별이 나타나면 군주가 장수하고 창성한다.

〈2〉・범려(范蠡)는 월나라를 도와 오나라를 멸하고 나서 대부(大夫) 문종(文種)에게 서찰을 보내 말하길: "내가 듣건대 하늘에 사계절이 있어서 봄에는 만물이 생장하고 겨울에는 시든다고 하오. 사람의 운명에도 성쇠(盛衰)가 있어서 행운이 끝나면 반드시 액운이 찾아오는 법이오. 진퇴와 존망의 이치를 알아 그 정도(正道)를 잃지 않는 사람은 오직 현인뿐이오! 나는 비록 재주는 없지만 진퇴의 이치를 분명히 알고 있소. 높이 나는 새를 쏘아 잡고 나면 훌륭한 활은 무기고에 수장되고, 교활한 토끼를 다 사냥하고 나면 훌륭한 사냥개는 삶아지는 법이오. 대저 월왕의 사람됨은 목이 길고 입이 뾰족하며 매처럼 노려보고 이리처럼 걸으니, 환난을 함께 할 수는 있어도 즐거움을 함께 누릴 수는 없으며 위급한 상황을 함께 겪을 수는 있어도 편안한 처지를 함께 할 수는 없소. 그대가 만약 떠나지 않는다면 월왕이 장차 그대를 해치게 될 것이 분명하오"라고 했다. 하지만 문종은 그의 말을 믿지 않았다. 범려는 마침내 월왕에게 작별을 고한 뒤 조각배를 타고 삼강(三江)[4]과 오호(五湖)[5]를 출입했는데, 사람들은 그가 어디로 갔는지 알지 못했다. 나중에 어떤 사람이 월왕에게 문종을 참소하자, 월왕은 문종에게 촉루검(屬鏤劍)을 내려 자결하게 했다.

역주 1) 다스리고: 원문은 "判". 高官이 낮은 職務를 맡은 것을 말함.

2) 부절(符節)을 반납했다: 辭職했다는 뜻. 符節은 관리에게 부여한 信標를 말함.

3) 호성(弧星): 별자리 이름. 28宿 가운데 井宿에 속하며 후에는 弧矢라는 이름으로 바뀌었음. 현재의 큰개자리와 고물자리의 일부에 걸쳐 있음. 『史記』 권27 「天官書」에 "其東有大星曰狼, 狼角變色, 多盜賊. 下有四星曰弧, 直狼. 狼比地有大星, 曰南極老人. 老人見, 治安, 不見, 兵起. 常以秋分時候之于南郊."라는 기록이 있음.

4) 삼강(三江): 松江・錢塘江・浦陽江을 말함.

5) 오호(五湖): 太湖・胥湖・蠡湖・洮湖・滆湖를 말함.

陳恭公判亳州, 遇生日, 親族多獻「老人星圖」.〈1〉 姪世修獨獻「范蠡遊五湖圖」, 且贊曰: "賢哉陶朱! 霸越平吳. 名隨身後, 扁舟五湖." 公卽日納節.〈2〉 **規**

〈1〉・『春秋元命苞』曰 : 嘉置弧北, 指一大星, 爲老人星. 治平則見, 見則主壽昌.

〈2〉・范蠡佐越滅吳, 爲書遺大夫種曰: "吾聞天有四時, 春生冬伐. 人有盛衰, 泰終必否. 知進退存亡而不失其正, 惟賢人乎! 蠡雖不才, 明知進退. 高鳥已散, 良弓將藏, 狡兔已盡, 良犬就烹. 夫越王為人, 長頸鳥[1]喙, 鷹視狼步, 可與共患難, 而不可共處樂, 可與履危, 不可與安. 子若不去, 將害於子, 明矣." 文種不信. 蠡遂辭於王, 乘扁舟, 出入三江・五湖, 人莫知所適. 後有讒文種於王者, 王賜種以屬鏤之劒. [趙曄『吳越春秋』]

校勘 1) 烏: "鳥"의 誤記로 보임. 今本 『吳越春秋』 권10 「句踐伐吳外傳」에도 "鳥"라 되어 있음.

238

[晉] 진자우(秦子羽)

238-1(0348)

「머리가 진자우를 꾸짖는 글[頭責秦子羽]」에서 말했다.

"그대는 결국 태원(太原)의 온옹(溫顒), 영천(潁川)의 순우(荀寓),〈1〉 범양(范陽)의 장화(張華), 사경(士卿) 유허(劉許),〈2〉 의양(義陽)의 추담(鄒湛), 하남(河南)의 정후(鄭詡)〈3〉만 못하다. 이 몇 사람 가운데 어떤 자는 말을 더듬어 음정을 맞추지 못하며, 어떤 자는 허약한 체구에 못생겼고 말이 거의 없으며, 어떤 자는 뽐내듯이 일부러 모습을 잘 꾸미며, 어떤 자는 시끄럽게 떠들면서 지모(智謀)가 적으며, 어떤 자는 입에 끈끈한 엿을 물고 있는 것 같으며,[1] 어떤 자는 머리가 양념 빻는 절구에 두건을 씌워놓은 것 같다. 그렇지만 그들은 문장이 볼 만하고 사고가 면밀하기 때문에 권문세가에 의지하여 모두 조정에 올랐던 것이다."[2]〈4〉

〈1〉・순우는 자가 경백(景伯)이며, 상서(尙書)를 지냈다.

〈2〉・유허는 자가 문생(文生)이며 탁록(涿鹿) 사람이다. 사경(士卿)을 지냈다.

〈3〉・정후는 자가 사연(思淵)이며 형양(滎陽) 사람이다. 위위경(衛尉卿)을 지냈다.

〈4〉・『장민집(張敏集)』에 실려 있는 「머리가 진자우를 꾸짖는 글」[3] : 내 친구 중에 진생(秦生)이란 자가 있는데, 비록 나에게는 자부(姊夫)이긴 하지만 젊어서부터 가까이 지냈다. 같은 때에 친하게 교제한 사람으로는 태원의 온옹[字 長仁], 영천의 순우[字 景伯], 범양의 장화[字 茂先], 사경 유허[字 文生], 남양(南陽)의 추담[字 潤甫], 하남의 정후[字 思淵]가 있었다. 그들은 몇 년 동안 차례로 조정에 올랐지만, 이 어진 사람[진생]은 누추한 동네에 살면서 여러 번 자신을 팔려고 했지만 좋은 값을 쳐주는 사람이 없었기에,[4] 높은 뜻을 지닌 채 유유자적하며 끝내 지조를 꺾지 않으므로 내가 그것을 유감스러워한다. 또한 되먹지 못하게도 그들은 이미 관직에 있으면서도 옛 친구를 잊지 않던 [『詩經』] 「벌목(伐木)」편의 새 우는 소리[5]가 전혀 없고, 친구를 이끌어 주던 왕길(王吉)과 공우(貢禹)의 갓 털던 뜻[6]을 크게 어겼다. 그래서 진생의 용모가 훌륭한 것으로 인해 「머리가 꾸짖는 글」을 지어 장난을 치면서, 아울러 여섯 사람을 조롱하고자 한다. 비록 겉으로는 해학 같지만 실제로는 기탁한 바가 있다. 그 글은 다음과 같다. "태시(泰始) 원년(265)에 머리가 자우를 꾸짖어 말했다. '내가 그대에게 붙어 머리가 된지 만여 일이 되었다. 천지는 나에게 정신을 내려주고 나에게 육체를 만들어주었다.[7] 나는 그대를 위해 두피에 머리카락을 심고, 코와 귀를 설치하고, 눈썹과 수염을 안치하고, 치아를 박아 넣었으며, 눈동자에서 빛이 나게 하고, 양쪽 광대뼈를 솟아나게 했다. 매번 출입하면서 저자거리를 노닐 때마다 지나가는 자는 길을 비키고 앉아 있는 자는 삼가 예의를 갖춘다. 어떤 자는 군후(君侯)라 부르고 어떤 자는 장군이라 부르면서, 양손을 모아 몸을 숙이고 똑바로 서서 허리를 굽힌다. 이렇게 하는 것은 진실로 나의 용모가 훌륭하기 때문이다. 그대는 관리의 관도 쓰지 않고 금은의 장식물도 차지 않으며, [부녀자들이나 꽂는] 비녀로 상투꽂이를 대신하고 [부녀자들이나 쓰는] 머리쓰개로 모자를 대신하며,[8] 맛있는 음식도 먹지 못하고 조나 푸성귀를 먹으며, 시골에 파묻혀 거름 주느라 검게 더럽혀지면서도, 세월이 저물도록 일찍이 스스로 후회한 적이 없다. 그대는 나의 모습에 싫증나고, 나는 그대의 마음가짐을 경멸한다. 이렇게 된 것은 틀림없이 그대의 처신이 잘못되었기 때문이다. 그대는 나를 원수처럼 대하고 나는 그대를 적과 같이 여기므로, 평상시에 즐겁지 못하고 둘 다 모두 근심하니 얼마나 비참한가! 그대가 남의 보배가 되고자 한다면, 당연히 고요(皐陶)·후직(后稷)·무함(巫咸)·이척(伊陟)[9]처럼 국가를 보호하여 영원히 봉토를 받아야 할 것이다. 그대가 고상한 명성을 얻고자 한다면, 당연히 허유(許由)·자위(子威)·변수(卞隨)·무광(務光)[10]처럼 귀를 씻고 봉록을 피하여 천추(千秋)에 꽃다운 이름을 남겨야 할 것이다. 그대가 유세를 하고자 한다면, 당연히 진진(陳軫)·괴통(蒯通)·육생(陸生: 陸賈)·등공(鄧公)[11]처럼 화를 복으로 만들고 언변을 당당하게 해야 할 것이다. 그대가 진취적이고자 한다면, 당연히 가생(賈生: 賈誼)이 등용되기를 구하고[12] 종군(終軍)이 남월(南越)의 사신을 자청했던[13] 것처럼 예봉(銳鋒)을 갈고 닦아 국사를 맡아야 할 것이다. 그대가 고요히 담박하게 지내고자 한다면, 당연히 노담(老聃: 老子)이 무위(無爲)의 도를 지키고 장주(莊周: 莊子)가 스스로 속세를 떠나 즐겼던 것처럼 마음을 텅 비운 채 욕심을 버리고 뜻은 구름과 해를 뛰어넘어야 할 것이다. 그대가 은둔하고자 한다면, 당연히 영계기(榮啓期)가 새끼 띠를 두르고[14] 어부(漁父)가 물가에서 놀았던[15] 것처럼 깊은 산 속에서 살고 큰 계곡에서 낚싯줄을 드리워야 할 것이다. 이것은 혼자서 자신을 드러내 이름을 이룬 경우다. 지금 그대는 위로는 노장(老莊)의 도를 바라지도 않고, 중간으로는 유묵(儒墨)의 도를 본받지도 않은 채, 홀로 빈천하게 지내면서 그 어리석은 생각만 지키고 있다. 그대의 마음을 살펴보고 그대의 뜻을 관찰해보니, 물러나도 처사(處士)가 되지 못하고 나아가도 삼공(三公)[16]을 바랄 수 없으며, 다만 세월만 보내면서[17] 신체를 수고롭게 하고 보통사람이 좋아하는 것에 익숙해 있으니, 이 또한 잘못이 아닌가!' 자우가 근심스레 깊은 생각에 잠겼다가 대답했다. '무릇 가르쳐주신 바는 삼가 받들겠습니다. 저는 타고난 천성이 매인 게 많아서 예의의 말씀을 듣지 못했는데,[18] 우연히 천행(天幸)을 얻어 당신이 저의 몸에 기탁하게 되었습니다. 그렇지만 지금 나에게 충의를 다하게 하려고 한다면 당연히 오자서(伍子胥)와 굴평(屈平: 屈原)[19]처럼 되어야 하고, 나에게 신의를 다하게 하려고 한다면 당연히 몸을 희생하여 이름을 이루어야 하며, 나에게 절개를 지키게 하려고 한다면 당연히 물과 불 속으로 뛰어들어 지조를 온전하게 해야 합니다. 이 네 가지 일[20]은 사람들이 꺼리는 바이므로 저는 감히 그러한 마음을 먹지 못하겠습니다.' 머리가 말했다. '그대가 말하는 바의 천지의 법망이란 것은 강건한 덕의 허물이니, 그런 경우는 [포초(鮑焦)나 개지추(介之推)처럼] 산에 올라 나무를 끌어안은 채 죽지[21] 않으면 [변수(卞隋)나 무광(務光)처럼] 치마를 걷고 강물에 빠져 죽게 된다.[22] 나는 그대에게 성명(性命)을 보양하는 법을 일러주고 그대에게 유유자적한 도를 가르쳐주려고 한 것인데, 그대는 서캐나 이와 같은 마음을 갖고 나의 조언을 듣지 않는다. 슬프도다! 다 같이 사람의 몸에 깃들면서도 유독 그대의 머리가 되다니! 또한 다른 사람들을 헤아려 그대의 친구들과 비교해본다면, 그대는 여차여차하여[23] 그들만 못하다. 어떤 사람들은 치질을 핥아 수레를 얻기도 하고[24] 연못에 잠수하여 진주를 얻기도 하는데,[25] 어찌하여 그대 같은 사람은 단지 입술과 혀를 썩어 문드러지게 하고 손과 발을 물에 적시고 있는가? 다사다난한 세상에 살면서 권모(權謀) 쓰는 것을 부끄러워하는 것은, 비유하자면 연못을 파고 들어가 물을 담은 물동이를 안고 나오는 것[26]과 같으니, 그것으로는 부귀를 구하기 어렵다. 아! 자우여! 그대는 우리 속에 갇힌 곰, 깊은 함정에 빠진 호랑이, 바위틈에 있는 굶주린 게, 구멍 속에 있는 쥐와 무엇이 다르랴? 비록 열심히 일에 힘을 쏟아도 얻는 효과는 심히 보잘것없으니, 구부리고 움츠린 채 노년에 이르기까지 바라는 바가 없는 것이 마땅하다. 사지가 몸에서 떨어져도 오히려 곤궁하지 않을 수 있으니 천명이 아니겠는가! 어찌 그대와 함께 지낼 수 있으리오!'"

역주 1) 입에 끈끈한 엿을 물고 있는 것 같으며: 입이 끈끈하게 달라붙은 것처럼 발음이 분명하지 않다는 뜻. 또는 입에 꿀을 바른 것처럼 말이 달콤하다고 풀기도 함.

2) 권문세가에 의지하여 모두 조정에 올랐던 것이다: 원문은 "攀龍附鳳, 並登天府." '攀龍附鳳'은 용에 매달리고 봉황을 따른다는 뜻으로, 훌륭한 인물이나 권문귀족에게 의지하여 자신의 지위를 높이는 것을 비유함. '天府'는 조정을 비유함.

3) 『장민집(張敏集)』에 실려 있는 「머리가 진자우를 꾸짖는 글」: 洪邁의 『容齋隨筆』 권4 「晉代遺文」條에 「頭責子羽文」이 인용되어 있는데 『晉代名臣文集』에서 뽑았다고 했으며, 또한 "張敏者, 太原人. 仕歷平南參軍 · 太子舍人 · 濟北長史."라고 함.

4) 여러 번 자신을 팔려고 했지만 좋은 값을 쳐주는 사람이 없었기에: 원문은 "屢沽而無善價". 『論語』 「子罕」篇의 "子貢曰: '有美玉於斯, 韞匵而藏諸? 求善賈而沽諸?' 子曰:

'沽之哉! 沽之哉! 我待賈者也.'"라는 구절을 원용한 것임.

5) 「벌목(伐木)」편의 새 우는 소리: 원문은 "「伐木」嚶鳴之聲". '嚶鳴之聲'은 친구의 소리를 찾아 우는 새의 소리. 사람에게 비유하면 옛 친구를 잊지 않는 것을 말함.

6) 왕길(王吉)과 공우(貢禹)의 갓 털던 뜻: 원문은 "王·貢彈冠之義". '王'은 王吉[字 子陽], '貢'은 貢禹[字 少翁]로, 모두 西漢 琅邪 사람. '彈冠'은 관에 쌓인 먼지를 털고서 추천되기를 기다린다는 뜻. 왕길과 공우는 우정이 매우 돈독하여 언제나 그 진퇴를 함께 했으므로, 당시에 "王陽在位, 貢公彈冠."이라는 말이 있었음.

7) 천지는~만들어주었다: 원문은 "大塊禀我以精, 造我以形." 『莊子』「大宗師」篇의 "夫大塊載我以形, 勞我以生."이라는 구절을 원용한 것임. '大塊'는 천지자연을 말함.

8) 비녀로 상투꽂이를 대신하고 머리쓰개로 모자를 대신하며: 원문은 "釵以當笄, 帢以代幗." '釵(차)'는 여자들이 꽂는 비녀. '笄(계)'는 남녀 모두 사용하지만 여기서는 문맥상 남자들의 상투꽂이가 타당함. '帢(갑)'은 남자들이 쓰는 모자. '幗(괵)'은 여자들이 머리에 쓰는 꾸미개. 문맥상 "帢以代幗"은 "幗以代帢"으로 바꾸어야 타당함. 이 구절은 남자다운 기개가 없음을 말한 것임.

9) 고요(皐陶)·후직(后稷)·무함(巫咸)·이척(伊陟): '皐陶'는 舜의 신하로 형법을 관장했음. '后稷'은 周나라의 시조로, 姜嫄이 天帝의 발자국을 밟고 나서 잉태하여 낳았다고 전해지며, 농사를 관장했음. '巫咸'은 殷나라의 賢臣으로, 殷 中宗 때 巫者가 되었다고 함. '伊陟'은 殷나라의 賢相으로, 伊尹의 아들. 이들은 모두 국가를 위하여 헌신했던 인물임.

10) 허유(許由)·자위(子威)·변수(卞隨)·무광(務光): '許由'는 堯시대의 은자로, 요가 천하를 양보하는 것을 거절하고 箕山에 들어가 은거했으며, 다시 九州의 長으로 초빙되자 潁水 가에서 귀를 씻었다고 함. '子威'는 '子臧'의 誤記로 보임. 子臧은 춘추시대 曹나라 宣公의 庶子인 공자 欣時. 子臧은 그의 字. 宣公이 秦나라와의 전쟁에서 전사한 뒤 왕위 계승다툼이 일어나자, 공자 負芻가 태자를 죽이고 왕위를 빼앗아 成公이 되었는데, 제후들이 부추를 체포하고 자장을 옹립하려 했지만 자장은 사양하고 宋나라로 도망갔음. '卞隨'는 夏나라의 은자. 殷 湯王이 夏 桀王을 토벌한 뒤에 천하를 그에게 양보했지만, 변수는 받지 않고 강물에 투신자살함. '務光'은 夏나라의 은자. 卞隨가 湯王의 양위를 받아들이지 않자, 탕왕은 다시 務光에게 양위하려 했는데, 무광도 받지 않고 강물에 투신자살함. 이들은 모두 속세의 부귀영달을 버리고 스스로 은거한 인물임.

11) 진진(陳軫)·괴통(蒯通)·육생(陸生: 陸賈)·등공(鄧公): '陳軫'은 전국시대 楚나라 사람. 張儀와 함께 秦 惠王을 섬긴 遊說家. '蒯通'은 范陽 사람으로 楚漢爭覇 시기의 유세가. '陸生'은 陸賈. 楚나라 사람으로 辯舌에 능했으며, 漢 高祖의 명을 받아 南越을 漢나라에 복속시킴. '鄧公'은 鄧先이라고도 함. 漢 景帝 때 校尉가 되었고 吳·楚를 격파하여 장군이 됨. 建元 연간(기원전 140~기원전 135)에는 武帝가 그를 賢良으로 초징함. 이들은 모두 변설에 뛰어난 유세가임.

12) 가생(賈生: 賈誼)이 등용되기를 구하고: '賈生'은 賈誼. 西漢 洛陽 사람. 西漢 文帝 때

20여 세에 博士가 되었으며, 자주 계책을 올리고 의식법령을 起草함.

13) 종군(終軍)이 남월(南越)의 사신을 자청했던: '終軍'은 자가 子雲이며 西漢 濟南 사람. 武帝의 인정을 받아 謁者給事中이 되었으며, 남월에 사신으로 가서 남월을 한나라에 귀속시킴.

14) 영계기(榮啓期)가 새끼 띠를 두르고: '榮啓期'는 춘추시대의 은자. 사슴 갖옷에 새끼 띠를 두르고 은둔했으며, 사람으로 태어난 것, 남자로 태어난 것, 오래 산 것을 세 가지 즐거움이라고 함.

15) 어부(漁父)가 물가에서 놀았던: '漁父'는 물가에서 고기잡이하는 노인이란 뜻. 어부의 고사는 역대로 여러 전적에 다양하게 실려 있는데, 그 중에서 『莊子』「漁父」와 『楚辭』「漁父」에 나오는 것이 널리 알려져 있음.

16) 삼공(三公): 원문은 "三事". 天・地・人 三事를 다스린다는 뜻에서 삼공을 가리킴.

17) 세월만 보내면서: 원문은 "翫目"이라 되어 있지만 문맥이 통하지 않으므로 『世說新語』 注에 의거하여 "翫日"로 고쳐 번역함.

18) 듣지 못했는데: 원문은 "不閑"이라 되어 있지만 문맥이 통하지 않으므로 『世說新語』 注에 의거하여 "不聞"으로 고쳐 번역함.

19) 오자서(伍子胥)와 굴평(屈平: 屈原): '伍子胥'는 伍員. 춘추시대 楚나라 사람으로, 楚平王에게 부친과 형이 살해당하자, 吳王을 도와 초나라를 공격하여 평왕의 무덤을 파헤쳐 시체에 채찍질을 했으며, 나중에 오왕 夫差에게 살해당한 뒤 장강에 수장됨. '屈平'은 屈原. 전국시대 楚나라 사람으로, 楚 懷王의 측근이 되어 국사를 보좌했지만 上官大夫의 참언으로 추방당하자 「離騷」를 지어 자신의 뜻을 서술했으며, 나중에 다시 頃襄王에게 추방당하자 汨羅江에 투신자살함.

20) 이 네 가지 일: 실제로는 세 가지 일임.

21) 산에 올라 나무를 끌어안은 채 죽지: 高士로서 명성이 높은 鮑焦와 介之推의 행적을 말함. 포초는 周나라의 은자로 高節을 지킨 채 세상을 비난하면서 나무를 끌어안고 죽었다고 함. 개지추는 춘추시대 晉 文公의 신하로, 문공의 망명길을 오랫동안 수행했지만 봉록을 얻지 못하자 모친과 함께 緜山에서 은거하다 죽었다고 함.

22) 치마를 걷고 강물에 빠져 죽게 된다: 夏나라의 은자 卞隨와 務光의 행적을 말함.

23) 여차여차하여: 위의 본문의 내용을 말함.

24) 치질을 핥아 수레를 얻기도 하고: 굴욕적인 일을 참고 행하여 이득을 얻는 것을 말함.

25) 연못에 잠수하여 진주를 얻기도 하는데: 생사가 걸린 위험을 감수하여 진귀한 보물을 얻는 것을 말함.

26) 연못을 파고 들어가 물을 담은 물동이를 안고 나오는 것: 땅을 파서 우물을 만든 뒤 그 속으로 들어가 물동이에 물을 담아가지고 나와서 채마밭에 물을 준다는 뜻. 즉 수고는 많이 하지만 그 효과는 너무 적음을 말함.

「頭責秦子羽」云: "子曾不如太原溫顒, 潁川荀寓[1],〈1〉 范陽張華, 士卿劉許,〈2〉 義陽鄒湛, 河南鄭詡.〈3〉 此數子者, 或謇喫無宮商, 或尪陋希言語, 或淹伊多姿態, 或讙譁少智諝, 或口如含膠飴, 或頭如巾齏杵. 而猶以文采可觀, 意思詳序, 攀龍附鳳, 竝登天府."〈4〉 **排** **互** 張華 鄒湛

〈1〉· 字景伯, 官尙書 祖式, 太尉. 父保, 御史中丞. [『荀氏譜』·『世語』]

〈2〉· 字文生, 涿鹿人. 官士卿. [『晉百官名』]

〈3〉· 字思淵, 滎陽人. 官衛尉卿. [『晉諸公贊』]

〈4〉· 『張敏集』載「頭責秦子羽文」曰 : 余友有秦生者, 雖有姊夫之尊, 少而押焉. 同時好暱, 有太原溫長仁顒, 潁川荀景伯寓, 范陽張茂先華, 士卿劉文生許, 南陽鄒潤甫湛, 河南鄭思淵詡. 數年之中, 繼踵登朝, 而此賢身處陋巷, 屢沽而無善價, 亢志自若, 終不衰墮, 爲之慨然. 又怪諸賢旣已在位, 曾無「伐木」嚶鳴之聲, 甚違王·貢彈冠之義. 故因秦生容貌之盛, 爲「頭責之文」以戲之, 幷以嘲六子焉. 雖似諧謔, 實有興也. 其文曰: "維泰始元年, 頭責子羽曰: '吾托子爲頭, 萬有餘日矣. 大塊稟我以精, 造我以形. 我爲子植髮膚, 置鼻耳, 安眉須, 揷牙齒, 眸子摛光, 雙顴隆起. 每至出入之間, 遨遊市里, 行者辟易, 坐者竦跪. 或稱君侯, 或言將軍, 捧手傾側, 佇立崎嶇. 如此者, 故我形之足偉也. 子冠冕不戴, 金銀不佩, 釵以當笄, 帢以代幗, 旨味弗嘗, 食粟茹菜, 限摧園間, 糞壤汚[2]黑, 歲暮年過, 曾不自悔. 子厭我於形容, 我賤子乎意態. 若此者乎, 必子行己之累也. 子遇我如讐, 我視子如仇, 居常不樂, 兩者俱憂, 何其鄙哉! 子欲爲人寶也, 則當如皐陶·后稷·巫咸·伊陟, 保乂王家, 永見封殖. 子欲爲名高也, 則當如許由·子威·卞隨·務光, 洗耳逃祿, 千歲流芳. 子欲爲遊說也, 則當如陳軫·蒯通·陸生·鄧公, 轉禍爲福, 令辭從容. 子欲爲進趣也, 則當如賈生之求試, 終軍之請使, 砥礪鋒穎, 以幹王事. 子欲爲恬惔也, 則當如老聃之守一, 莊周之自逸, 廓然離欲, 志凌雲日. 子欲爲隱遁也, 則當如榮期之帶索, 漁父之瀺灂, 棲遲神丘, 垂餌巨鼇. 此一介之所以顯身成名者也. 今子上不希道德, 中不效儒墨, 塊然窮賤, 守此愚惑. 察子之情, 觀子之志, 退不爲於處士, 進無望於三事, 而徒翫目[3]勞形, 習爲常人之所喜, 不亦過乎!' 於是子羽愀然深念而對曰: '凡所敎敕, 謹聞命矣. 以受性拘繫, 不閑[4]禮義, 設以天幸, 爲子所寄. 今欲使吾爲忠也, 則當如伍胥·屈平. 欲使吾爲信也, 則當殺身以成名. 欲使吾爲介節也, 則當赴水火以全貞. 此四者, 人之所忌, 故吾不敢造意.' 頭曰: '子所謂天刑地網, 剛德之尤, 不登山抱木, 則褰裳赴流. 吾欲告爾以養性, 誨爾以優游, 而以蠛蠓同情, 不聽我謀. 悲哉! 俱寓人體, 而獨爲子頭. 且擬人其倫, 喩子儕偶. 子曾不如云云[5]. 夫舐痔得車, 沉淵得珠, 豈若夫子徒令唇舌腐爛, 手足沾濡哉? 居有事之世, 而恥爲權圖, 譬猶鑿池抱甕, 難以求富. 嗟乎子羽! 何異檻中之熊, 深穽之虎, 石間飢蟹, 竇中之鼠? 事力雖勤, 見功甚苦, 宜其拳局剪蹙, 至老無所希也.

支離其形, 猶能不困, 非命也夫! 豈與夫子同處也!'"

校勘 1) 寓: 『世說新語』에는 "寓"라 되어 있음. 劉孝標 注에서도 마찬가지임.
2) 汚: 『世說新語』 注에 인용된 「頭責子羽文」에는 "汗"이라 되어 있음.
3) 目: 『世說新語』 注에 인용된 「頭責子羽文」에는 "日"이라 되어 있음.
4) 閑: 『世說新語』 注에 인용된 「頭責子羽文」에는 "聞"이라 되어 있음.
5) 云云: 『世說新語』 注에 인용된 「頭責子羽文」에는 이 부분에 본문의 내용이 중복되어 실려 있음.

239

[宋] 진관(秦觀)

자는 소유(少游) 또는 태허(太虛)며 양주(揚州) 사람이다. 어려서부터 성격이 호방하여 격정이 문장에 넘쳐났다. 소식(蘇軾)은 그가 굴원(屈原)이나 송옥(宋玉)의 재주를 지니고 있다고 생각했다. 원우(元祐) 연간(1086~1093) 초에 추천을 받아 태학박사(太學博士)와 국사편수(國史編修)에 제수되었다. 나중에 당적(黨籍)[1]에 연루되어 건주(虔州)의 주세(酒稅)를 감독하는 관리로 폄적되었다. 사자가 어지를 받들어 그의 과실을 캐내 그가 불경을 베꼈다고 고하여 그것으로 죄를 삼아 관직을 삭탈하고 침주(郴州)로 옮겨가게 했다. 사면을 받아 돌아오다가 등주(藤州)에서 죽었다. 죽기 전에 스스로 만사(挽詞)를 지었는데 그 말이 매우 애통하다.

역주 1) 당적(黨籍): 元祐黨籍을 말함. 송나라 원우 연간에 司馬光을 우두머리로 하고 文彦博·蘇軾·程頤·黃庭堅 등을 우익으로 하여 王安石의 新法에 반대한 문인 학자 119인을 말함.

字少游, 一字太虛, 揚州人. 少豪雋, 慷慨溢於文詞. 蘇軾謂有屈·宋才. 元祐初, 薦除太學博士·國史編修. 後坐黨籍, 貶監虔州酒稅. 使者承風旨, 伺過失, 以謁告寫佛書為罪, 削秩徙郴州. 放還, 藤州卒. 先自作挽詞, 其語哀甚. [『宋史』「文苑傳」]

239-1(0349)

진태허가 가어사(賈御史)에게 탄핵을 당하자, 장문잠(張文潛: 張耒)〈1〉이 그를 놀리며 말했다.

"천여 년 전에 가생(賈生: 賈誼)이 진(秦)나라의 실정을 꾸짖더니 오늘 또 그러는구먼."

이 말을 들은 자들은 멋진 농담이라 여겼다.〈2〉

〈1〉· 장문잠은 이름이 뢰(耒)며 회음(淮陰) 사람이다. 13세에 이미 문장에 능했으며 소철(蘇轍) 형제를 좇아 교유했다. 약관의 나이에 진사 시험에 급제하여 기거사인(起居舍人)을 역임했다. 당적에 연루되어 파직당했으며, 만년에는 남악묘(南嶽廟)를 감독하고 숭복궁(崇福宮)을 주관하다가 죽었다.

〈2〉· 가의(賈誼)의 『신서(新書)』에 「과진론(過秦論)」 상하 2편이 있다.

秦太虛爲御史賈所彈, 張文潛〈1〉戲之曰: "千餘年前, 賈生過秦, 今復爾也." 聞者以爲佳謔.〈2〉 排

〈1〉· 名耒, 淮陰人. 十三歲能文, 從蘇轍兄弟遊. 弱冠第進士, 歷起居舍人. 坐黨籍落職, 晚監南嶽廟, 主管崇福宮, 卒. [『宋史』]

〈2〉· 賈誼『新書』有「過秦」上下二篇.

240

[宋] 진회(秦檜)

자는 회지(會之)며 강녕(江寧) 사람이다. 정강(靖康) 원년(1126)에 금(金)나라 군대가 변경(汴京: 開封)을 함락하여 두 황제[徽宗·欽宗]가 북쪽으로 잡혀갈 때,[1] 진회는 어사중승(御史中丞)의 신분으로 수행하여 금나라 군주 달라(撻懶)가 주창한 토지 할양 논의에 찬성했다. 그래서 달라가 그를 놓아주어 그의 부인 왕씨(王氏)와 함께 배를 타고 [고종이 있는] 행재궁(行在宮)으로 가도록 해주었다. 고종(高宗)은 그를 불러 접견하고 함께 국사를 논의한 뒤 그를 크게 훌륭히 여겨 포상하고 참대정(參大政)으로 발탁했다. 진회는 금나라와의 화의(和議)를 적극 주장하여 조정 신하 중에 자기와 뜻이 다른 자는 모두 축출했다.

역주 1) 정강(靖康) 원년(1126)에~두 황제[徽宗·欽宗]가 북쪽으로 잡혀갈 때: 이른바 '정강의 변'을 말함. 북송 欽宗 정강 연간(1126~1127)에 도성 汴京이 금나라 군대의 공격을 받아 함락되고 북송이 멸망하게 된 사건. 徽宗은 蔡京·童貫 등의 진언에 따라 금나라와 동맹하여 遼나라를 협공하여 오대 後晉 때 빼앗긴 燕雲 16주를 탈환하려다가 실패하여 제위를 흠종에게 양위함. 1126년에 변경이 금나라의 공격을 받았으나 많은 금은보화를 바치고 中山·河間·太原의 3鎭을 할양하고 금나라를 伯父로 호칭하는 등의 조건으로 화의가 성립됨. 그러나 송나라가 조약을 지키지 않고 금나라의 내부 교란을 획책했기 때문에 재차 금나라의 공격을 받아 변경이 함락되고, 휘종과 흠종을 비롯한 3천여 명이 포로로 잡혀감. 1127년에 흠종의 아우 고종이 즉위하여 남송이 시작됨.

字會之, 江寧人. 靖康元年, 金兵陷汴[1], 二帝北遷, 以御史中丞從, 與其酋撻懶善倡割地之議. 乃縱之, 使與其妻王氏航[2]海奔行在. 高宗召見, 與議國事, 大奇之, 驟加褒擢參大政. 力主和議, 廷臣異己者, 皆斥逐之. [『宋史』]

校勘 1) 汴: 원문에는 "邊"이라 되어 있지만 문맥상 타당하지 않으므로 『世說新語補』에 인용된 『宋史』와 『宋史』 권473 「秦檜傳」에 의거하여 고침.

2) 航: 원문에는 "杭"이라 되어 있지만 문맥상 타당하지 않으므로 『世說新語補』에 인용된 『宋史』와 『宋史』 권473 「秦檜傳」에 의거하여 고침.

240-1(0350)

진회지의 부인은 늘 궁중을 출입했는데, 하루는 현인태후(顯仁太后)〈1〉가 말했다.

"근자에는 자어(子魚)[1] 중에 큰 것이 너무 적소."

부인이 대답했다.

"신첩의 집에 큰 것이 있으니 마땅히 100마리를 진상하겠나이다."

부인이 돌아가 진회지에게 고했더니 진회지는 그녀가 실언했다고 나무라면서 막객과 상의하여 민물 청어(青魚) 100마리를 진상했다. 현인태후가 박장대소하며 말했다.

"내가 이 부인네가 촌스럽다고 말했는데 과연 그러하군!"〈2〉

〈1〉・현인태후는 위현비(韋賢妃: 徽宗의 황후)로 고종(高宗: 趙構)의 모친이다.

〈2〉・일설에는 헌성황후(憲聖皇后)[2]가 진회의 부인을 불러 궁중으로 들어오게 하여 연회를 베풀면서 회수(淮水)의 청어를 차려냈다. 헌성황후가 묻길: "부인은 이것을 먹어본 적이 있소?"라고 하자, 부인이 대답하길: "이미 오래 전에 먹어보았습니다. 이것보다 훨씬 큰 것을 보았으니 내일 진상하겠나이다"라고 했다. 아마도 부인은 진회가 바야흐로 권력을 장악하고 있던 터라 여러 지방에서 바쳐온 물건이 조정에 공물로 바치는 것보다 나을 것이라고 여긴 듯했다. 부인이 돌아가서 진회에게 말했더니, 진회가 화를 내면서 말하길: "부인은 사리를 깨닫지 못하고 있소!"라고 했다. 다음날 결국 절인 잉어 중에서 큰 것 수십 마리로 바꾸어 진상했더니, 헌성황후가 웃으며 말하길: "나는 이렇게 큰 청어는 없다고 분명히 말했는데, 부인이 잘못 알았을 뿐이오!"라고 했다.

역주 1) 자어(子魚): 鯔魚의 별칭. 숭어. '鯔'와 '子'가 발음이 같아서 訛傳된 것임. 福建省 莆田에서 나는 최고 진미의 생선.

2) 헌성황후(憲聖皇后): 고종의 황후인 憲聖慈烈皇后 吳氏.

秦會之夫人常入禁中, 顯仁太后〈1〉言: "近日子魚大者絶少." 夫人對曰: "妾家有之, 當以百尾進." 歸告會之, 會之咎其失言, 與館客謀, 進青魚百尾. 顯仁拊掌笑曰: "我道這婆子村, 果然!"〈2〉 **假**

〈1〉・韋賢妃, 高宗母也. [『宋史』]

〈2〉・一說[1], 憲聖召檜夫人入禁中, 賜宴, 進淮青魚. 憲聖問: "夫人曾食此否?" 夫人對曰: "食已久. 視此更大容, 翌日供進." 盖檜方秉權, 諸道諂奉踰于上貢也. 夫人歸以語檜, 檜恚之, 曰: "夫人不曉事!" 翌日, 遂易糟鯶魚大者數十枚以進, 憲聖笑曰: "我固道無此大青魚, 夫人誤認耳!" [『西湖志』]

校勘 1) 一說: 『世說新語補』 注에는 인용출처가 『西湖志』라 되어 있음.

241

[漢] 민공(閔貢)

자는 중숙(仲叔)이며 태원(太原) 사람이다. 동향(同鄕) 사람인 주당(周黨)은 곧고 절개 있는 선비였는데, 민중숙이 푸성귀도 없이 식사하는 것을 보고 그에게 생마늘을 보내주었더니, 민중숙이 말하길: "나는 번거로움을 덜고자 했을 뿐인데 지금 다시 번거롭게 할 작정이오?"라고 하면서 받아만 놓고 먹지는 않았다.

字仲叔, 太原人. 同郡周黨, 貞介之士, 見仲叔食無菜, 遺之生蒜, 仲叔曰: "我欲省煩耳, 今更作煩耶?" 受而不食. [謝承『後漢書』·皇甫謐『高士傳』]

241-1(0351)

민중숙은 콩밥을 먹고 맹물을 마시며 살았지만, 세상 사람들은 그를 "지조 높은 선비[節士]"라고 칭송했다. 그는 늙고 병들었지만 집안이 가난하여 고기를 먹을 수 없었기에 날마다 돼지 간 한 덩이를 샀는데, 푸줏간 주인이 간혹 주지 않으려고 했다. 안읍현령(安邑縣令)은 그 소문을 듣고 관리에게 명하여 언제든지 그에게 고기를 대주게 했다. 민중숙은 이상히 여겨 그 까닭을 물어보고 난 뒤 탄식했다.

"나 민중숙이 어찌 입과 배 때문에 안읍에 누를 끼치겠는가!"

그리고는 마침내 [안읍현을 떠나] 패현(沛縣)에서 객지 생활을 했다.

閔仲叔含菽飮水, 世稱"節士". 老病家貧, 不能得肉, 日買猪肝一片, 屠者或不肯與. 安邑令聞之, 敕吏常給焉. 仲叔怪, 問其故, 歎曰: "閔仲叔豈以口腹累安邑耶!" 遂去客沛. 德

世說新語姓彙韻分 卷之四

242

[晉] 은선(殷羨)

자는 홍교(洪喬)며 진군(陳郡) 사람이다. 벼슬은 예장태수(豫章太守)에 이르렀다.

字洪喬, 陳郡人. 仕至豫章太守. [『殷氏譜』] **排** **詳** 庾翼

242-1(0352)

은홍교가 예장태수가 되어 임지로 떠날 때, 도성[建康] 사람들이 그가 가는 편에 백여 통의 편지를 부쳤다. 은홍교는 석두(石頭)에 이르러 그 편지들을 모두 강 속에 던져버리고서 빌며 말했다.

"가라앉을 것은 저절로 가라앉고 뜰 것은 저절로 뜨게 하소서. 나 은홍교는 편지 전하는 배달부가 될 수 없으니!"

殷洪喬作豫章郡, 臨去, 都下人因附百許函書. 既至石頭, 悉擲水中, 因祝曰: "沉者自沉, 浮者自浮. 殷洪喬不能作致書郵!" **任**

243

[晉] 은융(殷融)

자는 홍원(洪遠)이며 은선(殷羨)의 동생이다. 환이(桓彝)는 인물을 알아보는 식견을 지니고 있었는데, 은융을 보고 매우 칭찬했다. 사도좌서속(司徒左西屬)이 되었다. 그는 술을 마시면 춤을 잘 추었으며 종일토록 시를 읊조리면서 한 번도 세속의 일로 자신을 속박한 적이 없었다. 여러 벼슬을 거쳐 이부상서(吏部尙書)와 태상경(太常卿)을 지낸 뒤 죽었다.

字洪遠, 羨弟. 桓彝有人倫鑑, 見融甚歎美之. 爲司徒左西屬. 飮酒善舞, 終日嘯詠, 未嘗以世務自嬰. 累遷吏部尙書·太常卿, 卒. [『中興書』] **品** **詳** 孫綽

243-1(0353)

동진(東晉)의 은태상(殷太常: 殷融) 부자(父子)[1]는 모두 현리(玄理)를 논하는 데 뛰어났는데, 각기 달변과 눌변의 차이가 있었다. 은양주(殷揚州: 殷浩)〈1〉는 입담이 몹시 거칠었는데, 그럴 때마다 은태상이 불쑥 말했다.

"너는 내 논리를 다시 한 번 생각해보아라."

〈1〉· 은양주는 은호(殷浩)다.

역주 1) 부자(父子): 殷融과 殷浩를 말함. 사실상 이들은 叔父와 조카 사이지만, 六朝時代에는 이러한 叔侄사이도 '父子'라고 통칭했음. 『漢書』「疏廣傳」의 疏廣과 疏受, 『晉書』「謝安傳」의 謝安과 謝玄 관계에서도 그러한 예가 보임.

江左殷太常父子, 並能言理, 亦有辯訥之異. 揚州〈1〉口談至劇, 太常輒云: "汝更思吾論." **文** **互** 殷浩

〈1〉· 浩也.

244

[晉] 은호(殷浩)

자는 연원(淵源)이며 은선(殷羨)의 아들이다. 젊어서부터 명성이 높았으며, 벼슬은 양주자사(揚州刺史)와 중군장군(中軍將軍)에 이르렀다.

字淵源, 羨子. 少有重名, 仕至揚州刺史·中軍將軍. [『殷浩別傳』] 文 詳 韓伯 劉惔 支遁 殷融 賞 詳 王胡之 劉惔 品 詳 阮裕

244-1(0354)

은호가 처음 양주자사가 되었을 때, 유윤(劉尹: 劉惔)이 외출했다가 날이 조금 저물려 하자 곧장 좌우 사람들에게 침구를 가져오라고 했다. 사람들이 그 이유를 물었더니 유윤이 대답했다.

"자사께서 엄하셔서 감히 밤에 다닐 수가 없어서니라."

殷浩始作揚州, 劉尹行, 日小欲晚, 便使左右取襆. 人問其故, 答曰: "刺史嚴, 不敢夜行." 政 互 劉惔

244-2(0355)

은중군(殷中軍: 殷浩)이 불경을 보고 나서 말했다.

"진리가 또한 마땅히 이것[1] 위에 있도다!"〈1〉

〈1〉· 천축성(天竺城) 안에 임아국(臨兒國: Lumbinī국)이 있다. 그 나라의 왕이 부도(浮圖: Buddha)를 낳았는데 부도는 태자가 되었다. 부친은 설두야(屑頭邪: Śuddhodana)였고 모친은 막야(莫邪: Māya)였다. 부도는 몸과 옷이 황색이었으며 머리카락은 푸른 실 같았고 손톱은 구리 같았다. 그 모친이 흰 코끼리 꿈을 꾸고 난 뒤에 잉태했는데, 출생할 때 모친의 오른쪽 옆구리에서 나왔다. 또한 날 때부터 틀어 올린 머리를 하고 있었고 땅에 떨어지자마자 7걸음을 걸을 수 있었다.

· 한(漢) 명제(明帝)가 밤에 꿈을 꾸었는데 몸에서 광채가 나는 어떤 신이 나타났다. 다음 날 여러 신하에게 두루 물었더니 통인(通人) 부의(傅毅)가 대답하길: "신이 듣자오니, 천축(天竺)에 부처[佛]라고 부르는 도인이 있는데 몸이 가벼워서 공중을 날 수 있고 몸에서 광채가 난다고 하오니 아마도 그 신인가 하옵니다"라고 했다. 그래서 우림장군(羽林將軍) 진경(秦景)과 박사제자(博士弟子) 왕준(王遵) 등

을 대월지국(大月氏國)에 파견하여 불경 42부(部)[2]를 필사해 오도록 하여 난대(蘭臺)의 석실에 보관했다.

역주 1) 이것: 원문은 "阿堵". 六朝時代의 俗語로 '阿'는 발어사고 '堵'는 '이것'의 뜻.

2) 불경 42부(部): 『사십이장경(四十二章經)』을 말함. 竺摩騰과 竺法蘭이 번역했다고 함. 1권. 대략 漢 明帝 永平年間(58~75)에 번역한 것으로 추정되는 최초의 漢譯 佛經. 불교의 기본 교의를 담고 있는 42편의 짤막한 經文으로 구성되어 있음.

殷中軍見佛經云: "理亦應阿堵上!"〈1〉 **文**

〈1〉・天竺城中, 有臨兒國. 國王生浮圖, 浮圖者, 太子也. 父曰屑頭邪, 母曰莫邪. 浮屠者, 身服色黃, 髮如靑絲, 爪如銅. 其母夢白象而孕, 及生, 從右脅出, 而有髻, 墜地能行七步. [『魏略』「西戎傳」]

・漢明帝夜夢神人, 身有日光. 明日, 博問羣臣, 通人傅毅對曰: "臣聞天竺有道者, 號曰佛, 輕擧能飛, 身有日光, 殆將其神也." 於是遣羽林將軍秦景・博士弟子王遵等, 之大月氏國, 寫取佛經四十二部, 在蘭臺石室. [『牟子』]

244-3(0356)

사진서(謝鎭西: 謝尙)가 젊었을 때 은호가 청담에 능하다는 소문을 듣고 일부러 그를 찾아갔다. 은호는 그 전에 사진서와 통성명한 적은 없었지만 그를 위해 여러 논제의 뜻을 제시하면서 수백 언을 강술했는데, 치밀한 논지가 훌륭한데다 조리 있는 논변이 탁월하여 마음을 사로잡고 귀를 번쩍 뜨이게 하기에 충분했다. 사진서는 정신을 집중하고 생각을 기울이느라 자신도 모르게 온 얼굴에 땀이 흘러내렸다. 이것을 본 은호가 시종에게 천천히 말했다.

"수건을 가져와서 사랑(謝郞: 謝尙)의 얼굴을 닦아드려라."

謝鎭西少時, 聞殷浩能淸言, 故往造之. 殷未過有所通, 爲謝標榜諸義, 作數百語, 旣有佳致, 兼辭條豊蔚, 甚足以動心駭聽. 謝注神傾意, 不覺流汗交面. 殷徐語左右: "取手巾與謝郞拭面." **文** **互** 謝尙

244-4(0357)

은중군이 유공(庾公: 庾亮)의 장사(長史)가 되어 도성[建康]으로 내려갔을 때, 왕승상(王丞相: 王導)이 그를 위해 모임을 열자 환공(桓公: 桓溫)·왕장사(王長史: 王濛)·왕람전(王藍田: 王述)·사진서(謝鎭西: 謝尙)가 모두 참석했다. 왕승상은 스스로 일어나 휘장을 열어젖히고 주미(麈尾)를 든 채 은중군에게 말했다.

"내 오늘 자네와 함께 담론하여 명리(名理)를 분석해보려 하네."

이윽고 함께 청담을 시작하여 어느덧 삼경에 이르렀다. 왕승상과 은중군이 서로 반복하여 응수하는 바람에 나머지 여러 명현들은 조금도 끼어들 틈이 없었다. 이미 쌍방이 서로의 견해를 남김없이 다 펼치고 난 뒤에 왕승상이 감탄하며 말했다.

"방금 전의 담론은 결국 그 명리의 근원이 귀착되는 바를 알지는 못하겠지만, 언변과 비유만큼은 서로에게 손색이 없으니 정시(正始) 시기의 청담[1]이 바로 이러 했도다!"

다음날 아침에 환선무(桓宣武: 桓溫)가 사람들에게 말했다.

"어젯밤에 은중군과 왕승상의 청담을 들었는데 매우 훌륭했소. 사인조(謝仁祖: 謝尙) 역시 심심해하지는 않았고, 나 또한 때때로 마음에 와 닿는 점이 있었소. 그러나 두 왕연(王掾: 王濛·王述)[2]을 돌아보니 마치 [사람 구경을 못해본] 야생 암캐처럼 우두커니 놀란 모습이었소.[3]"

역주 1) 정시(正始) 시기의 청담: 正始는 魏 齊王 曹芳의 연호(240~249). 이 시기에는 何晏과 王弼 같은 청담가가 활약했음.

2) 두 왕연(王掾: 王濛·王述): 王濛과 王述은 모두 王導의 부름을 받아 속관인 掾이 되었음.

3) 마치 야생 암캐처럼 우두커니 놀란 모습이었소: 원문은 "輒翣如生母狗馨". '輒翣'은 놀라움에 우두커니 서서 움직이지 않는 모양. '如~馨'은 六朝時代의 어조사로 우리말의 '~과 같은' '마치~처럼'의 뜻.

殷中軍爲庾公長史, 下都, 王丞相爲之集, 桓公·王長史·王藍田·謝鎭西並在. 丞相自起解帳, 帶麈尾, 語殷曰: "身今日當與君共談析理." 既共淸言, 遂達三更. 丞相與殷共相往反, 其餘諸賢, 略無所關. 旣彼我相盡, 丞相乃歎曰: "向來語, 乃竟未知理源所歸. 至於辭喩不相負, 正始之音, 正當爾耳!" 明旦, 桓宣武語人曰: "昨夜聽殷·王淸言, 甚佳. 仁祖亦不寂寞, 我亦時復造心. 顧看兩王掾, 輒翣如生母狗馨."
文 **互** 王導 桓溫 謝尙 王濛 王述

244-5(0358)

은중군은 사고력이 뛰어나 무슨 일에든 통달했지만 재성(才性) 문제에 특히 정통했다. 사본론(四本論)[1]을 언급했다 하면 곧장 끓는 해자를 두른 철옹성처럼 도무지 공략해 들어갈 수 없는 형세였다.

역주 1) 사본론(四本論): 인간의 '才'와 '性'의 관계에 대한 철학적 담론인 '才性四本論'을 말함. 사본론은 재와 성이 같다는 것[同], 재와 성이 다르다는 것[異], 재와 성이 합쳐져 있다는 것[合], 재와 성이 떨어져 있다는 것[離]을 말함.

殷中軍雖思慮通長, 然於才性偏精. 忽言及四本, 便若湯池鐵城, 無可攻之勢. **文**

244-6(0359)

어떤 사람이 은중군에게 물었다.

"어찌하여 장차 직위를 얻게 될 땐 관(棺)의 꿈을 꾸고, 장차 재물을 얻게 될 땐 분뇨(糞尿)의 꿈을 꾸는 것입니까?"

은중군이 대답했다.

"관(官)은 본래 썩어서 악취가 나기 때문에 장차 그것을 얻게 될 땐 관(棺)과 시체의 꿈을 꾸고, 재물은 본래 분토(糞土)이기 때문에 장차 그것을 얻게 될 땐 오물의 꿈을 꾸는 것이오."

당시 사람들은 그의 말을 탁월한 해석[名通]이라 생각했다.

人有問殷中軍: "何以將得位而夢棺器, 將得財而夢矢穢?" 殷曰: "官本是臭腐, 所以將得而夢棺屍. 財本是糞土, 所以將得而夢穢汚." 時人以爲名通. 文

244-7(0360)

은중군은 파직당하여 동양군(東陽郡)으로 좌천되었을 때[1] 비로소 불경을 보았다. 처음 『유마힐경(維摩詰經)』〈1〉을 보았을 때는 '반야바라밀(般若波羅蜜)'이라는 말이 너무 많다고 생각했으나, 나중에 『소품반야경(小品般若經)』을 본 뒤에는 그 말이 적은 것을 아쉬워했다.〈2〉

〈1〉· 유마힐은 후진(後秦)에서는 정명(淨名)[2]이라 불렸다. 대개 법신(法身)의 보살로서 이 속계에 거하면서 불도를 널리 전파했다.

〈2〉· '바라밀(波羅蜜)'이라는 이 말은 피안(彼岸)에 도달한다는 뜻이다. 불경에서 이르길: "피안에 도달하는 데는 6가지의 수행이 있다. 첫째는 '단(檀)'[3]인데 '단'이라는 것은 보시(布施)다. 둘째는 '비려(毗黎)'[4]인데 '비려'라는 것은 지계(持戒)다. 셋째는 '찬제(羼提)'[5]인데 '찬제'라는 것은 인욕(忍辱)이다. 넷째는 '시라(尸羅)'[6]인데 '시라'라는 것은 정진(精進)이다. 다섯째는 '선(禪)'[7]인데 '선'이라는 것은 정(定)이다. 여섯째는 '반야(般若)'[8]인데 '반야'라는 것은 지혜(智慧)다. 그런 즉 앞의 5가지는 배가 되고 '반야'는 선도가 된다. '반야'가 선도하면 '유상(有相)'의 강을 건너 '무상(無相)'의 피안에 도달할 수 있다. 그래서 '바라밀'이라 한다"라고 했다. 은연원은 아직 '반야바라밀'의 뜻을 알지 못했을 때는 그 말이 적더라도 많다고 생각했으나, 이미 그 뜻을 깨우친 뒤에는 그 말이 많더라도 적다고 걱정했다.

역주 1) 은중군이 파직당하여 동양군(東陽郡)으로 좌천되었을 때: 永和 10년(354)에 殷浩는 北征에서 실패한 뒤 桓溫에게 탄핵당하여 東陽郡으로 좌천되었음. 자세한 내용은 『晉書』 권77 「殷浩傳」에 나옴.

2) 정명(淨名): '淨'은 淸淨無垢의 뜻이고, '名'은 명성이 널리 퍼지는 것을 말함.

3) 단(檀): 다나(dana)의 음역.

4) 비려(毗黎): 비르야(virya)의 음역으로 精進의 뜻. 劉孝標 注에서 持戒라고 한 것은 잘못임.

5) 찬제(羼提): 크산티(ksanti)의 음역.

6) 시라(尸羅): 실라(sila)의 음역으로 持戒의 뜻. 劉孝標 注에서 精進이라고 한 것은 잘못임.

7) 선(禪): 댜나(dhyana)의 음역.

8) 반야(般若): 브라냐(prajna)의 음역.

殷中軍被廢東陽, 始看佛經. 初視『維摩詰』, 〈1〉 疑'般若波羅蜜[1]'太多, 後見『小品』, 恨此語少. 〈2〉 **文**

〈1〉 · 維摩詰者, 秦言淨名. 盖法身之大士, 見居此土, 以弘道也. [僧肇注『維摩經』]

〈2〉 · 波羅蜜, 此言到彼岸也. 經云: "到者有六焉. 一曰檀, 檀者, 施也. 二曰毗黎, 毗黎者, 持戒也. 三曰羼提, 羼提者, 忍辱也. 四曰尸羅, 尸羅者, 精進也. 五曰禪, 禪者, 定也. 六曰般若, 般若者, 智慧也. 然則五者爲舟, 般若爲導. 導則俱絶有相之流, 升無相之彼岸也. 故曰波羅蜜也." 淵源未暢其致, 少而疑其多, 已而究其宗, 多而患其少也.

校勘 1) 蜜: 『世說新語』에는 "密"이라 되어 있음. 劉孝標 注에서도 마찬가지임.

244-8(0361)

왕중조(王仲祖: 王濛) · 사인조(謝仁祖: 謝尙) · 유진장(劉眞長: 劉惔)이 함께 단양(丹陽)의 [殷浩 모친의] 묘소로 가서 은양주(殷揚州: 殷浩)를 조문했는데, [은양주는 은거하려는] 확고한 뜻을 갖고 있었다. 〈1〉 돌아온 뒤에 왕중조와 사인조가 말했다.

"은연원이 산에서 나오지 않으니 백성들을 어찌 한단 말이오?"

그러면서 깊이 근심하고 탄식하자, 유진장이 말했다.

"그대들은 정말로 은연원이 산에서 나오지 않을 것을 근심하시오?"

〈1〉 · 당시 은호는 여러 해 동안 은거하면서[1] 누차 초빙되었지만 나아가지 않았다.

역주 1) 여러 해 동안 은거하면서: 殷浩는 모친상을 당해 약 336년부터 346년까지 10년 동안 丹陽에서 侍墓하며 지냄. 당시 재상 司馬昱은 桓溫의 압력을 물리칠 수 있는 유일한 수단은 은호를 기용하는 것이라고 생각하고 있었는데, 나중에 은호는 결국 그의 초빙을 받아들여 揚州刺史가 됨.

王仲祖 · 謝仁祖 · 劉眞長俱至丹陽墓所, 省殷揚州, 殊有确然之志. 〈1〉 旣返, 王 ·

謝相謂曰: “淵源不起, 當如蒼生何?” 深爲憂歎, 劉曰: “卿諸人眞憂淵源不起耶?”
識 **互** 王濛 謝尙 劉惔
〈1〉・時浩棲遲積年, 累聘不至. [『中興書』]

244-9(0362)

왕중조(王仲祖: 王濛)가 은연원을 칭찬했다.
“자신의 장점을 가지고 남을 능가할 뿐만 아니라, 그 장점을 살리는 것 역시 남보다 뛰어나다.”

王仲祖稱殷淵源: “非以長勝人, 處長亦勝人.” **賞**

244-10(0363)

간문제(簡文帝: 司馬昱)가 말했다.
“은연원의 언담은 심오한 경지에 나아가거나 핵심에 이르지는 않지만, 주도면밀하게 계획하고 사색하는 점에서는 진실로 진법(陳法)의 형국[1]이 있다.”

역주 1) 진법(陳法)의 형국: 원문은 “局陳”. ‘陳’은 ‘陣’과 통함. 兵陳의 形局, 또는 바둑에서의 布陣을 말함.

簡文云: “淵源語不超詣簡至, 然經綸思尋處, 故有局陳.” **賞**

244-11(0364)

환공(桓公: 桓溫)이 치가빈(郗嘉賓: 郗超)에게 말했다.
“아원(阿源: 殷浩)은 훌륭한 덕행도 있고 언변도 있으니[1], 지난날 그를 상서령(尙書令)이나 상서복야(尙書僕射)로 삼았더라면 충분히 백관(百官)의 모범[2]이 되었을 것인데, 조정에서 그의 재능을 잘못 썼을 따름이다[3].”

역주 1) 덕행도 있고 언변도 있으니: 원문은 "有德有言". 『論語』「憲問」편에 "有德者必有言, 有言者不必有德."이라는 구절이 있음.

2) 백관(百官)의 모범: 원문은 "儀刑百揆". '儀刑'은 模範·典範의 뜻. '百揆'는 모든 관리를 말함.

3) 그의 재능을 잘못 썼을 따름이다: 殷浩에게 北伐의 重任을 맡겼다가 실패로 돌아간 일을 말함. 결국 이 일로 인해 殷浩는 桓溫에게 탄핵당해 실각함.

桓公語嘉賓: "阿源有德有言, 向使作令僕, 足以儀刑百揆, 朝廷用違其才耳." 賞

244-12(0365)

왕장사(王長史: 王濛)가 유윤(劉尹: 劉惔)에게 서찰을 보내 은연원을 평했다.

"어떤 일에 대해서든 『역(易)』의 이치를 잘 펼친다[1]."

역주 1) 어떤 일에 대해서든 『역(易)』의 이치를 잘 펼친다: 원문은 "觸事長易". 어떠한 상황에 처하든지 『易經』의 이치를 잘 적용한다는 뜻. 『周易』「繫辭上」에 "觸類而長之, 天下之能事畢矣."라는 구절이 있음. 殷浩는 淸談에 뛰어났으며, 『老子』와 『易經』에 정통함.

王長史與劉尹書, 道淵源: "觸事長『易』." 賞

244-13(0366)

세간에서 은중군(殷中軍: 殷浩)을 이렇게 품평했다.

"사고의 맥락이 두루 통하니 양숙자(羊叔子: 羊祜)에 견줄 만하다."〈1〉

〈1〉·양호(羊祜)는 덕망이 일세에 드높았으며 치란(治亂)[1]을 경략할 재능을 지녔으니, 은연원의 횃불과 같은 빛남[2]을 어찌 [양호의] 일월과 같은 밝음에 비유할 수 있겠는가?

역주 1) 치란(治亂): 원문은 "夷險". '夷'는 평탄하다는 뜻으로 治世를 의미하고, '險'은 험악하다는 뜻으로 亂世를 의미함.

2) 횃불과 같은 빛남: 원문은 "蒸燭之曜". 『儀禮』「旣夕禮」注에서 "燭用蒸"이라 하고 疏에서 "大曰薪, 小曰蒸"이라 함. '蒸燭'은 빛이 미약한 것을 비유함.

世目殷中軍: "思緯淹通, 比羊叔子."〈1〉 品 互 羊祜

〈1〉· 羊祜德高一世, 才經夷險, 淵源蒸燭之曜, 豈喩日月之明也?

244-14(0367)

무군장군(撫軍將軍: 司馬昱)[1]이 은호에게 물었다.

"그대는 배일민(裴逸民: 裴頠)과 비교하여 어떻다고 생각하오?"

은호가 한참 있다가 대답했다.

"진실로 당연히 그보다 뛰어납니다."

역주 1) 무군장군(撫軍將軍: 司馬昱): 簡文帝 司馬昱은 穆帝 때 撫軍大將軍을 지냈음.

撫軍問殷浩: "卿何如裴逸民?" 良久答曰: "故當勝耳." 品

244-15(0368)

환공(桓公: 桓溫)은 젊어서부터 은후(殷侯: 殷浩)와 명성을 나란히 했는데 늘 경쟁심이 있었다. 환공이 은후에게 물었다.

"그대는 나와 비교하여 어떻다고 생각하오?"

은후가 말했다.

"나는 나와[1] 오랫동안 잘 지내왔으므로 차라리 계속 내가 되겠소."

역주 1) 나는 나와: 원문은 "我與我". 『晉書』 권77 「殷浩傳」에는 "我與君"이라 되어 있는데, 문맥상 보다 어울림.

桓公少與殷侯齊名, 常有競心. 桓問殷: "卿何如我?" 殷云: "我與我周旋久, 寧作我." 品 互 桓溫

244-16(0369)

은후(殷侯: 殷浩)가 이미 파직당한 뒤에[1] 환공(桓公: 桓溫)이 사람들에게 말했다.

"어렸을 때 은연원과 함께 죽마를 타고 놀았는데, 내가 죽마를 버리면 은연원이 바로 그것을 주워서 타곤 했으니, 내 밑에 있는 것이 진실로 당연하다."

역주 1) 은후(殷侯: 殷浩)가 이미 파직당한 뒤에: 『晉書』 권77 「殷浩傳」에 따르면, 殷浩는 永和 9년(353)에 中軍將軍・假節・都督揚余徐兗青五州軍事의 직위로 北征했다가 실패했는데, 평소 사이가 좋지 않았던 桓溫의 상소로 문책 받아 파직당하여 평민이 됨.

殷侯既廢, 桓公語諸人曰: "少時與淵源共騎竹馬, 我棄去, 己輒取之, 故當出我下."
品 **互** 桓溫

244-17(0370)

어떤 사람이 무군장군(撫軍將軍: 司馬昱)에게 물었다.

"은호의 청담은 어느 수준입니까?"

무군장군이 대답했다.

"남을 제압할 수는 없지만 사람들의 의견에 거의 응수할 정도는 되오."

人問撫軍: "殷浩談竟何如?" 答曰: "不能勝人, 差可獻酬羣心." **品**

244-18(0371)

왕사주(王司州: 王胡之)가 먼저 유공(庾公: 庾亮)의 기실참군(記室參軍)이 되었는데, 나중에 유공은 또 은호를 장사(長史)로 삼았다. 은호가 막 도착했을 때, 유공이 왕사주를 사자(使者)로 파견하여 도성[健康]으로 내려가게 하려 했다. 그러자 왕사주가 머물기를 청하면서 스스로 아뢰었다.

"하관은 성덕(盛德)을 지닌 인물을 만나 본 적이 드문데, 은연원이 막 도착했으니 그와 함께 며칠만이라도 가까이 지냈으면[1] 하는 마음이 간절합니다."

역주 1) 가까이 지냈으면: 원문은 "周旋". 친밀하게 교제하는 것을 말함.

王司州先爲庾公記室叅軍, 後取殷浩爲長史. 始到, 庾公欲遣王使下都. 王自啓求住曰: "下官希見盛德, 淵源始至, 猶貪與少日周旋." 企 互 王胡之

244-19(0372)

은중군(殷中軍: 殷浩)은 경맥(經脈)[1]에 정통했는데, 중년에는 모두 그만두었다. 은중군이 늘 부리던 하인이 갑자기 피를 흘릴 정도로 머리를 땅에 조아렸다. 은호(殷浩)가 그 까닭을 물으니 하인이 말했다.

"죽게 될 일이 있으나 끝내 말씀드릴 수 없습니다."

은호가 한참 동안 캐물으니 그제야 하인이 말했다.

"소인의 모친은 백 세 가까이 되었는데 오랫동안 병을 앓고 있습니다. 만약 주인어르신[2]의 진맥을 한 번만 받을 수 있다면 곧 살아날 가망이 있을 것입니다. 그렇게만 된다면 일이 끝나고 나서 죽임을 당하더라도[3] 여한이 없겠습니다."

은호는 그의 지극한 마음에 감동되어 마침내 그의 모친을 메고 오게 하여 진맥을 하고 처방을 해주었다. 하인의 모친이 처음 탕약 한 제를 복용했더니 곧바로 병이 나았다. 은호는 결국 의약서를 모두 불태워버렸다.[4]

역주 1) 경맥(經脈): 經絡과 血脈. 인체의 氣와 血이 운행하는 통로. 여기서는 '진맥하여 병을 치료한다'는 뜻으로 쓰였음.

2) 주인어르신: 원문은 "官". 하인이 주인을 부를 때 쓰던 호칭.

3) 죽임을 당하더라도: 옛날에는 의원의 사회적 지위가 미천했기 때문에, 殷浩의 하인이 고관인 주인에게 모친의 병을 치료해달라고 한 것은 不敬의 大罪에 해당하므로 기꺼이 죽겠다고 한 것임.

4) 의약서를 모두 불태워 버렸다: '의약서'의 원문은 "經方". '經方'은 옛 醫藥方書에 대한 총칭. 殷浩는 스스로 명문고관이라 자부하고 있었는데, 의약기술에 정통함으로 인해 하인으로부터 병을 치료해달라는 부탁을 받아 허물이 되었기 때문에, 의약서를 불태워 버림으로써 자신이 의약기술을 끊었음을 보여준 것임.

殷中軍妙解經脈, 中年都廢. 有常所給使, 忽叩頭流血. 浩問其故, 云: “有死事, 終不可說.” 詰問良久, 乃云: “小人母年垂百歲, 抱疾來久. 若蒙官一脈, 便有活理. 訖就屠戮無恨.” 浩感其至性, 遂令舁來, 爲診脈處方. 始服一劑湯, 便愈. 於是悉焚經方. 術

244-20(0373)

왕승상(王丞相: 王導)은 항상 주미(麈尾) 한 자루를 휘장 안에 걸어두었는데, 나중에 은중군(殷中軍: 殷浩)이 오자 그것을 가져와 은중군에게 주며 말했다.

“지금 이것을 그대에게 주겠네.”

王丞相常懸一麈尾著帳中, 後殷中軍來, 乃取之與中軍, 曰: “今以遺汝.” 寵 互 王導

244-21(0374)

두예(杜乂)와 은호는 모두 재주와 명성이 한 시대의 으뜸이었는데, 유익(庾翼) 혼자만 그들을 중시하지 않으면서 말했다.

“이들은 마땅히 높은 누각에 묶어놓았다가[1] 천하가 태평해지기를 기다린 연후에 그 임용을 천천히 논해볼 따름이다.”

역주 1) 높은 누각에 묶어놓았다가: 원문은 “束之高閣”. 중시하지 않고 방치해 둔다는 뜻.

杜乂·殷浩並才名冠世, 庾翼獨不之重也, 曰: “此輩宜束之高閣, 俟天下太平, 然後徐議其任耳.”* 輕 互 杜乂

校勘 * 이 고사는 『世說新語補』에는 나오지 않고, 『資治通鑑』 권97 「晉紀十九」와 『晉書』 권73 「庾翼傳」에 나옴.

244-22(0375)

은중군(殷中軍: 殷浩)은 서인으로 폐출당하고[1] 신안현(信安縣)[2]에 있을 때, 온 종일 허공에다 무슨 글자를 썼다. 양주(揚州)의 관리와 주민들이 그의 옛 은의(恩義)를 잊지 못하여 그를 쫓아왔었는데, 그들이 가만히 살펴보니 은중군은 오직 '돌돌괴사(咄咄怪事)'[3]라는 네 글자를 쓰고 있을 뿐이었다.〈1〉

〈1〉· 처음에 은호가 수양(壽陽)에 주둔하고 있을 때 강족(羌族) 요양(姚襄)[4]이 상서문을 올리고 투항했는데, 나중에 요양이 죄를 짓자 은호는 그를 주살하려고 은밀히 계획했다. 요양이 마침내 모반하자[5] 은호는 군대를 이끌고 산상현(山桑縣)에 도착했는데, 요양이 장차 들이닥칠 것이라는 소문을 듣고는 군수품을 버리고 달려가 초(譙)를 방비했다. 요양은 도착하여 산상현을 점거하고 은호의 배에 실려 있던 물품을 불태웠으며, 수양에 이르러 유민(流民)을 약탈한 뒤 돌아갔다. 환온(桓溫)이 은호를 폐출해야 한다는 표문을 올리자, 무군대장군(撫軍大將軍: 司馬昱)은 상주하여 은호를 면직시키고[6] 사적(士籍)에서 제명하여 서민으로 강등시켰으며 동양군(東陽郡) 신안현으로 좌천시켰다.

역주 1) 은중군(殷中軍: 殷浩)이 서인으로 폐출당하고: 東晉 穆帝 영화 10년(354)에 은호는 北征에서 실패한 뒤 桓溫에게 탄핵당하여 東陽郡으로 좌천되었음.

2) 신안현(信安縣): 晉代 東陽郡에 속해 있던 현. 지금의 浙江省 衢縣에 治所가 있었음.

3) 돌돌괴사(咄咄怪事): 대단히 괴이한 일. 몹시 뜻밖의 일. '咄咄'은 의외의 일에 대해 놀라 지르는 소리. '咄咄怪事'라는 成語가 여기에서 비롯되었음.

4) 요양(姚襄): 後秦의 군주 姚弋仲의 다섯째아들. 字는 景國. 요양이 晉나라에 투항한 뒤, 殷浩가 그의 위세를 꺼려하여 두 번이나 장수를 파견하여 습격했으나 모두 실패함. 그래서 요양은 마침내 자칭 大將軍大單于라 하고 許昌을 근거지로 삼아 關右 지방을 도모했으나, 나중에 환온에게 격파당하여 關中으로 도망쳤는데, 苻生이 苻堅 등을 파견하여 그를 살해함.

5) 마침내 모반하자: 姚襄이 모반한 것은 東晉 穆帝 永和 9년(353)의 일임. 은호는 요양의 명성이 부담스러웠고 또한 魏憬이 그에게 살해당했기 때문에 요양을 은밀히 제거할 계획을 세웠는데, 이런 낌새를 알아차린 요양이 먼저 모반한 것임.

6) 환온(桓溫)이~은호를 면직시키고: 당시 桓溫은 蜀을 평정하고 권력을 장악하여 조정에서 위세를 떨쳤는데, 撫軍大將軍으로서 정사를 보좌하고 있던 會稽王 司馬昱은 殷浩를 발탁하여 환온의 견제세력으로 삼았음. 그래서 은호는 평소에 환온을 혐오했음.

殷中軍被廢, 在信安, 終日恒書空作字. 揚州吏民尋義逐之, 竊視, 唯作'咄咄怪事'四字而已.〈1〉 黜

〈1〉・初, 浩鎭壽陽, 羌姚襄上書歸降, 後有罪, 浩陰圖誅之. 襄遂反, 浩率軍至山桑, 聞襄將至, 棄輜重馳保譙. 襄至, 據山桑, 焚其舟實, 至壽陽, 略流民而還. 桓溫乃上表黜浩, 撫軍大將軍奏免浩, 除名爲民, 遷于東陽信安縣. [『晉陽秋』]

244-23(0376)

은중군(殷中軍: 殷浩)이 폐출당한 뒤, 간문제(簡文帝: 司馬昱)를 원망하며 말했다.[1)]

"사람을 백 척이나 되는 누대 위에 올려놓고는 사다리를 메고 가버리다니!"〈1〉

〈1〉・은호의 외조카 한백(韓伯)[2)]이 은호의 유배지까지 따라왔다가 1년 뒤에 도성으로 돌아갔는데, 은호는 평소 그를 아꼈기에 강가까지 나가 배웅하면서 조안원(曹顔遠: 曹攄)의 시[3)]를 읊길: "부귀할 땐 남들까지 모이더니, 빈천할 땐 친척조차 떠나네"라고 하면서 눈물을 흘렸다.

역주 1) 간문제(簡文帝: 司馬昱)를 원망하며 말했다: 당시 撫軍大將軍으로서 정치를 보좌하고 있던 會稽王 司馬昱은 殷浩를 발탁하여, 권력을 쥐고 있던 桓溫의 견제세력으로 삼았는데, 은호가 北征에서 실패한 뒤 환온이 그를 서인으로 폐출해야 한다고 탄핵하자 간문제가 동의했음. 그래서 은호가 간문제를 원망한 것임.

2) 외조카 한백(韓伯): 한백의 모친 殷氏는 은호의 여동생임. 한백은 집안이 본래 곤궁했기 때문에 처음에 은호의 도움을 많이 받았음.

3) 조안원(曹顔遠: 曹攄)의 시: '顔遠'은 曹攄의 字. 『晉書』 권90 「良吏傳」에 그의 傳이 있음. 인용된 시구는 『文選』 권29에 실려 있는 그의 「感舊詩」의 처음 두 구절임.

殷中軍廢後, 恨簡文曰: "上人着百尺樓上, 儋梯將去!"〈1〉 黜

〈1〉・浩外甥韓伯隨至徙所, 周年還都, 浩素愛之, 送至水側, 詠曹顔遠詩曰: "富貴他人合, 貧賤親戚離." 因泣下. [『續晉陽秋』]

245

[晉] 은중감(殷仲堪)

은융(殷融)의 손자다. 벼슬은 형주자사(荊州刺史)를 지냈다.

融孫也. 官荊州刺史. [『晉安帝紀』] 德 詳 殷顗 規 詳 殷顗 文 詳 桓玄 尤 詳 桓玄

245-1(0377)

은중감이 형주자사로 있을 때 수재(水災)를 당하자, 식사는 항상 하루에 다섯 공기의 밥 외에는 다른 반찬이 없었다. 그리고 밥알이 소반과 자리 사이에 떨어지면 곧장 주워서 먹곤 했다. 이것은 비록 사람들에게 솔선하여 모범을 보이고자 한 것이었겠지만, 또한 그의 성품이 본래 검소한 탓이기도 했다. 그는 매번 자제들에게 말했다.

"내가 지금 주자사(州刺史)에 임명되었다고 해서 옛날에 평소 마음먹었던 뜻이 이루어졌다고는 말하지 말라. 지금 내 처지는 바뀌지 않았다. 그렇지만 '가난이란 선비에게 늘 있는 것'이라 했으니, 설령 나뭇가지에 올랐다고 해서 그 밑동을 버릴 수 있겠느냐? 너희들은 이것을 마음속에 새겨두어라."

殷仲堪旣爲荊州, 値水儉, 食常五盌盤, 外無餘肴. 飯粒脫落盤席間, 輒拾以噉之. 雖欲率物, 亦緣其性眞素. 每語子弟云: "勿以我受任方州, 云我豁平昔時意, 今吾處之不易. '貧者士之常', 令[1]得登枝而捐其本? 爾曹其存之!" 德

校勘 1) 令: 『世說新語』와 『世說新語補』에는 "焉"이라 되어 있음.

245-2(0378)

은형주(殷荊州: 殷仲堪)가 한번은 원공(遠公: 慧遠)에게 물었다.

"『역(易)』은 무엇을 본체로 합니까?"

은형주가 대답했다.

"『역』은 감응을 본체로 하지요."

그래서 은형주가 말했다.

"'동산(銅山)이 서쪽에서 무너지니 영종(靈鍾)이 먼저 감응한다'는 말이 있는데, 이것이 바로 『역』입니까?"〈1〉

원공은 웃으면서 대답하지 않았다.

〈1〉· 한(漢) 무제(武帝) 때 미앙궁(未央宮)의 전전(前殿)에 있던 종이 까닭 없이 저절로 울려 사흘 밤낮 동안 그치지 않았다. 무제가 조서를 내려 동방삭(東方朔)에게 물었더니, 동방삭이 대답하길: "신이 듣자온대, 동(銅)은 산(山)의 자식이고 산은 동의 어미라 하옵니다. 음양의 기(氣)를 가지고 유추해서 말한다면, 자식과 어미가 서로 감응하는 것이오니 아마도 산에 무너질 조짐이 있기 때문에 종이 먼저 울린 것 같사옵니다. 『역』[1]에서 '우는 학이 그늘[陰]에 있으니 그 새끼가 그것에 화답한다'고 한 것은 지극히 정밀한 것이옵니다. 이후 닷새 안에 그 징험이 나타날 것이옵니다"라고 했다. 사흘 뒤에 산이 무너져 20여 리에 달했다고 군태수(郡太守)가 상서문을 올렸다. 순제(順帝) 때 궁전 아래에 있던 종이 울리자 번영(樊英)에게 물었더니, 번영이 대답하길: "촉(蜀)의 민산(峪山)이 무너진 것이옵니다. 산은 동의 어미가 되는지라 어미가 무너지자 자식이 운 것이며, 성조(聖朝)의 재앙은 아니옵니다"라고 했다. 나중에 과연 촉에서 산이 무너졌다는 상서문을 올렸는데, 그 날짜가 서로 들어맞았다.

역주 1) 『역』: 인용된 구절은 『周易』「中孚」에 나옴.

殷荊州曾問遠公: "『易』以何爲體?" 答曰: "『易』以感爲體." 殷曰: "'銅山西崩, 靈鍾先[1]應', 便是『易』耶?"〈1〉 遠公笑而不答. **文**

〈1〉· 漢武時, 未央宮前殿鍾無故自鳴, 三日三夜不止. 詔問東方朔, 對曰: "臣聞銅者山之子, 山者銅之母. 以陰陽氣類言之, 子母相感, 山恐有崩弛者, 故鍾先鳴. 『易』曰: '鳴鶴在陰, 其子和之.' 精之至也. 其應在後五日." 居三日, 郡太守上書言, 山崩延袤二十餘里. 順帝時, 殿下鍾鳴, 問樊英, 對曰: "蜀峪山崩. 山於銅爲母, 母崩子鳴, 非聖朝灾." 後蜀果上山崩, 日月相應. [『東方朔傳』·『樊英別傳』]

校勘 1) 先: 『世說新語』와 『世說新語補』에는 "東"이라 되어 있음.

245-3(0379)

은중감이 말했다.

"사흘 동안 『도덕경(道德經)』을 읽지 않으면 곧장 혀뿌리가 굳어지는 것을 느낀다."

殷仲堪云: "三日不讀『道德經』, 便覺舌本閒强." 文

245-4(0380)

은형주(殷荊州: 殷仲堪)의 친한 친구가 부(賦)를 지었는데, 그것은 속석(束晳)의 유희적인 문장과 같은 류였다.〈1〉 은형주는 그의 글재주가 뛰어나다고 생각하여 왕공(王恭)에게 말했다.

"근자에 참신한 문장을 보았는데 매우 볼만 합니다."

그리고는 곧장 수건 함에서 그 문장을 꺼냈다. 왕공이 읽는 동안 은형주는 웃음을 참을 수가 없었다. 그러나 왕공은 다 보고 나서 웃지도 않고 좋다 나쁘다는 말도 하지 않은 채, 다만 여의(如意)[1]로 그것을 눌러놓을 뿐이었다. 은형주는 머쓱해하면서 실망했다.

〈1〉 · 속석은 자가 광미(廣微)며 양평(陽平) 원성(元城) 사람으로, 한(漢)나라 때 태자태부(太子太傅)를 지낸 소광(疏廣)의 후손이다. 왕망(王莽)의 말년에 소광의 증손 소맹달(疏孟達)이 난리를 피하여 동해(東海)에서 원성으로 온 뒤 성을 바꾸었는데, '소(疏)'자에서 '족(足)'을 떼버리고 '속(束)'으로 성을 삼았다. 속석은 박학다식하여 어떠한 질문에도 대답하지 못하는 것이 없었다. 원강(元康) 연간(291~299)에 어떤 사람이 숭고산(崇高山) 아래에서 죽간(竹簡)[2] 한 쪽을 발견했는데, 그 위에는 과두문자(科斗文字)[3]가 두 줄로 쓰여 있었다. 사공(司空) 장화(張華)가 그것을 속석에게 물었더니, 속석이 말하길: "이것은 한 명제(明帝: 劉莊)의 현절릉(顯節陵)에서 나온 책문(策文)입니다"라고 했다. 조사해보았더니 과연 그러했다. 속석은 일찍이 「병부(麲賦)」 등의 문장을 지었는데 매우 해학적이다. 39세에 죽자 원성에서는 그를 위하여 파시(罷市)했다.

역주 1) 여의(如意): 스님이 說法하거나 讀經할 때 손에 들고 있는 작은 막대기로, 節文이나

祝辭 등을 잊지 않도록 그 위에 적어 놓음. 또는 사람 손 모양으로 만든 등긁개라고도 하는데, 손이 닿지 않는 부분을 마음대로 시원하게 긁어 준다는 뜻에서 '如意'라고 함.

2) 죽간(竹簡): 『逸周書』·『穆天子傳』·『竹書紀年』 등의 汲冢書를 말함. 汲縣에 있는 魏安釐王[襄王이라고도 함]의 묘에서 不準이라는 사람이 발견하고, 荀勗·衛恒·束晳·和嶠 등이 정리함. 그것이 발견된 시기는 『晉書』「武帝紀」에는 咸寧 5년(279), 「律曆志」에는 太康 원년(280), 「束晳傳」에는 太康 2년(281)이라 되어 있어서 서로 다름.

3) 과두문자(科斗文字): '蝌蚪文字'라고도 함. 중국 고대의 문자 가운데 하나로 올챙이 모양과 같다고 해서 붙여진 명칭.

殷荊州有所識, 作賦, 是束晳慢戲之流.〈1〉 殷甚以爲有才, 語王恭: "適見新文, 甚可觀." 便於手巾函中出之. 王讀, 殷笑之不自勝. 王看竟, 旣不笑, 亦不言好惡, 但以如意帖之而已. 殷悵然自失. **雅** **互** 王恭

〈1〉·晳, 字廣微, 陽平元城人, 漢太子太傅踈廣後也. 王莽末, 廣曾孫孟達自東海避亂元城, 改姓, 去踈之足以爲束氏. 晳博學多識, 問無不對. 元康中, 有人自崇高山下, 得竹簡一枚, 上兩行科斗書. 司空張華以問晳, 晳曰: "此明帝顯節陵中策文也." 檢校果然. 曾爲「麰賦」諸文, 文甚俳諧. 三十九歲卒, 元城爲之罷市. [『文士傳』]

245-5(0381)

은중감이 죽은 뒤에[1] 환현(桓玄)이 은중문(殷仲文)에게 물었다.

"그대 집안의 중감은 정작 어떠한 인물인가?"

은중문이 말했다.

"비록 한 시대를 훌륭하게 빛낼 수는 없었지만 구천을 환히 비추기에는 충분합니다[2]."

역주 1) 은중감이 죽은 뒤에: 『晉書』 권84 「殷仲堪傳」에 따르면, 은중감은 환현의 공격을 받고 자살을 강요당한 끝에 隆安 3년(399)에 죽었음.

2) 비록 한 시대를 ~ 충분합니다: 이 구절에는 은근한 풍자가 들어 있음. 즉 은중감이 이 세상에서는 환현에게 당했지만 훗날 역사의 심판이 내려지면 저 세상에서는 환현을 눌러 이길 것이라는 뜻을 담고 있음.

殷仲堪喪後, 桓玄問仲文: "卿家仲堪, 定是何似人?" 仲文曰: "雖不能休明一世, 足以映澈[1]九泉." 賞

校勘 1) 澈: 『世說新語』와 『世說新語補』에는 "徹"이라 되어 있음.

245-6(0382)

고장강(顧長康: 顧愷之)은 인물의 모습을 그리길 좋아했다. 은형주(殷荊州: 殷仲堪)를 그리려 했더니 은형주가 말했다.

"나는 모습이 좋지 않으니 수고하지 마시오."

고장강이 말했다.

"명부(明府)[1]께서는 단지 눈 때문에 그러시지만,〈1〉 눈동자[2]를 분명하게 찍은 다음에 비백(飛白)[3]의 필법으로 그 위를 스치게 눈썹을 그리면 마치 얇은 구름이 해를 가린 것처럼 될 것입니다."〈2〉

〈1〉·은중감이 애꾸눈이었기 때문이다.

〈2〉·'해[日]'는 '달[月]'이라 되어 있기도 하다.[4]

역주 1) 명부(明府): 漢·魏 이래로 太守나 刺史를 존칭하여 府君 또는 明府君이라 했는데, 줄여서 '明府'라고도 함.

2) 눈동자: 원문은 "童子". '童'은 '瞳'의 假借字.

3) 비백(飛白): 東漢의 蔡邕이 만들어냈다고 하는 書法의 筆法 가운데 하나로, 筆勢가 날아 올라가는 듯하고 筆劃을 다 드러내게 하는 수법. 여기서는 飛白의 필법으로 스치듯이 눈동자 위에 눈썹을 그려 애꾸눈을 감춰보이게 했다는 뜻.

4) '해[日]'는 '달[月]'이라 되어 있기도 하다: 『藝文類聚』 권74, 『歷代名畫記』 권5, 『太平御覽』 권740에 인용된 『世說』과 『晉書』 권92 「顧愷之傳」에는 모두 "月"이라 되어 있음.

顧長康好寫起人形. 欲圖殷荊州, 殷曰: "我形惡, 不煩耳." 顧曰: "明府政爲眼爾,〈1〉 但明點童子, 飛白拂其上, 使如輕雲之蔽日."〈2〉 巧 互 顧愷之

〈1〉·仲堪眇目故也.

〈2〉·'日', 一作'月'.

245-7(0383)

환남군(桓南郡: 桓玄)이 은형주(殷荊州: 殷仲堪)와 담론하다가 함께 끝나버린 상황을 묘사한 연구(聯句)[了語][1]를 짓기로 했다. 고개지(顧愷之)가 말했다.

"불이 벌판을 태우고 불씨조차 남지 않은 것[火燒平原無遺燎]."

환남군이 말했다.

"흰 천으로 관을 묶고 조기(弔旗)[2]를 세우는 것[白布纏棺豎旒旐]."

은형주가 말했다.

"깊은 연못에 물고기를 놓아주고 나는 새를 풀어주는 것[投魚深淵放飛鳥]."

다음으로는 위험한 상황을 묘사한 연구[危語][3]를 짓기로 했다. 환남군이 말했다.

"창끝으로 쌀을 씻고 칼끝으로 불을 때는 것[4][矛頭淅米劍頭炊]."

은형주가 말했다.

"백 살 노인이 고목 가지에 올라가는 것[百歲老翁攀枯枝]."

고개지가 말했다.

"우물 위의 도르래에 갓난아이를 뉘어놓는 것[井上轆轤臥嬰兒]."

은형주 휘하의 한 참군(參軍)이 그 자리에 있다가 말했다.

"맹인이 애꾸눈 말을 타고 한밤중에 깊은 연못으로 가는 것[盲人騎瞎馬, 夜半臨深池]."

그랬더니 은형주가 말했다.

"으악! 사람을 놀래 죽이는군!"[5]

은중감이 애꾸눈이었기 때문이다.〈1〉

〈1〉· 은중감의 부친[殷師]이 일찍이 병환을 앓았을 때, 은중감은 몇 년 동안 옷에서 허리띠를 풀지 않았다. 스스로 탕약을 조제하다가[6] 잘못하여 약 묻은 손으로 눈물을 훔치는 바람에 결국 한 쪽 눈이 멀고 말았다.

역주 1) 끝나버린 상황을 묘사한 연구(聯句)[了語]: 내용상으로는 完了나 終了의 의미를 담고 있는 詩句를 돌아가면서 짓고, 형식상으로는 '了'자의 韻을 맞추는 것을 말함. 아래 聯句의 '燎'·'旐'·'鳥'는 '了'와 같은 韻임.

2) 조기(弔旗): 원문은 "旒旐(류조)". 出喪할 때 영구 앞에 세우는 깃발. '旒'는 깃대에 매

지 않는 쪽의 기폭 귀에 붙인 장식물. '旐'는 거북과 뱀이 그려진 폭이 넓은 검은 색깔의 깃발.

3) 위험한 상황을 묘사한 연구[危語]: 내용상으로는 위험하다는 의미를 담고 있는 시구를 돌아가면서 짓고, 형식상으로는 '危'자의 韻을 맞추는 것을 말함. 아래 聯句의 '炊'·'枝'·'兒'·'池'는 '危'와 같은 韻임.

4) 창끝으로 쌀을 씻고 칼끝으로 불을 때는 것: 전장에서 밥 짓는 것은 생사가 경각에 달린 때이므로 위험하다고 함.

5) 으악! 사람을 놀래 죽이는군: 원문은 "咄咄逼人". '咄咄'은 놀라 지르는 소리. '逼人'은 氣勢로 사람을 압도하는 것을 말함.

6) 스스로 탕약을 조제하다가: 은중감은 평소 의약에 관심이 많았다고 함.

桓南郡與殷荊州語次, 因共作了語. 顧愷之曰: "火燒平原無遺燎." 桓曰: "白布纏棺竪旒旐." 殷曰: "投魚深淵放飛鳥." 次復作危語. 桓曰: "矛頭淅米劍頭炊." 殷曰: "百歲老翁攀枯枝." 顧曰: "井上轆轤臥嬰兒." 殷有一叅軍在座, 云: "盲人騎瞎馬, 夜半臨深池." 殷曰: "咄咄逼人!" 仲堪眇目故也.〈1〉 **排** **互** 桓玄 顧愷之

〈1〉· 仲堪父嘗疾患經時, 仲堪衣不解帶數年. 自分劑湯藥, 誤以藥手拭淚, 遂眇一目. [『中興書』]

245-8(0384)

왕서(王緖)[1]가 왕국보(王國寶)에게 은형주(殷荊州: 殷仲堪)를 자주 참언하자, 은형주가 그것을 매우 걱정하여 왕동정(王東亭: 王珣)에게 대처할 방법을 구했더니 왕동정이 말했다.

"그대는 단지 왕서를 자주 방문하여 가자마자 주위사람을 물리치고 나서 다른 일만 얘기하시게. 그렇게 하면 왕서와 왕국보의 좋은 사이가 멀어지게 될 걸세."

은형주는 그의 말대로 따랐다. 왕국보가 왕서를 만나서 물었다.

"근자에 주위사람을 물리치고 은중감과 무슨 말을 했는가?"

왕서가 말했다.

"진실로 일상적인 왕래였으며 특별히 달리 논의한 것은 없습니다."

왕국보는 왕서가 자기에게 숨기는 것이 있다고 생각하여 과연 둘 사이의 좋은 교분이 날로 소원해졌으며, 은형주에 대한 참언도 잠잠해졌다.

역주 1) 왕서(王緖): 왕서는 王國寶의 從弟임.

王緖數讒殷荊州於王國寶, 殷甚患之, 求術於王東亭, 曰: "卿但數詣王緖, 往輒屛人, 因論他事. 如此則二王之好離矣." 殷從之. 國寶見王緖, 問曰: "比與仲堪屛人何所道?" 緖云: "故是常往來, 無它所論." 國寶謂緖於己有隱, 果情好日疎, 讒言以息.
讒 **互** 王緖 王國寶 王珣

245-9(0385)

은중감의 부친〈1〉은 가슴 두근거리는 병을 앓았는데,[1] 침상 아래에서 개미가 움직이는 소리를 듣고도 소가 싸우는 것이라고 생각했다. 효무제(孝武帝: 司馬曜)는 그 사람이 은중감의 부친[2]인 줄도 모르고 은중감에게 물었다.

"어떤 은씨가 그와 같은 병을 앓고 있다던데?"

은중감이 눈물을 흘리며 일어나 말했다.

"신은 진퇴양난[進退維谷]이옵니다!"[3]〈2〉

〈1〉・은중감의 부친은 이름이 사(師)고 자가 사자(師子)다. 표기장군(驃騎將軍)의 자의참군(咨議參軍)을 지냈다.

〈2〉・「대아(大雅)」의 시[4]다. '곡(谷)'은 어려움을 겪는다는 뜻이다.

역주 1) 가슴 두근거리는 병을 앓았는데: 원문은 "病虛悸". '虛悸'는 氣血이 허약하여 심장이 비정상적으로 빨리 뛰는 병. 한편 『晉書』 권84 「殷仲堪傳」에는 "患耳聰"이라 되어 있는데, 고사의 내용상 보다 타당함. '耳聰'은 청각이 비정상적으로 매우 예민한 것을 말함.

2) 은중감의 부친: 원문은 "殷公". 『太平御覽』 권741・947에 인용된 『世說』에는 "殷父"라 되어 있는데, 문맥상 보다 타당하므로 이것에 따라 번역함.

3) 진퇴양난[進退維谷]이옵니다: 은중감은 대답하지 않자니 君命을 어기는 것이 되고 대답하자니 家諱를 범하는 것이 되므로 이렇게 말한 것임.

4) 「대아(大雅)」의 시: 『詩經』 「大雅・桑柔」에 "人亦有言, 進退維谷."이라는 구절이 있음.

殷仲堪父〈1〉病虛悸, 聞床下蟻動, 謂是牛鬪. 孝武不知是殷公, 問仲堪: "有一殷病如此不?" 仲堪流涕而起曰: "臣進退維谷!"〈2〉 紕

〈1〉・名師, 字師子. 官驃騎咨議. [『殷氏譜』]

〈2〉・「大雅」. 谷, 窮也. [毛公注]

246

[晉] 은의(殷顗)

자는 백도(伯道)며 은중감(殷仲堪)의 사촌형이다. 당시에 이름이 알려졌다. 중서랑(中書郎)으로 있다가 지방으로 나와서 남만교위(南蠻校尉)가 되었다.

字伯道, 仲堪從兄. 知名當世. 由中書郎出爲南蠻校尉. [『晉安帝紀』]

246-1(0386)

일찍이 환남군(桓南郡: 桓玄)과 양광(楊廣)〈1〉은 함께 은형주(殷荊州: 殷仲堪)에게 은의의 남만교위(南蠻校尉) 직을 빼앗아 스스로를 방비함이 마땅하다고 권했다.〈2〉 은의 역시 그러한 의도를 즉각 알아차리고 있었는데, 한번은 행산(行散)[1] 하러 나갔다가 돌연히 고향집으로 내려가서 다시는 돌아오지 않았다. 안팎으로 아무도 [그가 그렇게 할 것을] 미리 알았던 자가 없었다. 그의 마음과 안색은 차분히 가라앉아 있어서 옛날 투생(鬪生)이 화난 안색을 짓지 않았던 것과 같았다. 당시 논자들은 이 일을 가지고 그를 존경했다.〈3〉

〈1〉・양광은 자가 덕도(德度)며 홍농(弘農) 사람으로, 양진(楊震)의 후손이다.

〈2〉・처음에 은중감이 병사를 일으키고자 하여 은밀히 은의를 불렀는데 은의가 동의하지 않았다. 그러자 양광과 그의 동생 양전기(楊佺期)가 은의를 죽이라고 권했으나 은중감은 허락하지 않았다.

〈3〉・초(楚)나라 영윤(令尹) 자문(子文)은 투씨(鬪氏)다.

・『논어(論語)』 [「公冶長」] : 영윤 자문은 세 번이나 영윤 벼슬을 했으나 기뻐하는 기색이 없었으며, 세 번이나 그만 두었으나 화난 기색이 없었다.

역주 1) 행산(行散): 五石散이라는 일종의 마약을 먹고 그 약기운을 발산하기 위하여 산보하는 일로 '行藥'이라고도 함.

初, 桓南郡·楊廣〈1〉共說殷荊州, 宜奪殷顗[1]南蠻以自樹.〈2〉 顗亦卽曉其旨, 嘗因行散, 率爾去下舍, 便不復還. 內外無預知者. 意色蕭然, 遠同鬪生之無慍. 時論以此多之.〈3〉 **德** **五** 殷仲堪

〈1〉·字德度, 弘農人, 楊震後也. [周祇『隆安記』]

〈2〉·初, 仲堪欲起兵, 密邀殷顗, 顗不同. 楊廣與弟佺期勸殺顗, 仲堪不許. [『中興書』]

〈3〉·楚令尹子文, 鬪氏也. [『春秋傳』]

·『論語』曰 : 令尹子文, 三仕爲令尹, 無喜色, 三已之, 無慍色.

校勘 1) 顗: 『世說新語』와 『世說新語補』에는 "覬"라 되어 있음. 다음 문장과 劉孝標 注에서도 마찬가지임.

246-2(0387)

은의는 병이 위독하여 사람을 볼 때 얼굴 반쪽만 볼 수 있을 정도였다[1]. 은형주(殷荊州: 殷仲堪)가 진양(晉陽)의 군대를 일으켰을 때[2],〈1〉 은의에게 작별하러 찾아가서 눈물을 흘리며 병환을 잘 치료하라고[3] 당부했더니, 은의가 이렇게 대답했다.

"내 병은 당연히 저절로 나을 것이지만 정작 네 병이 걱정될 뿐이다!"〈2〉

〈1〉·『춘추공양전(春秋公羊傳)』[4] : 진(晉)나라의 조앙(趙鞅)이 진양의 군대를 일으켜 순인(荀寅)과 사길석(士吉射)을 축출했는데, 순인과 사길석은 군주 측근의 악인이었다.

〈2〉·은중감이 거병했을 때 은의는 동참하지 않았으며, 또한 자신이 소임(小任)을 맡고 있어서 오직 마땅히 직분을 지킬 뿐 진양의 일은 관여할 바가 아니라고 생각했다. 은중감이 은의를 초청할 때마다 그는 번번이 말하길: "나는 나아간다 하더라도 감히 동참할 수 없고, 물러난다 하더라도 감히 반대할 수 없다"고 했다. 결국 근심하다가 죽고 말았다.

역주 1) 얼굴 반쪽만 볼 수 있을 정도였다: 余嘉錫의 「寒食散考」에 따르면, 五石散을 과도하게 복용하면 그 부작용으로 눈이 침침해진다고 함.

2) 진양(晉陽)의 군대를 일으켰을 때: 원문은 "興晉陽之甲". 본래는 春秋時代 晉의 趙鞅이 군주 측근의 姦臣들을 축출한다는 명목으로 晉陽[지금의 山西省 太原]에서 擧兵한 것을 말하지만, 나중에는 지방 세력이 중앙 조정에 불만을 품고 거병하는 것도 '興晉陽之甲'이라 함. 殷仲堪은 당시 王恭·楊佺期·桓玄 등과 모의하여, 孝武帝 사후에 조정의 실권을 장악한 會稽王 司馬道子를 축출하기 위해 군대를 일으킴.

3) 병환을 잘 치료하라고: 원문은 "消息". 여기서는 병을 치료하여 몸을 보양하다는 뜻으로 쓰임.

4) 『춘추공양전(春秋公羊傳)』: 「定公13年」條에 나옴.

殷顗病困, 看人政見半面. 殷荊州興晉陽之甲,〈1〉 往與顗別, 涕零, 屬以消息所患, 顗答曰: "我病自當差, 正憂汝患耳!"〈2〉 **規** **五** 殷仲堪

〈1〉·『公羊春秋』曰 : 晉趙鞅取晉陽之甲, 以逐荀寅·士吉射, 寅·吉射者, 君側之惡人.

〈2〉·仲堪擧兵, 顗不與同, 且以爲己居小任, 惟當守局, 而晉陽之事, 非所宜豫也. 仲堪每邀之, 顗輒曰: "吾進不敢同, 退不敢異." 遂以憂卒. [『晉安帝紀』]

246-3(0388)

은의와 유항(庾恒)〈1〉은 모두 사진서(謝鎭西: 謝尙)의 외손자였다.〈2〉 은의는 젊어서부터 진솔하고 총명했지만, 유항은 늘 그를 존중하지 않았다. 한번은 함께 사공(謝公: 謝安)[1]을 찾아갔는데, 사공이 은의를 찬찬히 보며 말했다.

"아소(阿巢: 殷顗)는 정말 진서를 닮았구나."〈3〉

그러자 유항이 목소리를 낮추어 말했다.

"정작 어디가 닮았습니까?"

사공이 이어서 다시 말했다.

"아소의 뺨이 진서를 닮았어."

유항이 다시 말했다.

"뺨이 닮으면 훌륭한 사람[2]이 됩니까?"

〈1〉·유항은 자가 경칙(敬則)이며 유화(庾龢)의 아들이다. 벼슬은 상서복야(尙書僕射)에 이르렀다.

〈2〉・사상(謝尙)의 장녀 승요(僧要)는 유화에게 시집갔고, 차녀 승소(僧韶)는 은흠(殷歆)[3]에게 시집갔다.

〈3〉・아소는 은의의 어릴 적 자다.

역주 1) 사공(謝公: 謝安): 謝安은 謝尙의 從弟이므로 殷顗와 劉恒의 從外祖父가 됨.

2) 훌륭한 사람: 원문은 "健". '善'의 뜻. '강한 사람'이라고 풀기도 함.

3) 은흠(殷歆): 劉孝標 注에 따르면 殷歆은 殷顗의 부친이 되는데, 『晉書』 권83 「殷顗傳」에서는 "父康, 吳興太守."라고 했으며, 『世說新語』 「言語」94 劉孝標 注〈1〉에 인용된 『續晉陽秋』에서도 殷仲文[殷顗의 동생]에 대해 "父康, 吳興太守."라고 함. 따라서 '殷康'이 타당하다고 생각함.

殷顗[1]・庾恒〈1〉並是謝鎭西外孫.〈2〉 殷少而率悟, 庾每不推. 嘗俱詣謝公, 謝公熟視殷曰: "阿巢故似鎭西."〈3〉 於是庾下聲語曰: "定何似?" 謝公續復云: "巢頰似鎭西." 庾復云: "頰似, 足作健不?" **輕**

〈1〉・字敬則, 龢子也. 仕至尙書僕射. [『庾氏譜』]

〈2〉・尙長女僧要適庾龢, 次女僧韶適殷歆. [『謝氏譜』]

〈3〉・巢, 顗小字.

校勘 1) 顗: 원문에는 "愷"라 되어 있지만 오기가 분명하므로 『世說新語』와 『世說新語補』에 의거하여 고침.

247

[晉] 은중문(殷仲文)

은융(殷融)의 손자이자 은강(殷康)의 아들이다. 처음에 환현(桓玄)의 자의참군(諮議參軍)이 되어 크게 총애를 받았다. 환현은 제위를 찬탈하고 나서 자신을 보필한 공훈에 따라 그를 측근 고관에 임명했다. 그가 하사받은 거마(車馬)와 기복(器服)은 지극히 아름다웠다. 환현이 실각하자 그는 제일 먼저 의군(義軍: 劉裕의 軍隊)에 투항하여 시중(侍中)과 상서(尙書)를 지냈다. 나중에 지방으로 나가 동양태수(東陽太守)가 되자 마음속에 분함과 원망을 품고 마침내 환윤(桓胤)과 함께 모반했다가 결국 주살당했다.[1] 은중문이 한번은 거울을 보았을 때 머리가 보이지 않았는데 얼마 뒤 화가 닥쳤다.

역주 1) 환윤(桓胤)과 함께 모반했다가 결국 주살당했다: 『晉書』 권74 「桓胤傳」에 따르면, 東陽太守 殷仲文과 永嘉太守 駱求 등이 義熙 3년(407)에 모반하여 은밀히 桓胤을 옹립함으로써 桓玄의 뒤를 이으려고 했지만, 일이 발각되어 주살당했음.

融孫, 康子也. 初爲桓玄咨議叅軍, 大見寵遇. 玄簒位, 以佐命親貴. 輿馬器服, 窮極綺麗. 及玄敗, 先投義軍, 遷侍中・尙書. 後出爲東陽太守, 意懷憤怨, 乃與桓胤謀反, 遂伏誅. 仲文嘗照鏡不見頭, 俄已難及. [『續晉陽秋』・『晉安帝紀』] 言 詳 宋武帝

247-1(0389)

은중문은 타고난 재능이 매우 풍부했지만, 독서는 그다지 폭넓게 하지 못했다. 그래서 부량(傅亮)이 개탄하며 말했다.

"만약 은중문의 독서량이 원표(袁豹)〈1〉의 절반만 되더라도, 그 문재(文才)가 반고(班固)〈2〉에 뒤지지 않을 텐데."

〈1〉・원표는 자가 사울(士蔚)이며 원탐(袁耽)의 손자다. 여러 벼슬을 거쳐 태위장사(太尉長史)와 단양윤(丹陽尹)을 지냈다.

〈2〉・반고는 자가 맹견(孟堅)이며 우부풍(右扶風) 사람이다. 어려서부터 뛰어난 재주를 지녔으며 학업에는 일정한 스승이 따로 없었다. 문장을 잘 지었으며 연구하고 독파하지 않은 경전(經傳)이 없었다.

殷仲文天才宏贍, 而讀書不甚廣. 傅亮歎曰: "若使殷仲文讀書半袁豹,〈1〉 才不減班固."〈2〉 文

〈1〉・字士蔚, 耽孫. 累遷太尉長史・丹陽尹. [丘淵之『文章敍』]

〈2〉・字孟堅, 右扶風人. 幼有儁才, 學無常師. 善屬文, 經傳無不究覽. [『續漢書』]

247-2(0390)

이전부터 사람들이 환겸(桓謙)을 은중문에 견주었다. 환현(桓玄) 당시에 은중문이 [환현의 집으로] 들어오자, 환현이 정원에서 그를 바라보며 동석한 사람들에게 말했다.

"우리 집안의 환중군(桓中軍: 桓謙)이 어떻게 이 사람에게 미칠 수 있겠소?"

舊以桓謙比殷仲文. 桓玄時, 仲文入, 桓於庭中望見之, 謂同坐曰: "我家中軍, 那得及此也?" 品 互 桓謙

247-3(0391)

환현(桓玄)이 제위 찬탈에 실패한 뒤,[1] [그의 심복이었던] 은중문[2]은 도성으로 돌아가 대사마(大司馬: 劉裕)의 자의참군(咨議參軍)이 되었는데, 마음속으로 갈피를 잡지 못하여[3] 지난날 같지가 않았다. 대사마 관부의 정청(政廳) 앞에 늙은 홰나무 한 그루가 있었는데 매우 무성했다. 은중문은 매월 초하루 회의[4] 때, 여러 사람들과 함께 정청에서 홰나무를 오랫동안 바라보고 있다가 탄식하며 말했다.

"홰나무가 축 처져서[5] 더 이상 생기가 없구나!"〈1〉

〈1〉・은중문은 스스로 명류(名流)의 선배라고 생각했지만, 지난날 모두 자신을 따르던 사곤(謝鯤)의 무리가 지금은 도리어 자신과 어깨를 나란히 하고 있었으므로 늘 불만스러워했다.

역주 1) 환현(桓玄)이 제위 찬탈에 실패한 뒤: 환현은 東晉 安帝 元興 2년(403)에 일시적으로 제위를 찬탈하여 稱帝하고 국호를 楚라 했으나, 곧바로 이듬해(404)에 劉裕에게 진압되어 서쪽으로 도망쳤다가 益州 군사에게 살해당함.

2) 은중문: 은중문은 桓玄의 姊夫로서, 한때 환현의 심복이었으나 환현이 패한 뒤 劉裕에게 귀순하여 그의 자의참군이 되었음. 당시 유유는 환현을 평정한 뒤 대사마에 임명되었음.

3) 마음속으로 갈피를 잡지 못하여: 원문은 "意似二三". '意二三'은 '三心二意'와 같은 말로, 마음속이 이런 저런 생각으로 복잡하여 불안한 것을 말함.

4) 매월 초하루 회의: 원문은 "月朔". 음력 매월 초하루. 이 날엔 관아의 관원들이 정례적으로 모여서 회의를 했음.

5) 홰나무가 축 처져서: 원문은 "槐樹婆娑". '槐樹'는 殷仲文 자신을 비유함. '婆娑'는 본래 너울너울 춤추는 모양을 뜻하지만, 여기서는 시들어 처져 있는 모습을 뜻함.

桓玄敗後, 殷仲文還爲大司馬咨議, 意似二三, 非復往日. 大司馬府廳[1]前有一老槐, 甚扶踈. 殷因月朔, 與衆在廳, 視槐良久, 歎曰: "槐樹婆娑, 無復生意!"〈1〉 黜

〈1〉・仲文自以名輩先達, 而謝鯤輩皆昔之所附也, 今反比肩, 居常怏怏. [『晉安帝紀』]

247-4(0392)

은중문은 본래부터 명망이 있었기에 당연히 조정의 정치를 보좌할 재상[1]이 될 것이라고 스스로 생각했는데, 뜻밖에 동양태수(東陽太守)가 되자 마음속으로 몹시 불만스러웠다. 동양군으로 부임하러 갈 때 부양(富陽)[2]에 이르러 개탄하며 말했다.

"이 산천의 형세를 보니 틀림없이 손백부(孫伯符: 孫策) 한 명이 또 나오겠구나!"[3]〈1〉

〈1〉・손책(孫策)이 부춘(富春)사람이었기에 은중문이 이렇게 말한 것이다.

역주 1) 조정의 정치를 보좌할 재상: 원문은 "阿衡朝政". 재상이 되어 조정의 정치를 보좌한다는 뜻. '阿衡'은 『尙書』「太甲上」과 『詩經』「商頌・長發」 등에 보이는데, 殷나라 宰相 伊尹의 관명이라 함. '阿'는 '倚', '衡'은 '平'의 뜻으로, 殷 湯王이 이윤에 의지하여 기준을 정했기 때문에 그것으로 관명을 삼았다고 함.

2) 부양(富陽): 晉代 揚州 吳郡에 속한 縣名으로, 지금의 浙江省 杭州市 서남쪽 富春江 부근에 있었음. 劉孝標 注에서 언급한 '富春'은 '富陽'의 옛 이름임. 『宋書』 권35 「地理志」에 따르면, 東晉의 孝武帝가 簡文帝 鄭太后의 諱인 '春'을 피하여 '富春'을 '富陽'으로 고쳤다고 함.

3) 손백부(孫伯符: 孫策) 한 명이 또 나오겠구나: '伯符'는 孫策의 字. 孫策은 부친 孫堅의 뒤를 이어 漢나라 말의 난국에서 江東을 평정하고 吳나라 개국의 기초를 마련했음. 殷仲文이 이렇게 말한 것은 자신을 손책에 견주어 그 동안 품고 있던 야심을 드러낸 것임.

殷仲文旣素有名望, 自謂必當阿衡朝政, 忽作東陽太守, 意甚不平. 及之郡, 至富陽, 慨然歎曰: "看此山川形勢, 當復出一孫伯符!"〈1〉 黜

〈1〉・策, 富春人, 故云.

248

[唐] 원덕수(元德秀)

자는 자지(紫芝)며 하남(河南) 사람이다. 성품이 순박하여 겉치레를 하지 않았고 모든 행동을 옛 도리에 따랐다. 어려서 부친을 여의고 가난하게 살았는데, 극진한 효성으로 모친을 모셔 이름이 알려졌다. [玄宗] 개원(開元) 연간(713～741)에 [鄕賦를 따라 해마다] 도성에 가게 되었는데, 차마 모친과 떨어지지 못하여 갈 때마다 스스로 판여(板輿)[1]를 메고 모친과 함께 장안(長安)으로 갔다. 모친이 죽자 묘소에 여막을 치고 지내면서 소금과 식초도 없이 식사하고 자리도 깔고 앉지 않았으며, 손가락을 찔러 피를 내어 불상을 그리고 불경을 썼다. 오랜 뒤에 고유(孤幼)로 부득이 벼슬길에 나아가 남화현위(南和縣尉)에 제수되었는데, 은혜로운 정사를 펼친 끝에 도성으로 불려와 용무참군(龍武參軍)에 임명되었다. 노산현령(魯山縣令)으로 있다가 죽었다.

역주 1) 판여(板輿): 版輿라고도 함. 사람을 태우고 인부가 메고 가게 만든 가마. 轉義하여 관리가 부모를 모시는 것을 말함.

字紫芝, 河南人. 性純朴, 無緣飾, 動師古道. 少孤貧, 事母以孝聞. 開元中, 遊京師, 不忍離親, 每行則自負板輿, 與母詣長安. 母亡, 廬於墓所, 食無塩酪, 藉無茵席, 刺血畫像寫佛經. 久之, 以孤幼牽於祿仕, 授南和尉, 有惠政, 召補龍武叅軍. 終魯山令. [劉昫『唐書』]

248-1(0393)

방태위(房太尉: 房琯)가 말했다.

"원자지의 표정[1]을 보면, 사람으로 하여금 명리(名利)를 추구하는 마음을 싹 사라지게 만든다."

역주 1) 표정: 원문은 "眉宇". 본래는 눈썹 언저리를 뜻함. 轉義하여 사람의 표정을 말함.

房太尉言: "見紫芝眉宇, 使人名利之心都盡." 賞

248-2(0394)

소사업(蘇司業: 蕭源明)〈1〉은 매번 당시 명사들에게 이렇게 말하곤 했다.

"나는 불행히도 쇠퇴한 시속(時俗)에서 살고 있지만, 부끄럽지 않게 여기는 것은 원자지를 알고 있다는 사실이오."

〈1〉・소사업은 이름이 원명(源明)이다. [玄宗] 천보(天寶) 연간(742~756)에 동평태수(東平太守)로 있다가 국자사업(國子司業)으로 초징되었다. 안록산(安祿山)이 도성을 함락했을 때, 소원명은 병을 핑계대고 위관(僞官)을 받지 않았다. 숙종(肅宗: 李亨)이 두 도성[長安과 洛陽]을 수복한 뒤 그를 고공랑중(考功郎中)・지제고(知制誥)로 발탁했다.

蘇司業〈1〉每謂當時名士曰: "僕不幸生於衰俗, 所不耻者, 識元紫芝." 企

〈1〉・名源明. 天寶中, 守東平, 召爲國子司業. 祿山陷京師, 源明以病不受僞官. 肅宗復兩京, 擢考功郎中・知制誥. [『杜工部集』]

249

[漢] 원랑(袁閬[閎])

자는 봉고(奉高)며 신양(愼陽) 사람이다. 어렸을 때 황숙도(黃叔度: 黃憲)와 벗했으며, 시골에서 진중거(陳仲擧: 陳蕃)를 천거하기도 했다. 태위연(太尉掾)으로 초징되었다가 죽었다.

字奉高, 愼陽人. 友黃叔道於童齒, 薦陳仲擧於家巷. 辟太尉掾, 卒. [『汝南先賢傳』] 言 詳 邊讓 荀爽 品 詳 黃憲

250

[魏] 원환(袁渙)

자는 요경(曜卿)이며 진군(陳郡) 사람이다. 강회(江淮)로 피난했다가 원술(袁術)의 명을 받게 되었는데, 여포(呂布)가 부릉(阜陵)에서 원술을 칠 때 원환을 붙잡아 억류했다. 여포가 [曹操에게] 패했을 때 진군(陳羣) 부자도 여포의 군중에 있었는데, 그들은 위 무제(武帝: 曹操)를 보고 모두 절을 했지만 원환 혼자만 도도하게 읍(揖)하자 위 무제는 그를 심히 꺼려했다. 당시 위 무제는 여러 관리들에게 각각 수레 몇 대씩을 주면서 여포의 군중에 있는 물건을 가져오게 했는데, 다른 사람들은 모두 수레에 물건을 무겁게 실었지만 원환은 책 수백 권만 가져왔다.

字曜卿, 陳郡人. 避地江淮, 爲袁術所命. 呂布擊術於阜陵, 拘留渙. 及布之敗也, 陳羣父子, 亦在布軍, 見魏武, 皆拜, 渙獨高揖, 魏武甚嚴憚之. 時魏武給衆官車各數乘, 使取布軍中物, 衆人皆重載, 渙取書數百卷而已. [『魏志』·『袁氏世紀』] 文 詳 鍾繇

251

[晉] 원교(袁喬)

자는 언승(彥升)이고 어릴 적 자는 양(羊)이며 진군(陳郡) 사람이다. 여러 벼슬을 거쳐 강하상(江夏相)·상서백(湘西伯)·익주자사(益州刺史)를 지냈다.

字彥升, 小字羊, 陳郡人. 累遷江夏相·湘西伯·益州刺史. [『袁氏家傳』] 言 詳 車胤 品 詳 孫綽

251-1(0395)

간문제(簡文帝: 司馬昱)가 손흥공(孫興公: 孫綽)에게 물었다.

"원양(袁羊: 袁喬)은 어떠하오?"

손흥공이 대답했다.

"그를 모르는 사람은 그의 재능을 인정하지 않는 것은 아니지만[1], 그를 아는 사람은 그의 인품에서 취할 게 없다고 합니다."〈1〉

〈1〉·그[袁喬]에게 재능은 있으나 품덕이 없음을 말한다.

역주 1) 인정하지 않는 것은 아니지만: 원문은 "不負". '負'는 인정하지 않는다, 평가하지 않는

다는 뜻.

簡文問孫興公: "袁羊何似?" 答曰: "不知者不負其才, 知之者無取其體."〈1〉 品

〈1〉· 言其有才而無德也.

252

[晉] 원굉(袁宏)

자는 언백(彦伯)이고 어릴 적 자는 호(虎)며 위(魏) 낭중령(郎中令) 원환(袁渙)의 6대 손이다. 건위참군(建威參軍)으로 벼슬을 시작했다. 태부(太傅) 사안(謝安)은 원굉의 기민함과 신속한 논변을 칭찬했다. 원굉이 이부랑(吏部郎)에서 동양군(東陽郡)의 태수로 나갈 때 야정(冶亭)에서 송별연을 열자 당시 현자들이 모두 모였다. 사안이 갑자기 그를 시험해 보려고 손을 잡고 장차 이별하려 할 때 좌우를 돌아보며 부채 하나를 들어 그에게 주자, 원굉이 곧바로 대답하길: "마땅히 인풍(仁風)을 받들어 일으켜 저 뭇 백성들에게 은혜를 베풀겠습니다"라고 했다. 좌중의 모든 사람들이 그의 기민함에 감탄했다. 원굉은 성품이 강직했기 때문에 그다지 높은 벼슬에 오르지 못했다.

字彦伯, 小字虎, 魏郎中令渙六世孫也. 起家建威衾軍. 太傅謝安賞宏機捷辯速. 自吏部郎出爲東陽郡, 乃祖之於冶亭, 時賢皆集. 安欲卒迫試之, 執手將別, 顧左右取一扇而贈之, 宏應聲答曰: "輒當奉揚仁風, 惠彼黎庶." 合坐歎其要捷. 性直亮, 故位不顯也. [『續晉陽秋』] 輕詆 桓溫

252-1(0396)

원언백이 사안남(謝安南: 謝奉)의 사마(司馬)가 되었을 때, 도성의 여러 사람들이 그를 뇌향(瀨鄕)까지 가서 전송해주었다. 장차 이별할 적에 원언백이 스스로 슬픔에 잠겨 탄식했다.

"아득히 먼 저 산하는 묵묵히 만 리의 형세를 지녔구나!"

袁彦伯爲謝安南司馬, 都下諸人送至瀨鄕. 將別, 旣自悽惘, 歎曰: "江山遼落, 居然有萬里之勢!" 言

252-2(0397)

원굉이 처음 「동정부(東征賦)」[1]를 지었을 때는 도공(陶公: 陶侃)을 전혀 언급하지 않았었다. 그래서 호노(胡奴: 陶侃의 아들 陶範)가 그를 작은 방안으로 유인한 뒤 시퍼런 칼날을 들이 대고 위협했다.

"선친의 공훈이 이와 같은데도 당신은 「동정부」를 지으면서 어찌하여 소홀하게도 빼놓았소?"

원굉은 궁지에 몰려 방법이 없었기 때문에 곧장 대답했다.

"나는 도공을 대대적으로 언급했는데 어찌하여 안했다고 하시오?"

그리고는 곧이어 이렇게 낭송했다.

"순철을 백 번 단련하니, 베는 곳마다 잘려 나가네. 공적은 곧 사람을 다스림이요, 직분은 난리 평정을 생각함이네. 장사(長沙: 陶侃)의 공훈은, 역사에서 찬미되는 바이네."〈1〉

〈1〉・일설에 원굉이 「동정부」를 지을 때 강남으로 넘어온 여러 명문가를 모두 칭송하면서도 환선성(桓宣城: 桓溫의 부친 桓彛)을 언급하지 않았기에 환온(桓溫)이 몹시 화가 났었다. 나중에 환온이 원굉과 함께 청산(靑山)으로 놀러가서 연회를 즐긴 뒤, 장차 돌아가려 할 때 원굉에게 수레에 동승하라고 명하자 사람들은 모두 걱정하고 두려워했다. 몇 리쯤 갔을 때 환온이 원굉에게 묻길: "듣자하니 그대가 「동정부」를 지어 많은 선현(先賢)을 칭송했다고 하던데, 무슨 이유로 나의 선친은 언급하지 않았는가?"라고 하자, 원굉이 말하길: "존귀하신 분에 대한 칭송만큼은 저 같은 소관(小官)이 감히 함부로 할 수 없는 바이기 때문에, 아직 아뢰지 못한 채 감히 공표하지 못했을 뿐입니다"라고 했다. 환온이 말하길: "그대는 무슨 말을 쓰려고 했는가?"라고 하자, 원굉이 즉시 말하길: "인물 보는 안목이 탁월하여, 적임자를 찾아 등용했네. 몸은 비록 스러질지라도, 그 도(道)는 사라질 수 없네. 선성(宣城: 桓彛)의 절개, 신의(信義)와 어울리네[2]"라고 했다. 이에 환온은 뚝뚝 눈물을 흘리면서 그 일을 그만 두었다. 원굉은 당시 온대사마(溫大司馬: 桓溫)의 기실참군(記室參軍)으로 있었다.

역주 1) 「동정부(東征賦)」: 全文은 전하지 않지만, 그 佚文이 이곳 외에 『藝文類聚』 권27과 『晉書』 권92 「袁宏傳」 등에 보임.

2) 선성(宣城: 桓彝)의 절개, 신의(信義)와 어울리네: 원문은 "則宣城之節, 信爲允也"라 되어 있지만, 『晉書』 권92 「袁宏傳」에는 "宣城之節, 信義爲允"이라 되어 있음. 이렇게 해야 '允'이 위 구절의 '引'·'隕'과 함께 韻에 맞음. 이것이 타당하므로 이에 따라 번역함.

袁宏始作「東征賦」, 都不道陶公. 胡奴誘之狹室中, 臨以白刃, 曰: "先公勳業如是, 君作「東征賦」, 云何相忽略?" 宏窘蹙無計, 便答: "我大道公, 何以云無?" 因誦曰: "精金百鍊, 在割能斷. 功則治人, 職思靖亂. 長沙之勳, 爲史所讃."〈1〉 **文** **互** 陶侃 陶範

〈1〉· 一說[1], 宏爲「東征賦」, 悉稱過江諸名望, 不及桓宣城, 溫甚忿之. 後與宏遊青山飮酌, 將歸, 命宏同載, 衆皆危懼. 行數里, 問宏曰: "聞君作「東征賦」, 多稱先賢, 何故不及家君?" 宏曰: "尊公稱謂, 自非下官所敢專, 故未呈啓, 不敢顯之耳." 溫曰: "君欲爲何辭?" 卽云: "風鑒散朗, 或披或引. 身雖可亡, 道不可隕. 則宣城之節, 信爲允也." 溫泫然而止. 宏時爲溫大司馬記室叅軍.

校勘 1) 一說: 『世說新語』와 『世說新語補』 注에는 출전이 『續晉陽秋』라 되어 있음.

252-3(0398)

환선무(桓宣武: 桓溫)가 원언백에게 「북정부(北征賦)」를 지으라고 명했는데, 다 완성되자 환공(桓公: 桓溫)과 당시 명사들이 함께 보면서 모두 감탄했다. 그때 왕순(王珣)이 그 자리에 있다가 말했다.

"애석하게도 한 구절이 부족한 것 같으니, '사(寫)'자를 써서 운(韻)을 보충하면 틀림없이 더 훌륭해질 것이오."

그러자 원언백이 즉시 자리에서 붓을 들어 첨가했다.

"감회가 내 마음에서 끊이질 않아, [先人의] 유풍(遺風) 이어 홀로 [나의 정회를] 써내네[泝流風而獨寫]."

환공이 왕순에게 말했다.

"이제는 이 일로 인해 원언백을 추숭(推崇)하지 않을 수 없게 되었군."〈1〉

〈1〉·「북정부」의 내용은 대략 다음과 같다. 예부터 전해오는 소문[1]을 듣자하니, 이 들녘에서 기린을 잡았다[2] 하네. 영물(靈物)은 상서로운 덕으로 탄생되는 법인데, 어찌하여 동산지기에게 몸을 주었단 말인가! 이부(尼父: 孔子)가 통곡함을 슬퍼하나니, 진실로 애통함이요 거짓이 아닌 듯하네. 어찌 한 동물[기린]만 애달파했으리오? 사실은 천하를 애달파한 것이라네. 감회가 내 마음에서 끊이질 않아, [先人의] 유풍(遺風) 이어 홀로 [나의 정회를] 써내네.

역주 1) 예부터 전해 오는 소문: 『春秋公羊傳』에 나오는 '三世說'에 따르면, 魯의 12公에 대한 기록은 孔子가 전해들은 세대[所傳聞之世], 공자가 들은 세대[所聞之世], 공자가 본 세대[所見之世]로 나뉘어 있음.

2) 기린을 잡았다: 『春秋』「哀公 14年」에 이에 관한 고사가 나옴.

桓宣武命袁彦伯作「北征賦」, 旣成, 公與時賢共看, 咸嗟歎之. 時王珣在坐, 云: "恨少一句, 得'寫'字足韻, 當佳." 袁卽於坐攬筆益云: "感不絶於余心, 泝流風而獨寫." 公謂王曰: "當今不得不以此事推袁."〈1〉 **文**

〈1〉·賦略云, 聞所聞於相傳, 云獲獜於此野. 誕靈物以瑞德, 奚授體於虞者! 悲尼父之慟泣, 似實慟而非假. 豈一物之足傷? 實致傷於天下. 感不絶於余心, 遡流風而獨寫.

252-4(0399)

환선무(桓宣武: 桓溫)가 북정(北征)에 나섰을 때, 당시 원호(袁虎: 袁宏)도 종군했는데 [말을 잘못했다가] 문책당하여 파직되고 말았다. 그때 마침 급히 포고문[1]을 작성할 필요가 생겨서 원호를 불러 말 앞에 기댄 채로 지으라 했더니, 원호가 손에서 붓을 놓지 않고 금세 7장을 써냈는데 매우 훌륭했다. 왕동정(王東亭: 王珣)이 옆에 있다가 그의 문재를 극찬하자 원호가 말했다.

"[실속은 없고] 말만 매끄러울 뿐이지요."

역주 1) 포고문: 원문은 "露布文". 板에 기록한 뒤 장대 위에 매달아 사람들에게 보이는 포고

문을 말함. 또는 '檄文'이나 '勝戰文'으로 해석하기도 함.

桓宣武北征, 袁虎時從, 被責免官. 會須露布文, 喚袁倚馬前令作, 手不輟筆, 俄得七紙, 殊可觀. 東亭在側, 極歎其才, 虎云: "當令齒舌間得利." 文

252-5(0400)

원호(袁虎: 袁宏)는 젊었을 때 집안이 가난하여, 일찍이 남에게 고용되어 배로 세공미(歲貢米)를 운반하는 일을 하고 있었다. 사진서(謝鎭西: 謝尙)가 배를 타고 유람하다가 바람 맑고 달 밝은 어느 밤에 강기슭의 상선(商船) 위에서 시를 읊조리는 소리를 들었는데, 그 소리가 매우 정취 있었으며 낭송하는 오언시도 일찍이 들어본 적이 없는 것이었다. 사진서는 찬탄해 마지않으면서 즉시 사람을 보내 자세히 물어보게 했더니, 다름 아닌 원호가 자신이 지은 「영사시(詠史詩)」를 읊조린다는 것이었다. 그래서 그를 맞이하여 크게 칭송했다.

袁虎少貧, 嘗爲人傭, 載運租. 謝鎭西經舡行, 其夜淸風朗月, 聞江渚間沽客舡上, 有詠詩聲, 甚有情致, 所誦五言, 又其所未嘗聞. 歎美不能已, 卽遣委曲問訊, 乃是袁自詠其所作「詠史詩」. 因此相要, 大相賞得. 文

252-6(0401)

은윤(殷允)〈1〉이 서쪽[荊州]으로 떠날 때[1] 치초(郗超)가 원호(袁虎: 袁宏)에게 서찰을 보내 이렇게 말했다.

"은자사(殷子思: 殷允)가 좋은 벗을 찾으면서 그대와 우의를 맺고자 하니, [그대는 상대방의] 훌륭함을 계발(啓發)시키겠다는 태도[2]로 그를 접하지는 말아 주시게."

세간에서 원호를 '훌륭함을 계발시키는 자'라고 품평했기 때문에 왕자경(王子敬: 王獻之)의 시에서도 이렇게 읊었다.

"원생(袁生: 袁宏)은 훌륭함을 계발시키는 기량 지녔네."

〈1〉·은윤은 자가 자사며 은중문(殷仲文)의 동생이다. 벼슬은 이부상서(吏部尙書)를 지냈다.

역주 1) 은윤(殷允)이 서쪽으로 떠날 때: 348년경에 殷允이 桓溫의 참모로 부임하기 위해 荊州로 떠난 것을 말함. 당시 袁宏은 桓溫의 記室로서 荊州에 부임해 있었음.

2) 훌륭함을 계발(啓發)시키겠다는 태도: 원문은 "開美". 상대방의 장점을 잘 파악하여 그것을 계발시키는 것을 말함. 또는 생각이 활달하고 뜻이 고상하다는 의미로 풀기도 함.

殷允〈1〉出西, 郗超與袁虎書云: "子思求良朋, 托好足下, 勿以開美求之." 世目袁爲'開美', 故子敬詩曰: "袁生開美度." 賞

〈1〉·字子思, 仲文弟. 官吏部尙書.

252-7(0402)

원호(袁虎: 袁宏)와 복도(伏滔)가 환공(桓公: 桓溫)의 막부에 함께 있었는데, 환공은 매번 유람을 하거나 연회를 열 때마다 원호와 복도를 함께 부르곤 했다.[1] 원호는 이것을 몹시 수치스럽게 여겨 늘[2] 탄식하며 말했다.

"공의 후의도 국사(國士)[3]를 영광되게 하기에는 부족하다. 나를 복도와 견주다니 이 또한 얼마나 치욕인가!"

역주 1) 원호와 복도를 함께 부르곤 했다: 袁宏과 伏滔는 桓溫의 參軍으로 있을 때, 항상 '袁·伏'으로 竝稱되었음.

2) 늘: 원문은 "桓"이라 되어 있지만, 문맥상 오기가 분명하므로 『世說新語』에 의거하여 "恒"으로 고쳐 번역함.

3) 국사(國士): 나라 안에서 명망이 높고 才德이 높은 선비를 말함.

袁虎·伏滔同在桓公府, 桓公每遊宴, 輒命袁·伏. 袁甚耻之, 桓[1]歎曰: "公之厚意, 未足以榮國士. 與伏滔比肩, 亦何辱如之!" 輕

校勘 1) 桓: 『世說新語』에는 "恒"이라 되어 있음.

253

[晉] 원탐(袁耽)

자는 언도(彦道)며 원환(袁渙)의 증손자다. 체구가 건장하고 성격이 활달했으며 풍격이 고매했다. 벼슬은 사도종사중랑(司徒從事中郞)에 이르렀다.

字彦道, 渙曾孫也. 魁梧爽朗, 高風俊邁. 仕至司徒從事中郞. [『袁氏家傳』] 企 詳 桓溫

253-1(0403)

환선무(桓宣武: 桓溫)는 젊었을 때 집이 가난했는데, 도박에서 크게 져서 빚을 갚으라는 채권자의 독촉이 매우 급했다. 스스로 잃은 돈을 회복할 방법을 생각해보았으나 도무지 알 수 없었다. 진군(陳郡)의 원탐은 호탕하고 다재다능한 사람이었다. 환선무는 원탐에게 도움을 청하고 싶었으나, 원탐이 당시 상중에 있었기 때문에 주저할까봐 걱정하면서도 시험 삼아 그에게 얘기를 꺼냈다. 원탐은 그 자리에서 당장 허락했으며 조금도 꺼리는 기색이 없었다. 원탐은 마침내 상복을 갈아입고 상모(喪帽)[1]를 가슴에 품고서 환온(桓溫)을 따라가서 채권자와 도박을 했다. 원탐은 평소에 기예의 명성이 높았기 때문에 채권자가 도박판에 나서며 말했다.

"당신은 틀림없이 원언도가 아니겠지요?"[2]

마침내 함께 도박을 했는데, 한 판에 십만 전(錢)씩 걸어 곧장 백만 전을 넘었다. 원탐은 말[3]을 던지며 소리를 크게 질렀는데 옆에 아무도 없는 것처럼 행동하다가 상모를 꺼내 상대방에게 던지며 말했다.

"당신은 이제 원언도를 아시겠소?"

역주 1) 상모(喪帽): 상중에 쓰는, 삼베로 만든 모자.

2) 당신은 틀림없이 원언도가 아니겠지요: 채권자는 袁耽의 명성만 들었지 만나본 적이 없었기 때문에 이렇게 물은 것임.

3) 말: 원문은 "馬". 樗蒲노름을 할 때 사용하는 기구로 자세한 것은 미상. 오늘날의 윷놀이나 주사위놀이를 할 때 사용하는 말과 비슷한 용도로 쓰였을 것이라고 추정함. 또

는 도박할 때 돈을 계산하는 산가지라고도 함.

桓宣武少家貧, 戲大輸, 債主敦求甚切. 思自振之方, 莫知所出. 陳[1]郡袁耽, 俊邁多能. 宣武欲求救於耽, 耽時居艱, 恐致疑, 試以告焉. 應聲便許, 略無慊吝. 遂變服懷布帽隨溫去, 與債主戲. 耽素有藝名, 債主就局曰: "汝故當不辨作袁彦道耶?" 遂共戲, 十萬一擲, 直上百萬數. 投馬絶叫, 傍若無人, 探布帽擲對人曰: "汝竟識袁彦道不?" **任** **互** 桓溫

校勘 1) 陳: 원문에는 "陽"이라 되어 있지만 오기가 분명하므로 『世說新語』와 『世說新語補』에 의거하여 고침. 袁耽은 陳郡 陽夏 사람임.

253-2(0404)

환선무(桓宣武: 桓溫)가 원언도와 함께 저포(樗蒲)노름[1]를 했는데, 원언도가 던진 주사위의 점수[2]가 기대했던 대로 맞지 않자, 마침내 벌컥 화를 내며 오목(五木)[3]을 집어던졌다. 이것을 본 온태진(溫太眞: 溫嶠)이 말했다.

"원생(袁生: 袁耽)이 화를 옮기는 것을 보니 안자(顔子: 顔回)가 고귀한 인물임을 알겠다."〈1〉

〈1〉·『논어(論語)』[4] : 애공(哀公)이 공자에게 묻길: "제자 중에서 누가 학문을 좋아합니까?"라고 하자, 공자가 말하길: "안회(顔回)라는 자가 있어서 학문을 좋아하고 화를 옮기지 않으며 같은 잘못을 두 번 하지 않았는데, 불행하게도 단명하여 죽었습니다"라고 했다.

역주 1) 저포(樗蒲)노름: 漢代부터 六朝시대까지 유행한 도박의 일종으로, 그 방법은 오늘날 주사위를 가지고 하는 雙六과 비슷함. 『太平御覽』 권726에 인용된 『博物志』에 "老子入西戎, 造樗蒲."라는 기록이 있고, 『唐國史補』에 "洛陽令崔師本又好爲古之摴蒲[樗蒱]. 其法三分, 其子三百六十, 限以二關, 人執六馬. 其骰五枚, 分上爲黑, 下爲白. 黑者刻二爲犢, 白者刻二爲雉. 擲之全黑者爲盧, 其采十六. 三雉三黑爲雉, 其采十四. 二犢三白爲犢, 其采十. 全白爲白, 其采八. 四者貴采也. 開爲十二, 塞爲十一, 塔爲五, 禿爲四, 撅爲三, 梟爲二, 六者雜采也. 貴采得連擲, 得打馬, 得過關, 餘采則否."라는 기록이 있음.

2) 주사위의 점수: 원문은 "齒". 저포노름을 할 때 사용하는 주사위 面의 점수.

3) 오목(五木): 저포노름을 할 때 사용하는 5개의 주사위. 『樗蒱經』에 "古斲木爲子, 一具凡五子, 故名五木. 後世轉而用石·用玉·用象牙·用骨."이라는 기록이 있으며, 『演繁露』에 "五木之木, 兩頭尖銳, 故不轉躍. 中間平廣, 故可鏤采. 凡一子悉爲兩面, 一面塗黑, 畫犢, 一面塗白, 畫雉. 投子者, 五皆現黑, 名曰盧, 爲最高之采. 四黑一白, 名曰雉, 降盧一等. 自此以降, 白黑相尋, 或名爲梟, 或名爲犍."이라는 기록이 있음.

4) 『논어(論語)』: 「雍也」篇에 보임.

桓宣武與袁彦道樗蒲, 袁彦道齒不合, 遂厲色擲去五木. 溫太眞云: "見袁生遷怒, 知顔子爲貴."〈1〉 忿

〈1〉·『論語』: 哀公問: "弟子孰爲好學?" 孔子曰: "有顔回者, 好學, 不遷怒, 不貳過, 不幸短命, 死矣."

254

[劉宋] 원찬(袁粲)

자는 경천(景倩)이며 진군(陳郡) 양하(陽夏) 사람이다. 부친 원탁(袁濯)이 일찍 죽자, 할머니는 그가 어려서 부친을 여읜 것을 불쌍히 여겨 그를 '민손(愍孫)'이라 불렀다. 원찬은 학문을 좋아하고 재주가 있었으며, 청렴하고 엄정한 성품에 숭고한 절조를 지니고 있었으므로, 「묘덕선생전(妙德先生傳)」을 지어 자신을 견주었다. 일찍이 [三國時代 魏나라의] 순봉천(荀奉倩: 荀粲)을 흠모하여 이름을 '찬'으로 고치고 자를 '경천'이라 했다. [齊 高帝] 소도성(蕭道成)의 공덕이 이미 막중하여 천명이 그에게 돌아갔을 때, 원찬은 자신이 [劉宋 順帝의] 고명(顧命)[1]을 부탁받았기 때문에 두 성씨[조정]를 섬기려 하지 않았는데, 결국 이로 인해 살해당했다.

역주 1) 고명(顧命): 천자의 遺詔.

字景倩, 陳郡陽夏人. 父濯早卒, 祖母哀其幼孤, 名曰'愍孫'. 好學有才, 清整持風操, 著「妙德先生傳」以自況. 嘗慕荀奉倩, 改名爲'粲', 字'景倩'. 蕭道成功德既重, 天命有歸, 粲以身受顧托, 不欲事二姓, 由是遇害. [『宋書』] 德 詳 傳昭

254-1(0405)

원윤(袁尹: 袁粲)은 자유분방하고 술을 좋아했다. 한번은 백양나무 늘어선 교외 들녘에서 나막신을 신고 거닐다가 길에서 한 선비를 만나자 곧바로 그를 불러 함께 술을 즐겼다. 다음날 그 사람은 자신이 원윤에게 인정받았다고 생각하여 원윤의 집을 찾아가 통교(通交)하자고 청했더니, 원윤이 말했다.

"어제는 술을 마실 때 대작할 사람이 없어서 그냥 초대했을 뿐이니, 그대는 더 이상 번거롭게 하지 마시게."

袁尹踈放好酒. 嘗步屧白楊郊野間, 道遇一士人, 便呼與酣飮. 明日, 此人謂被知遇, 詣門求通, 袁曰: "昨日飮酒無偶, 聊相邀, 爾勿復爲煩." 任

255

[漢] 손책(孫策)

자는 백부(伯符)며, 벼슬은 토역장군(討逆將軍)을 지냈다. 어려서부터 호쾌한 풍모와 기백을 지녔으며 19세에 부친의 공업을 이어받았다. 사람들은 그를 손랑(孫郞)이라 불렀다. 강동(江東)을 평정하고 나서 허공(許貢)[1]의 식객에게 화살을 맞아 얼굴을 다쳤는데, 거울을 가져다 자신을 비춰보며 좌우에게 말하길: "얼굴이 이와 같으니 어찌 다시 공업을 세울 수 있겠는가?"라고 했다. 이윽고 장소(張昭)에게 이르길: "중원이 바야흐로 어지러워지고 있으니, 대저 오(吳)와 월(越)의 병력과 삼강(三江)[2]의 견고함이면 성패를 살피기에 충분할 것이오. 공들은 내 아우를 잘 도와주시오"라고 한 뒤, 대제(大帝: 孫權)를 불러 인장과 인끈을 주며 말하길: "강동의 병력을 일으켜 두 적진 사이에서 기선을 제압하는 것은 그대가 나만 못하고, 현자를 임용하고 능력 있는 자를 부려 각각 그들의 마음을 다하게 하는 것은 내가 그대만 못하네. 삼가 장강 북쪽으로 건너가지 말게나"라고 했다. 말을 마치고 운명했으니 26세였다.

역주 1) 허공(許貢): 後漢 말에 吳郡太守를 지냈으며, 獻帝에게 손책을 지방관으로 두면 위험하다고 참소했다가 손책에게 絞殺당했는데, 나중에 손책은 허공의 식객에게 화살을 맞

아 죽음에 이름.

2) 삼강(三江): 吳松江・錢塘江・浦陽江을 말함.

字伯符, 官討逆將軍. 少有雄姿風氣, 年十九而襲業. 衆號爲孫郞. 平定江東, 爲許貢客射破其面, 引鏡自照, 謂左右曰: "面如此, 豈可復立功乎?" 乃謂張昭曰: "中國方亂, 夫以吳・越之衆, 三江之固, 足以觀成敗. 公等善相吾弟." 呼大帝, 授以印綬, 曰: "擧江東之衆, 決機於兩陣之間, 卿不如我. 任賢使能, 各盡其心, 我不如卿. 愼勿北渡." 語畢而卒, 年二十有六. [『吳志』・『吳錄』] 言 詳 虞翻

256

[魏] 손등(孫登)

손등은 어느 곳 사람인지 모른다. 집이 없어 급군(汲郡)의 북산 토굴에서 살았다. 여름에는 풀을 엮어 옷을 삼았으며 겨울에는 머리를 풀어헤쳐 몸을 덮었다. 『역경(易經)』 읽기를 좋아하고 한 줄짜리 금(琴)을 탔으며, 만나는 사람마다 모두 그를 친근하게 여기고 좋아했다. 손등은 때때로 인간세상을 출입했는데, 그가 들렀던 집에서 입을 것과 먹을 것을 차려 주면 조금도 사양하지 않았지만 떠날 때는 모두 내버려두고 갔다. 가평(嘉平) 연간(249~254)에 급현(汲縣) 사람들이 산속으로 들어갔다가 한 사람을 만났는데, 그가 사는 곳은 백 길이나 되는 절벽이고 빽빽한 숲이 울창했다. 그는 정신력이 매우 예리했으며, 스스로 "성은 손이고 이름은 등이며 자는 공화(公和)"라고 했다.

登, 不知何許人. 無家, 於汲郡北山土窟住. 夏則編草爲裳, 冬則被髮自覆. 好讀『易』, 鼓一絃琴, 見者皆親樂之. 時時出入人間, 所經家設衣食, 一無所辭, 去皆舍去. 嘉平中, 汲縣民入山中, 見一人, 所居懸岩百仞, 叢林鬱茂. 而神明甚察, 自云: "孫姓登名, 字公和." [『嵇康集』「序」・『魏氏春秋』・『文士傳』] 規 詳 嵇康

256-1(0406)

완보병(阮步兵: 阮籍)이 휘파람을 불면 수백 보까지 들렸다. 소문산(蘇門山)[1] 속에 홀연 진인(眞人)[2]이 나타났는데, 나무꾼들이 모두 그 이야기를 전했다. 완적

(阮籍)이 찾아가서 보았더니 그 사람이 바위 옆에서 무릎을 끌어안고 있었다. 완적이 산마루에 올라 그에게 다가가서 다리를 쭉 뻗고 앉아 마주 대했다. 완적은 고래의 사적을 논하면서 위로는 황제(黃帝)・신농(神農)[3]의 현묘하고 심오한 도를 개진하고 아래로는 [夏・殷・周] 삼대(三代)의 융성한 덕의 훌륭함을 고찰하여 그에게 물었으나, 그는 머리를 높이 든 채 응답이 없었다. 다시 유위(有爲)의 가르침[4]과 정신을 집중하고 기(氣)를 운용하는 선술(仙術)[5]에 대해 피력하면서 그를 살펴보았으나, 그는 여전히 이전처럼 한 곳만 응시한 채 눈길조차 돌리지 않았다. 그래서 완적이 그를 향해 길게 휘파람을 불었더니, 한참 뒤에야 그가 비로소 웃으며 말했다.

"다시 한 번 불어 보시오."

완적은 다시 휘파람을 불었다. [완적이 마음껏 휘파람을 불고 나서] 흥이 다하자 물러나와 산의 중간쯤 내려왔을 때 위에서 휴우[6]! 하는 소리가 들렸는데, 마치 여러 악기가 합주하는 것처럼 숲과 계곡에 울려 퍼졌다. 돌아보았더니 다름 아닌 방금 전의 그 사람이 부는 것이었다.〈1〉

〈1〉・일설에, 완적은 늘 마음 닿는 대로 혼자 수레를 몰았는데 이미 나 있는 길로는 가지 않았으며, 수레 자취가 끊어진 곳에서 문득 목 놓아 울고서 돌아오곤 했다. 한번은 소문산에 갔었는데, 그 산에는 성명을 알 수 없는 은자가 있고 대나무 열매 몇 곡(斛)과 절굿공이와 절구만 있다고 했다. 완적이 그 이야기를 듣고 그를 찾아가서 태고(太古)의 무위(無爲)의 도를 논하고 오제(五帝)[7]와 삼왕(三王)[8]의 의(義)를 논했지만, 소문선생은 초연한 채 쳐다보지도 않았다. 그래서 완적은 큰 소리로 길게 휘파람을 불었는데 그 소리가 높고 낭랑하게 울렸다. 소문선생은 그제야 빙그레 웃었다. 완적이 산을 내려간 뒤에 소문선생이 숨을 몰아 크게 휘파람을 불었는데 마치 봉황의 울음소리 같았다. 완적은 평소 음악에 조예가 있었으므로 소문선생의 논리를 빌어 자신의 감회를 노래에 실었다. 그 노래에 이르길: "해는 부주산(不周山)[9] 서쪽으로 지고, 달은 단연(丹淵)[10] 속에서 뜨네. 태양이 어두워져 보이지 않으면, 달이 대신 떠올라 빛나네. 높이 빛남은 잠시 뿐, 어둠이 다시 깊어지네. 부귀란 잠깐 새에 변하는 것, 빈천이라고 어찌 반드시 끝까지 가리오?"[11]라고 했다.

・완적은 또 「대인선생론(大人先生論)」을 지었는데, 말한 바는 모두 가슴속의 본뜻으로 그 대의는 대인선생이 자기와 다르지 않음을 말한 것이다. 그가 길게 휘파람을 불어 서로 화답한 것을 보면 또한 '눈으로 보기만 해도 도가 통한다'[12]는 경

우에 가깝다.

· 왕은(王隱)은 소문선생을 손등이라 여겼다.[13)]

역주 1) 소문산(蘇門山): 지금의 河南省 輝縣의 서북쪽에 있으며, 일명 蘇嶺 또는 太行山이라고도 함.

2) 진인(眞人): 神人・仙人을 말함. 『晉書』 권49 「阮籍傳」에는 阮籍이 蘇門山에서 孫登을 만났다고 하여, 그 구체적인 人名이 기록되어 있음.

3) 황제(黃帝)・신농(神農): 黃帝 軒轅氏와 神農氏를 말함. 전설상의 옛 帝王으로 후세에 道家의 始祖로 추앙됨.

4) 유위(有爲)의 가르침: 원문은 "有爲之教". 『世說新語』 宋本에는 "有爲之外"라 되어 있음. 有爲는 인위적인 禮教를 말하고, 有爲之外는 無爲와 같은 뜻으로 인위적인 예교를 초월한 세계를 말함. 劉孝標 注에 인용된 『魏氏春秋』에서도 "無爲之道"라고 한 것으로 보아 "有爲之外"라고 하는 것이 문맥상 보다 타당함.

5) 정신을 ~ 선술(仙術): 원문은 "棲神導氣之術". 棲神은 마음을 專一하게 하여 정신을 집중하는 것을 말함. 導氣는 導引行氣의 뜻으로 道家 養生法의 일종. 導引은 육체의 관절을 굽혔다 폈다 하면서 근육과 피의 순환을 순조롭게 하는 체조법 말하고, 行氣는 체내의 濁氣를 내뱉고 체외의 淸氣를 들이마셔 체내에서 순환시키는 호흡법을 말함.

6) 휴우: 원문은 "嗗然". 정확한 뜻은 알 수 없으나 휘파람 소리를 나타내는 의성어로 추정함. 또는 소리가 悠長한 모양이라고도 함.

7) 오제(五帝): 여러 가지 說이 있으나 일반적으로 黃帝・帝顓頊・帝嚳・帝堯・帝舜을 말함(『史記』「五帝本紀」).

8) 삼왕(三王): 夏・殷・周 三代의 聖君인 禹王・湯王・文(武)王을 말함.

9) 부주산(不周山): 崑崙山의 서북쪽에 있다고 하는 전설상의 산.

10) 단연(丹淵): 阮籍의 「詠懷詩」 제23수에 "沐浴丹淵中, 照曜日月光"이라는 구절이 있음.

11) 해는 ~ 가리요: 여기에 인용된 노래는 阮籍의 「大人先生傳」에서 節錄한 것임.

12) 눈으로 보기만 해도 도가 통한다: 원문은 "目擊道存". 보기만 해도 도를 체득할 수 있어서 서로 말을 주고받을 필요가 없다는 뜻. 『莊子』「田子方」에서 "仲尼見溫伯雪子而不言, 子路問之, 仲尼曰: '若夫人者, 目擊而道存矣.'"라고 함.

13) 왕은(王隱)은 소문선생을 손등이라 여겼다: 王隱의 『晉書』에서 "孫登, 卽阮籍所見者也."라고 함.

阮步兵嘯, 聞數百步. 蘇門山中, 忽有眞人, 樵伐者咸共傳說. 阮籍往觀, 見其人擁膝巖側. 籍登嶺就之, 箕踞相對. 籍商略終古, 上陳黃・農玄寂之道, 下考三代盛德之美, 以問之, 仡然不應. 復叙有爲之敎, 棲神導氣之術以觀之, 彼猶如前, 凝矚不轉. 籍因對之長嘯, 良久, 乃笑曰: "可更作." 籍復嘯. 意盡, 退, 還半嶺許, 聞上㗛然有聲, 如數部鼓吹, 林谷傳響. 顧看, 迺向人嘯也.〈1〉 **棲** **互** 阮籍

〈1〉・一說[1], 阮籍常率意獨駕, 不由徑路, 車跡所窮, 輒慟哭而反. 嘗遊蘇門山, 有隱者莫知姓名, 有竹實數斛・杵臼而已. 籍聞而從之, 談太古無爲之道, 論五帝三王之義, 蘇門先生翛然曾不眄之. 籍乃嘐然長嘯, 韻響寥亮. 先生乃逌爾而笑. 籍旣降, 先生喟然高嘯, 有如鳳音. 籍素知音, 乃假蘇門先生之論, 以寄所懷. 其歌曰: "日沒不周西, 月出丹淵中. 陽精晦不見, 陰光代爲雄. 亭亭在須臾, 厭厭將復隆. 富貴俛仰間, 貧賤何必終?"

・又著「大人先生論」, 所言皆胸懷間本趣, 大意謂先生與己不異也. 觀其長嘯相和, 亦近乎目擊道存矣. [『竹林七賢論』]

・王隱以蘇門先生爲孫登.

校勘 1) 一說: 『世說新語』와 『世說新語補』 注에는 출전이 『魏氏春秋』라 되어 있음.

257

[晉] 손성(孫盛)

자는 안국(安國)이며 태원(太原) 중도(中都) 사람이다. 박학다식했으며 저작랑(著作郞)・정서주부(征西主簿)・비서감(秘書監)을 역임했다.

字安國, 太原中都人. 博學强識, 歷著作郞・征西主簿・秘書監. [『中興書』] **文** **詳** 支遁

257-1(0407)

저계야(褚季野: 褚裒)가 손성에게 물었다.

"그대가 짓고 있는 국사(國史)[1]는 언제쯤 완성되는 것이오?"

손성이 말했다.

"오래 전에 당연히 끝냈을 것인데, 공무(公務)를 처리하느라 겨를이 없어서 오늘까지 온 것입니다."

저계야가 말했다.

"옛 사람은 '전술(傳述)하되 창작하지 않는다'[2]고 했으니, 어찌 반드시 잠실(蠶室)[3] 속에 있어야만 하리오!"〈1〉

〈1〉・이릉(李陵)[4]이 흉노에게 항복하자 무제(武帝: 劉徹)가 격노했다. 태사령(太史令) 사마천(司馬遷)이 이릉의 충성심을 적극적으로 해명했더니, 무제는 사마천이 이릉을 위해 변호한다고 생각하여 사마천을 부형(腐刑)[5]에 처해버렸다. 그래서 사마천은 요(堯)・순(舜) 이후로 무제가 기린을 포획한 때까지의 사건을 기술하여[6] 『사기(史記)』를 지었다. 사마천은 임안(任安)에게 편지를 보내 말하길: "이릉은 이미 산 채로 항복했고, 나 또한 잠실에 처해지게 되었다"[7]라고 했다.

역주 1) 국사(國史): 孫盛은 『魏氏春秋』와 『晉陽秋』라는 역사서를 저술했는데, 『隋書』「經籍志」에 "魏氏春秋二十卷"과 "晉陽秋三十二卷"이 저록되어 있음. 여기서는 『晉陽秋』를 말함.

2) 전술(傳述)하되 창작하지 않는다: 원문은 "述而不作". 『論語』「述而」篇에 나옴.

3) 잠실(蠶室): 거세하는 형벌인 腐刑[宮刑이라고도 함]을 당한 자가 들어가는 감옥. 누에를 치는 방처럼 따뜻하다고 해서 그렇게 불렀음.

4) 이릉(李陵): 西漢의 武將으로 李廣의 손자. 武帝 天漢 2년(기원전 99) 가을에 貳師將軍 李廣利가 흉노를 공격하려고 하여, 이릉에게 병사 5천 명을 주어 흉노의 군대를 분산시키도록 했는데, 이릉의 군대는 흉노의 8만 대군에게 포위당하여 분전했으나 패했으며, 군량도 떨어지고 지원병도 오지 않아 결국 흉노에게 항복함. 그 뒤 이릉은 單于의 딸과 결혼하여 그곳에서 20여 년을 살다가 병사함.

5) 부형(腐刑): 남성의 생식기를 거세하는 宮刑을 말함.

6) 그래서~기술하여: 원문은 "乃述唐・虞以來, 至于獲獜". 魯 哀公 14년(기원전 481)에 서쪽을 순수하여 '獲麟'했는데, 孔子는 聖王의 상서로운 조짐인 仁獸 麒麟이 난세에 출현한 것에 느낀 바 있어서 『春秋』를 지었고, 그 기술을 '獲麟'한 때에서 끝냈다고 함. 이 구절은 司馬遷도 공자의 뜻을 이어받아 武帝가 雍 땅에서 白麟을 포획한 때에서 기술을 끝냈다는 뜻.

7) 이릉은~처해지게 되었다: 원문은 "李陵旣生降, 僕又佴之以蠶室." 이 구절은 『漢書』 권62 「司馬遷傳」의 "李陵旣生降, 隤其家聲, 而僕又茸之以蠶室, 重爲天下觀笑." 중에서 摘取한 것임. '茸'에 대해서 顔師古는 '推'의 뜻이라 했고, 蘇林은 '次'(처하다)의 뜻이라 했음. '佴' 역시 '次'의 뜻임.

褚季野問孫盛: "卿國史何當成?" 孫云: "久應竟, 在公無暇, 故至今日." 褚曰: "古人'述而不作', 何必在蠶室中!"〈1〉 排

〈1〉· 李陵降匈奴, 武帝甚怒. 太史令司馬遷盛明陵之忠, 帝以遷爲陵遊說, 下遷腐刑. 乃述唐·虞以來, 至于獲猉, 爲『史記』. 遷與任安書曰: "李陵旣生降, 僕又佴之以蠶室." [『漢書』]

258

[晉] 손방(孫放)

자는 제장(齊莊)이며 손성(孫盛)의 둘째아들이다. 벼슬은 장사왕(長沙王: 司馬乂)의 재상을 지냈다. 형 손잠(孫潛)은 자가 제유(齊由)다. 예장태수(豫章太守) 은중감(殷仲堪)이 [장강을] 내려와 왕국보(王國寶)를 토벌할 때 손잠은 당시 군(郡)에 있었는데, 은중감이 그에게 자의참군(諮議參軍)이 되어달라고 강요했지만, 그는 극구 사양하며 나아가지 않다가 마침내 근심에 못 이겨 죽고 말았다.

字齊莊, 盛次子. 官長沙王相. 兄潛, 字齊由. 豫章太守殷仲堪下討王國寶, 潛時在郡, 逼爲咨議叅軍, 固辭不就, 遂以憂卒. [『孫放別傳』·『晉百官名』·『中興書』]

258-1(0408)

손제유와 손제장 두 사람이 어렸을 때 유공(庾公: 庾亮)을 만나보러 갔더니, 유공이 손제유에게 물었다.

"자가 무엇인고?"

손제유가 대답했다.

"제유(齊由)라고 합니다."

유공이 물었다.

"누구와 나란히 하고자 한단 말인가?"

손제유가 대답했다.

"허유(許由)와 나란히 하고자 합니다."

유공이 다시 손제장에게 자가 무엇이냐고 물었더니 손제장이 대답했다.

"제장(齊莊)이라고 합니다."

유공이 물었다.

"누구와 나란히 하고자 한단 말인가?"

손제장이 대답했다.

"장주(莊周: 莊子)와 나란히 하고자 합니다."

유공이 물었다.

"어찌하여 중니(仲尼: 孔子)를 흠모하지 않고 장주를 흠모하는고?"

손제장이 대답했다.

"성인(聖人: 孔子)께서는 태어나실 때부터 도를 깨치신 분인지라 발돋움하여 흠모하기가 어렵습니다."

유공은 어린 아이의 대답에 크게 기뻐했다.

孫齊由·齊莊二人, 小時詣庾公, 公問齊由: "何字?" 答曰: "字齊由." 公曰: "欲何齊耶?" 曰: "齊許由." 齊莊: "何字?" 答曰: "字齊莊." 公曰: "欲何齊?" 曰: "齊莊周." 公曰: "何不慕仲尼而慕莊周?" 對曰: "聖人生知, 故難企慕." 庾公大喜小兒對. 夙

258-2(0409)

손성(孫盛)이 유공(庾公: 庾亮)의 기실참군(記室參軍)[1]으로 있을 때 사냥을 따라갔는데, 그의 둘째아들을 데리고 함께 갔다. 유공이 이를 모르고 있다가 사냥터에서 문득 손제장을 보았는데, 손제장은 그때 일곱 여덟 살이었다. 유공이 말했다.

"너도 왔니?"

그러자 손제장이 곧바로 대답했다.

"이른바 '아이 어른 할 것 없이 모두 공을 따라가네'[2]라는 것입니다."

역주 1) 기실참군(記室參軍): 府의 참모로 문서초안을 맡음. 위진시대에는 가장 청렴한 관직 가운데 하나였음.

2) 아이 어른 할 것 없이 모두 공을 따라가네: 원문은 "無小無大, 從公于邁". 『詩經』「魯頌·泮水」의 한 구절.

孫盛爲庾公記室叅軍, 從獵, 將其二兒俱行. 庾公不知, 忽於獵場見齊莊, 時年七八歲. 庾謂曰: "君亦復來耶?" 應聲答曰: "所謂'無小無大, 從公于邁.'" 夙

258-3(0410)

유원객(庾園客: 庾爰之)〈1〉이 손감(孫監: 孫盛)[1]을 찾아갔더니 손감은 마침 외출 중이었다. 아들 손제장이 밖에 있는 것을 보았는데, 손제장은 아직 어렸지만 명민했다. 유원객이 시험 삼아 물었다.

"손안국(孫安國: 孫盛)[2]은 어디 있느냐?"

손제장이 즉시 대답했다.

"유치공(庾穉恭: 庾翼)[3]의 집이요."

유원객이 크게 웃으며 말했다.

"손씨(孫氏) 집안이 크게 흥성하여[盛][4] 이런 아들이 있구나!"

손제장이 또 대답했다.

"유씨(庾氏) 집안의 번성함[翼翼][5]만 못하지요."

손제장은 돌아가서 사람들에게 말했다.

"내가 확실히 이겼어요. 그 자의 부친 이름을 두 번이나 불렀으니까요."

〈1〉· 유원객은 유익(庾翼)의 아들로, 이름은 원지(爰之)고 자는 중진(仲眞)이다. 원객은 그의 어릴 적 자다.

역주 1) 손감(孫監: 孫盛): '監'은 秘書監을 말함. 孫盛이 일찍이 비서감을 지냈기 때문에 그렇게 부른 것임.

2) 손안국(孫安國: 孫盛): 魏晉人들은 避諱를 특히 중시했기 때문에, 庾爰之가 孫放의 면전에서 그의 부친 孫盛의 字를 언급함으로써 손방이 어떻게 나오는지 시험해본 것임.

3) 유치공(庾穉恭: 庾翼): 孫放 역시 庾爰之의 면전에서 그의 부친 庾翼의 字를 언급하여 응수한 것임.

4) 손씨(孫氏) 집안이 크게 흥성하여[盛]: 庾爰之가 '孫'과 '盛' 두 자를 넣어 다시 孫放 부친의 휘를 직접 언급한 것임.

5) 유씨(庾氏) 집안의 번성함[翼翼]: 孫放 역시 '庾'와 '翼' 두 자를 넣어 庾爰之 부친의 휘를 언급함으로써 응수한 것임.

庾園客〈1〉詣孫監，値行．見齊莊在外，尙幼而有神意．庾試之曰："孫安國何在?" 卽答曰："庾穉恭家." 庾大笑曰："諸孫太盛，有兒如此!" 又答曰："未若諸庾之翼翼." 還，語人曰："我故勝，得重喚奴父名." 排

〈1〉・翼子，名爰之，字仲眞．園客，小字．[『庾氏譜』]

259

[晉] 손초(孫楚)

자는 자형(子荊)이며 태원(太原) 중도(中都) 사람이다. 벼슬은 풍익태수(馮翊太守)에 이르렀다.

字子荊，太原中都人．仕至馮翊太守．[『文士傳』・『晉陽秋』] 言 詳 王濟

259-1(0411)

손자형이 젊었을 때 은거하고 싶었는데, 왕무자(王武子: 王濟)에게 당연히 '돌로 베개 삼고 냇물로 양치한다[枕石漱流]'[1]고 말해야 할 것을 '돌로 양치하고 냇물로 베개 삼는다[漱石枕流]'고 잘못 말했다. 그래서 왕무자가 말했다.

"냇물로 베개 삼을 수 있고 돌로 양치할 수 있소?"

손자형이 말했다.

"냇물로 베개 삼는 것은 귀를 씻고자 함이고, 돌로 양치하는 것은 치아를 갈고자 함이지요."

역주 1) 돌로 베개 삼고 냇물로 양치한다[枕石漱流]: 山林에서의 은거생활을 뜻함.

孫子荊年少時欲隱，語王武子當'枕石漱流'，誤曰'漱石枕流'．王曰："流可枕，石可漱乎?" 孫曰："所以枕流，欲洗其耳，所以漱石，欲礪其齒." 言

259-2(0412)

손자형이 부인의 상을 당해서 입었던 상복을 벗으면서[1] 시를 지어[2] 왕무자(王武子: 王濟)에게 보여 주었더니, 왕무자가 이렇게 말했다.

"시가 정(情)에서 생겨나는지 아니면 정이 시에서 생겨나는지 잘 모르겠지만, 이것을 읽고 나니 슬퍼지면서 부부의 애정이 더욱 깊어짐을 느끼오."

역주 1) 상복을 벗으면서: 『禮記』에서는 부인에 대한 服喪 기간을 1년으로 정하고 있음.

2) 시를 지어: 『孫楚集』에 실려 있는 그 시는 다음과 같음: "시간은 치달려 멈추지 않고, 세월은 번개처럼 흘러가네. 당신의 영혼이 저 먼 하늘로 올라간 지, 어느덧 이미 1주년이 되었구려. 服喪의 제도에 정함이 있기에, 이제 당신의 무덤에 脫服함을 고하오. 제단에 임하여 비통함을 느끼나니, 내 가슴을 도려내는 듯하는구려[時邁不停, 日月電流. 神爽登遐, 忽已一周. 禮制有敘, 告除靈丘. 臨祠感痛, 中心若抽.]"

孫子荊除婦服, 作詩以示王武子, 王曰: "未知文生於情, 情生於文, 覽之悽然, 增伉儷之重." **文**

259-3(0413)

손자형은 뛰어난 재능을 지니고 있다고 자부하여 경복(敬服)하는 사람이 드물었지만, 오직 왕무자(王武子: 王濟)만은 평소에 존경했다. 왕무자가 죽었을 때 명사 가운데 조문하러 오지 않은 사람이 없었다. 손자형이 나중에 도착하여 시체로 다가가 통곡하자, 빈객 중에 눈물을 흘리지 않은 자가 없었다. 손자형은 곡을 끝내고 영구대(靈柩臺)를 향해 말했다.

"그대는 늘 내가 나귀 울음소리 흉내 내는 것을 좋아했으니, 지금 그대를 위해 한 번 해보겠소."

그 모습이 나귀와 흡사하고 소리가 진짜 같아서 빈객들이 모두 웃었더니, 손자형이 머리를 들고 말했다.

"당신들을 살아남게 하고 이 사람을 죽게 하다니!"

孫子荊以有才，少所推服，唯雅敬王武子．武子喪時，名士無不至者．子荊後來，臨屍慟哭，賓客莫不垂涕．哭畢，向靈床曰："卿常好我作驢鳴，今爲卿作．"體似眞聲，賓客皆笑，孫擧頭曰："使君輩存，令此人死!" **傷** **互** 王濟

259-4(0414)

손자형이 석포(石苞)〈1〉의 표기참군(驃騎參軍)이 되었는데，이미 자신의 재기(才氣)를 자부하고 있는데다가 또한 석포를 업신여겨서 처음 부임했을 때 절도 하지 않고 그저 길게 읍(揖)만 한 뒤 곧장 석포에게 말했다.

"천자께서 나에게 그대의 군대 일에 참여하라 명하셨소이다."

〈1〉・석포는 자가 중용(仲容)이며 발해(渤海) 남피(南皮) 사람이다. 성품이 온아하고 활달했으며 지략을 지니고 있었다. 처음에는 업시(鄴市)에서 쇠를 팔았는데，인물을 알아보는 것으로 이름난 시장 조원유(趙元儒)가 석포의 원대한 기량에 감탄했다. 벼슬은 표기장군(驃騎將軍)의 대사마(大司馬)에 이르렀다.

孫子荊爲石苞〈1〉驃騎糸軍，旣負其才氣，又侮易苞，初至不拜，但長揖直語苞曰："天子命我糸卿軍事．" **簡**

〈1〉・字仲容，渤海南皮人．雅曠有智局．初販鐵於鄴市，市長趙元儒名知人，歎苞遠量．仕至驃騎將軍大司馬．[『晉書』]

260

[晉] 손작(孫綽)

자는 흥공(興公)이며 태원(太原) 중도(中都) 사람이다. 젊어서부터 문장으로 이름났다. 태학박사(太學博士)・대저작(大著作)・산기상시(散騎常侍)를 역임했다.

字興公，太原中都人．少以文稱．歷太學博士・大著作・散騎常侍．[『中興書』] **文** **詳** 謝萬 **方** **詳** 庾義 **排** **詳** 習鑿齒 **賞** **詳** 衛永

260-1(0415)

손작은 「수초부(遂初賦)」를 짓고 견천(畎川)에 집을 지은 뒤, 분수에 만족할 줄 아는 도리를 깨달았다고 스스로 말했다.〈1〉 또한 서재 앞에 소나무 한 그루를 심어 놓고 항상 손수 가꾸었다. 고세원(高世遠: 高柔)〈2〉도 당시 이웃에 살고 있었는데, 그가 손작에게 말했다.

"소나무는 청초하여 어여삐 여길 만하지 않은 것은 아니지만, 영원히 기둥이나 대들보로는 쓰일 수 없지요."

그러자 손작이 말했다.

"단풍나무나 버드나무가 비록 한 아름쯤 된다 하더라도, 또한 어디에다 쓰겠소?"

〈1〉・「수초부서(遂初賦叙)」: 나는 젊어서부터 노장(老莊)의 도를 흠모하여 그 풍류를 오래토록 우러러 오던 차에, 문득 오릉(於陵)의 어진 아내[1]의 말에 감동하여 마음속 깊이 깨달았다. 그래서 동산(東山)을 개간하여 긴 언덕이 둘러 있고 무성한 숲이 있는 곳에 다섯 이랑쯤 되는 집을 지어 놓았으니, 그 누가 화려한 휘장에 앉아 종고(鍾鼓)의 음악을 즐기는 자와 더불어 같은 날에 이러한 즐거움을 말하리오!

〈2〉・고세원은 이름이 유(柔)며 낙안(樂安) 사람이다. 재주가 빼어났다.

역주 1) 오릉(於陵)의 어진 아내: 齊나라의 於陵仲子[陳仲子]는 楚王의 초빙을 받았으나 아내의 간언을 듣고 벼슬을 사양한 채 함께 은거생활을 즐겼다고 함.

孫綽賦「遂初」, 築室畎川, 自言見止足之分.〈1〉 齋前種一株松, 恒自手壅治之. 高世遠〈2〉時亦隣居, 語孫曰: "松樹子非不楚楚可憐, 但永無棟梁用耳." 孫曰: "楓柳雖合抱, 亦何所施?" **言**

〈1〉・「遂初賦叙」曰: 余少慕老莊之道, 仰其風流久矣, 卻感於陵賢妻之言, 悵然悟之. 乃經始東山, 建五畝之宅, 帶長阜, 倚茂林, 孰與坐華幕擊鍾鼓者, 同年而語其樂哉!

〈2〉・名柔, 樂安人. 才理淸鮮. [孫統「高柔集叙」]

260-2(0416)

손흥공이 「천태부(天台賦)」[1]를 완성한 뒤 범영기(范榮期: 范啓)에게 보여주면서 말했다.

"당신은 시험 삼아 이것을 땅에 던져 보시오. 모름지기 금석(金石)의 소리가 날 것이오."

그러자 범영기가 말했다.

"아무래도 그대가 말하는 금석은 [음악의] 궁상(宮商)[2]에는 들어맞지 않을 것 같소."

그러나 [읽다가] 빼어난 구절〈1〉에 이를 때마다 문득 말했다.

"틀림없는 우리 무리의 말이야!"

〈1〉·"적성(赤城)은 노을처럼 솟아 이정표 되고, 폭포는 날아 흘러 길의 경계 되네." 이 구절이 이 부(賦)의 빼어난 곳이다.

역주 1) 「천태부(天台賦)」: 『文選』 卷11에는 「遊天台山賦」라는 제목으로 실려 있음.

2) 궁상(宮商): 宮·商·角·徵·羽의 5音이 조화를 이룬 正音.

孫興公作「天台賦」成, 以示范榮期云: "卿試擲地. 要作金石聲." 范曰: "恐子之金石, 非宮商中聲." 然每至佳句,〈1〉 輒云: "應是我輩語!" 文

〈1〉·"赤城霞起而建標, 瀑布飛流而界道." 此賦之佳處.

260-3(0417)

손흥공과 허현도(許玄度: 許詢)는 모두 당시의 명사였다. 어떤 사람은 허현도의 고상한 성정을 중시하고 손흥공의 지저분한 품행을 멸시했으나, 어떤 사람은 손흥공의 문재를 애호하고 허현도에게서는 취할 게 없다고 했다.

孫興公·許玄度皆一時名流. 或重許高情, 則鄙孫穢行, 或愛孫才藻, 而無取於許. 品 互 許詢

260-4(0418)

무군장군(撫軍將軍: 司馬昱)이 손흥공에게 물었다.

"유진장(劉眞長: 劉惔)은 어떠하오?"

손흥공이 말했다.

"청아하고 [재기가] 풍성하며 간결하고 훌륭합니다."

"왕중조(王仲祖: 王濛)는 어떠하오?"

"온아하고 유순하며 차분하고 온화합니다."

"환온(桓溫)은 어떠하오?"

"고명하고 호방하며 고매하고 출중합니다."

"사인조(謝仁祖: 謝尙)는 어떠하오?"

"청아하고 간이(簡易)하며 훌륭하고 활달합니다."

"완사광(阮思曠: 阮裕)은 어떠하오?"

"[도량이] 넓고 유순하며 [사리에] 통달하고 뛰어납니다."

"원양(袁羊: 袁喬)은 어떠하오?"

"물이 흐르듯이[1] 청아하고 신속합니다."

"은홍원(殷洪遠: 殷融)은 어떠하오?"

"멀리 [세속을 초탈한] 정취와 마음을 지니고 있습니다."

"그대는 스스로 어떠하다고 생각하오?"

"하관(下官)의 재능으로 할 수 있는 바는 모두 [위에서 언급한] 여러 명현들만 못하며, 시대에 합당한 일을 헤아리고 당대를 통찰하여 파악하는 것 또한 대부분 그들에 미치지 못합니다. 하지만 부족한 재능으로 때때로 현원(玄遠)한 경지[2]에 마음을 의탁하고『노자(老子)』와『장자(莊子)』를 고원하게 읊으면서 한적한 심사[3]를 고고하게 실은 채 세상일에 마음 쓰지 않으니, 이러한 마음만큼은 양보할 수 없다고 스스로 생각합니다."

역주 1) 물이 흐르듯이: 원문은 "洮洮". '滔滔'와 같음. 談論이 거침없이 계속되는 모양.

2) 현원(玄遠)한 경지: 원문은 "玄勝". 玄學·玄理와 같은 형이상학적인 哲理를 말함.

3) 한적한 심사: 원문은 "蕭條". 한가롭고 脫俗的인 마음을 말함.

撫軍問孫興公: "劉眞長何如?" 曰: "清蔚簡令." "王仲祖何如?" 曰: "溫潤恬和." "桓溫何如?" 曰: "高爽邁出." "謝仁祖何如?" 曰: "清易令達." "阮思曠何如?" 曰: "弘潤通長." "袁羊何如?" 曰: "洮洮清便." "殷洪遠何如?" 曰: "遠有致思." "卿自謂何如?" 曰: "下官才能所經, 悉不如諸賢, 至於斟酌時宜, 籠罩當世, 亦多所不及. 然以不才, 時復託懷玄勝, 遠詠『老』·『莊』, 蕭條高寄, 不與時務經懷, 自謂此心無所與讓也." **品** **互** 劉惔 王濛 桓溫 謝尙 阮裕 袁喬 殷融

260-5(0419)

저공(褚公: 褚裒)이 손흥공과 함께 곡아후호(曲阿後湖: 丹陽湖)에서 뱃놀이를 했는데, 중류에서 바람이 세차게 불어 배가 뒤집어지려 했다. 저공은 이미 취한 상태에서 이내 말했다.

"이 배에 탄 사람은 모두 하늘의 꾸짖음을 초래할 만한 자는 없고, 오직 손흥공만이 속진의 찌꺼기가 많으니, 당연히 하늘의 욕심을 만족시켜 줄 수 있을 뿐이오."

그리고는 곧장 손흥공을 붙잡아 물속에 던지려 했다. 손흥공은 황급한 상태에서 빠져나갈 방법이 없자 큰 소리로 울며 말했다.

"계야(季野: 褚裒), 그대는 날 좀 봐주시오!"

褚公與孫興公同遊曲阿後湖, 中流風勢猛迅, 舫欲傾覆. 褚公已醉, 乃曰: "此舫人皆無可以招天譴者, 惟孫興公多塵滓, 正當以厭天欲耳." 便欲捉擲水中, 孫遽無計, 惟大啼曰: "季野, 卿念我!" **輕** **互** 褚裒

260-6(0420)

저태부(褚太傅: 褚裒)가 남쪽으로 내려갔을 때,[1] 손장락(孫長樂: 孫綽)[2]이 배 안에서 그를 만나보았다. 얘기를 나누던 중에 유진장(劉眞長: 劉惔)의 죽음을 언급했더니 손장락이 눈물을 흘리면서 읊조렸다.

"현인이 죽으니 나라가 병들었네!"[3]

저태부가 크게 화를 내며 말했다.

"유진장이 생전에 그대와 얼마나 친했다고[4] 그대는 오늘 남을 향해서 이런 얼굴을 짓는가!"

손장락이 울음을 그치고 저태부에게 말했다.

"[내가 죽은 뒤에도] 그대는 마땅히 나를 생각해줘야 하네!"

당시 사람들은 모두 손장락이 재능은 있지만 성품이 비속한 것을 비웃었다.

역주 1) 남쪽으로 내려갔을 때: 東晉 穆帝 永和 5년(349)에 褚裒는 征北大將軍이 되어 군대를 이끌고 後趙를 북벌했다가 패한 뒤 돌아와 京口[지금의 鎭江]에 주둔했음. 그래서 "남쪽으로 내려갔다"고 한 것임.

2) 손장락(孫長樂: 孫綽): 孫綽이 長樂侯를 습봉했기 때문에 그렇게 부른 것임.

3) 현인이 죽으니 나라가 병들었네: 원문은 "人之云亡, 邦國殄瘁." 『詩經』「大雅・瞻卬」에 나오는 구절.

4) 친했다고: 원문은 "比數". 친근하다, 중시하다는 뜻.

褚太傅南下, 孫長樂於船中視之. 言次, 及劉眞長死, 孫流涕, 因諷詠曰: "人之云亡, 邦國殄瘁!" 褚大怒曰: "眞長平生何嘗相比數, 而卿今日作此面向人!" 孫回泣向褚曰: "卿當念我!" 時咸笑其才而性鄙. 輕 五 褚裒

260-7(0421)

손작이 『열선전(列仙傳)』[1]의 「상구자(商丘子)」에 대한 찬(贊)을 지어 말했다.

"기른 건 어떤 것이었나? 아마도 진짜 돼지는 아니었겠지. 만약 바람과 구름 만난다면, 날 위해 용처럼 솟구치겠지."[2]〈1〉

당시 사람들은 대부분 잘 지었다고 생각했으나, 왕람전(王藍田: 王述)은 사람들에게 말했다.

"근자에 손씨의 아들이 지은 글을 보았더니, '어떤 것'을 말했는데 '진짜 돼지'

라나 뭐라나.”

〈1〉・상구자진(商丘子晉)은 상읍(商邑) 사람이다. 피리를 불고 돼지 기르길 좋아했다. 70세가 되도록 부인을 얻지 않았으며 늙지도 않았다. 사람들이 도(道)의 요체를 물었더니 상구자진이 말하길: “노출(老朮)[3]과 창포(菖蒲)[4] 뿌리를 먹고 물을 마시는데, 이렇게 하기만 하면 배고프지도 않고 늙지도 않소”라고 했다. 황실의 척족(戚族)과 부호들이 그 소문을 듣고 상구자진이 가르쳐준 약재를 복용했지만, 1년을 넘기지 못하고 곧 그만두었으며, 어쩌면 숨겨둔 비술(秘術)이 있을 것이라고 생각했다. 손작이 찬을 지어 말하길: “탁월한 상구자진, 지팡이 짚고 피리 불었네. 목마르면 차가운 샘물 마시고, 배고프면 창포 먹었네. 기른 건 어떤 것이었나? 아마도 진짜 돼지는 아니었겠지”[5]라고 했다.

역주 1) 『열선전(列仙傳)』: 西漢의 劉向이 찬했다고 전해지는 神仙傳記集으로, 상・하 2권에 총 70명의 신선고사가 실려 있고, 각 조마다 4言8句의 贊이 있으며, 맨 끝에 總贊이 있음. 晉代 이후로 신선고사를 언급할 때 대부분 이 책을 근거로 했음. 인용된 문장은 현행본 『列仙傳』 卷下에 보이는데, “商丘子胥”라 되어 있으며 문자상의 출입이 다소 있음.

2) 용처럼 솟구치겠지: 원문은 “龍攄(터)”. 용처럼 솟아오른다는 뜻. ‘攄’는 ‘騰’의 뜻.

3) 노출(老朮): 삽주[엉겅퀴과에 속하는 다년생 풀]의 뿌리. 약초의 일종으로 白朮과 蒼朮 2종류가 있음. 長生의 仙藥으로 알려져 있으며 『抱朴子』 권11 「內篇・仙藥」에 그 효능이 기록되어 있음.

4) 창포(菖蒲): 天南星科에 속한 다년생 초본으로, 白菖・蘭蓀・溪蓀・蒲子라고도 하며 그 뿌리를 약용함.

5) 탁월한 상구자진~아마도 진짜 돼지는 아니었겠지: 현행본 『列仙傳』 卷下 「商丘子胥」의 贊은 “商丘幽棲, 韞櫝妙術. 渴飮寒泉, 饑茹蒲朮. 吹竽牧豕, 卓犖奇出. 道足無求, 樂玆永日.”이라 되어 있음.

孫綽作『列仙』「商丘子」贊曰: “所牧何物? 殆非眞豬. 儻遇風雲, 爲我龍攄.”〈1〉 時人多以爲能, 王藍田語人云: “近見孫家兒作文, 道‘何物眞猪’也.” 輕 互 王述

〈1〉・商丘子晉者, 商邑人. 好吹竽牧豕. 年七十不娶妻而不老. 問其道要, 言: “但食老朮・菖蒲根, 飮水, 如此便不飢不老耳.” 貴戚富室, 聞而服之, 不能終歲, 輒止, 謂將有匿術. 孫綽爲贊曰: “商丘卓犖, 執策吹竽. 渴飮寒泉, 飢食菖蒲. 所牧何物, 殆非眞豬.” 云云. [『列仙傳』]

260-8(0422)

환공(桓公: 桓溫)은 낙양(洛陽)으로 도읍을 옮겨서,[1] 국토를 개척하고 국가를 안정시킬 사업을 펼치고자 했다. 손장락(孫長樂: 孫綽)이 표문을 올려 천도해서는 안 된다고 간했는데, 그 의론이 매우 논리적이었다. 환공은 손장락의 표문을 보고 마음속으로 감복(感服)했지만, 그가 이의를 제기한 것에 분을 품고서 사람을 시켜 손장락에게 자신의 뜻을 전하며 말했다.

"그대는 어찌하여 「수초부(遂初賦)」[2]나 들여다보지 않고 한사코 남의 국가대사를 간섭하는가?"

역주 1) 도읍을 옮겨서: 桓溫은 東晉 穆帝 永和 12년(356)에 洛陽을 회복한 뒤에 哀帝 隆和 원년(362)에 낙양으로 천도할 것을 상소했음. 환온은 천도를 주장하면서 永嘉의 亂 이후로 南渡한 北人을 모두 북쪽으로 이주시켜야 한다고 했는데, 당시 남도한 권문세족들은 이미 강남에서 莊園을 소유하고 있었으므로 당연히 환온의 천도 주장에 반대했음.

2) 「수초부(遂初賦)」: '遂初'는 벼슬을 버리고 은거하면서 그 初志를 완수한다는 뜻. 孫綽은 會稽에서 10여 년 동안 은거하면서 「수초부」를 지었음.

桓公欲遷都, 以張拓定之業. 孫長樂上表諫, 此議甚有理. 桓見表心服, 而忿其爲異, 令人致意孫云: "君何不尋「遂初賦」, 而强知人家國事?" 輕 五 桓溫

260-9(0423)

손장락(孫長樂: 孫綽)이 왕장사(王長史: 王濛)의 뇌문(誄文)[1]을 지어 말했다.

"나와 선생은 권세와 이해(利害)로 사귀지 않았고, 마음은 맑은 물과 같았으며, 함께 이 현묘한 취향을 즐겼네."〈1〉

왕효백(王孝伯: 王恭)이 그 뇌문을 보고 말했다.

"재사(才士)[2]는 겸손하지 않으니 돌아가신 조부께서 어찌 이런 사람과 사귀셨겠는가!"

〈1〉·『예기(禮記)』[3] : 군자의 사귐은 담담하기가 물과 같고, 소인의 사귐은 달콤하기가 단술과 같다.

역주 1) 뇌문(誄文): 애도문. 망자의 생전의 덕행을 기리면서 그의 죽음을 애도하는 문장.
2) 재사(才士): 孫綽을 가리킴.
3) 『예기(禮記)』: 『禮記』「表記」篇에 "君子之接如水, 小人之接如醴. 君子淡以成, 小人甘以壞."라는 구절이 있음.

孫長樂作王長史誄云: "余與夫子, 交非勢利, 心猶澄水, 同此玄味."〈1〉 王孝伯見曰: "才士不遜, 亡祖何至與此人周旋!" 輕 互 王恭

〈1〉·『禮記』曰 : 君子之交淡若水, 小人之交甘若醴.

260-10(0424)

왕문도(王文度: 王坦之)의 동생 아지(阿智: 王處之)〈1〉는 나쁜 점이 한두 가지가 아니어서, 나이가 들었는데도 결혼하려는 사람이 없었다. 손흥공에게 딸이 하나 있었는데, 역시 성격이 괴팍하고 삐뚤어져서 시집갈 가망이 없었다. 그래서 손흥공은 왕문도를 찾아가 아지를 만나게 해달라고 청하여, 만나보고 나서 곧장 거짓으로 말했다.[1)]

"이 아이는 정말 괜찮소. 사람들이 전하는 말하고는 사뭇 다른데, 어찌하여 지금까지 혼처가 없단 말이오? 나에게 딸이 하나 있는데 그리 나쁘지는 않소. 다만 내가 빈한한 선비라서 그대와 혼사를 논하기가 마땅치는 않지만, 아지를 장가들게 했으면 하오."

왕문도가 기뻐하며 부친 왕람전(王藍田: 王述)에게 아뢰었다.

"손흥공이 방금 전에 와서 불쑥 자기 딸을 아지와 결혼시키고 싶다고 말했습니다."

왕람전은 놀라면서도 기뻐했다. 결혼을 하고 보았더니 그녀의 완고함과 어리석음이 아지보다 더할 것 같았다. 그제야 손흥공이 속였다는 것을 알게 되었다.

〈1〉·아지는 왕처지(王處之)의 어릴 적 자다. 자는 문장(文將)이다. 주(州)의 별가(別駕)로 초징되었으나 나아가지 않았다. 손작의 딸을 부인으로 맞았는데, 그녀는 자가 아항(阿恒)이다.

역주 1) 거짓으로 말했다: 원문은 "陽言". '陽'은 '佯'과 통함. 거짓말하다. 속이다.

王文度弟阿智,〈1〉惡乃不翅, 當年長而無人與婚. 孫興公有一女, 亦僻錯, 又無嫁娶理. 因詣文度, 求見阿智, 旣見, 便陽言: "此定可. 殊不如人所傳, 那得至今未有婚處? 我有一女, 乃不惡. 但吾寒士, 不宜與卿計, 欲令阿智娶之." 文度欣然而啓藍田云: "興公向來, 忽言欲與阿智婚." 藍田驚喜. 旣成婚, 女之頑嚚, 欲過阿智. 方知興公之詐. **假**

〈1〉· 王處之小字. 字文將. 辟州別駕, 不就. 娶孫綽女, 字阿恒.

261

[唐] 손규(孫揆)

261-1(0425)

이존효(李存孝)〈1〉가 손규[1]를 사로잡아 이극용(李克用)〈2〉에게 바치자 이극용이 그를 하동부사(河東副使)로 삼고자 했더니 손규가 말했다.

"나는 천자의 대신(大臣)이니 전쟁에서 패하여 죽는 것은 운명이다. 어찌 다시 진사(鎭使)[2]를 섬길 수 있겠는가?"

이극용이 분노하여 그를 톱으로 썰어 죽이라 명했는데, 톱이 들어가지 않자 손규가 욕하며 말했다.

"이런 죽일 개 같은 놈! 사람을 톱질할 때는 당연히 판자를 끼워 넣어야하거늘 너는 어찌 그것도 모른단 말이냐!"

이에 판자를 끼워 넣어 톱질을 했는데, 손규는 죽을 때까지 욕하는 소리가 끊어지지 않았다.

〈1〉· 이존효는 이극용의 양자다.

〈2〉· 이극용은 사타족(沙陀族)[3] 사람이다. 본래 성은 주야씨(朱耶氏)인데 그의 부친 주야적심(朱耶赤心)이 방훈(龐勛)[4]을 토벌하는 데 공을 세워 이창국(李國昌)이라는 성명을 하사받았다. 이극용은 한쪽 눈이 매우 작았기 때문에 당시 사람들이 그를 독안룡(獨眼龍)이라 불렀다. 군대를 일으켜 황소(黃巢)를 토벌하고 장안(長安)을 수복하자, 조정에서 조서를 내려 그를 하동유후(河東留後)로 삼았다. 또 왕행유(王行瑜)[5]를 평정하여 진왕(晉王)이란 작위를 받았다.

역주 1) 손규: 자는 聖圭며 刑部侍郞 孫逖의 5대 종손(從孫). 진사에 급제하여 戶部巡官이 되었으며, 中書舍人·刑部侍郞·京兆尹을 역임함.

2) 진사(鎭使): 方鎭을 다스리는 節度使를 말하는데, 손규는 당시 河東節度使로 있던 이극용을 멸시하여 일부러 '진사'라고 부른 것임.

3) 사타족(沙陀族): 6세기 말 이후에 활약한 투르크계 유목민 부족. 天山山脈에 근거하여 西突厥國을 세웠으나, 808년 唐 憲宗 때 당나라에 복속되었음. 그 후예인 이극용의 아들 李存勖이 五代 南唐을 건국함.

4) 방훈(龐勛): 당나라 말 懿宗 때 徐州 武寧軍 藩鎭의 驕兵(정예병) 출신으로, 번진의 교병을 규합하여 대규모 반란을 일으킴. 868년부터 869년까지 지속된 방훈의 난은 뒤이어 875년부터 884년까지 지속된 黃巢의 난의 전주곡이 되었음.

5) 왕행유(王行瑜): 당나라 말 昭宗 때 邠寧節度使로 있던 왕행유가 鳳翔節度使 李茂貞과 함께 반란을 일으켰으나 이극용에게 진압됨.

李存孝〈1〉擒孫揆, 獻於克用,〈2〉 克用欲以爲河東副使, 揆曰: "吾天子大臣, 兵敗而死, 分也. 豈能復事鎭使耶?" 克用怒, 命鋸之, 不能入, 揆罵曰: "死狗奴! 鋸人當用板夾, 汝豈知耶!" 乃以板夾以鋸之, 至死罵不絶聲.* 方

〈1〉· 克用養子.

〈2〉· 沙陀人. 本姓朱耶, 父朱耶赤心, 討龐勛有功, 賜姓名李國昌. 克用一目少, 故時人謂之獨眼龍. 起兵討黃巢, 復長安, 詔爲河東留後. 又以討平王行瑜, 進爵晉王.

校勘 * 이 고사는 『世說新語補』에는 나오지 않고, 『資治通鑑』 권258 「唐紀七十四」와 『新唐書』 권193 「孫揆傳」에 나옴.

262

[晉] 온교(溫嶠)

자는 태진(太眞)이며 태원(太原) 기(祁) 사람이다. 어려서부터 재주가 빼어나고 인품이 맑아 준수함으로 이름났었다. 여러 벼슬을 거쳐 표기대장군(驃騎大將軍)을 지냈다.

字太眞, 太原祁人. 少標俊清徹, 英穎顯名. 累遷驃騎大將軍. [虞預『晉書』] **文** **詳** 庾闡

262-1(0426)

유곤(劉琨)은 비록 적군 오랑캐에게 차단당했지만 진(晉) 왕조의 부흥에 뜻을 두었다. 유곤이 온교에게 말했다.

"반표(班彪)는 유씨(劉氏)가 한(漢)을 부흥시킬 것을 알았고,〈1〉 마원(馬援)은 후한의 광무제(光武帝: 劉秀)를 보좌할 만한 인물이라 여겼소.〈2〉 지금 진의 조정이 비록 쇠미하지만 천명이 아직 바뀌지는 않았소. 그래서 나는 하북(河北)에서 공을 세워 그대로 하여금 강남에서 그 영예를 펼치게 하고자 하니 그대가 가주겠소?"

온교가 말했다.

"제가 비록 불민하고 재주가 옛 사람만 못하지만, 명공(明公)께서 제(齊) 환공(桓公)이나 진(晉) 문공(文公)과 같은 덕으로 조정을 바로 일으킬 공을 세우고자 하시니, 어찌 감히 그 명을 사양하겠습니까!"

〈1〉・반표는 자가 숙피(叔皮)며 부풍(扶風) 사람이다. 천수(天水)와 농서(隴西) 지방에서 객지생활을 했다. 외효(隗囂)가 모반할 뜻을 품고 있자, 반표는 「왕명론(王命論)」을 지어 그를 풍간했다.

〈2〉・마원이 광무제를 만나 말하길: "세상이 어지러워져서 왕명(王名)을 훔친 자가 이루 헤아릴 수 없사옵니다. 지금 폐하를 뵈오니 드넓은 기상과 큰 도량이 한 고조(高祖: 劉邦)와 똑 같사오니, 제왕에게는 본디 진정한 자질이 있다는 것을 알았사옵니다"라고 했다.

劉琨雖隔閡寇戎, 志存本朝. 謂溫嶠曰: "班彪識劉氏之復興,〈1〉 馬援知漢光之可輔.〈2〉 今晉祚雖衰, 天命未改. 吾欲立功於河北, 使卿延譽於江南, 子其行乎?" 溫曰: "嶠雖不敏, 才非昔人, 明公以桓・文之姿, 建匡立之功, 豈敢辭命!" **言** **互** 劉琨 馬援

〈1〉・彪, 字叔皮, 扶風人. 客於天水・隴西. 隗囂有窺覦之志, 彪作「王命論」以諷之. [『漢書』「叙傳」]

〈2〉・援見光武曰: "天下反覆, 盜名字者, 不可勝數. 今見陛下, 寥廓大度, 同符高祖, 乃知帝王自有眞也." [『東觀漢記』]

262-2(0427)

왕돈(王敦)은 이미 [長江을 따라] 내려와 [도성으로 진격하면서] 배를 석두(石頭)에 정박하고 명제(明帝: 司馬紹)를 폐위시킬 생각을 하고 있었다. 빈객이 좌중에 가득 찼을 때, 왕돈은 명제가 총명하다는 것을 알고 있었기 때문에 불효의 죄명으로 그를 폐위시키고자 하여, 매번 명제의 불효한 행실을 말할 때마다 모두 이렇게 말했다.

"이것은 온태진이 말한 바이오. 온태진은 일찍이 동궁솔(東宮率)[1]을 지냈다가 나중에 나의 사마(司馬)[2]가 되었으니 익히 잘 알고 있소."

잠시 후 온태진이 도착하자, 왕돈은 곧장 그 위세를 과시하면서 온태진에게 물었다.

"황태자는 인물됨이 어떻소?"

온태진이 말했다.

"소인이 군자를 헤아릴 수는 없습니다."

왕돈은 목소리와 얼굴빛을 모두 매섭게 하여 위력으로 자기 뜻에 따르게 하고자 했다. 그래서 다시 온태진에게 물었다.

"태자는 어떤 점에서 훌륭하다 말할 수 있소?"

온태진이 말했다.

"심원함을 연구하고 원대함을 궁구하는 것[3]은 대개 천박한 식견으로 헤아릴 수 있는 바가 아닙니다. 하지만 예(禮)로써 부모님을 모시는 것은 가히 효성스럽다고 말할 수 있습니다."

역주 1) 동궁솔(東宮率): 황태자의 官屬 가운데 하나. 明帝가 황태자로 있을 때 온교는 太子中庶子를 지냈음.

2) 사마(司馬): 軍府의 官屬으로서 將軍·都督·節度使 밑에서 軍事를 담당함.
3) 심원함을 연구하고 원대함을 궁구하는 것: 원문은 "鉤深致遠". 『周易』「繫辭傳上」에 나오는 구절.

王敦旣下, 住船石頭, 欲有廢明帝意. 賓客盈座, 敦知帝聰明, 欲以不孝廢之, 每言帝不孝之狀, 而皆云: "溫太眞所說. 溫嘗爲東宮率, 後爲吾司馬, 甚悉之." 須臾, 溫來, 敦便奮其威容, 問溫曰: "皇太子作人何似?" 溫曰: "小人無以測君子." 敦聲色並厲, 欲以威力使從己. 乃重問溫: "太子何以稱佳?" 溫曰: "鉤深致遠, 蓋非淺識所測. 然以禮侍親, 可稱爲孝." **方** **互** 晉明帝 王敦

262-3(0428)

세간에서 온태진을 논평하여 동진(東晉)에서 제2류의 [명사 가운데] 최고라고 했다. 당시 명사들이 함께 인물을 품평할 때, 제1류[의 명사에 대한 열거]가 거의 끝나갈 즈음이면 온태진은 늘 안색이 변하곤 했다.

世論溫太眞是過江第二流之高者. 時名輩共說人物, 第一將盡之間, 溫常失色. **品**

262-4(0429)

온태진은 지위가 아직 높지 않았을 때, 양주(揚州)와 회중(淮中) 지방[1]의 상인들과 자주 저포(樗蒲)노름을 했는데 매번 이기지 못했다.[2] 한번은 한 판[3]에 크게 판돈을 걸었는데,[4] 도박에서 지는 바람에[5] 돌아갈 수가 없게 되었다. 온태진은 유량(庾亮)과 가까운 사이였으므로 배 안에서 큰 소리로 유량을 불러 말했다.

"날 좀 빼내주게!"

유량이 즉시 빚진 돈을 물어주고 난 연후에 온태진은 돌아갈 수 있었다. 이러한 일을 겪은 것이 서너 번이었다.

역주 1) 회중(淮中) 지방: 淮河 유역 일대.

2) 이기지 못했다: 원문은 "不競". 상대가 되지 못한다는 뜻.
3) 한 판: 원문은 "一過". 한 차례의 대결. '一局'·'一場'과 같은 뜻.
4) 판돈을 걸었는데: 원문은 "輸物". 본래는 '도박이나 내기 따위에서 져서 재물을 잃다'는 뜻인데, 여기서는 문맥상 '도박에 돈을 걸었다'는 뜻이 보다 타당함.
5) 도박에서 지는 바람에: 원문은 "戲屈". '戲'는 博戲, 즉 도박을 말함.

溫太眞位未高時, 屢與揚州·淮中估客樗蒲, 與輒不競. 嘗一過, 大輸物, 戲屈, 無因得反. 與庾亮善, 於舫中大喚亮曰: "卿可贖我!" 庾卽送直, 然後得還. 經此數四. **任** **互** 庾亮

262-5(0430)

온공(溫公: 溫嶠)은 함부로 말하길 좋아했으며, 변령(卞令: 卞壼)은 예법을 자처했다. 두 사람이 유공(庾公: 庾亮)의 집에 갔을 때 서로 격렬하게 공격했는데, 온공이 저속하고 더러운 말을 입에 담았으나 유공은 천천히 말했다.

"온태진은 온종일 저속한 말일랑 하지 않는다."

溫公喜慢語, 卞令禮法自居. 至庾公許, 大相剖擊, 溫發口鄙穢, 庾公徐曰: "太眞終日無鄙言." **任** **互** 卞壼

262-6(0431)

온공(溫公: 溫嶠)이 상처했다. 그의 당고모(堂姑母) 유씨(劉氏)는 전란을 만나 가족이 흩어져버리고 오직 딸 하나만 있었는데, 그 딸은 매우 아름답고 총명했다. 당고모가 온공에게 혼처를 찾아달라고 부탁했더니, 온공은 은밀히 자신이 결혼하고 싶은 마음이 있어서 대답했다.

"훌륭한 사윗감은 구하기 어렵지만 저와 같은 정도라면 어떻습니까?"

당고모가 말했다.

"전란으로 가족을 잃은 나머지 겨우 목숨만 부지하고 있는 처지에 나의 여생을 위로받을 수만 있으면 됐지 어찌 감히 너와 같은 이를 바라겠느냐?"

며칠이 지난 뒤에 온공이 당고모에게 알렸다.

"이미 혼처를 찾았습니다. 문벌도 대강 괜찮은 편이고 사윗감의 명성과 관직도 모두 저에 못지않습니다."

그러면서 옥경대(玉鏡臺)[1] 하나를 예물로 내놓으니 당고모가 크게 기뻐했다. 이윽고 결혼하게 되어 배례(拜禮)를 나눈 뒤 신부가 손으로 비단부채를 제치더니[2] 손뼉을 치고 크게 웃으며 말했다.

"나는 본래 늙다리 당신일 것이라고 짐작했는데 과연 예상했던 대로군요!"

옥경대는 온공이 유월석(劉越石: 劉琨)의 장사(長史)가 되어 유총(劉聰)[3]을 북벌했을 때 얻은 것이었다.

역주 1) 옥경대(玉鏡臺): 元代 關漢卿은 본 고사를 근거로 雜劇『玉鏡臺』를 지었음.

2) 비단부채를 제치더니: 원문은 "披紗扇". 옛날에 혼례를 올릴 때 侍兒가 비단부채로 신부의 얼굴을 가리는 풍습이 있었는데, 그 부채를 치우는 것을 '卻扇' 또는 '披扇'이라 했음. 侍兒가 없을 경우에는 신부 자신이 부채를 들기도 했음.

3) 유총(劉聰): 유총의 부친 劉淵은 5호16국 가운데 하나인 漢[前趙]의 개국자로, 永嘉 2년(308)에 光文帝라 칭했음. 유연은 영가 3년(309)에 서진의 도성 낙양을 침공했다가 패한 뒤 이듬해 영가 4년(310)에 병사했음. 유총은 유연의 넷째아들로, 부친 유연이 죽은 뒤 일시 제위를 계승한 형 劉和를 살해하고 즉위했음. 시호는 昭武皇帝, 廟號는 烈宗. 유총은 제위에 오른 뒤 영가 5년(311)에 우선 낙양을 침공하여 懷帝를 살해했으며[永嘉의 亂], 이어서 建興 4년(316)에 長安을 함락하고 愍帝를 포로로 잡아 서진 왕조를 멸망시켰음. 온교는 건흥 2년(314)에 劉琨의 북벌에 참여했음.

溫公喪婦. 從姑劉氏, 家値亂離散, 惟有一女, 甚有姿慧. 姑以屬公覓婚, 公密有自婚意, 答云: "佳壻難得, 但如嶠比云何?" 姑云: "喪敗之餘, 乞粗存活, 便足慰吾餘年, 何敢希汝比?" 卻數少日, 公報姑云: "已覓得婚處, 門地粗可, 壻身名宦, 盡不減嶠." 因下玉鏡臺一枚, 姑大喜. 旣婚, 交禮, 女以手披紗扇, 撫掌大笑曰: "我固疑是老奴, 果如所卜!" 玉鏡臺, 是公爲劉越石長史, 北征劉聰所得. 假

262-7(0432)

명제(明帝: 司馬紹)가 친히 온교를 중서령(中書令)에 임명하자 왕돈(王敦)이 꺼려하여 그를 좌사마(左司馬)로 임명해달라고 주청했다. 그러자 온교는 거짓으로 부지런히 왕돈을 공경하고 그의 군부(軍府)의 일을 도맡으면서 때때로 은밀한 계책을 바쳐 그가 바라는 바에 부응했다. 또한 온교는 전봉(錢鳳)[1]과 깊은 친분을 맺고 그의 명성을 띄워주면서 늘 말했다.

"전세의(錢世儀: 錢鳳)는 정신이 온 몸에 충만해 있다."

온교는 평소 인물을 품평하고 감식하는 것으로 이름나 있었기에 전봉은 매우 기뻐하며 온교와 좋은 관계를 맺고자 몹시 바랐다. 마침 단양윤(丹陽尹) 자리가 비게 되자 온교가 왕돈에게 말했다.

"경윤(京尹: 丹陽尹)[2]은 목구멍처럼 중요한 자리니 공께서 마땅히 직접 선발하셔야 합니다."

왕돈은 그렇다고 여기며 물었다.

"누구라면 괜찮겠소?"

온교가 전봉을 추천하자 전봉도 온교를 추천했는데, 온교가 거짓으로 사양했지만 왕돈이 들어주지 않고 마침내 표문을 올려 그를 임용하여 조정을 염탐하도록 했다. 온교는 자기가 떠나면 전봉이 뒤에서 왕돈에게 이간질할까봐 걱정했다. 그래서 온교는 왕돈이 마련한 전별연에서 일어나 술을 따르며 전봉에게 갔는데, 전봉이 [온교가 따라준 술을] 미처 마시기 전에 온교는 거짓으로 취한 척하면서 수판(手版: 笏)으로 전봉의 두건을 쳐서 떨어뜨리더니 정색하며 말했다.

"전봉은 어떤 사람이기에 온태진이 술을 따라주는데도 감히 마시지 않는단 말인가!"

왕돈은 온교가 정말로 취했다고 여겨 두 사람을 화해시켰다. 온교는 왕돈과 작별할 때 눈물을 마구 흘리며 문을 나갔다가 다시 들어오기를 두세 번이나 했다.[3] 온교가 떠난 후에 전봉이 왕돈에게 말했다.

"온교는 조정에서 신임이 매우 두텁고 유량(庾亮)과도 교분이 깊으니 믿어서는 안 됩니다."

왕돈이 말했다.

"태진이 어제 취하여 조금 언성을 높이고 얼굴색을 붉혔다고 해서 어찌 곧바로 이렇게 중상할 수 있단 말인가!"

온교는 도성 건강(建康)에 도착하여 왕돈의 역모를 모두 명제에게 고하고 유량과 함께 그를 토벌할 계획을 세웠다. 왕돈이 그 소식을 듣고 대노하여 말했다.

"내가 그 조무래기에게 속임을 당하다니!"

그리고는 왕도(王導)에게 편지를 보내 말했다.

"태진이 작별하고 나서 며칠 만에 이런 일을 저질렀소. 마땅히 사람을 모집하여 그를 산채로 잡아와서 내가 직접 그의 혀를 뽑아버리겠소!"

역주 1) 전봉(錢鳳): 자는 世儀. 東晉 吳郡 嘉興縣尉 錢某의 아들. 沈充과 함께 王敦 軍府의 謀主였음.

2) 경윤(京尹: 丹陽尹): 동진의 도성 建康이 丹陽郡에 있었기에 丹陽太守로 尹을 삼았음.

3) 문을 나갔다가 다시 들어오기를 두세 번이나 했다: 왕돈과 작별하는 것을 몹시 아쉬워하는 것처럼 보이기 위한 것임.

明帝親任中書令溫嶠, 王敦惡之, 請爲司馬. 嶠乃謬爲勤敬, 綜其府事, 時進密謀以附其欲. 深結錢鳳, 爲之聲譽, 每曰: "錢世儀精神滿腹." 嶠素有藻鑑之名, 鳳甚悅, 深欲結好. 會丹陽尹缺, 嶠言於敦曰: "京尹咽喉之地, 公宜自選." 敦然之, 問: "誰可者?" 嶠薦錢鳳, 鳳亦推嶠, 嶠僞辭, 敦不聽, 遂表用之, 使覘伺朝廷. 嶠恐旣去而鳳於後間之. 因敦餞別, 起行酒, 至鳳, 鳳未及飮, 嶠僞醉, 以手版擊鳳幘墜, 至作色曰: "錢鳳何人, 溫太真行酒而敢不飮!" 敦以爲醉, 兩釋之. 嶠與敦別, 涕泗橫流, 出閤復入者再三. 行後, 鳳謂敦曰: "嶠於朝廷甚密, 而與庾亮深交, 未可信也." 敦曰: "太真昨醉, 小加聲色, 何得便爾相讒!" 嶠至建康, 盡以敦逆謀告帝, 與亮畫計討之. 敦聞之, 大怒曰: "吾乃爲小物所欺!" 與王導書曰: "太真別來幾日, 作如此事. 當募人生致之, 自拔其舌!"* **假** **互** 王敦 錢鳳

校勘 * 이 고사는 『世說新語補』에는 나오지 않고, 『資治通鑑』 권93 「晉紀十五」와 『晉書』 권67 「溫嶠傳」에 나옴.

263

[唐] 온정균(溫庭筠)

온언박(溫彦博)의 후손이다. 이상은(李商隱)과 함께 모두 명성이 높았기에 당시에 '온리(溫李)'로 불렸다. 온정균은 재학과 명성이 매우 높았지만, 세세한 품행에 구애받는 일이 드물었고 자신의 글로 돈벌이를 했기에 식자들이 그를 비천하게 여겼다.

彦博裔孫. 與李商隱俱有名, 時號'溫李'. 庭筠才名藉甚, 然罕拘細行, 以文爲貨, 識者鄙之. [『唐詩紀事』·『唐摭言』]

263-1(0433)

영호도(令狐綯)가 한번은 옛 일을 가지고 온정균을 찾아가서 물었더니, 온정균이 대답했다.

"그 일은 『남화경(南華經: 莊子)』에 나오며 벽서(僻書)가 아닙니다. 상공(相公)께서는 나랏일을 보시고 남는 겨를에 때때로 옛 책을 살펴보시길 바랍니다."

영호도는 몹시 노하여 온정균이 재주는 있지만 품행은 없으므로 과거 급제를 허락해서는 안 된다고 상주했다. 그리하여 온정균은 종신토록 불우하게 지냈다.

令狐綯曾以舊事訪於溫庭筠, 庭筠答曰: "事出『南華經』, 非僻書也. 冀相公燮理之暇, 時宜覽古." 綯怒甚, 奏庭筠有才無行, 不許登第. 遂轗軻終身. 黜 互 令狐綯

264

[北魏] 원회(源懷)

벼슬은 표기대장군(驃騎大將軍)을 지냈고 풍익공(馮翊公)이란 작위를 받았다. 성품이 청렴하고 신중하여 사사로움이 없었다. 일찍이 행대(行臺)·사지절(使持節)이 되어 북쪽 변방을 순시했는데, 회삭진장(懷朔鎭將) 원니수(元尼須)는 오래 전부터 원회와 교분이 있었다. 그는 몹시 탐오(貪汚)하여 온갖 부정을 저질렀는데 술자리를 마련하여 [원회를 초청

해서] 원회에게 말하길: "내 목숨의 길고 짧음이 경의 입에 달렸소"라고 하자, 원회가 말하길: "오늘 이곳은 나 원회가 친구와 함께 술을 마시는 자리지 국문하는 장소가 아니오. 내일 공부(公府)의 뜰이 바로 내가 사자로서 진장의 죄상을 심문하는 곳이오"라고 했다. 결국 원회는 원니수의 죄를 조사하여 처벌받게 했다.

官驃騎大將軍, 爵馮翊公. 性淸愼無私. 嘗爲行臺・使, 巡北邊, 懷朔鎭將元尼須與懷舊交, 貪穢狼藉, 置酒, 謂懷曰: "命之長短, 繫卿之口." 懷曰: "今日, 源懷與故人飮酒之座, 非鞫獄之所也. 明日, 公庭始爲使者檢鎭將罪狀之處也." 竟案抵罪. [『資治通鑑』・『魏書』・『北史』]

264-1(0434)

풍익공 원회는 성품이 관대하고 대범했는데, 늘 이렇게 말했다.

"귀인이라면 마땅히 큰 강령만 챙기면 되지 어찌 반드시 사사건건 상세히 살펴야만 하겠는가! 비유하자면 집을 지을 때 밖에서 보아 높게 드러나고, 기둥과 용마루가 평평하고 바르며, 터와 벽이 완벽하고 견고하면 충분하다. 도끼질이 평평하지 않고 깎음이 치밀하지 않은 것은 집의 병폐가 아니다."

馮翊公源懷, 性寬簡, 常曰: "為貴人當舉綱維, 何必事事詳細! 譬如為屋, 外望高顯, 楹棟平正, 基壁完牢, 足矣. 斧斤不平, 斲削不密, 非屋之病也."* 德

校勘 * 이 고사는 『世說新語補』에는 나오지 않고, 『資治通鑑』 권146 「梁紀二」와 『魏書』 권41 「源懷傳」, 『北史』 권28 「源懷傳」에 나옴.

265

[魏] 완무(阮武)

자는 문업(文業)이며 진류(陳留) 위지(尉氏) 사람이다. 성품이 활달하고 박학다식했으며 진중하고 고상한 선비였다. 족형제의 아들 완적(阮籍)[1]이 소년시절에 아직 이름이 알려지지 않았을 때, 완무가 그를 보고 뛰어나다고 여겨 자기보다 낫다고 생각했다. 그가 인물을 알아보는 것이 대부분 이와 같았다. 벼슬은 하청태수(河淸太守)를 지냈다.

역주 1) 족형제의 아들 완적(阮籍): 원문은 "族子籍". 『晉書』 권49 「阮籍傳」에는 "族兄文業"이라 되어 있음. 이것에 따르면 阮籍은 阮武의 '族弟'가 됨.

字文業, 陳留尉氏人. 闊達博通, 淵雅之士. 族子籍, 年總角, 未知名, 武見而偉之, 以爲勝己. 知人多此類. 仕至河淸太守[1]. [杜篤『新書』·『陳留志』]

校勘 1) 河淸太守: 『三國志』 권16 「杜恕傳」 注에 인용된 『杜氏新書』에는 '淸河太守'라 되어 있음.

265-1(0435)

왕융(王戎)이 완문업을 품평했다.

"고아한 인품에 [인물을 알아보는] 감식력을 지녔으니 한초(漢初)[1] 이래로 아직 이런 인물은 없다."

역주 1) 한초(漢初): 원문은 "漢元". 『資治通鑑』 권47 「漢紀」의 胡三省 注에서 "漢元, 謂漢初也"라고 함.

王戎目阮文業: "淸倫有鑒識, 漢元以來, 未有此人." **賞**

266

[魏] 완간(阮侃)

자는 덕여(德如)며 완공(阮共)의 아들이다. 뛰어난 재능을 지녔다. 벼슬은 하내태수(河內太守)에 이르렀다.

字德如, 共子也. 有俊才. 仕至河內太守.

266-1(0436)

완덕여가 한번은 측간에서 귀신을 보았는데, 키는 한 길 남짓 되고 시커먼 얼굴에 눈이 커다랬으며 검은 홑옷을 입고 평상책(平上幘)을 쓴 채 지척거리에 있었다. 완덕여는 마음을 가라앉힌 뒤 천천히 웃으며 귀신에게 말했다.

"사람들이 귀신은 혐오스럽다고 말하더니 과연 그렇구나!"

귀신은 얼굴을 붉히고 부끄러워하면서 물러갔다.

阮德如嘗於厠見鬼, 長丈餘, 色黑而眼大, 着皂單衣平上幘, 去之咫尺. 德如心定, 徐笑語之曰: "人言鬼可憎, 果然!" 鬼赧媿而退. 雅

267

[魏] 완적(阮籍)

자는 사종(嗣宗)이며 완무(阮武)의 족형제의 아들이다. 성격이 활달하고 구속받지 아니하여 예속(禮俗)에 얽매이지 않았다. 자사(刺史) 왕창(王昶)이 만나 보기를 청했지만, 종일토록 그에게 말을 붙일 수 없었다. 왕창은 이것을 부끄럽게 여겨 탄식하면서 스스로 그를 헤아릴 수 없다고 생각했다. 완적이 부친상을 당했을 때 혜희(嵇喜)가 조문하러 갔다. 완적은 청안(青眼)과 백안(白眼)[1]을 할 수 있었는데, 범속한 사람을 보면 백안을 하고 대했다. 혜희가 조문하러 갔을 때 완적이 곡도 하지 않고 백안을 내보였기 때문에 혜희는 기분이 상하여 돌아갔다. 혜강(嵇康)이 그 일을 듣고서 술과 금(琴)을 가지고 그를 찾아가 마침내 서로 친한 사이가 되었다.

역주 1) 청안(青眼)과 백안(白眼): '青眼'은 青目 · 青睞 · 青盼이라고도 하며, 호의가 담긴 따사로운 눈길을 말함. '白眼'은 눈의 흰자위를 보이면서 시쁘게 여기거나 냉대하여 보는 눈길을 말함.

字嗣宗, 武族子也. 宏達不羈, 不拘禮俗. 刺史王昶請與相見, 終日不得與言. 昶愧歎之, 自以不能測也. 籍遭父喪, 嵇喜往吊之. 籍能爲青白眼, 見凡俗之士, 以白眼對之. 及喜往, 籍

不哭, 見其白眼, 喜不懌而退. 嵇康聞之, 乃齎酒挾琴而造之, 遂相與善. [『魏氏春秋』·『晉百官名』] 棲 詳 孫登

267-1(0437)

진(晉) 문왕(文王: 司馬昭)〈1〉이 완사종을 칭찬했다.

"지극히 신중하도다! 매번 그와 더불어 담론할 때면 그 말이 모두 현묘하고 심원하며, 한 번도 인물의 선악을 비평한 적이 없다."

〈1〉· 문왕은 바로 사마소(司馬昭)다. 자는 자상(子上)이며, 사마의(司馬懿)의 둘째아들이다.

晉文王〈1〉稱阮嗣宗: "至愼! 每與之言, 言皆玄遠, 未嘗臧否人物." 德

〈1〉· 卽司馬昭也. 字子上, 懿第二子. [『魏書』]

267-2(0438)

위(魏)나라의 조정에서 진(晉) 문왕(文王: 司馬昭)을 공(公)에 봉하고 구석(九錫)[1]의 예를 갖추었으나, 문왕이 극구 사양하며 받지 않자 공경(公卿)과 장교(將校)들이 문왕의 막부로 찾아가서 정중하게 권유했다. 사공(司空) 정충(鄭沖)〈1〉이 급히 사신을 보내 완적(阮籍)에게 「권진문(勸進文)」[2]을 지어달라고 청했다. 완적은 그때 원효니(袁孝尼: 袁準)〈2〉의 집에 있었는데, 밤새워 술을 마신 터라 부축해서 일으켰더니 단숨에 목찰(木札)에 써내려갔는데 더 이상 손댈 곳이 없어서 그대로 필사하여 사신에게 주었다. 당시 사람들은 그것을 신필(神筆)이라 여겼다.

〈1〉· 정충은 자가 문화(文和)며 형양(滎陽) 사람이다. 인품이 청허하고 욕심이 적었다. 남루한 의복을 입었지만 그것을 걱정삼지 않았다. 여러 벼슬을 거쳐 사도(司徒)·태보(太保)·태부(太傅)를 지냈다.

〈2〉· 원효니는 이름이 준(準)이고 원환(袁渙)의 아들이다. 벼슬은 급사중(給事中)을 지냈다.

역주 1) 구석(九錫): 功勳을 세운 諸侯에게 특별히 내리는 9가지의 恩典. 즉 車馬·衣服·樂器·朱戶·納陛·虎賁·鐵鉞·弓矢·秬鬯을 말함.

2) 「권진문(勸進文)」: 『文選』 권40에 수록되어 있음. 魏晉 이래로 帝位를 찬탈한 자는 禪讓이라는 형식을 빌었으며 詔書가 내려진 뒤에도 형식적으로 사양을 했는데, 그러면 群臣들이 '勸進表'를 지어 그의 덕을 칭송하고 그것을 天命이라 하면서 선양 받을 것을 권했음.

魏朝封晉文王爲公, 備禮九錫, 文王固讓不受, 公卿將校, 當詣府敦喩. 司空鄭冲,〈1〉 馳遣信就阮籍求文. 籍時在袁孝尼〈2〉家, 宿醉扶起, 書札爲之, 無所點定, 乃寫付使. 時人以爲神筆. **文**

〈1〉・字文和, 滎陽人. 淸虛寡欲. 草衣縕袍, 不以爲憂. 累遷司徒・太保・太傅. [王隱『晉書』]

〈2〉・名準, 渙子. 位給事中. [『袁氏世紀』・荀綽『兗州記』]

267-3(0439)

진(晉) 문왕(文王: 司馬昭)은 완사종을 매우 친애하여 늘 그와 함께 담소했으며, 그가 하고자 하는 대로 맡겨두고서 관직의 일을 가지고 다그치지 않았다. 완사종이 한번은 조용히 말했다.

"이전에 동평군(東平郡)을 유람한 적이 있는데 그곳의 풍토가 마음에 들기에 원컨대 동평태수가 될 수 있었으면 합니다."

그러자 문왕은 기뻐하며 그의 뜻에 따랐다. 완사종은 곧장 나귀를 타고 동평군에 도착한 뒤, 관청의 여러 장벽을 모두 무너뜨려서 관청의 안과 밖이 서로 보이도록 했는데, 그런 연후에 정령(政令)이 공정하고 편안하게 시행되었다. 그러다가 10여 일 뒤에 곧장 다시 나귀를 타고 떠나갔다.

晉文王大親愛阮嗣宗, 恒與談戲, 任其所欲, 不迫以職事. 阮嘗從容言: "曾遊東平, 樂其土風, 願得爲東平太守." 文王說, 從其意. 阮騎驢徑到郡, 至則壞府舍諸障壁, 使內外相望, 然後敎令淸寧. 十許日, 便復乘驢去. **任**

267-4(0440)

완보병(阮步兵: 阮籍)이 모친상을 당했을 때 배령공(裴令公: 裴楷)이 조문하러 갔더니, 완보병은 바야흐로 술에 취해 머리를 풀어헤치고 평상에 앉아 있었는데 다리를 쭉 뻗고 앉아[1] 곡도 하지 않았다. 배령공은 도착하여 땅에 자리를 깔고 곡을 했으며, 애도의 조문[2]을 마친 뒤 곧바로 떠나갔다. 어떤 사람이 배령공에게 물었다.

"무릇 조문이라는 것은 주인이 먼저 곡을 해야 손님이 비로소 곡읍(哭泣)의 예를 행하는 법입니다. 완보병이 곡을 하지 않았는데도 당신은 어찌하여 곡을 했습니까?"

배령공이 말했다.

"완보병은 세속을 초월한 사람[3]이기 때문에 예법을 존숭하지 않지만, 나와 같은 무리는 세속 속의 사람이기 때문에 예의를 스스로 지켜야 하지요."

당시 사람들은 둘 다 그 타당함을 얻었다고 감탄했다.

역주 1) 다리를 쭉 뻗고 앉아: 원문은 "箕踞". 엉덩이를 땅에 대고 두 다리를 쭉 뻗은 채로 앉는 것을 말하는데, 그 모양이 키와 같다고 해서 '箕踞'라고 함. 이러한 자세는 오만불손하거나 예의를 차리지 않는 태도임.

2) 애도의 조문: 원문은 "吊唁". '吊'는 亡者를 애도하는 것이고, '唁'은 망자의 가족을 위로하는 것으로 '喭'과 같은 뜻.

3) 세속을 초월한 사람: 원문은 "方外之人". 세속적인 禮教를 초월한 사람.

阮步兵喪母, 裴令公往吊之, 阮方醉, 散髮在床[1], 箕踞不哭. 裴至, 下席於地哭, 吊唁[2]畢, 便去. 或問裴: "凡吊, 主人哭, 客乃爲禮. 阮旣不哭, 君何爲哭?" 裴曰: "阮方外之人, 故不崇禮制, 我輩俗中人, 故以儀軌自居." 時人歎爲兩得其中. **任** **互** 裴楷

校勘 1) 在床: 『世說新語』와 『世說新語補』에는 "坐牀"이라 되어 있음.

2) 唁: 『世說新語』에는 "喭"이라 되어 있음.

267-5(0441)

완공(阮公: 阮籍)의 이웃집 부인이 미모를 갖추고 있었는데 주막[1]에서 술을 팔았다. 완공과 왕안풍(王安豊: 王戎)은 늘 그 부인을 찾아가서 술을 마시곤 했는데, 완공은 취하면 곧장 그 부인의 옆에서 잠을 잤다. 그 부인의 남편은 처음에는 자

못 그를 의심했지만, 자세히 살펴보고 나서는 결국 그에게 다른 뜻이 없다는 것을 알게 되었다.〈1〉

〈1〉・완적의 이웃집 처녀 가운데 재색(才色)을 갖추었지만 시집도 가기 전에 죽은 자가 있었다. 완적은 그녀와 친척관계도 없었고 생전에 서로 알고 지내지도 않았는데, 곧장 찾아가서 곡을 하고 극진히 애도한 뒤 떠났다. 그 분방하여 예법에 구애받지 않음이 모두 이와 같았다.

역주 1) 주막: 원문은 "壚". 술 단지를 올려놓는 土臺.

阮公隣家婦有美色, 當壚估酒. 阮與王安豊常從婦飲酒, 阮醉, 便眠其婦側. 夫始殊疑之, 伺察, 終無他意.〈1〉 **任**

〈1〉・籍隣家處子有才色未嫁而卒者. 籍與無親, 生不相識, 徑往哭之, 盡哀而去. 其達而無檢, 皆此類也. [王隱『晉書』]

267-6(0442)

완적의 형수가 한번은 친정집으로 돌아갔는데, 완적이 직접 형수를 만나서 함께 이별의 말을 나누었다. 어떤 사람이 그것을 비난하자〈1〉 완적이 말했다.

"예법이란 것이 어찌 나 같은 무리를 위해서 만든 것이겠소?"

〈1〉・[『예기(禮記)』] 「곡례(曲禮)」[1]에서 "형수와 시숙은 안부의 말을 주고받지 않는다"라고 했기 때문에 비난한 것이다.

역주 1) 「曲禮」: 인용된 구절은 『禮記』 「曲禮上」에 나오며, 鄭玄의 注에서 "皆爲重別防淫亂. …通問, 謂相稱謝也."라고 함.

阮籍嫂嘗還家, 籍見與別. 或譏之,〈1〉 籍曰: "禮豈爲我輩設也?" **任**

〈1〉・「曲禮」"嫂叔不通問", 故譏之.

267-7(0443)

왕효백(王孝伯: 王恭)이 왕대(王大: 王忱)에게 물었다.

"완적은 사마상여(司馬相如)와 비교하여 어떠합니까?"

왕대가 말했다.

"완적은 가슴속에 응어리가 쌓여[1] 있기 때문에 모름지기 술로 씻어내려야 하지요."〈1〉

〈1〉・완적은 모든 면에서 사마상여와 같았지만[2] 술 마시는 것만 달랐다는 말이다.

역주 1) 응어리가 쌓여: 원문은 "壘塊". 많은 돌이 쌓여 있는 모양. 여기서는 마음속에 맺힌 것이 많다는 뜻.

2) 완적은 모든 면에서 사마상여와 같았지만: 司馬相如와 阮籍은 모두 禮敎에 구속받지 않은 放達한 文士로서, 각각 「大人賦」와 「大人先生傳」을 지었음.

王孝伯問王大: "阮籍何如司馬相如?" 王大曰: "阮籍胸中壘塊, 故須酒澆之."〈1〉 **任**

〈1〉・言阮皆同相如, 而飲酒異耳.

267-8(0444)

왕융(王戎)이 약관의 나이에 완적을 찾아갔는데, 그때 유공영(劉公榮: 劉昶)도 그 자리에 있었다. 완적이 왕융에게 말했다.

"나에게 좋은 술 두 말이 생겼으니 당연히 그대와 함께 마셔야겠네. 저 공영이란 사람은 끼워주지 말고."

두 사람은 술잔을 주거니 받거니 하면서 마셨지만 유공영은 끝내 한 잔도 마시지 못했다. 그러나 토론하고 담소하는 것은 세 사람이 다름이 없었다. 어떤 사람이 그 일에 대해서 물었더니 완적이 대답했다.

"공영보다 나은 사람과는 함께 술을 마시지 않을 수 없고, 공영만 못한 사람과도 함께 술을 마시지 않을 수 없으나, 오직 공영과는 함께 술을 마실 수 없소."

王戎弱冠詣阮籍, 時劉公榮在坐. 阮謂王曰: "僕有二斗美酒, 當與君共飲. 彼公榮者無預焉." 二人交觴酬酢, 公榮遂不得一桮. 而言語談戲, 三人無異. 或有問之者, 阮答曰: "勝公榮者, 不得不與飲酒. 不如公榮者, 不可不與飲酒. 惟公榮, 可不與飲

酒." 簡 互 劉昶

267-9(0445)

혜강(嵇康)·완적·산도(山濤)·유령(劉伶)이 죽림에서 한창 술을 즐기고 있을 때, 왕융(王戎)이 나중에 도착했더니 완보병(阮步兵: 阮籍)이 말했다.

"결국 속물이 와서 사람 기분을 잡치는군!"〈1〉

그러자 왕융이 웃으며 말했다.

"당신 같은 사람들의 기분도 잡쳐질 수 있소?"[1)]

〈1〉·당시에 왕융은 아직 세속을 초탈하지 못했다고 평가되었다.

역주 1) 기분도 잡쳐질 수 있소?: 세속을 초탈한 사람의 기분은 어떠한 것에도 좌우되지 않는 법인데, 나 때문에 기분이 잡쳐졌다면 당신들 역시 속물이라는 뜻을 담고 있음.

嵇·阮·山·劉在竹林酣飮, 王戎後往, 步兵曰: "俗物已復來敗人意!"〈1〉 王笑曰: "卿輩意亦復可敗耶?" 排

〈1〉·時謂王戎未能超俗. [『魏氏春秋』]

268

[魏] 완함(阮咸)

자는 중용(仲容)이며 완적(阮籍)의 형[阮熙]의 아들이다. 예법에 구애받지 않고 자유분방했기 때문에 당시 사람들은 모두 그의 행동을 이상하게 여겼다. 그러나 그와 함께 있어 보면, 욕심이 적고 슬픔과 즐거움의 진솔한 감정이 남들보다 훨씬 뛰어났기 때문에, 나중에는 모두 그에 대한 이전의 평판을 잊어버리곤 했다. 태원(太原)의 곽혁(郭奕)이 그를 보고 심취하여 자기도 모르게 탄복했다. 그가 산기시랑(散騎侍郎)으로 있을 때 산도(山濤)가 그를 이부랑(吏部郎)으로 천거했다.

字仲容, 籍兄子. 任達不拘, 當世皆怪其所爲. 及與之處, 少嗜欲, 哀樂至到, 過絶於人, 然後皆忘其向議. 太原郭奕見之心醉, 不覺歎服. 爲散騎侍郎, 山濤擧爲吏部郎. [『名士傳』]

268-1(0446)

산공(山公: 山濤)이 완함을 이부랑으로 천거하면서 품평했다.
"청순하고 욕심이 적어서 어떠한 것으로도 [그의 마음을] 움직일 수 없다."

山公擧阮咸爲吏部郎, 目曰: "清眞寡欲, 萬物不能移也." 賞

268-2(0447)

순욱(荀勖)은 음악을 잘 이해하여 당시 논자들이 그를 '암해(闇解)'[1]라고 평했다. 그래서 율려(律呂)[2]를 조정하여 아악(雅樂)[3]을 바르게 했다. 정월 초하루의 조회[4] 때마다 궁전에서 음악을 연주하면서 스스로 음계[5]를 조정했는데 음률에 들어맞지 않음이 없었다. 완함은 감상력이 탁월하여 당시 사람들이 그를 '신해神解'[6]라고 평했다. 공적인 연회[7]에서 음악을 연주할 때마다 완함은 마음속으로 그것이 조화롭지 못하다고 생각했지만 한 마디도 지적하지 않았다. 순욱은 내심 그를 꺼려하여 마침내 완함을 시평태수(始平太守)로 전출시켜 버렸다. 나중에 어떤 농부가 들에서 밭을 갈다가 주(周)나라 때의 옥척(玉尺)을 주웠는데, 그것은 바로 천하의 표준이 되는 율척(律尺)[8]이었다. 순욱이 시험 삼아 그것을 가지고 자기가 조율한 종고(鐘鼓)·금석(金石)·사죽(絲竹)[9]의 여러 악기를 비교해보았더니, 모두 한 푼[10] 정도 짧다는 느낌이 들었다. 그래서 순욱은 완함의 신묘한 감식력에 탄복했다.

역주 1) 암해(闇解): 마음속으로 음악의 오묘한 이치를 탁월하게 解得한다는 뜻.

2) 율려(律呂): 六律과 六呂. 음의 기준을 정하는 竹管. 장단이 다른 음양 각 6개의 竹管 音調에 따라 음의 清濁과 高低를 정했음. 『漢書』「律曆志」에 "律十有二, 陽六爲律, 陰六爲呂."라는 기록이 있음. '六律'은 黃鐘·太簇·姑洗·蕤賓·夷則·無射를 말하고, '六呂'는 大呂·夾鐘·仲呂·林鐘·南呂·應鐘을 말함.

3) 아악(雅樂): 典雅하고 純正한 음악이란 뜻으로, 郊廟의 제사나 조회 등의 큰 행사 때 사용하는 음악을 말함. 朝代가 바뀌면 새로운 왕조의 군주는 대부분 舊禮에 따라 아악을 정비했는데, 그 의도는 本朝의 功德을 歌頌하는 데 있었음.

4) 정월 초하루의 조회: 원문은 "正會". '元正의 嘉會'라는 뜻으로, 음력 정월 초하루의 조회의식을 말함. 漢代에 제정되었으며 晉 武帝 때 대폭 개정됨. 상세한 것은 『晉書』 권21 「禮志下」 참조. '元會'라고도 함.

5) 음계: 원문은 "宮商". 五音[宮・商・角・徵・羽]의 기본이 되는 음. 여기서는 음악의 음계를 말함.

6) 신해(神解): 신묘한 이해. 阮咸은 음악에 정통했으며 비파를 잘 연주했는데, 그가 만든 옛 비파를 '阮咸'이라 불렀음.

7) 공적인 연회: 원문은 "公會". '公曾'의 오기라는 주장도 있는데, 公曾은 荀勖의 자임.

8) 율척(律尺): 音律을 잴 때 쓰는 자.

9) 금석(金石)・사죽(絲竹): '金石'은 鐘・磬과 같은 타악기를 말하고, '絲竹'은 비파와 같은 현악기와 피리와 같은 관악기를 말함.

10) 한 푼: 원문은 "一黍". '一分'의 뜻. '黍'는 옛 도량의 단위. 중간크기의 검은 기장 한 알의 길이를 一分으로 하여 길이의 최소단위로 삼았음. 한편 『晉書』 「樂志」와 「律曆志」 注에 인용된 『世說』에는 모두 "一米"라 되어 있음.

荀勖善解音聲, 時論謂之'闇解'. 遂調律呂, 正雅樂. 每至正會, 殿庭作樂, 自調宮商, 無不諧韻. 阮咸妙賞, 時謂'神解'. 每公會作樂, 而心謂之不調, 旣無一言直. 勖意忌之, 遂出阮爲始平太守. 後有一田父耕於野, 得周時玉尺, 便是天下正尺. 荀試以校己所治鐘鼓・金石・絲竹, 皆覺短一黍. 於是伏阮神識. 術 互 荀勖

268-3(0448)

완중용과 완보병(阮步兵: 阮籍)은 길의 남쪽에서 살았고 그밖의 완씨들은 길의 북쪽에서 살았는데, 북쪽의 완씨는 모두 부유했지만 남쪽의 완씨는 가난했다. 7월 7일에 북쪽의 완씨는 거창하게 옷을 말렸는데,[1] 모두 화려한 비단옷들이었다. 완중용은 뜰 안에서 거친 베로 만든 짧은 바지[2]를 장대에다 걸어놓았다. 어떤 사람이 그것을 이상하게 여기자 완중용이 대답했다.

"풍습을 따르지 않을 수 없기에 할 수 없이 이렇게 때우는 것이오!"

역주 1) 옷을 말렸는데: 음력 7월 7일에 책이나 옷 등을 햇볕에 말려 해충을 막는 풍습이 예로부터 있었음.

2) 거친 베로 만든 짧은 바지: 원문은 "大布犢鼻幝". '大布'는 거친 베. '犢鼻幝'은 허드렛일을 할 때 입는 짧은 바지를 말하는데, 모양이 쇠코와 같다고 해서 그렇게 부른다고 함. 일설에는 '犢鼻'가 穴의 명칭으로 사람의 무릎 아래를 말하므로 바지의 길이가 무릎 아래 犢鼻穴까지 닿는 짧은 바지라고도 함.

阮仲容・步兵居道南, 諸阮居道北, 北阮皆富, 南阮貧. 七月七日, 北阮盛曬衣, 皆紗羅錦綺. 仲容以竿掛大布犢鼻幝於中庭. 人或怪之, 答曰: "未能免俗, 聊復爾耳!" 任

268-4(0449)

완중용은 이전에 고모집의 선비족(鮮卑族) 하녀를 총애했다. 모친상을 치르고 있을 때 고모가 먼 곳으로 이사하게 되었는데, 처음에는 하녀를 남겨두겠다고 말했으나 떠날 때는 정작 데리고 가버렸다. 그러자 완중용은 손님의 나귀를 빌려 타고 중복(重服)[1]을 입은 채로 직접 뒤쫓아 가서 그녀와 함께 나귀를 타고[2] 돌아와서는 말했다.

"사람의 씨[3]를 잃어버릴 수는 없지!"

그 하녀는 바로 완요집(阮遙集: 阮孚)의 어머니다.

역주 1) 중복(重服): 부모상을 당했을 때 입는 상복.

2) 함께 나귀를 타고: 원문은 "累騎". 말 한 필에 두 사람이 함께 타는 것을 말함.

3) 사람의 씨: 이 구절로 보아 당시 그녀가 임신하고 있었음을 알 수 있음.

阮仲容先幸姑家鮮卑婢. 及居母喪, 姑當遠移, 初云當留婢, 旣發, 定將去. 仲容借客驢著重服自追之, 累騎而返, 曰: "人種不可失!" 卽遙集之母也. 任

269

[晉] 완혼(阮渾)

자는 장성(長成)이다. 청렴하고 겸허하여 욕심이 적었다. 벼슬은 태자중서자(太子中庶子)에 이르렀다.

字長成. 淸虛寡欲. 位至太子中庶子. [『世語』]

269-1(0450)

죽림(竹林)의 여러 명현들은 각기 재능이 빼어난 아들을 두었다. 완적(阮籍)의 아들 완혼은 기량이 넓고 컸으며, 혜강(嵇康)의 아들 혜소(嵇紹)는 청정하고 아정했으며, 산도(山濤)의 아들 산간(山簡)은 대범하고 소탈했으며, 완함(阮咸)의 아들 완첨(阮瞻)은 겸허하고 화평하여 고원한 뜻을 지녔으며, 완첨의 동생 완부(阮孚)는 활달하고 명랑하여 [사소한 일에는] 대부분 신경 쓰지 않았으며, 상수(向秀)의 아들 상순(向純)〈1〉과 상제(向悌)〈2〉는 모두 품행이 훌륭하여 맑은 풍모를 지녔으며, 왕융(王戎)의 아들 왕만자(王萬子: 王綏)는 대성할 자질을 지니고 있었으나 꽃도 펴보지 못하고 요절했으며[1], 오직 유령(劉伶)의 아들만 명성이 알려지지 않았다. 무릇 이러한 여러 아들들 중에서 완첨이 으뜸이었으며, 혜소와 산간도 당시에 존중받았다.

〈1〉・상순은 자가 장제(長悌)며, 시중(侍中)을 지냈다.

〈2〉・상제는 자가 숙손(叔遜)이며, 어사중승(御史中丞)을 지냈다.

역주 1) 꽃도 펴보지 못하고 요절했으며: 원문은 "苗而不秀". 『論語』「子罕」에 "苗而不秀者有矣夫, 秀而不實者有矣夫."라는 구절이 있음. 즉 뛰어난 재능을 발휘해보지도 못하고 요절한 것을 말함.

林下諸賢, 各有儁才子. 籍子渾, 器量弘曠. 康子紹, 淸遠雅正. 濤子簡, 疎通高素. 咸子瞻, 虛夷有遠志. 瞻弟孚, 爽朗多所遺. 秀子純〈1〉・悌〈2〉, 並令淑有淸流. 戎子萬子, 有大成之風, 苗而不秀. 惟伶子無聞. 凡此諸子, 惟瞻爲冠, 紹・簡亦見重當世. 賞 互 嵇紹 山簡 阮瞻 阮孚 王綏

〈1〉・字長悌, 官侍中. [『竹林七賢論』]

〈2〉・字叔遜, 官御史中丞. [『竹林七賢論』]

269-2(0451)

완혼은 장성했을 때[1] 풍격과 기질이 부친[阮籍]과 비슷했으며, 역시 방달(放達)한 인물이 되고자 했다. 그러나 완보병(阮步兵: 阮籍)은 말했다.

"중용(仲容: 阮咸)은 이미 거기에 들어 있지만, 너는 더 이상 그럴 수 없다."〈1〉

〈1〉・완적(阮籍)이 완혼을 깎아내린 것은 완적 자신이 방달하다고 여기는 바를 완혼이 아직 모르고 있다고 생각했기 때문이다.

역주 1) 장성했을 때: 원문은 "長成". '長成'은 阮渾의 字이기도 함.

阮渾長成, 風氣韻度似父, 亦欲作達. 步兵曰: "仲容已預之, 卿不得復爾."〈1〉 任

〈1〉・籍之抑渾, 以渾不識己之所以爲達也. [『竹林七賢論』]

270

[晉] 완첨(阮瞻)

자는 천리(千里)다. 거리낌 없이 행동하고 욕심이 적었으며, 명분에 따른 품행 따위는 차리지 않았다. 책을 읽을 때도 그다지 깊이 파고들지 않았다. 벼슬은 태자사인(太子舍人)에 이르렀다.

字千里. 夷任少嗜欲, 不修名行. 讀書不甚硏求. 仕至太子舍人. [『名士傳』] 賞 詳 阮渾

270-1(0452)

완천리는 금(琴)을 잘 탔는데, 많은 사람들이 그의 뛰어난 솜씨에 대해 듣고 그의 연주를 들으려고 찾아왔다. 완천리는 신분의 귀천(貴賤)과 나이의 장유(長幼)를 묻지 않고 사람들이 올 때마다 연주를 들려주었는데, 안색이 부드럽고 온화했으며 방금 온 사람들이 어디에 있는지도 모를 정도로 연주에 심취했다. 손위 처남인 반안인(潘安仁: 潘岳)이 늘 그에게 금을 연주하게 했는데, 그는 낮이 지나고 밤이 이르도록 한 번도 꺼려하는 기색이 없었다.

阮千里善彈琴, 人聞其能, 多往聽之. 千里不問貴賤長幼, 至輒與彈, 神氣冲和, 不知向人所在. 內兄潘安仁常令皷琴, 終日達夜, 曾無忤色. 雅

271

[晉] 완부(阮孚)

완함(阮咸)의 둘째아들로, 바로 선비족 하녀가 낳았다. 완부가 태어나자 완함이 고모에게 편지를 보내 말하길: "오랑캐 하녀가 이미 오랑캐 아들을 낳았습니다"라고 하자, 고모가 답장하길: "「노영광전부魯靈光殿賦」[1]에서 '오랑캐가 기둥 높은 곳에 멀리 모여 있네'라고 했으니, 그 아들의 자를 '요집(遙集)'이라 하면 좋겠다"라고 했다. 그래서 완부의 자를 요집이라 했다. 여러 벼슬을 거쳐 시중(侍中)·이부상서(吏部尙書)·광주자사(廣州刺史)를 지냈다.

역주 1) 「노영광전부(魯靈光殿賦)」: 東漢 王延壽가 지은 것으로 『文選』 권11에 수록되어 있음. 옛 魯나라 靈光殿 기둥의 상부에 胡人의 모습이 새겨져 있었다고 함.

咸第二子, 卽鮮卑婢出也. 孚生, 咸與姑書曰: "胡婢旣生胡兒." 姑答書曰: "「魯靈光賦」曰'胡人遙集於上楹', 可字曰遙集." 故孚字遙集. 累遷侍中·吏部尙書·廣州刺史. [『阮孚別傳』·『晉陽秋』] 賞 詳 阮渾

271-1(0453)

조사소(祖士少: 祖約)는 재물을 좋아하고 완요집은 나막신을 좋아했는데, 모두 항상 [자신들이 좋아하는 물건을] 수집하느라 여념이 없었으며 둘 다 기벽(奇癖)을 지니고 있어서 그 우열을 판가름하지 못하고 있었다. 어떤 사람이 조사소를 찾아갔는데, 그때 그는 한창 재물을 살펴보고 있었다. 손님이 도착했을 때, 그는 미처 재물을 다 치우지 못하여 남은 작은 상자 두 개를 등 뒤에 놓고 몸을 기울여 그것을 가렸으나 마음이 편할 수는 없었다. 또 어떤 사람이 완요집을 찾아갔는데, 그때 그는 스스로 불을 지펴 [초를 녹여] 나막신에 초칠을 하다가 이렇게 탄식했다.

"일생 동안 몇 켤레의 나막신을 신을 수 있을지 모르겠군!"

그의 안색은 여유 있고 온화했다. 이리하여 그들의 우열이 비로소 가려지게 되었다.

祖士少好財, 阮遙集好屐, 竝恒自經營, 同是一累, 而未判其得失. 人有詣祖, 見料視財物. 客至, 屛當未盡, 餘兩小簏着背後, 傾身障之, 意未能平. 或有詣阮, 見自吹火蠟屐, 因歎曰: "未知一生當着幾量屐!" 神色閑暢. 於是勝負始分. 雅 互 祖約

271-2(0454)

송의(宋褘)는 석숭(石崇)의 가기(歌妓) 녹주(綠珠)의 제자였는데, 경국지색을 지니고 있었으며 피리를 잘 불었다. 나중에 진(晉) 명제(明帝: 司馬紹)의 후궁으로 들어갔는데, 명제가 병환이 위독했기에 신하들이 간언을 올려 송의를 내보내라고 청했다. 당시 조정의 현신(賢臣)들이 모두 알현했을 때 명제가 말했다.

"경들 가운데 누가 송의를 얻고 싶소?"

다른 사람들은 아무 말이 없었으나, 당시 이부상서로 있던 완요집이 대답했다.

"원컨대 신에게 내려주시옵소서!"

그러자 명제는 즉시 송의를 내보내 그에게 주었다.

宋褘是石崇妓綠珠弟子, 有國色, 善吹笛. 後在晉明帝宮, 帝疾患危篤, 羣臣進諫, 請出宋褘. 時朝賢悉見, 帝曰: "卿諸人誰欲得者?" 衆人無言, 阮遙集時爲吏部尙書,

對曰: “願以賜臣!” 帝卽遣出與之. 任

272

[晉] 완유(阮裕)

자는 사광(思曠)이며 진류(陳留) 위씨(尉氏) 사람이다. 학문에 널리 통하여 이치에 맞는 식견을 지니고 있었다. 여러 벼슬을 거쳐 시중(侍中)을 지냈다. 병이 들자 회계(會稽)의 섬산(剡山)에 집을 짓고 요양했다. 금자광록대부(金紫光祿大夫)에 초징되었으나 나아가지 않았다. 61세에 죽었다.

字思曠, 陳留尉氏人. 淹通有理識. 累遷侍中. 以疾築室會稽剡山. 徵金紫光祿大夫, 不就. 年六十一卒. [『阮光祿別傳』] 品 詳 孫綽

272-1(0455)

완광록(阮光祿: 阮裕)이 섬현(剡縣)에 있을 때 좋은 수레가 있었는데, 빌려달라는 사람에게는 모두 빌려주지 않은 적이 없었다. 어떤 사람이 모친을 장례 치르면서 그 수레를 빌리고 싶었으나 감히 말을 하지 못했다. 완광록이 나중에 그것을 듣고 탄식했다.

“나에게 수레가 있지만 사람들로 하여금 감히 빌려가지 못하게 했으니, 이 수레를 어디에 쓰겠는가!”

그리고는 마침내 수레를 불살라버렸다.

阮光錄在剡, 曾有好車, 借者無不皆給. 有人葬母, 意欲借而不敢言. 阮後聞之, 歎曰: “吾有車而使人不敢借, 何以車爲!” 遂焚之. 德

272-2(0456)

사안(謝安)이 젊었을 때 완광록에게 「백마론(白馬論)」〈1〉을 강론해달라고 청하자,

완광록이 논을 지어 사안에게 보여 주었다. 그러나 그때 사안은 완광록의 말을 금방 이해하지 못하여 끝까지 거듭 질문했다. 그러자 완광록이 감탄하며 말했다.

"다만 언변에 뛰어난 사람도 찾아보기 어려울 뿐만 아니라, 정작 이처럼 알려고 애쓰는 사람도 찾아보기 어렵도다!"

〈1〉『공총자(孔叢子)』[1] : 조(趙)나라 사람 공손룡(公孫龍)이 이르길: "'흰 말'은 말이 아니다. '말'이라는 것은 형체를 명명한 것이고 '희다'는 것은 색깔을 명명한 것이다. 대저 색깔을 명명한 것은 형체를 명명한 것이 아니기 때문에 '흰 말'은 말이 아니다"라고 했다.

역주 1)『공총자(孔叢子)』: 현존하는『孔叢子』에는 인용된 구절이 없고『公孫龍子』에 보임.

謝安年少時, 請阮光錄道「白馬論」,〈1〉爲論以示謝. 于時謝不卽解阮語, 重相咨盡. 阮乃歎曰: "非但能言人不可得, 正索解人亦不得!" **文** **互** 謝安

〈1〉·『孔叢子』曰 : 趙人公孫龍云: "白馬非馬. 馬者所以命形, 白者所以命色. 夫命色者非命形, 故曰白馬非馬也."

272-3(0457)

완광록이 국상(國喪)에 참석하러[1] 도성[建康]에 도착했다가 은(殷: 殷浩)이나 유(劉: 劉惔)의 집을 방문하지 않고 일을 마친 뒤 곧장 돌아갔다. [이 소식을 들은] 여러 명사들이 함께 그를 뒤쫓아 갔지만, 완광록이 또한 명사들이 틀림없이 자기를 뒤쫓아 올 것이라는 것을 알고 급히 가는 바람에 방산(方山)[2]에 이르도록 따라잡지 못했다. 유윤(劉尹: 劉惔)은 당시 회계태수(會稽太守)가 되고자 했는데,[3] 탄식하며 말했다.

"내가 [회계로] 들어간다면 필시 사안석(謝安石: 謝安)이 있는 강가에나 배를 댈 뿐이겠지. 완사광의 옆에는 감히 가까이 가지도 못할 거야. 그랬다간 그가 곧장 막대기를 들고 후려칠 거야. 쉽지 않은 일이야!"

역주 1) 국상(國喪)에 참석하러: 원문은 "赴山陵". '山陵'은 제왕의 장례 또는 그 무덤을 말함.

『晉書』 권49 「阮裕傳」에 따르면, 완유는 당시 成帝 司馬衍의 장례에 참석하러 도성에 갔음. 成帝는 咸康 8년(342) 6월에 죽었고 7월에 興平陵에 장례 치렀음.

2) 방산(方山): 방산은 여러 곳에 있는데, 여기서는 建康[지금의 南京]의 동남쪽에 있는 방산[일명 天印山]을 가리키는 것으로 보임.

3) 당시 회계태수(會稽太守)가 되고자 했는데: 당시 阮裕는 剡山에 있었고 謝安은 東山에 있었는데 모두 會稽郡의 경내에 있었으므로 劉惔이 회계태수가 되고자 한 것임.

阮光祿赴山陵, 至都, 不往殷・劉許, 過事便還. 諸人相與追之, 阮亦知時流必當逐己, 乃遄疾而去, 至方山不相及. 劉尹時爲會稽, 乃歎曰: "我入, 當泊安石渚下耳. 不敢復近思曠傍. 伊便能捉杖打人. 不易!" 方

272-4(0458)

당시 사람들이 완사광을 평했다.

"기골은 왕우군(王右軍: 王羲之)에 미치지 못하고, 간결하게 빼어남은 유진장(劉眞長: 劉惔)만 못하며, 돋보이게 온아함은 왕중조(王仲祖: 王濛)만 못하고, 사고의 치밀함은 은연원(殷淵源: 殷浩)만 못하지만, 이 여러 사람의 훌륭함을 아울러 갖추고 있다."

時人道阮思曠: "骨氣不及右軍, 簡秀不如眞長, 韶潤不如仲祖, 思致不如淵源, 而兼有諸人之美." 品 互 王羲之 劉惔 王濛 殷浩

272-5(0459)

완광록은 동산(東山)에 살면서 한적하게 일삼는 바가 없었으며, 항상 마음속으로 만족해했다. 어떤 사람이 왕우군(王右軍: 王羲之)에게 물었더니, 왕우군이 말했다.

"그 분은 '총애와 굴욕을 두려워하지 않는'〈1〉 경지에 근접했으니, 비록 옛날에 세상을 피해 은거한 자라고 한들 어찌 이보다 뛰어나겠는가?"

〈1〉・『노자(老子)』[1] : 총애와 굴욕을 두려운 듯이 대하라. [아랫사람으로서 총애를 받게 되면] 그것을 얻어도 두렵고 그것을 잃어도 두렵다.

역주 1) 『노자(老子)』: 인용된 구절은 『老子』 第13章에서 節錄한 것임. 본래 문장은 "寵辱若驚, 貴大患若身. 何謂寵辱若驚? 寵之爲下也, 得之若驚, 失之若驚. 是謂寵辱若驚."임.

阮光祿在東山, 蕭然無事, 常內足於懷. 有人以問王右軍, 右軍曰: "此君近不驚寵辱,〈1〉 雖古之沉冥, 何以過此?" **棲**

〈1〉・『老子』曰 : 寵辱若驚. 得之若驚, 失之若驚.

272-6(0460)

완광록이 하충(何充)이 재상에 임명되었다는 소식을 듣고 탄식하며 말했다.

"나는 이제 어디에서 살아가야 한단 말인가!"[1)]

역주 1) 나는 이제 어디에서 살아가야 한단 말인가: 阮裕는 何充과 사이가 좋지 않았기 때문에 이렇게 탄식한 것임.

阮光祿聞何充[1)]道拜相, 歎曰: "我當何處生活!" **輕** **互** 何充

校勘 1) 何充: 『世說新語補』에는 "何次道"라 되어 있음. '次道'는 何充의 字.

272-7(0461)

완사광은 불법(佛法)[1)]을 신봉하여 독실한 믿음이 대단했다. 큰아들〈1〉이 약관의 나이가 안 되었을 때, 갑자기 위중한 병에 걸렸다. 완사광은 애지중지하는 아들이었기에 그를 위해 삼보(三寶)[2)]에 기도하면서 밤낮으로 게을리 하지 않았으며, 지극한 정성에 감응이 있어서 틀림없이 부처님의 가호를 받을 것이라고 생각했지만, 아들은 결국 살아나지 못했다. 그래서 완사광은 불교에 원한을 품고서 그때까지 지녀왔던 신심(信心)[3)]을 모두 버렸다.〈2〉

〈1〉・큰아들은 이름이 유(牖)[4)]고 자가 언륜(彦倫)이다. 벼슬은 주(州)의 주부(主簿)에 이르렀다.

〈2〉・완공(阮公: 阮裕)의 불법에 대한 식견으로 보건대, 틀림없이 이런 과오는 없었을 것이다. 설혹 이 일이 잘못되지 않았다 하더라도 어떻게 그렇게까지 미혹될 수 있겠는가? 대저 문왕(文王)의 수명이 다했지만 성인의 아들[武王]도 그의 나이를 멈추게 할 수 없었으며, 석가의 일족이 도륙당했지만[5] 부처의 힘으로도 그들의 목숨을 연장시킬 수 없었다. 그러므로 업인(業因)에는 정해진 한계가 있으며, 과보(果報)는 바꿀 수 없는 것이다. 만약 기도하여 영험을 바란다거나 영험하지 않다고 해서 불도(佛道)를 소홀히 한다면, 그것은 진실로 고루한 무리일 뿐이니 어찌 가히 부처의 지혜에 대해 논할 수 있는 자이겠는가?

역주 1) 불법(佛法): 원문은 "大法". 본래는 大乘佛教의 법을 말하지만, 여기서는 그냥 佛法의 뜻으로 쓰였음.

2) 삼보(三寶): 佛·法·僧을 말함. 佛은 釋迦牟尼 또는 一切佛, 法은 불교의 教義, 僧은 불교의 교의를 계승하고 선양하는 승려를 뜻함.

3) 그때까지 지녀왔던 신심(信心): 원문은 "宿命". 일반적으로는 今生의 운명은 前生에 지은 선악에 의해 결정된다는 宿命論을 뜻하지만, 여기서는 阮裕가 오래 전부터 신봉해왔던 불교에 대한 신앙심을 뜻함. '宿心'과 같은 의미임.

4) 유(牖): 『晉書』 권49 「阮裕傳」과 『世說敘錄』 「人名譜·陳留尉氏阮氏譜」에는 모두 "傭"이라 되어 있음.

5) 석가의 일족이 도륙당했지만: 원문은 "釋種誅夷". '釋種'은 석가의 씨족을 뜻함. 瑠璃太子가 8살 때 迦毘羅國의 釋種 摩訶男의 집에 놀러갔다가 모욕당한 것에 원한을 품고, 즉위한 뒤에 釋種을 토벌하여 釋種 1만 2천 명을 잡아 여자들의 귀와 코를 베고 손과 발을 절단하여 생매장했는데, 그것은 전생의 업연으로부터 비롯된 것이었다고 함.

阮思曠奉大法, 敬信甚至. 大兒〈1〉年未弱冠, 忽被篤疾. 兒旣是偏所愛重, 爲之祈請三寶, 晝夜不懈, 謂至誠有感者, 必當蒙祐, 而兒遂不濟. 於是結恨釋氏, 宿命都除.〈2〉 尤

〈1〉· 名牖, 字彦倫. 仕至州主簿. [『阮氏譜』]

〈2〉· 以阮公智識, 必無此弊. 脫此非謬, 何其惑歟? 夫文王期盡, 聖子不能駐其年, 釋種誅夷, 神力無以延其命. 故業有定限, 報不可移. 若請禱而望其靈, 匪驗而忽其道, 固陋之徒耳, 豈可以言神明之智者哉?

273

[晉] 완수(阮脩)

자는 선자(宣子)며 진류(陳留) 사람이다. 성품이 대범하고 분방하여 속인과 만나는 것을 싫어했는데, 간혹 잘못하여 서로 만나게 되면 즉시 외면하고 떠났다. 세상일에는 관심이 없어서 생계를 돌보지 않았기 때문에 집안에는 한 섬의 식량도 비축해 놓은 것이 없었지만 마음만은 태평했다. 왕돈(王敦)이 그를 홍려승(鴻臚丞)과 태자세마(太子洗馬)로 발탁했다.

字宣子, 陳留人. 性簡任, 不喜見俗人, 時誤相逢, 卽舍去. 傲然無營, 家無儋石之儲, 晏如也. 王敦引爲鴻臚丞·太子洗馬. [『名士傳』]

273-1(0462)

완선자는 항상 걸어서 외출할 때마다 돈 백 냥을 지팡이 끝에 매달아 가지고 다니다가 술집에 이르면 혼자 마음껏 술을 마셨다. 비록 제아무리 당세의 권문귀족이라 하더라도 찾아가려 하지 않았다.

阮宣子常步行, 以百錢掛杖頭, 至酒店, 便獨酣暢. 雖當世貴盛, 不肯詣也. 任

274

[齊] 완장지(阮長之)

자는 경무(景茂) 또는 선업(善業)이며 완유(阮裕)의 손자다. 임해태수(臨海太守)가 되어 관직에 있을 때 늘 헤진 솜옷을 둘렀다. 이전에 군중(郡中)의 전록(田祿)[1]은 망종(芒種)[2]을 기준으로 하여 그 전에 관직을 떠나면 1년 치 봉록이 모두 후임자에게 돌아갔다. 그래서 완장지는 무창(武昌)을 떠날 때, 교체 후임자가 아직 오지 않은 망종 하루 전에 관인(官印)을 풀어놓고 떠났다. 당시 논자들은 이 일을 훌륭하다고 여겼다.

역주 1) 전록(田祿): 公田의 수확으로 받는 봉록.
2) 망종(芒種): 24節候의 하나로 양력 6월 5일경.

字景茂, 一字善業, 裕孫也. 爲臨海太守, 在官常擁敗絮. 先是郡中田祿, 以芒種爲斷, 此前去官, 則一年秩祿, 皆入後人. 長之去武昌, 代人未至, 以芒種前一日, 解印. 時論多之. [『南史』]

274-1(0463)

완장지가 중서랑(中書郎)이 되어 중서성(中書省)에서 숙직할 때, 밤에 이웃 관서로 갔다가 잘못하여 나막신을 신은 채로 대각(臺閣: 尙書省)을 나가고 말았다. 그래서 완장지가 사실에 의거하여 스스로 [위법행위를] 보고하자, 문하성(門下省)에서는 어두운 밤이라 다른 사람이 [그러한 사실을] 알지 못했다고 하면서 그 보고 문서를 받지 않았다. 그러나 완장지는 한사코 보고 문서를 보내면서 말했다.
"나 완장지는 일생동안 어두운 방에서도 [내 자신을] 속인 적이 없습니다."

阮長之爲中書郎, 直省, 夜往隣省, 誤着屐出閤. 長之依事自列, 門下以闇夜人不知, 不受列狀. 長之固遣送曰: "長之一生, 不侮闇室." 德

275

[漢] 한강(韓康)

자는 백휴(伯休)며 경조(京兆) 파릉(灞陵) 사람이다. 환제(桓帝: 劉志)가 편안한 수레를 보내 그를 초빙했는데, 한강은 편안한 수레를 마다하고 스스로 낡은 수레를 타고서 새벽을 틈타 사자보다 먼저 출발했다. 어떤 정(亭)[1]에 도착했더니, 한징군(韓徵君: 韓康)[2]이 틀림없이 지나갈 것이라고 생각한 정장(亭長)이 사람들의 소를 징발하여 길을 한창 보수하고 있었다. 정장이 한강의 낡은 수레와 머리에 쓴 두건[3]을 보고 시골 노인이라 생각하여 그의 소를 빼앗게 하자, 한강은 즉시 멍에를 풀어 그에게 주었다. 잠시 후에 사자가 도착해서 보니, 소를 빼앗긴 노인이 바로 한징군이었다. 사자가 정장을 처형해야 한다고 상주하려 하자, 한강이 말하길: "이 노인이 스스로 준 것이니 정장에게 무슨 죄가 있겠소?"라고 했다. 그래서 사자는 그만 두었다. 결국 한강은 도중에 도망쳐버렸으며 수명대로 살다 죽었다.

역주 1) 정(亭): 秦·漢代의 행정단위. 매 10리마다 亭을 두고 정마다 책임자인 亭長을 두었음.
2) 한징군(韓徵君: 韓康): 徵君은 徵士와 같은 뜻. 조정으로부터 招徵을 받았으나 거절하고 있는 隱士를 말함.
3) 머리에 쓴 두건: 원문은 "幅巾". 남자가 쓰는 두건의 일종으로 隱士가 즐겨 사용했음. 합사비단의 全幅으로 머리를 감싸는 것을 말함.

字伯休, 京兆霸陵人. 桓帝以安車聘之, 康辭安車, 自乘柴車, 冒晨先使者發. 至亭, 亭長以韓徵君當過, 方發人牛修道. 及見康柴車幅巾, 以爲田叟也, 使奪其牛, 卽釋駕與之. 有頃, 使者至, 奪牛翁乃徵君也. 使者欲奏殺亭長, 康曰: "老子與之, 亭長何罪?" 乃止. 康因道遁, 以壽終. [范曄『後漢書』]

275-1(0464)

한백휴는 명산에서 약초를 캐다가 장안(長安)의 시장에서 팔았는데, 30여 년 동안 한 입으로 두 가지 값을 부르지 않았다. 당시 어떤 여자가 한백휴에게 약초를 샀는데, 한백휴가 값을 고수하며 깎아주지 않자 여자가 화를 내며 말했다.

"당신이 한백휴라도 되시오? 값을 안 깎아주다니!"

한백휴가 탄식하며 말했다.

"나는 본디 이름이 알려지는 것을 피하고자 했는데, 지금 여자까지도 모두 내가 있는 줄을 알고 있으니 약초를 팔아 무얼 하겠는가!"

그리고는 파릉(灞陵)의 산속으로 숨어 들어가 버렸다.

韓伯休采藥名山, 賣於長安市, 口不二價, 三十餘年. 時女子從韓買藥, 守價不移, 女子怒曰: "公是韓伯休那[1]? 乃不二價!" 伯休歎曰: "我本避名, 今女子皆知有我, 何

用藥爲!" 乃遁入灞陵山中. 棲

校勘 1) 那: "邪"나 "耶"의 誤記로 보임. 『何氏語林』에는 "耶"라 되어 있음.

276

[晉] 한수(韓壽)

자는 덕진(德眞)이며 남양(南陽) 자양(赭陽)사람이다.

字德眞, 南陽赭陽人. [『晉諸公贊』]

276-1(0465)

한수는 용모가 준수했는데, 가충(賈充)이 그를 초징하여 속관으로 삼았다. 가충이 매번 속관들과 모임을 가질 때마다 가충의 딸[賈午][1]이 푸른 격자창[2] 안에서 엿보았는데, 한수를 보고는 그를 좋아하여 늘 사모하는 마음을 품었으며 그런 마음을 시로 읊조렸다. 나중에 하녀[3]가 한수의 집으로 가서 그러한 사정을 갖추어 말하면서, 아가씨가 눈부시게 아름답다는 말도 했다. 한수는 그 말을 듣고 마음이 동하여 마침내 하녀에게 몰래 소식을 전해달라고 부탁한 뒤, 약속한 기일에 찾아가서 밤을 보냈다. 한수는 날렵하고 민첩하기가 따를 자가 없었기에 담을 뛰어넘어 들어갔는데, 집안에서는 아무도 알지 못했다. 이때부터 가충은 딸이 유달리 자신을 털고 닦으며 평상시와는 달리 유쾌해한다는 것을 느꼈다. 나중에 속관들을 회견할 때 한수에게서 진기한 향기가 풍겼는데, 그 향은 외국에서 바친 것으로 한번 사람의 몸에 차면 몇 달 동안 향기가 사라지지 않는 것이었다.〈1〉 가충은 곰곰이 생각했다.

'무제(武帝: 司馬炎)께서 오직 나와 진건(陳騫)에게만 이 향을 하사하셨으므로 다른 집에는 이 향이 없다. 혹시 한수와 내 딸이 밀통한 것일까? 그렇지만 담장

이 몇 겹이나 되고 대문과 쪽문도 저토록 높은데 무슨 수로 그렇게 할 수 있겠는가?'

그래서 도둑이 들었다고 핑계를 대고 사람을 시켜 담장을 수리하게 했더니 그 사람이 돌아와서 말했다.

"다른 곳은 이상이 없고 오직 동북쪽 모퉁이에 사람의 발자국이 있지만, 담장이 높아서 사람이 뛰어넘을 수는 없습니다."

그래서 가충이 딸 신변의 하녀를 붙잡아 캐물었더니 하녀가 사실대로 대답했다. 가충은 그 일을 비밀에 부치고 딸을 한수에게 시집보냈다.

〈1〉· 한(漢) 무제(武帝) 때 월지국(月氏國)[4]에서 향을 헌상했는데, 크기는 참새 알만 했고 오디처럼 까맸으며, 그것을 사르면 향기가 석 달 동안 사라지지 않았다.

· 아마도 이 향일 것이다.

역주 1) 가충의 딸[賈午]: 西晉 惠帝 賈皇后의 여동생 賈午를 말함.

2) 푸른 격자창: 원문은 "青瑣". '青瑣'와 같은 뜻으로, 격자무늬를 아로새기고 푸른색으로 장식한 창을 말함.

3) 하녀: 『晉書』 권40 「賈謐傳」과 郭澄之의 『郭子』에 따르면, 이 하녀는 이전에 韓壽를 모셨다고 함.

4) 월지국(月氏國): 秦漢代에 중앙아시아에서 활약하던 나라. 기원전 3세기경에 新疆 지역 동부 일대에서 月氏라고 하는 민족이 유목생활을 하다가 甘肅 지역까지 세력을 확장했으나, 匈奴族에게 밀려 서쪽으로 이주하여 新疆 서부 伊犁河 유역에서 국가를 세웠음.

韓壽美姿容, 賈充辟以爲掾. 充每聚會, 賈女於青瑣中看, 見壽說之, 恒懷存想, 發於吟詠. 後婢往壽家, 具述如此, 并言女光麗. 壽聞之心動, 遂請婢潛脩音問, 及期往宿. 壽蹻捷絶人, 踰墻而入, 家中莫知. 自是充覺女盛自拂拭, 說暢有異於常. 後會諸吏, 聞壽有奇香之氣, 是外國所貢, 一著人, 則歷月不歇.〈1〉 充計: '武帝惟賜己及陳騫, 餘家無此香. 疑壽與女通? 而垣墻重密, 門閤急峻, 何由得爾?' 乃託言有盜, 令人修墻, 使反曰: "其餘無異, 惟東北角有人跡, 而墻高非人所踰." 充乃取女左右婢考問, 卽以狀對. 充秘之, 以女妻壽. 惑

〈1〉・漢武時, 月氏國獻香, 大如雀卵, 黑如桑椹, 燒之, 芳氣三月不歇. [『十洲記』]
・蓋此香也.

277

[晉] 한백(韓伯)

자가 강백(康伯)이며 영천(潁川) 사람이다. 학문을 좋아했으며 논리에 밝았다. 예장태수와 영군장군(領軍將軍)을 역임했다.

字康伯, 潁川人. 好學, 善言理. 歷豫章太守・領軍將軍. [『續晉陽秋』] **德** **詳** 范宣 **品** **詳** 庾龢

277-1(0466)

한강백이 몇 살 안 되었을 때, 집이 너무나 가난하여 대한(大寒)에 이르렀는데도 저고리[1)]만 입고 있었다. 모친 은부인(殷婦人)〈1〉이 직접 그것을 만들어 한강백에게 다리미[2)]를 들고 있으라 하면서 한강백에게 말했다.

"잠시 저고리를 입고 있으면 나중에 겹바지를 만들어 주마."

한강백이 말했다.

"이거면 충분하니 겹바지는 필요 없습니다."

모친이 그 이유를 물었더니, 한강백이 대답했다.

"불이 다리미 속에 있어서 자루까지 뜨겁습니다. 지금 이미 저고리를 입고 있으니 아랫도리도 당연히 따뜻해질 것입니다. 그래서 필요 없다는 것입니다."

모친은 그를 매우 기특하게 여기며 나라의 중요한 인물이 될 것임을 알았다.

〈1〉・은부인은 은호(殷浩)의 누이동생이다.

역주 1) 저고리: 원문은 "襦". 허리까지 오는, 안을 댄 짧은 윗도리.
2) 다리미: 원문은 "熨斗". 금속 용기에 숯불을 넣어 그 열로 옷 따위를 다리는 도구로, 손잡이가 달려 있음.

韓康伯數歲, 家酷貧, 至大寒, 止得襦. 母殷夫人〈1〉自成之, 令康伯捉熨斗, 謂康伯曰: "且着襦, 尋作複褌." 兒云: "已足, 不須複褌也." 母問其故, 答曰: "火在熨斗中而柄熱. 今旣着襦, 下亦當煖. 故不須耳." 母甚異之, 知爲國器. 夙

〈1〉· 浩妹.

277-2(0467)

은중군(殷中軍: 殷浩)이 한태상(韓太常: 韓伯)을 평했다.

"한강백은 젊어서부터 스스로 고상한 품격을 표방하여[1] 확연히 출중한 인재가 되었으며, 그의 발언과 담론에는 종종 정취가 담겨 있다."

역주 1) 고상한 품격을 표방하여: 원문은 "標置". 고상한 품격을 표방하여 스스로 지위를 높인다는 뜻.

殷中軍道韓太常曰: "康伯少自標置, 居然是出羣器. 及其發言遣辭, 往往有情致." 賞

277-3(0468)

채숙자(蔡叔子: 蔡系)가 말했다.

"한백은 비록 골간은 없지만 그래도 피부로 설 수는 있다[1]."

역주 1) 골간은 없지만 그래도 피부로 설 수는 있다: 韓伯의 몸집이 비대한 것을 두고 한 말임. 당시 사람들이 통통한 韓伯을 '肉鴨'이라 불렀음.

蔡叔子云: "韓伯雖無骨幹, 然亦膚立." 品

277-4(0469)

어떤 사람이 원시중(袁侍中: 袁恪之)〈1〉에게 물었다.

"은중감(殷仲堪)은 한강백과 비교하여 어떻습니까?"

원시중이 대답했다.

"명리(名理)를 체득하고 있는 바의 우열은 판가름할 수 없지만, 집안이 고요하여 차분하게 명사의 풍류를 지니고 있는 것은 은중감이 한강백에 미치지 못하지요."

그래서 은중감이 [한강백의] 뇌문(誄文)을 지어 이렇게 말했다.

"가시나무 사립문이 낮에도 닫혀 있으니, 한적한 뜰이 평온하네."

〈1〉・원시중은 이름이 각지(恪之)고 자가 원조(元祖)며 진군(陳郡) 양하(陽夏) 사람이다. 여러 벼슬을 거쳐 황문시랑(黃門侍郎)과 시중(侍中)을 지냈다.

有人問袁侍中〈1〉曰: "殷仲堪何如韓康伯?" 答曰: "義理所得優劣, 乃復未辨, 然門庭蕭寂, 居然有名士風流, 殷不及韓." 故殷作誄云: "荊門晝掩, 閒庭晏然." 品

〈1〉・名恪之, 字元祖, 陳郡陽夏人. 累遷黃門侍郎・侍中. [『袁氏譜』]

277-5(0470)

예전에 한강백을 이렇게 품평했다.

"살찐 팔에 골격이 없다."[1]〈1〉

〈1〉・범계(范啓)가 말하길: "한강백은 살찐 오리와 같다"라고 했다.

역주 1) 살찐 팔에 골격이 없다: 원문은 "將肘無風骨". 韓伯의 몸집이 비대한 것을 비꼰 말임. '將'은 비대하다는 뜻. 余嘉錫은 『方言』을 인용하여 "京・奘・將, 大也. 秦・晉之間, 凡人之大謂之奘, 或謂之壯. 燕之北鄙, 齊・楚之郊, 或曰京, 或曰將, 皆古今語也."라고 함.

舊目韓康伯: "將肘無風骨."〈1〉 輕

〈1〉・范啓云: "韓康伯似肉鴨." [『說林』]

278

[北魏] 한기린(韓麒麟)

278-1(0471)

제주자사(齊州刺史) 한기린(韓麒麟)[1]은 정사를 펼칠 때 관용을 숭상했는데, 종사(從事) 유보경(劉普慶)이 말했다.

"공은 부절(符節)[2]을 가지고 한 지방[3]을 다스리시면서 사람을 주살하는 일이 없으니 어떻게 위엄을 보일 수 있겠습니까?"

한기린이 말했다.

"형벌은 악행을 멈추게 하기 위함이니 인자(仁者)는 어찌할 수 없을 경우에만 그것을 사용한다. 지금 백성들이 법을 어기지도 않았는데 어찌하여 주살한단 말인가? 만약 반드시 참형을 시행한 연후에 위엄을 세울 수 있다면 마땅히 그대가 해당될 것이다!"

유보경은 부끄러워하고 두려워하면서 물러갔다.

역주 1) 한기린(韓麒麟): 어려서부터 학문을 좋아하고 용모가 준수했으며 말타기와 활쏘기에 뛰어남. 文成帝 때 魯陽男에 봉해지고 伏波將軍에 임명되었으며, 孝文帝 때 齊州刺史에 임명되고 魏昌侯에 봉해짐.

2) 부절(符節): 원문은 "仗節". 大臣이 외국에 사신으로 가거나 大將으로서 出兵할 때 황제가 그에게 주어 信標나 권력의 상징으로 삼았던 符節.

3) 한 지방: 원문은 "方夏". 본래는 중국의 옛 칭호로 쓰였지만 여기서는 중국의 한 지방, 즉 齊州를 가리킴.

齊州刺史韓麒麟, 爲政尙寬, 從事劉普慶說曰: "公仗節方夏, 而無所誅斬, 何以示威?" 麒麟曰: "刑罰所以止惡, 仁者不得已而用之. 今民不犯法, 又何誅乎! 若必斷斬, 然後可以立威, 當以卿應之." 普慶慚懼而退.* 政

校勘 * 이 고사는 『世說新語補』에는 나오지 않고, 『資治通鑑』 권135 「齊紀一」과 『魏書』 권60 「韓麒麟傳」, 『北史』 권40 「韓麒麟傳」에 나옴.

279

[唐] 한창(韓昶)

이부시랑(吏部侍郞) 한유(韓愈)의 아들이다. 역시 진사(進士)에 급제했다.

吏部侍郎愈子. 亦登進士第. [『唐書』]

279-1(0472)

한창은 한이부(韓吏部: 韓愈)의 아들인데, 비록 집안의 가르침에는 법도가 있었지만 그는 성품이 자못 아둔했다. 한창이 일찍이 집현전교리(集賢殿校理)로 있을 때, 사전(史傳)에 '금근거(金根車)'[1]〈1〉란 말이 나오자 잘못된 것이라고 생각하여 '근(根)'자를 모두 '은(銀)'자로 고쳐버렸다.

〈1〉· 황제의 수레에는 금근거와 경근거(耕根車)가 있는데, 모두 하나의 끌채에 4필 또는 6필의 말이 끌었다. 금근거의 몸체와 바퀴는 모두 금박을 입혔고, 양 측면의 앞뒤로는 황금을 새겨서 용·호랑이·새·거북의 형상을 만들었다.

역주 1) 금근거(金根車): 황제나 王公貴族들의 행차 때 사용하는 의장용 수레 가운데 하나. 황금으로 장식했기 때문에 그런 명칭이 붙었음.

韓昶是吏部子, 雖教有義方, 而性頗闇劣. 嘗爲集賢校理, 史傳有'金根車',〈1〉昶以爲誤, 悉改爲'銀'. **紕**

〈1〉· 御車有金根·耕根, 皆一轅, 或四馬或六馬. 金根箱輪, 皆以金, 兩臂前後, 刻金以作龍虎鳥龜形. [蔡邕『獨斷』]

280

[南唐] 한희재(韓熙載)

자는 숙언(叔言)이며 청사(靑社) 사람이다. 강남의 세 군주[1]를 섬겼는데 당시에 그를 '신선 속의 사람'이라고 불렀다. 그는 주위를 환히 비출 정도로 풍채가 수려했는데, 그가 봄 산성과 가을 동산으로 말을 타고 나들이할 때마다 사람들이 모두 그를 따라가며 구경했으며, 그가 담소하면 듣는 사람은 피곤함을 잊었다. 그는 음악을 잘 알고 춤에 능했으며, 팔분서(八分書)[2]와 그림에도 뛰어났는데 그 필치가 모두 으뜸이었다. 그는 강직한 성품을 굽히지 않아 온 조정에서 어느 누구에게도 절을 한 적이 없었으며, 군주를 섬길 때는 충성을 다하고 과감히 직언할 수 있었다. [그가 초안한] 제고(制誥: 천자의 詔勅)는 전아하여 당 원화(元和) 연간(806~820)의 기풍[3]이 있었다. 여러 벼슬을 거쳐 우서자(右庶子)와 비서감(秘書監)을 지냈다.

역주 1) 강남의 세 군주: 南唐의 세 군주인 李昪·李璟·李煜을 가리킴.

2) 팔분서(八分書): 書體 가운데 하나로, 篆書와 隸書의 중간체.

3) 원화(元和) 연간(806~820)의 기풍: 唐代 중후기 元和 연간에 활약한 문인들의 기풍. 시는 元稹과 白居易, 문장은 韓愈가 대표함.

字叔言, 青社人. 事江南三主, 時謂之'神仙中人'. 風彩照物, 每縱轡春城秋苑, 人皆隨觀, 談笑則聽者忘倦. 審音能舞, 善八分及畫, 筆皆冠絶. 簡介不屈, 擧朝未嘗拜一人, 事君能盡忠直言. 制誥典雅, 有元和之風. 累遷右庶子·秘書監. [『湘山野錄』·『南唐書』]

280-1(0473)

한희재는 남당(南唐)에 있을 때, 여종을 많이 두고서 밤낮으로 가무를 즐겼다. 그는 사람들에게 이렇게 말했다.

"내가 이런 행동을 하는 것은 정작 재상으로 입각하라는 명을 피하고자 함이오."

사람들이 물었다.

"무슨 까닭에 그것을 피하십니까?"

그러자 한희재가 말했다.

"중원(中原)[1]이 항상 이곳을 호시탐탐 노리고 있으니, 일단 진정한 군주가 나오게 된다면 강남은 갑옷을 버리고 도망갈 겨를도 없을 것이오. 나는 천고의 웃음거리가 될 수는 없소."

역주 1) 중원(中原): 여기서는 五代十國 중 하나인 後周를 가리킴.

韓熙載在南唐, 多置女僕, 晝夜歌舞. 語人云: "吾爲此行, 正欲避入相之命." 問: "何故避之?" 曰: "中原常虎視於此, 一旦眞主出, 江南棄甲不暇. 吾不能爲千古笑端." 識

280-2(0474)

한희재는 감정표현이 솔직담백하고 명예나 예법을 지키지 않았으며, 예기(藝妓) 수백 명을 사들여 날마다 함께 질펀하게 즐겼다. 받은 월급은 여러 미희들에게 나눠주었다. 한희재는 해진 옷에 짚신을 신고 장님 행세를 하면서 한 줄짜리 금(琴)을 가지고 다니며 서아(舒雅)〈1〉에게 딱따기를 들고 박자를 맞추게 했으며 아무 집이나 찾아가 걸식하면서 유쾌한 즐거움으로 삼았다.〈2〉

〈1〉・서아는 선성(宣城) 사람이다. 용모가 빼어났으며 문재(文才)를 자부했다. 한번은 거자(擧子)로서 과거시험에 응시하러 갔다가[1] 자신이 공부한 바를 한희재에게 바쳤는데, 한희재는 그를 보자마자 예전부터 아는 사람처럼 여겼다. 서아는 성품이 약삭빠르고 물 흐르듯이 응대했다. 한희재는 서아와 함께 침실을 출입했다.

〈2〉・한희재는 비첩(婢妾)들을 단속하지 않았기 때문에 시녀가 종종 손님과 사통했는데, 손님이 지은 시에 "아무래도 오경까지는 붙잡을 수 없어, 임의 베개 맡에서 옷을 입네"라는 구절이 있었지만, 한희재는 그래도 개의치 않았다.

역주 1) 거자(擧子)로서 과거시험에 응시하러 갔다가: 원문은 "隨計". 본래는 조정의 招徵을 받은 사람이 計吏를 따라가는 것을 말하지만, 나중에는 擧子가 과거시험에 응시하러 가는 것을 뜻함. 計吏는 매년 말에 각 지방의 인구와 錢糧 등의 회계장부를 도성에 보고하는 일을 맡은 관리를 말함.

韓熙載肆情坦率, 不持名檢, 售妓樂百數人, 日與荒樂. 所得月俸, 散與諸姬. 熙載弊衣芒屨, 作瞽者, 持獨絃琴, 俾舒雅〈1〉執板挽之, 隨房乞食, 以爲笑樂.〈2〉 任

〈1〉・宣城人. 姿容秀發, 以才思自命. 嘗因隨計, 以所學獻熙載, 一見如舊. 雅性巧黠, 應答如流. 熙載與之出入臥內. [馬令『南唐書』]

〈2〉・熙載, 不防閑婢妾, 故侍兒往往私客, 客賦詩有"最是五更留不住, 向人枕畔着衣裳"之句, 熙載亦不介意. [『湘山野錄』]

280-3(0475)

남당(南唐)의 엄속(嚴續)〈1〉이 한번은 한희재에게 자기 부친〈2〉의 신도비(神道碑)[1]를 지어달라고 부탁하면서, 돈 수만 꿰미에 달하는 진귀한 보화와 함께 후방(後房)에서 으뜸가는 가기(歌妓) 한 명을 뽑아서 글 값으로 보냈다. 한희재는 그의 부탁을 받아들여 비문을 지었는데, 그저 가문의 품급만 기술했을 뿐 엄속의 공적에 대해서는 거의 언급하지 않았다. 엄속은 이를 못마땅하게 여겨 비문을 봉함해서 돌려주며 고쳐 써주기를 바랐다. 하지만 한희재는 이전에 엄속이 보내주었던 보화와 가기를 모두 돌려주고 수레에 오를 즈음에 단지 금박 입힌 쌍 허리띠에 시 한 수만 써놓고 떠나갔다.〈3〉

〈1〉・엄속은 자가 흥종(興宗)이며, 문하시랑(門下侍郞)을 지냈다.

〈2〉・엄속의 부친은 이름이 가구(可求)며, [十國] 오(吳)나라의 재상을 지냈다.

〈3〉・한희재의 시에서 이르길: "바람에 한들거리는 버들 멈춰선 가지 없고, 비구름 오가는 양대(陽臺)[2] 꿈속에서 돌아가네. 언젠간 봉래도(蓬萊島)의 기별 끊어질 테니, 술잔 앞의 옛 춤옷만 간직하려네"라고 했다.

역주 1) 신도비(神道碑): 墓道에 세우는 비석으로, 주로 망자의 생평을 기록함.

2) 비구름 오가는 양대(陽臺): 옛날 楚 懷王이 雲夢澤을 유람하다가 피곤하여 高唐觀에서 잠이 들었을 때 꿈속에서 神女를 만나 즐겁게 놀았는데, 神女가 자신은 巫山의 남쪽 陽臺에 살고 있으며 "아침에는 구름이 되어 다니고[旦爲行雲]" "저녁에는 비가 되어 내린다[暮爲行雨]"고 했다 함. 여기에서 남녀간의 交情을 뜻하는 '雲雨'라는 말이 나옴. 宋玉의 「高唐賦・序」에 보임.

南唐嚴續〈1〉嘗請韓熙載撰其父〈2〉神道碑, 以珍貨幾萬緡, 仍輟一歌鬟, 質冠洞房者, 爲濡筆之贈. 韓納其請, 文旣成, 但叙譜裔品秩, 略不道續事業. 續慊之, 封還, 尙冀改竄. 熙載直以向所贈及歌姬悉還之, 臨登車, 止寫一闋於泥金雙帶而去.〈3〉 簡

〈1〉・字興宗, 官門下侍郞. [『南唐書』]

〈2〉·名可求，吳相也．[『南唐書』]

〈3〉·熙載詩曰: “風柳搖搖無定枝，陽臺雲雨夢中歸．他年蓬島音塵斷，留取尊前舊舞衣．[『南唐近事』]

281

[宋] 한기(韓琦)

자는 치규(稺圭)며 상주(相州) 사람이다. 천성(天聖) 5년(1027)에 진사(進士) 제2등으로 급제했는데, 막 그의 성명을 부를 때 태사(太史)가 아뢰길, 태양 아래로 구름이 보인다고 했다. 나중에 영종(英宗: 趙曙)과 신종(神宗: 趙頊) 두 조정에서 재상을 지냈으며, 죽은 뒤 위국충헌왕(魏國忠獻王)에 추증되었다.

字稺圭，相州人．天聖五年，進士第二，方唱名，太史奏日下雲見．後相英·神兩朝，贈魏國忠獻王．[『韓忠獻家傳』] **規** **詳** 崔公孺

281-1(0476)

한위공(韓魏公: 韓琦)이 연안(延安)에 군대를 주둔시키고 있을 때, 갑자기 밤에 어떤 사람이 비수를 들고 그의 침실로 들어왔다. 한위공이 일어나서 누구냐고 물었더니, 그 사람이 말했다.

“저는 간의(諫議: 韓琦)[1]님을 죽이러 왔습니다.”

한위공이 다시 물었다.

“누가 그대를 보냈는가?”

그 사람이 말했다.

“장상공(張相公: 張元)〈1〉입니다.”

한위공은 다시 베개를 베며 말했다.

“내 머리를 가져가거라.”

그 사람이 말했다.

“저는 차마 그리 할 수 없으니 간의님의 금대(金帶)만 얻으면 충분합니다.”

그리고는 마침내 그의 금대를 가지고 떠났다. 한위공도 그 일을 조사하지 않았다.

〈1〉・당시 하국(夏國: 西夏)은 바야흐로 장원(張元)이 권력을 전횡하고 있었다.

역주 1) 간의(諫議: 韓琦): 韓琦가 일찍이 諫議大夫를 지낸 적이 있기에 이렇게 부른 것임.

韓魏公住兵延安, 忽夜有人携匕首至臥內. 魏公起, 問是誰, 曰: "某來殺諫議." 又問: "誰遣汝?" 曰: "張相公."〈1〉 魏公復就枕, 曰: "取我首去." 其人曰: "某不忍, 得諫議金帶足矣." 遂取帶去. 魏公亦不治此事. 雅

〈1〉・夏國方張元用事也.

교석자 김장환(金長煥)

김장환(金長煥)은 연세대학교 중어중문학과 교수로 재직 중이다. 연세대학교 중문과를 졸업한 뒤 서울대학교에서 「세설신어연구(世說新語硏究)」로 석사학위를 받았고, 연세대학교에서 「위진남북조지인소설연구(魏晉南北朝志人小說硏究)」로 박사학위를 받았다. 강원대학교 중문과 교수, 미국 하버드 대학교 옌칭 연구소(Harvard-Yenching Institute) 객원교수(2004-2005), 같은 대학교 페어뱅크 센타(Fairbank Center for Chinese Studies) 객원교수(2011-2012)를 지냈다. 전공분야는 중국 문언소설과 필기문헌이다.

그동안 쓰고 옮긴 책으로는 『중국문학의 벼리』, 『중국문학의 갈래』, 『중국문학의 숨결』, 『중국문언단편소설선』, 『유의경(劉義慶)과 세설신어(世說新語)』, 『중국연극사』, 『중국유서개설(中國類書槪說)』, 『중국역대필기(中國歷代筆記)』, 『봉신연의(封神演義)』(전9권), 『열선전(列仙傳)』, 『서경잡기(西京雜記)』, 『세상의 참신한 이야기—세설신어』(전3권), 『고사전(高士傳)』, 『태평광기(太平廣記)』(전21권), 『태평광기상절(太平廣記詳節)』(전8권), 『소림(笑林)』, 『어림(語林)』, 『곽자(郭子)』, 『속설(俗說)』, 『담수(談藪)』, 『소설(小說)』, 『계안록(啓顔錄)』, 『세설신어보(世說新語補)』(전4권), 『신선전(神仙傳)』, 『옥호빙(玉壺氷)』, 『열이전(列異傳)』, 『제해기(齊諧記)·속제해기』 등이 있으며, 중국 문언소설과 필기문헌에 관한 여러 편의 연구논문이 있다.

세설신어성휘운분 上

世說新語姓彙韻分

초판 인쇄 2012년 11월 15일
초판 발행 2012년 11월 30일

교 석 자 | 김장환
펴 낸 이 | 하운근
펴 낸 곳 | 學古房

주 소 | 서울시 은평구 대조동 213-5 우편번호 122-843
전 화 | (02)353-9907 편집부(02)353-9908
팩 스 | (02)386-8308
전자우편 | hakgobang@chol.com
홈페이지 | http://hakgobang.co.kr
등록번호 | 제311-1994-000001호

ISBN 978-89-6071-277-5 94820
978-89-6071-276-8 (세트)

값 : 40,000원